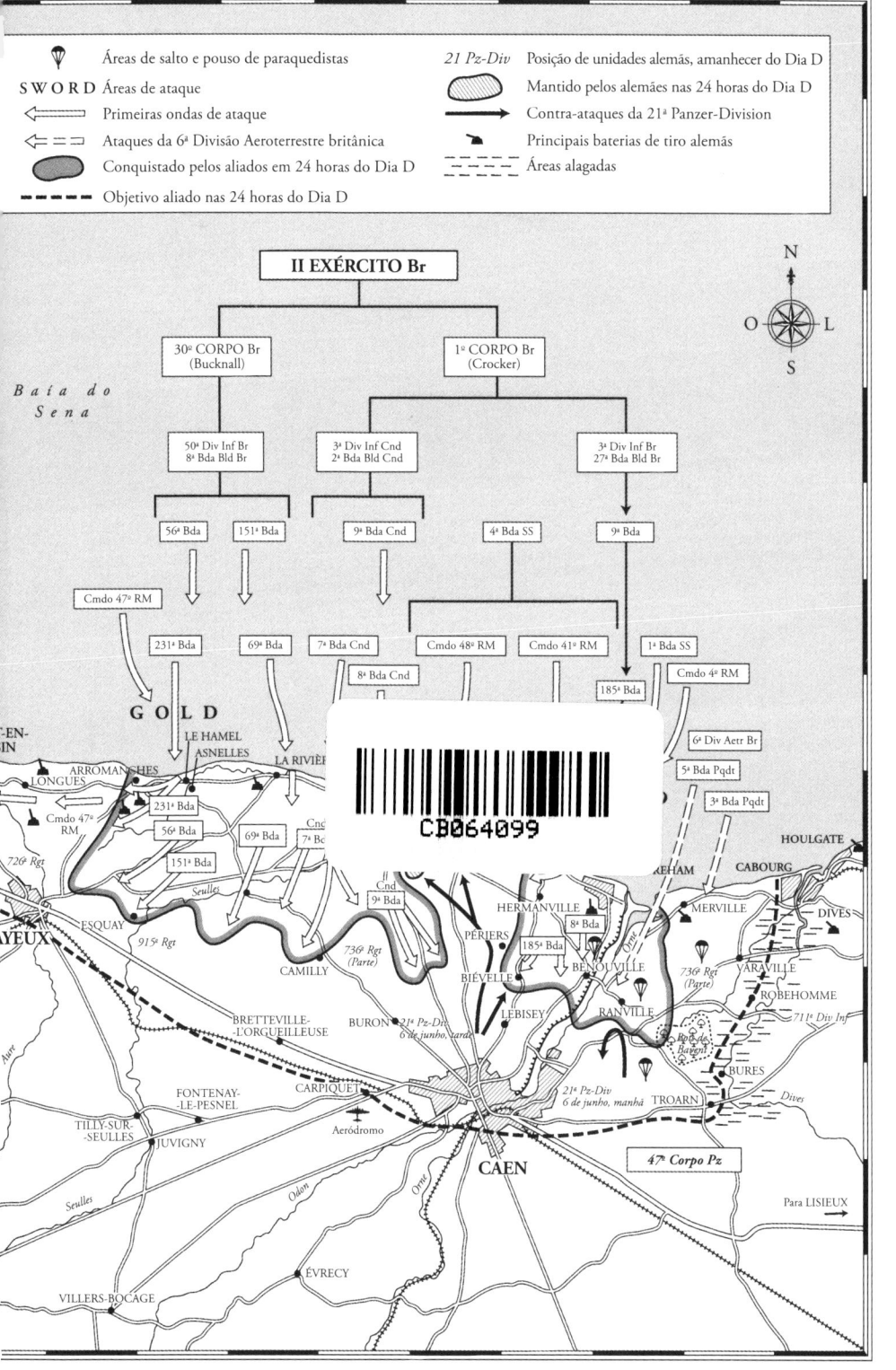

O DIA D

ANTONY BEEVOR

O DIA D

Tradução
Maria Beatriz de Medina

CRÍTICA

Copyright © Ocito Ltd., 2009
Copyright © Editora Planeta do Brasil, 2019
Todos os direitos reservados.
Título original: *D-Day: The Battle for Normandy*

Coordenação editorial: Estúdio Sabiá
Revisão: Valéria Sanalios
Revisão técnica: Joubert de Oliveira Brízida
Índice: Andrea Jocys
Diagramação: Abreu's System
Mapas: John Gilkes
Capa: Elmo Rosa
Imagem de capa: MGPhoto76 / Alamy Stock Photo

DADOS INTERNACIONAIS DE CATALOGAÇÃO NA PUBLICAÇÃO (CIP)
ANGÉLICA ILACQUA CRB-8/7057

> Beevor, Antony
>   Dia D / Antony Beevor ; tradução de Maria Beatriz de Medina. -- São Paulo : Planeta do Brasil, 2019.
>   608 p.
>
>   Bibliografia
>   ISBN: 978-85-422-1501-4
>   Título original: D-Day: The Battle for Normandy
>
>   1. Guerra Mundial, 1939-1945 - Campanhas - França - Normandia 2. Normandia (França) - História militar - Séc. XX I. Título II. Brízida, Joubert de Oliveira III. Medina, Maria Beatriz de
>
> 18-1847   CDD 940.5421421

2019
Todos os direitos desta edição reservados à
EDITORA PLANETA DO BRASIL LTDA.
Editora Planeta do Brasil Ltda.
Rua Bela Cintra, 986, 4º andar – Consolação
São Paulo – SP – 01415-002
www.planetadelivros.com.br
atendimento@editoraplaneta.com.br

Para Miles, meu mais antigo amigo

SUMÁRIO

LISTA DE MAPAS E ILUSTRAÇÕES 9

GLOSSÁRIO 13

1. A DECISÃO 15
2. COM A CRUZ DE LORENA 28
3. VIGILÂNCIA NO CANAL DA MANCHA 44
4. O ISOLAMENTO DA ÁREA DA INVASÃO 57
5. O ATAQUE AEROTERRESTRE 64
6. A TRAVESSIA DA ARMADA 86
7. OMAHA 100
8. UTAH E OS PARAQUEDISTAS 125
9. GOLD E JUNO 136
10. SWORD 147
11. O FORTALECIMENTO DAS CABEÇAS DE PRAIA 162
12. FRACASSO EM CAEN 180
13. VILLERS-BOCAGE 196

14. OS AMERICANOS NA PENÍNSULA DE COTENTIN. 216

15. EPSOM. 232

16. A BATALHA DO *BOCAGE* 250

17. CAEN E O MONTE CALVÁRIO 272

18. A BATALHA FINAL DE SAINT-LÔ. 291

19. GOODWOOD 314

20. A CONSPIRAÇÃO CONTRA HITLER. 334

21. OPERAÇÃO COBRA: ROMPIMENTO 351

22. OPERAÇÃO COBRA: INVASÃO. 375

23. A BRETANHA E A OPERAÇÃO BLUECOAT. 389

24. O CONTRA-ATAQUE DE MORTAIN 406

25. OPERAÇÃO TOTALIZE 429

26. O MARTELO E A BIGORNA 448

27. O CAMPO DA MORTE NO BOLSÃO DE FALAISE 465

28. O LEVANTE DE PARIS E A CORRIDA PARA O SENA. 485

29. A LIBERTAÇÃO DE PARIS 503

30. RESULTADO. 523

AGRADECIMENTOS 529

NOTAS 531

BIBLIOGRAFIA SELECIONADA 569

ÍNDICE REMISSIVO 573

LISTA DE MAPAS E ILUSTRAÇÕES

1. Os comandantes aliados antes do Dia D (IWM TYR-1631).
2. O marechal de campo Von Rundstedt visita a 12ª SS Panzer-Division *Hitler Jugend* (BA 1011-297-1739-16A).
3. Rommel inspeciona a Muralha Atlântica (AKG Images).
4. Eisenhower com integrantes da 101ª Divisão Aeroterrestre, 5 de junho (AdM).
5. Precursores da 6ª Divisão Aeroterrestre sincronizam os relógios pouco antes da decolagem (IWM H39070).
6. Uma barcaça de desembarque da Real Marinha Canadense se aproxima da praia Juno, 6 de junho (NAC/ANC PA-132790).
7. Elementos do serviço de saúde americano aplicam plasma em um soldado ferido na praia de Omaha (Getty Images).
8. Um enfermeiro com *rangers* feridos no sopé dos penhascos de Pointe du Hoc (NA).
9. Parte da 4ª Divisão de Infantaria se desloca da praia Utah para o interior (Biblioteca Robert Hunt).
10. O general de brigada Rod Keller e o Estado-Maior da 3ª Divisão de Infantaria canadense, logo depois do desembarque em Bernières-sur-Mer (NAC/ANC PA-115534).
11. Prisioneiros alemães dos canadenses levam um soldado ferido de volta à praia Juno (NAC/ANC PA-132469).
12. Um tanque Sherman do II Exército passa por Douvers-la-Délivrande (IWM B5267).
13. Praia Utah, 9 de junho (AdM).
14. O Obersturmführer SS Michael Wittmann com homens do 101º Batalhão Panzer Pesado (BA 101I-299-1802-02A).
15. Um sargento do Regimento do Leste do Yorkshire limpa um fuzil de franco-atirador enquanto outro soldado dorme (Getty Images).
16. Um soldado americano e um alemão morto nos arredores de Cherbourg, 27 de junho (AdM).
17. O 6º Batalhão do Regimento de Fuzileiros Reais Escoceses no início da Operação Epsom, 26 de junho (IWM B5950).
18. Sapadores *panzergrenadiers* alemães com detector de minas num tanque Pantera (BA).

19 Jovens *panzergrenadiers* da Waffen-SS com um fuzil Mauser Modelo 98 e um lançador de rojões *Panzerfaust* (Archive Photos, Nova York).

20 Avanço da infantaria americana pela brecha numa sebe do *bocage* feita por um tanque Rinoceronte (AdM).

21 Guarnição de obuseiro americano de 105 mm em ação no *bocage* (NA 111-SC-191933).

22 Ernie Pyle, correspondente de guerra, com a 90ª Divisão de Infantaria na Normandia (Millard McKee).

23 Dois *panzergrenadiers* da 12ª Panzer-Division SS "Juventude Hitlerista" nas ruínas de Caen.

24 Tanques Cromwell aguardam o início da Operação Goodwood, 18 de julho (IWM B7649).

25 Goodwood: 1º Batalhão de Guardas Galeses em ação perto de Cagny, 19 de julho (IWM B7759).

26 Francesas acusadas de *collaboration horizontale* levadas em desfile por Cherbourg, 14 de julho (AdM).

27 Operação Cobra: efeito do bombardeio, 25 de julho (Exército dos Estados Unidos).

28 Depois do bolsão de Roncey: foto de Robert Capa do tenente Paul Unger, policial do Exército da 2ª Divisão Blindada, revistando um prisioneiro da SS (Magnum, foto de Robert Capa).

29 Um soldado de infantaria exausto dorme na rua, depois da captura de Marigny, 28 de julho (AdM).

30 Refugiados idosos em La Haye-du-Puits, 28 de julho (AdM).

31 Operação Bluecoat: o avanço, 30 de julho (IWM B8195).

32 Prisioneiros alemães mandados de volta a Cherbourg para serem evacuados para a Inglaterra (AdM).

33 Patton, Bradley e Montgomery no quartel-general do 21º Grupo de Exércitos (IWM B0006551).

34 Refugiados em Saint-Pois, 10 de agosto (AdM).

35 Mortain depois da destruição, 13 de agosto (NA).

36 Dois canadenses avançam em Falaise, 16 de agosto (IWM NYT4974).

37 Estrada aberta em meio à destruição do bolsão de Falaise (IWM KY482458).

38 A ponta de lança de Patton, com caça-tanques atravessando o Sena por um pontilhão (IWM KY482458).

39 Três combatentes da Resistência no Quartier Latin, 22 de agosto de 1944, foto de Jean e Albert Séeberger (© Foto Séeberger Frères, cortesia de Frédéric Séeberger).

40 Uma parisiense beija um dos *fusiliers marins* do general Leclerc, 25 de agosto de 1944, foto de Robert Doisneau (© Robert Doisneau/Rapho/Eyedea/Camera Press London).

41 O general Von Choltitz assina a rendição de Paris, 25 de agosto (© Bettmann/Corbis).

42 O general De Gaulle e Leclerc na Gare Montparnasse, 25 de agosto (IWM BU158).

MAPAS

Primeira guarda: A invasão, 6 de junho

Tropas Aeroterrestres Britânicas, 6 de junho	67
Tropas Aeroterrestres Americanas e praia Utah, 6 de junho	78
Praia Omaha, 6 de junho	102
Praia Gold, 6 de junho	140
Praias Juno e Sword, 6 de junho	145
Villers-Bocage, 11 a 14 de junho	201
Península de Cotentin e tomada de Cherbourg, 10 a 28 de junho	222

Operação Epsom, 26 de junho a 1º de julho	239
A frente de batalha da Normandia no final de junho	248
Frente de batalha do I Exército americano, 3 de julho	254-5
Ataque a Saint-Lô, 11 e 12 de julho	294
Operação Goodwood, 18 a 20 de julho	321
Operação Cobra, 25 de julho a 1º de agosto	354
Operação Bluecoat, 30 de julho a 7 de agosto	378
Contra-ataque de Mortain, 6 a 12 de agosto	411
Operação Totalize, 7 a 10 de agosto	432
O Bolsão de Falaise	470-1

Segunda guarda: O avanço aliado na Bretanha e no Sena

GLOSSÁRIO

Para ajudar a esclarecer a distinção entre as divisões alemãs e aliadas no texto, refiro-me, respectivamente, à 352ª Divisão de Infantaria (alemã) ou à 90ª Divisão de Infantaria (dos Estados Unidos). Aqui, naturalmente, a versão alemã é um tanto híbrida; em alemão, seu nome seria 352. Infanterie-Division.

Quanto aos regimentos, é bom lembrar que os britânicos e canadenses envolvem um único batalhão. Já os americanos e alemães costumavam incluir três batalhões e eram do tamanho de brigadas.

BCRA: Bureau Central de Renseignements et d'Action, serviço de operações secretas e especiais do general De Gaulle, comandado pelo coronel André Dewavrin, conhecido pelo *nom de guerre* de "Passy".

bocage: Nome do denso interior normando, com campos pequenos cercados de sebes espessas sobre grossos canteiros, muitas vezes com caminhos escavados entre elas.

colaboracionista: Pessoa que colabora com o inimigo que ocupa território em seu país. Os franceses que colaboravam os alemães na Segunda Guerra Mundial eram chamados de colaboracionistas.

DUKW: Viatura americana anfíbia de transporte de tropas montada pela General Motors.

FFI: Forces Françaises de l'Intérieur, ou Forças Francesas do Interior, organização da Resistência, semelhante a um exército, sob o comando do general Koenig, em Londres.

Fifi: Gíria que significa "integrante das FFI".

FTP: Francs-tireurs et Partisans, franco-atiradores e guerrilheiros, a parte da Resistência comandada pelos comunistas.

Hiwi: Abreviação alemã de *Hilfsfreiwillige*, ou voluntário. Eram, principalmente, prisioneiros de guerra soviéticos, coagidos pela fome dos campos de prisioneiros a servir como auxiliares no Exército alemão. Alguns se tornaram fidelíssimos aos seus senhores alemães. Os capturados pelos aliados foram devolvidos a Stálin. Alguns foram fuzilados, mas a maioria morreu em campos de trabalho.

Jäger: Equivalente, no Exército alemão, aos *chasseurs*, caçadores ou infantaria leve.

Jedburgh: Grupos americanos, britânicos e franceses de três homens, dois oficiais e um operador de rádio, lançados de paraquedas na França antes e durante a batalha da Normandia. Sua tarefa era treinar e orientar os grupos da Resistência.

Kübelwagen: Fabricado pela Volkswagen, era o jipe levemente maior e mais pesado da Wehrmacht.

LCT: Landing Craft Tank, ou barcaça de desembarque de tanques.

LST: Landing Ship Tank, ou navio de desembarque de tanques (às vezes chamado pela tripulação de Large Stationary Target, grande alvo estacionário).

Landser: Infante ou soldado comum da infantaria alemã; mais usado para indicar um infante com experiência na linha de frente.

Luftlande: Como em 91ª Luftlande-Division: divisão alemã treinada para pousar com planadores e apoiar as unidades de paraquedistas, ou *Fallschirmjäger*.

OB West: Oberbefehlshaber West, ou comandante em chefe do Oeste. Esse era o nome do quartel-general do marechal de campo Gerd von Rundstedt (e, mais tarde, do Generalfeldmarschall Von Kluge) em Saint-Germain-en-Laye, junto de Paris.

OKH: Oberkommando des Heeres, Estado-Maior do Exército alemão, que, em termos práticos, era responsável pela frente oriental.

OKW: Oberkommando der Wehrmacht, Estado-Maior da Wehrmacht, que dirigia todos os outros teatros de operações, principalmente o OB West durante a batalha da Normandia.

ORA: Organisation de Résistance de l'Armée, ou Organização de Resistência do Exército. Ala mais conservadora da Resistência, nascida entre os soldados franceses permitidos pelo Armistício, que criaram os seus próprios grupos depois da reocupação alemã da zona desmilitarizada, em novembro de 1942.

OSS: Office of Strategic Services, Escritório de Serviços Estratégicos, contrapartida americana da SOE.

Ost-Battalion: Batalhão formado de *Osttruppen*.

Osttruppen: "Soldados orientais", ex-prisioneiros do Exército Vermelho capturados pelos alemães, a maioria do ROA do general Vlasov, que serviam na França com farda alemã, comandados por cabos, sargentos e oficiais alemães.

Panzerfaust: Lançador de rojões e granadas, simples, eficaz e usado ao ombro, produzido em massa para a infantaria alemã.

Peep: Gíria para jipe.

PIAT: Projector Infantry Anti-Tank, lançador de rojões antitanque de infantaria, equivalente britânico da bazuca.

RAF: Royal Air Force (Força Aérea Real), criada durante a Primeira Guerra Mundial, teve papel importante nas operações da Segunda Guerra.

ROA: Rosskaia Osvoboditel'naia Armia, Exército de Libertação Russa, formado por ex-soldados do Exército Vermelho comandados pelo general Andrei Vlasov.

SAS: Special Air Service, tropas especiais britânicas organizadas em duas brigadas para a invasão da Europa, que incluíam unidades e subunidades francesas e de outras nacionalidades.

SHAEF: Supreme Headquarters Allied Expeditionary Force, ou Supremo Quartel-General da Força Expedicionária Aliada

SOE: Special Operations Executive, agência de operações especiais, entidade criada por Churchill em 1940 para promover a resistência na Europa ocupada pelos alemães.

Veja a tabela de comparação de postos militares dos Exércitos americano, britânico e alemão, assim como das Waffen-SS, em www.antonybeevor.com

1
A DECISÃO

Southwick House é uma construção grande, típica do início do século XIX na Inglaterra, com acabamento em estuque e colunas na fachada. Oito quilômetros ao sul, a base naval de Portsmouth e os ancoradouros além dela estavam repletos de embarcações de todos os tipos e tamanhos: navios de guerra cinzentos, barcos de transporte e centenas de barcaças de desembarque, todos atracados. O Dia D estava marcado para a segunda-feira, 5 de junho, e o embarque já havia começado.

Em tempos de paz, Southwick House poderia servir de cenário para uma festa de Agatha Christie, mas a Marinha Real britânica a ocupara em 1940. Agora, o jardim antes bonito e o bosque nos fundos eram enfeados por filas de abrigos Nissen, barracas de campanha e caminhos cobertos de cinzas. Southwick servia de quartel-general do almirante Sir Bertram Ramsay, comandante em chefe da Marinha para a invasão da Europa, e também como posto de comando avançado do SHAEF. As baterias antiaéreas na serra de Portsdown estavam posicionadas para defender da Luftwaffe a casa e as docas mais abaixo.

O sul da Inglaterra vinha gozando de uma onda de calor somada à seca. Em 29 de maio, registraram-se temperaturas de 38º C, mas a equipe meteorológica ligada ao quartel-general de Dwight D. Eisenhower logo ficou inquieta. O grupo era comandado pelo Dr. James Stagg, escocês alto e esguio, de rosto bastante magro e bigode bem aparado. Stagg, principal especialista civil em clima do país, acabara de receber o posto de coronel da RAF para ter autoridade necessária num meio militar pouco acostumado a pessoas de fora.

Desde abril, Eisenhower vinha testando Stagg e sua equipe pedindo que, às segundas-feiras, fossem feitas previsões para os próximos três dias que seriam depois conferidas durante a semana. Na quinta-feira, 1º de junho, véspera do dia em que os encouraçados deveriam zarpar de Scapa Flow, na extremidade noroeste da Escócia, as estações meteorológicas indicavam a formação de depressões profundas no Atlântico Norte. O mar revolto no Canal da Mancha poderia inundar as barcaças de desembarque, sem falar no efeito sobre os soldados amontoados a bordo. As nuvens baixas e a má visibilidade constituíam outra grande ameaça, já que os desembarques dependiam da capacidade das forças aéreas e marinhas aliadas de destruir as posições defensivas e as baterias costeiras alemãs. O embarque geral para a primeira onda de 130 mil soldados estava a caminho e devia completar-se dali a dois dias.

Stagg se atormentava com a falta de concordância entre os vários departamentos de meteorologia britânicos e americanos. Todos recebiam os mesmos relatórios das estações meteorológicas, mas a análise dos dados simplesmente não combinava. Incapaz de admitir isso, teve de dizer ao general de brigada Harold R. Bull, subchefe do Estado-Maior de Eisenhower, que "a situação é complexa e difícil".

— Pelo amor de Deus, Stagg – explodiu Bull. – Resolva isso aí até amanhã de manhã antes de ir à reunião do comandante supremo. O general Eisenhower está preocupadíssimo. – Stagg voltou ao seu barracão Nissen para estudar atentamente os mapas e consultar mais uma vez os outros departamentos.

Eisenhower tinha outras razões para o "nervosismo pré-Dia D". Embora parecesse calmo, com o famoso sorriso aberto para todos, fosse qual fosse o posto, vinha fumando até quatro maços de cigarros Camel por dia. Acendia um, deixava-o aceso no cinzeiro, punha-se de pé, andava um pouco e acendia outro. As xícaras constantes de café não ajudavam em nada os nervos.

Adiar a invasão acarretaria muitos riscos. Com o mau tempo, os 175 mil soldados das duas primeiras ondas não poderiam ficar engaiolados nos navios e barcaças de desembarque sem perder o ardor do combate. Os encouraçados e comboios prestes a descer o litoral britânico até o Canal da Mancha não poderiam dar meia-volta mais do que uma vez sem abastecer. E a possibilidade de que os aviões de reconhecimento alemães os avistassem aumentaria enormemente.

O sigilo sempre fora a maior preocupação. Boa parte do litoral sul estava coberta de campos militares alongados, conhecidos como "linguiças", nos quais, supostamente, os soldados da invasão estavam isolados do contato com o mundo exterior. Entretanto, vários soldados vinham escapulindo por debaixo do arame farpado para um último drinque no bar ou para ver suas esposas e namoradas. A possibilidade de vazamento, em todos os níveis, era incalculável. Um general da força aérea americana fora mandado de volta, em desgraça, depois de citar a data da Operação Overlord num coquetel, em Claridges. Agora, surgia o medo de que a ausência dos jornalistas britânicos chamados para cobrir a força invasora na Fleet Street, rua onde se localizavam as sedes dos principais jornais do país, pudesse ser notada.

No Reino Unido, todos sabiam que o Dia D era iminente, e os alemães também, mas era preciso evitar que o inimigo soubesse exatamente onde e quando. Desde 17 de abril, impusera-se a censura à comunicação de diplomatas estrangeiros e o movimento para dentro e fora do país passara a ser estritamente controlado. Felizmente, o serviço de segurança britânico capturara todos os agentes alemães em território britânico. A maioria deles fora "solta" para mandar a seus controladores informações enganosas. Esse sistema em "duplo X", supervisionado pelo Comitê Duplo X, foi criado para produzir "ruído" e confusão como parte fundamental do Plano Fortitude. Era a campanha de desinformação mais ambiciosa da história da guerra, projeto ainda maior que a *maskirovka* então preparada pelo Exército Vermelho para esconder o verdadeiro alvo da Operação Bagration, a ofensiva de verão de Stálin para cercar e esmagar o Grupo de Exércitos do Centro da Wehrmacht, na Bielorrússia.

O Plano Fortitude tinha várias frentes. O Fortitude Norte, com formações falsas na Escócia, baseadas num "IV Exército britânico", fingia preparar um ataque à Noruega para manter lá as divisões alemãs. O Fortitude Sul, que constituía o esforço principal, pretendia convencer os alemães de que possíveis desembarques na Normandia seriam uma ação diversionária em grande escala para afastar as reservas alemãs do Passo de Calais. A verdadeira invasão aconteceria supostamente entre Boulogne e o estuário do Somme, na segunda metade de julho. O ficcional "Primeiro Grupo de Exércitos americano", sob o comando do general George S. Patton, o comandante que os alemães mais temiam, gabava-se de ter onze divisões no sudeste da Inglaterra. Aviões de mentira e blindados infláveis, além de 250 navios de desembarque falsos, contribuíam para a ilusão. Formações foram inventadas, como a 2ª Divisão Aeroterrestre britânica, ao lado de outras reais. Para aumentar a ilusão, dois quartéis-generais de equipe falsa também mantinham comunicação constante pelo rádio.

Um dos agentes duplos mais importantes que trabalhou para o serviço secreto britânico no plano Fortitude Sul foi o catalão Juan Pujol, de codinome "Garbo". Com seu contato no serviço de segurança, Pujol construiu uma rede de 27 subagentes totalmente inventados e bombardeou a agência de espionagem alemã em Madri com informações cuidadosamente preparadas em Londres. Cerca de quinhentas mensagens de rádio foram enviadas nos meses que precederam o Dia D. Elas forneceram detalhes que, juntos, formaram aos poucos o mosaico que o Comitê Duplo X montava para convencer os alemães de que o principal ataque aconteceria mais tarde, no Passo de Calais.

Também foram imaginadas outras simulações secundárias para impedir que os alemães levassem tropas de outras regiões da França para a Normandia. O Plano Ironside dava a impressão de que, duas semanas depois dos primeiros desembarques, uma segunda invasão seria realizada no litoral oeste da França, vinda diretamente dos Estados Unidos e dos Açores. Para manter os alemães em dúvida e impedir que deslocassem a 11ª Panzer-Division, estacionada perto de Bordéus, para o norte, rumo à Normandia, uma agente controlada na Inglaterra, conhecida como "Bronx", enviou uma mensagem em código para seu controlador alemão no Banco Espírito Santo, em Lisboa: "*Envoyez vite cinquante livres. J'ai besoin pour mon dentiste*". [Envie depressa cinquenta libras. Preciso pagar o dentista.] Com isso, ela indicava que "um desembarque ocorreria na Baía de Biscaia, por volta de 15 de junho". Temendo o desembarque na Bretanha, a Luftwaffe ordenou a destruição imediata de quatro campos de pouso próximos ao litoral. Outra ação diversionária, a Operação Copperhead, foi montada no final de maio, quando um ator parecido com o general Montgomery visitou Gibraltar e Argel para sugerir um ataque ao litoral mediterrâneo.

Bletchley Park, o complexo secretíssimo situado uns 80 quilômetros a noroeste de Londres que decodificava as mensagens inimigas, adotou, a partir de 22 de maio, um novo sistema de vigilância para a Operação Overlord. Seus especialistas estavam a postos para decodificar qualquer coisa importante assim que chegasse. Graças às mensagens interceptadas pelo Ultra, eles também conseguiram verificar o sucesso da campanha de desinformação do Plano Fortitude realizada pelos principais agentes do Duplo X, Pujol, Dusko Popov ("Triciclo") e Roman Garby-Czerniawski. Em 22 de abril, Bletchley decodificou uma mensagem alemã que identificava o "IV Exército", com quartel-general perto de Edimburgo e composto por dois corpos em Stirling e Dundee. Outras mensagens mostravam que os alemães acreditavam que a Divisão Lowland vinha sendo preparada para o ataque à Noruega.

Em maio, as mensagens decifradas pelo Ultra revelaram que os alemães tinham realizado um exercício contra a invasão com base no pressuposto de que os desembarques ocorreriam entre Ostend e Boulogne. Por fim, em 2 de junho, Bletchley pôde relatar: "Últimos indícios mostram que o inimigo considera terminados os preparativos aliados. Aguarda desembarque inicial na Normandia ou Bretanha seguido por grande ataque ao Passo de Calais." Parecia que os alemães tinham mesmo engolido o Plano Fortitude.

Em 2 de junho, de manhã cedo, Eisenhower mudou-se para um trailer escondido sob redes de camuflagem no parque de Southwick. Ele o apelidou de "minha carroça de circo" e, quando não estava em reunião nem visitando as tropas, tentava relaxar fumando e lendo livros de faroeste no beliche.

Às 10 horas da manhã daquela sexta-feira, na biblioteca de Southwick House, Stagg apresentou a última avaliação meteorológica a Eisenhower e aos outros comandantes em chefe reunidos. Devido à discordância constante entre os colegas, principalmente os muito otimistas meteorologistas americanos do SHAEF, teve de manter seu profético pronunciamento. Ele sabia que, na reunião da noite, teria de dar uma opinião clara sobre a piora do tempo prevista para o final de semana. A decisão de prosseguir ou adiar a investida deveria ser tomada muito em breve.

Na mesma reunião, o tenente-brigadeiro Sir Trafford Leigh-Mallory, comandante em chefe da Força Aérea, delineou o plano "para criar um cinturão de rotas bombardeadas passando por vilas e cidades pequenas, para assim prevenir ou impedir o movimento das formações inimigas". Perguntou se tinha liberdade para prosseguir, "tendo em vista as baixas civis que resultarão". Eisenhower anunciou sua aprovação "como necessidade operacional". Foi decidido que seriam jogados folhetos para avisar os franceses.

O destino dos civis franceses era apenas uma das muitas preocupações. Como comandante supremo, Eisenhower tinha de equilibrar rivalidades políticas e pessoais, mantendo ao mesmo tempo a sua autoridade dentro da aliança. Tinha a simpatia do marechal de campo Sir Alan Brooke, chefe do Estado-Maior Imperial, e do general Sir Bernard Montgomery, comandante em chefe do 21º Grupo de Exércitos, mas nenhum dos dois o tinha em alta conta como soldado.

"Não há dúvida de que Ike faz o máximo possível para manter as melhores relações entre os britânicos e os americanos", escreveu Brooke em seu diário, "mas também é evidente que não sabe nada de estratégia e é *bem* inadequado para o cargo de comandante supremo no que diz respeito a conduzir a guerra." Depois da guerra, a avaliação tipicamente concisa de Monty sobre Eisenhower foi: "Sujeito legal, soldado, não".

Com certeza, eram opiniões injustas. Eisenhower demonstrou boa capacidade de avaliação em todas as decisões importantes na invasão da Normandia, e seu talento diplomático manteve unida uma coalizão indisciplinada. Só isso já constituía uma façanha considerável. Mais tarde, o próprio Brooke admitiu que "os óculos nacionais distorcem a perspectiva da paisagem estratégica". E ninguém, nem mesmo o general George C. Patton, era tão difícil de lidar quanto Monty, que tratava o comandante supremo com escasso respeito. Na primeira reunião, repreendeu Eisenhower por fumar em sua presença. Eisenhower era um homem grande demais para levar esse tipo de coisa a sério, mas muitos subordinados americanos acharam que ele devia ter sido mais duro com o britânico.

O general Montgomery, apesar das qualidades consideráveis de militar extremamente profissional e excelente treinador de soldados, sofria de um excesso de amor-próprio extraordinário, quase certamente oriundo de algum tipo de complexo de inferioridade. Em fevereiro, referindo-se à famosa boina, dissera ao secretário particular do rei Jorge VI: "Meu chapéu vale três divisões. Os homens o veem a distância. Dizem 'Lá está Monty', e aí combatem qualquer um". Sua falta de modéstia era quase cômica, e os americanos não eram os únicos a acreditar que sua fama fora inflada pela imprensa britânica, que o adorava. Como observou Basil Liddell Hart? "Talvez Monty seja mais popular entre os civis do que entre os soldados".

Montgomery tinha um talento dramático extraordinário, o que costumava irradiar confiança para os seus soldados, mas nem sempre recebia uma reação extasiada. Em fevereiro, quando disse ao Regimento de Infantaria Leve de Durham que eles estariam na primeira onda da invasão, ouviu-se um gemido alto. Os soldados tinham acabado de retornar da luta no Mediterrâneo e recebido poucas licenças. Achavam que outras divisões que nunca tinham saído da Inglaterra deveriam ocupar seu lugar. "Os malditos de Durham de novo", foi a reação. "São sempre os malditos de Durham." Quando Montgomery foi embora, as fileiras de soldados deveriam correr para saudá-lo na estrada, mas nenhum homem se mexeu, o que provocou muito embaraço e irritação entre os oficiais superiores.

Monty estava decidido a ter soldados experientes para enrijecer divisões ainda não testadas, mas essa ideia foi recebida com bastante ressentimento pela maioria dos veteranos do deserto. Eles tinham lutado no exterior por até quatro anos e achavam que agora era a vez dos outros, sobretudo das divisões que ainda não tinham sido enviadas a nenhum teatro de operações. Alguns regimentos do antigo VIII Exército estavam há seis anos sem ir para casa, e um ou dois tinham ficado no exterior mais tempo ainda. O ressentimento foi muito influenciado pelas esposas e namoradas em casa.

A 1ª Divisão americana, conhecida como "Big Red One", também reclamou ao ser escolhida outra vez para ser a vanguarda do ataque a uma praia, mas sua experiência era extremamente necessária. Em 8 de maio, um importante relatório de avaliação classificara como "insatisfatórias" quase todas as outras formações americanas designadas para a invasão. Os oficiais superiores americanos entraram em ação e as últimas semanas de treinamento intensivo não foram desperdiçadas. Eisenhower sentiu-se encorajado pela melhora extraordinária e, intimamente, grato pela decisão de adiar a invasão do início de maio para o início de junho.

Havia outras tensões na estrutura do comando aliado. O vice-comandante supremo de Eisenhower, o tenente-brigadeiro Sir Arthur Tedder, detestava Montgomery, mas, por sua vez, era profundamente detestado por Winston Churchill. O general Omar Bradley, comandante do I Exército americano, que vinha de uma família pobre de agricultores do Missouri, não parecia muito marcial com sua "expressão roceira" e os óculos doados pelo governo. Mas Bradley era "pragmático, tranquilo, aparentemente sem ambições, um tanto obtuso, nem extravagante nem ostentatório, e nunca eriçava as penas". Era também um comandante astuto, movido pela necessidade de fazer o serviço. Por fora, tratava Montgomery com respeito, mas os dois não poderiam ser mais diferentes.

Bradley se relacionava muito bem com Eisenhower, mas não tinha a mesma tolerância do chefe para com o incontrolável George Patton. De fato, Bradley mal conseguia esconder a desconfiança intensa que sentia por aquele cavalariano sulista excêntrico. Patton, homem temente a Deus e famoso pela linguagem suja, gostava de falar aos soldados em termos provocadores. "Agora, quero que não se esqueçam", disse ele uma vez, "nunca, nenhum desgraçado ganhou uma guerra morrendo pelo seu país. A gente ganha quando faz os coitados dos desgraçados do outro lado morrerem pelo país *deles*." Não há dúvida de que, sem o apoio de Eisenhower nos momentos decisivos, Patton jamais teria a oportunidade de criar tanta fama na campanha próxima. A capacidade de Eisenhower de manter unida uma equipe tão disparatada foi um feito extraordinário.

A disputa mais recente, produzida inteiramente pelo nervosismo do Dia D, devia-se ao tenente-brigadeiro Leigh-Mallory. Leigh-Mallory, que "irritava todo mundo", até mesmo Eisenhower, convenceu-se de repente de que as duas divisões aeroterrestres americanas que seriam lançadas de paraquedas na península de Cotentin sofreriam um massacre. Ele insistiu repetidamente no cancelamento desse elemento fundamental do plano da Operação Overlord para proteger o flanco oeste. Eisenhower disse a Leigh-Mallory que pusesse por escrito os seus temores. Ele o fez e, depois de atenta consideração, Eisenhower os rejeitou, com o total apoio de Montgomery.

Eisenhower, apesar do estado de nervos e da responsabilidade assustadora que acumulava, adotou, sabiamente, uma atitude filosófica. Fora escolhido para tomar as decisões finais, então tinha de tomá-las e enfrentar as consequências. A maior decisão, como sabia muito bem, estava prestes a ser tomada. De forma bastante literal, dela dependia o destino de vários milhares de vidas de soldados. Sem nada dizer nem aos auxiliares mais próximos, Eisenhower preparou um pequeno discurso a fazer em caso de fracasso. "Os desembarques na área de Cherbourg-Havre não conseguiram conquistar uma base satisfatória e ordenei a retirada dos soldados. A minha decisão de atacar nessa hora e nesse lugar baseou-se nas melhores informações disponíveis. Os soldados, a Força Aérea e a Marinha fizeram tudo o que a bravura e a devoção ao dever poderiam conseguir. Se houve culpa ou erro na tentativa, cabem apenas a mim."

Embora nem Eisenhower nem Bradley pudessem admitir, a mais difícil das cinco praias de desembarque seria Omaha. A praia, objetivo da 1ª e da 2ª Divisões de Infantaria americanas, fora alvo do minucioso reconhecimento realizado por uma equipe britânica do COPP, Combined Operations Beach Reconnaissance and Assault Pilotage Parties (Grupo de Operações Combinadas de Pilotagem de Assalto e Reconhecimento de Praias). Na segunda metade de janeiro, o minissubmarino X-20 tinha sido rebocado por uma traineira armada até perto do litoral da Normandia. O general Bradley solicitara que, depois de verificar as praias escolhidas para as tropas britânicas e canadenses, o COPP também examinasse Omaha para confirmar que era bastante firme para os tanques. O capitão sapador Scott-Bowden e o sargento Bruce Ogden-Smith, da Seção de Embarcações Especiais, nadaram até a praia armados apenas com uma faca de caça e uma pistola automática Colt .45. Levavam também uma broca de 45 centímetros para cavar e uma cartucheira com recipientes para pôr as amostras. O mar estava incomumente calmo e, por pouco, eles escaparam de ser descobertos por sentinelas alemãs.

No dia seguinte ao seu retorno, Scott-Bowden foi convocado por um contra-almirante a ir a Londres e chegou à Norfolk House, na praça de Saint James, pouco depois do almoço. Lá, numa longa sala de jantar com mapas cobertos por cortinas nas paredes, viu-se diante de seis almirantes e cinco generais, entre eles o general Bradley. Este interrogou-o cuidadosamente sobre a capacidade de suporte da praia. "Senhor, espero que não se importe que eu diga isso", informou-lhe Scott-Bowden pouco antes de ir embora, "mas essa praia é uma proposta realmente terrível, e haverá baixas tremendas." Bradley lhe pôs a mão no ombro e disse: "Eu sei, meu filho, eu sei". Simplesmente, Omaha era a única praia possível entre o setor britânico, à esquerda, e a praia Utah, à direita.

Assim que as tropas da invasão partiram para o embarque, a população civil correu para se despedir. "Quando partimos", escreveu um jovem mecânico americano que fora hospedado por uma família inglesa, "[eles] choraram como se fossem nossos pais. Foi muito comovente. Parecia que o público em geral sabia muito bem o que estava acontecendo."

É claro que era impossível manter o sigilo. "Quando passamos por Southampton", escreveu um soldado britânico de um regimento blindado, "o povo nos preparou uma recepção maravilhosa. Toda vez que parávamos, éramos sobrecarregados de xícaras de chá e bolos, para desgosto da Polícia do Exército que escoltava a coluna com ordens estritas de impedir todo e qualquer contato entre civis e soldados."

A maioria dos soldados foi transportada em viaturas do Exército, mas algumas unidades britânicas marcharam, as botas ferradas soando em uníssono na estrada. Os mais velhos, nos jardins diante das casas, muitas vezes assistindo com lágrimas nos olhos, não puderam deixar de pensar na geração anterior que marchara para as trincheiras de Flandres. Os capacetes tinham formato parecido, mas a farda era diferente. E os soldados não usavam mais a perna envolta em faixas. Em vez disso, usavam polainas de lona que combinavam com o resto dos acessórios, como o cinto, as correias, as cartucheiras e a mochila. O fuzil e a baioneta também tinham mudado, mas não o bastante para a diferença ser perceptível.

Os soldados sentiram que o Dia D devia estar próximo quando foram oferecidas licenças de 24 horas. Para os menos entusiasmados, essa seria a última oportunidade de sumir ou se embebedar. No período pré-invasão, houve muitos casos de soldados que não voltaram da licença, mas relativamente poucas deserções. A maioria retornou ao serviço para "estar com os camaradas" quando a invasão começou. Pragmáticos, os oficiais comandantes não quiseram perder seus homens mandando-os para a cadeia. Deixaram a cargo do indivíduo redimir-se na batalha.

De repente, os soldados notaram que os oficiais ficaram muito mais solícitos com os homens. Houve sessões de cinema nos campos fechados. As rações de cerveja ficaram mais generosas e música dançante tocava nos alto-falantes. Os mais cínicos perceberam que os subtenentes do almoxarifado tinham ficado generosos de repente, um péssimo sinal. O poeta Keith Douglas, de 24 anos, capitão da Yeomanry[1] dos Rangers de Sherwood, escreveu a Edmund Blunden, poeta da guerra anterior: "Já me engordaram para o massacre e estou só esperando que comece". Douglas foi um dos muitos homens a abrigar uma forte sensação de morte iminente e a falar a respeito com os amigos mais íntimos. É espantoso quantos deles estavam certos, mas talvez essa crença tenha sido apenas uma profecia que causou o próprio cumprimento. Douglas foi à procissão da igreja no último domingo. Depois, deu uma volta com o capelão do regimento, que recordou que Douglas aceitara a morte que se aproximava e que sua postura não era mórbida. Diante de um colega oficial, ele se mostrou fatalista, porque sentia ter usado o seu quinhão de sorte na guerra do deserto.

Quase todos detestavam a espera e torciam para que o pior acabasse logo. "Todos estão tensos e fingem estar à vontade", comentou um soldado de infantaria americano. "A bravata ajuda", acrescentou. Muitos pensaram nas namoradas. Alguns casaram-se às pressas, para garantir que elas recebessem pensão caso o pior acontecesse. Um soldado americano juntou todo o seu soldo e o mandou a um joalheiro, para que a noiva inglesa pudesse escolher a

---

1 As unidades da Yeomanry se originaram de regimentos voluntários de cavalaria formados por *yeomen*, pequenos proprietários rurais ingleses, no final do século XIX. (*N. T.*)

aliança de casamento para quando ele voltasse. Foi uma época de intensa emoção pessoal. "As mulheres que vieram se despedir dos seus homens", observara pouco antes um jornalista, "quase sempre andam até a pontinha da plataforma para os últimos acenos cuidadosamente sorridentes quando o trem se afasta."

Alguns homens desmoronaram com a tensão. "Certa noite", registrou um soldado da 1ª Divisão de Infantaria americana, "um dos soldados vestiu duas cartucheiras de munição, pegou as granadas de mão, um fuzil e partiu. Ninguém o viu fazer isso, mas assim que foi descoberto, organizou-se um grupo de busca. O grupo o encontrou. Ele se recusou a desistir e foi morto. Nunca soubemos se apenas não queria morrer na praia ou se era um espião. Seja o que for, foi burrice. Foi a morte certa contra o talvez." Talvez tenha sentido uma premonição do que o aguardava em Omaha.

Naquela noite de sexta-feira, enquanto tanques e soldados ainda eram embarcados nos navios de transporte, o coronel Stagg conferiu mais uma vez, por linhas seguras de telefone, os outros centros meteorológicos. Tinha de fazer um relatório definitivo na reunião que começaria às 21h30, mas ainda não havia concordância. "Se não estivesse carregada de tamanho potencial de tragédia, toda aquela história seria ridícula. Em menos de meia hora, eu teria de apresentar ao general Eisenhower uma previsão 'conjunta' para os próximos cinco dias que cobrisse o período de lançamento da maior operação militar já organizada: entre os especialistas que participavam da discussão, não havia dois que concordassem no tempo provável nem nas próximas 24 horas."

Discutiram e discutiram até que o tempo acabou. Stagg correu para a biblioteca da casa principal para apresentar o relatório aos principais comandantes da Operação Overlord.

— Então, Stagg? — perguntou Eisenhower. — O que tem para nós desta vez?

Stagg sentiu-se compelido a seguir o instinto e deixar de lado as opiniões mais otimistas de seus colegas americanos de Bushey Park.

— Nos últimos dias, a situação toda, das Ilhas Britânicas até a costa do Canadá, se transformou e agora está potencialmente ameaçadora. – Enquanto ele entrava em detalhes, vários oficiais superiores, um tanto perplexos, espiavam pela janela o lindo pôr do sol.[2]

---
2 Ainda havia luz porque estavam trabalhando no horário de verão britânico.

Depois de perguntar sobre o tempo para o lançamento de tropas aeroterrestres, Eisenhower sondou melhor a situação provável em 6 e 7 de junho. De acordo com Tedder, houve uma pausa significativa.

— Se eu respondesse a isso, senhor — respondeu Stagg —, estaria adivinhando e não me comportando como seu assessor meteorológico.

Stagg e o coronel D.N. Yates, seu colega americano, se retiraram, e logo o general Bull veio avisar-lhes que não haveria mudança de planos para as próximas 24 horas. Quando voltaram ao alojamento, os dois homens souberam que os primeiros navios já tinham partido dos ancoradouros. Stagg não pôde deixar de lembrar a piada de humor negro que o general de divisão Sir Frederick Morgan, principal planejador do início da Operação Overlord, lhe fizera: "Boa sorte, Stagg. Que todas as suas depressões sejam pequenas, mas não se esqueça: vamos enforcá-lo no poste mais próximo se você não ler direito os presságios".

Na manhã do dia seguinte, sábado, 3 de junho, as notícias não podiam ser piores. A estação meteorológica de Blacksod Point, no oeste da Irlanda, acabara de avisar que o barômetro caía rapidamente, com ventos de força seis. Stagg sentiu-se "quase fisicamente enjoado" com os mapas do clima e a maneira como as equipes ainda analisavam os mesmos dados de maneira diferente. Naquela noite, às 21h30, ele e Yates foram convocados. Entraram na biblioteca, as prateleiras sem livros. As cadeiras do refeitório estavam arrumadas em arcos concêntricos, com os comandantes em chefe na fila da frente e os chefes do Estado-Maior e os comandantes subordinados atrás. Eisenhower, seu chefe do Estado-Maior, general Walter Bedell Smith, e Tedder estavam em três cadeiras diante da plateia.

— Cavalheiros — começou Stagg —, os temores de ontem sobre o tempo dos próximos três ou quatro dias, meus e de meus colegas, se confirmaram. — Então, ele fez uma previsão detalhada. Era uma imagem desanimadora de mar revolto, ventania de força seis e nuvens baixas. "Durante todo esse recital", escreveu Stagg mais tarde, "o general Eisenhower ficou sentado imóvel, com a cabeça levemente inclinada, apoiada na mão, fitando-me sem parar. Todos na sala pareceram atordoados por um instante." Não surpreende que Eisenhower se sentisse compelido a recomendar o adiamento provisório.

Não foi uma noite boa para Eisenhower. O comandante Harry Butcher, seu ajudante de ordens, foi procurá-lo mais tarde com a notícia de que a Associated Press tinha divulgado uma notícia dizendo: "Tropas de Eisenhower desembarcam na França". Muito embora a agência tivesse cancelado a notícia

23 minutos depois, ela já havia sido recebida pela CBS e pela Rádio Moscou. "Ele meio que grunhiu", registrou Butcher em seu diário.

Quando Stagg foi para a sua barraca, por volta da meia-noite, depois de saber do adiamento provisório, era estranho olhar por entre as árvores e ver que "o céu estava quase claro e tudo em volta, tranquilo e imóvel". Stagg não tentou dormir. Passou as primeiras horas da madrugada redigindo anotações detalhadas sobre todas as discussões. A previsão não era melhor, muito embora o céu ainda estivesse claro e houvesse pouco vento.

Às 4h15 da manhã de domingo, 4 de junho, em mais outra reunião, Eisenhower decidiu que o adiamento provisório de 24 horas combinado na noite anterior deveria permanecer. Sem apoio aéreo máximo, o risco era grande demais. Foi dada a ordem de chamar os comboios de volta. Os contratorpedeiros zarparam à máxima velocidade para buscar as barcaças de desembarque que não podiam ser chamadas pelo rádio e trazê-las de volta.

Stagg, que voltara exausto à cama de campanha, ficou consternado quando acordou e viu o céu ainda claro, com pouco vento. Não conseguiu encarar os outros oficiais durante o café da manhã. Mas, mais tarde, sentiu um certo alívio envergonhado quando as nuvens e o vento começaram a aumentar, vindos de oeste.

Aquele domingo foi um dia de perguntas intermináveis. As dezenas de milhares de homens poderiam ficar confinadas nas barcaças de desembarque? E o que seria de todos os navios que tinham zarpado e agora recebido ordem de voltar? Precisariam reabastecer. E se o mau tempo continuasse, a maré seria contrária. De fato, se as condições do tempo não melhorassem em 48 horas, a Operação Overlord teria se ser adiada para dali a duas semanas. Seria difícil manter segredo, e o efeito sobre o moral poderia ser devastador.

2
COM A CRUZ DE LORENA

Eisenhower estava longe de ser o único a se assombrar com a enormidade do que iriam começar. Churchill, que sempre tivera dúvidas sobre planos de invasão pelo Canal da Mancha, agora ficava cada vez mais num estado nervoso de otimismo irracional, enquanto o marechal de campo Sir Alan Brooke confiou ao diário que sentia "um vazio na boca do estômago". "É muito difícil acreditar que, em poucas horas, começa a invasão pelo Canal! Estou muito inquieto com a operação toda. Na melhor das hipóteses ficará muito, mas muito abaixo das expectativas da maioria do povo, ou seja, todos os que nada sabem das dificuldades. Na pior, talvez venha a ser o desastre mais pavoroso de toda a guerra."

"Os britânicos", observou um importante oficial do Estado-Maior americano, "tinham um medo muito maior do fracasso." Depois dos longos anos de guerra, com lembranças amargas de Dunquerque e do malsinado ataque a Dieppe, isso não surpreende. Mas, sejam quais forem as razões, eles acertaram ao se recusar a invadir o continente antes. Seria necessária uma superioridade avassaladora, e o Exército dos Estados Unidos teve de aprender muitas duras lições no norte da África, na Sicília e na Itália.

Certa vez, Churchill observou que os americanos sempre tomavam a decisão certa, depois de já terem tentado todas as outras. Mas, mesmo que contivesse uma pitada de verdade, a piada subestimava o fato de que eles aprendiam muito mais depressa do que seus autodenominados tutores do Exército britânico. Não tinham medo de dar ouvidos a civis inteligentes do mundo dos negócios, agora fardados, e, acima de tudo, não tinham medo de experimentar.

Os britânicos mostraram sua engenhosidade em muitos campos, desde o computador que decifrava as mensagens interceptadas pelo Ultra até as armas novas, como os tanques anfíbios e os equipados com correntes destruidoras de minas do general de brigada Percy Hobart. Mas a hierarquia do Exército britânico continuava basicamente conservadora. O fato de os tanques especiais serem chamados de "*funnies*" ("brinquedinhos") de Hobart demonstra a inimitável mistura britânica de ceticismo e irreverência. O culto do cavalheiro diletante, que Montgomery tanto detestava, continuaria a ser uma desvantagem considerável. Não surpreende que os oficiais americanos considerassem os colegas ingleses como "educados demais", sem a implacabilidade necessária, sobretudo na hora de destituir comandantes incompetentes.

O próprio Churchill era um grande diletante, mas ninguém poderia acusá-lo de falta de iniciativa. Tinha um interesse apaixonado por operações militares, na verdade até exagerado, na opinião de seus assessores militares. Uma torrente de ideias, a maioria delas totalmente impraticável, despejava-se em memorandos que provocavam suspiros e gemidos em Whitehall, rua onde se concentra o governo britânico. O general "Pug" Ismay, assessor militar de Churchill, teve de cuidar da mais recente inspiração do primeiro-ministro nesse momento historicamente simbólico. Churchill queria "exibir algum tipo de 'Dunquerque ao contrário' na Operação Overlord, com pequenos barcos [civis] levando soldados de infantaria para acompanhar e complementar as tropas de assalto propriamente ditas depois que as praias estivessem limpas".

O desejo obcecado do primeiro-ministro de estar perto do centro da ação levara-o a insistir em zarpar com a frota invasora. Queria acompanhar o bombardeio do litoral na ponte do cruzador HMS *Belfast*. Não avisou Brooke, pois sabia que ele desaprovaria, e tentou justificar o pedido com base em que também era ministro da Defesa. Felizmente, em 2 de junho o rei resolveu o problema numa carta magistral. "Meu caro Winston, quero fazer mais um apelo para que não se faça ao mar no Dia D. Por favor, considere a minha posição. Sou mais novo do que o senhor, sou marinheiro e, como rei, sou o comandante de todas as armas. O que mais desejaria seria fazer-me ao mar, mas concordei em ficar; é justo então que o senhor faça exatamente o que eu mesmo gostaria de fazer?"

Churchill, num estado de espírito "implicante" por ter sido contrariado, ordenou que o seu trem particular, como um quartel-general móvel, ficasse perto de Eisenhower. Brooke escreveu no diário: "Enquanto isso, Winston pegou o seu trem e passeia pela área de Portsmouth, transformando-se na praga em pessoa!" Houve um momento alegre naquela véspera do Dia D. Chegou a notícia de que as tropas aliadas, sob o comando do general Mark Clark, entravam em Roma. Mas a atenção de Churchill estava prestes a ser sobrecarregada com um problema quase insolúvel. O general Charles de Gaulle, líder da França Livre, que usava como seu símbolo a Cruz de Lorena, chegara a Londres naquela manhã. O nervosismo pré-Dia D, somado às complicações políticas e ao egocentrismo patriótico de De Gaulle, levaria a uma série de explosões.

O problema central das relações com De Gaulle nascia da desconfiança do presidente Roosevelt, que o via como possível ditador. Essa opinião fora estimulada pelo almirante Leahy, ex-embaixador americano junto ao marechal Pétain em Vichy, e também por vários franceses influentes em Washington, como Jean Monnet, mais tarde considerado o pai da unidade europeia.

Roosevelt se tornara tão avesso à política francesa que, em fevereiro, sugeriu mudar os planos para as zonas de ocupação aliada da Alemanha no pós-guerra. Queria que os Estados Unidos ficassem com a metade norte do país, para que pudessem receber suprimentos através de Hamburgo e não da França. "Pelo que entendo", escreveu Churchill em resposta, "sua proposta nasce da aversão a realizar um trabalho político na França e do temor que isso possa envolver o estacionamento de tropas americanas na França durante um longo período."

Roosevelt e Churchill, este em menor grau, recusavam-se a reconhecer os problemas do "governo insurrecional", como dizia De Gaulle. Este não tentava apenas garantir a sua posição. Ele precisava manter as facções rivais unidas para poupar a França do caos, talvez até da guerra civil, depois da libertação. Mas, altivo e desajeitado, De Gaulle, muitas vezes para desespero de seus próprios partidários, parecia ter um prazer quase perverso em morder as mãos americanas e britânicas que o alimentavam. Em tudo, o seu ponto de vista era totalmente francocêntrico. Isso incluía um supremo desdém por fatos inconvenientes, sobretudo quando poderiam minar a glória da França. Só De Gaulle conseguiria escrever uma história do Exército francês sem mencionar a Batalha de Waterloo.

Durante toda a primavera, Churchill fez o que pôde para amaciar a atitude de Roosevelt, sabendo que os aliados tinham de trabalhar com De Gaulle. Encorajou Roosevelt a encontrá-lo. "O senhor lhe faria um grande bem com um tratamento paternal", escreveu, "e penso mesmo que isso ajudaria sob todos os pontos de vista".

Roosevelt concordou em vê-lo, mas insistiu que De Gaulle tinha de pedir o encontro. O convite oficial implicaria o reconhecimento de De Gaulle como líder da França. O presidente apegava-se à noção de que os exércitos aliados não estavam invadindo a França para pôr De Gaulle no poder. "Nesse momento", escreveu, "sou incapaz de reconhecer qualquer governo da França antes que o povo francês tenha a oportunidade de escolher com liberdade o seu governo". Mas, já que por algum tempo não seria possível realizar eleições, isso significava que a administração das áreas libertadas seria realizada pelo AMGOT (Allied Military Government of Occupied Territories), o Governo Militar Aliado dos Territórios Ocupados.

Essa sigla foi um insulto fatal tanto para De Gaulle quanto para o Comitê Francês de Libertação Nacional (CFLN), em Argel. Em 3 de junho, véspera do voo de De Gaulle para a Inglaterra, o CFLN declarou-se Governo Provisório da República Francesa. Esse anúncio foi imediatamente considerado por Roosevelt como provocação deliberada. Ele já proibira Eisenhower de ter qualquer contato com o governo francês no exílio.

Eisenhower só teve permissão de trabalhar com o general Pierre Koenig, que De Gaulle nomeara comandante da Resistência, conhecida como Forças Francesas do Interior, ou FFI. Mesmo assim, Eisenhower recebeu instruções de não confiar a Koenig detalhes da invasão, porque este seria obrigado a relatá-los a seus superiores políticos. Essas contradições provocaram um "agudo embaraço", como admitiu Eisenhower num relatório a Washington. "O general Koenig sente profundamente o fato de lhe negarem até o conhecimento mais geral das próximas operações, apesar do emprego de unidades navais, aéreas e aeroterrestres francesas e do muito que se espera da resistência francesa."

Enquanto isso, Churchill insistia com Roosevelt para que aceitasse "um acordo de trabalho" com o Comitê francês, em especial porque os aliados precisavam que a Resistência cumprisse o seu papel na invasão. Também ajudou a persuadir os americanos a mandarem para a Inglaterra a 2ª Divisão Blindada francesa (a 2ème Division Blindé, ou DB), que tinham armado e equipado no norte da África. Comandada pelo general Philippe Leclerc, mais tarde ela faria parte do III Exército de Patton, na campanha da Normandia. Mas, para a divertida resignação dos oficiais britânicos, uma das primeiras cerimônias que a divisão de Leclerc organizou depois de chegar a Yorkshire foi uma missa oficial em homenagem a Joana d'Arc, que os ingleses tinham queimado na fogueira uns quinhentos anos antes.

Por outro lado, os soldados aliados foram alertados para não ofender a sensibilidade francesa depois de desembarcarem. Um panfleto lhes dizia para evitar referências à derrota humilhante da França em 1940. "Graças a piadas sobre 'Gay Paree' [Alegre Paris] etc.", acrescentava, "há uma crença bem generalizada de que os franceses são um povo alegre e frívolo, sem senso moral e com poucas convicções. Isso é falso, principalmente nos dias de hoje". Mas era improvável que informações oficiais tivessem algum efeito sobre quem estava dominado por especulações empolgadas a respeito de "*mademoiselles* francesas".

O gabinete de guerra de Churchill percebeu que o líder da França Livre tinha de ser convidado a ir à Inglaterra para ser informado do Dia D. Apesar de "todas as suas falhas e loucuras", escreveu o primeiro-ministro a Roosevelt, "De Gaulle tem mostrado alguns sinais de querer trabalhar conosco e, afinal de contas, é bem difícil excluir os franceses da libertação da França". Entretanto, o presidente insistira que, "em nome da segurança", De Gaulle deveria ficar no Reino Unido "até que o desembarque da Operação Overlord tenha ocorrido".

A falta de segurança da França Livre não se devia a espiões de Vichy infiltrados na rede gaullista, mas sim aos códigos franceses pouco sofisticados. A exasperação da SOE, principalmente depois da infiltração maciça da Gestapo na Resistência no ano anterior, levou Leo Marks, criptógrafo-chefe da entidade, a fazer uma visita à sede dos gaullistas na rua Duke, no centro de Londres. Ele pediu aos cifradores que codificassem a mensagem que quisessem. Então, tirou-a da mão deles e a decifrou "sob seus narizes espantados". "Isso não aumentou a estima entre ingleses e franceses", escreveu o historiador oficial com seca discrição. Mas o orgulho gaulês ainda impedia que a França Livre usasse os sistemas de codificação britânico ou americano. Logo antes do Dia D, "C", chefe do Serviço Secreto de Informações, avisou ao primeiro-ministro que não se devia permitir que os franceses mandassem mensagens pelo rádio, só por linhas telefônicas seguras.

Churchill mandou dois aviões de passageiros York a Argel para trazer De Gaulle e seu séquito. Mas De Gaulle relutou em ir porque Roosevelt não permitiria a discussão do governo civil francês. Em 2 de junho, Duff Cooper, representante de Churchill, discutiu com ele durante uma hora, tentando convencê-lo a desistir de forçar a situação. Disse-lhe que, caso se recusasse a ir, estaria fazendo o jogo de Roosevelt. Era preciso que estivesse presente na Inglaterra no seu papel de comandante militar. Duff Cooper lhe avisou que, acima de tudo, perderia o respeito do primeiro-ministro, que concluiria que ele era um homem de trato impossível. De Gaulle só concordou na manhã seguinte, quando os dois Yorks já aguardavam por eles no campo de pouso para levá-los no primeiro trecho da viagem até Rabat, no Marrocos francês.

Após voar a noite toda, o avião de De Gaulle pousou em Northolt exatamente às 6 horas da manhã de 4 de junho. Depois de todo o sigilo imposto à viagem, Duff Cooper se surpreendeu ao ver uma grande guarda de honra perfilada e uma banda da RAF tocando a "Marselhesa" enquanto desciam a escada. Uma carta de boas-vindas bem ao estilo de Churchill foi entregue a De Gaulle. "Meu caro general De Gaulle", dizia. "Bem-vindo a este litoral! Eventos militares importantíssimos estão prestes a ocorrer". Convidava-o a se juntar a ele em seu trem particular. "Se o senhor puder estar aqui às 13h30, ficarei muito feliz em lhe servir o *déjeuner*, e então iremos juntos ao quartel-general de Eisenhower."

Duff Cooper ficou perplexo com a ideia de um "quartel-general avançado" de Churchill num trem, que finalmente se encontraram num desvio de uma pequena estação perto de Portsmouth. Considerou o esquema "completamente absurdo". E desanimou ainda mais quando descobriu que o marechal de campo Smuts, sul-africano francófobo decidido, estava no séquito do primeiro-ministro. Então, Churchill começou a conversar com De Gaulle dizendo que o levara até lá para que fizesse um discurso no rádio. Para piorar as coisas, não fez nenhuma menção a discutir a situação civil da França, assunto do maior interesse para De Gaulle.

Quando Anthony Eden, ministro do Exterior, conduziu a conversa para o campo da "política", que basicamente significava a recusa constante de Roosevelt a reconhecer De Gaulle e o seu governo provisório, a raiva deste último explodiu. Seu ressentimento se inflamou contra o dinheiro aliado impresso nos Estados Unidos e distribuído entre os soldados. Disse que esse dinheiro, que considerava "*une fausse monnaie*", era um dinheiro falso, que não era "reconhecido de modo algum pelo governo da República". Essa era uma questão importante que parece não ter ocorrido às autoridades americanas nem britânicas. Se nenhum governo se dispusesse a aceitar essas notas impressas sem muita competência – os soldados americanos as comparavam a "cupons de cigarros" –, elas não teriam valor.

Churchill se inflamou, perguntando como os britânicos poderiam agir sem os Estados Unidos. "Vamos libertar a Europa, mas isso porque os americanos estão conosco. Portanto, entenda bem. Toda vez que tivermos de decidir entre a Europa e o alto-mar, será sempre o alto-mar que escolheremos. Toda vez que eu tiver de decidir entre o senhor e Roosevelt, sempre escolherei Roosevelt." De Gaulle aceitou friamente que era isso mesmo. Os humores se acalmaram quando se sentaram para almoçar. Churchill ergueu o copo: "A De Gaulle, que nunca aceitou a derrota". De Gaulle ergueu o seu em resposta: "Ao Reino Unido, à vitória, à Europa".

Depois, Churchill acompanhou De Gaulle até Southwick House. Lá, Eisenhower e Bedell Smith informaram ao líder francês o plano da Operação Overlord. Eisenhower foi encantador e escondeu o torvelinho por que passava em consequência das condições do tempo. Entretanto, antes que De Gaulle partisse, Eisenhower lhe mostrou uma cópia da proclamação que faria ao povo francês no Dia D. Embora tivesse suavizado o tom peremptório de Roosevelt, o discurso não reconhecia de modo algum a autoridade do governo provisório. De fato, chegava a instruir os franceses a obedecerem às ordens do comando aliado até que "os próprios franceses escolham seus representantes e seu governo". Para De Gaulle, isso confirmava os seus maiores temores de uma ocupação anglo-saxã da França. Entretanto, ele manteve a calma e disse apenas que "gostaria de sugerir algumas alterações na mensagem do general Eisenhower". Este concordou em avaliá-las, já que haveria tempo.

Quando retornou a Londres, De Gaulle soube que as emendas sugeridas não poderiam ser aprovadas a tempo, já que a Junta de Chefes do Estado-Maior teria de concordar com elas. Então, recusou-se a falar ao povo francês pela BBC na manhã seguinte depois de Eisenhower e dos líderes dos outros países ocupados. Também anunciou que ordenaria aos oficiais de ligação franceses designados para as divisões britânicas e americanas que não as acompanhassem, porque não houvera acordo na questão do governo civil. Quando Churchill recebeu a notícia, durante uma reunião do Gabinete de Guerra, teve um terrível ataque de raiva.

Naquela noite, Eden e o emissário de De Gaulle, Pierre Viénot, empenharam-se numa ponte diplomática para reparar os danos entre os dois líderes furiosos. De Gaulle explodiu com Viénot, dizendo que Churchill era um "gângster". Viénot, então, foi até Churchill, que acusou De Gaulle de "traição no apogeu da batalha". Queria mandá-lo de volta a Argel, "acorrentado, se necessário".

* * *

Mesmo com todo esse drama, o fato mais importante daquela noite de sábado, 4 de junho, ocorreu na biblioteca de Southwick House. Durante a tarde, Stagg e seus colegas notaram que a depressão que se aproximava no Atlântico tinha se concentrado, mas também se retardara. Isso indicava que vinha surgindo uma lacuna suficiente no mau tempo para que a invasão acontecesse. Às 21h30, a reunião começou, e Stagg foi chamado. Poucos dentre os presentes estavam otimistas. A chuva e o vento golpeavam as janelas, e todos podiam imaginar como estariam as condições do tempo para as dezenas de milhares de soldados nos navios e barcaças de desembarque ancorados no litoral.

— Cavalheiros — disse Stagg —, desde que apresentei a previsão da noite passada, alguns fatos rápidos e inesperados aconteceram no Atlântico Norte.

— Haveria uma rápida melhora a partir da tarde de segunda-feira. O tempo não seria o ideal, foi o teor da mensagem, mas serviria. Seguiram-se perguntas investigativas e começou uma discussão séria.

— Vamos deixar uma coisa bem clara — interrompeu o almirante Ramsay.

— Se a Operação Overlord começar na terça-feira, preciso dar o alerta preparatório às minhas tropas na próxima meia hora. Mas se partirem e tiverem de voltar outra vez, não há possibilidade de continuar na quarta-feira.

Leigh-Mallory voltou a exprimir a preocupação com as condições mínimas de visibilidade para os bombardeiros, mas Eisenhower virou-se para Montgomery, que usava seu uniforme nada convencional de pulôver castanho-claro e calças largas de veludo cotelê.

— Vê alguma razão para não partirmos na terça-feira?

— Não — respondeu Montgomery enfaticamente, com sua voz nasalada.

— Eu diria: *Vamos*.

Lá fora, na antessala, os oficiais do Estado-Maior aguardavam com maços de ordens já prontas para serem assinadas pelos comandantes. Dois conjuntos tinham sido preparados para atender a ambas as alternativas.

Nas primeiras horas de 5 de junho, segunda-feira, chegaram mais dados para confirmar a pausa no mau tempo. Na reunião da manhã, Stagg conseguiu enfrentar com muito mais confiança a plateia intimidadora. A tensão se reduziu, e "o comandante supremo e seus colegas pareciam novos homens", escreveu depois. O sorriso de Eisenhower voltou. Outros detalhes foram discutidos, mas todos estavam impacientes para partir, e a sala se esvaziou rapidamente. Havia muito a fazer para levar os cinco mil navios de quase 12 nações diferentes de volta ao mar pelas rotas marítimas preestabelecidas. Uma pequena frota de caça-minas da Marinha Real britânica seguiria à frente deles para abrir um canal largo até as praias. O almirante Ramsay estava especialmente preocupado com a tripulação dessas embarcações vulneráveis. Esperavam baixas pesadíssimas.

Agora que a grande decisão fora tomada, Eisenhower foi para o atracadouro de South Parade, em Portsmouth, para ver o embarque dos últimos soldados. "Ele sempre se anima quando conversa com soldados", anotou em seu diário Harry Butcher, seu ajudante de ordens. Na hora do almoço, voltaram ao trailer de Eisenhower em Southwick Park e jogaram "Cães e raposa" e depois, xadrez. Butcher já organizara tudo para que o comandante supremo, acompanhado de jornalistas, fosse naquela noite à base aérea de Greenham Common para visitar a 101ª Divisão Aeroterrestre americana. Deveriam decolar às 23 horas para a missão que, como Leigh-Mallory previra, seria um desastre.

Ao contrário da infantaria e das outras armas, que ficaram encerradas nas "linguiças" de arame farpado, as tropas aeroterrestres tinham sido levadas diretamente às bases aéreas de onde decolariam. A 82ª Divisão Aeroterrestre ficara estacionada perto de Nottingham, enquanto a 101ª estava espalhada pelos condados a oeste de Londres. Passaram cinco dias aquartelados em hangares, com filas de catres entre corredores. Lá, desmontaram e lubrificaram várias vezes as suas armas pessoais ou afiaram as baionetas. Alguns tinham comprado facas de caça em Londres e vários se equiparam com navalhas afiadas. Tinham aprendido a matar um homem em silêncio cortando-lhe a jugular e a caixa de ressonância da voz. O treinamento aéreo não fora apenas fisicamente rigoroso. Alguns tinham sido obrigados a "rastejar por entranhas e sangue de porcos, como parte do endurecimento".

Para afastar a mente da espera opressiva que o adiamento aumentara, os oficiais instalaram gramofones que tocavam músicas como "I'll Walk Alone" e "That Old Black Magic". Também conseguiram projetores para passar filmes, principalmente os de Bob Hope. Muitos paraquedistas também andavam escutando "Axis Sally"[1] na Rádio Berlim, que tocava boa música, além de transmitir

---

1 "Axis Sally", ou "Sally do Eixo", era o apelido que as tropas americanas davam a Mildred Gillars (1900-1988), uma fracassada atriz americana natural de Portland, no Estado do Maine, que se mudara para a Alemanha em 1935 e se tornara apresentadora da Rádio Berlim. Transmitia música e propaganda nazista, com o objetivo de minar o moral aliado. Foi julgada por traição em 1949 e passou 12 anos na prisão.

propaganda maldosa no programa *Home Sweet Home*. Mas, mesmo quando ela dizia, em várias ocasiões antes do Dia D, que os alemães estavam à espera deles, a maioria via isso como piada.

Também havia barraquinhas da Cruz Vermelha, com rosquinhas e café servidos por jovens voluntárias americanas. Em muitos casos, elas davam sua ração de cigarros aos soldados. A comida servida, com bifes, batata frita e sorvete, era um luxo que, inevitavelmente, provocou mais piadas de humor negro sobre a engorda para a chacina. A 82ª Divisão Aeroterrestre adquiriu o gosto da região de Nottingham pelo tradicional peixe com fritas e fez muitas amizades locais. Também ficaram comovidos quando os moradores correram para lhes dar adeus, muitos em lágrimas, enquanto os comboios de viaturas levavam os paraquedistas para as bases aéreas.

Um grande número de homens afastou a mente do que os esperava com apostas frenéticas, primeiro com o duvidoso dinheiro da invasão, depois com dólares poupados e notas de uma libra. Jogavam dados e *blackjack*. Um homem que ganhou 2.500 dólares, quantia bem considerável naquela época, continuou jogando deliberadamente até perder tudo. Sentiu que, se partisse com o dinheiro, o destino decretaria a sua morte.

Os paraquedistas examinaram os paraquedas principais e reservas para se assegurar de que estavam em perfeitas condições. Outros escreveram a última carta para a família ou para a namorada, para o caso de morrerem. Alguns retiraram fotografias preciosas da carteira e colaram com fita adesiva no interior do capacete. Todos os documentos pessoais e pertences civis foram recolhidos e embalados para que ficassem guardados até a volta deles. Os capelães realizaram ofícios religiosos num canto do hangar e os católicos se confessaram.

Nesse período de reflexão individual, não poderia haver contraste maior entre os discursos de alguns comandantes de regimentos. O coronel "Jump" Johnson, que comandava o 501º Regimento de Infantaria Paraquedista, entrou no hangar de jipe e pulou para a plataforma de ginástica. Recebera o apelido por querer saltar de quase todos os objetos voadores e usava de cada lado um revólver de cabo de madrepérola. Os dois mil homens do seu regimento se juntaram em volta dele. "Havia um clima no ar, a empolgação da batalha", observou um paraquedista. Depois de um breve discurso para despertar o ardor marcial dos soldados, Johnson se curvou rapidamente, puxou da bota uma grande faca de caça e brandiu-a acima da cabeça. "Antes de ver a aurora de um novo dia", berrou, "quero enfiar essa faca no coração dos nazistas mais cruéis, sujos e imundos de toda a Europa." Um clamor imenso e retumbante se ouviu e, em resposta, seus homens também ergueram as facas.

O general Maxwell Taylor alertou os homens da 101ª Divisão Aeroterrestre que o combate à noite seria extremamente confuso. Eles veriam como é difícil distinguir entre os seus homens e os do inimigo. Por essa razão, durante a escuridão deveriam lutar com facas e granadas e só usar as armas de fogo depois do amanhecer. Segundo um dos seus soldados: "Ele também disse que, se fizéssemos prisioneiros, eles atrapalhariam nossa capacidade de cumprir a missão. Teríamos de cuidar dos prisioneiros como achássemos melhor".

O brigadeiro-general[2] "Slim Jim" Gavin, da 82ª Divisão Aeroterrestre, talvez tenha sido o mais comedido em seu discurso. Ele disse: "Homens, nos próximos dias vocês passarão por algo que não vão querer trocar nem por um milhão de dólares, mas também não vão querer passar por isso de novo muitas vezes. Para a maioria, será a primeira vez que entrarão em combate. Lembrem-se de que vão para matar, senão morrerão". Sem dúvida, Gavin causou forte impressão. Um dos ouvintes disse que, depois da fala tranquila, "acho que iríamos até o inferno com ele". Outro oficial comandante decidiu adotar a tática do choque. Disse aos homens, alinhados à sua frente: "Olhem à direita e à esquerda. Depois da primeira semana na Normandia, só restará um de vocês".

Não se pode duvidar do nível altíssimo de motivação da maioria avassaladora dos soldados americanos aeroterrestres. A forma mais eficaz de os oficiais imporem a disciplina por algum tempo fora ameaçar os soldados de não participar da invasão.

Os rituais da véspera da batalha incluíam raspar a cabeça, para facilitar o cuidado dos ferimentos pelos paramédicos, mas alguns homens decidiram deixar uma tira de cabelo no meio da cabeça, no estilo dos índios moicanos. Isso contribuiu para a ideia alemã, influenciada pelos filmes de gângster de Hollywood e, mais tarde, estimulada pelos destacamentos de propaganda da Wehrmacht, de que os soldados americanos aeroterrestres eram recrutados nas piores cadeias dos Estados Unidos e vinham das "*übelste Untermenschentum amerikanischer Slums*", "a pior subclasse das favelas americanas". Os rostos também foram enegrecidos, a maioria

---

[2] O posto de Brigadier-General da Aeronáutica americana (que aqui traduzo, por conveniência, como brigadeiro-general) não tem equivalente na Aeronáutica brasileira e fica entre o de coronel e o de brigadeiro. (*N. T.*)

com fuligem de fogão, embora alguns usassem graxa e outros acrescentassem listras de tinta branca, numa competição para ver quem ficava "mais feio".

Os uniformes de salto tinham o emblema da divisão no ombro esquerdo e a bandeira americana no direito. Um soldado que recebera dois maços a mais de cigarros Pall Mall de um auxiliar da Cruz Vermelha enfiou um em cada perna. Mas, para os que caíram em áreas inundadas, é bem provável que essa opção de esconderijo tenha sido um desapontamento a mais. As botas e correias foram apertadas o máximo possível, como se constituíssem um tipo de armadura para protegê-los na luta iminente. Os paraquedistas também foram buscar munição a mais, sobrecarregando-se. O maior medo era enfrentar o inimigo com armas vazias. As cartucheiras foram cruzadas no peito, no "estilo Pancho Villa"; os cantis foram enchidos até a boca e os bolsos, recheados com meias e roupa de baixo sobressalente. Os capacetes com rede de camuflagem tinham um kit de primeiros socorros preso na nuca, contendo ataduras, oito comprimidos de sulfa e dois flaconetes de morfina – "um para a dor, dois para a eternidade".

Os bolsos e as bolsas se incharam, não só com 150 cargas de munição .30, mas também com a Ração D, barras de chocolate cuja textura lembrava concreto semiendurecido, e uma granada Gammon britânica, que continha meio quilo de explosivo C2 num tipo de meia de algodão. Com certeza essa bomba improvisada seria eficaz até contra viaturas blindadas (os paraquedistas a chamavam de "artilharia de mão"), mas também era muito usada por outras razões. No fundo de um abrigo individual, uma pequena quantidade desse explosivo de queima rápida aquecia uma caneca de café ou uma Ração K[3] sem soltar fumaça.

As plaquetas de identificação foram presas com fita adesiva para não fazerem barulho. Cigarros e isqueiros, além de outros objetos essenciais, como o kit de higiene e barba, tabletes para purificar a água, 24 folhas de papel higiênico e um livro de expressões francesas foram para a bolsa pendurada no pescoço, juntamente com o kit de fuga, que consistia em um mapa impresso em seda, lâmina de serra de metal, bússola e dinheiro. A abundância de equipamento distribuído espantou os rapazes pobres do campo, mais acostumados a se virar e a consertar tudo em casa.

---

3 A ração K (o nome se deve ao seu criador, dr. Ancel Keys) era a ração de campanha distribuída entre os soldados americanos. Continha três refeições, café da manhã, almoço e jantar, em geral na forma de bolachas salgadas, carne seca salgada, refresco de limão em pó, algum tipo de doce e uma porção de cigarros, tudo embalado dentro de uma caixa de papelão. (*N. T.*)

Além de todos esses itens menores havia uma ferramenta de sapa para cavar trincheiras e a arma pessoal do soldado, em geral um fuzil articulado, parcialmente desmontado, numa sacola chamada de "caixa de violino", pendurada a tiracolo. Outros estavam armados com submetralhadoras Thompson. As bazucas foram desmontadas em duas partes. Juntamente com várias cargas de granadas anticarro, foram embaladas em bolsas de couro que ficariam penduradas nas pernas durante a descida. Só essas bolsas das pernas costumavam pesar até 36 quilos.

Os paraquedistas tinham as suas superstições. Vários também previram a própria morte. Um deles se lembrou de um "rapaz louro de cabelo muito claro" chamado Johnny. "Estava ali parado, fitando o nada. Fui até ele e perguntei: 'Qual o problema, Johnny?' Ele disse: 'Acho que não chego até o fim'. Eu disse: 'Nada disso, vai dar tudo certo'. Meio que o sacudi, porque ele parecia atordoado. No fim das contas, foi um dos primeiros a serem mortos na Normandia."

Quando Eisenhower chegou a Greenham Common no seu Cadillac do Estado-Maior, seguido por um pequeno comboio de jornalistas e fotógrafos, começou a conversar com os paraquedistas da 101ª Divisão Aeroterrestre do general Maxwell Taylor pouco antes de embarcarem. Deve ter sido difícil não pensar na terrível previsão de Leigh-Mallory de que quase todos partiam para a morte. Mas "a informalidade e a amabilidade de Eisenhower para com os soldados" espantou até seu ajudante de ordens. Um texano ofereceu ao comandante supremo o emprego de laçador de vacas depois da guerra. Em seguida, Eisenhower perguntou aos oficiais das tropas aeroterrestres se havia algum soldado do Kansas. Esperava encontrar alguém da sua cidade natal, Abilene. Mandaram um soldado chamado Oyler falar com ele.

— Como se chama, soldado? — perguntou-lhe Eisenhower. Oyler ficou paralisado diante do general. Os amigos tiveram de gritar seu nome para lhe despertar a memória. Eisenhower lhe perguntou de onde era.

— Wellington, Kansas — respondeu.

— Ah, fica ao sul de Wichita.

O comandante supremo, então, passou a lhe fazer perguntas sobre a escola, o serviço e se arranjara namorada na Inglaterra. Oyler relaxou e respondeu a todas as perguntas sobre a instrução e se achava que os outros homens do pelotão estavam preparados para partir.

— Sabe, Oyler, os alemães estão nos criando um baita problema há cinco anos, e agora é hora de retribuir. — Então, Eisenhower perguntou se ele estava com medo. Oyler admitiu que sim. — É, só um idiota não teria medo. Mas o truque é ficar em movimento. Quando a gente para, quando começa a pensar, perde o foco. Perde a concentração. Vira baixa. A ideia, a ideia perfeita, é ficar em movimento.

Naquele momento, o movimento era o maior problema dos paraquedistas. Estavam tão sobrecarregados de equipamento que só conseguiram chegar aos aviões que aguardavam em fila ao lado da pista arrastando os pés.

O pessoal de terra dos C-47 Skytrain (os ingleses os chamavam de Dakotas) trabalhara muito. Todos os aviões da invasão foram pintados na última hora com listras brancas e pretas nas asas e na fuselagem, para que os navios aliados lá embaixo os identificassem mais facilmente. Alguns paraquedistas ficaram preocupados quando viram aquilo. "Ficamos chocados ao ver as grandes listras largas pintadas nas asas e também na fuselagem. Parecia que ficaríamos lá em cima como patos, para todos os artilheiros em terra tentarem a sorte."

O perigo do "fogo amigo" era uma grande preocupação, em especial para as tropas aeroterrestres. Na invasão da Sicília, em julho de 1943, os artilheiros antiaéreos da Marinha americana tinham atirado em aviões de transporte americanos e nos que rebocavam planadores. No desespero para escapar do fogo, os pilotos dos aviões rebocadores soltaram os planadores, que caíram no mar. Mais de uma dúzia deles se perdeu no desastre. Dessa vez, para não voar por sobre a frota invasora, as rotas planejadas para os lançamentos na península de Cotentin levariam as duas divisões aeroterrestres numa grande volta a oeste, fazendo a aproximação final por sobre as Ilhas do Canal.

Muitos C-47, chamados pelos paraquedistas de "albatrozes", tinham nomes e símbolos pintados na lateral do nariz. Um deles, por exemplo, exibia o desenho de um demônio levando uma moça de maiô sentada numa bandeja. A inscrição embaixo era "O céu pode esperar". O nome menos encorajador de outro avião era "Miss Carriage".[4]

Foram necessários quarenta minutos para carregar os aviões, porque os paraquedistas, com excesso de equipamento, precisaram de ajuda para subir os degraus, quase como cavaleiros de armadura tentando montar a cavalo. E, assim que entraram, muitos tiveram de se esforçar para sair de novo para uma última "mijada nervosa". Os pilotos dos esquadrões de transporte de tropas ficaram cada vez mais

---

4 O nome é um trocadilho intraduzível. Significa "Srta. Charrete", mas também é *miscarriage*, aborto. (*N.T.*)

preocupados com o peso. Cada avião teria de levar de 16 a 18 homens totalmente equipados, e eles insistiram em pesá-los. O total os deixou ainda mais preocupados.

Um sargento embarcava primeiro, para ir para a frente do avião, e o comandante do pelotão era o último, já que ele é que saltaria primeiro. O sargento ficava na retaguarda para poder "empurrar" e assegurar que todos partissem e nenhum ficasse paralisado. "Um soldado perguntou ao sargento se era verdade que tinha ordem de matar quem se recusasse a pular. 'Foi a ordem que me deram.' Ele disse isso tão baixinho que todos ficaram em silêncio."

O 505º Regimento de Infantaria Paraquedista da 82ª Divisão Aeroterrestre sofreu um choque terrível durante o embarque. Uma granada Gammon explodiu dentro da fuselagem, matando vários soldados e pondo fogo no avião. Os sobreviventes foram simplesmente transferidos para um destacamento que seguiria depois. Nada poderia atrasar o cronograma da decolagem naquela noite.

Com os motores rugindo, os carregadíssimos C-47 começaram a percorrer a pista de Greenham Common numa sequência que parecia interminável. O general Eisenhower ali ficou, aparentemente com lágrimas nos olhos, saudando os paraquedistas da 101ª Divisão durante a decolagem.

Churchill, naquela noite de problemas com De Gaulle, também pensava em seu poderoso aliado do leste. Ele vinha tentando convencer Stálin a fazer a ofensiva de verão coincidir com a invasão da Normandia. Em 14 de abril, mandou uma mensagem: "Pedimos que nos avise, para fazermos os nossos cálculos, qual será a escala da sua iniciativa".

No ano anterior, Stálin começara a perder a esperança de que os aliados ocidentais viessem a invadir o norte da Europa, coisa que prometiam desde 1942. Churchill sempre preferira a estratégia indireta ou periférica no Mediterrâneo, para evitar um banho de sangue na França como o que chacinara os jovens da sua geração. No final, acertou ao adiar a invasão, embora pela razão errada. Simplesmente os exércitos anglo-americanos não estavam prontos, em termos materiais nem em pessoal treinado, para tentar uma operação dessas antes. O fracasso teria sido catastrófico. Mas nenhuma desculpa nem razão genuína aplacara Stálin, que nunca deixou de lembrar aos aliados a promessa feita. "Não se pode esquecer", escreveu a Churchill em junho de 1943, "que disso tudo depende a possibilidade de salvar milhões de vidas nas regiões ocupadas da Europa Ocidental e da Rússia e de reduzir o sacrifício colossal dos exércitos soviéticos, que, em comparação, torna modestas as perdas das tropas anglo-americanas." Mais de 7 milhões de integrantes das forças armadas soviéticas já tinham morrido na guerra.

Na conferência de Teerã, em novembro, Roosevelt, para consternação de Churchill e às suas costas, foi dizer a Stálin que, além dos desembarques na Normandia, eles também invadiriam o sul da França, na Operação Anvil (Bigorna). Churchill e Brooke vinham resistindo a esse plano desde que os americanos tiveram a ideia. A Operação Bigorna deixaria os exércitos aliados na Itália sem reservas nem recursos e prejudicaria o sonho de Churchill de avançar até a Áustria e o norte dos Bálcãs. Ele previa as consequências do avanço extraordinário do Exército Vermelho. Temia a ocupação soviética da Europa central. Roosevelt, por sua vez, se convencera de que, se agradasse Stálin em vez de enfrentá-lo, a paz duradoura no pós-guerra seria uma possibilidade real. Poderia basear-se na Organização das Nações Unidas, que pretendia criar. O presidente achava que Churchill se deixava guiar demais por impulsos reacionários, tanto imperiais quanto geopolíticos, e acreditava que, depois que a Alemanha nazista fosse derrotada com a ajuda americana, a Europa poderia se virar sozinha.

Durante a conferência de Teerã, Stálin ficara contente ao receber as declarações mais firmes até então de que a travessia do Canal da Mancha para a invasão ocorreria na primavera. Mas voltou a ficar profundamente desconfiado quando soube que ainda não fora nomeado o comandante supremo. Mesmo depois da nomeação de Eisenhower, Stálin ainda se manteve cético. Em 22 de fevereiro, recebeu uma mensagem de Gusev, seu embaixador em Londres. "Soubemos por outras fontes, principalmente correspondentes ingleses e americanos, que a data da abertura da Segunda Frente marcada em Teerã pode, provavelmente, mudar de março para abril e até mesmo para maio." E, quando Roosevelt por fim escreveu dizendo a data, Vishinski, ministro do Exterior de Stálin, convocou o encarregado de negócios americano em Moscou para perguntar o que significava o "D" do "Dia D".

Às vésperas da grande empreitada, Churchill mandou uma mensagem a Stálin com a sensação de que a dívida de sangue que os aliados ocidentais tinham com o povo soviético finalmente seria paga. "Acabei de retornar de dois dias passados no quartel-general de Eisenhower, acompanhando o embarque das tropas [...] Com grande contrariedade, o general Eisenhower foi obrigado a adiar por uma noite, mas a previsão do tempo teve uma mudança bastante favorável, e partimos hoje."

3
VIGILÂNCIA NO CANAL DA MANCHA

Enquanto a Wehrmacht aguardava a invasão, Hitler ficou no Berghof, sua residência alpina na encosta da montanha acima de Berchtesgaden. Em 3 de junho, enquanto os navios aliados eram carregados, houve um casamento nesse ambiente refinado. Gretl, irmã mais nova de Eva Braun, casou-se com o SS-Gruppenführer Hermann Fegelein, representante de Himmler no quartel--general do Führer. Os convidados usaram suas melhores roupas ou a farda de gala. Para marcar a solenidade da ocasião, Hitler, que detestava ser fotografado em roupas civis formais, juntou-se ao grupo de fraque e gravata branca, como os outros. Assumiu o papel de pai da noiva, não fez objeção à abundância de champanhe servida e permitiu que dançassem ao som de uma banda da SS. Saiu cedo da festa, mas deixou que comemorassem até tarde da noite. Martin Bormann ficou tão bêbado de *schnapps* que teve de ser carregado de volta ao seu chalé.

Hitler estava num estado de espírito confiante. Queria que o inimigo viesse, certo de que a invasão aliada seria esmagada na Muralha do Atlântico. Josef Goebbels, ministro de Propaganda do Reich, chegou a insinuar que os aliados não se atreveriam a atravessar o Canal da Mancha. O seu grande lema na época era: "Deviam estar vindo. Por que não vêm?".

Hitler se convencera de que derrotar a invasão tiraria os britânicos e os americanos da guerra. Então, ele poderia concentrar todos os seus exércitos contra Stálin, na frente oriental. As baixas que os exércitos alemães na França sofreriam nessa grande batalha defensiva não o preocupavam. Ele já havia demonstrado a pouca atenção que dava à perda de vidas, mesmo na sua guarda pessoal, a 1ª Panzer-Division SS *Leibstandarte Adolf Hitler*. Mas todo ano mandava aos homens cestas de Natal com chocolate e *schnapps*, mas não cigarros, que faziam mal à saúde. Himmler tinha de compensar essa deficiência com recursos da SS.

A Muralha Atlântica, que supostamente se estendia da Noruega à fronteira espanhola, era mais um triunfo de propaganda para consumo interno do que uma realidade física. Mais uma vez, Hitler fora vítima do autoengano do regime. Recusou-se a admitir comparações com a Linha Maginot francesa de 1940 e até a dar ouvidos às reclamações dos responsáveis pela defesa da costa. Faltava-lhes concreto suficiente para os *bunkers* e baterias porque o próprio Hitler dera prioridade aos abrigos maciços dos submarinos. A Kriegsmarine perdera a batalha do Atlântico, mas ele ainda acreditava que a nova geração de submarinos em desenvolvimento destruiria os navios aliados.

O marechal de campo Gerd von Rundstedt, comandante em chefe do Ocidente, considerava a Muralha Atlântica como "apenas um blefe barato". Como muitos oficiais graduados, o idoso Rundstedt não esquecera o dito de Frederico, o Grande, de que "quem defende tudo, não defende nada". Acreditava que a Wehrmacht deveria abandonar a Itália, "aquela bota pavorosa", e manter a linha nos Alpes. Também discordava da retenção de tantos soldados na Noruega, cuja importância estratégica considerava "uma questão puramente naval".[1]

Na intimidade, quase todos os oficiais superiores alemães eram cáusticos com a obsessão de Hitler por "fortalezas". Os portos de Dunquerque, Calais, Boulogne, Havre e Cherbourg, no litoral do Canal, e Brest, La Rochelle e Bordéus, no Atlântico, tinham sido considerados *Festung*, fortalezas a serem mantidas até o último homem. Hitler também se recusara sequer a pensar em trazer a divisão reforçada estacionada nas Ilhas do Canal porque, julgando os britânicos por si, tinha certeza de que quereriam tomar de volta a única parte do seu território que ele tinha conseguido ocupar.

Hitler também se convencera de que suas ordens sobre "fortalezas", tanto no leste quanto no oeste, eram a melhor maneira de rechaçar o inimigo e impedir que seus generais permitissem retiradas. Na verdade, elas fizeram com que as guarnições – 120 mil homens, no caso do norte da França – estivessem indisponíveis mais tarde para ajudar a defender a Alemanha. A sua política era

---

1 Rommel também queria abandonar a Itália e retirar os soldados do sul da França e do litoral ocidental para reforçar o Canal da Mancha, mas isso foi rejeitado pelo quartel-general do Führer.

contrária a todos os princípios tradicionais do Estado-Maior geral alemão, que insistia na flexibilidade. E quando Rundstedt ressaltou que, com seus canhões e proteções de concreto voltados para o mar, estavam vulneráveis a ataques por terra, essa observação não foi "bem recebida".

Ainda assim, até muitos oficiais experientes e não só os fanáticos da Waffen-SS aguardavam com certa confiança a batalha que se aproximava. "Consideramos a expulsão de Dieppe como prova de que podemos repelir qualquer invasão", disse mais tarde o tenente-general Fritz Bayerlein aos seus interrogadores americanos. A ânsia de enfrentar o inimigo em terra era generalizada. "A face da guerra mudou dramaticamente", escreveu um tenente apenas cinco dias antes do desembarque. "Não é mais como no cinema, onde o melhor lugar é atrás. Continuamos a esperar e esperamos que venham logo. Mas ainda temo que acabem não vindo e tentem acabar conosco pelo ar." Dois dias depois da invasão, ele foi morto por bombardeiros aliados.

É claro que a principal questão era onde os aliados iriam atacar. O planejamento de emergência alemão havia considerado a Noruega e a Dinamarca e até desembarques na Espanha e em Portugal. Os oficiais do OKW, o Oberkommando der Wehrmacht (Estado-Maior das Forças Armadas alemão), examinaram com cuidado a possibilidade de ataques ao litoral mediterrâneo da França e à Baía de Biscaia, principalmente na Bretanha e também perto de Bordéus. Mas as áreas mais prováveis seriam aquelas ao alcance das bases aéreas aliadas, no sul e no leste da Inglaterra. Isso significava um ponto qualquer descendo o Canal da Mancha, do litoral da Holanda até Cherbourg, na ponta da península de Cotentin.

Hitler confiara a tarefa de melhorar a defesa do canal ao marechal de campo Erwin Rommel, comandante em chefe do Grupo de Exércitos B. Rommel, ex-partidário de Hitler, desanimara-se com o efeito da superioridade aérea aliada no norte da África. O enérgico comandante de *panzers* que se tornara herói nacional agora se referia cinicamente aos discursos animadores e hipnóticos de Hitler aos generais deprimidos como "tratamento solar". Mas Rommel nunca abrandou na tentativa de aprimorar a defesa costeira.

O alvo mais óbvio de todos era o Passo de Calais. Ele oferecia aos aliados a rota marítima mais curta, a maior oportunidade de apoio aéreo constante e uma linha direta de avanço até a fronteira alemã, a menos de 300 quilômetros. Se bem-sucedida, essa invasão poderia isolar as tropas alemãs mais a oeste e também tomaria as bases de lançamento do foguete V-1, que logo estariam prontas. Por todas essas razões, a principal defesa de toda a Muralha Atlântica se concentrava entre Dunquerque e o estuário do Somme. Essa região era defendida pelo XV Exército.

A segunda área em que a invasão seria mais provável eram as praias da Normandia, a oeste. Hitler suspeitava que esse seria o plano aliado, mas previu os dois trechos de litoral para se assegurar de que, mais tarde, pudesse afirmar que tinha acertado. O estranho, contudo, foi que a Kriegsmarine descartou o litoral da Normandia, na crença de que os desembarques só podiam ocorrer com maré alta. Esse setor, que ia do Sena até a Bretanha, ficou sob a responsabilidade do VII Exército alemão.

Rommel escolheu como seu quartel-general o castelo de la Roche-Guyon, que fica numa grande curva do rio Sena, que marcava a fronteira entre os dois exércitos. Com penhascos de pedra calcária atrás e uma fortaleza normanda em ruínas lá em cima, o castelo dava para os canteiros de uma horta famosa junto ao grande rio lá embaixo. A entrada renascentista encaixada em muros medievais parecia plenamente adequada para a sede da família Rochefoucauld.

Com a permissão de Rommel, o duque da época e seus familiares mantiveram apartamentos no andar de cima da grande casa. Rommel quase nunca usava os cômodos luxuosos, com exceção do Grande Salão, com suas magníficas tapeçarias *gobelin*. De lá, trabalhava observando um jardim de rosas ainda não em flor. A escrivaninha era a mesma em que, em 1685, fora assinada a revogação do Edito de Nantes, medida que fizera os ancestrais huguenotes de muitos oficiais da Wehrmacht buscar vida nova na Prússia.

Rommel raramente passava as horas diurnas no castelo. Costumava se levantar às 5, fazia o desjejum com o tenente-general Hans Speidel, chefe do seu Estado-Maior, depois partia imediatamente em viagem de inspeção num automóvel oficial Horch, acompanhado no máximo de alguns oficiais. As reuniões do Estado-Maior aconteciam à noite, quando voltava, e em seguida jantava frugalmente com os oficiais mais próximos, em geral apenas Speidel e o Konteradmiral Friedrich Ruge, seu amigo e assessor naval. Mais tarde, continuava a discussão com eles ao ar livre, passeando sob dois cedros imensos. Tinham muita coisa para conversar em particular.

Rommel estava exasperado com a recusa de Hitler de pôr a Luftwaffe e a Kriegsmarine sob um comando centralizado para a defesa da França. Encorajado por Göring e pelo almirante Dönitz, Hitler preferia, instintivamente, manter organizações rivais que só ele poderia controlar de cima. Speidel argumentou que, no ocidente, a Luftwaffe tinha, entre pessoal de terra e sinaleiros, um efetivo de mais de um terço de milhão de homens, tudo parte do império que Göring construía. Para piorar a situação, o marechal do Reich se recusava a pôr o corpo de artilharia antiaérea a serviço do Exército, que seus próprios aviões não conseguiriam defender do ataque aéreo aliado.

Sempre que Rommel se queixava da inutilidade da Luftwaffe, o quartel-general do Führer tentava impressioná-lo com a possibilidade de mil caças novos e foguetes incontáveis para deixar o Reino Unido de joelhos. Além de se recusar a acreditar nessas promessas, ele sabia que, em termos operacionais, estava de mãos atadas. Desde a batalha de Stalingrado, Hitler não permitira defesas móveis. Cada centímetro de terreno tinha de ser mantido.

Speidel, integrante do movimento de resistência do Exército, recordou-se de que o próprio Rommel citou amargamente o lema de Hitler no *Mein Kampf*, na época da República de Weimar. "Quando o governo de uma nação a leva à derrocada, a rebelião não só é um direito, como um dever de cada homem." Entretanto, Rommel, ao contrário de Speidel e dos conspiradores de Berlim motivados pelo coronel Claus Schenk Graf von Stauffenberg, não acreditava em homicídio.

Por outro lado, o idoso Rundstedt, embora se referisse constantemente a Hitler, em particular, como "aquele cabo da Boêmia", jamais pensaria em revolta. Se outros removessem a "braçadeira marrom" nazista, ele não tentaria impedir, mas com certeza ele mesmo não o faria. Sua ambivalência era mais profunda. Rundstedt aceitara de Hitler quantias imensas e, em consequência, devia sentir-se comprometido. Mas até Speidel subestimava até que ponto Rundstedt afundaria depois que a tentativa de revolução contra Hitler fracassou.

Rundstedt se tornara um símbolo para o Exército e para o país, quase tanto quanto o marechal de campo Von Hindenburg depois da Primeira Guerra Mundial. Os britânicos consideravam o "Último Prussiano" no máximo como um oficial reacionário da Guarda imperial e deixaram de perceber que ele também alimentava muitos preconceitos homicidas dos nazistas. Rundstedt jamais faria objeção à matança em massa de judeus pelos Einsatzgruppen da SS, na frente oriental. Na época, falara da vantagem de usar trabalhadores escravos russos na França. "Se não fizerem o que lhe mandam", disse ele, "pode-se simplesmente matá-los."

O desencanto de Rundstedt com a condução desastrosa da guerra por Hitler transformara-se num cinismo letárgico. Ele mostrava pouco interesse pela teoria da tática dos *panzers* e mantinha-se acima do debate feroz sobre a melhor maneira de combater a invasão. Este era travado principalmente entre Rommel, de um lado, que queria uma defesa avançada para derrotar os aliados ao desembarcarem, e, do outro, os dois principais proponentes de um contra-ataque blindado maciço: o general Heinz Guderian, inspetor-geral das tropas *panzer*, e o general de blindados Leo Freiherr Geyr von Schweppenburg.

Geyr, ex-adido militar em Londres que tinha certa semelhança com Frederico, o Grande, era bem mais instruído do que muitos contemporâneos seus. Entretanto, a arrogância intelectual lhe trouxe vários inimigos que desconfiavam de sua lealdade ao regime, em especial no quartel-general do Führer e na SS. Como comandante em chefe do Panzergruppe West, acreditava, como Guderian, que seria possível reunir um exército *panzer* nas florestas ao norte de Paris, pronto para esmagar o inimigo de volta ao mar.

Rommel, que fizera fama como comandante ousado de *panzers* em 1940, fora profundamente influenciado pela experiência no norte da África. E agora que os aliados tinham obtido supremacia aérea total sobre o noroeste da Europa, acreditava que as divisões *panzer* mantidas atrás da linha de frente para um contra-ataque jamais conseguiriam chegar à batalha a tempo de assegurar o resultado decisivo. O previsível era que, da intromissão insistente de Hitler e da estrutura de comando confusa, resultasse um mau acordo. Nem Geyr nem Rommel controlavam todas as divisões *panzer*, porque Hitler só lhes permitia que as desdobrassem com sua aprovação.

Cada vez mais convencido de que, no fim das contas, os aliados poderiam desembarcar na Normandia, Rommel visitou as defesas costeiras de lá com frequência. Achou que a longa baía curva que os aliados tinham chamado de praia Omaha se parecia com Salerno, onde tinham desembarcado na Itália. Certo de que o resultado se decidiria nos dois primeiros dias, Rommel foi incansável em seus esforços. As torres dos tanques franceses capturados em 1940 foram fixadas em *bunkers* de concreto que eram chamados de "tobruques", devido à Batalha de Tobruc, na Líbia. Trabalhadores franceses e prisioneiros de guerra italianos foram requisitados para erigir grandes postes que atrapalhariam o pouso de planadores nos lugares mais prováveis, identificados pelos oficiais paraquedistas alemães. Essas florestas de estacas foram apelidadas de "aspargos de Rommel".

A energia do comandante do Grupo de Exércitos provocou sensações confusas em muitos comandantes de unidades. Todo o tempo gasto para aprimorar a defesa deixara menos oportunidades de instrução. Também sofriam de escassez de munição para a prática de tiro, o que pode ter contribuído para a pontaria geralmente ruim de muitas unidades alemãs. Rommel também insistiu no aumento radical do número de campos minados. Mais tarde, um oficial britânico ouviu de prisioneiros que, na verdade, muitos campos minados falsos foram marcados por ordem de oficiais alemães, só para impressionar o exigente comandante em chefe. Imaginaram que ele não os cutucaria com suficiente insistência para ver se eram reais.

Em teoria, o comando de Rundstedt incluía um milhão e meio de homens da Wehrmacht, embora ele não tivesse controle sobre a Luftwaffe e a Kriegsmarine. As unidades do Exército, com 850 mil homens no total, eram de qualidade muito irregular. Das 36 divisões de infantaria, pouco mais da metade não tinha meios de transporte nem artilharia móvel. Essas eram, principalmente, as formações designadas para a defesa costeira. Algumas chegavam a incluir os "batalhões de ouvido e estômago", compostos de soldados que haviam sofrido ferimentos no abdome e soldados que tinham perdido a audição – sem dúvida, uma ideia estapafúrdia, considerando as ordens dadas durante a batalha.

Muitos alemães das outras divisões de infantaria na França eram comparativamente velhos ou então jovens demais. O escritor Heinrich Böll, na época cabo da 348ª Divisão de Infantaria, escreveu: "É mesmo triste ver esses rostos de criança em fardas cinzentas". A infantaria também sofrera porque os melhores recrutas eram mandados para a SS, para as divisões de paraquedistas da Luftwaffe ou para os corpos *panzer*. "Nunca se enviam bons substitutos para as divisões de infantaria", observou o general Bayerlein. "Essa é uma das razões para ter de manter na linha de frente, por tempo excessivo, boas unidades *panzer*."

O efetivo da frente ocidental também era formado de conscritos da Alsácia, da Lorena e de Luxemburgo, além dos definidos como *Volksdeutsch*. Entre eles, havia homens considerados de origem alemã e nascidos na Europa Central, do Báltico ao Mar Negro, muito embora poucos falassem ou entendessem o idioma. Os poloneses também foram recrutados à força.

Cerca de um quinto dos soldados do comando do VII Exército eram de origem polonesa ou *Osttruppen* – soldados orientais recrutados entre os prisioneiros de guerra soviéticos. Muitos tinham se apresentado como voluntários só para não morrer de fome e doenças nos campos alemães. O seu emprego na frente oriental não tinha sido um grande sucesso, e o regime nazista os retirara aos poucos para incorporá-los ao ROA, o Exército de Libertação Russa do general Andrei Vlasov. A maioria fora mandada para a França. Estavam organizados em batalhões, mas a atitude alemã para com os *Untermenschen* eslavos pouco mudara. Nos territórios ocupados da União Soviética, costumavam ser usados em operações contra guerrilheiros. O marechal de campo Von Rundstedt aprovava a ideia de que sua presença e sua tendência a saquear criariam uma "impressão apreensiva sobre a invasão da França pelo Exército soviético".

Os oficiais, cabos e sargentos alemães que os comandavam temiam levar dos próprios homens um tiro pelas costas assim que a luta começasse. Vários desses *Osttruppen* desertaram para os grupos da Resistência Francesa. Muitos se renderam aos aliados na primeira oportunidade, mas a segunda mudança de lado não os salvaria da vingança de Stálin no fim da guerra. Seja como for, a tentativa alemã de enrijecer o moral com o ódio aos aliados ocidentais – os "*Plutokratenstaaten Amerika und England*", ou "estados plutocráticos da América e da Inglaterra" – foi um fracasso. Apenas algumas unidades, como o Ostbataillon Huber, lutariam com eficiência na próxima batalha.

Para os civis franceses, os *Osttruppen* eram uma visão incomum. Um cidadão de Montebourg, na península de Cotentin, cidade que sofreria combates intensos, observou espantado um batalhão de georgianos marchar pela rua principal, atrás de um oficial montado num cavalo cinzento. Cantavam uma música desconhecida, "muito diferente dos costumeiros Heidi-Heidi-Hos que soava em nossos ouvidos desde 1940".

Os franceses, que às vezes se referiam aos *Volksdeutsch* como "alemães saqueadores", demonstravam mais simpatia pelos poloneses recrutados. Uma mulher de Bayeux soube, pelos poloneses do Exército alemão, que viera de Varsóvia a ordem secreta de que deviam se render aos aliados assim que possível e depois se transferir para o Exército polonês do general Anders, que lutava com os britânicos. Esses poloneses também transmitiram aos franceses a notícia dos campos de extermínio da SS. A sua existência nem sempre recebia crédito, ainda mais quando acompanhada de detalhes confusos, como a história de que o cadáver dos judeus era transformado em açúcar. Esses poloneses também previam o destino do seu país quando os exércitos soviéticos avançassem. "Vocês serão libertados", diziam aos franceses, "mas nós seremos ocupados durante anos e anos".

Em contraste extremo com as fracas divisões de infantaria estavam as divisões *panzer* e *panzergrenadier* da Waffen-SS e do Exército. O tenente-general Fritz

Bayerlein, um dos oficiais de Rommel no norte da África, comandava a Divisão Panzer Lehr, cujos quadros se baseavam no Estado-Maior dos quartéis de instrução de blindados. Quando assumiu o comando, Guderian lhe disse: "O senhor terá de mandar os aliados para o mar com essa divisão sozinha. O seu objetivo é a costa... não, a costa não; é o mar".

Outra divisão blindada com efetivo completo que lutaria na Normandia seria a 2ª Panzer-Division, sob o comando do tenente-general Heinrich Freiherr von Lüttwitz, homem baixo, gorducho e de monóculo. Rommel contava com ele para iniciar negociações com os aliados, caso surgisse a necessidade. A formação blindada mais próxima do litoral da Normandia era a 21ª Panzer-Division, que enfrentaria os britânicos diante de Caen. Equipada com o tanque Mark IV em vez dos Panteras e Tigres mais novos, um sexto do efetivo se compunha de *Volksdeutsche*. De acordo com o seu comandante, tenente-general Edgar Feuchtinger, eles "mal conseguiam entender as ordens, e os cabos, sargentos e oficiais mal conseguiam entendê-los". Feuchtinger era um nazista convicto que ajudara a organizar a Olimpíada de Berlim de 1936. Não gozava da admiração dos colegas e também era mulherengo. Na noite da invasão, estava com a amante, em Paris.

Os que lutavam na Normandia, sobretudo no setor britânico, no flanco leste em torno de Caen, veriam uma das maiores concentrações de divisões *panzer* SS desde a Batalha de Kursk. Lá estariam a 1ª SS Panzer-Division *Leibstandarte Adolf Hitler*; a 12ª SS Panzer-Division *Hitler Jugend*, que reunia os soldados mais jovens e fanáticos de todos; mais tarde, depois de transferidas da frente oriental, a 9ª SS Panzer-Division *Hohenstaufen* e a 10ª SS Panzer-Division *Frundsberg*. Os blindados britânicos também enfrentariam dois batalhões de Tigres da SS, com consequências devastadoras. As tropas americanas, a oeste, enfrentariam apenas a 17ª SS Panzergrenadier-Division *Götz von Berlichingen*, a mais fraca e mais mal treinada de todas as formações da Waffen-SS na Normandia, e a 2ª SS Panzer-Division *Das Reich*, que logo se tornaria ainda mais famosa pela brutalidade. Mas os americanos enfrentariam muito mais divisões de infantaria. Dentre elas, o 2º Corpo Paraquedista do General der Fallschirmtruppen Eugen Meindl se mostraria a mais assustadora.

O comandante do 84º Corpo, que controlava o setor da Normandia, era o General der Artillerie Erich Marcks, líder inteligente e respeitadíssimo. Magro e rijo, perdera um olho na Primeira Guerra Mundial, e uma profunda cicatriz lhe atravessava o nariz e a bochecha. De óculos, Marcks também já perdera uma perna na Segunda Guerra Mundial. "Tinha a simplicidade espartana dos velhos prussianos", escreveu com admiração um dos seus oficiais. Certa ocasião, quando serviram creme batido no jantar, ele disse: "Não quero ver isso de novo enquanto o nosso país passa fome".

Marcks era mesmo uma exceção. Desde a derrota, em 1940, a França passou a ser considerada o "paraíso dos conquistadores", de acordo com o chefe do Estado-Maior de Rundstedt, o general Günther Blumentritt. Como colocação, o país era a antítese mais completa da frente russa. De fato, os oficiais solteiros de licença no leste tentavam obter passes para ir a Paris em vez de Berlim, austera e muito bombardeada. Preferiam muito mais a possibilidade de sentar-se ao sol nos cafés dos Champs-Elysées, jantar no Maxim e depois ir às boates e cabarés.

Até a ideia de que os civis ajudariam os aliados não parecia incomodá-los muito. "Com certeza o inimigo estará bem informado, porque aqui é fácil espionar", escreveu um oficial técnico da 9ª Panzer-Division, de licença em Paris. "Há tabuletas por toda parte e, em geral, as relações entre os soldados e o belo sexo são muito íntimas. Passei dias maravilhosos aqui. É preciso mesmo ver e viver Paris pessoalmente, e fico contente porque tive a oportunidade. Consegue-se de tudo aqui em Paris."

As formações transferidas da frente oriental, principalmente as divisões da Waffen-SS, acreditavam que os soldados estacionados na França tinham amolecido. "Não fizeram nada além de viver bem e mandar coisas para casa", comentou um general. "A França é um país perigoso, com vinho, mulheres e clima agradável." Achava-se até que os soldados da 319ª Divisão de Infantaria nas Ilhas do Canal tinham se transformado em nativos, misturando-se com a população essencialmente inglesa. Receberam o apelido de "Reais Granadeiros Alemães". Entretanto, os soldados rasos logo a chamaram de "Divisão do Canadá", porque a recusa de Hitler a transferi-los fez com que o mais provável fosse terminarem em campos de prisioneiros de guerra canadenses.

Os integrantes do Exército alemão de ocupação da França levavam mesmo uma vida fácil. Isso foi auxiliado pelo comportamento correto em relação à população civil exigido pelos comandantes. Na Normandia, o que os fazendeiros mais queriam era, simplesmente, continuar a viver e trabalhar. Em geral, era a chegada de unidades da SS ou de *Osttruppen* em determinada região, durante a primavera de 1944, que levava a surtos de violência etílica, com tiros na rua à noite, incidentes ocasionais de estupro e exemplos frequentes de roubos e saques.

Muitos oficiais e soldados alemães tinham se ligado a moças francesas, tanto nas províncias quanto em Paris, e para os que não tinham namorada havia um bordel do Exército em Bayeux. Este foi criado naquela cidadezinha tranquila juntamente com um cinema do Exército, um consultório dentário militar e outras instalações anexas à Maison de la Wehrmacht. Os soldados alemães na França, principalmente os aquartelados nos ricos campos da Normandia, aproveitaram-se de outra vantagem. Os que iam para casa de licença levavam caixotes cheios de carne e laticínios para as famílias, que tinham de sobreviver com rações cada vez menores. Quando os ataques aéreos aliados contra as comunicações ferroviárias se intensificaram na primavera de 1944, os fazendeiros normandos tiveram cada vez mais dificuldade de vender a produção. Os soldados rasos alemães, conhecidos como "*Landser*", e os cabos e sargentos puderam trocar sua ração de cigarros por queijo e manteiga, que então mandavam para a Alemanha. O único problema era que os ataques aéreos aos meios de transporte também tornavam o Feldpost menos confiável.

Um sargento passou a noite anterior à invasão numa trincheira com o comandante da sua companhia discutindo como o povo na Alemanha reagiria quando ela acontecesse. No entanto, ele se preocupava com outro problema. "Tenho aqui mais de quatro quilos de manteiga", escreveu à esposa Laura, "e quero muito mandá-los para você, se tiver oportunidade." É de se presumir que não a teve, porque alguns dias depois deu a vida "*für Führer, Volk und das Großdeutsche Reich*" [pelo Führer, pelo povo e pelo Grande Reich Alemão], de acordo com a fórmula padrão escrita pelo comandante da companhia numa carta de condolências à esposa.

Um lojista francês perguntou a um soldado da 716ª Divisão de Infantaria que defendia o litoral como reagiria quando a invasão chegasse. "Vou me comportar como um mexilhão", respondeu. Entretanto, muitos pensaram no dever patriótico. "Não se preocupe demais se eu não puder lhe escrever em futuro próximo ou se estiver em ação", escreveu para casa um sargento da 2ª Panzer-Division. "Vou lhe escrever com a máxima frequência, mesmo que comecem a voar fagulhas. Não se pode excluir a possibilidade de que o grande golpe contra a Pátria, com o qual os nossos inimigos vêm sonhando há tanto tempo, seja dado agora. Mas pode ter certeza de que ficaremos firmes."

Naqueles primeiros dias de junho, houve numerosas indicações contraditórias da esperada invasão. Segundo o Konteradmiral Ruge, assessor naval de Rommel, o ataque iminente podia ser descartado em função do tempo. Os meteorologistas alemães, que não tinham as informações das estações do Atlântico ocidental à disposição dos aliados, acreditavam que as condições não melhorariam antes de 10 de junho. Rommel decidiu aproveitar a oportunidade para voltar à Alemanha e comemorar o aniversário da esposa e para visitar Hitler em Berchtesgaden e lhe pedir mais duas divisões *panzer*. Deixou claro que confiava muito nas previsões, porque não esquecera a ausência do Afrika Korps 19 meses antes, por razões de saúde, quando Montgomery iniciou a Batalha de Alamein. Em 6 de junho, o Generaloberst Friedrich Dollman, comandante em chefe do VII Exército, também decidiu, com base na previsão do tempo, realizar um exercício de posto de comando em Rennes com os comandantes divisionais.

Entretanto, parece que outros sentiram que dessa vez algo poderia acontecer, mesmo depois de todos os alarmes falsos durante a primavera. Em 4 de junho, o Obersturmführer Rudolf von Ribbentrop, filho do ministro do Exterior de Hitler, voltava de um exercício de rádio da 12ª SS Panzer-Division quando o veículo foi metralhado por um caça aliado. No dia seguinte, um integrante da embaixada alemã em Paris o visitou no hospital. Ao ir embora, o diplomata disse que, de acordo com o relatório mais recente, a invasão deveria começar naquele dia.

— Então é outro alarme falso — disse Ribbentrop.

— O dia 5 de junho ainda não acabou — retrucou o visitante.

Na Bretanha, o aumento da atividade da Resistência despertou suspeitas. A nordeste de Brest, um lançamento de armas para a rede local caiu quase em cima do quartel-general da 353ª Divisão de Infantaria. "Mensageiros e soldados isolados foram atacados", e o seu comandante, general Mahlmann, sobreviveu por um triz a uma emboscada com armas automáticas. Seu ajudante de ordens foi morto no ataque, e depois se descobriu que o carro do Estado-Maior tinha 24 buracos de bala. Então, em 5 de junho, o Oberst [coronel] Cordes, oficial-comandante do 942º Grenadier-Regiment, foi morto. O interrogatório, sem dúvida violento, de um integrante da Resistência capturado no início de junho também deu resultado. Dizem que ele "fez declarações sobre o começo da invasão daqui a poucos dias".

O mau tempo de 5 de junho não interrompeu um exercício com munição de festim nas ruas de Montebourg, na península de Cotentin, mas a Kriegsmarine decidiu que não valia a pena mandar patrulhas navais para o Canal da Mancha naquela noite. Em consequência, as flotilhas de caça-minas da Marinha

Real britânica conseguiram avançar em linha, lado a lado, rumo ao litoral da Normandia, sem serem vistas.

No início da noite, uma das "mensagens pessoais" em código da BBC para a Resistência despertou suspeitas. Às 21h15, o quartel-general de Rundstedt passou a informação como aviso geral, mas só o XV Exército, no Passo de Calais, adotou o "Estado de Alerta II". No castelo de la Roche-Guyon, o general Speidel e o almirante Ruge tinham convidados para o jantar. Entre eles, estava o escritor Ernst Jünger, nacionalista fervoroso que agora se tornara membro da resistência alemã. A festa durou até bem tarde. Speidel estava prestes a deitar-se, à 1 hora da manhã de 6 de junho, quando chegaram as primeiras notícias de pouso de paraquedistas.

4
O ISOLAMENTO DA ÁREA DA INVASÃO

O movimento francês de resistência, que crescera a partir de focos isolados nos dias mais sombrios da guerra, viria a se mostrar fragmentado e indisciplinado. Juntar tantos grupos de posições políticas tão diferentes fora uma tarefa difícil e perigosa. Muitos homens corajosos, dos quais o mais famoso foi Jean Moulin, morreram ou arriscaram a vida na tentativa de coordenar a Resistência. Em fevereiro de 1944, conseguiu-se uma certa unidade com o Conselho Nacional da Resistência, e Georges Bidault foi eleito líder. Bidault, que mais tarde se tornou ministro de Relações Exteriores de De Gaulle, mostrou-se aceitável tanto para comunistas quanto para não comunistas.

Em termos mais gerais, em 1944 a política francesa se dividia em três linhas, e as pessoas eram identificadas pelos adversários como petainistas, comunistas ou gaullistas. É claro que não era necessariamente assim que se viam. Boa parte da Resistência trabalhava com De Gaulle sem ser obrigatoriamente gaullista. A ORA, Organisation de Résistance de l'Armée, recebia ordens de De Gaulle, mas seus integrantes nunca se livraram da desconfiança que ele lhes inspirava. Comandada pelo general Revers e outros oficiais, a ORA surgiu das ruínas do Exército do Armistício de Vichy, que fora desmobilizado pelos alemães depois que entraram na zona não ocupada, em novembro de 1942. Os comunistas os viam como petainistas vira-casacas, infiltrados na Resistência. Mas os próprios comunistas, trabalhando nos bastidores, eram os que se infiltravam com mais talento, usando a clássica tática do "entrismo". Usavam muitos truques para pôr seus representantes, geralmente disfarçados, nos principais comitês da Resistência. Depois, tomavam-nos por dentro, enquanto na superfície mantinham a aparência de unidade política.

O Partido Comunista francês ficara em posição indefensável durante o pacto entre nazistas e soviéticos. Mas, depois da invasão da União Soviética pela Alemanha, moças e rapazes franceses, radicais e determinados, tornaram-se recrutas entusiasmados. O imenso sacrifício do Exército Vermelho e dos guerrilheiros se mostrou forte inspiração que pouco devia ao stalinismo do período anterior à guerra. Alguns da ala armada do Partido Comunista francês, a FTP, acreditavam que a luta contra Vichy e a ocupação alemã deveria se transformar em insurreição política, além de batalha pela libertação nacional. Sem treinamento na disciplina stalinista nem instruções de Moscou, não faziam ideia de que a última coisa que o Krêmlin queria era uma revolução na França explodindo por trás das linhas de frente aliadas. Até que a Alemanha fosse finalmente derrotada, Stálin precisava de toda a ajuda americana que conseguisse, sob a forma de caminhões, alimentos e aço do acordo de Empréstimos e Arrendamentos. Além disso, seu maior temor era que os aliados ocidentais ficassem tentados a fazer a paz em separado com a Alemanha. Com toda a certeza, não desejava nenhum problema causado por comunistas locais que pudesse lhes servir de desculpa.

Os comunistas franceses da Resistência nada sabiam disso, e não só por causa das dificuldades de comunicação. Em Moscou, a Seção Internacional do Comitê Central, que substituíra o Comintern, recebia pouca orientação de cima. Stálin lavara as mãos em relação à França. Parece que não conseguiu perdoar o seu colapso em 1940, que, contrariando todos os seus cálculos, de repente deixara a União Soviética vulnerável diante da Wehrmacht.

A SOE, em Londres, em contato pelo rádio com 137 estações ativas, estimou que, na primavera de 1944, o efetivo da Resistência se aproximava de um total de 350 mil integrantes. Cerca de cem mil deviam ter armas em boas condições, mas outros cem mil só tinham munição para mais um dia de combate. A principal contribuição da Resistência para o sucesso da Operação Overlord não seria a ação guerrilheira, mas a transmissão de informações e a sabotagem, contribuindo para isolar a Normandia do resto da França.

A organização de ferroviários Résistance Fer teve papel considerável nesses dois campos. O efetivo das divisões podia ser estimado pelo número de trens usado para transportá-las. Por exemplo, sabia-se que a 12ª SS Panzer-Division *Hitler Jugend* estava perto do efetivo máximo porque os ferroviários, conhecidos como "*cheminots*", tinham informado que eram necessários 84 trens para transportá-la. O Plan Vert cuidava da sabotagem. Trabalhando com outros grupos da Resistência, os *cheminots* franceses ajudaram a descarrilar trens em túneis, de onde era difícil tirá-los. Os guindastes pesados tornaram-se alvo prioritário, tanto de sabotagem quanto de ataques aéreos. As locomotivas eram destruídas nos pátios de manobra e os trilhos das ferrovias, explodidos com frequência.

Na Borgonha e no leste da França até a fronteira alemã, o tráfego ferroviário parou. No total, 37 linhas de trem foram interrompidas perto de Dijon pouco antes da invasão. Os ferroviários franceses sofreram fortes represálias alemãs. Várias centenas deles foram executadas e três mil deportados para campos alemães. Os maquinistas também enfrentavam o perigo perpétuo dos ataques de caças-bombardeiros aliados. Pilotos impetuosos adoravam atirar em trens com foguetes e canhões para ver as locomotivas explodirem numa nuvem de vapor. Num nível menos dramático, os *cheminots* tornaram-se especialistas em atrasar os trens alemães de transporte de tropas, geralmente mandando-os para a linha errada. Os alemães foram obrigados a trazer 2,5 mil ferroviários seus, mas a sabotagem continuou.

Além das razões óbvias para impedir o movimento dos soldados e suprimentos alemães pela linha férrea, havia uma vantagem a mais de forçar o uso do transporte rodoviário. As lagartas dos tanques tinham duração limitada e, em consequência do bombardeio de refinarias e empresas petroquímicas pela 8ª Força Aérea americana, a Wehrmacht sofria de extrema escassez de combustível. A falta de borracha para os pneus também oferecia outro alvo facílimo para os grupos da Resistência. Os pregos e os cacos de vidro espalhados nas estradas usadas pelos veículos de suprimentos foram muito eficazes para atrapalhar o trânsito rodoviário, objetivo do Plan Tortue, ou Plano Tartaruga.

O Plan Violet era o dos integrantes da PTT, organização francesa de telefonia e telecomunicações. Concentrava-se em cortar os cabos subterrâneos usados pelos alemães. Embora não soubessem, isso tinha a vantagem a mais de obrigar os alemães a usar a comunicação pelo rádio, que podia então ser decifrada pelo Ultra. Enquanto isso, o Plan Bleu, o Plano Azul, concentrava-se na sabotagem da rede elétrica.

Nos departamentos normandos de Calvados e da Mancha, a Resistência não era uma força importante. Dentre as redes menores, a mais ativa militarmente era o grupo Surcouf, de Pont-Audemar. Havia cerca de duzentos integrantes seus em Bayeux e nos arredores, além de alguns pescadores nos pequenos portos do litoral. Mais para o interior, onde as condições eram mais favoráveis, esconderam-se armas para usar no momento certo. No Orne, onde havia a proteção oferecida pelas florestas, a Resistência conseguiu convocar 1.800 homens e mulheres, dos quais um terço possuía armas.

O pequeno número de grupos em ação em Calvados não significava falta de ajuda aos aliados. Uma torrente de informações fora passada a Londres. As divisões alemãs na região eram identificadas nas lavanderias pelo número inscrito no colarinho das túnicas. Muitos detalhes que permitiram aos ingleses tomar a ponte sobre o Orne, em Benouville, numa operação com planadores muitíssimo bem-sucedida, vieram de membros da Resistência. E dois homens que trabalharam nos escritórios da Organização Todt, que supervisionava a construção das defesas costeiras, tinham copiado plantas e mapas. Um deles, Monsieur Brunet, foi pego e condenado à morte. Os campos minados, verdadeiros e falsos, foram identificados, e houve tentativas de estimar o calibre dos canhões que protegiam as praias. Isso foi difícil, já que os operários eram evacuados antes de instalada a artilharia de costa, mas a extensão da zona proibida às embarcações de pesca durante a prática de tiro era um indicador útil.

Enquanto o general Koenig e seu Estado-Maior coordenavam, em Londres, as atividades da Resistência, o SHAEF planejava as operações dos grupos especiais a serem lançados de paraquedas para trabalhar com ela. O SHAEF previa que os grupos da SOE já no local atacariam os alvos ferroviários, sobretudo no interior. Por outro lado, os 2.420 soldados do SAS, o Special Air Service, seriam lançados mais perto do litoral. No quartel-general do I Exército americano de Bradley, os "botas-pretas" convencionais do exército regular não tinham muita confiança no SAS, que consideravam como "meros parassabotadores bem treinados". "O objetivo", dizia o relatório sobre o assunto, "é lançar o pessoal do SAS bem perto da área e mandá-los matar aqui e ali, além de pôr água em tanques de gasolina, esvaziar pneus e coisas assim." Mais tarde, o Exército americano passaria a ter opinião bem melhor sobre suas atividades, principalmente na Bretanha.

O 2ème Régiment de Chasseurs Parachutistes da brigada SAS, encarregado da Bretanha, seria a primeira unidade francesa em ação no solo da França desde 1940. Com a boina castanha do Regimento Paraquedista britânico, tendo a

Cruz de Lorena como emblema, um destacamento avançado decolou de Fairford em aviões Halifax na noite de 5 de junho. No final de julho, o SAS francês tinha um efetivo de mais de trinta mil *maquisards*, ou *maquis*, bretões em ação.

Desde março de 1943, outros grupos vinham recebendo instrução para saltar de paraquedas na França para auxiliar e treinar a Resistência em áreas estratégicas. As equipes Jedburgh, de três homens, em geral um oficial britânico ou americano, um oficial francês e um operador de rádio, eram as mais importantes. No total, 83 equipes fardadas preparadas pelo Estado-Maior de Koenig seriam lançadas, mas muitas chegaram tarde demais para serem úteis.

Rommel tinha total consciência da ameaça às suas linhas de comunicações, não só da Resistência, como, acima de tudo, das forças aéreas aliadas. "Durante a batalha da invasão, passaremos pela mesma experiência com os suprimentos que enfrentamos no norte da África", disse ao general Bayerlein, em 15 de maio. "As linhas de suprimento serão destruídas, e não conseguiremos trazer nada pelo Reno, assim como não conseguimos receber nada pelo Mediterrâneo."

Entretanto, o plano aliado não era isolar o campo de batalha no Reno. O SHAEF visava a isolar a Normandia e a Bretanha destroçando as comunicações ferroviárias e destruindo todas as pontes do rio Sena, a leste, e do Loire, ao sul. Mas a Operação Transporte, como passou a ser conhecida, mostrou-se dificílima, devido à ansiedade e às rivalidades pessoais britânicas.

O tenente-brigadeiro Tedder, representante de Eisenhower, fora o principal proponente do plano. Em fevereiro, o tenente-brigadeiro Harris, do Comando de Bombardeiros, e o general Spaatz, da VIII Força Aérea, receberam o aviso de que os preparativos para a Operação Overlord exigiriam que os seus esquadrões pesados fossem desviados da ofensiva de bombardeio estratégico contra a Alemanha. Harris, que acreditava obcecadamente que a sua força de bombardeiros estava prestes a acabar com a Alemanha, fez objeções extenuantes. Queria que seus aviões continuassem transformando em escombros as cidades alemãs. Só deveria haver "desvios mínimos" da tarefa de "reduzir o poder material do inimigo de resistir à invasão", escreveu ao tenente-brigadeiro Sir Charles Portal, chefe do Estado-Maior da Força Aérea.

Acima de tudo, Harris resistiu ferozmente à ideia de que deviam lhe dizer o que bombardear. Devido às condições variáveis do tempo, precisava ter "total liberdade de ação". Quanto aos alvos na França, estava disposto a oferecer apenas esquadrões de Halifax e Stirlings, já que não tinham o alcance dos Lancasters para penetrar profundamente na Alemanha. Spaatz também demonstrou grande relutância em mudar de alvo. Queria continuar atacando as refinarias de petróleo e a produção alemã de caças. As objeções dos dois foram rejeitadas por Eisenhower numa grande reunião em 25 de março, mas ainda assim eles tentaram fazer o que queriam.

Spaatz também ressaltou o perigo de matar grande número de civis franceses. Para Churchill, isso era causa de imensa preocupação e ele escreveu a Roosevelt, argumentando que a Luftwaffe "deveria ser o principal alvo". Temia "o mau efeito que se produzirá na população civil francesa com esses massacres, todos ocorrendo pouco antes do Dia D da Operação Overlord. Podem, com facilidade, modificar o sentimento francês para com os libertadores britânicos e americanos que se aproximam. Podem deixar atrás de si um legado de ódio". Roosevelt rejeitou com firmeza esse apelo em 11 de maio. "Por mais lamentável que seja a perda concomitante de vidas civis, a essa distância não estou disposto a impor restrições à ação militar dos comandantes responsáveis que, na opinião deles, possa interferir no sucesso da Operação Overlord ou causar mais perda de vidas das nossas forças aliadas de invasão."[1]

Tedder, entretanto, ainda enfrentou oposição considerável do contestador Harris. "Bomber" Harris andava em desacordo com o Ministério da Aeronáutica, detestava Leigh-Mallory e suas relações com Portal, seu superior direto como chefe do Estado-Maior da Força Aérea, estavam cada vez mais difíceis. "A RAF era uma casa dividida", observou mais tarde um oficial graduado do Estado-Maior americano. "O lado aéreo fedia de forma inacreditável." Diante da oposição de Harris e Churchill, Tedder recorreu a Eisenhower. "O senhor tem de controlar os bombardeiros", disse-lhe, "ou eu me demito." O comandante supremo não perdeu tempo. Ameaçou levar a questão ao presidente, e tanto Churchill quanto Harris foram obrigados a ceder. De acordo com Portal, Churchill simplesmente não conseguia acreditar que a campanha de bombardeio conseguiria isolar o campo de batalha.

Esse revés não acalmou a angústia de Churchill com os franceses. Ele havia tentado estabelecer o limite de dez mil baixas civis, quando então queria que o bombardeio cessasse. Não parava de perguntar a Tedder se o número já fora alcançado. Também sugeriu que o SHAEF deveria consultar os franceses sobre os alvos. "Por Deus, não!", foi a resposta horrorizada de Tedder.

---

1 Em 1944, antes da invasão, as baixas civis francesas chegaram a 15 mil mortos e 19 mil feridos.

As baixas civis foram de fato pesadas, assim como as de tripulantes de bombardeiros. O programa de bombardeio também tinha de atingir alvos bem mais distantes para impedir que os alemães deduzissem o lugar da invasão. Mas a afirmativa de Harris de que os seus bombardeiros pesados não seriam eficazes contra alvos táticos, como ferrovias e pontes, mostrou-se erradíssima. Os temores de Rommel se concretizaram antes mesmo que a invasão começasse de verdade.

O primeiro aviso para a Resistência se preparar foi transmitido pelo serviço francês da BBC em 1º de junho. O locutor leu essas "mensagens pessoais" com voz enfática. Desafiando as costumeiras medidas de segurança dos códigos, a mensagem não poderia ser mais clara: "*L'heure du combat viendra*" [A hora do combate virá]. A mensagem a ser enviada em caso de cancelamento era um pouquinho mais velada: "*Les Enfants s'ennuient au Jardin*" [As crianças se entediam no jardim]. Durante os primeiros dias de junho, os integrantes da Resistência na França inteira se aproximaram mais dos receptores de rádio para ter certeza do que ouviam. O mesmo fizeram a Abwehr e a Sicherheitsdienst alemãs. Outros que não sabiam do segredo também escutaram fascinados. Um intelectual que morava perto de Lisieux descreveu seu rádio como uma "pequena esfinge insolente que emitia mensagens barrocas das quais dependia o destino da França".

Finalmente, no início da noite de 5 de junho, as mensagens pessoais puseram em ação a Resistência da França inteira. Os aliados consideraram isso necessário porque não podiam se arriscar a deixar claro quais seriam as principais áreas de desembarque. Naquela noite, a Resistência da Normandia ouviu o locutor dizer: "*Les dés sont sur le tapis*" [Os dados foram lançados]. Era a ordem para começar imediatamente a cortar cabos e fios de telégrafo. Foi seguida por "*Il fait chaud à Suez*" [Faz calor em Suez], sinal para atacar todas as linhas de comunicações.

5
O ATAQUE AEROTERRESTRE

Na primeira hora depois da meia-noite de 5 de junho, o rugido de centenas de motores de avião, numa torrente contínua, pôde ser ouvido sobre os povoados perto das bases aéreas do sul e do centro da Inglaterra. Em roupa de dormir, as pessoas saíram de casa para olhar para o alto e ver a armada aérea aparentemente interminável em silhueta contra as nuvens velozes. "É agora", foi o pensamento instintivo. O que viram provocou emoções fortes, inclusive lembranças dolorosas da evacuação de Dunquerque quatro verões antes. Alguns voltaram para dentro de casa, se ajoelharam junto à cama e rezaram pelos que partiam.

Três divisões aeroterrestres decolaram em mais de 1.200 aeronaves. A 6ª Divisão Aeroterrestre britânica seguiu para leste do rio Orne, para proteger o flanco esquerdo de Montgomery. A 101ª e a 82ª Divisões Aeroterrestres americanas seriam lançadas na península de Cotentin para tomar pontos importantes, principalmente as passarelas que cortavam as áreas inundadas no interior da praia Utah.

O primeiro grupo a decolar foi a Companhia D do 2º Batalhão da Infantaria Leve de Oxfordshire e Buckinghamshire. Partiram antes até dos destacamentos de batedores, mandados à frente da força principal para marcar as zonas de lançamento. Essa companhia, comandada pelo major John Howard, partiu em seis planadores Horsa, rebocados por bombardeiros Halifax. Todos os soldados e oficiais tinham enegrecido o rosto com fuligem e usavam capacetes redondos de paraquedista com rede de camuflagem. Estavam armados com uma mistura de fuzis, submetralhadoras Sten e várias metralhadoras Bren. Os Halifax os levaram para leste da frota invasora, visando à cidade turística de Cabourg, à beira-mar, onde havia uma brecha nas defesas antiaéreas alemãs. Os planadores estavam a uma altitude de 5.000 pés (1.500 metros) quando os cabos foram soltos. Howard mandou os homens pararem de cantar, o que vinham fazendo aos berros durante a maior parte da travessia do canal. A partir daí, não houve qualquer ruído, além do barulho do vento forte. Os pilotos inclinaram os frágeis aparelhos para oeste. Depois de perder altitude rapidamente, nivelaram-se a 1.000 pés (300 metros) de altura, para a abordagem.

O objetivo eram duas pontes próximas, uma sobre o rio Orne, outra sobre o Canal de Caen. Tinham de ocupá-las antes que os alemães que as guardavam conseguissem explodir as cargas de demolição. Howard, que se posicionara do outro lado da porta do primeiro planador, conseguia ver o brilho dos dois cursos d'água paralelos lá embaixo. Quando o seu Horsa se aproximou, os homens se seguraram para aguentar o choque do pouso. Os dois pilotos pousaram o planador desajeitado com exatidão espantosa. Depois de bater, saltar e deslizar sobre o campo, o nariz do planador parou enfiado na cerca de arame farpado. Os dois pilotos desmaiaram com a queda, mas tinham conseguido pousar a 15 metros da casamata junto à ponte.

Alguns planadores Horsa de compensado – desdenhosamente chamados de "Hearses", ou carros fúnebres – se quebraram com o impacto, e os soldados saíram pelas laterais quebradas da fuselagem, assim como pela porta. Dali a instantes, os primeiros homens do planador de Howard tinham lançado granadas pelas fendas da casamata no lado oeste do Canal de Caen. O resto do pelotão não esperou. Comandados pelo tenente Den Brotheridge, já arremetiam pela ponte. Howard assegurara que ficassem em perfeita forma com corridas pelo campo. Mas, quando o pelotão de Brotheridge chegou ao outro lado, os guardas alemães já tinham se preparado e abriram fogo. Brotheridge foi mortalmente ferido com um tiro no pescoço e morreu pouco depois.

Chegou outro pelotão, comandado pelo tenente Sandy Smith, embora ele tenha quebrado o braço no pouso. Depois de uma troca de tiros intensa, mas felizmente rápida, a ponte do Canal de Caen foi tomada. Howard ficou preocupado por não receber notícias do pelotão que tivera ordens de tomar a ponte do Orne, a poucas centenas de metros, mas logo chegou a mensagem que dizia que eles a tinham tomado sem nenhum tiro dos defensores. Seu comandante, tenente Dennis Fox, teve um certo prazer ao saudar o pelotão seguinte, que chegou ofegando muito, porque tinham pousado a 800 metros do alvo. Quando lhe perguntaram como estava a situação, respondeu: "Bom, até agora o exercício vai bem, mas não consigo achar o maldito oficial responsável pela instrução."

Imediatamente, Howard ordenou a defesa em toda a volta e mandou o pelotão de Fox numa patrulha para reconhecer a vila vizinha de Bénouville. A curiosa mensagem de sucesso das duas pontes – "*Ham and Jam*" [presunto e geleia] – foi mandada pelo rádio. Howard mal ousava acreditar que uma operação tão arriscada tivesse se realizado inteiramente de acordo com o plano, mas nisso, à 1h30, os pelotões que defendiam as pontes ouviram o ruído inconfundível de veículos blindados além de Bénouville.

Neste momento, paraquedistas aterravam por toda parte. Desesperados, os oficiais alemães em postos de comando ao longo do litoral da Normandia ligaram pelos telefones de campanha para os quartéis-generais dos regimentos. Alguns não conseguiram completar a ligação porque a Resistência havia cortado os fios e tiveram de recorrer ao rádio. Para aumentar a confusão, a RAF montara a Operação Titanic, com uma força de quarenta Hudsons, Halifax e Stirlings que lançaram paraquedistas falsos e "janelas" de tiras de alumínio para confundir o radar, além das equipes do SAS, que simulavam pousos aerotransportados longe da área da invasão. As equipes do SAS estavam ali para provocar o caos atrás das linhas e dar algum embasamento aos paraquedistas falsos. Cerca de duzentos bonecos foram lançados ao sul de Carentan, na base da península de Cotentin, outros cinquenta a leste do rio Dives e mais cinquenta a sudoeste de Caen. Não passavam de espantalhos malfeitos, com um aparelho que os faria explodir e pegar fogo ao pousar. Os alemães os chamaram de "*Explosivpuppen*". Pouco depois da 1h30, os teletipos começaram a matraquear em quartéis-generais de corpos e exércitos, mas a tática dos "bonecos explosivos" fez a maioria dos comandantes achar que todos os ataques eram apenas uma ação diversionária em grande escala, talvez para o desembarque principal no Passo de Calais. Só o major-general Max Pemsel, chefe do Estado-Maior do VII Exército, reconheceu, na época, que aquela era a invasão principal, mas o tenente-general Speidel, em La Roche-Guyon, recusou-se a acreditar nele.

O tenente-general Reichert, que comandava a 711ª Divisão de Infantaria, a leste do estuário do Orne, ficara conversando até tarde no cassino dos oficiais. Quando estavam indo se deitar, ele e os companheiros ouviram motores no

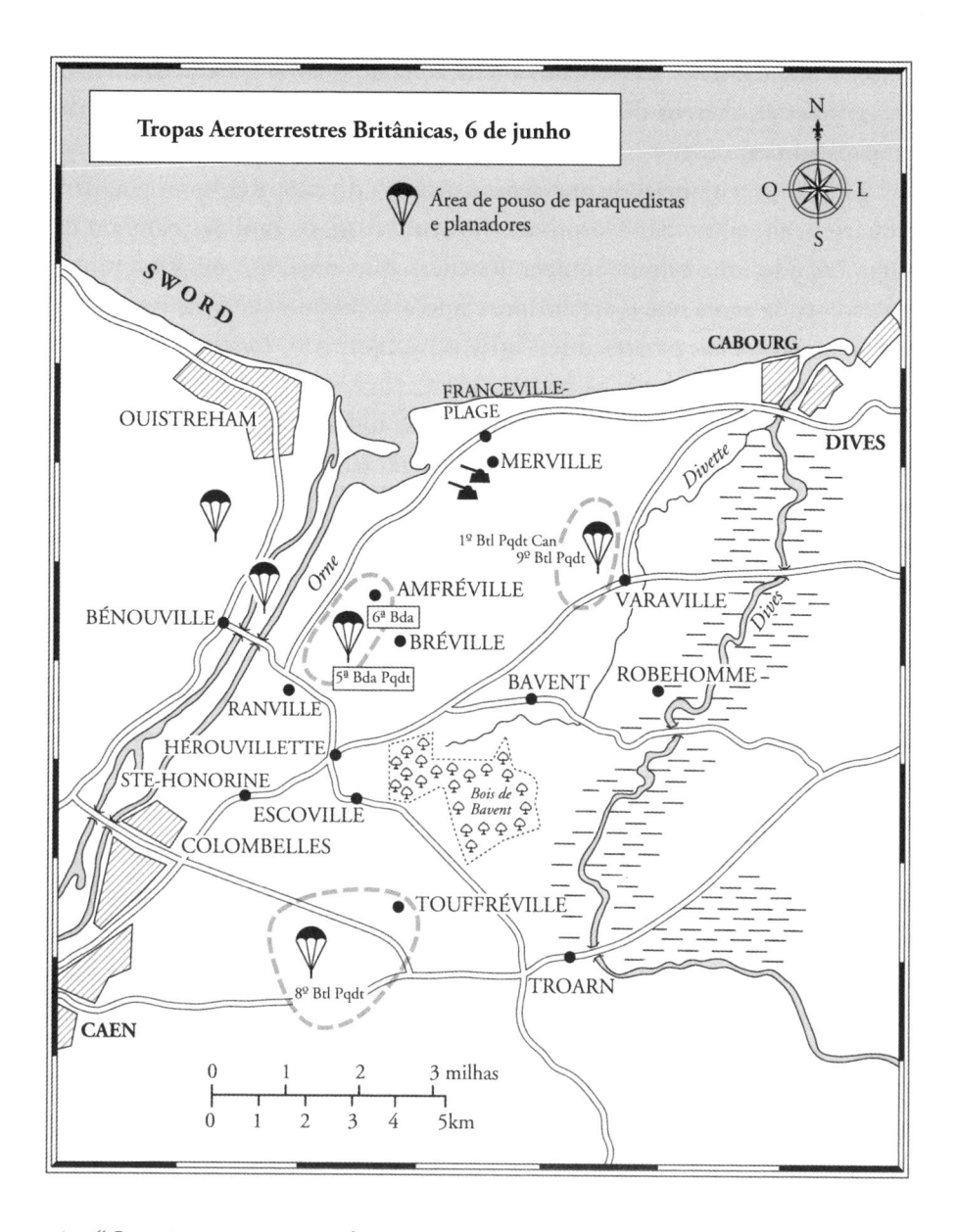

céu. "Os aviões voavam tão baixo que tivemos a sensação de que quase tocavam o telhado", escreveu mais tarde. Ele e os companheiros saíram para dar uma olhada. "Era uma noite de lua cheia. O tempo estava bem tempestuoso, com nuvens negras e baixas, mas nas lacunas entre elas vários aviões, voando baixo, puderam ser observados distintamente, sobrevoando em círculos o posto de comando da divisão." Reichert voltou a entrar para pegar a pistola e ouviu o grito: "Paraquedistas!" Estes caíam à toda volta do quartel-general da divisão. Os canhões antiaéreos de 20 mm, em reparos quádruplos, da fortificação principal abriram fogo.

Enquanto seu oficial de operações alertava a divisão, Reichert ligou para o quartel-general do 81º Corpo, em Rouen. Nisso, os canhões pararam de atirar, criando uma calma inquieta. Reichert, que vira com ceticismo toda a invasão, sentia agora que ela realmente começava, mesmo que fosse apenas um ataque fingido. Dois paraquedistas britânicos capturados foram trazidos, mas se recusaram a responder às perguntas. A exatidão dos mapas encontrados com eles deixou Reichert abalado. Mostravam quase todas as posições de artilharia. Ele deduziu que a Resistência francesa estivera mais ativa do que os alemães pensavam. Nem todos os prisioneiros tiveram tanta sorte. Em outra parte do setor, um primeiro-sargento da divisão de Reichert executou oito paraquedistas britânicos capturados, provavelmente em obediência à famosa *Kommandobefehl* de Hitler, que exigia o fuzilamento de todas as tropas especiais capturadas em ataques.

Ao sul de Evreux, o Brigadeführer Fritz Witt, comandante da 12ª SS Panzer-Division *Hitler Jugend* (Juventude Hitlerista), tomava um último trago com os oficiais do Estado-Maior, junto a uma fogueira, quando chegaram as primeiras notícias de paraquedistas simulados. Desdenharam-na como mais um dos alarmes falsos surgidos naquela primavera. No entanto, logo após se deitarem, foram acordados com avisos mais insistentes. Witt ligou para o quartel-general do 1º SS Panzerkorps, mas lhe disseram que não sabiam de nada. Por conta própria, ele deu a ordem de alerta à *Hitler Jugend*, com o código "Blücher". Para sua grande frustração, a maioria dos homens passaria várias horas aguardando nos veículos blindados até que o quartel-general do Führer finalmente concordasse em liberá-los para agir. Mesmo assim, Witt permitiu que o 25º Regimento SS Panzergrenadier se deslocasse até Caen e enviou à frente parte do batalhão de reconhecimento, em blindados de seis rodas e motocicletas BMW com *sidecar*.

Naquela noite, das operações britânicas aeroterrestres, o sucesso de Howard com as duas pontes foi praticamente o único obtido de acordo com o plano. O brigadier[1] James Hill, comandante da 3ª Brigada Paraquedista, avisara aos oficiais

---

1 Posto do Exército britânico inexistente no Exército brasileiro, entre o de coronel e o de general de brigada. (*N. T.*)

antes da partida: "Cavalheiros, apesar das ordens e da instrução excelentes, não se assustem se o caos reinar. Não há dúvida de que reinará".

O general de brigada Richard Gale, comandante da 6ª Divisão Aeroterrestre, formulara um plano sensato. Para proteger o flanco esquerdo das zonas de lançamento, a divisão precisava ocupar e defender a área entre o rio Orne e o Dives, 8 quilômetros mais a leste. Com a destruição de cinco pontes nesse lado oriental, ele poderia usar o Dives e a sua várzea, que os próprios alemães tinham inundado, como barreira aos contra-ataques blindados. Então, conseguiria concentrar o grosso das tropas ao sul, para enfrentar o esperado contra-ataque da 21ª Panzer-Division. Para isso, precisaria de canhões anticarro, que seriam trazidos com a primeira força de planadores, duas horas depois.

Outro objetivo importante da 6ª Divisão Aeroterrestre era a bateria de Merville, no estuário do Orne, do lado mais distante de Ouistreham. O reconhecimento aéreo da RAF acompanhara a preparação dessas posições de artilharia de costa. Os canhões de grande calibre ali instalados poderiam causar muita destruição na frota e nos navios de desembarque, assim como na praia Sword, o setor de desembarque mais a leste. A construção de concreto maciço tornava-os praticamente invulneráveis ao bombardeio. Assim, o 9º Batalhão do Regimento Paraquedista do tenente-coronel Terence Otway recebeu ordens de capturar o local e destruir os canhões. As defesas de arame farpado, os campos minados e os ninhos de metralhadora em volta deles tornaram a missão assombrosa. Um ataque de bombardeio de Lancasters para amaciar a defesa deveria acontecer pouco antes que o batalhão saltasse, e, depois, quatro planadores Horsa levando um grupo de assalto pousariam dentro do arame farpado, em cima da bateria.

Os homens de Otway tinham praticado várias vezes o ataque na Inglaterra, em posições simuladas, mas o caos reinaria, como avisara o comandante da brigada. O batalhão saltou todo espalhado pela região. Em parte, isso se deveu à ação evasiva do avião quando a artilharia antiaérea abriu fogo, mas também porque os aparelhos Eureka de orientação que deveriam guiar o grupo de batedores quebraram na aterragem. Muitos paraquedistas caíram na várzea inundada do rio Dives. Um dos homens de Otway caiu num lamaçal profundo e se afogou, apesar do esforço feito para salvá-lo. Os combatentes aeroterrestres estavam equipados com pios de pato para tentar localizar uns aos outros no escuro, mas o batalhão estava tão espalhado que nada conseguiam ouvir. Dos 600 homens, menos de 160 chegaram ao ponto de reunião para a reorganização.

Dois grupos de paraquedistas do 9º Batalhão não conseguiram se unir a Otway porque foram lançados em Saint-Pair, 10 quilômetros mais ao sul. Mal podiam acreditar no silêncio da noite. O oficial foi até uma casa próxima e acordou os moradores para descobrir onde estavam. Horrorizado com a notícia, disse aos homens que se separassem em pequenos grupos e tentassem voltar para se unir ao batalhão, mas muitos seriam capturados pelo caminho. No total, 192 homens do batalhão de Otway ainda estavam desaparecidos no final da batalha pela Normandia.

O coronel Otway não podia esperar mais. Tinha de completar a missão e mandar o sinal de sucesso antes das seis horas, quando os canhões de 6 polegadas do cruzador leve HMS *Arethusa* abririam fogo. Para piorar, boa parte do equipamento se perdera no salto. Os homens de Otway não tinham detectores de minas e carregavam apenas alguns torpedos bangalore para abrir buracos nos rolos de arame farpado. Ainda assim, com apenas um quarto do efetivo, Otway decidiu continuar. O seu ordenança, ex-boxeador profissional, puxou uma garrafinha. "Hora de tomar nosso *brandy*, senhor?", perguntou.

O golpe seguinte foi descobrir que os Lancasters que viriam amaciar a bateria tinham errado o alvo. Otway teve de abandonar totalmente o plano estabelecido, sobretudo porque os planadores Horsa que deveriam pousar sobre a bateria nunca atingiram o objetivo. Um jovem oficial e um sargento rastejaram à frente pelo campo minado para marcar o caminho e depois o ataque começou. A tropa de 160 homens sofreu 75 baixas em questão de minutos, mas ainda assim conseguiu tomar a posição. Para sua amarga frustração, só encontraram canhões de 75 mm, não a prevista artilharia pesada de costa de 150 mm. Com o explosivo plástico de cada homem, explodiram as culatras e se retiraram o mais rápido possível, levando os feridos, para estar fora do alcance antes que o *Arethusa* se posicionasse para abrir fogo.

Os outros sete batalhões de paraquedistas da divisão de Gale também deveriam ser lançados entre os rios Orne e Dives. Depois que as pontes entre Bénouville e Ranville foram tomadas pela companhia de Howard, o objetivo seguinte era destruir as pontes do Dives para proteger o flanco oriental. Essa tarefa era do 3º Esquadrão Real de Engenharia Paraquedista, com o auxílio dos batalhões que saltariam naquele flanco. Depois de explodir as pontes, o 8º Batalhão assumiu posição a sudeste da área, no bosque de Bavent e em seus arredores.

Quase todos os batalhões que saltaram naquela noite perderam grande quantidade de equipamento. Metralhadoras Bren e lançadores de foguetes anticarro PIAT foram avariados na aterragem. Em muitos casos, o pacote preso ao tornozelo dos paraquedistas estava tão pesado, devido à munição a mais, que a rede que o prendia se rompeu ou o pacote afundou na lama do terreno pantanoso. Alguns soldados se afogaram nos fossos das áreas inundadas próximas ao rio Dives. O brigadier James Hill, comandante da 3ª Brigada Paraquedista, saltou não muito longe de Cabourg, num charco inundado. A água só chegava à cintura, mas isso não o salvou de um pequeno desastre. Todos os pacotes de chá que levava enfiados nas pernas da calça se estragaram. Ele logo sofreu um golpe bem mais grave quando as bombas britânicas explodiram ali perto. Ao se jogar de lado, caindo sobre outro oficial, Hill foi ferido na nádega esquerda. Então viu, com horror, uma perna arrancada caída no meio do caminho, mas não era sua. Pertencia ao tenente Peters, o homem sobre o qual caíra. Peters estava morto.

A brigada de Hill foi vítima do maior erro no lançamento. As nuvens baixas tinham dificultado a navegação e os pilotos tentaram evitar o fogo antiaéreo. Alguns também se confundiram porque o rio Dives, na cheia, parecia o rio Orne, e lançaram os homens do lado errado. O 1º Batalhão Paraquedista canadense, previsto para a mesma área de pouso do 9º Batalhão de Otway, também ficou muito disperso, pelas mesmas razões. Muitos homens caíram nos arredores inundados do Dives e dois grupos chegaram a aterrar do lado oeste do Orne. Apenas uma pequena tropa chegou a Varaville, onde a ponte deveria ser destruída. Parte de uma companhia ajudou o 9º Batalhão a se retirar da bateria de Merville, enquanto outros destacamentos, guiados na noite por uma menina francesa que tinham encontrado, tomaram e mantiveram a ponte de Robehomme até que chegassem sapadores para destruí-la.

Um dos oficiais canadenses observou, pouco antes da partida, que todos os seus homens se encontravam num "estado muito sugestionável". Isso pode ter sido piorado pelo padre católico. Horrorizado ao saber que tinham distribuído preservativos entre os paraquedistas, ele bradara, no sermão antes da decolagem, que não deviam seguir para a morte levando no bolso "os meios do pecado mortal". No fim da missa, parece que o chão ficou cheio de pacotinhos descartados. Mas, assim que entraram em ação, principalmente durante a luta feroz pela vila de Varaville, os paraquedistas canadenses não demonstraram falta de coragem. Também tinham confiança no brigadier Hill, seu comandante, demonstrando respeito raro entre canadenses por um oficial britânico de alta patente.

A 5ª Brigada Paraquedista saltou logo a leste das duas pontes capturadas. Foi enquanto seus batalhões ainda se reorganizavam que os homens do major Howard escutaram o clamor e o rugido de veículos com lagartas vindo de Bénouville. A única arma anticarro disponível era um lançador de granadas PIAT com duas cargas de munição. O sargento Thornton correu à frente com o pesado equipamento. Sabendo que a arma só era útil a pequena distância, ocupou uma posição de tiro perto da estrada. Felizmente, o veículo que vinha era um meia-lagarta, e não um tanque. Thornton o atingiu com a primeira carga de munição e o veículo de trás recuou rapidamente. Ele e seus homens capturaram vários sobreviventes do meia-lagarta, inclusive o major Schmidt, comandante alemão local, que vinha de Ranville para conferir se as pontes tinham mesmo sido tomadas.

Pouco depois, a pequena tropa de defesa de Howard foi reforçada pelo 7º Batalhão, comandado pelo tenente-coronel Pine-Coffin, cujo nome, sozinho, já o habilitaria a ser personagem de um romance de Evelyn Waugh. Esses reforços conseguiram aumentar consideravelmente a cabeça de ponte, ocupando mais área circundante na margem oeste do canal, inclusive a maior parte da vila de Bénouville. Enquanto isso, o 12º Batalhão ocupou posições defensivas na pequena elevação ao lado do Orne. O 13º Batalhão entrou em Ranville pronto para um contra-ataque, enquanto uma das suas companhias começava a limpar a área de pouso dos planadores.

Pouco depois das 3 horas, o general de brigada "Windy" Gale e o quartel-general de sua divisão pousaram perto da ponte de Ranville. Para os da primeira onda, o imperturbável Gale, alto, de compleição robusta, com seu bigode militar, foi uma imagem bem-vinda que lhes assegurou que a invasão prosseguia conforme os planos. Por sua vez, Gale admitiu a um soldado o júbilo de ser o primeiro general britânico a voltar à França desde 1940.

Outros planadores trouxeram jipes e canhões anticarro para fortalecer a defesa. Chester Wilmot, repórter da BBC, acompanhou essa onda. "O pouso aconteceu como um exercício e foi a coisa mais maravilhosa", noticiou, talvez um tanto otimista, considerando-se o estado da maioria dos planadores depois do pouso. Então, outra ameaça inesperada surgiu à ponte de Bénouville, na forma de canhoneiras alemãs armadas com canhões antiaéreos de 20 mm, descendo o canal vindas de Caen. Mais uma vez, uma carga do PIAT atingiu o alvo e os barcos que vinham atrás fugiram para mar aberto, sem saber que seguiam direto para a boca dos canhões da Marinha Real britânica.

As tropas recém-chegadas não perderam tempo para se entrincheirar. As cargas explosivas enterradas no chão aceleraram muito o processo. Suas posições pareciam estar sob o fogo de morteiros enquanto preparavam uma trincheira atrás da outra. Mas granadas de morteiro de verdade começaram a cair quando os *panzergrenadiers* da 21ª Panzer-Division iniciaram uma série de contra-ataques.

A ponte mais importante, logo além da cidadezinha de Troarn, na estrada principal entre Caen e Pont-l'Évêque, ainda não tinha sido destruída por causa da aterragem espalhada dos soldados. O oficial encarregado, major Roseveare, reuniu uma pequena tropa, acumulou explosivos suficientes e, sob protestos, tomou um jipe e um reboque de um ordenança médico. Abrindo caminho à força por um par de bloqueios de estrada alemães, Roseveare teve de levar o veículo sobrecarregado pela rua principal de Troarn, enquanto os outros paraquedistas a bordo atiravam nos alemães que, nas casas dos dois lados, disparavam sobre eles. Chegaram à ponte, perdendo apenas o atirador da metralhadora Bren, que ia atrás. Instalaram as cargas e, dali a cinco minutos, o vão central desmoronou no Dives. Depois de abandonar o jipe, Roseveare conseguiu levar o pequeno grupo de volta ao Dives a pé, pelo charco, e reunir-se à força principal à tarde. Pelo menos o flanco esquerdo estava assegurado. A ameaça agora ficava ao sul.

As duas divisões aeroterrestres americanas, a 82ª e a 101ª, tinham decolado mais ou menos na mesma hora que os paraquedistas britânicos. Os pilotos dos seus esquadrões de transporte tinham soltado pragas e maldições ao tirar do chão os Skytrains C-47 "terrivelmente sobrecarregados". Arrumando-se na formação em V, os aviões de transporte verde-oliva fosco seguiram por sobre o Canal da Mancha. O oficial de controle aéreo do cruzador USS *Quincy* observou que "a essa hora a lua subira e, embora o nublado do céu ainda fosse bastante denso, ela iluminou as nuvens com um grau peculiar de luminosidade [...] Os primeiros Skytrains surgiram, recortados contra o céu como grupos de morcegos velozes".

Os aviões não deviam se parecer muito com morcegos para os grupos de 16 a 18 homens lá dentro, que suportavam o rugido estrondoso e a vibração dos motores superexigidos. Vários estavam com o capacete pronto no colo, mas a maioria vomitou no chão, o que, no momento crucial, o deixaria escorregadio. Os católicos dedilhavam as contas dos rosários, murmurando orações. Os pilotos já tinham notado que o clima era muito diferente do que nos saltos de instrução na Inglaterra. Um deles observou que, em geral, os paraquedistas eram "figuras arrogantes e incontroláveis", mas que, desta vez, "estavam seríssimos".

A tripulação também não estava nada tranquila com a missão. Alguns pilotos usavam óculos de proteção e capacete de aço, para o caso de o parabrisa ser estilhaçado pelo fogo antiaéreo.

Os paraquedistas das principais formações ficaram com inveja dos batedores que tinham ido à frente, com os emissores de radar. Já estariam em terra, tendo saltado logo depois da meia-noite, antes que os alemães percebessem o que estava acontecendo. Muitos homens fingiram dormir, mas só poucos conseguiram cochilar. O general Maxwell Taylor, o longilíneo comandante da 101ª Divisão Aeroterrestre, chegou a tirar as correias e se deitou no chão com alguns travesseiros. Aguardava o salto com intensa expectativa. Seria o seu quinto, o que lhe conferiria um novo distintivo.

Quando o avião chegou às Ilhas do Canal, as baterias antiaéreas alemãs em Jersey e Guernsey abriram fogo. Um paraquedista observou que era irônico receber essa saudação de "duas ilhas com o nome de lindas vaquinhas". Uma lancha torpedeira da Marinha Real britânica, a MTB 679, assinalou o ponto onde o avião deveria virar para leste, para sobrevoar a península de Cotentin até as zonas de lançamento. Assim que avistaram o litoral francês, os pilotos avisaram que tinham menos de dez minutos de voo. No avião do general Taylor, foi difícil acordar o comandante e levá-lo de volta ao equipamento. Ele insistia em ser o primeiro a saltar.

Assim que o avião atingiu o litoral, entraram num denso acúmulo de neblina que os meteorologistas não tinham previsto. Os paraquedistas que podiam olhar lá fora ficaram alarmados com a espessa névoa branca. As luzes azuis na ponta de cada asa ficaram invisíveis. Os pilotos, incapazes de enxergar, temeram colisões. Os que estavam fora da formação se afastaram. A confusão aumentou quando os aviões saíram das nuvens e caíram sob o fogo das baterias antiaéreas da península. Instintivamente, os pilotos deram força total e fizeram ações evasivas, muito embora isso fosse estritamente contra as ordens.

Como voavam a pouco mais de mil pés (300 metros) de altitude, as aeronaves estavam ao alcance das metralhadoras alemãs, além dos canhões antiaéreos. Os paraquedistas foram jogados de um lado para o outro, dentro da fuselagem, enquanto o piloto fazia o avião ondear e torcer-se. As balas que atingiam o avião soavam "como grandes pedras de granizo num telhado de zinco". Para os que entravam em ação pela primeira vez, foi a prova chocante de que havia mesmo alguém tentando matá-los. Um paraquedista que sofreu um ferimento de *shrapnel* nas nádegas teve de ficar em pé para que o paramédico pudesse lhe fazer um curativo ali mesmo. A ordem do general Taylor de que nenhum paraquedista teria permissão de ficar a bordo foi cumprida à risca. Fora uma dúzia de soldados feridos demais pelo fogo antiaéreo para saltar, parece que só houve duas exceções: uma foi um paraquedista que, sabe-se lá como, soltou o paraquedas de emergência por engano dentro do avião. O outro foi um major que sofreu um enfarte.

No *Quincy*, a equipe de controle aéreo no alto da superestrutura do cruzador acompanhava com apreensão. "Muitas vezes, uma bola amarela começava a brilhar no meio de um campo de rastros vermelhos de bala. Essa bola amarela começava a cair lentamente, formando uma cauda. Até que se esmagava no mole negro da terra, criando uma grande cortina de luz que brilhava contra as nuvens baixas. Às vezes, a bola amarela explodia em pleno ar, soltando jatos de gasolina em chamas. Esse quadro sempre nos causava, a nós, observadores do controle, a mesma reação: uma súbita inspiração de ar e um murmúrio de 'pobres coitados'."

A luz vermelha da porta se acendeu a quatro minutos da zona de lançamento. "Levantar! Enganchar!", veio o berro do mestre de salto. Alguns homens muito carregados tiveram de ser postos de pé. Todos engancharam as fitas ao cabo de aço, que percorria o comprimento da fuselagem, e foi dada a ordem de verificar o equipamento e fazer a contagem. Essa foi seguida pela ordem: "À porta!" Mas enquanto o avião continuava a balançar e a tremer com os ataques, os homens eram jogados de lado ou escorregavam no chão sujo de vômito. As balas traçantes e o fogo antiaéreo subiam em volta deles "em grandes arcos de fogo", o vento rugia pela porta aberta e os homens observavam, rezando para a luz verde se acender para que pudessem escapar do que parecia um caixão de metal. "Vamos!", muitos gritavam com impaciência, temendo cair no mar ou no lado leste da península.

Os aviões deveriam reduzir a velocidade para algo entre 150 e 180 quilômetros por hora, mas a maioria não o fez. "Nosso avião nunca desacelerou", lembra um paraquedista. "Aquele piloto não largava o acelerador." Assim que a luz verde se acendeu, eles arrastaram os pés com deselegância até a saída, para saltar. Um ou dois fizeram um sinal da cruz apressado no caminho. Com tantos tiros do lado de fora, era fácil imaginar que estavam prestes a saltar diretamente no fogo cruzado das metralhadoras ou a aterrar numa posição fortemente defendida. Cada paraquedista, ao chegar à porta, levava no colo o pacote da perna, que ficaria pendurado por uma longa correia assim que saltasse. Como pesavam 35 quilos ou mais, muitas correias arrebentaram durante a descida e se perderam no escuro. Se algum homem ficasse paralisado no último instante, presume-se que o sargento "empurrador" o chutava para fora, pois mal houve notícia de homens que se recusaram a saltar. Quando pularam para o desconhecido, alguns se lembraram de gritar "Bill Lee!", tributo dos paraquedistas ao general Lee, pai das tropas aeroterrestres dos Estados Unidos.

A maioria sofreu um sacolejo bem mais violento do que de costume quando o paraquedas se abriu, devido ao excesso de velocidade do avião. Os que caíram perto de posições alemãs atraíram fogo pesado. Os velames ficaram cheios de balas. Um comandante de batalhão, seu subcomandante e um comandante de companhia foram mortos imediatamente, porque aterraram no meio de um destacamento avançado do 6º Regimento Paraquedista do major Freiherr von der Heydte. Outro oficial, que pousou em cima do posto de comando, foi aprisionado. Um cabo da 91ª Luftlande-Division escreveu para casa: "Soldados paraquedistas americanos pousaram no meio da nossa posição. Que noite!".

O instinto natural, ao saltar sob fogo, era puxar as pernas para cima, quase em posição fetal, embora isso não desse proteção alguma. Um homem literalmente explodiu no ar, provavelmente porque uma bala atingiu sua granada Gammon. Em alguns casos, os pilotos voavam abaixo dos quinhentos pés (150 metros), e os paraquedas mal tiveram tempo de se abrir. Muitas pernas e tornozelos se quebraram, e alguns homens ficaram paralisados com fratura da coluna. Um paraquedista que teve sucesso no pouso ficou horrorizado quando o avião seguinte soltou tão baixo o seu grupo de 18 homens que nenhum paraquedas se abriu. Ele comparou o som surdo dos corpos atingindo o chão com "melancias caindo da traseira de um caminhão". Outro grupo lançado de altitude muito baixa, ao longo de uma pequena elevação, foi encontrado mais tarde, numa linha comprida, todos mortos, todos ainda presos aos tirantes e linhas dos paraquedas.

Como os alemães tinham inundado grandes áreas em torno do rio Merderet e na parte interior das praias, muitos paraquedistas caíram dentro d'água. Alguns se afogaram, sufocados pelo paraquedas encharcado. Outros foram resgatados por colegas ou, em vários casos, por famílias francesas que, imediatamente, lançaram o bote a remo n'água. A maioria que caiu em água até o peito teve de mergulhar sob a superfície para alcançar a faca de trincheira e se soltar. Todos amaldiçoaram as correias americanas e invejaram o sistema britânico de fácil soltura. Do mesmo modo, aqueles cujos paraquedas se prenderam em árvores altas tiveram de lutar e se contorcer para se soltar, sabendo o tempo todo que eram alvos fáceis. Vários levaram tiros na tentativa. Muitas histórias de atrocidades se espalharam entre os sobreviventes, afirmando que os soldados alemães os tinham atingido por baixo, com baionetas, e até usado lança-chamas contra eles. Alguns falaram de corpos obscenamente mutilados.

Os que caíam em pequenos pastos cercados por sebes altas ficavam tranquilos quando viam vacas, já que a sua presença indicava que não havia minas. Mas ainda esperavam que um alemão viesse correndo e lhes "enfiasse a baioneta". Dificilmente haveria algo mais desorientador e apavorante do que pousar no escuro, por trás das linhas inimigas, sem a mínima ideia do lugar em que se estava. Muitos ouviram movimentos e montaram o fuzil às pressas, só para descobrir que a sua chegada atraíra vacas curiosas. Os homens se arrastavam ao longo das sebes e, ao ouvir alguém, ficavam paralisados. O coronel "Jump" Johnson, cuja determinação de esfaquear nazistas o fizera levar consigo um verdadeiro arsenal de armas para o combate corpo a corpo, quase levou um tiro de um de seus oficiais porque perdera o "maldito grilo". Esses brinquedos infantis baratos eram desprezados por muitos da 82ª Divisão Aeroterrestres. Eles recorriam à senha "Flash", cuja contrassenha era "Thunder": palavras escolhidas porque achavam que seria difícil um alemão pronunciá-las de forma convincente.

A sensação de alívio ao encontrar outro americano era intensa. Logo, pequenos grupos se formaram. Quando encontravam um paraquedista ferido, davam-lhe morfina e marcavam sua posição para os paramédicos que viriam depois espetando o fuzil no chão pela baioneta e colocando o capacete na coronha. Os mais sedentos de sangue foram "caçar *krauts*". As balas traçantes revelaram a posição dos ninhos de metralhadoras alemãs, que foram atacados com granadas. A maioria dos paraquedistas obedeceu às ordens de, na escuridão, só usar facas e granadas. Mas um dos que atirou com o fuzil percebeu, depois, o preservativo rasgado pendurado da boca da arma. "Eu o havia enfiado ali antes do salto para manter o cano seco", explicou, "e depois esqueci."

Os "caçadores de *krauts*" também seguiram o som das vozes alemãs. Em alguns casos, ouviram alemães se aproximando pela estrada, marchando em formação. Depois de cochichos apressados, jogaram granadas sobre eles por cima da sebe. Alguns afirmaram ter conseguido farejar alemães pelo cheiro forte do fumo que usavam. Outros os reconheceram pelo ranger do equipamento de couro.

Parecia que os soldados alemães saíram correndo por todo lado quando chegou a notícia dos pousos de uma ponta a outra da península. Uns dois

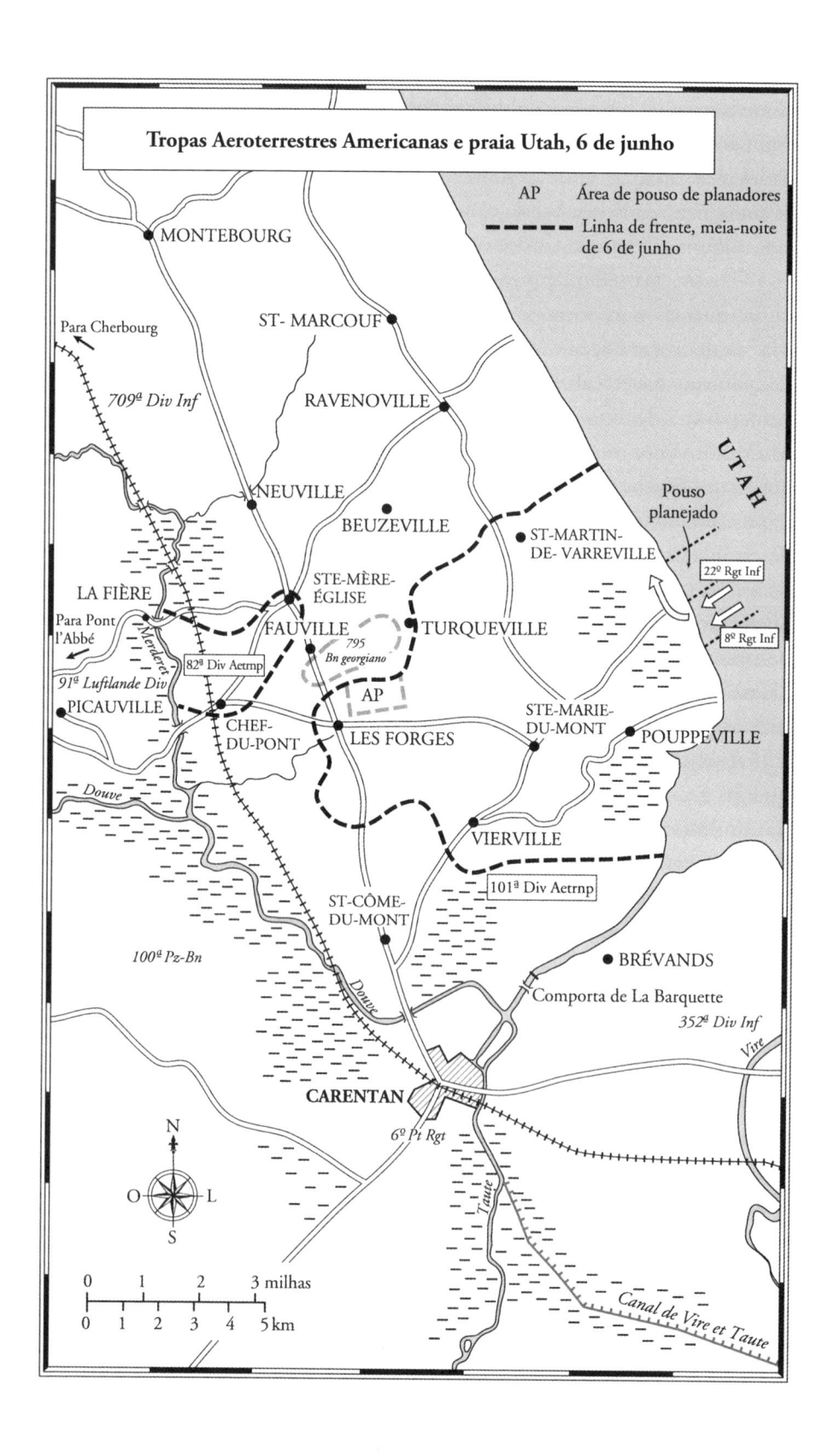

Tropas Aeroterrestres Americanas e praia Utah, 6 de junho

AP   Área de pouso de planadores

--- Linha de frente, meia-noite de 6 de junho

- MONTEBOURG
- Para Cherbourg
- 709ª Div Inf
- ST-MARCOUF
- RAVENOVILLE
- NEUVILLE
- BEUZEVILLE
- STE-MÈRE-ÉGLISE
- ST-MARTIN-DE-VARREVILLE
- Pouso planejado
- UTAH
- 22º Rgt Inf
- LA FIÈRE
- FAUVILLE
- TURQUEVILLE
- 8º Rgt Inf
- Para Pont l'Abbé
- Menderet
- 795 Bn georgiano
- 82ª Div Aetrnp
- 91ª Luftlande Div
- PICAUVILLE
- CHEF-DU-PONT
- LES FORGES
- AP
- STE-MARIE-DU-MONT
- POUPPEVILLE
- Douve
- VIERVILLE
- 101ª Div Aetrnp
- ST-CÔME-DU-MONT
- 100ª Pz-Bn
- BRÉVANDS
- Comporta de La Barquette
- 352ª Div Inf
- Vire
- CARENTAN
- 6º Pt Rgt
- Taute
- Canal de Vire et Taute

0   1   2   3 milhas
0   1   2   3   4   5 km

pilotos ficaram tão desorientados com a neblina e com a ação evasiva que perceberam depois que tinham lançado seus grupos perto de Cherbourg, a uns 30 quilômetros da área de pouso correta. O capitão que estava com eles teve de ir até uma fazenda para descobrir onde estavam. A família francesa tentou ajudar, dando-lhes um mapa simples da península de Cotentin rasgado de uma lista telefônica. Entretanto, outro oficial paraquedista observou que a dispersão involuntária das unidades durante o lançamento caótico fora, de certa forma, uma vantagem inesperada. "Os alemães acharam que estávamos por toda parte." Mas os próprios paraquedistas estavam tão confusos quanto eles. Quando um grupo perdido se aproximou de um poço para encher os cantis, um velho fazendeiro saiu da casa. Um deles lhe perguntou, em mau francês: "Où est Alamon?" Ele deu de ombros e apontou para o norte, o sul, o leste e o oeste.

A emboscada mais bem-sucedida aconteceu não muito longe do posto de comando da 91ª Luftlande-Division alemã, perto de Picauville. Os homens do 508º Regimento de Infantaria Paraquedista abriram fogo num carro do Estado-Maior que trazia o comandante de divisão tenente-general Wilhelm Falley de volta do exercício de comando, em Rennes. Falley, ferido, foi lançado para fora do veículo e, quando se arrastou para recuperar a pistola, um tenente americano o matou com um tiro.

O plano era a 82ª Divisão Aeroterrestre saltar de ambos os lados do rio Merderet e tomar a cidade de Sainte-Mère-Église. Isso bloquearia a estrada e a ligação ferroviária com Cherbourg. Também deveriam capturar as pontes do Merderet, para que as tropas que chegassem por mar pudessem avançar com rapidez pela península e isolá-la antes de avançar para o norte, rumo ao porto de Cherbourg. A 101ª, lançada mais perto da praia Utah, tomaria as passarelas que levavam a ela pelos charcos inundados e também tomaria as pontes e uma eclusa do rio Douve, entre a cidade de Carentan e o mar.

Vários pelotões da 82ª Divisão Aeroterrestre caíram em Sainte-Mère-Église e nas cercanias, como planejado. O paraquedas de um soldado se prendeu na torre da igreja, onde ele ficou pendurado, indefeso, se fingindo de morto, enquanto os sinos o ensurdeciam. Tocavam o alarme porque uma casa da praça da igreja tinha pegado fogo e os moradores da cidade passavam baldes d'água, numa corrente humana. A cena lá embaixo era caótica. Os soldados da unidade antiaérea local, sob o comando de um oficial austríaco, atiravam em todas as direções enquanto os paraquedistas caíam. Muitos americanos ficaram crivados de balas antes de chegar ao solo. Os que se prenderam nas árvores tiveram pouca chance. Um paraquedista caiu diretamente sobre a casa em chamas. Mas, com grande determinação, os que pousaram fora da cidade formaram grupos rapidamente e começaram a avançar para o centro, correndo de abrigo em abrigo. Dali a uma hora, forçaram os alemães a se retirar. Sainte-Mère-Église, portanto, foi a primeira cidade da França a ser libertada.

A cidade se tornou um ponto de concentração para muitos destacamentos espalhados. Um integrante da 82ª Divisão Aeroterrestre espantou-se ao ver dois soldados da 101ª chegar cavalgando pela estrada, montados em pelo em cavalos que tinham tirado de um campo. Outro apareceu dirigindo uma motocicleta meia-lagarta capturada. Parece que só um pequeno número de paraquedistas perdidos no campo ficou inativo. Alguns se deitaram em valas, enrolados no paraquedas, esperando a aurora para se orientar. Entretanto, a grande maioria não podia esperar para entrar na luta. Com os nervos ainda tensos do salto, seu sangue fervia. Um soldado da 82ª recordou as instruções com a máxima clareza: "Chegar à área de pouso o mais depressa possível. Não fazer prisioneiros porque eles o atrasarão".

A luta tornou-se impiedosa dos dois lados; de fato, é provável que aquela noite tenha assistido à luta mais cruel da guerra inteira na frente ocidental. Um soldado alemão, para justificar a aniquilação de um pelotão americano que pousou na companhia de petrechos pesados de seu batalhão, disse, mais tarde: "Ora, eles não vieram nos dar balinhas. Vieram nos matar, vieram lutar". Com certeza os soldados alemães foram informados pelos oficiais dos "criminosos" recrutados para as tropas aerotransportadas americanas, e seus temores se transformaram em violência. Mas é difícil determinar a exatidão das histórias de horror sobre soldados alemães que teriam mutilado paraquedistas presos em árvores.

Fossem verdadeiros ou não esses relatos, os paraquedistas americanos quiseram se vingar. Parece que houve alguns casos de soldados que fuzilaram prisioneiros feitos por outros. Dizem que um sargento judeu e um cabo levaram do terreno de uma fazenda um oficial e um sargento alemães capturados. Os que estavam presentes ouviram uma rajada de fogo automático e, quando o sargento voltou, "ninguém disse nada". Também se falou de outro paraquedista judeu ao qual não se podia "confiar um prisioneiro de guerra e sair de perto". Um soldado da 101ª contou que, depois de encontrarem dois paraquedistas mortos "com as partes íntimas cortadas e enfiadas na boca", o capitão que estava com eles deu a ordem: "Nem ousem fazer prisioneiros! Fuzilem esses desgraçados!".

Parece que um ou dois homens gostaram da matança. Um paraquedista recordou ter encontrado um soldado de sua companhia na manhã seguinte e ficou surpreso ao ver que usava luvas vermelhas, em vez das amarelas regulamentares. "Perguntei a ele onde tinha arranjado luvas vermelhas; ele enfiou a mão nas calças e puxou uma fieira de orelhas. Passara a noite toda caçando orelhas e as costurara num cadarço velho." Houve alguns casos de pilhagem violenta. O comandante do pelotão de Polícia do Exército da 101ª Divisão Aeroterrestre encontrou o corpo de um oficial alemão e viu que alguém lhe cortara o dedo para tirar a aliança de casamento. Um sargento do 508º Regimento de Infantaria Paraquedista ficou horrorizado quando descobriu que integrantes de seu pelotão tinham matado alguns alemães e depois usaram "os corpos para a prática de baioneta".

Às vezes, conseguia-se impedir a morte dos prisioneiros. Por volta das 2h30, um punhado de paraquedistas da 101ª, inclusive um tenente e um capelão, estavam num terreiro de fazenda conversando com moradores franceses. Espantaram-se quando cerca de uma dúzia de soldados da 82ª vieram correndo, conduzindo um grupo de ordenanças alemães muito jovens. Ordenaram que se deitassem. Apavorados, os meninos imploraram pela vida. O sargento, que pretendia matá-los a todos, afirmou que alguns colegas seus, presos em árvores, tinham sido transformados em "tochas romanas" por um soldado alemão com lança-chamas.

O sargento puxou o ferrolho da submetralhadora Thompson para trás. Em desespero, os meninos agarraram as pernas do tenente e do capelão, enquanto estes e a família francesa gritavam para que o sargento não os matasse. Finalmente, o sargento foi convencido a parar. Os meninos foram trancados no porão da fazenda. Mas o sargento não desistiu da missão de vingança. "Vamos procurar alguns *krauts* para matar!", berrou para seus homens, e partiram. Os integrantes da 101ª ficaram abalados com o que tinham presenciado. "Essa gente virou bicho", observou depois um primeiro-sargento.

Conforme os grupos espalhados foram se juntando durante a noite, os oficiais conseguiram exercer o controle e se concentrar nos objetivos. Os soldados que não conseguiram encontrar as suas unidades juntaram-se a qualquer batalhão, mesmo que fosse de outra divisão. O general Maxwell Taylor, comandante da

101ª, reunira um grupo de trinta homens, que incluía quatro coronéis além de outros oficiais. Isso o levou a parodiar Churchill, com o comentário: "Nunca antes, nos anais da guerra, tão poucos foram comandados por tantos". Outro grupo de soldados foi avistado puxando o comandante do 502º Regimento de Infantaria Paraquedista, coronel George Van Horn Mosely Jr., numa carroça de metralhadora, porque ele quebrara a perna no salto.

Vários soldados e oficiais que haviam fraturado o tornozelo no pouso simplesmente o ataram e saíram mancando, rilhando os dentes. Os que não conseguiam andar de jeito nenhum ficaram guardando prisioneiros. Não há dúvida da bravura da imensa maioria dos homens. Fora um único comandante de batalhão do 508º Regimento de Infantaria Paraquedista, que passou a noite escondido numa vala, houve poucos casos de colapso nervoso.

Parece ter havido muito mais exemplos de choque pela batalha no lado alemão. Um soldado chamado Rainer Hartmetz voltou ao posto de comando de sua companhia atrás de mais munição. Lá, encontrou dois homens em choque profundo. "Não conseguiam falar. Tremiam. Tentavam fumar, mas não conseguiam levar o cigarro à boca." E o comandante da companhia, capitão que, aparentemente, fora bravo na frente oriental, estava bêbado num abrigo individual. Sempre que alguém aparecia com uma mensagem das posições avançadas, ele brandia a pistola e murmurava: "Tenho de executar todos os homens que recuarem".

Uma força mista de uns 75 paraquedistas atacou a vila de Sainte-Marie-du--Mont. O oficial no comando não fazia ideia de quantos alemães havia ali, mas a instrução funcionou. Com metralhadoras nos flancos para cobri-los, os grupos avançaram por escalões. A guarnição de uma bazuca correu pela rua principal e atirou na porta da igreja com uma carga anticarro. Uma dúzia de soldados alemães, com o líder acenando uma bandeira branca improvisada, surgiu da fumaça e do pó com as mãos para cima. A vila foi limpa em menos de uma hora. A maioria dos defensores fugira pela estrada para Carentan.

Outros grupos seguiram para tomar as passarelas sobre as áreas inundadas além da praia Utah. Um punhado de paraquedistas deu com 15 alemães que transportavam munição em três carroças puxadas a cavalo. Forçaram-nos a se renderem e fizeram-nos marchar à frente pela estrada. Um soldado que falava alemão lhes disse que, se caíssem sob fogo, não deviam se mover. Pouco depois, uma metralhadora alemã começou a disparar. Os paraquedistas se abrigaram nas valas. Um dos alemães começou a correr, mas foi atingido imediatamente. "Nós o jogamos na carroça", recordou um dos paraquedistas. "Morreu mais tarde, pela manhã. A partir daí, não tivemos problemas com os prisioneiros em pé na estrada, sob quaisquer condições." É claro que a prática violava a Convenção de Genebra.

Assim como no caso das tropas aeroterrestres britânicas, uma das tarefas dos paraquedistas era limpar e proteger a área de pouso dos planadores Waco que traziam reforços e equipamento pesado. Mas o pouso perto de Sainte-Mère--Église não seria tão tranquilo assim. "Depois de breve marcha", escreveu um paraquedista designado para a tarefa, "chegamos ao campo e encontramos um pequeno grupo de alemães de guarda. Foram derrotados com facilidade, depois de curta troca de fogo. O campo não passava de uma grande clareira cercada de floresta e de várias casas de fazenda. Logo, fomos divididos em grupos e formamos um perímetro de defesa em volta. Não havia nada mais a fazer senão esperar".

Na hora marcada, as luzes de sinalização foram acesas. "Conseguimos ouvir os aviões a distância e depois, som nenhum. Isso foi seguido por uma série de barulhos e chiados. O crescendo cada vez maior de sons aumentou com galhos e árvores quebrados, seguido por grande ruído de quedas e gritos intermitentes." Os planadores vinham rapidamente, um atrás do outro, de direções diferentes. Muitos erraram o campo e caíram na floresta circundante, enquanto outros se chocaram com as casas de fazenda vizinhas e muros de pedra. Os planadores estavam carregados com jipes, canhões anticarro e outras armas grandes demais para lançar de paraquedas. A carga estava amarrada e presa ao piso de compensado. Tanto os pilotos quanto os soldados dos planadores só tinham lona e madeira leve para protegê-los.

Num instante, o campo virou um caos, com planadores deslizando em todas as direções. O equipamento se soltava e era catapultado pela frente do aparelho ao cair no chão, e muitas vezes esmagou os pilotos. Havia corpos e fardos espalhados pelo campo inteiro. Alguns soldados dos planadores foram empalados por lascas de madeira das máquinas frágeis. "Tentamos imediatamente ajudar os feridos", escreveu um dos paraquedistas que tinham preparado a área de pouso, "mas sabíamos que antes era preciso decidir quem podia ser ajudado e quem não podia. Montamos um posto improvisado de primeiros socorros e começamos o triste processo de separar os vivos dos mortos. Vi um homem com as pernas e o traseiro saindo da fuselagem de lona de um planador. Tentei puxá-lo. Ele não se mexeu. Quando olhei lá dentro dos destroços, vi que o tórax tinha sido esmagado por um jipe."

Os planadores britânicos, que eram maiores, traziam os canhões de campanha do 320º Grupo de Artilharia de Campanha em Planadores. Eram ainda mais perigosos do que os Waco. Num pouso violento, a estrutura da roda dianteira entrava pelo piso de compensado, causando ferimentos consideráveis. Vários acidentes foram provocados pela confusão e pelo excesso de planadores descendo ao mesmo tempo. Alguns foram derrubados pelo fogo das posições alemãs próximas. "Os planadores que transportavam soldados vieram como um enxame de corvos", escreveu o cabo da 91ª Luftlande-Division, "e então a guerra realmente começou". Entre as baixas, estava o general-brigadeiro Pratt, subcomandante da 101ª Divisão Aeroterrestre. Ele também foi morto por um jipe que esmagou a frente do planador quando este parou de repente ao atingir uma árvore. Em vinte minutos, já tinham pousado soldados suficientes com os planadores para que cuidassem dos próprios feridos. Os paramédicos trabalhavam freneticamente, ministrando morfina, comprimidos de sulfa e usando todas as ataduras que tinham.

Vários planadores erraram totalmente a área de pouso. Um caiu sobre um campo minado e explodiu. Outros desceram nas áreas inundadas, o que pelo menos suavizou o pouso. Os pilotos tinham de se lembrar de despir os pesados casacos contra fogo antiaéreo antes de cortar os painéis laterais para sair. Em certos pontos, a água era profunda.

Os infantes dos planadores ficavam muito vulneráveis nesse momento, se estivessem ao alcance das posições alemãs: "Ao pousar", escreveu um piloto, "descobrimos a fonte do fogo de terra que quase me pegou. Era um *bunker* com cerca de uma dúzia de soldados poloneses recrutados à força e um alemão no comando. Depois que os infantes de vários planadores, inclusive o nosso, lançaram sobre o *bunker* uma saraivada de tiros de fuzil, a resistência cessou. Houve um silêncio no *bunker* e, depois, um único tiro. Então vieram gritos e risos, e os polacos saíram com as mãos para cima. Não queriam lutar com os americanos e simplesmente mataram o sargento *kraut*."

A reação da população civil francesa também podia ser imprevisível. Embora muitos fizessem omeletes e crepes para os paraquedistas e lhes oferecessem doses de *calvados*, outros temeram que essa operação só fosse um ataque isolado e que mais tarde os alemães voltassem para se vingar. Mas esse temor não impediu que as mulheres dos fazendeiros corressem para o campo para catar o máximo possível de paraquedas, por causa da seda. Não surpreende que os impassíveis fazendeiros normandos, que quase nunca se afastavam de seus povoados, ficassem confusos com essa invasão extraordinária. Um soldado da 101ª contou que, quando pararam para conversar com três franceses, um dos fazendeiros disse ao companheiro, apontando o rosto enegrecido de um paraquedista: "Agora você já viu um negro americano".

Apesar das escaramuças intensas e selvagens, a luta mal começara. Com a aproximação da aurora, os paraquedistas sabiam que os alemães fariam contra-ataques com força total. A maior preocupação era o possível fracasso da invasão principal. Se a 4ª Divisão de Infantaria não tomasse a praia Utah e cruzasse as passarelas para se unir a eles, estariam abandonados ao seu destino.

Depois de ver a 101ª Divisão Aeroterrestre decolar de Greenham Common, o general Eisenhower retornou à 1h15 ao seu trailer niquelado. Ficou lá sentado, fumando em silêncio, por algum tempo. Harry Butcher, seu ajudante de ordens, ainda não sabia que o comandante supremo já escrevera uma declaração assumindo toda a responsabilidade caso a Operação Overlord fosse um desastre.

Algumas horas depois, o tenente-brigadeiro Leigh Mallory, o mesmo homem que alertara para a catástrofe da operação aeroterrestre na península de Cotentin, telefonou para passar um relatório preliminar. Butcher foi falar imediatamente com Eisenhower. Sem conseguir dormir, o comandante supremo lia um livro de faroeste na cama, ainda fumando. Apenas 21 dos 850 aviões de transporte, que levavam os soldados aeroterrestres americanos, tinham sido destruídos. As perdas britânicas tinham sido ainda menores, com apenas oito desaparecidos entre cerca de quatrocentos aviões. Leigh-Mallory já redigia um pedido de desculpas que conseguia ser, ao mesmo tempo, subserviente e agradável. "Estou mais do que grato por poder afirmar que a minha apreensão era infundada [...] Permita-me congratulá-lo pela sabedoria da sua decisão." Mas todos sabiam que a operação aeroterrestre fora apenas o primeiro passo. Tudo dependia dos desembarques nas praias e da reação alemã.

6

A TRAVESSIA DA ARMADA

Quando os que partiram nos comboios de barcaças de desembarque e navios de guerra olharam Southampton Water na noite de 5 de junho, a frota invasora parecia se estender até o horizonte. Muitos se perguntavam o que os alemães pensariam ao avistar essa armada, de longe a maior esquadra que já se fizera ao mar. Quase cinco mil navios de desembarque eram escoltados por seis encouraçados, quatro monitores, 23 cruzadores, 104 contratorpedeiros, 152 embarcações de escolta, além dos 277 varredores que limpavam o canal à frente. A maioria das embarcações era britânica, americana e canadense, mas também havia navios de guerra franceses, poloneses, holandeses e noruegueses.

No navio de desembarque que levava os grupos de assalto de Lord Lovat, da 1ª Brigada de Operações Especiais, o seu gaiteiro pessoal, Bill Millin, dos Highlanders de Cameron, ficou na proa, de *kilt* e túnica do fardamento de combate, tocando "The Road to the Isles". O som foi levado pela água, e a tripulação dos outros navios começou a dar vivas. Os comandantes de vários navios de guerra tiveram a mesma ideia. Dois contratorpedeiros classe Hunt tocaram "A-hunting We Will Go" a todo volume pelos alto-falantes, e os contratorpedeiros da França Livre responderam com a "Marselhesa". Os marinheiros deram pulos no convés, acenando alegres com a expectativa de voltar à França depois de quatro anos.

Os comboios, vindos de todas as direções, convergiram na área de reunião apelidada de "Piccadilly Circus", ao sul da Ilha de Wight. O almirante

Middleton, a bordo do encouraçado HMS *Ramillies*, que zarpara do litoral oeste, recordou que "o tráfego ficou cada vez mais pesado" depois que dobraram o cabo de Land's End. Com "vento forte e mar agitado", o *Ramillies* abriu caminho pelos comboios mais lentos. Ele descreveu isso como "um esporte empolgante, ainda mais à noite", mas deve ter sido alarmante para a tripulação dos navios pequenos que viram o encouraçado forçar a passagem.

Os sentimentos dos 130 mil soldados que se aproximavam do litoral francês por mar, à noite, eram turbulentos. O marechal de campo Lord Bramall, na época jovem tenente, descreveu "a mistura de empolgação por participar desse grande empreendimento com apreensão de não conseguir atender às expectativas e não fazer o que esperavam de nós". Parece que o medo do fracasso foi bastante forte nos subalternos jovens que ainda não tinham visto sangue. Um soldado veterano foi até ele e disse: "Não se preocupe, senhor, cuidaremos do senhor". Mas Bramall sabia que, de fato, "muitos deles já tinham visto guerra demais". O seu regimento, o 60º de Infantaria, lutara na campanha do deserto, e a tensão cobrara seu preço. No fundo de muitas cabeças britânicas e canadenses também havia o medo de que a operação toda se transformasse num fiasco homicida, como o ataque a Dieppe dois anos antes. Muitos se perguntavam se voltariam. Alguns, pouco antes de partir, tinham recolhido um seixo na praia como "última lembrança" da terra natal.

Quase todos, em todos os níveis, tinham forte consciência de que participavam de um grande acontecimento histórico. O quartel-general do 5º Corpo americano, que seguia para a praia Omaha, registrou no diário: "A tentativa de fazer o que foi pensado por todos os grandes líderes militares da história europeia moderna – uma invasão pelo Canal da Mancha – estava prestes a começar".

A principal dúvida na maioria das cabeças era se os alemães já sabiam o que estava para acontecer e se estariam à sua espera. Os planejadores da Operação Netuno, a fase de travessia do Canal da Operação Overlord, tinham passado meses pensando em possíveis ameaças à frota invasora: submarinos, minas, *e-boats*,[1] radar e a Luftwaffe. Todas as precauções foram tomadas.

Esquadrões Mosquitos patrulhavam o litoral francês a noite toda, prontos para derrubar qualquer aeronave alemã que pudesse avistar a aproximação da frota. Aviões equipados para interferir no rádio também estavam no ar, para

---

1 Nome dado pelos aliados anglófonos aos *Schnellboote*, velozes lanchas-torpedeiras alemãs. (*N.T.*)

confundir as frequências usadas pelos caças noturnos alemães. Também houve operações de interferência em grande escala no radar feitas por aviões britânicos e americanos sobre o Canal da Mancha. E, durante várias semanas, Typhoons equipados com foguetes tinham atacado os postos de radar alemães ao longo de todo o litoral do canal, dos Países Baixos à Bretanha.

Na Operação Taxable, bombardeiros Lancaster do 617º Esquadrão lançaram "janelas", ou seja, tiras de alumínio que simulavam, na tela do radar, um comboio invasor se aproximando do litoral de Cap d'Antifer, a nordeste do Havre. Isso foi auxiliado por um logro naval, com lanchas a motor e barcos torpedeiros rebocando balões refletores que, no radar, pareceriam navios grandes. Um plano de embuste parecido, a Operação Glimmer, compunha-se de bombardeiros Stirling que soltaram "janelas" diante de Boulogne. Também foram lançadas minas em volta do Cap d'Antifer.

Uma das maiores preocupações do almirante Ramsay era um ataque em massa da frota invasora por submarinos alemães das bases da Bretanha. Usaram-se forças navais antissubmarino, mas a principal tarefa de evitar a abordagem a sudoeste cabia ao 19º Grupo do Comando Costeiro, que tinha, principalmente, Liberators B-24 e aerobotes. O Grupo compunha-se de três esquadrões canadenses, dois australianos, um neozelandês, um tcheco e um polonês. Até o 224º Esquadrão da RAF era uma mistura de nacionalidades, com 137 britânicos, 44 canadenses, 33 do Anzac (exército conjunto da Austrália e Nova Zelândia), dois americanos, um suíço, um chileno, um sul-africano e um brasileiro.

A tripulação enfrentou longas missões dia e noite, patrulhando constantemente o oeste do Canal da Mancha numa malha de quadrados, do sul da Irlanda até a península de Brest. Quando o radar captava algum submarino na superfície, o avião mergulhava, o artilheiro de proa tentava matar e ferir o máximo possível de homens na torre de controle para impedir um mergulho súbito e depois o bombardeador lançava as cargas de profundidade. Na Operação Cork, os aviões do 19º Grupo atacaram quarenta submarinos. Um dos Liberators do 224º Esquadrão, pilotado pelo primeiro-tenente canadense Ken Moore, de 21 anos, entrou para a história naval ao afundar dois submarinos em 22 minutos, na noite de 7 de junho. Para embaraço do almirante Karl Dönitz e do alto-comando da Kriegsmarine, nenhum submarino penetrou no Canal da Mancha. Outros aviões aliados atacaram os contratorpedeiros alemães para impedir que atacassem a frota invasora.

Só as velozes lanchas-torpedeiras alemãs e, mais tarde, os minissubmarinos conseguiram causar algum dano.

A bordo dos navios de desembarque, os soldados matavam o tempo. Alguns tentaram dormir, outros tentaram aprender um pouco de francês no livro de frases, outros ainda leram a Bíblia. Muitos compareceram a ofícios improvisados, encontrando bem-estar na religião. Entretanto, na tarde da véspera, no navio britânico *Princess Ingrid*, talvez Deus estivesse com um humor menos calmante quando o contramestre tocou "Hands to Church" na gaita de foles. "Embora o comparecimento fosse inteiramente voluntário", escreveu um observador avançado da 50ª Divisão, "parecia que todos os soldados a bordo estavam na cerimônia, realizada no convés superior do navio. Na proa estava um capelão do Exército, atrás de uma mesa coberta por uma toalha, com uma pequena cruz de prata em cima. Enquanto esperávamos que o ofício começasse, o vigor do vento passou a aumentar. Uma lufada súbita ergueu a toalha, a cruz caiu no convés e se quebrou ao meio. Consternação total da congregação. Que mau agouro! Pela primeira vez, percebi o que era, realmente, o 'temor a Deus'. Por todo lado, os homens pareciam totalmente abalados".

Nos navios de desembarque americanos, começaram os jogos de dados e de pôquer, com a maioria das apostas feitas com o novo dinheiro da ocupação aliada que o general De Gaulle tanto detestava. A bordo do USS *Samuel Chase*, os correspondentes de guerra, como Don Whitehead e o fotógrafo Robert Capa, participaram com entusiasmo. "Todos estão tensos e todos fingem estar à vontade", observou um soldado. "A bravata ajuda."

Em contraste com os grupos de apostadores barulhentos, havia muitos que pouco falavam. "Muito embora amontoados e apertados", observou o tenente Gardner Botsford, da 1ª Divisão de Infantaria, "nos sentíamos muito *isolados*." Vários discutiram "quem ia sobreviver depois do desembarque e quem não ia". "Meus pensamentos se voltaram para a casa e a família", contou um soldado, "e me perguntei como receberiam a notícia da minha morte. Consolei-me com o fato de que o meu seguro era o plano máximo da infantaria e que os meus pais pelo menos receberiam dez mil dólares para compensar a minha morte."

Os homens do 116º Regimento de Infantaria que seguiam para a praia Omaha acharam difícil esquecer o discurso do coronel Charles D. Canham, seu oficial comandante. Ele previra que dois de cada três deles nunca voltariam para casa. Terminou o aviso com o forte sotaque sulista: "Quem estiver nervosinho, que fale agora". Um oficial britânico de alta patente deu um desfecho igualmente desencorajador ao seu discurso no *Empire Broadsword*, com as palavras: "Não se preocupem se não sobreviverem ao ataque, porque temos tantos reforços que eles simplesmente passarão por cima de vocês".

No USS *Bayfield*, um jovem oficial escreveu no diário sobre a sensação de se aproximar "de um grande abismo, sem saber se estamos zarpando para uma das maiores armadilhas militares do mundo ou se pegaremos o inimigo totalmente de surpresa". Outro observou que havia pouco ódio aos alemães, que todos sentiam que aumentaria depois das primeiras baixas.

O comandante do USS *Shubrick* ordenou que a tripulação se barbeasse, tomasse banho e vestisse roupas limpas para reduzir a possibilidade de infecção caso se ferissem. Os soldados da 4ª Divisão de Infantaria que seguiam para a praia Utah também rasparam a cabeça, alguns deixando um V de cabelo, mas a maioria optou pela moda moicana dos paraquedistas. Os pensamentos sérios provocados por essas precauções foram afastados quando os comandantes dos navios leram a mensagem de Eisenhower aos soldados da invasão pelo sistema de alto-falantes. "Soldados, marinheiros e aviadores da Força Expedicionária Aliada! Todos estão prestes a embarcar na Grande Cruzada, para a qual tanto nos esforçamos durante tantos meses. Os olhos do mundo recaem sobre vocês. A esperança e as orações dos amantes da liberdade do mundo inteiro marcham com vocês. Junto com os nossos bravos aliados e irmãos em armas nas outras frentes, vocês provocarão a destruição da máquina de guerra alemã, a eliminação da tirania nazista sobre os povos oprimidos da Europa e a segurança para nós num mundo livre." Muitos admitiram que se arrepiaram ao escutar as palavras encorajadoras. Antes da meia-noite, os navios da Marinha americana foram para "bases gerais" e a Marinha Real britânica para "estações de ação".

Em mais de cem campos de pouso na Inglaterra, os pilotos de bombardeiros, tanto da RAF quanto da USAAC, foram tirados da cama para o café da manhã e para receber as primeiras informações. A maioria adivinhou que haveria algo importante, mas não tinha certeza do quê. Aparentemente, os pilotos do 388º Grupo de Bombardeiros americano, em Thetford, estavam despreparados para o "anúncio dramático" que o oficial faria na plataforma. "Quando ele se aproximou do lençol branco que cobria o mapa de operações, disse: 'Cavalheiros, hoje os aliados invadem o continente.' Foi um pandemônio, a sala de informações explodiu em vivas, assovios e gritos". Em seguida, ele lhes disse que "tudo o que for capaz de voar na 8ª Força Aérea" decolaria naquela manhã. Os grupos de bombardeiros, depois de se reunir no ar, se espalhariam por quilômetros e quilômetros enquanto seguiam rumo aos alvos no litoral da Normandia. A formatura e a disciplina de fogo eram vitais. "Todo avião isolado que voar na direção oposta, isto é, contra o tráfego, depois que partirmos da costa da Inglaterra, será derrubado."

A reação dos britânicos parece ter sido mais comedida, principalmente devido ao assombro com a magnitude de toda a operação. "Os preparativos foram espantosos", escreveu Desmond Scott, neozelandês que comandava uma ala de quatro esquadrões de Typhoons. "Os ataques aeroterrestres, a quantidade e a variedade de embarcações, o número de divisões do Exército, o peso tremendo da ofensiva aérea. A escala e a exatidão daquilo tudo fizeram com que o nosso esforço anterior parecesse insignificante. Quando a reunião terminou, não houve conversas nem risos. Ninguém ficou por ali e nós saímos em fila, como se deixássemos a igreja. A expressão de todos era solene. A tarefa que nos aguardava superava toda a experiência anterior e causava arrepios nas costas."

A RAF faria um esforço máximo naquela noite. Além dos aviões das missões de logro e aeroterrestres, mil bombardeiros decolaram na escuridão para atacar dez baterias de costa com mais de 5.000 toneladas de bombas. Os esquadrões de Spitfire subiram para garantir a cobertura aérea das praias, juntamente com os Lightnings P-38 americanos. Sua tarefa era impedir as incursões da Luftwaffe sobre a área da invasão, enquanto os Mustangs de longo alcance penetrariam mais fundo na França para atacar quaisquer caças alemães que tentassem decolar de bases mais próximas de Paris. Enquanto isso, os Thunderbolts P-47 americanos e os caças-bombardeiros Typhoon da RAF ficariam pelo interior, ao longo das rotas de aproximação, prontos para metralhar as colunas de soldados alemães que avançassem para reforçar o litoral.

A ofensiva aérea do Dia D era outra operação multinacional. Tinha cinco esquadrões da Nova Zelândia, sete australianos, 28 canadenses, um rodesiano, seis franceses, 14 poloneses, três tchecos, dois belgas, dois holandeses e dois noruegueses. Outras unidades desses países aliados foram designadas para missões "anti-diver",[2] atacando as bases de lançamento de bombas V no norte da França.

O temor constante dos oficiais da Aeronáutica com a falta de visibilidade se justificou. O teto de nuvens estava a cerca de 4.000 pés (1.200 metros)

---

2 "Diver" era como os aliados chamavam as bombas voadoras V-1, a arma inovadora que os alemães começaram a empregar em 1944. (N. T.)

de altura, e os seus aviões normalmente bombardeavam a mais de 10.000 pés (3.000 metros). A missão dos bombardeiros pesados americanos que atacariam de madrugada era dupla: destruir os alvos, mas também criar crateras de bombas nas praias "para abrigar as forças de terra que nos seguiriam".

Pouco depois de 1 hora da manhã, as tropas de assalto receberam o desjejum. A Marinha dos Estados Unidos foi generosíssima. No *Samuel Chase*, os cozinheiros serviram "mais carne, porco, frango, sorvete e doces" do que conseguiriam comer. Outros navios serviram "salsichas, feijão, café e rosquinhas". Os navios da Marinha Real britânica ofereceram pouco mais que sanduíches de carne enlatada e uma dose de rum, de um grande jarro de cerâmica, "como se fosse a Marinha do almirante Nelson", observou um major do Regimento Green Howards. Muitos marinheiros ofereceram suas rações para os soldados que iam desembarcar. No *Prince Henry*, que levava o Regimento Escocês canadense, os marinheiros cuidaram para que os soldados tivessem dois ovos cozidos e um sanduíche de queijo a mais para levar consigo. A guarnição do refeitório que atendia aos oficiais da Marinha Real britânica não viu razão para mudar os padrões numa hora daquelas. Ludovic Kennedy, a bordo da nau capitânia HMS *Largs*, ficou surpreso com a impressão de que "poderíamos estar no ancoradouro de Portsmouth. Puseram toalhas brancas e o taifeiro veio perguntar: 'Mingau ou flocos de cereais esta manhã, senhor?'".

Assim que o café da manhã terminou, os soldados da primeira onda começaram a arrumar o equipamento. Os americanos amaldiçoaram o fardamento que foi distribuído. Tinha sido impregnado com uma substância química fedorenta que deveria combater o efeito do gás. Os infantes americanos chamaram-no de "roupa de gambá". Mas o principal problema era o peso de todo o equipamento e da munição. Os soldados se sentiam tão desajeitados quanto os paraquedistas quando foram chamados para entrar em forma. O excesso de carga da primeira onda a chegar à praia seria fatal para muitos. Os marinheiros, que não invejavam seu destino, brincaram para manter alto o moral. Fizeram piadas indecentes sobre os preservativos presos na boca dos fuzis para mantê-los secos. Um oficial da Marinha americana escreveu sobre soldados que "ajustavam com nervosismo a mochila e fumavam cigarros como se fossem os últimos".

* * *

Depois de limpar o caminho até as praias de desembarque, a fila de varredores voltou, dando o sinal de "boa sorte" aos contratorpedeiros que os ultrapassaram para seguir até as posições de tiro. Parecia milagroso que os frágeis varredores, cujas perdas prováveis tanto tinham preocupado o almirante Ramsay, conseguissem terminar a tarefa sem uma única baixa. Um oficial do contratorpedeiro classe Hunt HMS *Eglinton* escreveu: "Nós nos esgueiramos ainda mais, espantados com o relativo silêncio dos acontecimentos". À frente deles estavam dois minissubmarinos, o X-20 e o X-23, prontos para pôr marcadores nas praias britânicas. O adiamento da invasão para 6 de junho obrigara-os a ficar submersos muito tempo, em condições de aperto pavorosas.

Um oficial dos *rangers* americanos ficou na ponte do HMS *Prince Baudouin*, vapor belga que cruzava o Canal. Posicionara dois franco-atiradores, um de cada lado. A tarefa era procurar minas flutuantes quando se aproximassem do litoral francês. Por volta das 4 horas da manhã, o comandante anunciou pelo alto-falante: "Atenção no convés! Atenção no convés! Aviso da tripulação britânica aos barcos de assalto". O oficial dos *rangers* decidiu que preferia o "Atenção no convés!" britânico ao "Agora ouçam bem!", da Marinha americana.

Era inevitável que uma frota tão imensa não ficasse invisível muito tempo. Às 2h15, o quartel-general da 352ª Divisão de Infantaria alemã, que se espalhava pelo litoral, recebeu um telefonema do Seekommandant Normandie em Cherbourg afirmando que tinham avistado navios inimigos 11 quilômetros ao norte de Grandcamp. Mas parece que a confusão provocada pelo lançamento dos paraquedistas afastou a atenção da ameaça principal na costa. O lançamento de bonecos explosivos tinha feito com que mandassem até um regimento inteiro da 352ª Divisão de Infantaria para caçá-los. Só às 5h20 a guarnição de Pointe du Hoc noticiou a presença de 29 navios, dos quais quatro eram grandes, talvez cruzadores.

Na verdade, eles tinham avistado a Força-Tarefa O, ao largo de Omaha, que se compunha dos encouraçados americanos *Texas* e *Nevada* mais o monitor HMS *Erebus*, quatro cruzadores e 12 contratorpedeiros.[3] Dois cruzadores, o *Montcalm* e o *Georges Leygues*, faziam parte das Forces Navales Françaises Libres. O *Montcalm*, nau capitânia do contra-almirante Jaujard, levava a maior

---

3 Um desses navios, o cruzador antiaéreo HMS *Bellona*, continuou pronto a proteger de ataques os navios principais, mas durante o dia não disparou seus canhões.

bandeira de guerra tricolor já vista até então. A única influência britânica na ponte dos cruzadores franceses eram os casacos de baeta e as canecas de chocolate quente, enquanto os oficiais tentavam examinar a praia com binóculos. Tanto para os marinheiros quanto para os aviadores franceses, a ideia de bombardear o próprio país era profundamente incômoda, mas eles não se furtaram à tarefa.[4]

A Força-Tarefa Oriental ao largo das três praias britânicas e canadenses, Sword, Juno e Gold, compunha-se dos encouraçados *Ramillies* e *Warspite*, o monitor HMS *Roberts*, 12 cruzadores, inclusive a belonave polonesa *Dragon*,[5] e 37 contratorpedeiros para apoio próximo. Quando abriram fogo, "todo o horizonte parecia ser uma massa sólida de chamas", escreveu o tenente-general Reichert, da 711ª Divisão de Infantaria, que observava da costa.

A Força-Tarefa Ocidental perdeu um contratorpedeiro, o USS *Corry*, atingido por uma mina, e a Força-Tarefa Oriental teve perda semelhante, mas devida ao torpedo de um *e-boat* alemão. Às 5h37, enquanto as embarcações menores seguiam para as posições de fogo, o contratorpedeiro norueguês *Svenner* foi atingido no flanco. Uma pequena flotilha do Havre se aproximara sob a cobertura da cortina de fumaça, lançada pelos aviões aliados a leste da frota para protegê-la das baterias de costa. O *Svenner* se rompeu ao meio, com a proa e a popa se erguendo na água, formando um V, e depois afundou rapidamente. Cinco outros torpedos foram lançados e erraram por pouco o *Largs* e o *Slazak*, que conseguiram fazer ação evasiva na hora exata. Dois navios correram para recolher a tripulação na água. O HMS *Swift* conseguiu, sozinho, resgatar 67 sobreviventes, mas 33 homens morreram na explosão. Dezoito dias depois, o *Swift* foi afundado por uma mina naquelas mesmas águas.

Os navios de desembarque também se deslocaram até suas posições ao largo do litoral. Um tenente da Marinha americana que comandava um LST rumo à praia Gold com os soldados britânicos desceu um instante para checar

---

4 O contratorpedeiro francês *La Combattante* auxiliou o bombardeio de Ouistreham em apoio ao destacamento de tropas especiais francesas. Entre as outras belonaves francesas envolvidas na Operação Netuno, estavam também as fragatas *Aventure*, *Découverte*, *Escarmouche* e *Surprise* guardando os comboios e as corvetas *Aconit*, *Renoncule*, *Moselys* e *Estienne d'Orves* em missão contra submarinos. Outros navios franceses antigos, como o encouraçado *Courbet*, foram usados para criar quebra-mares nos portos oficiais Mulberry.

5 Além do cruzador ORP *Dragon*, os contratorpedeiros poloneses ORP *Krakowiak* e *Slazak* participaram da operação de apoio às praias, enquanto os contratorpedeiros ORP *Blyskewica* e *Piorun* foram usados como parte da força de proteção.

o radar. "A tela estava literalmente cheia de pequenos pontinhos de luz, navios por toda parte, a 360 graus do ponto central onde estávamos." Quando voltou, o oficial superior britânico a bordo lhe pôs a mão no ombro pouco antes de ele se dirigir, pelo sistema de alto-falantes, à companhia embarcada no navio. "A maioria dos meus homens", disse esse coronel, "viu o pior da guerra no deserto, e muitos deles estiveram na França e foram evacuados em Dunquerque. Assim, aconselho-o a ir com calma e rapidez e a não ser dramático nem emotivo." O jovem americano seguiu a orientação e fez "um anúncio muito simples".

Às 4h30, no *Prince Baudouin*, os soldados à espera ouviram o chamado: "Rangers, embarcar!". Em outros navios de desembarque, houve muito caos para pôr os homens nas barcaças. Alguns infantes tinham tanto medo do mar que inflaram os coletes salva-vidas ainda a bordo e não conseguiam passar pelas portinholas. Quando se enfileiraram no convés, um oficial da 1ª Divisão percebeu que um dos homens não usava o capacete de aço. "Coloque esse maldito capacete", disse. Mas o soldado ganhara tanto dinheiro no carteado que um terço do capacete estava cheio. Não havia escolha. "Ao inferno com isso", disse, e esvaziou-o no convés, como se fosse um balde. As moedas rolaram por toda parte. Muitos soldados tinham o kit de primeiros socorros colados no capacete, outros prenderam nele um maço de cigarro embrulhado em papel celofane.

Os que levavam equipamento pesado, como rádios e lança-chamas de 45 quilos, tiveram grande dificuldade para descer pelas redes até as barcaças de desembarque. De qualquer modo, era um processo perigoso, com a pequena embarcação subindo, descendo e batendo no casco do navio. Vários homens quebraram tornozelos e pernas por estimar erradamente o salto ou ao serem pegos entre a amurada e o flanco do navio. Foi mais fácil para os que foram descidos pelo pau de carga até as barcaças de desembarque, mas, pouco depois, um grupo do quartel-general de um batalhão da 29ª Divisão de Infantaria teve uma experiência pouco promissora quando sua barcaça de assalto foi baixada do navio britânico HMS *Empire Javelin*. Os paus de carga enguiçaram, deixando-os, durante trinta minutos, bem debaixo da descarga da latrina do navio. "Durante essa meia hora", recordou o major Dallas, "os intestinos da tripulação do navio aproveitaram ao máximo uma oportunidade pela qual os ingleses ansiavam desde 1776."[6] Dentro do navio, ninguém conseguia escutar

---

6 Ano em que os Estados Unidos se declararam independentes da Inglaterra. (*N. T.*)

os seus uivos de protesto. "Xingamos, gritamos e rimos, mas aquilo não parava de cair. Quando seguimos para a praia, estávamos todos cobertos de merda."

Os *rangers* americanos, cuja principal tarefa era escalar os penhascos de Pointe du Hoc, a oeste da praia Omaha, estavam menos sobrecarregados. Em sua maioria, estavam armados com pouco mais do que uma submetralhadora Thompson, uma pistola automática .45 e 120 gramas de TNT presos ao capacete. O comandante do navio lhes deu adeus em seu discurso: "Boa caçada, Rangers!".

Um engenheiro prestes a desembarcar em Utah com a 4ª Divisão de Infantaria descreveu mais tarde, numa carta, a descida das barcaças de assalto como "a hora mais solitária" da vida. "Com um tranco que sacode todos a bordo, a embarcação atinge a água. Seguimos em frente e, em poucos segundos, o grande navio vira apenas uma bolha escura num mundo de escuridão e, depois, some de vista por completo."

Quando as primeiras flotilhas de barcaças de desembarque se puseram em formação, dois oficiais dos *rangers* pularam ao ouvir uma tremenda explosão. Olharam em volta para ver o que a causara. "Isso, senhores", informou-lhes com pedantismo um oficial subalterno britânico, "é o encouraçado *Texas*, iniciando a barragem sobre a costa da Normandia." Os homens na barcaça de desembarque sentiram as ondas de choque das pesadas granadas dos encouraçados e cruzadores passando acima da cabeça. Os outros navios de bombardeio da Força-Tarefa Ocidental para as duas praias americanas de Utah e Omaha também abriram fogo com seu armamento principal. Ao contrário da Marinha Real britânica, que disparava suas torretas em sequência, os encouraçados americanos *Texas*, *Arkansas* e *Nevada* disparavam pelo flanco, com todos os 14 canhões ao mesmo tempo. A imagem fez alguns observadores acharem, por um instante, que o navio explodira. Mesmo à distância, podia-se sentir a concussão. "Os grandes canhões", observou Ludovic Kennedy, "deixam uma sensação no peito como se alguém nos abraçasse e nos desse um apertão bem forte." A passagem das pesadas granadas deixava um vácuo atrás delas. "Era uma imagem estranha", escreveu um primeiro-sargento da 1ª Divisão, "ver a água se elevar, seguir as granadas e depois cair de volta no mar."

Muitos ficaram horrivelmente enjoados quando as barcaças de fundo chato balançaram nas ondas de 1,50 metro. "Podíamos ver", escreveu um soldado, "as outras barcaças de desembarque afundando e reaparecendo nas ondas." Quando olhou em volta, ele observou que "o céu, o mar e os navios eram todos cor de estanho".

Encharcados de espuma, tanto os soldados britânicos quanto os americanos lamentaram o "café da manhã substancial dos condenados". Muitos "começaram a vomitar pedaços de carne enlatada" dos sanduíches. Os sacos de enjoo molhados, enchidos rapidamente, se romperam, e alguns passaram a vomitar no capacete, para depois enxaguá-lo na lateral do barco quando vinha uma onda. O observador avançado da Marinha Real britânica designado para a 50ª Divisão achou certa graça quando um oficial graduado, sentado com majestade em seu jipe, ficou furioso depois que os soldados enjoaram a barlavento e o resultado foi soprado sobre ele. Entretanto, o efeito do enjoo não foi nada engraçado. Os homens estavam exaustos quando chegaram às praias.

Outros que tinham boas razões para sentir náuseas de medo eram as guarnições dos tanques prestes a se lançar ao mar. Eram Shermans DD, ou *duplex-drive* [de direção dupla], especialmente adaptados e impermeabilizados, com hélices e proteção inflável de lona. A nova invenção surpreenderia os alemães com o desembarque de tanques junto com a primeira onda de infantaria. Irreconhecíveis na água, emergiriam para dar apoio de fogo contra casamatas e ninhos de metralhadora. Os tanques DD não tinham sido projetados para mar tão revolto como aquele, e alguns soldados, apavorados com o treinamento na Inglaterra com o aparelho de submersão Davis, criado para submarinos, tinham se recusado a ser "malditos marinheiros num tanque maldito". Só o comandante, em pé na plataforma do motor atrás da torreta, ficava acima do nível d'água. O resto da guarnição permanecia lá dentro, e o motorista só conseguia ver pelo periscópio uma penumbra cinza esverdeada.

O plano original era lançá-los de lanchas de desembarque de tanques a uns 7.500 metros da praia, fora do alcance dos canhões alemães, mas o mar estava tão revolto que a distância foi reduzida. O major Julius Neave, do 13º/18º Regimento de Hussardos, recebeu a ordem: "Flutuador, cinco mil!"[7] Mas a Yeomanry dos Rangers de Sherwood lançou os blindados bem mais perto da praia. Mesmo assim, cinco tanques dos dois esquadrões anfíbios afundaram. A maior parte da guarnição conseguiu sair e foi resgatada, mas alguns homens se afogaram. Os batalhões de blindados anfíbios americanos enfrentariam dificuldade ainda maior, em parte devido às correntes marinhas mais a oeste, mas principalmente porque um deles recebeu longe demais a ordem de se lançar ao mar.

---

7 5 mil jardas, ou 4.500 metros. (*N. T.*)

A aurora cinzenta começou a revelar para os defensores alemães a frota imensa que estava ao largo. O quartel-general da 352ª Divisão de Infantaria começou a receber ligações frenéticas pelos telefones de campanha. Às 5h37, o 726º Grenadier-Regiment noticiou: "Ao largo de Asnelles [praia Gold] numerosas lanchas de desembarque com a proa voltada para a costa estão desembarcando. As unidades navais começam a atirar nas praias pelo flanco". Alguns minutos depois, o comandante da divisão ligou para seu superior, general Marcks, comandante do 84º Corpo. Sugeriu que, "à luz dos novos acontecimentos", deveria trazer de volta a força-tarefa de três batalhões, comandada pelo tenente-coronel Meyer, que fora investigar os "*Explosivpuppen*" [bonecos explosivos]. Marcks concordou. Às 5h52, o regimento de artilharia da 352ª Divisão de Infantaria noticiou: "Sessenta a oitenta barcaças velozes de desembarque se aproximam perto de Colleville [praia Omaha]. Unidades navais em alto-mar longe demais para a nossa artilharia".

Quando os soldados das barcaças de desembarque começaram a ver a costa com mais clareza, começou a última fase do bombardeio, com os navios lançadores de foguetes. Estes eram lanchas de desembarque de tanques especialmente adaptadas. Mil suportes tinham sido soldados no convés. Cada suporte estava armado com foguetes de 1 metro com espoleta de tempo, com outros mil de reserva sob o convés. Os foguetes criavam um som aterrorizante quando disparados em salvas. Um soldado do Regimento de Hampshire, ao se aproximar da praia Gold, indicou a torrente de granadas e foguetes e berrou para o vizinho: "Imagine só ter montes desses no café da manhã". Um oficial da Marinha Real britânica no comando de um navio lançador de foguetes ficou paralisado de descrença ao abrir as ordens secretas. O alvo designado, na embocadura do rio Dives, era o elegante balneário de Cabourg. Como francófilo e proustiano convicto, ficou consternado. Cabourg era a "Balbec" de Marcel Proust, o cenário de *À sombra das raparigas em flor*.

A visão assustadora das salvas de foguetes levantou o moral dos soldados que avançavam, mas os que estavam nas barcaças de assalto, se aproximando de Omaha, não puderam ver que os foguetes "erraram totalmente o alvo. Todas as salvas caíram na água".

Assim que as primeiras ondas chegaram, o general Eisenhower examinou a boa notícia de Leigh-Mallory sobre as perdas bem menores do que o esperado na operação aeroterrestre. O quartel-general de Ramsay também ficou muito aliviado com o resultado da operação naval. A volta da força ilesa de varredores foi como um milagre. Eisenhower escreveu um breve relatório para o general George C. Marshall, em Washington, e depois, com o seu Estado-Maior, preparou um comunicado oficial. Entretanto, os alemães fizeram o primeiro anúncio, mas para surpresa agradável do quartel-general do SHAEF, afirmaram que os desembarques tinham acontecido no Passo de Calais. O Plano Fortitude e as atividades no lado leste do Canal da Mancha para despistar tinham dado certo.

Fazia seis meses desde o dia em que Roosevelt tinha se voltado para Eisenhower no carro do Estado-Maior, no campo de pouso de Túnis, e dito: "Sabe, Ike, você vai comandar a Operação Overlord". Mas "o dia mais longo", como Rommel viria a dizer, tinha apenas começado. Logo chegariam notícias extremamente preocupantes do general Gerow, grande amigo de Eisenhower e comandante do 5º Corpo, que atacava a praia Omaha.

7

OMAHA

O objetivo da 1ª e da 29ª Divisões de Infantaria americanas era a praia Omaha, um trecho comprido e levemente curvo do litoral. À direita de quem viesse do mar, a praia terminava em enormes penhascos. 6,5 quilômetros a oeste ficava o promontório de Pointe du Hoc. Era ali que um batalhão de *rangers* teria de escalar um penhasco íngreme para silenciar uma bateria alemã.

A faixa principal da praia subia suavemente até um banco de pedras contra um dique baixo. Além do dique havia um trecho curto de mato pantanoso e, logo depois, um penhasco íngreme e arenoso, coberto de ervas marinhas. Esses penhascos, que variavam de 30 a 45 metros de altura, dominavam toda a baía. Ao longo da escarpa baixa, da esquerda para a direita, havia três vilarejos: Colleville-sur-Mer, Saint-Laurent-sur-Mer e Vierville-sur-Mer. O alto só era acessível por cinco vales ou "grotas" íngremes. Elas eram o único lugar por onde se podiam tirar as viaturas da praia, e a entrada dessas aberturas era protegida por fortificações e posições de artilharia alemãs. Foi por isso que o capitão Scott-Bowden avisou ao general Bradley que Omaha era uma posição terrível para atacar.

O general Leonard T. Gerow, comandante do 5º Corpo, queria começar a operação na maré baixa, protegido pela escuridão. Rommel tinha ordenado a construção do sistema mais assustador de obstáculos submersos contra barcaças de desembarque, com estacas minadas, ouriços feitos de vigas de aço e construções retangulares chamadas de "elementos de Cointet". Gerow argumentou que os engenheiros de combate e as equipes de demolição naval precisavam de tempo para abrir canais até a praia na maré baixa sem estar sob fogo direto. Recebeu o apoio dos subordinados mais graduados e do almirante John L. Hall, que comandava a força-tarefa. Mas Eisenhower, Montgomery e Bradley insistiram no ataque às 6h30, meia hora depois do amanhecer. O ataque seria precedido por um bombardeio aéreo e naval maciço. Os comandantes da invasão acreditavam que essa combinação permitiria a surpresa tática e derrotaria os defensores. De qualquer modo, não podiam se arriscar a começar o ataque numa praia várias horas antes das outras.

O plano original de Gerow era atacar Omaha com duas divisões, a 1ª à esquerda e a 29ª à direita, sob seu comando. Entretanto, Bradley tinha muito mais confiança na 1ª Divisão, "the Big Red One", a "Vermelhona", e em seu extraordinário comandante, o general Clarence R. Huebner. Sua experiência e sua eficácia em combate em desembarques com oposição no Mediterrâneo eram inigualáveis. Assim, Bradley nomeou Huebner comandante da operação e simplesmente lhe deu como reforço a 116ª Força-Tarefa à base de regimento da 29ª Divisão.

Bradley sentia que "Gee" Gerow, que ainda não comandara uma grande formação em combate, só recebera o comando do corpo devido à amizade com Eisenhower. Entretanto, Gerow temia que o bombardeio aéreo e naval talvez não desse certo e continuou sem se convencer mesmo depois que Eisenhower lhe assegurou que "o maior poder de fogo jamais reunido na face da Terra" o apoiaria. Os fatos provariam que Gerow estava certo. Antes da invasão, ele dividiu com o analista militar Basil Liddell Hart o seu temor de que "a importância do inesperado" não tivesse sido "suficientemente levada em conta em nosso planejamento".

A primeira barcaça de desembarque, que levava o 116º Regimento de Infantaria da 29ª Divisão e o 16º Regimento de Infantaria da 1ª Divisão, partiu dos navios-mães às 5h20. Tinham mais de uma hora de viagem em mar revolto para desembarcar na praia na Hora H. Os navios maiores estavam ancorados ao largo, a pelo menos 16 quilômetros, fora do alcance dos canhões costeiros alemães. Durante a longa e tumultuada travessia, uma dúzia de barcaças de desembarque foi inundada ou virou. Quinze minutos depois, duas companhias do 741º Batalhão de Carros de Combate, que apoiariam a 1ª Divisão de Infantaria, lançaram os Shermans DD a 4.500 metros da praia.

O capitão Scott-Bowden, como Bradley prometera em janeiro, estava de volta ao papel de piloto de assalto com o sargento Ogden-Smith. O barco-piloto de Scott-Bowden tinha três tripulantes, um tenente da Marinha americana, um timoneiro e um marinheiro americano de origem mexicana guarnecendo um canhão quádruplo de quase um quilo chamado "pom-pom". De repente, o tenente chamou a atenção de Scott-Bowden para o fato de que os LCT tinham parado a 4.500 metros para lançar os tanques. Scott-Bowden ficou horrorizado. "O mar está agitado demais", disse. "Eles deviam seguir adiante." Mais tarde, ele descreveu a decisão de lançar os Shermans do 741º Batalhão de Carros de Combate àquela distância como "absolutamente insana".

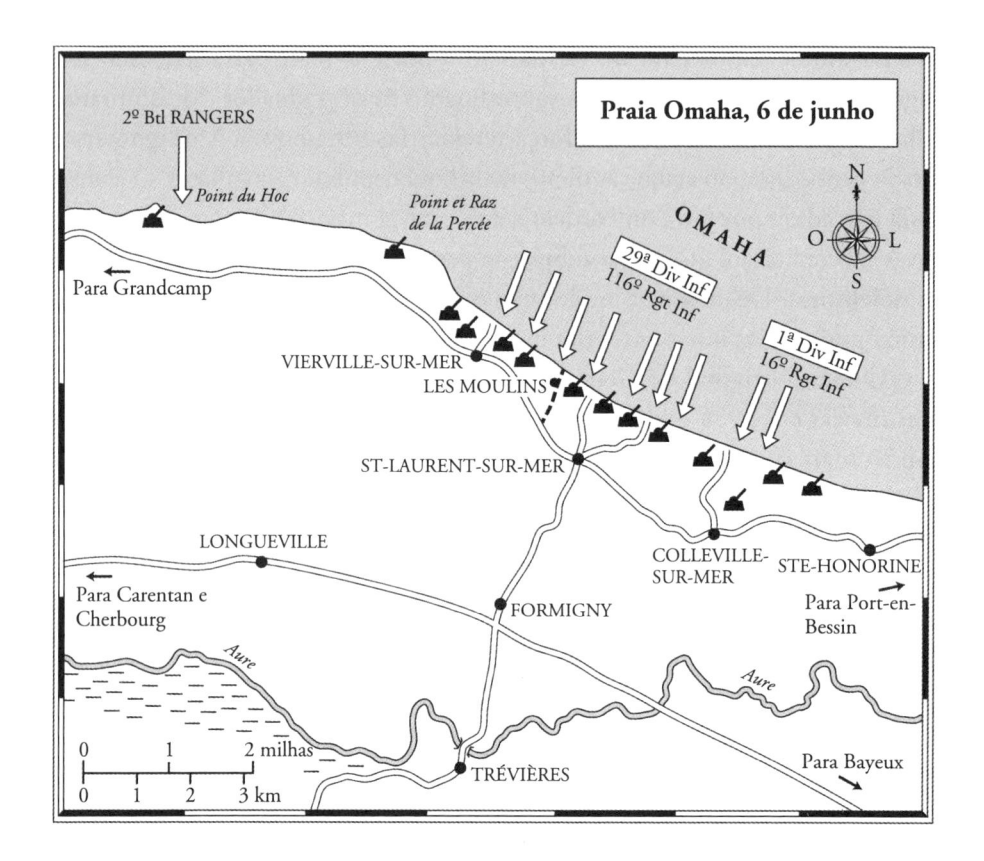

Dos 32 tanques, 27 afundaram. Só dois chegaram à praia pela água. Outros três não puderam ser lançados porque a rampa enguiçou e a barcaça de desembarque os levou até a praia. No total, 33 membros das guarnições de tanques se afogaram. Os outros foram resgatados mais tarde. Os integrantes do 743º Batalhão de Carros de Combate que chegaram à praia deveram a sobrevivência ao fato de que os oficiais, tanto do Exército quanto da Marinha, decidiram levar o resto todo até lá. O general de brigada Percy Hobart, idealizador do tanque anfíbio, disse a Liddell Hart, dez dias depois, que "os americanos se atrapalharam no seu uso". Mas ainda se discute se o tanque DD teria sido a resposta certa para o problema do apoio à infantaria no espaço restrito de Omaha.

Quando ainda estava a certa distância da praia, Scott-Bowden e a tripulação perceberam os 329 bombardeiros pesados americanos vindo por trás deles. Para sua consternação, viram que as bombas caíam bem além do alto do penhasco. Nenhuma atingiu a praia nem as posições alemãs que guardavam as saídas. "Que coisa mais inútil", disse Scott-Bowden, zangado, ao tenente. "Só serviu para acordá-los." Nos trinta minutos que precederam a Hora H, os Liberators e as Fortalezas Voadoras da 8ª Força Aérea lançaram 13 mil bombas, mas nenhuma caiu na praia Omaha.

O Corpo Aéreo do Exército dos Estados Unidos tinha dado declarações absurdamente otimistas sobre seu "bombardeio de precisão". Infelizmente, Montgomery, que aproveitava todas as oportunidades que pudessem salvar vidas de soldados em terra, aceitou a ideia sem questionar e abandonou a prática britânica de desembarques noturnos. Era como se tanto ele quanto Bradley tivessem esquecido o fato de que as formações de bombardeio pesado continuavam incapazes de lançar a maior parte da carga num raio de menos de 8 quilômetros do alvo.

As formações de bombardeiros surgiram às 6h05. Em vez de seguir a linha do litoral, vieram voando do mar, para reduzir a vulnerabilidade ao fogo antiaéreo na área-alvo. Quando chegaram às praias, a tripulação esperou mais alguns segundos antes de soltar as bombas para não atingir nenhuma barcaça de desembarque. Em consequência, eliminou-se toda esperança demasiado otimista dos comandantes em terra de que o ataque destruísse os rolos de arame farpado, os campos minados e algumas posições defensivas. "Pelo bem que fez o bombardeio concentrado, o Corpo Aéreo bem que podia ter continuado a dormir", concluiu mais tarde um oficial zangado da 1ª Divisão. Para aumentar o problema, os quarenta minutos de bombardeio naval foram muito pouco tempo para cuidar das defesas da praia. O plano de Montgomery e Bradley não resultara nem em surpresa local nem em força avassaladora.

Os alemães mal precisariam ser acordados, mesmo antes que o bombardeio naval começasse às 5h50. Todas as baterias ao longo daquele trecho do litoral já estavam se preparando para um exercício de artilharia. O Feldkommandantur local instruíra o *préfet* de Calvados a avisar todos os barcos de pesca para evitar a área no início da manhã de 6 de junho. Entretanto, com certeza os moradores franceses de Vierville-sur-Mer foram acordados de repente pelo fogo dos canhões que atingiu a vila. Uma granada destruiu a padaria, matando um empregado e o bebê do padeiro. Mas, embora algumas casas tenham sido atingidas – a mulher do prefeito ficou aliviada quando encontrou a dentadura nas ruínas da casa –, as baixas foram milagrosamente poucas. Para seu grande alívio, os bombardeiros que voavam para o interior erraram totalmente Vierville. Outras vilas e fazendas não tiveram a mesma sorte.

Num *bunker* chamado de Widerstandsnest 73, perto da saída de Vierville-sur-Mer, um cabo da 716ª Divisão de Infantaria ficou abalado com a imagem que a aurora revelou. "A frota de invasão era como uma cidade gigantesca no mar", escreveu depois. E o bombardeio naval foi "como um terremoto". O soldado que guarnecia o ninho de metralhadoras fortificado conhecido como "Tobruk", perto da saída de Colleville, também ficou atônito ao ver, ao amanhecer, a frota "se estendendo diante da costa até onde os olhos alcançavam". Durante a trovoada do bombardeio naval, ficou desesperado, rezando em voz alta. Mas, assim que as lanchas de desembarque foram avistadas se aproximando da praia, ouviu gritos de "*Sie kommen!*" [Lá vêm eles!] dos camaradas em posições próximas e soube que eles também tinham sobrevivido às granadas. Carregou sua MG 42, a metralhadora alemã de fogo rápido, e esperou.

A capacidade alemã de se recuperar com rapidez era impressionante. Às 6h26, o quartel-general da 352ª Divisão de Infantaria soube que, embora o "pesado bombardeio" tivesse enterrado sob escombros alguns canhões da 716ª Divisão de Infantaria, "três deles foram retirados e reposicionados". Um dos mitos de Omaha é que os defensores alemães estavam equipados com o formidável canhão de 88 mm. A 716ª talvez tivesse dois em algum lugar da costa, mas até isso é incerto. A maior parte da artilharia alemã em Omaha compunha-se de canhões tchecos de 100 mm.

Nos anos do pós-guerra, surgiu outro mal-entendido a respeito das tropas que os americanos enfrentaram em Omaha. O serviço de informações aliado subestimara o efetivo alemão no setor, mas não na medida que desde então muitos historiadores concluíram. O SHAEF conhecia há muito tempo a má qualidade da 716ª Divisão de Infantaria, que incluía três Ost-Battalion, formados com prisioneiros do Exército Vermelho. Essa formação de defesa estática era responsável pelos 65 quilômetros de litoral entre o estuário do Vire e o rio Orne. É verdade que o quartel-general do SHAEF supusera, de forma pouco sábia, que a 352ª Divisão de Infantaria, mais poderosa, ainda estaria na região de Saint-Lô, a meio dia de marcha para o sul. Mas só dois de seus batalhões completos de infantaria e um grupo de artilharia leve estavam posicionados perto de Omaha, com certeza não a divisão inteira, como afirmaram muitas obras históricas.

O resto da divisão do major-general Dietrich Kraiss se espalhava em profundidade por 650 quilômetros quadrados, entre Arromanches e a embocadura do rio Vire. Se à noite o grupo de combate do tenente-coronel Meyer, que representava quase metade do efetivo de infantaria de Kraiss, não tivesse sido enviado para investigar os "bonecos explosivos" lançados ao sul de Carentan durante a Operação Titanic, a defesa alemã em Omaha talvez tivesse sido mesmo formidável.[1] Na verdade, aquela operação diversionária e o desdobramento pouco sensato das forças de Kraiss salvaram os aliados do desastre nesse setor central de toda a invasão. É claro que nada disso tira a importância das posições defensivas ainda terríveis que a 1ª e a 29ª Divisões estavam prestes a enfrentar em Omaha.

A primeira onda de soldados nas barcaças de desembarque ficou impressionada com os canhões pesados dos encouraçados. Muitos compararam as granadas imensas que rugiam por sobre a cabeça a "vagões de carga". Em dado momento, as barcaças de desembarque, que faziam círculos ao largo à espera da Hora H, seguiram para a praia. A ausência de fogo nesse estágio despertou a esperança de que a Marinha e a Força Aérea tivessem cumprido sua tarefa como planejado. Os infantes estavam tão amontoados que poucos conseguiam ver alguma coisa por sobre os capacetes diante deles e a alta rampa de desembarque na frente. Um ou dois, entretanto, notaram, flutuando na água, peixes mortos pelos foguetes que tinham caído perto demais. A barcaça de assalto ainda "balançava como um cavalo selvagem", e muitos simplesmente fecharam os olhos contra a sensação de enjoo. Nisso, as embarcações já "fediam a vômito".

Devido à fumaça e ao pó levantado pelo bombardeio, os timoneiros tiveram dificuldade para reconhecer os marcos terrestres. Uma barcaça de desembarque com homens da 1ª Divisão foi parar perto de Port-en-Bessin,

---

[1] O grupo de combate Meyer, reserva da 352ª Divisão, compunha-se de todo o 915º Infanterie-Regiment, assim como do 352º Fusilierbataillon. Posicionado a sudeste de Bayeux, o major-general Kraiss ordenara, às 3h15, que fosse para o estuário do Vire, em consequência de um telefonema do 84º Corpo, cinco minutos antes, relatando uma ameaça a Carentan.

mais de 25 quilômetros abaixo no litoral. Alguns tripulantes eram jovens e inexperientes marinheiros da Marinha Real britânica. Eles ficaram apavorados assim que as baterias alemãs e as metralhadoras começaram a abrir fogo. Muitos quiseram baixar a rampa antes de chegar ao litoral. Mas o sargento Willard Norfleet, na barcaça de desembarque que levava soldados da 116ª Infantaria, sacou sua Colt .45 e ordenou: "Todos para dentro!". Este não foi o único caso de encorajamento armado.

"Logo percebemos barulhos sibilantes perto de nós", escreveu um tenente da Marinha americana, "e quando alguns homens caíram no convés, tomamos consciência de que estávamos sendo alvejados com balas de verdade por um inimigo bem vivo." Alguns oficiais ainda tinham esperança de inspirar seus soldados. "Causem boa impressão", gritou um deles quando a barcaça de desembarque encalhou num banco de areia, quase na praia. "É a primeira vez em 25 anos que os soldados americanos vêm aqui!"

Quando as rampas baixaram, os metralhadores alemães concentraram o fogo na abertura. Na maioria dos casos, as lanchas de desembarque tinham sido detidas num banco de areia perto da praia. A água parecia rasa, mas à frente havia valas fundas. Entretanto, os timoneiros mais experientes da Guarda Costeira americana sabiam desligar o motor na hora certa para que o retorno das ondas levasse a lancha por cima do banco de areia. Os que assim fizeram conseguiram desembarcar diretamente na praia.

"Quando a rampa desceu, estávamos recebendo fogo dentro da barcaça", escreveu um soldado do 116º Regimento na parte oeste de Omaha. "Os três líderes do meu esquadrão na frente e outros foram atingidos. Alguns homens pularam pela amurada. Dois marinheiros foram atingidos. Saí com água só pelos tornozelos. Tentei correr, mas de repente a água me atingiu os quadris. Rastejei para me esconder atrás do obstáculo de aço na praia. As balas ricochetearam nele, passaram pela mochila e não me pegaram. Outras atingiram mais homens."

A barcaça ainda balançava com as ondas e, "se alguém caísse debaixo da rampa de metal, morreria quando ela descesse". Em alguns pontos, os homens saltaram e viram que a água não dava pé. Muitos sequer sabiam nadar. Em desespero, a maioria dos que caíram em águas fundas largou as armas e soltou o equipamento para sobreviver. Alguns dos que vinham atrás, vendo os colegas afundarem com o peso do equipamento, entraram em pânico. "Muitos foram atingidos na água, bons nadadores ou não", escreveu o mesmo soldado. "Os gritos de socorro vinham de homens atingidos e que afundavam com a carga pesada [...] Havia mortos flutuando e vivos se fingindo de mortos, deixando a maré os levar para terra."

Um soldado que pulou em 1,5 metro d'água viu que "as balas caíam e respingavam bem na frente do meu nariz, dos dois lados e por toda parte. Bem ali, pensei em todos os meus pecados e nunca rezei tanto na vida". Um integrante do 1º Batalhão do 116º Regimento de Infantaria assistiu ao fim do devoto sargento "Pilgrim" Robertson. "Ele tinha uma ferida aberta no canto superior direito da testa. Andava loucamente na água, sem capacete. Então eu o vi se ajoelhar e começar a rezar com as contas do rosário. Nesse momento, os alemães o cortaram ao meio com o seu fatal fogo cruzado."

A possibilidade de atravessar o trecho de praia diante deles parecia impossível. A ideia de tentar correr pela água rasa com equipamento pesado e as roupas e botas encharcadas parecia um pesadelo daqueles em que as pernas ficam pesadas e dormentes. Os soldados sobrecarregados tiveram pouca chance. Um levava 750 tiros de munição de metralhadora, além de seu equipamento. Não surpreende que, mais tarde, muitos homens avaliassem que as baixas teriam sido reduzidas à metade se a primeira onda tivesse atacado levando menos peso.

Havia gritos em todas as direções: "Me atingiram! Me atingiram!" Um soldado da 1ª Divisão de Infantaria, que pulara em água até o pescoço, se arrastou lentamente. Ficou tão exausto que deitou para descansar quando havia 30 centímetros de água. "Tudo parecia em câmera lenta, o modo como os homens se moviam com todo aquele equipamento. Sobrecarregados, não tínhamos a mínima chance. Eu estava tão cansado que mal conseguia me arrastar." Só nove dos 31 homens de seu pelotão sobreviveram.

O fogo das metralhadoras varria a praia e, "quando batia na areia molhada, fazia um 'sip-sip', como o barulho de alguém chupando os dentes". Um soldado viu um colega correndo da direita para a esquerda para atravessar. Um atirador inimigo o atingiu quando ele tropeçou. "Ele gritou pedindo um médico. Um auxiliar correu para ajudá-lo e também foi atingido. O paramédico caiu junto do soldado, e ambos ficaram gritando até morrer, dali a alguns minutos." Alguns continuaram a se abrigar atrás dos obstáculos na praia enquanto as balas tiniam contra eles, mas outros perceberam que a única esperança era chegar ao abrigo do dique. A Companhia A do 116º Regimento, que desembarcou diante da tão defendida grota de Vierville, na ponta oeste de Omaha, sofreu as piores baixas.

Enquanto os metralhadores alemães transformavam a beira da praia e as ondas além da arrebentação em área de matança, sua artilharia disparava sobre as barcaças de desembarque. Como admitiu mais tarde o relatório do 5º Corpo, a curva côncava da praia permitia aos alemães o fogo "frontal e de flanco". Um primeiro-sargento da 1ª Divisão, no lado leste de Omaha, viu um barco de assalto vizinho receber um tiro direto. Vários homens a bordo foram lançados "15 ou 20 metros no ar". Poucos dos primeiros tanques a chegar a terra duraram muito tempo, mas pelo menos as carrocerias em chamas ofereciam alguma proteção.

Sob fogo pesado, os homens das unidades de demolição em combate da Marinha começaram a cumprir sua tarefa. "Nosso trabalho", escreveu um deles, "era colocar bolsas de explosivo plástico nos vários obstáculos, correndo de um para o outro e ligando o grupo com *cordel detonante*, um fusível de explosão instantânea. Alguns obstáculos tinham soldados abrigados atrás. Dissemos que avançassem, senão explodiriam também. Enquanto a maré subia, corremos de um para o outro." Eles abriram uma brecha de uns 3 metros para a barcaça de desembarque seguinte que chegasse, mas a subida da maré os obrigou a sair da água. "Naquela manhã, só foram abertas três das 16 brechas." Com a água começando a cobrir os obstáculos minados, a tarefa dos timoneiros das barcaças seguintes ficou ainda mais difícil. Os piores temores do general Gerow se justificaram.

Com muitos oficiais, sargentos e cabos entre as primeiras baixas, os soldados que se recuperaram do choque da recepção perceberam que tinham de atravessar a praia, no mínimo para sobreviver. Um soldado de Minnesota, pertencente à 1ª Divisão, escreveu depois para casa descrevendo como disparara à frente, em arremetidas de 30 metros. "Em toda a minha vida, nunca rezei tanto." Olhou para trás para ver o resto da companhia. "Era horrível. Gente morrendo por toda parte; os feridos incapazes de se mover se afogavam com a maré que subia, e os barcos ardiam loucamente enquanto as barcaças seguintes tentavam chegar [...] Nunca vi tantos homens corajosos que fizeram tanto: muitos voltaram atrás para tentar recolher os feridos e morreram." Os que conseguiram não foram capazes sequer de ajudar com fogo de cobertura. "Pelo menos 80% das armas não funcionavam, devido à areia e à água do mar." No desejo de atirar de volta assim que desembarcassem, grande parte dos soldados cometeu o erro de tirar a cobertura impermeável da arma antes de chegar à praia. Quase todos os rádios enguiçaram em consequência da água do mar, o que contribuiu bastante para o caos.

Os mais bem organizados correram em colunas para minimizar a exposição ao arco de fogo das metralhadoras. Um tenente do 121º Batalhão de Engenharia de Combate correu de volta com um sargento para buscar um homem com a perna destroçada. Estava difícil arrastá-lo, e o sargento o pegou no colo. Foi, então, mortalmente ferido, e acertaram o ombro do tenente. Outros soldados correram e os puxaram para o relativo abrigo do dique baixo. Os primeiros engenheiros de combate a chegar tiveram de agir como infantaria. Tinham perdido quase todo o equipamento de demolição no desembarque. O fogo inimigo era intenso demais para fazer alguma coisa antes que as retroescavadeiras blindadas chegassem.

Quando a onda seguinte se aproximou, os sobreviventes da primeira, no monte de pedras sob o dique, assistiram nauseados. "Alguns homens choravam, outros praguejavam", recordou um jovem oficial do 116º Regimento de Infantaria. "Eu me sentia mais como espectador do que como participante real da operação." Estava com a boca seca de medo, mas ainda assim queria um cigarro. Quando as rampas baixaram e as metralhadoras abriram fogo, escreveu um sargento do Wisconsin, "os homens foram tombando como espigas de milho numa esteira rolante". Alguns homens na popa da barcaça tentaram se abrigar e vários que estavam na água tentaram embarcar de volta para escapar. As granadas que explodiam na água formavam "grandes gêiseres".

Um oficial da segunda onda recordou que, a menos de 300 metros da praia, havia fumaça demais para ver o que estava acontecendo, mas dava para ouvir todos os disparos. Também acharam que o poder aéreo aliado cumprira a tarefa. "Alguns rapazes disseram: 'A 29ª está no baile: vão mesmo se dar bem'. Mas, quando chegaram à praia, perceberam que os alemães é que estavam atirando."

Outro oficial do 116º Regimento de Infantaria disse que, de certa forma, era como mais um exercício de desembarque, "outra manobra miserável de dois dias, com um banho quente no final". Sem saber se tinham chegado à praia certa, o comandante de sua companhia disse ao oficial naval da barcaça de desembarque: "Leve-nos até lá, tem luta do mesmo jeito". Mas, quando se aproximaram, reconheceram a grota junto à vila de Les Moulins e souberam que estavam na praia certa. "Mantivemos os homens de cabeça baixa, para que não vissem e perdessem o ânimo. Os tanques ainda estavam à beira d'água, alguns ainda atirando e alguns em chamas. Os homens das companhias de assalto se abrigavam junto a esses tanques e na água. A maioria estava ferida e muitos mortos vinham boiando com a maré."

Quando chegou, às 7h45, o capitão McGrath, do 116º Regimento de Infantaria, viu que a maré subia muito depressa e que a base do dique estava apinhada de homens. Ele e outros oficiais tentaram fazê-los avançar. "Conversamos com eles e tentamos fazer com que nos seguissem. Entretanto, nenhum deles veio. Muitos pareciam paralisados de medo." Um *ranger* viu um tenente do 116º Regimento de Infantaria se levantar e dar as costas para o fogo. Ele "gritou com os soldados amontoados junto ao dique, acovardados, assustados, sem fazer nada: 'Vocês acham que são soldados?!' Fez todo o possível, tentando organizar os soldados do 116º [abrigados atrás] do dique, mas não adiantou". O capitão Richard Bush, oficial de artilharia que desembarcara à frente do 111º Grupo de Artilharia de Campanha, descreveu os soldados que viu. "Estavam derrotados e em choque. Muitos se esqueceram de que tinham armas de fogo para usar." Os oficiais de batalhões e companhias ordenaram que os homens limpassem as armas e disseram aos que não as tinham que pegassem as dos mortos. Alguns feridos também foram postos para trabalhar para deixar as armas em condições de uso.

O capitão Hall, médico-auxiliar da 1ª Divisão, observou as reações diferentes dos homens sob tensão extrema. "Vi um homem vindo para o barco em estado de 'fuga', gritando e berrando, agitando os braços. Tinha jogado todo o equipamento fora [...] Muitos foram atingidos na água e os feridos se afogavam com a preamar. Gritei e mandei que se arrastassem; alguns obedeceram. Muitos pareciam não funcionar mais mentalmente. Só ficavam por ali, sentados e esparramados. Conseguiam mover os membros, mas não respondiam nem faziam nada. Vários oficiais começaram a ir buscá-los, mas oficiais [mais graduados] berraram para que voltassem." Alguns feridos se agarraram à beira das lanchas de desembarque encalhadas quando a água subiu. "Caíram um por um e se afogaram. Vi um com um ferimento no peito e a água acabou cobrindo seu rosto [...] Um garoto caminhou tranquilamente pela água até a praia, como se estivesse passeando. Alguém gritou que se abaixasse quando uma rajada de metralhadora fez um círculo de jorros de areia em torno dele, mas ele conseguiu passar são e salvo." Mas um jovem engenheiro, enlouquecido pelo terror, "começou a correr de um lado para o outro na praia" até que "uma bala o matou".

O médico, que estava ferido quando chegou ao monte de pedras, escreveu que ficaram "deitados nos seixos molhados, tremendo de frio e medo". Com admiração espantada, observou um de seus ordenanças médicos. "O cabo A. E. Jones, que sempre fora fracote – 48 quilos, 1,62 m de altura –, era o último de quem se esperaria algo heroico. Com todo aquele fogo, em que mal havia probabilidade de ir à praia e voltar vivo, ele fez o percurso seis vezes para trazer homens." Numa ocasião, foi examinar um dos feridos, voltou para descrever o ferimento para o capitão Hall e perguntou o que devia fazer.

Os soldados da infantaria não foram os únicos traumatizados. Ao desembarcar no setor da praia chamado de Fox Green, o sargento que comandava um tanque sofreu um colapso nervoso e ordenou à guarnição que abandonasse o blindado. Um soldado assumiu o comando. O sargento sumiu num abrigo individual e lá ficou escondido o dia todo. Mais tarde, um major perguntou ao soldado porque não o matara. Outro Sherman, atingido ao desembarcar e imobilizado, continuou atirando nos alvos até que a preamar obrigou a guarnição a abandoná-lo. A artilharia alemã concentrava o fogo nos Shermans, sobretudo nos tanques com pás de escavadeira. Nada menos que 21 dos 51 Shermans do 743º Batalhão de Carros de Combate ficaram fora de combate. Os tanques cuja munição acabou percorriam a praia de um lado para o outro, para dar proteção aos infantes que cruzavam o campo de morte. "O que nos salvou foram os tanques", admitiu um soldado da 1ª Divisão.

Os oficiais superiores que chegaram com as equipes dos quartéis-generais trouxeram a liderança tão necessária nessa hora. Boa parte do caos, como explicou mais tarde o relatório do 5º Corpo, se deveu às barcaças de desembarque que chegaram no lugar errado e, em consequência, dividiram as unidades. Alguns setores da praia "estavam apinhados, outros desocupados". O grupo de ação especial do 116º Regimento de Infantaria comandado pelo coronel Charles Canham e pelo general-brigadeiro Norman D. Cota, subcomandante da 29ª Divisão, nadaram e se arrastaram até a praia Dog White pouco depois de 7h30. Abrigaram-se atrás de um tanque e depois correram até o dique.

Cota, que tinha as mesmas dúvidas de Gerow sobre a confiança excessiva no bombardeio, tinha total consciência do possível desastre que enfrentavam. Vira as ondas afundarem as viaturas anfíbias DUKW que levavam os obuseiros de 105 mm do 111º Batalhão de Artilharia de Campanha. Dos 13, 11 afundaram, a maioria deles quando ainda circulavam no ponto de reunião. A Bateria de Artilharia da 1ª Divisão não teve melhor resultado. A Companhia de Canhões do 16º Regimento de Infantaria perdeu os seus seis obuseiros de 105 mm nos DUKW. O 7º Grupo de Artilharia de Campanha não conseguiu desembarcar nenhum canhão: a maioria deles também afundou nos DUKW.

Mais perto da praia, os obstáculos ainda não tinham sido retirados. Os engenheiros do 146º Batalhão Especial de Demolição Submarina tinham desembarcado a quase 2 quilômetros do lugar marcado, principalmente por causa das correntes marinhas. Cota e Canham tomaram uma decisão apressada. Não só os batalhões tinham sido desfeitos no desembarque como também as companhias e os pelotões. O que precisavam fazer era forçar os homens, depois de limparem as armas, a começar a passar pelo arame farpado e os campos minados até os penhascos lá atrás para atacar as posições alemãs.

Às 8 horas, enquanto Cota procurava um ponto para romper o arame farpado na direção da grota de Les Moulins, aconteceu uma cena terrível. Assim que uma grande barcaça de desembarque, a LCIL 91, se aproximou da praia, uma granada de artilharia explodiu a bordo, atingindo, aparentemente, o reservatório de combustível de um soldado que conduzia um lança-chamas. "Ele foi catapultado para longe do convés, passando por cima da antepara de estibordo e mergulhando n'água. O combustível do lança-chamas pegou fogo e cobriu o convés de proa e a superestrutura da embarcação [...] A LCIL, que era o quartel-general alternativo do 116º Regimento, continuou a arder durante mais de 18 horas, com o estoque de munição 20 mm para os canhões antiaéreos Oerlikon explodindo sem parar." Dez minutos depois, a LCIL 92 sofreu destino semelhante. Muitos engenheiros gravemente queimados tiveram de ser arrastados sob fogo pesado para a proteção do dique.

Cota decidiu fazer o reconhecimento do lado direito enquanto Canham ia para a esquerda, para encontrar uma saída da praia. Pouco depois, Canham levou um tiro no pulso direito, mas mandou enfaixá-lo e prosseguiu. Um de seus soldados avistou o "velho com cara de machado" com a "mão direita na tipoia e segurando um Colt 45 na mão esquerda ossuda". Canham, "alto e magro, com óculos de aro de metal e um bigode fino como um lápis", era o sulista que avisara aos homens que dois terços deles morreriam. Gritava para que os oficiais tirassem os homens da praia.

— Tirem esses homens deste inferno de praia! Vamos matar alguns malditos *krauts*!

Um tenente-coronel que se abrigava da barragem de morteiros gritou de volta:

— Coronel, é melhor o senhor se abrigar, senão vão matá-lo!

— Levante a bunda daí! — gritou Canham de volta. — E leve esses homens embora dessa maldita praia!

No lado leste de Omaha, o coronel George Taylor, comandante do 16º Regimento de Infantaria da 1ª Divisão, agiu do mesmo modo. A falta de apoio dos blindados da 1ª Divisão depois do desastre do desembarque do 741º Batalhão de Carros de Combate a uma distância muito grande torna ainda mais impressionante a sua realização. O médico ferido, capitão Hall, viu Taylor ir de um oficial a outro. "Temos de sair da praia antes que apontem para nós os 88", dizia-lhes. "Se vamos morrer de qualquer jeito, é melhor matar uns alemães antes." Junto do coronel Taylor, estava um oficial naval britânico com uma grande barba, "acocorado e fumando, com cara de tédio". Taylor também fez aos seus homens a famosa observação: "Só quem fica nesta praia são os mortos e os que vão morrer! Agora, fora daqui!"

Na verdade, a primeira penetração Omaha já tinha acontecido quando parte do 2º Batalhão do 16º Regimento de Infantaria desembarcou entre Saint-Laurent e Colleville, atravessando a praia com apenas duas baixas. Às 7h35, a 352ª Divisão de Infantaria alemã avisou ao quartel-general de Marcks: "A nordeste de Colleville forças inimigas de cem a duzentos homens penetraram nossa linha". Era óbvio que os alemães estavam preocupados. Mandaram um batalhão do "Grupo de Combate Meyer" cuidar do rompimento perto de Colleville, mas, de acordo com o quartel-general da divisão, ele só chegaria lá "dentro de uma hora e meia". No fim das contas, os ataques aéreos fizeram que só conseguisse chegar no fim da tarde.

Entretanto, o major-general Kraiss logo viu que não conseguiria levar mais tropas para Omaha. Como ressalta a história oficial americana, a 50ª Divisão britânica, que desembarcava na praia Gold, alguns quilômetros a leste, constituía "a ameaça imediata mais grave para os alemães". Muito embora a sua Hora H fosse marcada uma hora depois do ataque americano, "em alguns pontos, o assalto britânico rompeu as defesas costeiras nas primeiras horas". O flanco esquerdo da 352ª Divisão estava totalmente exposto e o grosso do *Kampfgruppe* de Meyer foi redirecionado para Crépon, para enfrentar os britânicos. O próprio Meyer foi morto mais tarde, naquele dia, combatendo os britânicos em Bazenville. Só noventa de seus quase três mil homens voltaram à divisão.

Embora uma companhia do 2º Batalhão de Rangers tenha desembarcado, com baixas desastrosas, junto da Companhia A do 116º Regimento na extremidade oeste de Omaha, o resto do batalhão tinha como principal objetivo a bateria de Pointe du Hoc, muito mais além, contornando o promontório. Mas esses *rangers* também foram perseguidos pelo azar.

Quando seguia para Pointe du Hoc, o tenente-coronel James E. Rudder, oficial comandante do 2º Batalhão de Rangers, percebeu que o timoneiro da Marinha Real britânica os levava demasiado para leste, quase até a praia Omaha. Perderam então meia hora lutando contra a corrente em torno de Pointe du Hoc. Assim que os barcos se posicionaram sob o penhasco, os ganchos de ferro disparados por foguetes, inventados pelas tropas de operações especiais britânicas, foram usados. Muitos caíram, em parte porque os cabos estavam molhados de água do mar e pesados, mas vários se prenderam, e os primeiros homens começaram a escalada. Algumas escadas da brigada de incêndio de Londres também foram utilizadas. Os alemães não conseguiram acreditar que os ganchos vinham da lancha de desembarque sob o penhasco. O quartel-general da 352ª Divisão de Infantaria foi informado de que "dos navios de guerra em alto-mar o inimigo está disparando granadas especiais nos penhascos, dos quais caem escadas de corda".

A guarnição alemã no alto do penhasco tentou disparar nos atacantes e lhes lançar granadas, mas, no primeiro estágio, o apoio aproximado dos contratorpedeiros USS *Satterlee* e HMS *Talybont* obrigou-os a ficar de cabeça baixa. O *Satterlee* ficou com os *rangers* o dia todo, pronto para apoiá-los. A bravura e a habilidade dos primeiros *rangers* que escalaram o penhasco lhes permitiram conquistar um ponto de apoio lá em cima. Logo foram reforçados pelos outros. Para a sua surpresa, descobriram que não havia canhões grandes montados na bateria. Os canhões estavam mais para o interior e logo foram atacados.

O operador de rádio de Rudder tentou mandar a mensagem de sucesso "Louvado seja Deus", mas os rádios não estavam funcionado devido à água do mar. De qualquer modo, era tarde demais. A demora para chegar ao objetivo fez com que o 5º Batalhão de Rangers, que aguardava ao largo pronto para entrar na luta e reforçá-los, supusesse que o ataque fracassara. Em consequência, recorreram ao plano alternativo e desembarcaram em Omaha, para apoiar o 116º Regimento de Infantaria, e lá o general-brigadeiro Cota logo os mandou atacar os penhascos.

O batalhão do 916º Grenadier-Regiment alemão, em Pointe du Hoc, levou ainda mais tempo para se comunicar. Só às 8h19 a 352ª Divisão de Infantaria recebeu a notícia de que os *rangers* tinham conseguido escalar os penhascos. A luta continuaria durante o dia inteiro e na maior parte do dia seguinte, enquanto o 916º contra-atacava a tropa de Rudder repetidas vezes. Os *rangers* ficaram sem munição e usaram as armas alemãs tiradas dos soldados que tinham matado. Essa medida se mostraria perigosa quando os reforços finalmente chegaram.

Não muito longe da primeira barcaça de desembarque que ainda estava em chamas, Cota escolheu um setor do dique com um pequeno monte 5 metros à frente. Disse a um soldado com fuzil automático Browning que mantivesse os alemães no alto do penhasco de cabeça baixa. Então, supervisionou o posicionamento de torpedos Bangalore sob os rolos de arame farpado. Cota também mandara o tenente-coronel Max Snyder, do 5º Batalhão de Rangers, abrir brechas semelhantes, avançar para o interior e seguir para oeste, para atacar as fortificações alemãs em Pointe et Raz de la Percée.

Com o arame farpado rompido e a fumaça do capim incendiado pelas granadas navais, Cota decidiu que era hora de passar correndo pelo trecho de mato pantanoso que levava à base do penhasco. Entretanto, o primeiro soldado a passar pelo arame farpado foi atingido por uma rajada de metralhadora. "Médico!", gritou. "Médico! Fui atingido. Socorro!" Gemeu e gritou alguns minutos. "Finalmente, morreu, depois de soluçar 'mamãe' várias vezes." Os outros ficaram tão abalados que Cota liderou o caminho para que avançassem. Logo, uma fila indiana de infantes do 116º Regimento chegou ao penhasco e começou a subir. A fumaça do capim em chamas era tão espessa que os que não tinham jogado fora as máscaras de gás usaram-nas.

Às 8h30, Cota voltou para se reunir com Canham no posto de comando improvisado sob o penhasco. A atenção voltou-se para um soldado americano que trazia cinco prisioneiros alemães marchando à frente, com as mãos sobre a cabeça. Mas uma rajada de metralhadora alemã, vinda de cima, matou os dois primeiros prisioneiros. Os outros se ajoelharam na direção do ninho de metralhadora, implorando que não atirassem neles, mas mais um prisioneiro foi atingido no peito.

Os alemães, de repente, ao perceber que a maioria dos soldados americanos estava abrigada sob o dique, fora de vista, começaram a usar os morteiros para atingi-los. As cargas, ao explodir, faziam os seixos voarem como balins. A bomba de um morteiro caiu perto do grupo de Canham, matando dois homens junto a Cota e lançando o operador de rádio 6 metros morro acima. Eles rapidamente transferiram o posto de comando, mas ainda não tinham contato com a 1ª Divisão, à esquerda. As comunicações tinham entrado em colapso. Para piorar o problema dos rádios destruídos pela água do mar, os atiradores alemães tinham alvejado os sobrecarregados elementos americanos de comunicação quando, com dificuldade, chegaram à praia carregando as mochilas de 40 quilos.

A falta de contato com a praia incomodou o general Gerow, que aguardava notícias na ponte da nau capitânia, o USS *Ancon*, 16 quilômetros ao largo. Ele já ficara alarmado ao ver o mar revolto jogando de um lado para o outro as barcaças de desembarque e afundando várias delas. Chegavam notícias confusas, sobretudo por meio da tripulação das barcaças de desembarque que voltavam para receber nova carga. Às 9h15, ele recebeu uma mensagem do navio de controle ao largo do setor Easy Red da praia Omaha. "Barcos e veículos empilhados. Soldados entrincheirados na praia. Inimigo mantém fogo até embarcação chegar à praia." Gerow também soube que os engenheiros não tinham conseguido abrir caminho pelos campos minados e que "atiradores e metralhadores inimigos parecem concentrar o fogo em oficiais, sargentos e cabos".

Gerow informou a posição a Bradley, a bordo do USS *Augusta*. Os dois estavam preocupadíssimos. Bradley chegou a pensar na possibilidade de abandonar Omaha e mandar as barcaças seguintes para a praia Utah ou para o setor britânico. Em muitas partes de Omaha, a situação, principalmente perto da saída de Vierville, era mesmo horrível. Mas, apesar da impressão de caos universal, alguns soldados estavam desembarcando quase sem oposição e chegavam à encosta com poucas baixas, em termos comparativos, como já demonstrara a 1ª Divisão perto de Colleville. Mesmo na segunda onda da 29ª Divisão, às 7h10, 900 metros à esquerda do objetivo, a Companhia C do 116º Regimento fizera um desembarque relativamente fácil. Depois de perder apenas vinte dos 194 homens que seguiam para o dique, também foram auxiliados, na hora de subir o penhasco, pela fumaça do capim que pegara fogo durante o bombardeio naval.

O major S.V. Bingham, oficial comandante texano do 2º Batalhão do 116º Regimento de Infantaria, noticiou que, do seu lote de barcaças de desembarque, "todos chegaram à praia a salvo" em Dog Red. Um dos oficiais observou que "o fogo inimigo não foi tão ruim quanto imaginei". Entretanto, uma das companhias de Bingham, que desembarcou mais abaixo na praia, sofreu muito. Bingham comandou cerca de cinquenta homens pelo dique e pelo arame farpado rumo a uma casa de três andares sob o penhasco, cercada de trincheiras. "Ninguém tinha armas que funcionassem", relatou, e jogaram-se nas trincheiras para limpá-las. Eles checaram a casa, embora a escada tivesse sido destruída pelo bombardeio. Assim que a casa estava assegurada, Bingham levou os homens avante, diretamente penhasco acima. Avançaram mais 360 metros para o interior e viraram para oeste, rumo a Saint-Laurent-sur-Mer, mas encontraram alemães fortificados numa casa de fazenda, à beira da vila. O capitão Cawthorn, do quartel-general do batalhão, estava gritando uma ordem quando foi atingido por um estilhaço, que entrou por uma bochecha e saiu pela outra, sem danificar os maxilares, só porque a boca estava aberta no momento do impacto. Um oficial que chegou logo depois observou que "ele cuspia sangue quando falava, mas parecia não se importar".

As cenas de caos na praia e no mar pouco tinham melhorado às 9h30. "Era só uma grande massa de lixo, de homens e material bélico", contou mais tarde um oficial. Havia viaturas queimadas e ainda em chamas, cadáveres e equipamento jogados em todas as direções. Os corpos continuavam a chegar na praia, rolando na espuma como troncos, paralelos à beira d'água. Um soldado disse: "Pareciam as imagens de Madame Tussaud. Iguais a cera. Nenhum deles parecia real". Em certos pontos, a beira d'água estava bloqueada por barcaças de desembarque avariadas e destruídas. Mais além, o caos era ainda maior. O coronel Benjamin B. Talley, subchefe do Estado-Maior de Gerow, noticiou que as barcaças de desembarque giravam ao largo como "o estouro de um rebanho de gado". A Marinha não conseguia decidir quais embarcações deviam avançar e quais ficariam para trás. Mas, embora muitas viaturas inadequadas tivessem desembarcado, os reforços blindados finalmente começaram a fazer diferença, apesar de vários deles perderem a lagarta ao manobrar na praia. Trocar a lagarta ao ar livre, sob fogo de morteiros e metralhadoras, exigia extraordinária coragem.

Aos poucos, o rumo da batalha contra as fortificações foi se virando contra os defensores. Em certo caso, os engenheiros de combate conseguiram colocar um caminhão carregado de TNT ao lado de uma casamata. "Acenderam o estopim e o explodiram. Ao entrar, encontraram corpos alemães intocados pelo explosivo, com sangue escorrendo do nariz e da boca. Tinham sido mortos pela concussão." As armas mais eficazes eram os canhões dos contratorpedeiros, oito americanos e três britânicos, que navegavam paralelos à praia e perigosamente perto para bombardear as posições alemãs. Os canhões ficaram tão quentes que grupos de marinheiros tinham de abrir as mangueiras sobre eles para resfriá-los. Mais tarde, muitos soldados em Omaha acreditaram, com boa dose de verdade, que esses contratorpedeiros da linha de frente salvaram o dia.

A maioria dos oficiais de infantaria depois achou que o apoio naval teria sido muito mais eficaz se desde o princípio os contratorpedeiros mais próximos tivessem alvejado as fortificações, em vez de os encouraçados que atiraram às cegas de grande distância.

Os tanques também tiveram papel importante. Um sobrevivente alemão do 2º Batalhão do 726º Grenadier-Regiment recordou a mensagem de despedida de uma casamata quando os Shermans atacaram: "*Lebt wohl, Kameraden!*" [Adeus, camaradas!], e depois a ligação caiu. Ele também afirmou que "os sobreviventes do 'ninho de resistência' foram violentamente executados, contra a Convenção de Genebra, a não ser por 66 prisioneiros, dos quais metade estava ferida".

Embora não haja confirmação desse incidente em nenhum relato americano, houve casos de homicídios ilegais, provocados principalmente pela violência do medo reprimido e pelo desejo de vingança depois de ver tantos colegas mortos. "Havia um alemão, não sei qual era o seu posto, que estava morrendo", escreveu um repórter do *Baltimore Sun* que chegou à cena mais tarde, naquele dia. "Na hora, estava completamente inconsciente, mas me lembro de um grupo de soldados em volta observando esse camarada; finalmente, um deles pegou o fuzil, mandou uma bala na cabeça dele e disse: 'Isso vai cuidar do canalha', e é claro que cuidou."

Alguns soldados americanos se convenceram de que franceses e até francesas tinham participado da luta do lado alemão. Um dos *rangers* em Pointe du Hoc contou, logo depois da batalha: "Encontramos civis que estavam atirando em nós com fuzis alemães e servindo de observadores da artilharia. Nós os matamos". Os soldados americanos também mataram prisioneiros de guerra alemães que se moveram de modo inesperado, porque, em seu estado de nervos, meio que esperavam algum truque. Mas também houve momentos de humanidade. Um soldado de comunicações do 5º Batalhão de Rangers, que recebera ordem de tirar todos os documentos dos prisioneiros, separou as fotos de família que eles levavam e enfiou-as de volta nos bolsos. Os prisioneiros alemães murmuraram "*Danke schön*" [Obrigado]. Outro *ranger* que escoltava prisioneiros de guerra de volta à praia tropeçou e caiu numa grande cratera de granada. Três prisioneiros pularam atrás dele. Primeiro, ele achou que iam matá-lo. Mas eles o ajudaram a se levantar, limparam-lhe o pó, recolheram o fuzil e o devolveram. Era óbvio que não queriam voltar à unidade para continuar lutando.

* * *

Às 10h46, o coronel Talley mandou uma mensagem pelo rádio ao USS *Ancon*. "A situação parece melhor." Mas o sistema de desembarque ainda era uma confusão terrível. O atraso era imenso, e muitas vezes chegava o tipo errado de viatura ou equipamento enquanto cargas muito mais necessárias ficavam para trás. Muitos oficiais disseram depois que, até que a praia fosse assegurada, só a infantaria, os tanques e as retroescavadeiras blindadas deveriam ter desembarcado.

O general-brigadeiro Cota demonstrava impaciência compreensível. Subiu o penhasco para ver se os infantes que enviara à frente estavam avançando. Encontrou-os no trecho plano lá em cima, presos pelo fogo das metralhadoras. Cota, com a pistola automática Colt .45 na mão, passou por entre os homens e disse: "Ok, agora vamos ver do que vocês são feitos". Liderou-os num ataque, depois de instruí-los a disparar em sebes e casas durante o avanço. Chegaram a uma estradinha a menos de 300 metros mais para o interior. Um oficial encontrou "um alemão morto, que caíra com o charuto meio fumado ainda preso aos dentes". Quase todos os soldados pareciam recordar a imagem de seu primeiro alemão morto. Um *ranger* se espantou "com a aparência de cera cinzenta" do primeiro que viu. Um soldado da 1ª Divisão se lembrava até do nome do primeiro cadáver. "O capacete caíra, e consegui ver Schlitz impresso [dentro]."

O grupo misto de homens da 29ª Divisão e do 5º Batalhão de Rangers – entre eles, "um *ranger* sem capacete levando orgulhoso uma MG 42 capturada" – abriu caminho rumo oeste pelos dois lados dessa estradinha até Vierville-sur-Mer. Lá, viram-se acima da saída de Vierville. Foram detidos mais uma vez pelas metralhadoras, de modo que Cota tomou novamente a frente e mandou um grupo flanquear os alemães e forçar sua retirada.

Foi mais ou menos nessa hora que apareceu a Companhia C do 116º Regimento, tendo subido por outro caminho depois de um desembarque comparativamente fácil, devido à fumaça do capim em chamas. Quando viraram pela escarpa na direção de Vierville, encontraram o general-brigadeiro Cota, "que girava calmamente a pistola no dedo". "Onde diabos vocês estavam?", perguntou. Os soldados receberam ordem de se unir ao avanço rumo ao lado oeste de Vierville.

O coronel Canham também surgiu depois de comandar outro grupo penhasco acima. Canham e Cota conferenciaram e decidiram que esses grupos do 1º Batalhão do 116º Regimento deveriam avançar com os *rangers* para

Pointe et Raz de la Percée. Essa força mista ficou conhecida como a "brigada bastarda" de Cota. Os homens do 116º disseram que os *rangers*, "individualmente, eram os melhores combatentes com que já tínhamos trabalhado, mas não dava para fazê-los trabalhar em equipe".

Cada vez mais grupos de homens conseguiam subir o penhasco, mas tinham de lutar contra campos minados verdadeiros e falsos. Tentavam pôr os pés exatamente nos mesmos lugares do homem na frente. Isso concentrava a mente para enfrentar baixas pelo caminho. Um soldado da 29ª Divisão recordou que, enquanto subia o morro pelo capim, encontrou um tenente com a perna até o joelho arrancada por uma explosão. "As farpas afiadas de osso saindo do joelho dele não podiam ser mais brancas. Ele me disse: 'Soldado, cuidado com as minas!'" Esse sangue-frio extraordinário não foi raro. Um soldado do 115º Regimento que subia o penhasco encontrou um homem deitado. "Quando me aproximei, descobri por quê. Pisara numa mina, que explodira e lhe arrancara metade do pé direito. Estava arrumado numa posição bastante confortável e fumava um cigarro. Avisou a quase todo mundo que passava sobre uma mina enfiada no chão a cerca de 1 metro dele."

Embora ao meio-dia a "brigada bastarda" de Cota e outros soldados já tivessem avançado pelo interior, ainda não havia surgido nenhum tanque vindo da praia pela grota de Vierville. Um navio de guerra da Marinha americana andara bombardeando a passagem. "A fumaça, o pó do concreto estilhaçado e o cheiro acre da cordite das granadas explodidas pendiam numa nuvem baixa." Logo depois das 12h30, quando o bombardeio parou, Cota comandou uma patrulha grota abaixo e, pelo caminho, recebeu a rendição de vários alemães desanimados. Também souberam, por civis franceses de Vierville, que encontraram tomando leite numa loja, que quatrocentos alemães tinham abandonado a vila quando os canhões navais abriram fogo. Lá embaixo, havia um muro anticarro e um pequeno campo minado. Um dos prisioneiros alemães foi obrigado a avançar na frente, e todos seguiram exatamente os seus passos. Da calçada junto à borda do penhasco, conseguiram ver os corpos pela praia, os tanques atingidos e os homens ainda abrigados a sotavento das mansões à beira-mar. Cota disse aos oficiais que os fizessem avançar e aos engenheiros que explodissem o muro anticarro.

Mais abaixo, na praia, encontrou mais homens amedrontados a sotavento do penhasco. Havia uma retroescavadeira abandonada ali perto. Gritou para os soldados que ele tinha acabado de descer lá de cima pela grota. "Não há nada no penhasco, só alguns atiradores, e eles já estão sendo expulsos. Ninguém aí tem coragem suficiente para dirigir aquilo lá?" Finalmente, encontrou um homem para levá-la até a saída de Vierville com o suprimento do tão necessário TNT. Cota seguiu para a próxima saída da praia, perto de Les Moulins, onde o Estado--Maior do seu quartel-general tinha se reunido. Deu uma torrente de ordens.

Ele continuou avançando para leste até encontrar o general-brigadeiro Weyman, subcomandante da 1ª Divisão. Weyman não devia estar com aparência muito militar, já que se enrolara num cobertor porque todas as suas roupas se encharcaram no desembarque. Confirmou-se que o 116º Regimento continuaria a limpar a área a oeste de Vierville, na direção de Grandcamp, e o 115º Regimento, grupo de combate seguinte da 29ª Divisão que começara a desembarcar na praia Fox Green às 11 horas, avançaria para o interior na direção de Longueville. Cota voltou ao seu posto de comando. Era óbvio que não gostara do que vira. "Alguns soldados da 6ª Brigada Especial de Engenharia, que escavaram trincheiras rasas para si como proteção contra a artilharia, comiam calmamente as rações K, enquanto em volta deles estavam os moribundos e os cadáveres." Mas ninguém podia culpar os paramédicos, que estavam carregando de volta os feridos pelas minas antipessoais no alto do penhasco.

O acúmulo de forças logo se acelerou. Às 12h30, os americanos tinham desembarcado 18.772 homens em Omaha. Meia hora depois, uma companhia do 16º Regimento da 1ª Divisão de Infantaria, apoiada por homens do 116º Regimento da 29ª Divisão de Infantaria, começou a atacar Colleville-sur-Mer. Alguns relatos afirmam que muitos alemães de Colleville estavam bêbados, alguns achando hilariante berrar ordens em inglês. Os americanos abriram caminho lutando, mas viram-se bombardeados por seus próprios canhões navais e sofreram oito baixas. A fumaça de cordite ficou tão forte que, na Companhia G, todos, inclusive os auxiliares que cuidavam dos feridos, tiveram de usar máscaras contra gás. Os foguetes amarelos de sinalização não conseguiram interromper o fogo, mas finalmente o navio de guerra terminou o bombardeio. Só algum tempo depois o quartel-general da 352ª Divisão de Infantaria alemã soube que os americanos tinham cercado a vila, tendo recebido uma mensagem de que "os feridos não podem mais ser levados de volta".

O 18º Regimento da 1ª Divisão de Infantaria chegou, contornando Colleville, enquanto a luta ainda continuava. O 115º Regimento da 29ª Divisão também avançava pelo interior e tinha atacado Saint-Laurent. Pouco depois, às 14h15, os primeiros prisioneiros alemães da 352ª Divisão de Infantaria foram identificados pelos recibos de soldo. "Mal consegui acreditar nos olhos", escreveu o oficial do serviço de informações logo depois da batalha, abalado por não ter sido informado de sua presença.

Depois de eliminada a maior parte do fogo observado na praia, as retroescavadeiras blindadas conseguiram abrir caminho para apressar a chegada de mais soldados e viaturas. Os tanques queimados foram içados ou empurrados para os lados e até as barcaças de desembarque avariadas foram rebocadas para longe. Um engenheiro da 1ª Divisão disse que o cheiro de carne queimada tornou difícil comer durante vários dias. As equipes de demolição continuaram a explodir os obstáculos de praia alemães. No caso de itens que podiam estar minados, usaram ganchos e cordas compridas. Ainda havia salvas de artilharia inimiga – a artilharia alemã continuaria a fazer o seu fogo "andar" pela praia –, mas muitas explosões que pareciam queda de granadas eram minas ou obstáculos sendo explodidos pelas equipes de limpeza.

As equipes médicas também trabalhavam com rapidez frenética. Muitos feridos, sobretudo os que sofriam de choque, estavam duplamente vulneráveis ao frio. Soldados receberam ordens de resgatar cobertores de uma barcaça de desembarque avariada e de retirar dos mortos as ataduras a mais. Muitas vezes, os paramédicos pouco podiam fazer além de ministrar morfina e fazer curativos em feridas na carne, como as das nádegas, causadas por fragmentos de morteiros. Alguns feridos não tinham esperança. "Vi um soldado jovem, pálido, que gritava com dor visível", escreveu um capitão do 60º Batalhão de Saúde, "com os intestinos para fora, sob a farda. Só pude lhe injetar morfina e consolá-lo. Ele logo morreu."

Os médicos trataram com nembutal os que sofriam de fadiga de combate, para fazê-los dormir. As bolsas de plasma em suportes de soro foram aplicadas aos que sofriam de perda de sangue, estado indicado pelo azulado das mãos. Mas, mesmo com cobertores e plasma, muitos morreriam de choque e exposição ao frio durante a noite. Agora todos os tipos de baixa podiam ser mandados de volta para os navios nas lanchas de desembarque vazias, mas os feridos nos trechos mais desertos da praia tiveram de esperar muito tempo. No caos do desembarque, em alguns setores ainda faltavam equipes médicas. O batalhão médico da 1ª Divisão fora tão atingido no desembarque que primeiro teve de cuidar de suas próprias baixas. Os soldados feridos nos campos minados do alto do penhasco foram os que mais esperaram, já que os engenheiros tiveram de abrir caminho para chegar a eles. Muitos ficaram lá a noite toda, até poderem ser alcançados à luz do dia.

Os feridos foram levados para navios como o *Samuel Chase* e o *Bayfield*, ou para LSTs preparadas como navios-hospitais temporários para a viagem de volta. Das barcaças de desembarque, eram içados pelos guindastes em liteiras de rede. A bordo, havia uma "confusão organizada" enquanto os médicos faziam a triagem. Um soldado ferido percebeu, de repente, que a sua perna direita sumira. O enfermeiro teve de segurá-lo enquanto ele gritava: "O que vou fazer? Minha perna! Sou fazendeiro!".

Os que iam morrer receberam plasma e morfina e depois "foram deixados por conta própria para enfrentar o destino que os aguardava". Os marinheiros levavam os mortos em liteiras para a geladeira do navio, solução de que os cozinheiros não gostaram. Ficaram ainda mais horrorizados quando um dos médicos começou a fazer cirurgias na cozinha. O *Bayfield* só tinha um cirurgião do Exército experiente a bordo, auxiliado pelos médicos da Marinha desacostumados ao serviço. A maioria dos auxiliares médicos também nunca tinha visto ferimentos de combate. Um deles, que se viu cuidando de um *ranger* que recebera ferimentos terríveis na cabeça, não percebeu que o cérebro do soldado estava seguro apenas pelo capacete. Quando o removeu, o cérebro começou a cair. Ele "tentou empurrar o cérebro de volta no crânio, com pouco sucesso". O médico tentou assegurar ao horrorizado ordenança que o homem morreria de qualquer forma.

Às 17h21, o coronel Talley comunicou-se pelo rádio com o USS *Ancon* para dizer que a praia permitiria "viaturas sobre rodas e sobre lagartas" na maior parte da área abaixo da marca da maré alta. O alívio do general Gerow foi considerável. Decidido a estabelecer o quartel-general do corpo em solo francês antes do anoitecer, Gerow desembarcou. Atravessou a praia numa retroescavadeira blindada mandada pelo coronel Talley para buscá-lo e chegou ao posto de comando do corpo às 20h30. Ainda estava a quase 500 metros da linha de frente.

O general de brigada Charles H. Gerhardt, o miúdo disciplinador que comandava a 29ª Divisão, desembarcara pouco antes. Ele instalou o seu quartel-general sentando-se numa caixa de rações C enquanto examinava o mapa. Os dois generais tinham muito em que refletir: os próximos passos e as baixas daquele dia. Mais de dois mil homens foram dados como mortos, desaparecidos ou feridos, e esse número ainda não é definitivo.² O historiador oficial Forrest C. Pogue, durante as entrevistas com sobreviventes, descobriu que "supuseram que todo o resto fora morto ou capturado. Esse tipo de névoa da guerra foi responsável por estimativas exageradíssimas de baixas, embora, por piores que fossem, ainda estivessem bem abaixo dos temores anteriores ao Dia D". O único fato garantido é que 3 mil civis franceses morreram nas primeiras 24 horas da invasão, o dobro do número total de americanos mortos.

Muito embora as baixas aliadas no Dia D fossem bem mais leves do que a estimativa dos planejadores, isso não reduziu, de modo algum, o choque do massacre da primeira onda em Omaha. A Companhia A do 116º Regimento de Infantaria, unidade da Guarda Nacional, tornou-se símbolo do sacrifício, ainda que pouco representativo. Na manhã seguinte, um dos sobreviventes daquela companhia se encontrou com o general-brigadeiro Cota. Cota lhe perguntou de que unidade era. Quando lhe disse, Cota só balançou a cabeça de tristeza. "Ele sabia melhor do que eu que a Companhia A estava praticamente... bem, estava fora de ação." Cerca de cem dos 215 homens tinham sido mortos e muito mais estavam feridos.³

Omaha se tornou uma lenda americana, mas uma verdade mais cruel os aguardava nos futuros combates. Na Normandia, a média de baixas por divisão de ambos os lados excederia a das divisões soviéticas e alemãs durante período equivalente na frente oriental.⁴

---

2 Mais tarde, o 5º Corpo citou os números de 1.190 baixas na 1ª Divisão, 743 na 29ª Divisão e 441 entre os soldados do Corpo. As baixas alemãs chegaram a cerca de 1.200. O número total de americanos mortos nas primeiras 24 horas foi de 1.465.

3 Há o mito de que a maioria dos mortos da Companhia A era da cidade de Bedford, no estado americano da Virgínia. Na verdade, somente seis mortos vieram da cidade de Bedford, e havia apenas 24 homens de todo o condado de Bedford servindo na companhia em 6 de junho.

4 Em média, as baixas alemãs na frente oriental foram de quase mil homens por divisão por mês. Na Normandia, foram de 2.300 por divisão por mês. O cálculo dos números comparáveis do Exército Vermelho é muito mais complicado, mas parece que ficou bem abaixo de 1.500 por divisão por mês. O total de baixas aliadas na Normandia chegou perto da média de dois mil por divisão por mês.

8
UTAH E OS PARAQUEDISTAS

O alvorecer do Dia D na península de Cotentin trouxe apenas um pouco de claridade para os soldados americanos aeroterrestres espalhados pela região. As sebes altas dos campos da Normandia dificultavam a orientação. Para muitos, a luz do dia significava que, finalmente, poderiam acender um cigarro sem revelar sua posição. Também ficaria mais fácil encontrar pacotes e fardos de equipamento. Um garoto francês, com uma carroça e um cavalo, ajudou um oficial de Estado-Maior aeroterrestre a recolhê-los. Os soldados alemães também se aproveitaram dos caixotes de maná que chovera dos céus durante a noite e serviram-se de cigarros e rações K americanas.

Os paraquedistas que sobreviveram ao lançamento começaram a se reunir em grupos mistos e atacar os objetivos, embora não tivessem contato pelo rádio com o quartel-general de suas divisões. Entretanto, foram auxiliados pela confusão alemã ainda maior. O corte das linhas telefônicas pelos paraquedistas e pela Resistência fora uma tática inestimável. A reação das tropas alemãs na península também foi problemática. Não faziam a mínima ideia de onde se concentravam as principais tropas de paraquedistas americanos e lhes faltava liderança. O tenente-general Falley, da 91ª Luftlande-Division, morreu na emboscada perto do quartel-general, e o tenente-general Karl-Wilhelm Graf von Schlieben, comandante da 709ª Divisão de Infantaria, ainda estava ausente.

Schlieben estava dormindo num hotel em Rennes antes das manobras com mapas do VII Exército, planejadas para aquele dia. O telefone tocou às 6h30 e o acordou. "O jogo de guerra foi cancelado", informou-lhe um oficial do Estado-Maior. "Solicitamos que retorne à sua unidade." Schlieben, percebendo que os aliados lhes tinham passado a perna, disse ao motorista que pegasse a estrada do litoral oeste da península. Seguiram o mais depressa possível e entraram para o interior, só parando para recolher um soldado alemão ferido avistado numa sebe ao lado da estrada. Schlieben ouviu canhões pesados atirando a leste.

Quando o toque de recolher expirou, às 6 horas, os civis franceses saíram para descobrir o que tinha acontecido durante a noite. Em Montebourg, ao norte das principais zonas de lançamento, foram até a praça central, onde lá viram "prisioneiros americanos com o rosto enegrecido" guardados por soldados alemães. Os americanos piscaram para os franceses e fizeram Vs da vitória com os dedos. Quando o Ortskommandant apareceu, o prefeito não resistiu e lhe perguntou se precisava de trabalhadores naquele dia para construir mais "aspargos de Rommel", os mastros contra pouso de planadores. "Não será necessário", respondeu o comandante secamente. Eles notaram que os alemães estavam nervosíssimos.

A 82ª Divisão Aeroterrestre tinha como principal objetivo Sainte-Mère-Église, mas aterrara perto das unidades principais da 91ª Luftlande-Division e viria a sofrer numerosos contra-ataques. A outra tarefa era proteger a linha do rio Merderet, na preparação para o avanço do 7º Corpo diretamente pela península. Isso foi difícil, já que as unidades estavam muito espalhadas. Diversos grupos pequenos de paraquedistas seguiram até o cruzamento de La Fière, acompanhando o leito da ferrovia. O general-brigadeiro James Gavin, segundo no comando da divisão, levou um grupo grande mais para o sul para ajudar o ataque a Chef du Pont e à ponte ali existente.

Quando se obteve uma pequena cabeça de ponte do outro lado do Merderet, em Chef du Pont, o médico do 508º Regimento de Infantaria Paraquedista teve de operar no campo com o mínimo de equipamento. Todos os fardos de equipamento médico tinham se perdido no lançamento. "Um soldado teve a perna explodida junto ao joelho, e a única coisa que restava era o tendão patelar. E o deitei ali naquela vala e disse: 'Filho, vou ter de cortar fora o resto da sua perna, e você vai ter de voltar à época de trincar os dentes, porque não tenho nada para usar como anestésico'. E ele respondeu: 'Vá em frente, doutor'. Cortei o tendão patelar, e ele nem gemeu."

Outro oficial médico do mesmo regimento, que se viu segurando bolsas de plasma enquanto era alvejado, logo foi capturado pelos alemães. Eles o levaram para o Feldlazarett, o hospital de campanha da 91ª Luftlande-Division estabelecido no castelo de Hautteville, 8 quilômetros a oeste de Sainte-Mère-Église. Os paramédicos alemães o trataram como amigo, e ele continuou a trabalhar, cuidando de paraquedistas americanos feridos com o auxílio de um sargento alemão que, na vida civil, era padre católico.

Embora os americanos fossem em número superior, a captura da ponte e da passarela de La Fière foi dificílima. Mais tarde, elas foram tomadas e depois perdidas outra vez. Os alemães tinham instalado metralhadoras do outro lado com excelente campo de tiro. O rio tornava impossível flanqueá-los. A família francesa que salvou tantos paraquedistas em seu bote a remo tinha mencionado um vau próximo que cruzava o Merderet a um oficial aeroterrestre, mas por alguma razão ele nunca repassou a informação. O vau só foi usado mais tarde, depois que outro soldado o descobriu por acaso.

Outros grupos muito espalhados tinham aterrado na região pantanosa a oeste do Merderet. Encontraram as grossas sebes de espinheiros e amoreiras-pretas e pequenos destacamentos alemães escondidos em casas de fazenda normandas, cujas paredes de pedra maciça permitiam uma posição defensiva natural. Mais uma vez, a falta de comunicação com as forças americanas principais a leste do rio tornou impossível coordenar as iniciativas.

Enquanto a 82ª Divisão era responsável por proteger o flanco oeste, a tarefa da 101ª Divisão Aeroterrestre era ajudar o desembarque em Utah, no litoral leste da península. Isso incluía suprimir as baterias alemãs e tomar as passarelas que cruzavam os pântanos logo além da praia. O grupo do tenente-coronel Cole ocupou a posição da bateria alemã de Saint-Martin-de-Varreville, que estava abandonada. Depois, tomaram a extremidade oeste da passarela que saía da praia Utah e cruzava a região inundada. Enquanto isso, outros grupos protegiam o flanco norte com ação agressiva, que convenceu os defensores alemães isolados de que estavam em grande desvantagem numérica. Entretanto, a tentativa de tomar as passarelas do sul, que iam da praia para Sainte-Marie-du-Mont e Pouppeville, foi retardada por metralhadoras alemãs bem posicionadas.

Além de assegurar que as passarelas estivessem prontas para o avanço da 4ª Divisão de Infantaria a partir da praia Utah, a outra tarefa da 101ª Divisão Aeroterrestre era tomar a eclusa do rio Douve, em La Barquette, e também duas pontes a nordeste de Carentan. Mais tarde, isso permitiria às tropas americanas na península de Cotentin e à 29ª Divisão avançarem de Omaha para fazer a junção. A maior ameaça na área era a força alemã inesperadamente grande em Saint-Côme-du-Mont, na estrada Carentan-Cherbourg.

O major Von der Heydte, veterano da invasão alemã aeroterrestre de Creta três anos antes, avançara de Carentan dois batalhões do seu 6º Regimento Paraquedista. Os seus homens, entre os mais experientes do Exército Paraquedista da Luftwaffe, seriam adversários formidáveis. Quando a aurora rompeu, eles fitaram com espanto todos os paraquedas de cores diferentes que jaziam nos campos. A princípio, se perguntaram se representavam unidades diferentes, mas logo puxaram os canivetes para cortar para si echarpes de seda. Mais tarde, ainda pela manhã, o próprio Heydte avançou até Saint-Côme-du-Mont e subiu na torre da igreja. De lá, conseguiu ver a imensa armada que estava ao largo.

Para os paraquedistas americanos, o som do bombardeio naval da praia Utah foi a primeira garantia de que a invasão prosseguia de acordo com o plano. Mas com a perda de tanto equipamento e munição no lançamento e a concentração crescente de tropas alemãs contra eles, tudo dependia da rapidez com que a 4ª Divisão de Infantaria chegasse.

Os desembarques em Utah foram os mais bem-sucedidos de todos, em grande parte devido à sorte. A força do bombardeio naval, comandada pelo contra-almirante Alan G. Kirk, no cruzador pesado USS *Augusta*, foi tão poderosa quanto a de Omaha. Kirk dispunha do encouraçado USS *Nevada*, o monitor HMS *Erebus*, os cruzadores pesados USS *Quincy* e *Tuscaloosa*, o cruzador leve HMS *Black Prince* e, para apoio a pequena distância, o cruzador leve HMS *Enterprise* com uma dúzia de contratorpedeiros. Assim que o bombardeio naval começou, os civis franceses fugiram das vilas para o campo e aguardaram os acontecimentos em relativa segurança.

O canhoneio, embora não conseguisse atingir muitas posições alemãs, limpou grande parte dos campos minados nos quais o inimigo confiava. Enquanto isso, os bombardeiros médios da 9ª Força Aérea lançaram sua carga muito mais perto da área alvo de Utah do que a 8ª em Omaha, mas mesmo assim o efeito sobre as posições alemãs foi desprezível. Os foguetes lançados dos navios também foram pouco precisos, mas nada disso parecia importar.

Utah era responsabilidade do 7º Corpo, comandado pelo general de brigada J. Lawton Collins, líder dinâmico chamado pelos homens de "Lightning Joe". O ataque foi encabeçado pelo 8º Regimento da 4ª Divisão de Infantaria do general de brigada Raymond O. Barton. Não há dúvida de que a sorte teve grande papel quando a corrente empurrou as barcaças de desembarque para o estuário do Vire. O 8º Regimento de Infantaria do coronel Van Fleet desembarcou 1.800 metros ao sul do ponto planejado, mas num trecho de praia que, por acaso, estava muito menos defendido do que onde deveriam ter desembarcado.

As águas mais calmas também permitiram que nenhum dos blindados DD se perdesse, com exceção de quatro, destruídos numa barcaça de desembarque que bateu numa mina. Um dos tripulantes da lancha os descreveram como "monstros marinhos de forma esquisita que, para flutuar, dependiam de imensos balões de lona em forma de rosquinha, balançando nas ondas revoltas e lutando para se manter em formação enquanto nos seguiam". Na verdade, a pouca resistência ofereceu poucos alvos para os tanques atacarem. Até a artilharia desembarcou sem perdas. No total, as duzentas baixas da 4ª Divisão de Infantaria no Dia D foram muito menos do que as setecentas baixas causadas pelo ataque de um *e-boat* durante o Exercício Tigre, ao largo de Slapton Sands, em Devon, naquele mês de abril.

O primeiro oficial superior a desembarcar em Utah foi o incontrolável general-brigadeiro Teddy Roosevelt Jr., filho de ex-presidente e primo de Franklin D. Roosevelt. Teddy Jr. batizara seu jipe de "Rough Rider"[1] em homenagem ao pai. Ao ver que o 8º Regimento de Infantaria desembarcara no lugar errado, Roosevelt decidiu, corretamente, que seria estupidez tentar voltar ao local previsto. "Começaremos a guerra daqui!", anunciou.

Roosevelt, que andava destemidamente sob o fogo com sua bengala, era adorado pelos soldados devido às piadas constantes que lhes contava e pela coragem extraordinária. Muitos suspeitavam que, no fundo, ele esperava morrer em combate. Um major que desembarcou sem sua viatura seguiu para a praia, onde primeiro buscou proteção e depois encontrou "o general Roosevelt, caminhando pelo muro da praia sem ligar para o fogo". O "general Teddy" também era famoso por preferir um vistoso gorro de malha verde-oliva ao capacete, hábito pelo qual costumava ser repreendido por generais mais graduados por dar mau exemplo.

O ataque à praia Utah contra atiradores e metralhadores alemães isolados foi "mais parecido com uma guerrilha", como disse um oficial da 4ª Divisão.

---

1 Os Rough Riders foram um regimento de cavalaria formado por voluntários em 1898 para lutar na guerra hispano-americana. Foram comandados pelo então tenente-coronel Theodore Roosevelt, mais tarde presidente dos Estados Unidos. (*N. T.*)

Um jovem oficial achou graça quando um coronel apareceu no meio do fogo pesado e perguntou: "Capitão, como diabos se carrega esse fuzil?". Ao contrário de Omaha, os alemães não tinham "fogo com observador". Em vez disso, apenas "faziam os tiros andar pela praia, de um lado para o outro, mantendo sempre um padrão diferente". Mas o combate comparativamente fácil não quis dizer que os homens não estivessem preparados para os truques sujos do inimigo. Um soldado do 8º Regimento de Infantaria recordou que os oficiais tinham lhe ordenado que fuzilasse todo soldado SS capturado, com base em que "não se pode ter confiança neles" e que talvez escondessem uma bomba ou uma granada. Outro afirmou que, "ao nos passarem as ordens, informaram que todos os civis encontrados na área da praia e a uma determinada distância terra adentro deveriam ser tratados como soldados inimigos, fuzilados ou capturados".

Em menos de uma hora, as praias estavam limpas de alemães, criando praticamente um anticlímax. "Houve pouco da empolgação esperada e não muita confusão." Em vez de abrir canais de 50 metros pelos obstáculos, os engenheiros começaram a limpar a praia toda de uma vez. O contraste com Omaha não poderia ter sido maior.

O único fator que as duas praias tiveram em comum foi a supremacia aérea aliada. A presença de Lightnings, Mustangs e Spitfires no céu quase o tempo todo estimulou muitíssimo o moral, mas eles não encontraram a Luftwaffe para atacar. Só dois aviões da Luftwaffe chegaram às praias durante as horas de luz do Dia D, principalmente por causa da imensa proteção de caças aliados no interior, prontos a atacar qualquer aeronave que decolasse. Naquele primeiro dia, as varreduras de longo alcance pelo interior dos esquadrões americanos de Thunderbolts para atacar reforços e blindados alemães deram poucos alvos aos pilotos desapontados nos setores a oeste.

A frustração e a tensão inevitável de um dia histórico deixaram os dedos muito rápidos no gatilho. Os aviões aliados atiraram em caminhonetes francesas movidas a carvão. Em Le Molay, ao sul de Omaha, os caças americanos picotaram a torre d'água com os canhões, talvez achando que fosse um posto de observação. Ela se transformou num imenso chuveiro, jorrando água em todas as direções até esvaziar os seus quatrocentos mil litros. Os soldados em terra e no mar também atiraram à toa. Vários aviões aliados foram derrubados por fogo amigo e, no dia seguinte, quando saltou de paraquedas, um piloto americano derrubado na praia Utah foi metralhado por um engenheiro de combate com excesso de empolgação.

Além do lado oeste da península de Cotentin, uma cobertura de Spitfires patrulhava a altitude de 26.000 pés (8.000 metros), e os Thunderbolts P-47, a de 14.000 pés (4.200 metros). A tarefa era proteger as patrulhas antissubmarino nas entradas do Canal da Mancha, a sudoeste, de caças alemães, supostamente estacionados na península de Brest. Não sabiam que as bases aéreas tinham sido destruídas pela própria Luftwaffe, temendo uma invasão ali. De qualquer modo, os pilotos da RAF e dos Estados Unidos ficaram furiosos por terem recebido essa tarefa infrutífera em vez do que tinham imaginado, o combate direto sobre as praias.

Outro serviço não muito ativo era o lançamento, por bombardeiros médios, de folhetos aconselhando os franceses a abandonar as cidades e se refugiar no campo. A BBC também deu esses avisos, mas muitos rádios tinham sido confiscados e a maioria das áreas estava sem eletricidade.

Os dois batalhões de vanguarda da 4ª Divisão de Infantaria começaram a avançar para o interior assim que a praia foi assegurada. Um tanque Sherman do 70º Batalhão de Carros de Combate disparou numa fortificação que guardava a passarela e os alemães logo saíram dela para se render. O comandante da companhia pulou do tanque para se aproximar deles, que começaram a gritar. Ele levou um instante para entender que lhe berravam: "*Achtung! Minen!*" [Atenção, minas!]. Recuou para a segurança do blindado e chamou os engenheiros. Mas teria menos sorte mais tarde. Depois que a companhia de Carros de Combate avançou para Pouppeville, a sudoeste, sua atenção foi atraída por alguns paraquedistas feridos da 101ª Divisão, que pediam ajuda. O comandante saiu, com o estojo de primeiros socorros, mas no caminho pisou numa mina antipessoal. Ele gritou para que a tripulação não se aproximasse, mas jogaram-lhe uma corda e o rebocaram com o tanque. O que lhe restou do pé esquerdo foi amputado depois.

Era inevitável que os civis e suas propriedades sofressem durante o avanço para o interior. Uma companhia do 20º Grupo de Artilharia de Campanha da 4ª Divisão ficou sob o fogo que vinha dos prédios de uma fazenda. A viúva que ali morava disse aos americanos que o "atirador" estava no celeiro e que era um soldado muito jovem e bêbado. Os artilheiros viraram um dos canhões para o celeiro. A primeira salva o incendiou, e o jovem alemão lá dentro se matou.

O relato de um soldado foi muito revelador. "É claro que moravam franceses lá", contou. "A nossa presença foi a maior surpresa do mundo para aquela gente. Acho que eles não sabiam mesmo como agir conosco. Um homem começou a correr, e gritamos para que parasse. Ele não parou, e um dos nossos atirou nele e o deixou lá. Lembro-me de uma casa em que dois de nós entraram e gritaram, tentando lhes dizer que saíssem. Não sabíamos francês. Ninguém saiu. Pegamos a coronha de um fuzil e arrombamos a porta. Joguei uma granada na porta, dei um passo atrás e esperei que explodisse. Aí, entramos. Havia um homem, três ou quatro mulheres e duas ou três crianças naquele cômodo. O único dano foi que o velho cortou o rosto. Foi pura sorte não terem morrido todos." Depois, ele conta como capturaram um pequeno morro com o apoio do fogo dos tanques. "Foi bem difícil. E aqueles caras [os alemães] estavam loucos. Tinha um monte deles ainda nos abrigos individuais. Aí vi vários deles atirar bem nos abrigos. Não podíamos levar prisioneiros, e a única coisa a fazer era matá-los, e matamos, mas nunca matei ninguém assim. Até o tenente matou, e alguns cabos e sargentos."

Os franceses tiveram de aguentar as circunstâncias da melhor maneira possível. Alguns oficiais americanos "encontraram uma casinha de fazenda francesa onde uma francesa grandona arrastava para fora um soldado alemão morto. Com um puxão, ela o jogou do outro lado da estrada, perto da sebe. Acenou para nos indicar que estava contente de nos ver, mas entrou na casa de volta, acho que para limpar a bagunça que ficara lá". Na estrada de Sainte--Mère-Église, outro americano viu "um soldado alemão morto, despido até a cintura e com creme de barbear no rosto". Estava se barbeando quando os paraquedistas atacaram o prédio e foi morto quando saiu correndo. Nos fundos, havia uma cozinha de campanha, ou *Gulaschkanone*, como diziam os alemães, com os cavalos de tração mortos ainda nos arreios.

O enfrentamento mais extraordinário do avanço da 4ª Divisão para auxiliar os paraquedistas foi quando a infantaria americana lutou com uma unidade de cavalaria alemã formada de ex-prisioneiros do Exército Vermelho. Os cavaleiros tinham forçado as montarias a se deitar no chão para adotar posições de fogo atrás delas, tática clássica da cavalaria. "Tivemos de matar a maioria dos cavalos", escreveu um tenente, desacostumado com esse tipo de guerra, "porque os alemães os usavam como proteção."

Outras surpresas surgiram quando falaram com os prisioneiros. Um cativo alemão disse a um soldado americano de origem alemã:

— Não sobrou muito de Nova York, não é?

— Como assim?

— Ora — disse ele —, a cidade foi bombardeada pela Luftwaffe.

Os americanos viriam a descobrir que muitos soldados alemães tinham aceitado sem questionamento as mentiras mais alucinadas da propaganda nazista.

Os paraquedistas conseguiram rechaçar os contra-ataques alemães contra a cabeça de ponte de Chef du Pont, do outro lado do Merderet. Com bazucas, destruíram dois tanques franceses leves do 100º Panzer-Battalion. Em outros lugares, principalmente perto de Sainte-Mère-Église, atacaram-nos com granadas Gammon, que acharam igualmente eficazes.

O tenente-general Von Schlieben, comandante da 709ª Divisão de Infantaria, tivera esperanças de que o som dos tanques deixasse os americanos em pânico. Ordenou que o batalhão *panzer* auxiliar de tanques Renault, capturado dos franceses em 1940, desse uma volta, mas, quando se aproximaram, os paraquedistas acharam relativamente fácil destruir esses blindados obsoletos com suas granadas Gammon. Mas os comandantes aeroterrestres continuavam preocupados. Os homens tinham pouca munição e não faziam ideia de como progredia a invasão por mar. Os civis franceses temiam que os desembarques fracassassem como o ataque a Dieppe, em 1942, e que os alemães voltassem para se vingar de todos os que tivessem ajudado os americanos. Houve até boatos de que a invasão fracassara, de modo que, quando os Shermans e os elementos avançados da 4ª Divisão de Infantaria fizeram contato com a 101ª, o alívio foi considerável. O avanço pelas passarelas estreitas fora lento e parara antes do anoitecer, mas pelo menos o flanco direito entre Sainte-Mère-Église e os pântanos junto ao mar tinham sido ocupados pelos regimentos seguintes da 4ª Divisão.

A área perto de Les Forges, ao sul de Sainte-Mère-Église, onde às 21 horas deveria pousar parte do 325º Regimento de Planadores de Infantaria, ainda não fora adequadamente assegurada. Um Ost-Battalion de soldados georgianos se aguentava logo ao norte. Espalhados entre Turqueville e Fauville, na estrada que ia de Carentan para o norte, impediram o reforço da tropa cada vez mais envolvida na batalha em Sainte-Mère-Église, que Schlieben tentava recapturar a partir do norte. Quando surgiram os sessenta aparelhos do 325º Regimento de Planadores, as metralhadoras abriram fogo furiosamente. Perderam-se no pouso 160 mortos ou feridos, mas os sobreviventes estavam com todo o equipamento e descansados. Entraram em ação naquela noite, seguindo pelo Merderet, e viraram à esquerda para garantir a travessia de La Fière, no lado oeste.

* * *

Quando os primeiros prisioneiros americanos marcharam por Carentan, o batalhão de reserva do 6º Regimento Paraquedista de Heydte fitou com espanto os colegas do outro lado do Atlântico, altos e de cabeça raspada. "Parecem ter saído de Sing Sing", brincaram. De Carentan, os prisioneiros foram levados para Saint-Lô, ao sul, para serem interrogados na Feldkommandantur, e depois para um campo de prisioneiros, que apelidaram de "morro da fome", porque recebiam pouquíssima comida. Os civis franceses, que desde antes do amanhecer sabiam, pela atividade frenética dos soldados alemães, que a invasão havia começado, observaram sua chegada com simpatia.

Na véspera, os cidadãos de Saint-Lô tinham se sentido mais tranquilos com a exatidão do ataque de um caça-bombardeiro americano à estação ferroviária. Um grupo que jogava cartas assistira a tudo "como se fosse um filme" e aplaudira. "Esses pilotos amistosos", escreveu depois um deles, "nos confortaram com a ideia de que os aliados não bombardeavam cegamente os alvos onde houvesse civis em perigo." Mas na noite de 6 de junho, às 20 horas, os bombardeiros aliados começaram a destruir sistematicamente a cidade, como parte da estratégia de bloquear os principais cruzamentos de estradas e, portanto, atrasar os reforços alemães que acorressem para a área da invasão. Os alertas aliados pelo rádio e pelos folhetos não foram recebidos ou não foram levados a sério.

"As janelas e portas voavam pelos cômodos", recordou um cidadão, "o relógio do avô caiu de frente, as mesas e cadeiras dançavam balé." As famílias aterrorizadas fugiram para o porão e algumas foram enterradas vivas. Os velhos soldados da Primeira Guerra Mundial se recusaram a se abrigar debaixo da terra. Tinham visto muitíssimos camaradas sufocarem sob a terra das trincheiras bombardeadas. O ar ficou irrespirável com o pó da alvenaria estilhaçada. Durante essa "noite do grande pesadelo", os moradores viram as torres duplas da pequena catedral recortadas contra as chamas. Alguns caíram em lágrimas ao ver a cidade em ruínas.

Quatro integrantes da Resistência de Cherbourg foram mortos na prisão. A Caserne Bellevue, sede da Gendarmerie, foi completamente destruída. Bem mais de metade das casas da cidade foi inteiramente arrasada. Os médicos e enfermeiros pouco podiam fazer, e os ferimentos eram desinfetados com *calvados*. Acelerada pela vibração do bombardeio, uma mulher no final da gravidez entrou em trabalho de parto, e uma menina "nasceu bem no apocalipse". Assim que o ataque aéreo começou, muitos correram instintivamente para o campo, onde se abrigaram em terreiros e celeiros. Quando finalmente juntaram coragem para voltar a Saint-Lô, ficaram horrorizados com o cheiro dos cadáveres enterrados entre as ruínas. Cerca de 300 civis morreram. Tinham descoberto que a Normandia seria o cordeiro sacrificado para a libertação da França.

9
GOLD E JUNO

Na antiga cidade normanda de Caen, o povo acordou bem mais cedo do que de costume. Depois de confirmada a notícia do lançamento de paraquedistas, o quartel-general da 716ª Divisão de Infantaria, na Avenue de Bagatelle, voltou à vida. Um jovem integrante da Resistência que morava ali perto observou os mensageiros irem e virem. Sabia muito bem o que estava acontecendo. A mãe, que fingia não saber de suas atividades, o olhou, questionadora:

— É o desembarque?[1] — O filho não respondeu. Ela se virou e começou a encher garrafas d'água e a cozinhar batatas, caso a água e o gás fossem cortados.

Os vizinhos que saíam dos apartamentos para as escadas ou se chamavam pela janela estavam confusos.

— Acha que é?

— Ah, não aqui.

— Pobres moradores do litoral, pelo que estarão passando?

— Não se preocupe. Chegarão aqui esta noite. Os Fritzes estão em pânico total.

Marianne Daure, acordada pelos aviões nas primeiras horas, também perguntou ao marido se era o desembarque. Pierre Daure, reitor da universidade

---

[1] Os franceses sempre se referiram ao 6 de junho de 1944 como *le débarquement*, o desembarque, nunca "*l'invasion*". Para eles, a palavra "invasão" representava o ataque e a ocupação alemães de 1940.

que, em segredo, fora nomeado por De Gaulle novo *préfet* de Calvados, respondeu, secamente:

— É, é o desembarque sim.

Marianne Daure também era irmã de François Coulet, que De Gaulle escolhera para ser o *commissaire de la république* da Normandia, mas nada lhe tinham contado. Apesar dos temores do SHAEF, os gaullistas tinham guardado segredo escrupulosamente.

Às 6 horas, as padarias de Caen foram sitiadas pelas donas de casa que compravam pão. Mas os soldados alemães, ao avistar a multidão, correram para tomar o pão para si. Eles também pegaram garrafas de bebidas alcoólicas.

Na empolgação do momento, alguns garotos correram de bicicleta para o norte, rumo à praia, para ver o que estava acontecendo. Tiveram de evitar os soldados alemães, que se deslocavam para posições defensivas. Quando voltaram, a notícia logo se espalhou. Um ciclista foi até o sul de Caen, gritando pelo caminho:

— Estão desembarcando! O mar está preto de tantos navios! Os boches estão ferrados!

Um otimismo louco se tornou contagioso. Um vendedor de jornais subiu na torre da igreja de Saint-Sauveur e depois saiu correndo para dizer que vira os ingleses avançando. Não demorou para que as camionetes alemãs com alto-falantes circulassem pelas ruas de Caen dizendo à população para ficar em casa. As autoridades militares ordenaram que partes da cidade fossem evacuadas imediatamente. Os habitantes não teriam permissão de levar nada. Entretanto, a maioria ficou e não atendeu às batidas na porta.

Enquanto isso, o marechal de campo Rommel foi acordado em casa, em Herrlingen, perto de Ulm, onde fora comemorar o aniversário da esposa. O tenente-general Speidel lhe telefonou de La Roche-Guyon às 6h30, assim que foi confirmada a notícia da imensa frota invasora ancorada ao largo. Speidel lhe contou as providências tomadas até então. Rommel ligou para o Berghof para cancelar a visita a Hitler. O motorista aguardava do lado de fora, no conversível Horch do Estado-Maior, e voltaram à França a toda velocidade. Rommel só chegaria ao quartel-general ao anoitecer.

Os oficiais do Estado-Maior do Grupo B de Exércitos, na sala de operações de La Roche-Guyon, trabalhavam febrilmente na tentativa de avaliar a situação com base nas notícias que vinham do VII Exército. Speidel também tivera de tratar com o alto-comando. "Os telefonemas contínuos do OKW e do OB West revelavam o nervosismo reinante nos escalões superiores."

Perto de Paris, em Saint-Germain-en-Laye, o quartel-general do OB West estava em situação parecida, com os teletipos matraqueando e os telefones tocando sem parar. O chefe do Estado-Maior de Rundstedt, general de infantaria Günther Blumentritt, telefonou para o Estado-Maior do OKW no Berghof para falar da liberação das divisões *panzer*, as quais Hitler insistia em controlar. Pouco antes das 7 horas, o OKW ligou de volta. Fazia "violenta objeção ao desdobramento arbitrário das reservas do OKW pelo OB West". Que parassem imediatamente. Jodl, então, ligou para Speidel, para garantir que a ordem fosse cumprida. Blumentritt também teve de telefonar para o quartel-general da 3ª Frota Aérea da Luftwaffe, para o Grupo Naval Oeste e até para Otto Abetz, embaixador alemão em Paris, e ao governo de Vichy, para tratar de proclamações pré-combinadas "insistindo que a população mantivesse a paz, com advertências contra revoltas, sabotagem e obstrução de contramedidas alemãs".

Das três praias britânicas, Gold, no oeste, era a mais próxima de Omaha. O desembarque ali da 50ª Divisão (Nortumbriana) foi o que aliviou a pressão sobre os americanos. A praia Gold ficava entre Arromanches e La Rivière. A hora H era 7h30, uma hora depois dos americanos à direita, mas o padrão básico era o mesmo, com bombardeio aéreo e naval e depois navios equipados com foguetes atirando de perto. Os cruzadores HMS *Ajax* e *Argonaut* mantiveram sob bombardeio constante a bateria pesada de costa alemã em Longues, que os bombardeiros não tinham conseguido destruir.

Como em Omaha, o mar revolto e os vômitos afetaram a tropa de assalto. Os dois regimentos blindados que lançavam seus tanques DD decidiram corretamente ignorar a ordem "Flutuador cinco mil". A Yeomanry dos Rangers de Sherwood, à esquerda, só lançou os dois esquadrões de Shermans anfíbios quando estava a menos de 1.000 metros da praia, e mesmo assim perdeu oito tanques. Os oficiais do 4º/7º Regimento de Dragões da Guarda tiveram de discutir vigorosamente com os comandantes das barcaças de desembarque dos seus tanques. No final, perderam até menos tanques do que os Rangers de Sherwood.

O grupo de brigadas da direita, encabeçado pelo 1º Batalhão do Real Regimento de Hampshire e pelo 1º de Dorset, desembarcou na praia a leste de Le Hamel e do pequeno balneário de Arromanches-les-Bains. Os tanques dos Rangers de Sherwood foram retardados pelo mar revolto e os Hampshires tiveram um desembarque sangrento em Le Hamel. O oficial comandante e vários oficiais do quartel-general caíram quase imediatamente entre as baixas. Mas o batalhão seguiu lutando, apoiado pelo 2º Regimento de Devonshire. Passou-se quase o dia todo até que a resistência alemã fosse finalmente eliminada.

À esquerda, o 69º grupo de brigadas, encabeçado pelo 6º Batalhão dos Green Howards, não perdeu tempo. O subcomandante, o imenso major George Young, avisara aos homens: "Se pararem na praia, nunca mais voltarão a se levantar". Quando eles avançaram para o interior, na direção de Mont Fleury, surgiram alemães para se render. Os Green Howards se viraram para apontar a praia e disseram apenas: "*Zurück!*", "Lá atrás!", e, sem escolha, os prisioneiros obedeceram à ordem.

O 5º Batalhão do Regimento do Leste de Yorkshire travou uma luta acirrada na extrema esquerda da praia Gold, em La Rivière, onde as defesas de concreto tinham sobrevivido ao canhoneio. Depois que vários veículos blindados foram destruídos, surgiu um tanque AVRE.[2] O petardo de 18 quilos disparado do tubo curto e grosso conseguiu destruir a fortificação que continha o canhão anticarro que causara tantas perdas. Mas os soldados, em meio ao pó e à fumaça do bombardeio, ainda precisaram de muitas horas para limpar La Rivière casa a casa. Os tanques Crocodile equipados com lança-chamas também ajudaram, enquanto os tanques destruidores de minas dos Dragões de Westminster logo limparam os campos minados. Os "brinquedinhos" de Hobart tinham provado seu valor diante dos britânicos e também do ceticismo americano.

Sob a direção do oficial de praia da Marinha Real britânica, a operação de desembarque avançava a todo vapor. O comandante americano de um LST descreveu o tráfego como "um tipo de autoestrada aquática", com "uma linha inteira de navios indo num sentido e um monte de navios no outro". Três regimentos de artilharia autopropulsada desembarcaram logo depois, e a 50ª Divisão começou a forçar o avanço para o interior, com a 56ª Brigada Independente na segunda onda seguindo para sudoeste, na direção de Bayeux.

---

2 "Assault Vehicle Royal Engineers", ou "veículo de assalto dos reais engenheiros". Baseado num tanque Churchill, foi desenvolvido pela 79ª Divisão Blindada, sob o comando do general de brigada Percy Hobart, para destruir fortificações de concreto. Tinha outras funções, como derrubar pontes e encher valas anticarro com feixes de mourões. Toda essa série de veículos blindados inovadores recebeu o apelido de *Hobart's funnies*, ou "brinquedinhos de Hobart".

Praia Gold, 6 de junho — — — Meia-noite, 6 de junho

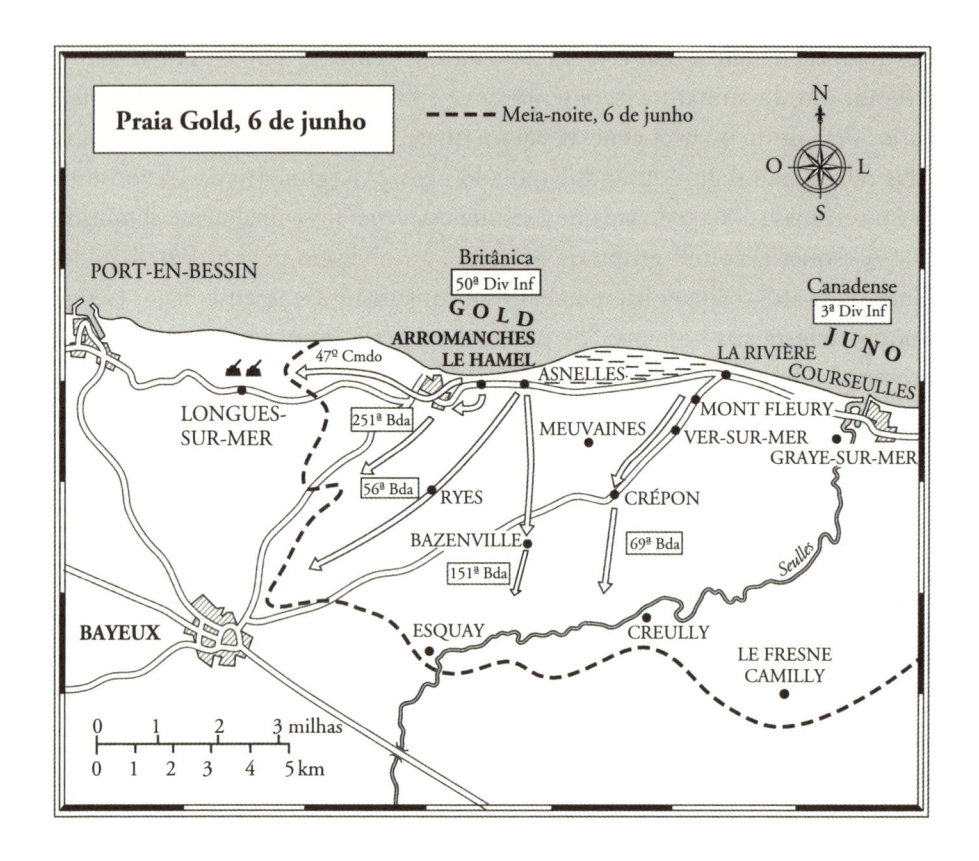

PORT-EN-BESSIN
Britânica — 50ª Div Inf
Canadense — 3ª Div Inf
GOLD
ARROMANCHES
LE HAMEL
47º Cmdo
LA RIVIÈRE
JUNO
COURSEULLES
ASNELLES
LONGUES-SUR-MER
251ª Bda
MEUVAINES
MONT FLEURY
VER-SUR-MER
GRAYE-SUR-MER
56ª Bda
RYES
CRÉPON
BAZENVILLE
69ª Bda
151ª Bda
Seulles
BAYEUX
ESQUAY
CREULLY
LE FRESNE CAMILLY

Depois de tomar Le Hamel, o Regimento de Hampshire avançou para oeste, pelo litoral, rumo a Arromanches-les-Bains, onde ficaria situado o porto artificial de Mulberry. O Comando Nº 47 dos Reais Fuzileiros Navais, que perdeu três barcaças de desembarque devido às minas, iria ainda mais para oeste, com a missão de tomar Port-en-Bessin. Era ali que o flanco direito britânico se uniria à 1ª Divisão americana, que se espalhava para a esquerda a partir de Omaha.

Os Green Howards se deslocaram com rapidez para Mont-Fleury, onde forçaram os defensores alemães, abalados pelo bombardeio naval, a se renderem. Stanley Hollis, primeiro-sargento da companhia, mostrou ali, pela primeira vez, sua coragem altruísta. O comandante da companhia de Hollis notou, de repente, que tinham passado por duas casamatas. Ele e Hollis foram investigar. Uma metralhadora começou a atirar neles. Hollis atacou a casamata, disparando sua submetralhadora Sten, pulou em cima dela para recarregar e jogou granadas lá dentro. Mais tarde, quando os Green Howards avançaram sobre a vila de Crépon, sua constante bravura lhe conferiu a única Cruz da Vitória concedida naquele dia. Em Crépon, a companhia enfrentou uma posição alemã com um canhão de campanha e metralhadoras MG 42. Hollis montou o ataque a partir de uma casa no flanco. O canhão de campanha foi virado contra eles. Hollis comandou a saída dos homens, mas, ao descobrir que dois tinham ficado para trás, fez um ataque diversionário, armado com uma metralhadora Bren, e os resgatou.

No centro, o avanço continuou pela serra até Bazenville, onde se travou uma batalha furiosa contra o *Kampfgruppe* da 352ª Divisão, comandado pelo tenente-coronel Meyer. Como já mencionado, Meyer foi morto e sua tropa praticamente dizimada. Logo à direita, o 56º Grupo de Brigadas, encabeçado pelo 2º Batalhão do Regimento de Essex e pelos Rangers de Sherwood, tinha Bayeux como objetivo. Os Rangers de Sherwood já tinham perdido seu comandante, atingido por um franco-atirador, mas os comandantes dos tanques ainda mantinham a cabeça fora da torre. Era impossível operar fechado lá dentro. O major Stanley Christopherson, que comandava o esquadrão adido ao 2º Batalhão de Essex, não encontrara o coronel no ponto de reunião. Não querendo ir procurá-lo de tanque por caminhos estreitos cheios de soldados de infantaria, deixou o esquadrão com Keith Douglas, o subcomandante, e decidiu usar um cavalo que já achou selado diante de uma casa. "Nunca, nem nos sonhos mais loucos", escreveu Christopherson em seu diário, "cheguei a prever que no Dia D eu me encontraria disparando pelas sendas da Normandia, tentando, sem muito sucesso, controlar um cavalo assustadíssimo com uma das mãos, segurar o estojo do mapa com a outra e usando um chapéu de lata e um macacão preto! O coronel do Regimento Essex ficou um tanto espantado quando finalmente o encontrei e lhe disse que o meu esquadrão estava pronto para apoiar seu batalhão na próxima fase do ataque."

O grupo de combate avançou, encontrando pouca oposição, mas parou logo antes da cidade. "Bayeux poderia ter sido atacada e capturada naquela noite", escreveu Christopherson, "já que as patrulhas disseram que a guarda da cidade era fraca, mas o oficial comandante do Essex preferiu passar a noite nos arredores."

A praia Juno, setor central do II Exército Britânico, se estendia de La Rivière até Saint-Aubin-sur-Mer. Era o objetivo da 3ª Divisão Canadense. Os canadenses estavam decididos a se vingar do ataque a Dieppe, experiência desastrosa da qual menos de metade dos homens voltou. Fora uma lição cruel, mas fundamental para o planejamento do Dia D: nunca atacar por mar um porto fortemente defendido.

A 3ª Divisão canadense era comandada pelo general de brigada Rod Keller, homem grande, corado, de rosto redondo e bigode militar. Era conhecido como contador compulsivo de anedotas, com uma queda pelo uísque. Em vários aspectos, os canadenses, apesar da farda e do sistema regimental herdado do Exército britânico, sentiam-se mais próximos dos americanos do que da metrópole. Cultivavam um certo ceticismo pelas convenções do Exército britânico e, depois de serem sufocados pelas instruções dos oficiais do Estado-Maior britânico no quartel-general do II Exército, se referiam à Operação Overlord como "Operação Overboard". A força dos canadenses estava na qualidade dos oficiais subalternos, dos quais muitos eram avidamente tomados por empréstimo pelo Exército britânico, com falta de efetivo.

A Força-Tarefa J, que apoiava o seu desembarque, abriu fogo às 5h27. O cruzador HMS *Belfast* era a nau capitânia. Um oficial da Marinha o descreveu "sentado como uma galinha choca com um enxame de barcaças de desembarque em volta". Era um esquadrão internacional, com o cruzador HMS *Diadem* e cinco contratorpedeiros da frota da Marinha Real britânica, três contratorpedeiros noruegueses, o contratorpedeiro francês *La Combattante*, que dali a uma semana levaria De Gaulle à Normandia, e dois contratorpedeiros canadenses, os HMCS *Algonquin* e *Sioux*.[3]

Os navios de guerra aliados continuaram a disparar por sobre as barcaças de desembarque e dos tanques DD do 1º Regimento de Hussardos e do Regimento Fort Garry Horse. Os navios lançadores de foguetes também dispararam suas salvas estridentes assim que as barcaças de desembarque se aproximaram da praia. Então, houve um silêncio estranho e assustador. As tropas de assalto canadenses, também enjoadas e com as fardas ensopadas de espuma, se surpreenderam quando a artilharia alemã não abriu fogo.

À espera de que as barcaças de desembarque descessem as rampas, os defensores alemães suspenderam o fogo. Assim que o primeiro homem pulou n'água, às 7h49, as metralhadoras e os canhões de campanha começaram a atirar. Naquele dia, os soldados canadenses sofreram um total de 961 baixas. Muitos ignoraram a ordem de deixar para trás os atingidos e voltaram para puxar companheiros para lugar seguro.

---

3 No total, havia 107 embarcações canadenses envolvidas na Operação Overlord.

A 7ª Brigada canadense desembarcou nos dois lados do rio Seulles, em Courseulles-sur-Mer. Os Reais Fuzileiros de Winnipeg limparam a margem esquerda e depois, com o Regimento Escocês canadense, seguiram rumo a Vaux e a Graye-sur-Mer. A principal parte da cidade na margem leste foi uma tarefa muito mais difícil para o Regimento dos Fuzileiros Regina, que sofreram pesadas baixas ao desembarcar. Courseulles-sur-Mer fora dividida em vários blocos, a serem atacados por companhias designadas. "Quase cada metro da cidade era conhecido antes que entrássemos", disse o oficial comandante do Regina. Ele descreveu o desempenho das guarnições dos tanques de apoio do 1º Regimento de Hussardos como "mais valente do que brilhante", e eles aprenderam do modo mais difícil. Mesmo com o apoio dos poucos Shermans anfíbios remanescentes, lutaram até a tarde para limpar a cidade por completo. Descobriram que, depois de expulsos de algumas casas fortificadas, os defensores alemães voltavam usando túneis e passavam a atirar nos canadenses por trás.

Parte da 8ª Brigada canadense que desembarcou em Saint-Aubin-sur-Mer também enfrentou resistência feroz. O Regimento do Litoral Norte sofreu muitas baixas causadas por um extenso *bunker* de concreto, armado com um canhão anticarro, metralhadoras e morteiros de 81 mm. O esquadrão de tanques anfíbios do Regimento Fort Garry Horse, que se atrasara, finalmente chegou. Na confusão, quando atacavam pela praia, passaram por cima de cadáveres e de vários soldados feridos seus. Um sargento do 48º Comando dos Reais Fuzileiros, que assistiu a tudo, também viu um ordenança médico em total estado de choque, incapaz de olhar os feridos.

Só a chegada de um tanque AVRE que disparou seus poderosos petardos no sistema de *bunkers* deu fim à resistência às 11h30. Enquanto isso, outra companhia do Regimento do Litoral Norte, que entrara na cidade depois de abrir brechas no arame farpado com torpedos Bangalore, continuou a lutar de casa em casa com granadas, fuzis e metralhadoras Bren. Também tiveram de enfrentar o perigo dos alemães que saíam pelos túneis atrás deles.

Em Bernières-sur-Mer, os Fuzileiros da Rainha foram reforçados por outro esquadrão de tanques do Regimento de Fort Garry Horse que, depois de desembarcar "com os pés secos", alinharam-se na praia para explodir as casas defendidas. Um tanque AVRE abriu uma brecha no dique, e depois os engenheiros prepararam rampas para os carros. A infantaria e a artilharia autopropulsada "Priest" logo avançaram, seguidas pelos Shermans. Os defensores alemães fugiram e os civis saíram dos porões. Às 9 horas, abriu-se um bar para as comemorações. Os oficiais tinham avisado aos homens para não aceitarem comida e bebida dos franceses, que poderiam estar envenenadas, mas poucos levaram a recomendação a sério. A suspeita nos círculos oficiais de que os normandos tinham sido conquistados pelos ocupantes alemães era contrária ao que a Resistência e outras fontes lhes tinham dito. Na verdade, considerando o sofrimento dos franceses no litoral e nas principais cidades, a vasta maioria demonstrou grande compreensão.

Embora os batalhões avançados de infantaria abrissem caminho pelo interior, o avanço foi retardado pelo caos nas praias quando as ondas seguintes chegaram. Tanques, canhões autopropulsados e rebocadores de metralhadoras Bren se envolveram em engarrafamentos, para grande exasperação dos oficiais de praia e dos quartéis-generais dos grupos recém-desembarcados. O general de brigada Keller ficou furioso ao desembarcar em Bernières, acompanhado pelos correspondentes de jornais e fotógrafos que registravam sua chegada. A bordo, dera um espetáculo na presença deles, mandando pelo rádio ao general de divisão Henry Crerar, comandante dos canadenses na invasão, um relatório otimista sobre o andamento da operação. A situação na praia parecia bem menos encorajadora.

Os franco-canadenses do Régiment de la Chaudière, da segunda onda, receberam boas-vindas muito calorosas dos moradores locais assim que lhes falaram em francês. Muitos correram até a adega para buscar um barril de sidra para os soldados. Mas, quando as famílias camponesas começaram a tirar as botas dos alemães mortos, os canadenses ficaram visivelmente chocados. Não sabiam que os alemães tinham requisitado toda a produção de couro para a Wehrmacht, até que os franceses lhes disseram: "Mas o que esperavam? Estamos em guerra e não temos sapatos".

Os civis franceses viram esses "primos" do outro lado do Atlântico como o melhor substituto para o desembarque de seus próprios soldados. Não sabiam que um dos esquadrões de Spitfires que protegiam do alto os canadenses era pilotado por aviadores da França Livre. "Les Cicognes" ("as cegonhas"), como se autointitulava o 329º Esquadrão, ouviram do tenente-coronel Christian Martell: "Não quero ver pilotos olhando o chão. Hoje, vocês têm de examinar o céu". Mas o céu ficou vazio de caças inimigos naquele dia. O único perigo era a colisão com outra aeronave.

Os Chaudières assumiram a liderança no avanço para Bény-sur-Mer, que, apesar do nome, fica 5 quilômetros para o interior. Embora fosse reta, a estrada

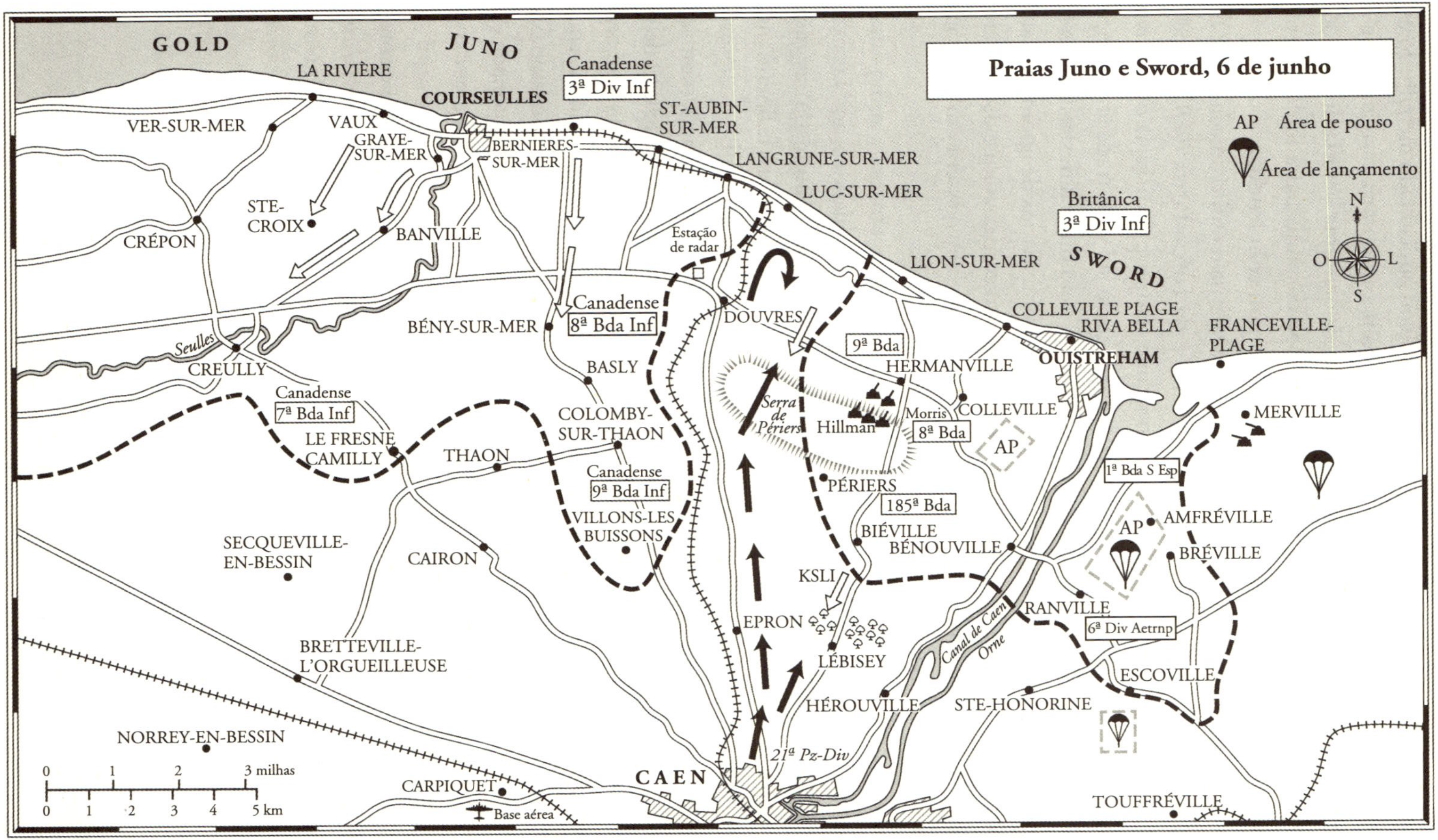

Praias Juno e Sword, 6 de junho
AP Área de pouso
Área de lançamento
N
O
L
S
GOLD
JUNO
SWORD
Canadense
3ª Div Inf
Britânica
3ª Div Inf
LA RIVIÈRE
COURSEULLES
VER-SUR-MER
VAUX
GRAYE-SUR-MER
BERNIERES-SUR-MER
ST-AUBIN-SUR-MER
LANGRUNE-SUR-MER
LUC-SUR-MER
LION-SUR-MER
COLLEVILLE PLAGE
RIVA BELLA
FRANCEVILLE-PLAGE
OUISTREHAM
STE-CROIX
BANVILLE
CRÉPON
Estação de radar
Seulles
CREULLY
Canadense
8ª Bda Inf
BÉNY-SUR-MER
DOUVRES
9ª Bda
HERMANVILLE
BASLY
Canadense
7ª Bda Inf
LE FRESNE CAMILLY
THAON
COLOMBY-SUR-THAON
Serra de Périers
Hillman
Morris
8ª Bda
COLLEVILLE
AP
MERVILLE
1ª Bda S Esp
Canadense
9ª Bda Inf
VILLONS-LES BUISSONS
PÉRIERS
185ª Bda
AMFRÉVILLE
AP
BRÉVILLE
SECQUEVILLE-EN-BESSIN
CAIRON
BIÉVILLE
BÉNOUVILLE
KSLI
RANVILLE
6ª Div Aetrnp
EPRON
LÉBISEY
Canal de Caen
Orne
BRETTEVILLE-L'ORGUEILLEUSE
ESCOVILLE
HÉROUVILLE
STE-HONORINE
NORREY-EN-BESSIN
21ª Pz-Div
0 1 2 3 milhas
0 1 2 3 4 5 km
CARPIQUET
CAEN
Base aérea
TOUFFRÉVILLE

para o sul passava por trigais onde os alemães tinham posicionado metralhadoras. Flanqueá-los mostrou-se uma tarefa árdua, com a infantaria rastejando pelo trigo alto numa tarde quente e abafada. Depois que uma bateria de canhões fora destruída perto de Bény-sur-Mer pelo fogo bastante acurado do contratorpedeiro HMCS *Algonquin*, o avanço continuou com lentidão.

Os atrasos na praia e a surpresa da forte resistência da subestimada 716ª Divisão de Infantaria fizeram com que o avanço da Força-Tarefa da 9ª Brigada de Infantaria canadense tivesse muito pouco tempo para atingir o objetivo principal. A base aérea de Carpiquet ficava logo ao sul da estrada entre Caen e Bayeux. O terreno plano à frente se elevava e, pelo binóculo, seus hangares eram tentadoramente visíveis à distância, mas os blindados de apoio estavam com pouca munição. O general Keller esperava um contra-ataque da 21ª Panzer-Division e queria que seus elementos avançados estivessem em posições defensivas ao anoitecer.

Com certeza não se pode criticar os canadenses pela maneira como atuaram. Para apressar o avanço, o grupo de combate dos Highlanders do Norte da Nova Escócia e os Fuzileiros de Sherbrooke (um regimento blindado) usaram corretamente todas as viaturas disponíveis, tanques leves Stuart, Shermans, caça-tanques M10, caminhões e rebocadores de metralhadoras Bren. Se soubessem o pânico e o caos que reinavam na base aérea alemã, poderiam ter avançado. A 3ª Luftflotte, em Paris, relatou: "Em Carpiquet, às 19h20 de 6 de junho, todos perderam totalmente a cabeça [...] o comandante da base deu ordem de evacuar". A tentativa apressada da Luftwaffe de destruir as instalações se mostrou extremamente inepta, como observou a 12ª Panzer-Division SS *Hitler Jugend* dois dias depois. "Pista de decolagem de Carpiquet detonada de forma ineficiente. Resto da área de taxiamento quase incólume. A maior parte do combustível ainda pôde ser salva."

Nas semanas seguintes, a base aérea e a área circundante assistiriam a combates dos mais difíceis de toda a batalha da Normandia contra a Divisão *Hitler Jugend*. Levaria pouco mais de um mês para que Carpiquet caísse finalmente em mãos aliadas.

10

SWORD

Os desembarques da 3ª Divisão de Infantaria britânica na extremidade leste da praia Sword, entre Saint-Aubin-sur-Mer e o rio Orne, tiveram o apoio de canhões pesados. Aos encouraçados HMS *Ramillies* e *Warspite* e ao monitor HMS *Roberts*, somaram-se quatro cruzadores, inclusive o navio polonês *Dragon*, e 13 contratorpedeiros. Os planejadores da Operação Overlord tinham aumentado o apoio naval devido às muitas baterias alemãs no setor. Os pássaros do estuário do Orne enlouqueceram com o canhoneio. "Patos e marrecos voam baixo sobre o mar e parecem rastros pretos de balas", escreveu um observador em seu diário.

As barcaças de desembarque foram baixadas no mar revolto às 5h30 e, depois de fazerem um círculo, seguiram para a praia, tentando em vão manter a formação. O comandante de uma companhia do 2º Batalhão do Regimento do Leste de Yorkshire leu trechos de *Henrique V*, de Shakespeare, para os homens pelo sistema de alto-falantes, mas é provável que a maioria deles estivesse enjoada demais para prestar atenção. Muitos lamentaram a dose de rum que a Marinha oferecera no café da manhã.

As guarnições dos tanques anfíbios do 13º e do 18º Regimentos de Hussardos e da Yeomanry de Staffordshire sentiram um tipo de náusea diferente ao receber a ordem: "Flutuador, 5 mil!". A distância do lançamento dos tanques anfíbios, planejado para 8.000 jardas (7.300 metros), tinha sido reduzida, mas ainda era uma longa distância a percorrer num mar com ondas de até

1,5 metro de altura. O surpreendente foi que só seis dos quarenta blindados afundaram, dois deles por terem sido atingidos por barcaças de desembarque descontroladas. Às 6h50, os canhões autopropulsados da 3ª Divisão de Infantaria, nas suas barcaças de desembarque, também abriram fogo, a uma distância de 9.000 metros.

Pouco antes de desembarcar, um oficial do 41º Comando de Reais Fuzileiros Navais observou os que estavam à sua volta na barcaça de desembarque. "Alguns se borravam de medo, outros mostravam um orgulho feroz só de participar. Via-se, por toda parte, expectativa e empolgação nervosa." Ao chegar na praia, a primeira onda da infantaria, constituída pelo 1º Batalhão do Regimento do Sul de Lancashire e pelo 2º do Regimento do Leste de Yorkshire, já encontrou os primeiros tanques DD atirando nas fortificações. O Sul de Lancashire atacou imediatamente a posição alemã do outro lado da praia, que recebera o codinome "Cod". O oficial comandante morreu a 3 metros do alto da praia, com o oficial médico do batalhão ferido a seu lado. Um pelotão de metralhadoras Bren, que desembarcou com os reboques, atacou diretamente da praia e os defensores se renderam. O 2º Batalhão do Regimento de Middlesex, que veio atrás, espantou-se ao ser recebido por um homem com capacete de bombeiro de latão, "como um dragão napoleônico". Era o prefeito de Colleville. Estava acompanhado por uma moça, que começou a cuidar dos feridos imediatamente.

Outras moças francesas também demonstraram bravura extraordinária, acorrendo às praias para ajudar. Por pura sorte, uma estudante de enfermagem que, na véspera, tinha deixado o maiô numa cabana da praia chegara de bicicleta pela manhã para buscá-lo. Ignorando os assovios de alerta dos espantados soldados, ela começou a trabalhar fazendo curativos para os feridos. O trabalho durou dois dias e, nesse período, ela conheceu o futuro marido, um jovem oficial inglês.

Os tanques destruidores de minas do 22º Regimento de Dragões e dos Dragões de Westminster limparam caminhos pelos campos minados e as saídas da praia foram abertas com mais rapidez do que nos outros setores. Os Reais Engenheiros também não perderam tempo. "De vez em quando, há um grande relâmpago, nuvens de fumaça e um barulho como se parte da praia fosse limpa por sapadores", anotou um oficial da Marinha em seu diário.

Um jovem oficial que desembarcou na segunda onda notou, perto do posto do vigia da praia, um gordo oficial alemão, mantido prisioneiro com meia dúzia de seus homens. Estavam agachados sob a proteção do dique, enquanto caíam granadas de sua própria artilharia. De repente, o alemão argumentou com um sargento que, sob a Convenção de Genebra, tinham o direito de ser levados para lugar seguro. O sargento lhe jogou uma pá e gritou: "Ora, então faça pra você uma bosta de buraco!"

O 2º Batalhão do Leste de Yorkshire seguiu para o interior, virando à esquerda na direção do rio Orne para atacar a fortificação Sole e, depois, Daimler, que tinha quatro canhões de 155 mm. Um capitão atacou o *bunker* disparando a submetralhadora Sten e entrou. Infelizmente, o seu ordenança, "com entusiasmo descabido", escolheu aquele momento para jogar uma granada pelo tubo de ventilação. Foi o valente capitão que recebeu a maior parte da explosão; saiu abalado, mas por sorte não se feriu. Os setenta defensores logo se renderam. Quando os soldados do Leste de Yorkshire descobriram um estoque de cerveja e vinho, o primeiro-sargento da companhia, temendo que a disciplina desmoronasse, ameaçou-os de punição por saque. Mas "cedeu um pouco" ao levar em consideração como seria agradável tomar alguns goles.

A 1ª Brigada de Operações Especiais de Lord Lovat também desembarcou perto de Colleville. Suas unidades especiais tinham tirado os capacetes no último instante e usavam as boinas verdes com o emblema do regimento. Lovat estava com seu gaiteiro particular, Bill Millin, dos Highlanders de Cameron. Millin achou que seria melhor que Lovat encabeçasse a saída da barcaça de desembarque, já que tinha mais de 1,80 metro de altura e mostraria se a água estava muito funda. O homem logo atrás de Lovat levou um tiro no rosto e caiu. Millin pulou n'água e ficou chocado com o frio quando o *kilt* se abriu em torno dele. Ao sair da água, tocava "Highland Laddie" na gaita de foles. Lovat virou-se e lhe mostrou o polegar erguido, porque era uma das marchas de seu antigo regimento, a Guarda Escocesa. Em meio ao estrondo dos morteiros, dos berros e do fogo de armas menores, Millin mal conseguiu acreditar quando Lovat lhe perguntou se ele se incomodaria de marchar de um lado para o outro tocando "The Road to the Isles" enquanto o resto dos homens desembarcava. A maioria dos soldados espantados na praia adorou, mas um ou dois quase perderam a paciência com um comportamento que consideraram insano.

Mais tarde do que planejado, Lovat levou sua tropa para o interior, numa marcha forçada rumo às duas pontes de Bénouville, capturadas pela companhia de John Howard naquela manhã bem cedo. A bravura excêntrica de Lovat levara os homens a chamá-lo de "louco filho da mãe". Embora grande guerreiro, como 25º Chefe do Clã Fraser ele ainda mantinha um toque de grão-senhor. Enquanto avançavam ao lado do Canal de Caen rumo a Bénouville, um fuzileiro alemão atirou neles de cima de uma árvore. Então, deve ter entrado em pânico. Pulou no chão e tentou sair correndo para se esconder num trigal. Lovat se apoiou num dos joelhos e o derrubou com um único tiro da espingarda de caça, depois mandou dois homens buscarem o corpo, como se fosse um veado morto.

Lovat virou-se para Millin:

— Pronto, gaiteiro. Comece a tocar de novo e continue tocando enquanto aguentar até chegarmos a Bénouville. Os paraquedistas estão lá nas pontes e quando ouvirem a gaita de foles, saberão que estamos chegando. — Enquanto se aproximavam do objetivo, Millin tocou "Blue Bonnets Over the Border". Lovat, com grande senso de ocasião, apertou a mão de Howard e observou que, naquele dia, tinham feito história. Era claro que não sabia que os homens de Howard não só tinham sido substituídos pelo batalhão de paraquedistas do coronel Pine-Coffin, como até alguns de seus próprios homens chegaram às pontes antes dos homens de Howard.

Uma hora antes, o capitão Alan Pyman, condecorado com a Cruz Militar, comandara a 3ª Companhia do 6º Comando na travessia. A subunidade era composta de belgas, holandeses, noruegueses e poloneses. A mais espantosa era a Companhia X, composta quase totalmente de refugiados judeus alemães. A maioria tinha sido transferida do Corpo de Sapadores. Todos tinham recebido nomes ingleses com plaquetas de identidade que especificavam sua religião como anglicana, para o caso de serem capturados. Por serem falantes nativos de alemão, também foram muito úteis no interrogatório dos prisioneiros, como Lovat logo descobriu. Pyman levou os soldados até Bréville, que ainda estava fortemente defendida. Foi morto por um franco-atirador e, sem mais apoio, os homens foram forçados a recuar para Amfréville.

O 4º Comando, com dois grupos de *fusiliers marins* franceses sob o comandante Philippe Kieffer, desembarcara às 7h55. Kieffer e seus homens, os primeiros soldados regulares franceses a desembarcar na Normandia, seguiram para o balneário de Riva Bella, a leste, e o porto de Ouistreham, na embocadura do Orne. Os alemães tinham fortificado o cassino de Riva Bella. Os soldados de forças especiais de Kieffer enfrentaram duro combate para reduzir e depois silenciar a bateria de canhões pesados, uma estrutura de concreto maciço instalada entre as mansões à beira-mar.

* * *

Às 3 horas da madrugada, Hitler finalmente foi dormir depois de conversar com Eva Braun e Goebbels sobre cinema e a situação mundial até as 2 horas. A notícia dos lançamentos de paraquedistas aliados ainda não tinha chegado a Berchtesgaden. Se Hitler foi acordado na manhã seguinte, os relatos divergem. Albert Speer escreveu que chegou ao Berghof por volta das 10 horas e viu que Hitler não fora acordado mais cedo porque o OKW considerou que os lançamentos eram um ataque diversionário. Seus ajudantes de ordens não quiseram incomodá-lo com informações inexatas. Mas o Hauptsturmführer Otto Günsche, assistente pessoal do Führer, afirmou que Hitler entrou no salão do Berghof às 8 da manhã. Lá, cumprimentou o marechal de campo Keitel e o general Jodl com as palavras: "Cavalheiros, eis a invasão. Eu disse o tempo todo que era ali que aconteceria".

Seria típico de Hitler afirmar que sempre estivera certo, muito embora sua previsão, na verdade, tivesse se deslocado da Normandia para o Passo de Calais. Mas a versão de Günsche deve ser tratada com muita cautela. Outros também testemunharam que Hitler acordou tarde e, de qualquer modo, o relato de Günsche não explica por que, mesmo acreditando que a Normandia seria a área principal da invasão, Hitler só permitiu que as divisões *panzer* da reserva do OKW fossem liberadas à tarde.[1] Entretanto, parece que todos concordam que ele reagiu à notícia com alegria, convencido de que o inimigo seria esmagado nas praias. E nos dias seguintes tinha expectativa de esmagar Londres com as bombas voadoras V-1.

A formação blindada mais próxima do litoral era a 21ª Panzer-Division, desdobrada numa grande área em torno de Caen. O seu comandante, major-general Edgar Feuchtinger, era um artilheiro sem experiência na guerra de blindados. Descrito no final da guerra pelo interrogador canadense como "homem alto, magro, bem-apessoado, com nariz levemente curvo que lhe dava a aparência de um pugilista meio idoso", Feuchtinger não despertava a admiração de seus oficiais. Devia a sua nomeação aos contatos entre os nazistas. Suas estrepolias em Paris na noite de 5 de junho e a chegada tardia ao quartel-general aumentaram a confusão, já criada pela cadeia de comando complicada.

---

1 Uma teoria nazista da conspiração ligada a esses fatos será discutida adiante, no capítulo 20.

O major-general Richter, da 716ª Divisão de Infantaria, tentara, já à 1h20, ordenar que parte da divisão atacasse o pouso de paraquedistas da 6ª Divisão Aeroterrestre, a leste do Orne. Mas a ausência de Feuchtinger e de seu chefe do Estado-Maior atrasou todas as ordens até as 6h30, e o regimento *panzer* comandado pelo coronel Hermann von Oppeln-Bronikowski só se mexeu às 8 horas. Nas primeiras horas de 6 de junho, as tropas aeroterrestres britânicas só enfrentaram o 125º Panzergrenadier Regiment do tenente-coronel Hans von Luck, e até a tentativa de contra-atacar Bénouville revelou considerável incerteza.

Os paraquedistas britânicos, na esperança de preparar o castelo de Bénouville para a defesa, descobriram que ele tinha sido ocupado como maternidade e hospital pediátrico. Um oficial, acompanhado por dois homens, entrou para avisar a todos que se refugiassem. A encarregada disse que tinha de chamar a diretora. O oficial paraquedista, compreensivelmente tenso, lhe apontou a arma para impedi-la de pegar o telefone. "*Non téléphonique!*", ordenou. Felizmente, a diretora, Madame Vion, logo apareceu. Mostrou grande sangue frio e não perdeu tempo. Enquanto as mães eram removidas dos leitos do andar de cima, as crianças foram rapidamente despachadas pelo elevador de roupa suja.

O maciço contra-ataque blindado que os paraquedistas esperavam nunca se materializou. Depois que reuniu a sua força e partiu pela margem leste do Orne, Oppeln-Bronikowski recebeu, às 9h30, a ordem de dar meia-volta, passar por Caen e atacar a cabeça de praia britânica a oeste do rio. Esse longo desvio por estradas desprotegidas expôs a tropa aos ataques dos caças-bombardeiros. Depois de partir com 104 *panzers* Mark IV, quando chegaram à serra de Périers, no fim da tarde, os dois batalhões estavam reduzidos a apenas sessenta blindados em condições de operar.

O general Marcks, comandante do corpo, ficou horrorizado com o longo desvio da coluna de tanques de Oppeln-Bronikowski. Num telefonema para o quartel-general do VII Exército, às 9h25, tentou obter o desdobramento imediato da 12ª SS Panzer-Division *Hitler Jugend*, muito mais temível. Mas todos os quartéis-generais envolvidos na luta da Normandia – o VII Exército, o Panzergruppe West, o Grupo B de Exércitos e o OB West – se frustraram com a recusa do Estado-Maior do OKW, no Berghof, de tomar a decisão. Quando um oficial do OB West, no quartel-general de Rundstedt em Saint-Germain--en-Laye, protestou, disseram-lhe que "não estavam em condições de avaliar" e que "o desembarque principal ocorreria num lugar totalmente diferente". O OB West tentou argumentar que, se assim fosse: "Era ainda mais lógico destruir este desembarque de modo a poder enfrentar o possível segundo desembarque com todas as forças disponíveis. Além disso, com certeza o inimigo se concentrará no desembarque que for bem-sucedido". Mais uma vez lhes disseram que só o Führer poderia tomar a decisão, e isso só aconteceu às 15 horas.

Esse atraso foi duplamente infeliz para os alemães. A má visibilidade durou até o final da manhã, e isso daria à Divisão *Hitler Jugend* a oportunidade de cobrir boa parte do terreno entre Lisieux e Caen sem ataque aéreo. Além do batalhão de reconhecimento e dos *panzergrenadiers* mandados à frente, o grosso da divisão só se deslocaria depois do anoitecer.

Embora a praia Sword entre Lion-sur-Mer e Ouistreham tenha sido ocupada com rapidez, o avanço para o interior foi desnecessariamente lento. Um número espantoso de soldados, cansados de se arrastar entre as ondas e aliviados por terem sobrevivido ao desembarque, achou que tinha direito a um cigarro e uma caneca de chá. Muitos começaram a preparar o chá na praia, muito embora ainda estivessem sob fogo. O pessoal da Marinha lhes gritou que fossem para o interior caçar alemães.

Tanto os canadenses quanto os americanos ficaram perplexos com a aparente incapacidade do Exército britânico de terminar uma tarefa sem uma pausa para o chá. Também notaram uma relutância generalizada em ajudar as outras armas. A infantaria se recusava a ajudar a "encher uma cratera ou a tirar uma viatura de dificuldades" e, quando não se dedicavam a tarefas de engenharia, os sapadores não atiravam no inimigo. Quer tenha surgido com o movimento sindicalista, quer do sistema regimental – ambos cultivavam o ideal de lealdade coletiva –, a culpa básica dessa mentalidade de demarcação costumava ser a falta de confiança entre os oficiais jovens.

O fracasso da 3ª Divisão de Infantaria britânica, que não conseguiu tomar o objetivo de Caen no primeiro dia, logo se mostrou decisivo. Um volume imenso de esforço e engenhosidade fora investido no planejamento do ataque ao litoral, mas dedicara-se pouco raciocínio à fase imediatamente posterior. Se Montgomery pretendia ocupar a cidade, como afirmava, então deixou de reunir o equipamento e organizar suas tropas para realizar um golpe tão ousado. Pode-se argumentar que, assim que a 21ª Panzer-Division chegou ao combate, o objetivo pretendido tornou-se otimista demais.

De qualquer modo, para chegar a Caen num único dia a 3ª Divisão de Infantaria teria de enviar à frente pelo menos duas forças-tarefas, cada uma delas com um regimento blindado e um batalhão de infantaria. A infantaria, em termos ideais, se deslocaria em viaturas blindadas, veículos que o Exército britânico levaria mais vinte anos para adquirir. Com apenas algumas exceções honrosas, infelizmente o Exército britânico estava despreparado para operações com carros e infantaria. Boa parte do problema vinha do sistema regimental e, portanto, da relutância de imitar o sistema *panzergrenadier* alemão, com forças de infantaria e de blindados intimamente interligadas, operando juntas em termos permanentes.

O plano era que a 8ª Brigada de Infantaria tomasse a serra de Périers. Em seguida, a 185ª Brigada, com três batalhões de infantaria e um só regimento blindado, passaria por ela e seguiria para Caen. Na área de reunião, perto de Hermanville, o 2º Batalhão do Real Regimento de Infantaria Leve de Shropshire (KSLI, na sigla em inglês) deveria subir nos tanques da Yeomanry de Staffordshire e encabeçar o avanço para o sul até Caen. Teriam o apoio do 2º Batalhão do Real Regimento de Warwickshire, à direita, e do 1º Batalhão do Real Regimento de Norfolk, à esquerda.

Às 11 horas, os três batalhões de infantaria estavam prontos em Hermanville, mas não havia sinal da Yeomanry de Staffordshire. A maré incomumente alta reduzira a extensão da praia para uns 10 metros, não deixando espaço para os tanques manobrarem. E, como a artilharia alemã ainda bombardeava as rotas para o sul, quando as viaturas pegaram fogo o engarrafamento se estendeu até a praia. Os campos minados impediram os tanques de avançar fora da estrada. O comandante da brigada angustiou-se para decidir se iniciava o ataque a pé, sem apoio de blindados. Depois de esperar uma hora, ordenou que a infantaria avançasse.

Enquanto isso, a 8ª Brigada teve o ataque à serra de Périers muito dificultado por duas fortificações de codinome Hillman e Morris. Morris, com quatro canhões de 105 mm, foi tomada com bastante rapidez. Seus desanimados defensores se renderam em uma hora, mas Hillman era um complexo muito mais temível. Com 360 por 550 metros, tinha "profundas casamatas de concreto e cúpulas de aço com um sistema completo de trincheiras interligadas". Sem o apoio planejado dos canhões navais, porque o oficial de observação avançada fora morto, o 1º Batalhão do Regimento de Suffolk teve a terrível tarefa de atravessar campos minados e arame farpado com cobertura de artilharia e metralhadoras.

Os soldados de Suffolk pediram apoio de tanques e um esquadrão da tão necessária Yeomanry de Staffordshire foi desviado para ajudá-los, reduzindo ainda mais a pouca força blindada designada para o ataque a Caen. Com amplo campo de tiro, a fortificação de Hillman dificultou que parte da 185ª Brigada passasse por ela em seu avanço, e o batalhão de Norfolk perdeu 150 homens. A fortificação de Hillman também era o quartel-general do 736º Grenadier-Regiment. Seu comandante cuidou para que os homens "lutassem com determinação até o amargo fim". Em certos casos, os defensores tiveram de ser "expulsos das posições com cargas pesadas de explosivo instaladas pelos soldados de engenharia do batalhão". A 3ª Divisão de Infantaria, embora soubesse muito bem da existência de Hillman, marcada com exatidão em todos os mapas, subestimara gravemente a sua força.

Embora os britânicos sofressem muitas baixas em torno de Hillman, os 60 mil cidadãos de Caen sofreram muito mais. Os bombardeiros pesados da RAF, como parte da estratégia de retardar os reforços alemães, começaram a bombardear sistematicamente a cidade às 13h45. Os folhetos lançados naquela manhã com a "Message Urgent du Commandement Suprême des Forces Expéditionnaires Alliées", avisando para que se dispersassem imediatamente no campo, fez pouco efeito. Só algumas centenas de cidadãos partiram antes que os bombardeiros chegassem.

André Heintz, jovem integrante da Resistência, viu a formação de aviões se aproximar e as bombas caírem oscilando. Os prédios tremeram com as explosões. Alguns pareceram quase desmoronar e depois voltaram ao lugar. Outros caíram, as fachadas despencadas nas ruas estreitas, bloqueando-as. A alvenaria destruída formou imensas nuvens de poeira, da qual às vezes saíam pessoas como se fossem uma parede de fumaça. Cobertas de pó fino e pálido, tinham um ar espectral, segurando braços ou ombros lesionados. Muitos outros foram soterrados nos escombros dos lares com os filhos, já que as aulas tinham sido canceladas naquela manhã. Um médico que corria a caminho do hospital viu a grande loja de departamentos Monoprix em chamas. As bombas destruíram os canos d'água e os *sapeurs pompiers* do serviço contra incêndios estavam muito limitados em suas ações.

Entre os principais prédios destruídos ou gravemente avariados estavam a Abadia dos Homens, imensa basílica arredondada com cinco torres, o Palácio dos Duques, do século XIV, um claustro da época de Guilherme, o Conquistador, a ornamentada igreja de Saint-Étienne e a Gare Routière, um imenso terminal rodoviário art déco. Vários bombardeiros foram derrubados durante a operação. Um deles caiu em chamas, raspando o telhado de uma mansão fora da cidade, perto de Carpiquet, e se estatelou no parque ao lado. Houve uma imensa bola de fogo e a munição começou a explodir. "Dava para ver as silhuetas do gado aterrorizado galopando diante das chamas", escreveu uma testemunha. "Foi uma imagem aterrorizante."

Os jovens da cidade logo revelaram considerável coragem e dedicação. Muitos já eram membros da Défense Passive, serviço de ajuda voluntária, e muitos outros se juntaram para ajudar. As ambulâncias não podiam passar pelas ruas bloqueadas e os mais feridos tinham de ser levados de maca até o principal hospital de emergência, montado no convento de Bon Sauveur. Um homem enorme, levado pelas ruínas da cidade pelos padioleiros que suavam com o esforço, não parava de pedir desculpas: "Ah, se eu fosse um pouco menos gordo", dizia o tempo todo. Outros voluntários começaram a retirar os escombros, na tentativa de encontrar sobreviventes. Um rapaz da Défense Passive encontrou um saqueador e ameaçou lhe dar voz de prisão. O saqueador riu, porque o rapaz estava desarmado. O voluntário, enfurecido, lançou contra ele a pá, que lhe cortou a jugular. Nos bolsos do saqueador foram encontradas várias joias e, dizem, a mão cortada de uma mulher com anéis nos dedos.

O refúgio do Bon Sauveur também sofrera. Uma freira que pulara para se abrigar numa cratera de bomba foi soterrada por outra bomba que explodiu ao lado. Um anexo do convento abrigava um asilo de loucos. Algumas das últimas bombas lançadas o atingiram, matando alguns internos e deixando os outros apavorados, a berrar agarrados às grades. A irmã de Heintz auxiliava um dos cirurgiões na sala de cirurgias improvisada, e ele decidiu ir até lá para ajudar também. Ao ver os baldes de sangue, teve a ideia de usá-lo para encharcar lençóis e espalhá-los no gramado, para avisar aos aviões que ali havia um hospital. Depois de seco, o sangue perdia a cor escarlate, mas outra cruz foi improvisada na manhã seguinte com tapetes vermelhos e lençóis tingidos com mercuriocromo.

Naquela manhã, havia seis equipes cirúrgicas de plantão desde a notícia da invasão. A organização da Défense Passive de Caen se instalara no Bon Sauveur desde o início do ano. O Liceu Malherbe fora designado como hospital secundário, enquanto na outra margem do Orne o Hospice des Petites Soeurs des Pauvres também servia de centro de recepção de baixas. As diversas organizações trabalharam juntas com excelente resultado. A pedido dos médicos, grupos de policiais foram recolher suprimentos em farmácias e clínicas da cidade. A classe médica de Caen foi elogiadíssima num relatório oficial que registrou a "atitude magnífica dos médicos da cidade, que demonstraram devoção sem limites".

Na orla sul da cidade, cerca de 15 mil pessoas buscaram abrigo em túneis recém-descobertos que faziam parte das pedreiras medievais. Tinham enchido as malas de comida e livros de oração, sem saber que aquele alojamento úmido e sem ar seria seu sórdido refúgio durante pouco mais de um mês. Sem água nem esgoto, quase todos sofreram com piolhos, pulgas e percevejos.

Uma tragédia menor, mas mais intensa, já ocorrera em Caen naquela manhã. A Gestapo fora até a Maison d'Arrêt, a prisão da cidade, e entrara na seção onde os prisioneiros da Resistência Francesa eram guardados por alemães. Os carcereiros franceses do lado civil observaram o que acontecia por um furo na tela de lona pendurada que isolava a seção militar alemã. No total, 87 integrantes da Resistência foram levados para o pátio e fuzilados naquela manhã, em lotes de seis. As vítimas do massacre pertenciam a todo o espectro político da Resistência, do ORA aos comunistas, de um ferroviário ao marquês de Touchet. Outro preso, que ouviu os tiros de uma cela, lembrou-se de que nenhum deles gritou, exceto um homem que, ao entrar no pátio e perceber seu destino, começou a berrar: "Oh, não! Não! Minha mulher, meus filhos... meus filhos!". Foi silenciado pelas balas.

Naquela noite, a carcereira alemã, que antes tinha se comportado de forma monstruosa com as presas a seu cargo, estava "pálida e visivelmente aterrorizada" com o que acontecera. Chegou a devolver aos prisioneiros sobreviventes algumas posses, insistindo: "O Exército alemão é honesto." Três semanas depois, como os britânicos ainda não tinham tomado a cidade, a Gestapo voltou e removeu os corpos.[2]

Não é difícil imaginar a amargura de muitos cidadãos com a destruição de Caen. "Com frenesi bestial", escreveu um deles, "as bombas evisceraram a cidade sem pena". Outro descreveu o bombardeio como "tanto inútil quanto criminoso". Nunca houvera mais de trezentos alemães na cidade, escreveu, e mesmo que o propósito fosse desorganizar os transportes, os bombardeiros não conseguiram acertar nenhuma ponte. No total, cerca de oitocentas pessoas morreram em Caen em decorrência do ataque aéreo e naval dos dois primeiros dias. Muitos milhares mais ficaram feridos.

---

2 Dagmar Dreabeck, jovem holandesa que provocou a admiração de todos por sua bravura e gentileza – era conhecida como *l'Ange de la prison*, o anjo da prisão – foi separada dos prisioneiros franceses e mandada para Ravensbrück. Morreu menos de um ano depois, no dia em que o Exército Vermelho libertou o campo.

Um grande número de outras cidades à margem das principais rotas para a área da invasão enfrentaram destino semelhante. Assim como Saint-Lô, Caen e Falaise, Lisieux, a leste, sofreu dois grandes bombardeios. "A cidade está em chamas e parece completamente abandonada", afirmou um relatório enviado a Paris, que também exigia que o Comissário de Polícia fosse punido por fugir do posto durante a noite, enquanto a cidade ardia. Tantos bombeiros foram mortos e tanto equipamento se perdeu no primeiro ataque que foi impossível combater as chamas quando mais bombeiros retornaram. Ao sul, tanto Argentan quanto Ecouché foram descritas como "quase destruídas". Em Argentan, "todos os *gendarmes* [foram] mortos ou feridos". O bombardeio provocou um pânico terrível e a destruição generalizada dos lares. No total, cerca de 100 mil moradores de Calvados se tornariam refugiados. A população de Caen, de 60 mil habitantes, reduziu-se a 17 mil.

Há uma estranha contradição nessa estratégia de interdição por bombardeio. Se Montgomery pretendia mesmo capturar Caen no primeiro dia, por que fizera a RAF destruí-la para que as ruas ficassem intransitáveis? Isso só poderia ajudar os defensores.

Enquanto isso, em Londres, depois da declaração do rei à nação, todos esperavam com incerteza mais notícias. Mais tarde, Churchill falou à Câmara dos Comuns lotada. "Este é o primeiro de uma série de desembarques", disse, promovendo o Plano Fortitude, embora tecnicamente fosse culpado de enganar a Câmara dos Comuns. "Até agora, os comandantes em combate noticiam que tudo segue de acordo com o plano – e que plano!"

Lá fora, as ruas e lojas de Londres estavam vazias, com os táxis perambulando sem encontrar freguês. "Na Abadia de Westminster", escreveu uma jornalista, "as datilógrafas nos seus vestidos de verão e os eternos visitantes idosos com roupas de aparência campestre entraram para rezar junto ao túmulo do Soldado Desconhecido da última guerra ou para fitar de olhos vazios as cores esfarrapadas e os heróis de mármore de batalhas que não mais pareciam remotas". Naquele dia, o marechal de campo Sir Alan Brooke foi incapaz de sair de um almoço com a Sra. Churchill em homenagem ao marajá da Caxemira. "Tem sido muito difícil perceber o dia todo", escreveu em seu diário, "que, enquanto Londres continuava em paz, com seus afazeres, um conflito feroz se travava a pequena distância, no litoral francês!"

* * *

Uns 300 quilômetros ao sul, a batalha de Hillman ainda era feroz. O pobre batalhão de Suffolk foi responsabilizado injustamente pelo atraso, assim como seu comandante. A principal culpa foi da falta de previsão da 3ª Divisão, que não deu apoio suficiente, com os AVREs, por exemplo, que poderiam ter destruído os *bunkers*. E ninguém pode culpar a Real Infantaria Leve de Shropshire, que avançou com bravura rumo a Caen com apoio blindado insuficiente. Mesmo levando em conta a maré imprevisivelmente alta daquele dia, a responsabilidade foi dos escalões mais elevados. Nem o general Sir Miles Dempsey, comandante em chefe do II Exército britânico, nem o general Montgomery pensaram nessa parte fundamental da operação ou distribuíram prioridades com clareza suficiente.

Também faltavam aos canadenses os meias-lagartas americanos, mas em seu avanço sobre Carpiquet eles mostraram a abordagem correta ao fazer a infantaria subir nos tanques e usar todos os reboques de metralhadoras Bren disponíveis. Mas a tentativa britânica de tomar Caen estava fadada ao fracasso, mesmo que não houvesse atraso no início nem engarrafamento nas praias quando a segunda onda chegou. O avanço da Infantaria Leve de Shropshire (KSLI) para Lebisey, a uns 3 quilômetros do centro de Caen, foi um feito de coragem. Seus alquebrados remanescentes tiveram de recuar sem o vital apoio blindado.

Por outro lado, o destino da Infantaria Leve de Shropshire teria sido muito pior se a 21ª Panzer-Division tivesse a liderança decisiva que Feuchtinger, de forma tão visível, deixou de assumir. No fim da tarde, quando o regimento *panzer* de Oppeln-Bronikowski circunavegou Caen e se preparou para atacar a brecha entre a 3ª Divisão e os canadenses, os britânicos estavam prontos para recebê-lo. O tenente-coronel Eadie, oficial comandante da Yeomanry de Staffordshire, previra seu movimento. Concentrou três unidades de Shermans Firefly, armados com canhão de 17 libras, armamento principal quase tão eficaz quanto o de 88 mm dos Tigres, logo a oeste de Hermanville.[3] Com alcance muito superior, em questão de minutos esses tanques da Yeomanry de Staffordshire destruíram 13 *panzers* Mark IV de Oppeln-Bronikowski. Somente um pequeno destacamento da 21ª Panzer-Division se esgueirou até o litoral, mas também logo recuou.

Numa coincidência feliz para os britânicos, o surgimento extraordinário, às 20h30, de quase 250 planadores trazendo uma brigada aerotransportada para reforçar a 6ª Divisão Aeroterrestre ajudou a convencer Oppeln-Bronikowski

---

3 A maioria dos regimentos blindados britânicos espalhou seus preciosos tanques Firefly e, em geral, designou um para cada unidade.

a recuar. O campo de batalha ficou praticamente paralisado e todos fitaram admirados o espetáculo. Naquele momento, um subalterno do 2º Batalhão de Reais Fuzileiros do Ulster ouviu um dos soldados comentar sobre a chegada da unidade-irmã pelo ar: "Acho que é isso que o 1º Batalhão chama de ordem unida do cacete". De repente, os grupos antiaéreos e as metralhadoras da 21ª Panzer-Division abriram fogo, disparando com fúria. Derrubaram menos de uma dúzia de planadores, embora declarassem ter destruído 26.

Hillman foi finalmente tomado às 20h15. O batalhão de Suffolk começou a cavar trincheiras para passar a noite e o esquadrão blindado de apoio recuou para remuniciar. Todo o trabalho parou para que também observassem a chegada dos planadores. "Ela também impressionou os prisioneiros alemães", observou o oficial comandante, "mas de outra maneira. Parecia que não achavam aquilo justo."

Uma sensação diferente de irrealidade ainda envolvia o comandante supremo no Berghof. Três horas antes, o general Günther Blumentritt, chefe do Estado--Maior do OB West, teve de contar ao quartel-general do VII Exército que Hitler queria "o inimigo aniquilado até a noite de 6 de junho, já que há risco de novos desembarques aéreos e marítimos. De acordo com a ordem do general Jodl, todas as unidades devem se dirigir ao ponto de penetração em Calvados. A cabeça de praia ali existente tem de ser limpa NO MÁXIMO até esta noite". O chefe do Estado-Maior do VII Exército respondeu que isso seria impossível. Nicolaus von Below, assistente da Luftwaffe junto a Hitler, que estava com ele no Berghof, viu que o Führer ainda não aceitara a verdadeira força do poder aéreo aliado. "Ainda estava convencido de que as forças terrestres poderiam ser rechaçadas."

Naquela mesma noite, houve um exemplo notável da supremacia aérea aliada. Juntamente com a Divisão SS *Hitler Jugend*, Hitler contava com outra divisão *panzer* com efetivo total para expulsar os aliados de volta ao mar. A divisão Panzer Lehr do tenente-general Fritz Bayerlein recebera ordens de seguir à toda velocidade para o litoral. Mas, antes mesmo que a Panzer Lehr partisse, na tarde de 6 de junho, suas unidades foram bombardeadas na zona de reunião. Bayerlein avisou o general de exército Dollmann, em seu quartel-general de Le Mans. Queria manter os soldados dos tanques sob cobertura durante o dia, para evitar os caças-bombardeiros aliados, mas Dollmann lhe ordenou que continuasse em frente. Bayerlein, "homem baixo, robusto e enérgico" que fora chefe do Estado-Maior de Rommel no norte da África, ficou quase mudo de raiva com a longa demora e, depois, o desperdício estúpido.

O próprio Rommel não estava de bom humor quando voltou e descobriu que a última ponte remanescente sobre o baixo Sena fora destruída por caças-bombardeiros aliados. Foi diretamente para a sala de operações do castelo de La Roche-Guyon e fitou o mapa durante muito tempo. "O que aconteceu com a nossa orgulhosa Luftwaffe?", perguntou com cinismo. A resposta era previsível. "Como vai o ataque da 21ª Panzer-Division?" Não chegara nenhum detalhe. "Por que a divisão Panzer Lehr e a 12ª SS ficaram estacionadas?" Em resposta, Speidel explicou a recusa do OKW a tomar uma decisão. "Que loucura", disse Rommel. "É claro que agora chegarão tarde demais, mas precisamos fazer com que partam imediatamente."

Os aliados, embora não conseguissem tomar objetivos fundamentais, pelo menos estavam em terra. Agora as amadas divisões *panzer* de Hitler seriam incapazes de desalojá-los. Mas a luta mais à frente faria as baixas sofridas pelos aliados no Dia D parecerem leves. As formações britânicas que acharam que "já tinham feito tudo isso" no norte da África teriam um choque horrível ao enfrentar a Waffen-SS. Comparativamente, o poder aéreo aliado pouco poderia fazer para ajudá-las na hora de combater defensores hábeis e determinados, de povoado em povoado, nos trigais em torno de Caen e de campo em campo no *bocage* da Normandia.[4]

---

4 O quartel-general do 21º Grupo de Exércitos previra 9.250 baixas entre os 70 mil soldados que desembarcaram no primeiro dia. Esperava-se que uns 3 mil deles – marinheiros, paraquedistas que aterraram em áreas inundadas e guarnições de blindados anfíbios – morressem afogados. No caso, é dificílimo definir o número de baixas específico do Dia D, já que os valores da maioria das formações cobrem um período mais longo, nunca menor do que de 6 a 10 de junho. Na confusão da época, o elevado número de desaparecidos em ação teve de ser recalculado constantemente, com a morte de alguns comprovada, a volta de outros às suas unidades, alguns feridos não registrados que retornaram à Inglaterra e outros que mais tarde se descobriu terem sido aprisionados. Em termos bem gerais, as baixas britânicas e canadenses no Dia D propriamente dito foram de uns 3 mil mortos, feridos e desaparecidos em ação. As perdas americanas foram muito maiores, devido a Omaha e às duas divisões aeroterrestres. O general Bradley citou 4.649 baixas americanas no desembarque por mar, mas esse número parece meio exagerado quando comparado ao retorno das divisões. Os únicos números exatos que se pode obter vão de 6 a 20 de junho. As baixas do I Exército americano chegaram a 24.162 homens (dos quais 3.082 mortos, 13.121 feridos e 7.959 desaparecidos). As baixas britânicas, no mesmo período, totalizaram 13.572 homens (dos quais 1.842 mortos, 8.599 feridos e 3.131 desaparecidos). As baixas canadenses, no mesmo período, chegaram a 2.815 homens (dos quais 363 mortos, 1.359 feridos e 1.093 desaparecidos).

11

O FORTALECIMENTO DAS CABEÇAS DE PRAIA

Na noite seguinte ao Dia D, poucos conseguiram dormir na cabeça de praia de Omaha. Numa pedreira ao lado da grota de Vierville, os oficiais do Estado-Maior da 29ª Divisão deitaram-se sobre salva-vidas descartados. No alto do penhasco e nos pomares de macieiras do interior, os agricultores e mineiros de carvão da Pensilvânia daquela divisão cavaram abrigos individuais com velocidade profissional. Precisariam deles como proteção contra o fogo indiscriminado da noite. Os homens, nervosos e exaustos, atiravam em qualquer movimento ou silhueta, imaginando que fosse um franco-atirador alemão. Um jovem soldado matou um bezerro com a submetralhadora Thompson.

Outros tentaram criar trincheiras instantâneas explodindo uma carga de TNT no chão, com o grito de aviso: "Fogo no buraco!". Isso só aumentou a impressão de que vinham tiros de todas as direções. Os bombardeiros da Luftwaffe chegaram depois do anoitecer para atacar os navios ancorados e as balas traçantes da barragem antiaérea levaram muitos a compará-las aos fogos de artifício de Quatro de Julho, data da independência americana. Mas o ataque aéreo alemão foi pequeno e atrasado demais para ajudar os defensores.

Em 7 de junho, o tenente-coronel Ziegelmann, da 352ª Divisão de Infantaria, no alto do despenhadeiro perto de Pointe et Raz de la Percée, olhava a paisagem. Estava menos de 2 quilômetros a oeste do posto de comando do general Gerow, na praia Omaha. "O mar parecia o quadro *Revista da frota em Kiel*", observou, zangado. "Navios de todos os tipos estavam amontoados na praia e na água, bem escalonados por profundidade. E toda a aglomeração continuava ali intacta, sem nenhuma interferência real do lado alemão. Entendi com clareza o humor do soldado alemão abandonado pela Luftwaffe." O grito amargurado de "*Wo ist die Luftwaffe?*" [Onde está a Luftwaffe?] tornou-se um refrão constante da experiência do Exército alemão na Normandia.

Fragmentos de batalhões alemães ainda se mantinham no setor, sobretudo nos penhascos em volta de Pointe du Hoc, onde tinham contra-atacado os *rangers* do coronel Rudder. Naquela manhã, os americanos finalmente limparam Colleville-sur-Mer e Saint-Laurent-sur-Mer. Um soldado que avançava pela vila virara-se e dera com um policial do Exército, poucos metros atrás dele, colocando placas de "Passagem proibida". Na praia, os detritos da guerra eram indescritíveis, com viaturas queimadas, barcaças de desembarque esmagadas, máscaras de gás, armas e torpedos bangalore abandonados. A cena não impediu que o general Gerhardt, meticuloso defensor da disciplina, gritasse com um soldado por jogar cascas de laranja no chão.

Outros bolsões isolados de resistência alemã ainda tinham de ser vencidos. Quando de repente um soldado alemão saiu de um buraco para se render, os soldados que o cercaram descobriram que tinha "um hotel regular subterrâneo", com rádio e tudo. Presumiram que serviria para chamar o fogo de artilharia sobre a praia e convocaram a Polícia do Exército. "O sargento da Polícia do Exército era da Tchecoslováquia e parece que seus pais tinham sido mortos por nazistas, e ele matou o prisioneiro ali mesmo, como espião."

As casas de Vierville também ficaram fora do alcance dos soldados americanos. Os civis franceses foram proibidos de ir à praia, para não atrapalhar. Eles acharam que sua presença, mesmo na vila, não era bem-vinda. Os soldados americanos "nos olhavam com muita desconfiança naqueles primeiros dias", escreveu uma francesa mais tarde. A desconfiança era mútua. Um sargento de uma unidade de engenharia foi com dois homens a Saint-Laurent e entrou na igreja, depois de ver um alemão se esgueirar pela porta. Encontraram-no de braços abertos, mortalmente ferido, diante do altar. O sargento, então, notou que os dois soldados que o acompanhavam, ambos do Alabama, tiravam moedas da caixa de esmolas perto da entrada. "Acho que não sabiam o que era uma caixa de esmolas", disse depois. Na verdade, só queriam algumas moedas como lembrança, obsessão de quase todos os soldados que chegavam a essa terra tão distante. Mas o padre chegou naquele momento e, ao ver a cena, ficou escandalizado. *Pour les pauvres!* [É para os pobres!], gritou.

A praia continuava a ser um lugar perigoso, e não só para os civis. De vez em quando ainda havia salvas de artilharia e os homens da 6ª Brigada Especial de Engenharia explodiam obstáculos e minas. Faixas brancas marcavam as áreas "descontaminadas", mas mais à frente ainda se viam cadáveres em campos minados que ainda não tinham sido limpos. As guarnições das retroescavadeiras trabalhavam vigorosamente para abrir caminho para os soldados e os veículos seguintes que desembarcavam. Os corpos foram empilhados diante das barracas dos centros de triagem de baixas. Um cemitério improvisado foi cercado de cordas. Os soldados ociosos foram designados para registrar os túmulos. "Todos parecíamos em transe", observou um deles, "removendo as plaquetas de identificação e fazendo outros serviços mórbidos." Para apressar o trabalho, ofereceram ração dupla para os prisioneiros alemães caso fossem voluntários para abrir covas. Muitos deram de ombros e concordaram. Mais tarde, essa tarefa desgastante passou para as companhias de soldados negros da Intendência.

Uma torrente quase constante de prisioneiros chegava à praia sob escolta para serem revistados pela Polícia do Exército. Muitos eram *Hiwis* poloneses ou soviéticos, com farda alemã e as mãos para cima. "Alguns choravam", lembrou o mesmo sargento da engenharia. "Não sabiam o que esperar de nós. Pois bem, tiveram sorte de terem sido trazidos para essa frente em vez de levados para a frente russa, onde seriam imediatamente fuzilados como traidores." Mais tarde, a imensa maioria deles seria devolvida pelos aliados às autoridades soviéticas. Alguns foram executados, mas a maior parte foi despachada para campos de trabalho escravo. Muitos prisioneiros da Ásia central tinham traços tão orientais que os soldados americanos acharam que deviam ser japoneses adidos ao Exército alemão.

Pouco antes do amanhecer, o general Gerhardt recebera ordens do general Gerow, comandante do corpo, para avançar para o interior, rumo a Isigny e ao rio Vire, e fazer contato com a 101ª Divisão Aeroterrestre. Ele queria usar o regimento reserva, o 175º Divisão de Infantaria, que ainda não havia desembarcado. Levá-lo à praia levaria boa parte do dia. Entretanto, a prioridade mais urgente era reforçar o 2º Batalhão de Rangers do coronel Rudder, em Pointe du Hoc. Em desvantagem numérica diante do batalhão alemão do 916º Grenadier-Regiment, o 2º Batalhão estava também com pouca munição. O único apoio eram os canhões do contratorpedeiro USS *Harding*.

Uma força mista do 116º Regimento de Infantaria e de *rangers* que tinham desembarcado em Omaha, reforçada com dois tanques Sherman, investiu rumo oeste, ao longo da costa, na direção de Pointe du Hoc. Mas, com uma fortificação alemã nos penhascos próximos (a mesma de onde Ziegelmann observou a frota) e outros bolsões de resistência, levaram até o dia seguinte para se aproximar da força de Rudder que ainda combatia.

Os homens de Rudder, depois de ficar sem munição, passaram a usar armas alemãs capturadas. O ruído típico da arma do inimigo confundiu a força de apoio e os Shermans do 743º Batalhão de Blindados começaram a disparar nos *rangers*, matando quatro e ferindo mais seis. "Mais uma vez", escreveu um engenheiro que estava no grupo, "o coronel Rudder demonstrou grande coragem e liderança ao ajudar os homens sob seu comando a hastear uma bandeira americana o mais alto possível, para que os soldados que avançavam soubessem que éramos americanos." Um relatório descreveu a operação como "ação aos tropeços", porque outra tropa americana, vinda do sudoeste, começou a atirar na tropa de reforço original que se aproximava vinda de sudeste.

Enquanto isso, em 7 de junho, parte da 1ª Divisão de Infantaria, a "Primeira Vermelhona", avançara para leste ao longo da estrada litorânea na direção de Port-en-Bessin, com a infantaria de carona nos Shermans do 745º Batalhão de Carros de Combate, e encontraram elementos da 50ª Divisão britânica. Quase na mesma hora começou o escambo, com artilheiros de campanha ingleses trocando ovos por cigarros americanos.

A artilharia americana, aproveitando-se da supremacia aérea aliada, teve a grande vantagem de usar aviões leves de reconhecimento. Naquela manhã, um oficial de artilharia da 1ª Divisão organizou uma pista improvisada nos penhascos que davam para a praia Omaha. Foi até o motorista de uma retroescavadeira e disse:

— Ei, preciso derrubar uma sebe. Pode me ajudar?

— Claro – respondeu o outro.

E o operador levou a retroescavadeira até lá, derrubou a sebe e lhes preparou uma pista de quase 50 metros, suficiente para o Piper Cub decolar. Como o mar estava muito mais calmo, a munição de artilharia para os canhões logo chegou à praia em lotes pré-carregados em caminhões DUKW, que não corriam mais o risco de afundar.

Um esquadrão do serviço aéreo começou a construir, acima de Laurent-sur-Mer, uma pista de pouso adequada para aviões de transporte. Terminada em tempo recorde, foi chamada de A-1. Logo, Skytrains C-47, pintados de verde-oliva, traziam munição num fluxo constante e voltavam a decolar carregados de feridos presos às macas com correias. Na primeira viagem, uma enfermeira descobriu que um dos pacientes morrera. Para evitar que os outros descobrissem, fingiu verificar seus sinais vitais de tantos em tantos minutos até pousarem na Inglaterra.

Embora algumas coisas acontecessem depressa, outras pareciam levar um tempo interminável. Ninguém ficou mais exasperado com os atrasos do que o comandante da 29ª Divisão de Infantaria, general de brigada Charles Hunter Gerhardt. De certa forma, ele era uma versão do general Patton em miniatura. Cavalariano diminuto com um ego imenso, Gerhardt se orgulhava da aparência, com botas de montaria muito bem engraxadas e o capacete corretamente preso sob o queixo. A 29ª Divisão pertencia à Guarda Nacional e, desde o princípio, Gerhardt pretendeu melhorá-la de todas as formas possíveis. Não tinha paciência para burocracias e exigia mais ainda dos oficiais do que dos soldados. No processo, parece ter inspirado ódio e admiração em doses iguais.

A determinação de Gerhardt de capturar a cidade de Isigny em tempo recorde se frustrou com os atrasos no envio do 175º Regimento de Infantaria para a praia. Então, para sua fúria, soube que a Marinha desembarcara seus homens 2,5 quilômetros a leste. Quando chegaram à grota de Vierville, os homens estavam abalados com os cadáveres por que passaram e com os disparos ocasionais de algumas posições alemãs que ainda não tinham sido neutralizadas pelo 115º Regimento.

A limpeza era um trabalho lento e perigoso, por causa dos atiradores e metralhadores isolados. Um tenente desesperado para exercer sua autoridade logo foi uma das vítimas. Deliberadamente, disse ao sargento de seu pelotão, na frente de todos: "Sargento, quero que entenda que tem a minha permissão para atirar em qualquer homem que não obedecer às ordens dadas de agora em diante". Quando caíram sob fogo, ele tomou os binóculos e o fuzil do sargento. Rejeitando os conselhos dos praças, anunciou que ia "pegar aqueles desgraçados" e começou a subir numa árvore que se destacava de uma sebe. Depois de disparar algumas rajadas, foi atingido e caiu, mortalmente ferido, do outro lado da sebe.

Naquela noite, um batedor alemão da 352ª Divisão de Infantaria encontrou uma cópia do plano operacional americano no corpo de um jovem oficial da

29ª Divisão e entregou-a ao coronel Ziegelmann, que mal acreditou no que viu. Os pontos principais foram transmitidos naquela noite ao general Marcks, mas o documento só chegou a Rommel e ao OB West dois dias depois. Blumentritt, chefe do Estado-Maior de Rundstedt, escreveu que o plano mostrava que aquela era de fato *"Die Invasion"*, mas que "o Führer, pessoalmente, ainda esperava uma segunda invasão pelo canal contra o XV Exército a qualquer momento, até o início de agosto". O logro do Plano Fortitude foi muito mais eficaz do que os aliados jamais ousariam imaginar.

Em 8 de junho, o 115º Regimento de Infantaria, depois de manter a cabeça de praia da 29ª Divisão, avançou para o sul, rumo ao vale parcialmente inundado do rio Aure. Enfrentaram pouca oposição porque o major-general Kraiss recuara os soldados remanescentes durante a noite. Mas, depois de atravessar os pântanos, o regimento enfrentou "um período de duro aprendizado, com alguns sucessos e vários desastres". Com grande bravura e habilidade, "o tenente Kermit Miller, da Companhia E, atravessou com o seu pelotão a área inundada logo ao norte de Colombières e matou 46 alemães, destruiu dois blindados e uma viatura de Estado-Maior, acabou com um quartel-general inimigo e voltou com 12 prisioneiros".

Numa amarga antecipação da luta nas sebes do *bocage*, o pior desastre ocorreu na noite de 10 de junho. O 2º Batalhão fora avisado por moradores locais de que havia cerca de cem alemães à frente. "Agora era quase meia-noite", afirmou mais tarde um relatório, "e os homens estavam tão cansados que simplesmente caíram e começaram a roncar onde estavam. Um dos homens da Companhia O caiu, fez a arma atirar e matou o homem à sua frente. O tiro revelou a posição do batalhão e as metralhadoras alemãs abriram fogo." O grupo tinha parado num pequeno campo, sem saber que estava cercado por um destacamento da 352ª Divisão de Infantaria. O ajudante de ordens e o comandante da companhia do quartel-general foram mortos e o oficial de comunicação, capturado. Mais tarde, o oficial comandante, tenente-coronel Warfield, e o tenente Miller morreram devido aos ferimentos. "O médico assistente do batalhão enlouqueceu e cerca de cem homens foram capturados. Ouviu-se o coronel Warfield dizer: 'Nunca pensei que os meus homens diriam *Kamerad*'. Os homens remanescentes do batalhão ficaram muito nervosos depois disso." O general Gerhardt explodiu de raiva ao saber que o batalhão não cavara abrigos individuais e se deitara para dormir.

O 115º Regimento ficou ainda mais tenso quando tiveram "problemas com aqueles garotos [texanos] rápidos no gatilho" da 2ª Divisão de Infantaria, que vinham atrás atirando em tudo o que havia à frente. "Um batalhão do 115º Regimento de Infantaria atribuiu 3% das baixas à 2ª Divisão."

Enquanto isso, Gerhardt vinha insistindo que o 175º Regimento de Infantaria avançasse rumo a Isigny, famosa pela manteiga da Normandia e pelo queijo camembert. Como as comunicações pelo rádio não tinham melhorado, ele designou "mensageiros", oficiais de jipe que iam de um lado para o outro dando notícias sobre o avanço e a posição exata da vanguarda. Precisavam dirigir depressa para evitar o fogo de soldados alemães perdidos. O próprio Gerhardt, usando luvas brancas e uma fita azul no pescoço (que combinava com a fita azul no pescoço de seu cachorro), queria estar no meio da ação. E se não havia ação, queria saber por quê. Ele não acreditava em se tornar invisível. Era transportado num jipe especialmente adaptado e chamado de "Vixen Tor",[1] no qual fora montada uma lâmpada vermelha piscante e uma sirene.

Acompanhado dos Shermans do 747º Batalhão de Carros de Combate, o 175º Regimento de Infantaria achou o avanço mais parecido com uma marcha forçada. Os fazendeiros normandos ofereciam leite dos latões aos homens sedentos. Houve algumas ações de retardamento de grupos alemães. As baixas mais graves foram então infligidas por um esquadrão de Typhoons da RAF que confundiu o batalhão de vanguarda com os alemães em retirada. Seis homens foram mortos e 18, feridos. "Do ar, John Doughfoot se parecia muito com Hans Kraut",[2] escreveu um oficial de artilharia que estava com eles. A infantaria foi menos complacente. Prometeram no futuro atirar em todos os aviões, de qualquer nacionalidade, que seguissem em sua direção.

O comandante do 175º Regimento relutou em avançar mais sem apoio de artilharia, mas Gerhardt não aceitava facilmente desculpas assim. Ordenou que o regimento continuasse a avançar durante a noite de 8 de junho e, à meia-noite, estava perto de Isigny. A maioria dos prisioneiros feitos eram poloneses ou *Osttruppen*. A companhia anticarro ficou espantada quando "um americano num cavalo branco desceu a estrada com uns 11 prisioneiros". Ele

---

1 Formação rochosa de Dartmoor, em Devon, na Inglaterra. (*N.T.*)

2 John Doughfoot: apelido do soldado raso americano; Hans Kraut: apelido do soldado raso alemão. (*N.T.*)

lhes gritou: "'São poloneses, todos menos dois. Esses são alemães.' Então, puxou da pistola e matou os dois com um tiro na nuca, e nós só ficamos ali olhando".

Depois de fortemente bombardeada pelos navios de guerra aliados, vários pontos de Isigny estavam em chamas. Gerhardt acertara. Houve pouca resistência. Quando um fuzileiro alemão solitário na torre de uma igreja atirou na coluna, um dos Shermans virou o armamento principal de 75 mm para o alvo e "foi o fim do alemão e da torre". O general-brigadeiro Cota fez os blindados avançarem até a ponte sobre o rio Aure. Lá, caíram sob o fogo das metralhadoras do outro lado. Os 12 tanques se alinharam e o peso do seu fogo provocou a rápida retirada. Os infantes do 175º Regimento, acompanhados por Cota, atravessaram a ponte correndo. Cota mal conseguia acreditar que os alemães não a tinham explodido. Era uma das poucas estruturas intactas. "Havia escombros por toda parte", relatou um oficial. "As estradas estavam quase intransitáveis para o tráfego motorizado, e fiquei no meio do que antes era uma igreja sem sequer perceber que já houvera um prédio no local." Isigny parecia abandonada, mas algumas francesas saíram das ruínas e começaram a tirar as botas, meias e camisas dos soldados alemães mortos.

Enquanto isso, na península de Cotentin, os paraquedistas da 82ª e da 101ª Divisões Aeroterrestres não tiveram descanso, muito embora unidades da 4ª Divisão de Infantaria começassem a reforçá-los, vindos da praia Utah. Com a 709ª Divisão de Infantaria e outros destacamentos, o tenente-general Von Schlieben montou contra-ataques ainda mais violentos contra Sainte-Mère--Église. Sua maior prioridade era atrapalhar todas as tentativas americanas de avançar para Cherbourg.

O ataque mais sério chegou ao centro de Sainte-Mère-Église na tarde de 7 de junho. Um oficial de artilharia da 4ª Divisão, que chegou de jipe, contou o que viu. "17 horas, chegada a Sainte-Mère-Église de jipe vindo do sul. Batalha de tanques em andamento. Lança-chamas. Vi um soldado alemão, uma 'tocha humana', rastejar até o meio da rua, vindo do lado, quando um [*panzer*] alemão rolou bem por cima dele, achatando-o e apagando as chamas ao mesmo tempo. Os tanques americanos destruíram a maior parte dos tanques alemães, com a perda de três dos nossos. A luta seguiu para o norte. Vi uma estrada afundada no norte da cidade que os tanques alemães usaram e também esmagaram alguns de seus mortos. Parte da 8ª Brigada de Infantaria tomou essa estrada e a usou para sua defesa naquela noite. Para cavar os abrigos individuais tiveram de puxar para os lados os corpos alemães e vários deles se despedaçaram."

Naquele dia, outra tropa, comandada pelo tenente-general Hellmich, concentrou-se perto de Montebourg, pronta para atacar o flanco norte dos americanos, entre Sainte-Mère-Église e o litoral. Um avião de reconhecimento e um grupo de controle de artilharia naval orientaram os canhões do encouraçado *Nevada* para o alvo. Disparando de mais de 25 quilômetros de distância, o ataque planejado foi irregular. Mas a cidade de Montebourg propriamente dita sofreu muito naquela tarde de quarta-feira quando as granadas navais explodiram, incendiando várias lojas. Na praça principal, a estátua de Joana d'Arc permaneceu ilesa, enquanto todos os prédios em volta foram destruídos. Como Montebourg ocupava os dois lados da estrada principal para Cherbourg, os alemães se ocuparam fortificando a abadia para uma defesa resoluta da cidade. E em Valognes, a noroeste, uma granada explodiu num dormitório do convento e matou várias freiras.

Pelo menos, as linhas de frente estavam ficando mais claras depois do combate confuso do dia anterior. Os paraquedistas e a 4ª Divisão de Infantaria forçaram a rendição do 795º Ost-Battailon de georgianos, cercado em Turqueville. E, mais ao sul, o 6º Regimento Paraquedista do tenente-coronel Von der Heydte recuou para Saint-Côme-du-Mont depois que um de seus batalhões foi isolado e destruído. Outros bolsões de resistência, mais próximos da praia Utah, também foram eliminados. Em Saint-Martin-de-Varreville, a complexa fortificação tinha casamatas interligadas por túneis subterrâneos, "e o Jerry[3] ia de uma a outra à vontade, muitas vezes voltando a alguma que achávamos ter sido capturada".

A luta de ambos os lados continuou igualmente cruel. Um oficial da 4ª Divisão de Infantaria afirmou que os corpos de quatro homens de uma unidade de saúde aeroterrestre tinham sido encontrados. "Tinham tido a garganta cortada quase de orelha a orelha." Um truque dos soldados alemães, várias vezes citado no combate no *bocage*, era a falsa rendição. Assim que os americanos se aproximavam para aprisioná-los, eles se jogavam no chão, e um metralhador escondido abria fogo. A 4ª Divisão de Infantaria foi enganada pela primeira vez com esse truque por paraquedistas alemães do 6º Regimento Paraquedista, que aparentemente mataram um tenente dessa forma.

---

3 Apelido que os americanos davam ao soldado raso alemão. (*N. T.*)

Relatórios menos confiáveis afirmavam que os alemães estavam vestindo fardas americanas. Isso só aconteceu de verdade depois, no mês seguinte, quando os soldados alemães tiravam as gandolas de combate dos cadáveres americanos porque suas fardas tinham começado a se desintegrar. Entre os americanos e, às vezes, entre os soldados britânicos, desenvolveu-se a crença bastante improvável, mas que se disseminou de forma extraordinária, que havia francesas, supostamente amantes de soldados alemães, atuando como franco-atiradoras. Perto de Saint Marcouf, em 7 de junho, um sargento relatou "tiros isolados vindos de um prédio na cidade. Quando investigamos, encontramos uma mulher e um homem franceses com fuzis alemães. Ambos negaram os tiros. Ambos morreram dois segundos depois". Parece que, na época, a possibilidade de civis franceses recolherem armas alemãs para dá-las à resistência não ocorreu aos soldados aliados.

Alguns soldados americanos adquiriram forte desconfiança dos franceses antes mesmo de pôr os pés no país. "A França era como um país inimigo", comentou um capitão da 19ª Divisão de Infantaria. Muitos que nunca tinham visitado outro país em que se falasse uma língua estrangeira acharam difícil ver diferença entre "ocupado pelo inimigo" e apenas "inimigo". Outros diziam abertamente que "não dava para confiar neles na Normandia". Conta-se uma história, talvez verdadeira, talvez apócrifa, de um pelotão de tanques americanos que parou no terreiro de uma fazenda normanda. O fazendeiro saiu com sidra e *calvados*, e todos os soldados beberam. Depois, o fazendeiro normando disse ao jovem tenente americano que as bebidas custavam 100 francos. O tenente protestou que tinham acabado de libertá-lo. "Ora, do que está se queixando?", respondeu o fazendeiro. "Eu cobrava o mesmo dos alemães."

O mito das franco-atiradoras espalhou-se pelo campo de batalha com rapidez espantosa pela rede de "boatos de latrina", como se dizia. Mas é quase certo que as histórias de jovens francesas que ficavam com os namorados alemães eram verdadeiras. Um sargento da 6ª Brigada Especial de Engenharia conta que, um pouco para o interior da praia Omaha, "vimos nas trincheiras moças francesas caídas ao lado de soldados alemães. Essas moças partiram com o Exército [alemão] na retirada e foram mortas pelos nossos aviões, e os casais foram achados caídos lado a lado".

De ambos os lados, felizmente, também houve casos de humanidade inesperada. No flanco norte, perto de Sainte-Mère-Église, o sargento Prybowski, praça do serviço de saúde, procurava feridos nas sebes quando achou dois paraquedistas. Ao se sentar para fazer curativos nos ferimentos, um deles lhe sussurrou: "É melhor se abaixar. Tem um 88 atrás de você". Rindo, o sargento virou-se e deu de cara com o cano de um canhão de campanha. Na sebe, um grupo de artilheiros alemães os observava. Mas deixaram Prybowski terminar os curativos e levar os dois homens embora.

A oeste, em Chef-du-Pont e La Fière, ao longo do rio Merderet, a 82ª Divisão Aeroterrestre pouco pôde fazer além de manter a posição até ser reforçada e remuniciada. A oeste do rio, uma tropa comandada pelo tenente-coronel Thomas Shanley foi cercada numa pequena elevação conhecida como Cota 30. Com grande coragem e resistência, Shanley e seus homens se aguentaram durante quatro dias, sem comida além das rações de emergência que levavam. Muitos estavam feridos e tiveram de ser levados para o abrigo de valas e sebes, mas os paraquedistas estavam tão fracos de fome e fadiga que quatro deles juntos achavam difícil carregar uma baixa. "Havia tantos feridos nas valas que a cabeça de um encostava nos pés do outro", contou um soldado. Shanley mandou mensageiros pedirem plasma à força principal, a leste do Merderet. Um pequeno grupo de paraquedistas tentou passar com um suprimento, mas todos foram feridos.

Cercada por parte do 1.057º Grenadier-Regiment, a reduzida tropa de Shanley estava em grande desvantagem numérica. Então, descobriram que os alemães estavam trazendo a artilharia. O avanço foi avistado do outro lado do rio. Um controlador de artilharia naval mandou uma mensagem de rádio para a força de bombardeio ao largo. Os navios de guerra aliados, a uma distância de mais de 30 quilômetros, passaram a golpear a artilharia alemã, sem causar baixas graves entre os paraquedistas cercados.

Muitos homens de Shanley continuaram a lutar contando apenas com a ajuda da benzedrina. Sem comunicação pelo rádio, não sabiam se a invasão tivera sucesso ou fracassara. Mas a resistência prolongada na Cota 30 ajudou muito a criação de uma cabeça de ponte por sobre o Merderet, quando finalmente foram reforçados. A recém-desembarcada 90ª Divisão de Infantaria tinha agora a tarefa de aumentar essa cabeça de ponte antes de isolar a península para o avanço geral rumo a Cherbourg. Mas, devido à falta de liderança e disciplina em muitos níveis, a 90ª começou de forma desastrosa. Antes de chegar à frente, a unidade de vanguarda, ao avistar uma coluna de prisioneiros alemães escoltada até Utah, abriu fogo com todas as armas disponíveis. Combater a 91ª Luftlande-Division em meio às sebes foi traumático para esses soldados inexperientes. Seu desempenho foi tão lamentável que o comandante da divisão e dois comandantes de regimento foram destituídos.

Os generais americanos eram impiedosos com comandantes subordinados que "não conseguiam fazer os soldados cumprirem a tarefa que um corpo ou divisão havia designado a eles". Até o agressivo general Patton achou que o Exército americano recorria à destituição de comandantes antes de lhes dar uma oportunidade adequada. O historiador de guerra Forrest Pogue conversou com um coronel que acabara de perder o comando. "Estava sentado à beira da estrada, com seus pertences ao lado, aguardando um jipe que o levaria para a retaguarda. Na véspera, tivera nas mãos o destino de 3 mil ou mais homens; agora, parecia quase um mendigo. Estava tonto, sem saber se conseguiria controlar a voz."[4]

Para os planejadores da Operação Overlord, um dos itens fundamentais dos cálculos fora a velocidade com que os reforços alemães chegariam à frente invasora. Muito dependia da tentativa aliada de isolar o campo de batalha com o programa de bombardeio da Operação Transporte, com os caças-bombardeiros aliados e com a sabotagem e os ataques dos grupos da Resistência Francesa treinados pela SOE e pelas equipes Jedburgh. A partir de 7 de junho, o quartel-general de Rundstedt finalmente teve permissão de trazer reforços da Bretanha e do sul do Loire.

Uma das primeiras formações que os americanos enfrentariam na batalha de Carentan seria a 17ª SS Panzergrenadier-Division *Götz von Berlichingen*. Essa nova divisão recebera o nome de um guerreiro veterano do século XVI que, depois de perder a mão direita em combate, mandara um ferreiro lhe fazer um punho de ferro. O punho de ferro tornou-se o emblema da divisão. Em 10 de abril, menos de dois meses antes do Dia D, Himmler inspecionara a divisão em Thouars, evento que terminara com todos cantando juntos o "Treuelied", hino da SS. Embora a divisão tivesse muitos soldados jovens (60% deles tinham menos de 20 anos), a 17ª SS não era tão bem treinada e armada quanto a SS *Hitler Jugend*. Não tinha tanques modernos, só um regimento de canhões autopropulsados, e o moral dos soldados não era tão fanático quanto o de

---

[4] Patton achou que a destituição de comandantes estava ficando excessiva. "Collins e Bradley gostam demais de cortar cabeças", escreveu. "Isso fará os comandantes de divisão perderem a confiança. Nenhum homem deveria ser condenado pelo fracasso inicial de uma divisão nova."

outras formações das Waffen-SS. "Ora, não sabemos o que ainda nos aguarda", escreveu um soldado para casa, antes de chegar à frente de batalha. "Há muitas notícias sobre as quais poderia lhe escrever, mas é melhor ficar calado. Sabemos há muito tempo que se chegaria a isso. Talvez invejemos os que já morreram."

Ao amanhecer de 7 de junho, as primeiras unidades da 17ª SS começaram a sair das bases logo ao sul do rio Loire. Atravessaram o rio em Montsoreau e seguiram rumo a Saint-Lô, passando por cidadezinhas com anúncios de Castrol e de aperitivos como Byrrh e Dubonnet nos muros. À noite de 8 de junho, elementos avançados do batalhão de reconhecimento chegaram à orla leste da floresta de Cerisy, sem saber que a 1ª Divisão de Infantaria americana, vinda de Omaha, seguia em sua direção.

Na manhã seguinte, o SS-Unterstumführer Hoffmann, do 38º SS Panzergrenadier-Regiment da divisão, avançava a oeste de Isigny para fazer o reconhecimento das posições que seus soldados deveriam tomar. Um Kübelwagen, equivalente alemão do jipe, veio à toda em sua direção. Havia um major do Exército na frente e dois soldados mortos atrás.

— Meia-volta! — gritou o major. — À frente, está tudo tomado. Os *Amis* [companheiros] estão logo atrás de mim.

Hoffmann continuou subindo até o alto da colina, parou o veículo e avançou a pé. Não precisou de binóculos. Podia ver a infantaria americana avançando a apenas 400 metros. Atrás dela vinham algumas unidades motorizadas e, a leste, conseguiu avistar uma coluna de tanques numa estrada. O motorista de Hoffmann gritou que tinham de voltar. Deu uma ré a grande velocidade e depois, meia-volta. Hoffmann teve de pular atrás de uma árvore. Os soldados americanos o tinham avistado e abriram fogo. Os dois homens da SS voltaram o mais depressa possível. O comandante de Hoffmann lhe perguntou por que voltara tão cedo.

— Porque o nosso ponto de partida já está ocupado — respondeu. — Pelo inimigo.

Entretanto, a maior parte da 17ª SS Division ficou presa perto de Saint-Lô por causa da falta de combustível, antes de ser designada para um contra-ataque planejado contra os paraquedistas americanos que atacavam Carentan.

Em 7 de junho, às 11 horas, o tenente-general Eugen Meindl, do 2º Corpo Paraquedista da Bretanha, ordenou que a 3ª Divisão Paraquedista partisse para o nordeste de Saint-Lô para "empurrar o inimigo para o norte, de volta ao mar, e retomar o litoral". O seu comandante, tenente-general Richard Schimpf, mandou naquela noite as suas poucas unidades motorizadas e dois batalhões em viaturas pesadas via Avranches. As unidades a pé tiveram de marchar 40 quilômetros em cada uma das curtas noites de junho. Sofreram uma "exaustão geral entre soldados desacostumados a marchar com as botas novas de paraquedista". Alguns ficaram com os pés tão feridos que os oficiais requisitaram carroças das fazendas, puxadas por enormes cavalos *percheron*. Levaram 10 dias para alcançar a extremidade sudoeste da floresta de Cerisy.

Schimpf recebeu o que restava da 352ª Divisão de Infantaria, que escapara da frente de batalha de Omaha. Queria avançar para a floresta junto com o batalhão de reconhecimento da 17ª SS Panzergrenadier-Division, mas o comandante do corpo, tenente-general Meindl, recusou. Disse a Schimpf que organizasse uma frente, mas que esta não passava de "uma mera linha de postos de combate avançados", com o batalhão antiaéreo como única defesa anticarro. Na verdade, a ordem de parar viera do quartel-general do VII Exército, que achou que Schimpf tinha "tropas insuficientes" e "mal treinadas para ataques". O efetivo da divisão "ficou na defesa". Mas Schimpf ainda estava convencido de que, "se os americanos, na época, tivessem lançado um ataque enérgico partindo da floresta de Cerisy, Saint-Lô cairia".

A 353ª Divisão de Infantaria do general Mahlmann tinha ainda menos veículos de transporte motorizado. As unidades mais móveis eram dois batalhões de ciclistas, chamados de *Radfahrbeweglichemarschgruppe* (Grupo de Marcha Ciclista Móvel). O resto da divisão, que seguia a pé, foi atrasado por ataques da Resistência, que causaram várias baixas, inclusive um comandante de companhia gravemente ferido. Os alemães também sofreram com os ataques aéreos aliados, que os obrigaram a se esconder em estábulos e pomares durante o dia. Outro comandante de divisão descreveu essas marchas de aproximação como um "jogo noturno de esconde-esconde". A viagem, que custou à 353ª um décimo do efetivo, levou 11 dias.

O mais famoso de todos os movimentos para a frente de batalha da Normandia foi o da 2ª SS Panzer-Division *Das Reich*. O seu comandante, SS-Brigadeführer Heinz Lammerding, fora chefe do Estado-Maior do terrível Erich von dem Bach-Zelewski, que logo seria levado para sufocar o levante de Varsóvia. A Divisão *Das Reich* se comprazia com sua brutalidade. Vivenciara a *Partisanenkrieg*, ou guerrilha, na União Soviética e participara do assassinato em massa de judeus com o Einsatzgruppe B, perto de Minsk. Quando se deslocaram da frente oriental para a região de Toulouse, em abril, os oficiais não viram razão para se comportarem de maneira diferente. Em 21 de maio, na região do rio Lot, massacraram 15 pessoas, várias delas mulheres, como represália por tiros dados contra um de seus destacamentos. No mesmo dia, todos os homens de um vilarejo foram deportados para a Alemanha.

Inspirado pelas mensagens aliadas e pelo discurso de De Gaulle pelo rádio, o levante apressadíssimo da Resistência em muitas regiões da França alarmou todos os comandantes alemães, não só os da SS. Muitos o viram como "o início de uma revolução comunista". Havia um elemento de verdade nessa opinião. Em 7 de junho, os comunistas comandaram a tomada de Tulle, capital do departamento de Corrèze, pelos FTP e causaram 122 baixas alemãs, fuzilando vários prisioneiros e mutilando alguns dos quarenta cadáveres. Nada poderia ser mais bem calculado para provocar a reação violenta da Waffen-SS.

Em 8 de junho, a *Das Reich* começou a longa viagem para o norte, partindo de Montauban. Algumas unidades chegaram a Tulle no dia seguinte. Enforcaram 99 cidadãos da cidade nas árvores das ruas. Outros duzentos foram deportados para a Alemanha. Em 10 de junho, a 3ª Companhia do Regimento *Führer* da divisão cercou a vila de Oradour-sur-Glane, 22 quilômetros a nordeste de Limoges. Seus oficiais e soldados fuzilaram os habitantes do sexo masculino e reuniram as mulheres e crianças na igreja, que incendiaram. A vila foi queimada por completo. No total, 642 pessoas morreram nesse massacre. Algumas vítimas nem eram naturais do local, mas sim crianças refugiadas de Paris e passageiros de um trem parado ali perto. Ninguém pertencia à Resistência.

A SS chegara até a escolher a Oradour errada. O comandante de companhia cuja morte vingavam na verdade fora morto em Oradour-sur-Vayres, a 24 quilômetros dali. Quase com certeza, o Regimento *Führer* foi responsável por outro massacre de 67 pessoas em Argenton, no departamento de Indre. As autoridades francesas de Vichy também se alarmaram com os relatórios sobre "regiões onde está surgindo uma horrenda guerra civil" quando alguns grupos da Resistência começaram a acertar as contas com inimigos políticos. Mas até os petainistas mais leais ficaram horrorizados com as represálias violentas da Divisão *Das Reich*.

Em Londres, o general Koenig ordenara que as FFI segurassem as divisões alemãs ao sul do Loire. O sucesso da Resistência na tentativa de atrasar a Divisão *Das Reich* foi uma das maiores contribuições à batalha pela Normandia. As redes da SOE tiveram um grande papel ao destruir os depósitos de combustível da *Das Reich* antes mesmo que partissem, sabotando vagões e locomotivas, explodindo ferrovias e organizando sequências de pequenas emboscadas. Na Dordogne, 28 integrantes da Resistência conseguiram segurar uma coluna durante 48 horas perto de Souillac. Quase todos foram mortos nesse ato corajosíssimo de autossacrifício. Os atrasos provocados, combinados aos relatórios enviados a Londres pelo rádio, deram à RAF a oportunidade de atacar a divisão em várias ocasiões, mais notadamente em Angoulême. No total, a Divisão *Das Reich* levou 17 dias para chegar à frente de batalha, 14 mais do que o esperado.

Enquanto um destacamento da 1ª Divisão de Infantaria americana avançava para leste pelo litoral para se encontrar com os britânicos perto de Port-en-Bessin, a parte principal avançou com lentidão para o sul, na direção de Caumont. Os tanques que os apoiavam faziam "serviços de borrifamento" com as metralhadoras contra possíveis posições de franco-atiradores.

Enquanto isso, à direita, a 2ª Divisão de Infantaria, recém-desembarcada, seguia para a floresta de Cerisy, a meio caminho entre Saint-Lô e Bayeux. Nenhuma das divisões percebeu que "na verdade, estavam diante de uma enorme brecha nas linhas alemãs, com mais de 15 quilômetros de largura". Tanto a 17ª SS quanto a 3ª Divisão Paraquedista argumentaram depois que seus adversários perderam a oportunidade de capturar Saint-Lô na primeira semana da invasão.

Entretanto, Rommel estava menos preocupado com essa brecha na linha de frente do que com a ameaça a Carentan. Fora lá que decidira iniciar um contra-ataque para impedir que as duas cabeças de praia americanas se unissem. Deixando o 17º batalhão SS de reconhecimento para enfrentar a 1ª Divisão, ordenou que a parte principal da *Götz von Berlichingen* seguisse para Carentan, protegida apenas pelos remanescentes do 6º Regimento Paraquedista de Heydte.

O regimento de Heydte, depois de perder um batalhão inteiro perto de Côme-du-Mont, fora obrigado a recuar rapidamente para evitar o cerco pela 101ª Divisão Aeroterrestre. Muitos homens tinham cruzado o rio Douve a nado para escapar. Em 10 de junho, Heydte defendia a borda norte de Carentan, porto interior com belas construções de pedra. Sem munição nem contato com o quartel-general do 84º Corpo do general Marcks, Heydte deu ordens para que o 6º Regimento Paraquedista se retirasse de Carentan na noite de 11 de junho. A retirada seria protegida pela retaguarda, que seguraria os paraquedistas americanos até a manhã seguinte.

Naquela noite, quando a retirada estava em andamento, o Brigadeführer Ostendorff, comandante da 17ª SS Panzergrenadier-Division *Götz von*

Berlichingen, surgiu no posto de comando de Heydte e informou-lhe que agora o comando era dele. Tinham de manter Carentan a qualquer preço. Heydte lhe disse que já dera a ordem de evacuar a cidade, sem saber que a 17ª SS estava a caminho. Se soubesse, não teria tomado aquela decisão. Ostendorff era um brutamontes de compleição robusta e aparência agradável, de cabeça raspada, mas a notícia não o deixou amistoso. Seguiu-se uma discussão furiosa, embora pouco se pudesse fazer a não ser preparar um contra-ataque para retomar Carentan no dia seguinte.

Ao amanhecer de 12 de junho, quando a 101ª Divisão Aeroterrestre entrou em Carentan, o General de Artilharia Marcks morreu em seu veículo, numa estrada a noroeste de Saint-Lô, depois de um ataque aéreo em baixa altitude dos caças aliados. Pouco antes de partir, seu chefe do Estado-Maior lhe pedira que não se expusesse ao perigo sem necessidade. "Vocês vivem se preocupando com a sua vidinha", respondeu Marcks. Um ou dois colegas suspeitaram que o desiludido Marcks queria morrer em combate, já que dois de seus três filhos já tinham morrido na guerra. A morte de Marcks e vários atrasos levaram ao adiamento do contra-ataque para 13 de junho. O que foi ótimo para os aliados. As mensagens interceptadas pelo Ultra, que incluíam pedidos para que a Luftwaffe apoiasse o ataque da 17ª SS Division, tinham revelado o plano de Rommel. Bradley, avisado com antecedência, trouxe do setor de Caumont da 1ª Divisão de Infantaria a grande unidade de combate da 2ª Divisão Blindada do brigadeiro-general Maurice Rose.

Na véspera da batalha, o Brigadeführer Ostendorff tentou levantar o moral dos homens de um modo estranho. Alertou-os para as granadas de fósforo branco, que causavam queimaduras terríveis, e da forma de lutar "astuta e sorrateira" da 101ª Divisão Aeroterrestre, mas depois acrescentou que tinham um "mau espírito de combate".

Em 13 de junho, às 5h30, o 37º SS Panzergrenadier-Regiment avançou na cerração do amanhecer, apoiado pelo fogo de artilharia. Quando se aproximaram da barragem, dispararam foguetes vermelhos para dizer às baterias que aumentassem a distância. O avanço parecia obedecer ao plano, mas quando chegaram à estrada entre Carentan e Domville caíram sob o fogo muito certeiro de franco-atiradores. Os *panzergrenadiers* descobriram que os paraquedistas americanos tinham se escondido nas árvores de toda a área. A bateria de artilharia antiaérea que os acompanhava começou a explodir sebes e árvores com os canhões quádruplos de 20 mm, mas isso levava tempo. Depois de sofrer "baixas moderadamente altas", os alemães continuaram avançando, enquanto os americanos se esgueiravam de volta para Carentan.

Os homens de Ostendorff chegaram ao limite sudoeste da cidade às 9 horas, mas de repente a ala direita teve de parar. Em vão o comandante pediu apoio de tanques. Os Shermans da 2ª Divisão Blindada tinham surgido, comandados pelo general-brigadeiro Rose no seu meia-lagarta aberto. Os *panzergrenadiers*, sem dispor de armas anticarro, nem mesmo de *panzerfausts* leves, recuaram em confusão. No início da tarde, os próprios americanos atacaram com toda a força, com o apoio de caças-bombardeiros. A posição mais importante era uma colina na extremidade sul de Carentan que tinha sido ocupada por *Osttruppen* que fugiram assim que o comandante alemão morreu. Ostendorff ficou furioso com a sua nova divisão, que sofrera um revés humilhante. Culpou a Luftwaffe por não aparecer e depois Heydte, por ter abandonado Carentan.

O tenente-general Von der Heydte, de nariz aquilino e inteligência aguçada, era demasiado independente, para não dizer arrogante, na opinião dos oficiais alemães mais graduados. Sem dúvida, demonstrava pouco respeito por Ostendorff e não tentava esconder a opinião de que a recém-formada divisão *Götz von Berlichingen* tivera mais instrução sobre a ideologia da SS do que sobre princípios militares sólidos. Heydte afirmava que, durante a batalha, teve até de ordenar aos seus paraquedistas que buscassem de volta, sob a mira das armas, os *panzergrenadiers* em fuga. Ostendorff o convocou ao quartel-general da 17ª SS Division para ser interrogado pelo juiz militar designado para a divisão quanto à responsabilidade pela perda de Carentan. Embora acusado de covardia por Ostendorff, Heydte evitou a corte marcial acima de tudo por ter acabado de receber a Cruz de Cavaleiro com Folhas de Carvalho. O major-general Pemsel, chefe do Estado-Maior do VII Exército, não acreditou na versão de Heydte para os fatos, mas o general Meindl, comandante do 2º Corpo Paraquedista, ordenou a sua soltura. De qualquer modo, os comandantes alemães tinham problemas mais graves em que pensar. No dia seguinte, o avanço americano ligou as cabeças de praia de Utah e Omaha.

12

FRACASSO EM CAEN

À meia-noite de 6 de junho, o major-general Pemsel, chefe do Estado-Maior do VII Exército, telefonou para os comandantes da 21ª Panzer-Division e da 716ª Divisão de Infantaria. Passou-lhes a ordem do OKW de que o contra-ataque do dia seguinte tinha de chegar ao litoral "sem falha" para reforçar os defensores das fortificações que ainda se aguentavam. O general Richter, da 716ª, disse-lhe que "a comunicação entre a divisão e os postos de comando dos regimentos e batalhões não existe mais", e por isso não fazia ideia das posições que ainda se mantinham e quais tinham sido tomadas. Na verdade, a 716ª Divisão de Infantaria praticamente deixara de existir, e seus duzentos sobreviventes retiraram-se dois dias depois.

Embora a 3ª Divisão britânica tivesse capturado a maior parte das posições defensivas que impediram seu avanço no Dia D, a mais poderosa de todas ainda se aguentava no flanco direito. Era a estação de radar da Luftwaffe perto de Douvres-la-Délivrande, que se transformara numa verdadeira fortaleza subterrânea. Também dispunha de uma linha telefônica enterrada que a ligava a Caen, de modo que os defensores podiam atuar como observadores da artilharia. Os canadenses que tentaram eliminá-la enfrentaram um duro combate. Também tiveram de limpar a floresta perto da estação de radar vigorosamente defendida, que era como "uma colmeia, com trincheiras, abrigos e túneis".

A 21ª Panzer-Division, depois do ataque malsucedido no fim da tarde do Dia D, ficou sob o comando do 1º SS Panzerkorps. Seu comandante era o Obergruppenführer Sepp Dietrich, que tinha sido aprendiz de açougueiro e depois, na Primeira

Guerra Mundial, soldado da linha de frente. No caos depois do Armistício, quando a Alemanha estava à beira da guerra civil, Dietrich se alistou no Freikorps. Um dos primeiros filiados ao Partido Nazista, em 1928, tornou-se comandante da guarda pessoal SS de Hitler. Mais tarde, essa unidade foi a base da 1ª SS Panzer-Division *Leibstandarte Adolf Hitler*, que lutou na França, nos Bálcãs e na frente oriental sob o comando de Dietrich. Deliberadamente, Goebbels o retratou como herói do povo comum, para contrabalançar a aristocracia do Exército regular. Embora mais honesto do que a maioria de seus graduados camaradas da Waffen-SS, no campo de batalha Dietrich era um comandante violento e pouco inteligente. De acordo com o general e Blindados Heinz Eberbach, que mais tarde substituiu Geyr von Schweppenburg, "sob seu comando a *Leibstandarte* matou milhares de judeus".[1]

No início da manhã de 6 de junho, quando a notícia do desembarque chegou, Dietrich estava em Bruxelas com o quartel-general do 1º SS Panzerkorps. Imediatamente, Rundstedt convocou-o para ir a Paris. Dietrich assumiria o comando da 12ª SS Panzer-Division *Hitler Jugend*, da Panzer Lehr Division, da 21ª Panzer-Division e dos remanescentes da 716ª Divisão de Infantaria. O corpo, então, atacaria os britânicos perto de Caen na madrugada do dia seguinte e os varreria até o mar. Mas a eficácia dos ataques aéreos aliados e o atraso da partida da *Hitler Jugend* e da Panzer Lehr acabaram com o plano.

Dietrich chegou naquela noite ao quartel-general da 21ª Panzer-Division de Feuchtinger em Saint-Pierre-sur-Dives. Feuchtinger estava no posto de comando da 716ª Divisão de Infantaria, num túnel na orla de Caen. Dietrich explodiu ao saber que Feuchtinger esquecera de levar o rádio consigo. Em seu lugar, o chefe do Estado-Maior da divisão, coronel Freiherr von Berlichingen, descendente do cavaleiro "de punho de ferro", aventurou-se a sugerir que duas divisões *panzer* não eram suficientes para mandar os britânicos e canadenses de volta. Sem dúvida deviam esperar que a Panzer Lehr Division se unisse a eles. Dietrich respondeu, em termos bem claros, que só as duas formações estavam disponíveis e que ele deveria fazer imediatamente a ligação com a *Hitler Jugend* para planejar o ataque.

O Brigadeführer Fritz Witt, comandante da *Hitler Jugend*, mandou o Standartenführer Kurt Meyer conversar com Feuchtinger e Richter no túnel do quartel-general perto de Caen. Meyer, comandante do 25º SS

---

[1] Provavelmente, em Taganrog, no sul da Rússia. No início de 1942, a divisão também assassinou 4 mil prisioneiros soviéticos.

Panzergrenadier-Regiment, era um nazista de dedicação absoluta e combatente implacável. Alto, de olhos azuis e boa aparência, era o belo ideal de líder da Waffen-SS. Seus homens o chamavam, com admiração, de "Panzer Meyer". Nas primeiras horas de 7 de junho, ele finalmente chegou ao quartel-general da 716ª. A entrada estava atravancada de feridos. Ele disse a Richter:

— Levei umas oito horas para encontrá-lo aqui. Passei mais de quatro horas em valas na estrada por causa dos ataques aéreos. As colunas da divisão que estão em marcha vêm sofrendo pesadas baixas. – A *Hitler Jugend* chamava os caças-bombardeiros aliados de "varejeiras".

Durante a reunião, depois de estudar as marcações do mapa, Meyer desdenhou com arrogância a preocupação de Feuchtinger com o poderio inimigo.

— Peixe pequeno! — disse. — Vamos jogá-los de volta no mar pela manhã.

Mas o grande contra-ataque teve de ser adiado. A Panzer Lehr, vinda do sul, continuou a sofrer com os ataques aéreos, mais ainda do que a *Hitler Jugend*. A perda desastrosa de combustível, devida aos ataques aéreos aliados, também fez com que tivessem de usar quase toda a reserva de combustível de Richter. Este também afirmou que teve de transferir o hospital de campanha da divisão para perto de Falaise outra vez, porque, apesar de "claramente marcado com cruzes vermelhas", foi bombardeado e metralhado por aviões aliados diversas vezes.

A complicação da estrutura de comando alemã aumentou muito a confusão. O VII Exército era responsável pelo litoral, mas o 1º SS Panzerkorps passou a fazer parte do Panzergruppe West do general Geyr von Schweppenburg. Mais tarde, o próprio Geyr escreveu: "Num momento em que tudo dependia de ação rápida, apenas duas divisões panzer e três quartos de uma recebiam ordens dos seguintes quartéis-generais: 1º SS Panzerkorps, Panzergruppe West, VII Exército em Le Mans, Grupo B de Exércitos, OB West e OKW".

Geyr, que, como Guderian, acreditava na importância de um contra-ataque blindado maciço, ficou abalado ao descobrir como fora eficaz o bombardeio aliado de cidades importantes ao bloquear as estradas próximas. Depois de se opor vigorosamente à ideia de desdobrar as divisões *panzer* perto do litoral, ainda se recusava a admitir que o respeito saudável de Rommel pelo poderio aéreo aliado fora mais previdente. Geyr pagaria por essa arrogância alguns dias depois, quando as mensagens interceptadas pelo Ultra identificaram a localização de seu quartel-general.

* * *

No final do Dia D, os comandantes britânicos da cabeça de praia de Sword tinham subestimado o fato de não tomarem Caen com o otimismo enganoso de que "podemos tomá-la amanhã". O rechaço da 21ª Panzer-Division criara esperanças exageradas. Ainda não tinham enfrentado a *Hitler Jugend* e também deixaram de avaliar que o armamento mais eficaz dos blindados da 21ª não eram os tanques, mas os 24 canhões anticarro de 88 mm.

Quer a causa fosse o recuo da 21ª Panzer-Division – os ataques constantes dos caças-bombardeiros às estradas ou os canhões navais atingindo alvos bem para o interior –, o boato apavorado de que Caen caíra se espalhou pelos soldados da retaguarda alemã. Em 7 de junho, essa "notícia alarmante", como dizia o 1º SS Panzerkorps, levou o chefe do Estado-Maior a enviar destacamentos da Feldgendarmerie para as estradas que seguiam para Falaise. Os que fugiam, nessa "ralé de coração fraco que, no Ocidente, se desacostumou da guerra", foram presos. De qualquer modo, o 1º Panzerkorps desprezava os britânicos por não terem atacado enquanto a força alemã não conseguia trazer reforços com a rapidez necessária.

Além do problema criado pela defesa prolongada de Hillman e da insuficiência de unidades blindadas para seguir lutando até Caen, o general de divisão John Crocker, comandante do 1º Corpo britânico, cometera um erro grave. Na tarde do Dia D, temendo um grande contra-ataque a leste do rio Orne, tirou da 9ª Brigada de Infantaria a tarefa de atacar entre Caen e Carpriquet e mandou-a apoiar a divisão aeroterrestre. Essa transferência também contribuiu para aumentar a perigosa brecha entre os canadenses e a 3ª Divisão britânica.

Em 7 de junho o ataque a Caen recomeçou, com combates junto ao limite norte da cidade, perto da vila de Lebisey e de seus bosques. Mesmo com apoio de artilharia pesada, a 185ª Brigada sofreu muitas baixas. A 21ª Panzer-Division conseguiu se organizar e estabeleceu posições eficazes em terreno mais elevado, diante de Caen e mais à frente até Bénouville, onde os *panzergrenadiers* do major Hans von Luck ainda lançavam contra-ataques contra a 6ª Divisão Aeroterrestre.

O 2º Batalhão do Real Regimento de Warwickshire, antigo regimento de Montgomery, participou do ataque perto de Lebisey. Por ordem de seu comandante, o pelotão anticarro, com seis reboques de metralhadoras Bren tracionando os canhões, atacou por uma estrada afundada, com margens altas. Os tiros passavam bem sobre a cabeça dos soldados, que pouco podiam ver. De repente, viram-se em Lebisey, no meio de um regimento *grenadier* da

21ª Panzer-Division. Passaram por um Mark IV, viraram à direita, pela retaguarda inimiga, e pararam num trigal para desdobrar os canhões anticarro.

— Ação na retaguarda! – berrou o tenente.

Os rapazes de Birmingham praguejaram alegremente ao levar os canhões para trás e disparar. Mas nisso uma granada explodiu o reboque e a explosão os derrubou.

Tentaram se esgueirar de volta à linha, mas foram capturados e levados para a floresta de Lebisey. Os *panzergrenadiers* eram muito despreocupados e "elegantes". Perguntaram aos prisioneiros o que queriam tomar: leite ou vinho? Nisso, granadas do HMS *Warspite* começaram a rugir no alto. O alemão que os guardava disse ao tenente:

— Acho que é melhor abrirmos uma trincheira, não é? — e os dois começaram a cavar juntos.

Sentaram-se lado a lado na trincheira enquanto o bombardeio continuava, ambos se encolhendo toda vez que passava uma granada.

— Daqui a poucos dias vocês estarão de volta no mar — comentou o alemão.

— Sinto muito — respondeu Bannerman. — Daqui a uma semana, estaremos em Paris. — Concordando em discordar, o *panzergrenadier* mostrou uma foto da noiva. O tenente retribuiu o cumprimento mostrando a fotografia da esposa. Não conseguia parar de pensar que, há apenas meia hora, estavam tentando se matar.

Enquanto isso, o general Crocker havia transferido a 9ª Brigada de volta ao setor original, logo à direita da 185ª Brigada. Essa área, como o setor canadense, consistia em terreno suavemente ondulado, com trigais, casas de pedra cercadas de pomares e capões de mato que ocultavam canhões anticarro. Os fazendeiros tinham guardado as vacas e os cavalos, na esperança de que ficassem mais protegidos nos estábulos e terreiros. Alguns assistiam à luta do sótão, com a família abrigada no porão. Mas boa parte da luta e do bombardeio se concentrava nas construções. No povoado de Gruchy, perto de Buron, nove de cada dez casas foram destruídas ou muito avariadas. Os alemães saquearam a sidra e o *calvados* das adegas e vários beberam até cair.

O 2º Batalhão dos Reais Fuzileiros do Ulster realizou uma valente carga cruzando trigais desprotegidos na direção da vila de Cambes. Abriram caminho lutando, mas um destacamento recém-chegado da 12ª SS *Hitler Jugend* obrigou-os a recuar. Os Fuzileiros do Ulster tiveram de deixar os feridos da Companhia

D numa vala perto da vila. Tinham certeza de que, depois, os jovens soldados da *Hitler Jugend* matariam todos os que ali jaziam.

Mais para a direita da 9ª Brigada, os canadenses também enfrentaram destacamentos da *Hitler Jugend* quando reiniciaram o avanço rumo ao campo de pouso de Carpiquet. Depois que o Standartenführer Meyer estabeleceu o posto de comando na Abadia d'Ardennes, o seu 25º Panzergrenadier-Regiment deveria atacar às 16 horas, de Caen para Saint-Luc-sur-Mer, a oeste da ferrovia, enquanto a 21ª Panzer-Division avançaria a leste. Mas a aproximação dos canadenses fez com que decidissem atacar de imediato. Foi passada a ordem para o batalhão blindado da *Hitler Jugend*: "*Panzer, March!*" Eles pegaram de surpresa os Fuzileiros de Sherbrooke, regimento blindado canadense, e rapidamente recapturaram a vila de Authie. Mas, em seu avanço triunfante, os tanques da *Hitler Jugend*, por sua vez, foram surpreendidos pelos canhões anticarro canadenses bem posicionados. Logo, Meyer enviou os tanques que tinham recuado para outro confronto, dessa vez concentrado na vila de Buron. A luta naquela tarde terminou num empate sangrento, com os ataques britânicos, canadenses e alemães num impasse.

Os britânicos tiveram um dia bem melhor na frente de Bayeux, a oeste. Durante a noite, as patrulhas tinham verificado que a cidadezinha fora quase totalmente evacuada pelo governo alemão. Assim, o Regimento de Essex e o dos Fronteiriços de Gales do Sul, apoiados pelos Rangers de Sherwood, conseguiram libertar Bayeux em 7 de junho, com poucas avarias. "Fomos os primeiros soldados a entrar na cidade", escreveu Christopherson, que comandava o Esquadrão A dos Rangers de Sherwood, "e ficamos quase aliviados ao descobrir que, com exceção de fortificações isoladas na cidade e de um ou outro franco-atirador, não havia alemães à vista, o que evitou danos aos lindos prédios históricos. Tivemos uma recepção muito entusiasmada e espontânea dos moradores, que pareciam genuinamente felizes de nos receber e demonstraram a alegria jogando flores nos tanques e distribuindo sidra e comida entre os homens."

No sul da cidade, um ninho de metralhadoras inimigas se aguentou numa casa, que pegou fogo quando os tanques dos Rangers de Sherwood a metralharam. "Depois de pouquíssimo tempo, um toque de sino anunciou a chegada da brigada de bombeiros de Bayeux, guarnecida por uma equipe completa, todos de capacete brilhante. Sem ligar para o fogo de metralhadora, pararam a batalha, entraram na casa, extinguiram o incêndio e fizeram sair a guarnição da metralhadora alemã."

No dia seguinte, 8 de junho, os Rangers de Sherwood voltaram a se juntar à 8ª Brigada Blindada para o avanço rumo ao sul. Desviando-se dos canhões anticarro, ocuparam um terreno elevado, 11 quilômetros a sudeste de Bayeux, conhecido como Cota 103. Esse morro dava para as vilas de Tilly-sur-Seulles e Fontenay-le-Pesnel, que os soldados britânicos apelidaram de "Piss in the Fountain". No caminho, o maior perigo foram os fuzileiros aqui e ali, que atiravam na cabeça dos comandantes dos tanques. Mas, no dia seguinte, os Rangers de Sherwood e o 6º Regimento de Infantaria Leve de Durham caíram repentinamente sob ataque.

A Panzer Lehr Division finalmente chegara à frente de batalha. Seu comandante, tenente-general Fritz Bayerlein, ainda estava furioso com a ordem do general de Exército Dollmann de se deslocar durante o dia. Os Typhoons da RAF, armados de foguetes, e os esquadrões de Lightnings americanos tinham surgido quase de imediato, na tarde de 6 de junho, e destruído vários veículos. Os homens de Bayerlein avançaram sob a proteção da escuridão, na esperança de ocupar posições camufladas antes da madrugada, mas o general Dollmann ordenara que a divisão continuasse em frente. O primeiro ataque aéreo os atingiu às 5h30 da manhã seguinte. Os tanques e meias-lagartas, já camuflados com galhos e folhas, correram para a proteção dos bosques e pomares, mas havia demasiados espaços abertos. De acordo com Bayerlein, os homens apelidaram a estrada reta a nordeste de Vire de "pista de corrida de caças-bombardeiros". Ele afirmou que, no fim do dia, a divisão tinha perdido cinco tanques, 84 meias-lagartas e canhões autopropulsados e 130 viaturas pesadas, mas quase com certeza isso era um grande exagero.[2]

Na manhã de 8 de junho, quando os elementos avançados da Panzer Lehr atacaram rumo ao norte, partindo de Tilly-sur-Seulles, os Rangers de Sherwood e a Infantaria Leve de Durham receberam todo o impacto. "Foi um dia terrível para o regimento", escreveu Christopherson em seu diário. Seu esquadrão perdeu quatro tanques na Cota 103. Um dos comandantes de pelotão foi morto, assim como o segundo no comando, o poeta e capitão Keith Douglas. Este, que fazia um reconhecimento a pé, "foi atingido na cabeça por um estilhaço de rojão de morteiro quando corria por uma trincheira rumo ao seu tanque". Morreu na hora. Douglas era o esquisitão desse regimento da Yeomanry. Não

---

2 Mais tarde, o comandante da companhia de reparação e manutenção da Panzer Lehr escreveu que o número de 84 meias-lagartas perdidos correspondia a todo o mês de junho.

caçava, não cavalgava nem mostrava interesse por atividades campestres. Em seu poema sobre o regimento, intitulado "Aristocratas", escreveu:

> How can I live among this gentle
> obsolescent breed of heroes, and not weep?
>
> [Como posso viver em meio a essa gentil
> raça obsolescente de heróis e não chorar?]

Mas o regimento sempre recordou Douglas pela bravura, mais do que apenas por ser diferente. No norte da África, ele abandonara o posto no Cairo, se arriscando a ser acusado de deserção, para se unir ao seu esquadrão quando a luta era mais feroz. "Eu gosto do senhor", disse-lhe o seu ordenança. "Com o senhor é tudo ou nada, se é."

Christopherson escreveu no diário: "Em ação, tinha coragem incansável e sempre demonstrava iniciativa e total desdém pela segurança pessoal. Às vezes, parecia até meio temerário, talvez por conta da miopia, que o obrigava a usar grandes óculos de lentes grossas." Leslie Skinner, o capelão do regimento que recordou a conversa dos dois, no domingo anterior ao Dia D, em que o jovem capitão falara da morte iminente, fez o funeral de Douglas ao lado da sebe onde morrera.

Três dias depois, os Rangers de Sherwood, mais uma vez perto da Cota 103, sofreram outro desastre. Uma granada de artilharia explodiu ao lado do tanque do quartel-general do regimento, chamado de "Robin Hood", bem quando um grupo recebia ordens. O oficial comandante, Michael Laycock, irmão de Robert Laycock, general de brigada e comandante de operações especiais, foi morto juntamente com o ajudante de ordens e o oficial de comunicações. George Jones, o ajudante de ordens, era filho do lenhador-chefe da propriedade dos Laycock. O comandante do grupo de reconhecimento e o sargento de comunicações também ficaram gravemente feridos. Os Rangers de Sherwood tinham perdido dois oficiais comandantes em menos de uma semana. Christopherson, como oficial mais antigo, assumiu o comando.

O Padre Skinner, capelão metodista, raramente descansava naqueles dias de funerais, tendo ido buscar os corpos pessoalmente e com altruísmo. Homem miúdo e moreno, com forte sotaque de Yorkshire, Skinner era muito amado. Não queria que os soldados tivessem de realizar a tarefa horrível de raspar, dentro de um tanque "fritado", os restos carbonizados dos camaradas. Os Shermans, que usavam gasolina e não óleo diesel, eram famosos por pegar fogo. Os americanos lhes deram o apelido de "Ronsons" (por causa do isqueiro dessa marca) e os alemães os chamavam de "fogão de campanha". Para todos os soldados das unidades blindadas, a ideia de ficar encerrado num casco em chamas era o maior temor. Para ocultar a ansiedade, os comandantes de tanques britânicos tendiam a falar pelo rádio com voz lenta e preguiçosa.

O ataque da Panzer Lehr em 8 de junho foi interrompido, em parte, pela resistência ao norte de Tilly-sur-Seulles, mas também porque, no meio da tarde, Sepp Dietrich ordenou que a divisão recuasse e depois avançasse para noroeste, rumo a Bayeux. A confusão no comando alemão estava fragmentando o contra-ataque imediato dos *panzers* na direção do litoral que Geyr von Schweppenburg tanto queria. Mais tarde, ele reclamou que "perderam o momento psicológico [...] para dar um golpe duro nos britânicos". Mas ainda estava decidido a desferi-lo.

Em 9 de junho, os britânicos e canadenses a oeste do Orne continuaram a atacar, tentando forçar o avanço, uma vila fortificada de cada vez. No mesmo dia, planejou-se um ataque a Cambes com um batalhão inteiro apoiado por artilharia e pelos canhões do cruzador HMS *Danae*. O 2º Batalhão dos Reais Fuzileiros do Ulster avançou até a linha de partida para o ataque. E olharam a imensa extensão de trigais ondulantes pela qual teriam de atacar. Um jovem comandante de pelotão recordou-se das piadas nervosas dos homens que aguardavam a ordem de avançar enquanto a barragem de artilharia e naval passava por cima de suas cabeças.

— A última vez que estive num trigal foi com a minha namorada, foi tudo tranquilo e em paz.

— Espero que aqueles malditos barcos parem de atirar quando chegarmos lá.

— Parece muito longe, senhor. Vamos parar para um chá no meio do caminho?

O trigo verde, que chegava à coxa, dava a impressão de boa cobertura, mas, quando o avanço começou, logo descobriram que não oferecia proteção alguma. "Isso ficou bem óbvio", escreveu o tenente, "quando vimos o número assustador de homens cambaleando e caindo na plantação". Uma companhia perdeu os três comandantes de pelotões.

Os Fuzileiros do Ulster foram apoiados pelos Shermans da Yeomanry Montada do Leste, que destruiu um *panzer* Mark IV. No entanto, um canhão alemão de 88 mm escondido atingia um tanque britânico atrás do outro. Com grande coragem diante dos ninhos de metralhadoras, os Fuzileiros do Ulster forçaram o avanço para tomar Cambes e ali se proteger. Mas, quando contaram as baixas, descobriram que tinham perdido 11 oficiais e 182 praças.

O Regimento Fronteiriço Escocês do Rei chegou ao anoitecer para reforçar o batalhão desfalcado, bem na hora em que começou uma concentração súbita de fogo de morteiros. Um dos escoceses, para se proteger das explosões, pulou na trincheira mais próxima, deu um tapinha nas costas do ocupante e disse: "E aí, Paddy,[3] seu velho filho da mãe, quem diria que a gente ia se encontrar de novo?". E descobriu que acabara de saudar o oficial comandante dos Fuzileiros do Ulster.

Na noite anterior, a *Hitler Jugend*, comandada por Panzer Meyer numa motocicleta, atacou Norrey e Bretteville-l'Orgueilleuse com tanques Pantera, unidades de reconhecimento e *panzergrenadiers*. Os Fuzileiros Regina estavam à espera. À luz morta das tochas de magnésio lançadas de paraquedas, os canhões anticarro causaram pesadas baixas. Os soldados da SS foram forçados a recuar.

Em 9 de junho, entretanto, a maioria dos ataques foi rechaçada quando o 1º Panzerkorps levou mais tanques para a linha de frente para ajudar os *panzergrenadiers* a ocupar uma linha de partida para o ataque ao litoral. A artilharia britânica e canadense, complementada pelos canhões navais, mostrou-se extremamente eficaz para fragmentar os destacamentos de *panzers*. Mas, novamente, os canhões anticarro dos Fuzileiros Regina esmagaram outro ataque de uma companhia de Panteras. O comandante da unidade *panzer* descreveu como o seu blindado acabou parando. "Quando olhei à esquerda para conferir a situação, vi a torre ser arrancada do *panzer* que seguia no flanco esquerdo. No mesmo instante, depois de outra explosão, meu blindado começou a arder. A munição de metralhadora pegou fogo e houve um barulho crepitante, como fogo em madeira seca." Ele conseguiu escapar do blindado com queimaduras graves. Dos 12 tanques, somente cinco voltaram. Mais tarde, um oficial da *Hitler Jugend* que assistia à cena escreveu: "Quase chorei de raiva e tristeza".

A *Hitler Jugend* foi forçada a admitir que esses "ataques de surpresa" que tinham funcionado tão bem contra o Exército Vermelho na frente oriental não davam certo na Normandia. Mas, antes do amanhecer de 10 de junho, houve

---

3 *Paddy* é uma gíria britânica depreciativa para designar os irlandeses; o Ulster é uma província da Irlanda. (*N.T.*)

outro ataque frontal a Norrey, dessa vez com o batalhão de sapadores seguindo junto com os *panzergrenadiers*. Mais uma vez, foi rechaçado. Mais tarde, o corpo de Otto Toll, comandante de companhia de sapadores, foi encontrado. "Ele tentara fazer um torniquete usando a fita da Cruz de Cavaleiro e uma lanterna, com certeza para interromper o sangramento de uma artéria."

A luta fora impiedosa. Houve acusações de crimes de guerra dos dois lados. Num tribunal depois da guerra, os oficiais do 26º Panzergrenadier Regiment da *Hitler Jugend* afirmaram ter fuzilado três prisioneiros canadenses em 9 de junho, em retaliação por um incidente da véspera. Em 8 de junho, ao sul de Cristot, um destacamento do regimento blindado de reconhecimento das Inns of Court[4] surpreendeu um pequeno grupo de um regimento de artilharia da Panzer Lehr, inclusive o comandante. Os britânicos mandaram os prisioneiros subir na frente dos veículos, porque não havia espaço dentro. Os alemães se recusaram, afirmando que isso os transformaria em escudo humano. De acordo com o capitão Graf Clary-Aldringen, dois oficiais britânicos surraram o Oberst Luxenberger, veterano que perdera um braço na Primeira Guerra Mundial, e depois o amarraram a um dos veículos. Ao partir, metralharam os outros que ainda se recusavam a subir. Mas o grupo das Inns of Court topou com uma posição anticarro alemã. Seus dois oficiais foram mortos e o coronel Luxenberger, mortalmente ferido.

Além desse incidente, a *Hitler Jugend* também tentou justificar suas ações com base em que tinham capturado ordens canadenses que mandavam os soldados não fazer prisioneiros caso isso retardasse o avanço. Os soldados britânicos e canadenses, principalmente nos regimentos blindados que não tinham infantaria para escoltar os cativos para a retaguarda, às vezes mataram mesmo os prisioneiros. Mas o argumento da *Hitler Jugend* não parece muito convincente, ainda mais porque se calcula que 187 soldados canadenses foram executados nos primeiros dias da invasão, quase todos por integrantes da 12ª Divisão SS. E as primeiras mortes aconteceram em 7 de junho, antes do incidente perto de Cristot. Uma francesa de Caen, que fora até Authie para ver se a tia estava bem, descobriu "uns trinta soldados canadenses massacrados e mutilados pelos alemães". Mais tarde, os Reais Fuzileiros de Winnipeg descobriram que a SS tinha matado 18 homens seus que foram aprisionados e interrogados no posto

---

4 Em Londres, as Inns of Court são associações profissionais de advogados; todos os advogados ingleses e galeses têm de se filiar a uma delas. (*N. T.*)

de comando de Meyer na abadia d'Ardennes. Um deles, o major Hodge, teria sido decapitado.

Provavelmente, a *Hitler Jugend* era a mais doutrinada de todas as divisões da Waffen-SS. Muitos comandantes importantes vinham da 1ª SS Panzer-Division *Leibstandarte Adolf Hitler*. Tinham se formado na *Rassenkrieg*, ou "guerra das raças" da frente oriental. O pior batalhão parece ter sido o de reconhecimento, cujo comandante, Bremer, era conhecido na divisão como "temerário". O próprio Meyer foi acusado de matar cinquenta judeus perto de Modlin, na Polônia, em 1939, e durante a invasão da União Soviética dizem que ordenou o incêndio de um vilarejo perto de Kharkov. Todos os habitantes foram assassinados. A propaganda nazista e a luta na frente oriental os brutalizaram, e eles viam a guerra no ocidente da mesma forma. Matar prisioneiros aliados era considerado vingança pelo "bombardeio terrorista" das cidades alemãs. De qualquer modo, o azedume entre os canadenses e os soldados da *Hitler Jugend* virou um círculo vicioso durante toda a batalha da Normandia.

Todos os quartéis-generais da Normandia logo descobriram, às próprias custas, que tinham de recorrer cada vez mais ao rádio. O bombardeio e o canhoneio, sem falar da Resistência e dos soldados aeroterrestres, tinham destruído várias linhas telefônicas na área da invasão. Era o bônus que os decodificadores de Bletchley Park estavam esperando. O chefe do Serviço Secreto de Informações passou a Churchill o primeiro lote.[5] Em 8 de junho, interceptaram um relatório do general Marcks afirmando que a 716ª Divisão de Infantaria perdera pelo menos dois terços do efetivo e que "os homens mostram sinais de exaustão nervosa". Houve também um aviso, recebido tarde demais, do ataque da *Hitler Jugend* na noite de 8 de junho. No dia seguinte, o general Meindl, do 2º Corpo Paraquedista, se queixou de que "a maioria das linhas terrestres está interrompida. As operações são muito dificultadas pela demora considerável na transmissão das ordens". Em 10 de junho, foi interceptada uma mensagem que dizia, "por ordem do comandante em chefe do Ocidente às 10h30, total destruição do porto de Cherbourg a começar imediatamente". Também

---

5 Evidentemente, Churchill detestava ou não conseguia entender o relógio de 24 horas, de modo que "C", chefe do Serviço Secreto de Informações, costumava riscar o horário e inserir a versão inglesa mais comum, de 12 horas, com "a.m." ou "p.m." para indicar, respectivamente, antes ou depois do meio-dia.

descobriram que o medo de outra invasão na Bretanha levara a Luftwaffe a destruir na mesma hora quatro campos de pouso. Entretanto, o maior golpe veio com duas mensagens que revelavam a localização do quartel-general do Panzergruppe West. Para preservar o segredo do Ultra, um avião foi mandado antes para sobrevoar o alvo.

Geyr von Schweppenburg planejava o maior ataque para o anoitecer de 10 de junho. Pouco depois da aurora, subiu na torre da abadia d'Ardennes, do lado oeste da cidade, onde estabelecera o posto de comando do 25º SS Panzergrenadier-Regiment. Examinou o terreno à frente com binóculos poderosos. Conhecia bem a região desde o último verão de 1940, quando treinara o 24º Corpo para a invasão da Inglaterra. Enquanto estava lá em cima, viu bombardeiros britânicos atacarem o regimento *panzer* da *Hitler Jugend*, o que lhe confirmou a decisão de que só eram possíveis ataques noturnos.

Naquela tarde, Rommel foi visitá-lo no posto de comando, no terreno do castelo de La Caine, perto de Thury-Harcourt. Geyr lhe contou o plano e, embora os dois preferissem atacar mais na direção de Bayeux, essa mudança retardaria o ataque. Rommel também queria saber qual seria o próximo passo. Geyr citou o princípio napoleônico de "*s'engager puis voir*" [lutar e depois ver]. Rommel concordou e se despediu. Geyr avisou-o do perigo dos caças-bombardeiros aliados, mas o seu quartel-general era o alvo mais tentador. Pouco depois da partida de Rommel, chegou da Divisão Panzer Lehr a notícia de que cerca de sessenta tanques britânicos tinham rompido a linha, indo de Bretteville-l'Orgueilleuse rumo a Tilly-sur-Seulles. Geyr afirmou que, por não ter reservas à disposição, sentiu-se obrigado a cancelar o ataque noturno perto de Caen. Na verdade, esse ataque já estava derrotado, mas surgiu uma razão muito mais forte para cancelar a ofensiva daquela noite.

Os esquadrões de Typhoons da RAF, armados de foguetes, vieram voando baixo, os pilotos bem informados sobre o alvo. Depois, seriam seguidos por ondas de bombardeiros médios Mitchell. Espantosamente, o quartel-general de Geyr e seus veículos no parque do castelo não tinham sido adequadamente camuflados. O efeito foi devastador. O chefe do Estado-Maior morreu e "todo o pessoal da seção de operações também, assim como a maioria dos oficiais do escalão de vanguarda", escreveu Geyr mais tarde. O batalhão de comunicações foi praticamente varrido do mapa. O próprio Geyr ficou ferido, mas o choque psicológico foi muito maior. Ele só conseguiu reassumir o comando do Panzergruppe West no final do mês.

Não haveria mais tentativas de lançar um grande contra-ataque *panzer* contra o II Exército britânico antes que o 2º SS Panzerkorps chegasse da frente oriental. A falta de reforços de infantaria, devida ao tempo necessário para marchar à noite para a frente de batalha, fez com que as divisões *panzer* tivessem de ser divididas em *Kampfgruppen*, ou grupos de combate, para manter a linha. Isso desorganizou completamente os planos alemães de concentrar as forças blindadas e empurrar os aliados de volta ao mar. Agora, o máximo que podiam fazer era manter a frente, principalmente contra os britânicos, para evitar o rompimento na direção de Paris. A esperança britânica de aumentar a cabeça de praia, portanto, se frustrou. O campo aberto a sudeste de Caen continuou fora de alcance e todas as ideias de fazer a curva em Caen, como Montgomery afirmara que faria, se tornaram impossíveis de se concretizar. Assim, nos primeiros dias, determinou-se o padrão da batalha de desgaste.

Montgomery teve de mudar de abordagem, embora mais tarde se recusasse a admitir. Em 10 de junho, acompanhado pelo general Dempsey, teve uma reunião com o general Bradley num campo perto de Port-en-Bessin, onde os setores britânico e americano tinham se reunido. Com o mapa aberto no capô do automóvel Humber do Estado-Maior, explicou o plano remendado. Em vez de um ataque direto a Caen, agora ele criaria um movimento em pinça sobre a cidade. A 51ª Divisão Highland e a 4ª Brigada Blindada atacariam ao sul da cabeça de ponte, a leste do Orne, para tomar Cagny. Enquanto isso, a 7ª Divisão Blindada faria uma curva à direita, partindo de onde estavam no interior, para tomar Évrecy. Zarpariam naquele mesmo dia.

A parte mais ousada do plano era o salto perto de Évrecy da 1ª Divisão Aeroterrestre, sua reserva na Inglaterra. Essa ideia sofreu oposição ferrenha de Leigh-Mallory, que afirmou que os aviões de transporte não podiam se arriscar a fazer o lançamento durante o dia por causa do fogo antiaéreo alemão na região de Caen. O lançamento noturno também estava fora de questão, porque teriam de sobrevoar os navios aliados ao largo e a Marinha Real britânica se recusava a conceder um cessar-fogo devido aos ataques da Luftwaffe durante as horas de escuridão. Furioso, Montgomery escreveu para Freddie De Guingand, o seu chefe do Estado-Maior no quartel-general da retaguarda, no 21º Grupo de Exércitos, na Inglaterra, declarando que Leigh-Mallory era um "covarde filho da mãe".

O plano de cercar Caen era extremamente fora do seu estilo. Montgomery costumava ser criticado por demorar demais para montar uma operação. Estaria apenas reagindo à crise com o melhor plano disponível nas circunstâncias? Ou haveria também um traço de exibicionismo, para desviar a atenção do fato de que o II Exército não alcançara seus objetivos?[6] Em 11 de junho, dia seguinte à reunião com Bradley, Montgomery escreveu a De Guingand que o seu objetivo geral era "atrair os alemães para o II Exército, de modo que o I Exército [americano] possa se estender e se expandir". Essa avaliação bem mais modesta não combinava com suas declarações belicosas anteriores. "A inação e a mentalidade defensiva são criminosas em qualquer oficial, por mais graduado que seja", dissera a oficiais graduados dois meses antes da invasão. "Todo oficial e todo soldado deve se entusiasmar com a luta e ter nos olhos a luz da batalha." Deveriam "atacar a oeste do rio Orne e desenvolver operações para o sul e o sudeste, para ocupar a localização dos campos de pouso e proteger o flanco leste do I Exército dos Estados Unidos, enquanto este último estiver capturando Cherbourg".

O problema era que Montgomery, em parte para defender o moral, em parte por orgulho pueril, não conseguia admitir que algum plano seu pudesse dar errado. Mais tarde, criou ressentimento e desconfiança entre os colegas americanos ao afirmar que ainda pretendia romper rumo a Falaise, insistindo, ao mesmo tempo, que sempre planejara atrair o grosso das divisões *panzer* alemãs para a sua frente, de modo a dar aos americanos mais oportunidade de um rompimento mais tarde. Isso, como mostra a carta a De Guingand, era apenas uma tentativa de transformar em virtude algo de absoluta necessidade.

É claro que não foi Montgomery quem determinou esse estado de coisas, mas os alemães, que mandaram as divisões *panzer* contra os britânicos. Tanto Rundstedt quanto Rommel viam o II Exército como principal ameaça. Em parte, isso se devia ao fato de considerarem os britânicos soldados mais experientes (mais tarde, admitiram ter subestimado os americanos), mas também porque o rompimento a sudeste na direção de Falaise criava a possibilidade de uma corrida aliada para Paris. Esse desastre, caso ocorresse, isolaria todas as forças alemãs na Normandia e na Bretanha. Até Hitler concordou com essa análise, muito embora somente pelo valor simbólico de Paris. Seu desejo obsessivo de se agarrar às capitais estrangeiras foi descrito como "imperialismo teimoso" pelo chefe de informações do quartel-general do 21º Grupo de Exércitos de Montgomery. Geyr era o único que discordava da determinação do OKW

---

6 A "Previsão de Operações" de Montgomery antevira que o II Exército britânico estaria 8 quilômetros a sudeste de Caen em 14 de junho.

de "bloquear a rota direta do inimigo até Paris", por levar à "decisão infeliz de empregar, no flanco interno, a força mais móvel e poderosa".

Igualmente grave para os britânicos, o fracasso da tentativa de expandir a cabeça de praia os deixou com muito pouco espaço para trazer e desdobrar mais divisões durante o acúmulo de forças. A RAF ficou furiosa, principalmente quando Montgomery fingiu que tudo acontecera de acordo com os planos. Todos os preparativos tinham sido calculados com base na criação, em poucos dias, de campos de pouso avançados para Spitfires e Typhoons. Agora, devido à pouca profundidade da cabeça de praia, toda pista que construíssem ficaria ao alcance da artilharia alemã. Também havia pouco espaço para depósitos de combustível, armazenamento de suprimentos, oficinas de reparos, acampamentos de base, hospitais de campanha e estacionamento de veículos. Quase todos os pomares e campos da retaguarda estavam atulhados. "Os britânicos estavam tão amontoados que transbordaram para a nossa área", disse Bradley mais tarde, observação cheia de tato para ocultar o seu grau de frustração. Os americanos ficaram ainda menos impressionados com a declaração grandiosa de Montgomery de que Caen era "a chave de Cherbourg". O general Collins, cuja tarefa era tomar Cherbourg, disse secamente a Bradley: "Então por que ele simplesmente não nos manda a chave?".

Os comandantes alemães também ficaram desolados com a evolução da batalha. "Ao comprometer-se prematuramente com ninharias", queixou-se com amargura o chefe do Estado-Maior do 1º Panzerkorps, "os alemães perderam a oportunidade de apostar tudo numa só carta: ganhar ou perder". Na verdade, a incapacidade de montar um grande contra-ataque nesse estágio determinou o modo da movimentação alemã durante a maior parte da campanha. Também estabeleceu o padrão da tática britânica, apesar da grande jactância de Montgomery de que sempre fazia o inimigo dançar conforme a sua música. Para desespero de todos os comandantes de *panzers*, a pressão constante do ataque aliado em terra, pelo ar e com artilharia, embora raramente aventuroso, impediu Rommel de usar com eficiência as suas divisões blindadas. A abordagem do tipo brigada de incêndio de simplesmente tapar os buracos levou as divisões *panzer* a se dividirem para reforçar as formações de infantaria até quase deixarem de existir.

Portanto, os alemães nunca poderiam esperar uma grande vitória, muito embora mantivessem extraordinária capacidade de enfrentar os adversários e infligir pesadas baixas. Os comandantes britânicos logo começaram a ter medo de ficar sem soldados nessa batalha de desgaste.

13

VILLERS-BOCAGE

Em 11 de junho, quando o impasse sangrento diante de Caen se tornou óbvio, Montgomery decidiu pôr em jogo os seus "melhores rebatedores". Tanto a 7ª Divisão Blindada quanto a 51ª Divisão Highland tinham se destacado sob seu comando no norte da África, mas receberiam um golpe duro na Normandia. A 51ª foi desviada para o leste do rio Orne, para preparar o movimento em gancho à esquerda de Caen, enquanto os Ratos do Deserto da 7ª Blindada seriam a pinça da direita, partindo do flanco americano perto de Tilly-sur-Seulles.

Os escoceses da 51ª Divisão Highland não acreditavam em discrição. As outras formações os chamavam de "Highway Decorators", os decoradores de estradas, porque quase todos os cruzamentos tinham uma placa com um "HD" em destaque e uma seta. A 51ª cruzou o Orne até a cabeça de ponte da 6ª Divisão Aeroterrestre. Lá, os paraquedistas, em enorme desvantagem em efetivos e armamento, tinham sido forçados a recuar por contra-ataques implacáveis. Com resistência espantosa, enfrentaram o *Kampfgruppe* da 21ª Panzer-Division, de Luck, a 711ª Divisão de Infantaria e a recém-chegada 346ª Divisão de Infantaria.

Em 9 de junho, os paraquedistas tinham rechaçado um ataque dos tanques e dos *panzergrenadiers* de Luck a Escoville. Houve outro ataque no dia seguinte, enquanto a 51ª Divisão Highland começava a ocupar a posição. E, em 11 de junho, quando o 5º Batalhão do Regimento Black Watch entrou em ação, alguns homens foram aprisionados e executados. A Divisão Highland, que deveria avançar para o sul, rumo a Cagny, como parte do movimento em pinça de Montgomery, não fez nenhum avanço. Pareciam completamente desorientados pelas pequenas ações violentas e pelas salvas súbitas e fatais de morteiros e as barragens de artilharia nas quais os alemães eram tão eficientes.

"A fúria da artilharia é fria e mecânica", escreveu um *highlander*, "mas sua intenção é pessoal. Quem está sob fogo é o único alvo. Todo aquele veneno que geme e guincha se dirige só para você e mais ninguém. A gente se agacha no buraco no chão, se reduz à menor coisa possível e enrijece os músculos na tentativa patética de desafiar os dentes ardentes e serrilhados do *shrapnel*. Involuntariamente, a gente se enrola na posição fetal, só que as mãos descem para proteger a genitália. Esse instinto de defender o lugar da geração contra as forças da aniquilação era universal." Muitos recorreram a uma ladainha de pragas repetidas, um tipo de mantra profano para amortecer o medo.

O mesmo soldado seguiu descrevendo o colapso psicológico do integrante mais belicoso da sua companhia. O fato ocorreu no porão de uma casa de fazenda. Essa vítima do choque da batalha estava encolhida no chão, uivando e soluçando. "O jovem soldado esperto e entusiasmado se transformara agora em algo digno de pena e nojo ao mesmo tempo. Os traços atentos e bem formados tinham se borrado e confundido, a boca pendia e o rosto todo, sujo e barbado, parecia inchado e estava sujo de lágrimas e catarro." Ele balia, gritando pela mãe. Além da sensação de desprezo levemente sádico, o observador tomou "consciência de uma certa inveja do abandono desavergonhado do rapaz ao seu terror".

Os paraquedistas desdenhavam os regimentos escoceses envolvidos. "O que me chocou foi a 51ª Divisão Highland", escreveu um major do 1º Batalhão Paraquedista canadense. "Em três ocasiões diferentes, a nossa divisão consertou uma situação para eles. Você tinha de ver os nossos rapazes chegarem para ajudá-los certa vez e chamá-los de canalhas covardes quando os escoceses jogaram as armas e o equipamento para longe e fugiram." No flanco esquerdo, o tenente-coronel Otway, que comandara o ataque à bateria de Merville, teve de assumir o comando de um batalhão do Black Watch porque o oficial comandante "desmoronara". Tinham perdido duzentos homens no primeiro ataque.

O general Gale, comandante da 6ª Divisão Aeroterrestre, percebeu que a vila de Breville tinha de ser retomada a todo custo. Mandou para lá o 12º Batalhão do seu Regimento Paraquedista. Depois de sofrer quase tantas baixas quanto o Black Watch, o 12º Batalhão tomou a vila fortemente defendida e o perímetro a leste do Orne foi salvo. Com a Divisão Highland desmoralizada e incapaz de tomar nem mesmo Sainte-Honorine, o plano de Montgomery de arremeter até Cagny, 8 quilômetros ainda mais ao sul, foi silenciosamente esquecido. Nas circunstâncias, talvez ele devesse agradecer a Leigh-Mallory por atrapalhar seu plano. Fazer a 1ª Divisão Aeroterrestre saltar na planície de Caen-Falaise e depois não conseguir chegar a ela seria apenas uma prévia do desastre de Arnhem. O general Bradley, embora na época nada dissesse, viu com clareza o perigo de empregar forças aeroterrestres taticamente e, mais tarde, recusou-se a usá-las durante o grande rompimento.

Montgomery tivera mais esperança no avanço em pinça à direita, partindo do flanco da 1ª Divisão americana. O tenente-general Sir Miles Dempsey, comandante em chefe do II Exército britânico, estava mais otimista. Em vários aspectos, o caráter de Dempsey era oposto ao de Montgomery. Embora ostentasse o infeliz apelido de "Bimbo", era um homem tranquilo e modesto, de rosto batido pelo tempo e bigode militar convencional. Patton, depois de conhecê-lo, foi desdenhoso em seu diário: "Não impressiona muito pela aparência e acho que é um maria vai com as outras". A verdade era que Montgomery insistiu em comandar o II Exército, além do 21º Grupo de Exércitos. Incapaz de delegar, Monty costumava dar ordens aos comandantes dos corpos passando por cima de Dempsey. Este tinha pouca opção além de aceitar sua esvaziada condição de chefe de Estado-Maior grandioso. De várias maneiras, o papel lhe servia. Tinha mãos firmes. A memória fenomenal combinava muito bem com a capacidade absurda de visualizar a paisagem só com o estudo dos mapas. Além disso, nunca se queixava quando Montgomery recebia todo o crédito.

 Dempsey fora o principal planejador da pinça dupla sobre Caen e da operação com paraquedistas. Mesmo antes da invasão, era óbvio que não se convencera de que Caen cairia no primeiro dia e duvidava que conseguissem capturá-la com um ataque frontal. Mas tinha plena consciência do perigo de estagnação da frente. O plano de Dempsey era, basicamente, sensato. Infelizmente, devido ao mau tempo, a 7ª Divisão Blindada desembarcou depois do esperado. Depois, a 50ª Divisão e a 8ª Brigada Blindada sofreram um revés ao avançarem para garantir a linha de partida para o ataque ao vale do Seulles. Um contra-ataque súbito da Panzer Lehr bloqueou o caminho, mas também ofereceu mais abertura. A 7ª Blindada poderia flanquear a Panzer Lehr passando para o setor americano, enquanto a 1ª Divisão americana avançava sobre Caumont para depois virar à esquerda. Isso a levaria por uma brecha atrás da Panzer Lehr, que estaria ocupada com a 50ª Divisão.

O comandante da 7ª Divisão Blindada, general de brigada Erskine, demonstrou grande confiança na oportunidade quando, na manhã de 12 de junho, Dempsey visitou seu quartel-general. "Bobby" Erskine não conseguia acreditar que algo pudesse deter sua divisão. Os regimentos de cavalaria dos famosos Ratos do Deserto tinham levado consigo, para um campo de batalha bem diferente, uma atitude bastante despreocupada. Em vez dos trigais ondulantes do setor de Caen, ali era a terra do *bocage*, com sendas profundas e sebes altas. "Você terá um choque depois do deserto", avisou um soldado dos Rangers de Sherwood a um amigo recém-chegado. "Lá, podíamos ver os filhos da mãe e eles podiam nos ver. Aqui, eles podem nos ver, mas eu duvido que a gente consiga vê-los." Ele acrescentou que atacar pelos túneis verdes e folhosos "dá arrepios terríveis". Apesar de todos os meses de treinamento para a invasão, tanto os britânicos quanto os americanos estavam totalmente despreparados para esse terreno bonito mas claustrofóbico. As sebes da Normandia, que cercavam campos pequenos e ladeavam todas as estradas e trilhas, eram pelo menos três vezes mais altas do que as inglesas, com bases sólidas e demasiado densas para serem derrubadas mesmo pelos tanques.

Dempsey disse a Erskine que avançasse para Villers-Bocage tendo na vanguarda o 11º Regimento de Hussardos, de reconhecimento blindado. Mas, em vez disso, Erskine os colocou para guardar os flancos. Esse seria um erro gravíssimo. Erskine, que queria ter atacado 24 horas antes, estava impaciente. Tinha boas razões, afinal de contas. O atraso era culpa principalmente de seu superior, o general de divisão Gerard Bucknall, comandante do 30º Corpo.

Bucknall, embora tivesse impressionado Montgomery na Sicília e na Itália, tinha pouca experiência com blindados. Com certeza não causara boa impressão no marechal de campo Brooke, que, dois meses antes da invasão, escreveu em seu diário: "Bucknall era fraquíssimo e tenho certeza que muito inadequado para comandar um corpo". Sua fama cresceu com a captura de Bayeux, mas ele não era tido em alta conta pelos que o conheciam. Dempsey também tinha suas dúvidas, mas nada fez. Como disse o general Maxwell D. Taylor, comandante das tropas aeroterrestres americanas, os comandantes britânicos mais graduados nunca tiveram a tradição de pressionar os subordinados. Os generais americanos achavam que os colegas britânicos eram educados demais.

A falta do reconhecimento blindado na vanguarda como proteção em vez de guardar os flancos, como quis Erskine, levou a uma das emboscadas mais devastadoras da história militar britânica. A 22ª Brigada Blindada, comandada pelo general-brigadeiro "Loony" Hinde, corajoso mas excêntrico, atacou pela brecha identificada. Naquela noite, o regimento de vanguarda, o 4ª da Yeomanry do Condado de Londres (os *sharpshooters*), chegou à estrada de Caumont, a apenas 8 quilômetros de Villers-Bocage. Acampou para passar a noite preparando a defesa da área, com a companhia adida do 1º Batalhão da Brigada de Fuzileiros.

Ao amanhecer, os *sharpshooters* e sua infantaria rodaram pela estrada rumo ao objetivo. Entraram em Villers-Bocage às 8 horas de 13 de junho, com uma recepção extasiada da população local. Os *gendarmes* locais, com as melhores fardas, continham a multidão que jogava flores nos tanques Cromwell e ofereciam sidra e manteiga. Na exaltação do momento, a captura dessa cidade estratégica pareceu fácil demais. Villers-Bocage, acima do vale do Seulles e a apenas 1,5 quilômetro do rio Odon, era uma posição importantíssima. Ao sul, a menos de 20 quilômetros, ficava o maciço de Mont Pinçon, elevação que dominava toda a região, e Caen estava 13 quilômetros a leste.

A única presença inimiga avistada foi um carro blindado alemão de oito rodas, pouco antes de entrarem na cidade, que sumiu antes que o tanque Cromwell mais próximo pudesse girar sua torre. O general-brigadeiro. Hinde, que os acompanhava num carro de reconhecimento, sabia que, para manter a cidade em segurança, teriam de ocupar a elevação a nordeste conhecida como Cota 213. O oficial comandante dos *sharpshooters*, tenente-coronel Visconde Cranley, queria fazer um reconhecimento completo da área, já que mais carros blindados alemães tinham sido avistados, mas "Loony" Hinde não aceitaria atrasos. A unidade de reconhecimento de tanques leves Stuart não foi usada. Cranley simplesmente mandou à frente o Esquadrão A e, deixando o resto dos seus tanques na cidade, partiu num carro de reconhecimento para dar uma olhada pessoalmente na Cota 213.

Num pequeno bosque perto da estrada pela qual avançavam os Cromwells, estavam escondidos cinco tanques Tigre do 101º Batalhão SS de *panzers* pesados. Tinham acabado de chegar à frente, depois de uma viagem longa e complicada desde perto de Beauvais, ao norte de Paris. O comandante era o Obersturmführer Michael Wittmann, já famoso como "ás dos *panzers*". Com 137 tanques destruídos a seu crédito na frente oriental, recebera a Cruz de Cavaleiro com Folhas de Carvalho. Wittmann, enraivecido com o bombardeio aliado das cidades alemãs, disse aos homens: "Só temos uma senha, 'vingança'!".

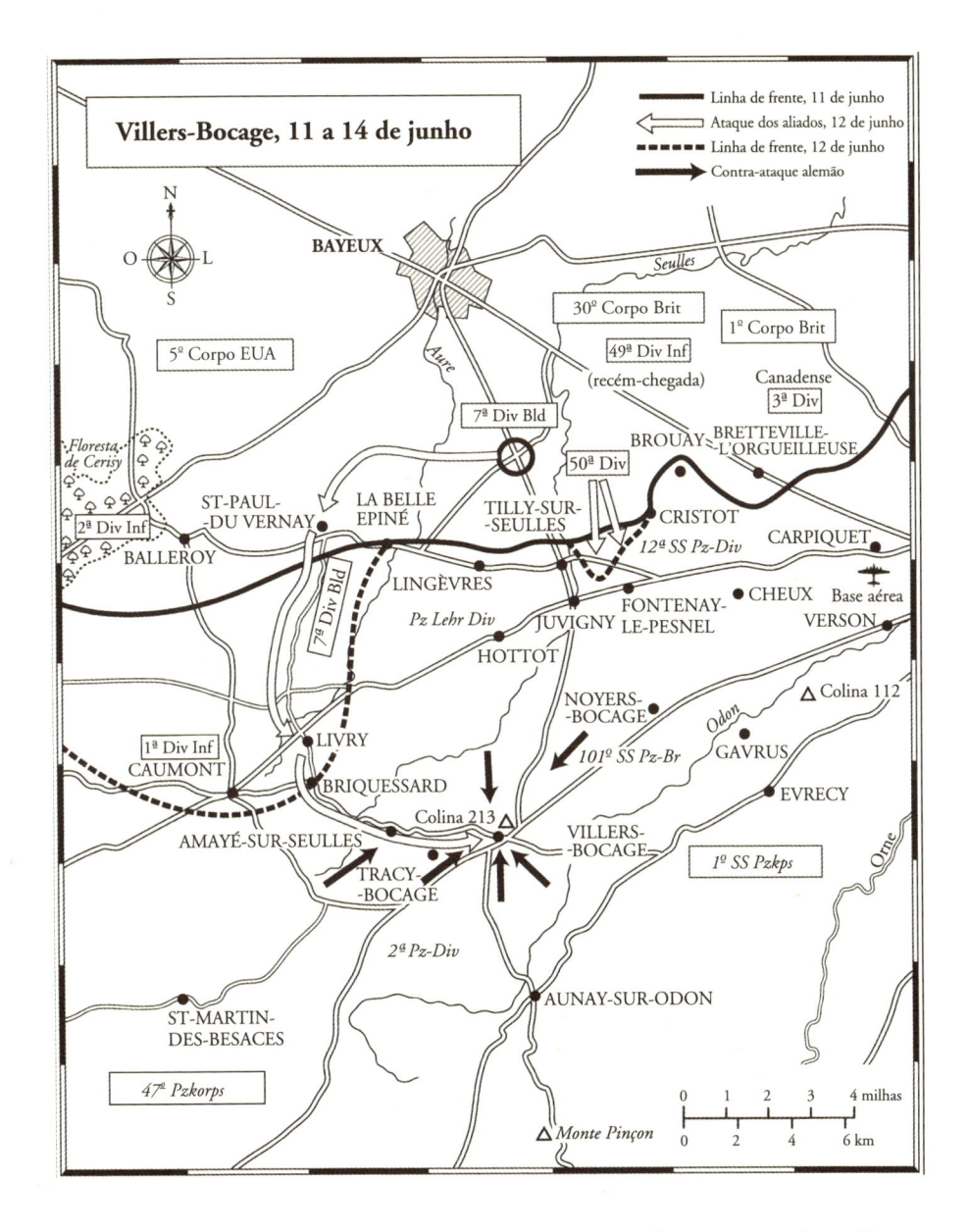

Os Tigres de Wittmann foram os primeiros reforços enviados à frente para fechar a brecha da linha alemã. Os elementos de vanguarda da 2ª Panzer--Division também chegariam à área naquele dia. Na verdade, o 11º Regimento de Hussardos, que cobria o flanco da 22ª Brigada Blindada, identificou sua chegada com o primeiro prisioneiro que fizeram. Um sargento e um soldado do 11º tocaiavam um franco-atirador quando, de repente, se viram cercados por uma companhia de *panzergrenadiers* em meias-lagartas. Foram levados para a retaguarda, mas assim que saíram de vista pularam sobre o soldado que os escoltava, tomaram-lhe o fuzil e o levaram como prisioneiro. O recibo do soldo revelou que era do 304º Panzergrenadier-Regiment. Embora o Ultra tivesse alertado para a aproximação da 2ª Panzer-Division, parece que essa prova do seu surgimento no flanco sul foi um choque desagradável para o general Erskine.

Wittmann, ao ver o esquadrão de tanques Cromwells parar naquele trecho de estrada com margens altas, percebeu na mesma hora a oportunidade. Algumas guarnições imprudentes de *sharpshooters* tinham desembarcado. Parece que isso levou o artilheiro de Wittmann a comentar, enquanto espiava pela mira, que se comportavam como se já tivessem ganhado a guerra. Sem esperar que os outros Tigres o alcançassem, Wittmann saiu do bosque, virou-se para ficar paralelo à estrada e abriu fogo. O canhão de 88 mm do Tigre destruiu um Cromwell atrás do outro. Os Cromwells, mal projetados, com blindagem e armamento insuficientes, não tiveram chance. Acharam difícil até voltar para fugir ao perigo, já que a velocidade em marcha a ré era de uns 3,5 quilômetros por hora.

Depois de impor o caos ao Esquadrão A, na colina, o Tigre de Wittmann desceu para a cidade de Villers-Bocage. Atropelou um reboque de metralhadora Bren da Brigada de Fuzileiros e começou a descer a rua principal. Cuidou primeiro dos tanques do quartel-general do regimento de *sharpshooters* e depois atacou o Esquadrão B. Muitas guarnições tinham desembarcado e não puderam reagir. Mas mesmo os que conseguiram atingir diretamente o Tigre descobriram que o seu lento canhão de 75 mm causava pouco efeito. Então, Wittmann voltou à Cota 213 para terminar a batalha com o Esquadrão A e o destacamento da Brigada de Fuzileiros.

Naquela tarde, Wittmann retornou a Villers-Bocage com elementos de vanguarda da 2ª Panzer-Division. Dessa vez, os *sharpshooters* e os canhões anticarro da Brigada de Fuzileiros estavam prontos e o ataque foi rechaçado. Mas o general Erskine, depois de não mandar à frente apoio suficiente, temia agora que a 2ª Panzer-Division ameaçasse o extenso flanco sul. Decidiu recuar a 22ª Brigada Blindada de sua posição precária, em vez de reforçá-la. Quando a brigada abandonou a cidade, naquela tarde, a artilharia britânica disparou uma pesada barragem para cobrir a retirada. Mas muitas guarnições de tanques destruídos tiveram de fugir a pé pelo campo até as linhas britânicas.

Hinde recuou a 22ª Brigada Blindada para uma posição defensiva na Cota 174, entre Tracy-Bocage e Amaye-sur-Seulles. Bucknall, comandante do corpo, concordou com a decisão, mas pouco fez para ajudar, a não ser ordenar que a 50ª Divisão continuasse a atacar a Panzer Lehr. Não enviou reforços de infantaria para ajudar a 22ª Brigada Blindada, isolada como estava entre a Panzer Lehr e a 2ª Panzer-Division.

Na tarde de 14 de junho, Erskine sentiu-se obrigado a recuar os soldados o caminho todo até o saliente de Caumont. Os *panzergrenadiers* da 2ª Panzer-Division atacaram onde puderam. Um regimento de artilharia britânico, vendo-se na linha de frente, só conseguiu rechaçar um ataque disparando para o ar os canhões de 25 libras. A retirada da 7ª Divisão Blindada foi muito auxiliada por uma barragem devastadora da artilharia americana que apoiava a 1ª Divisão de Infantaria. Naquela noite, os bombardeiros da RAF literalmente arrasaram Villers-Bocage. Os moradores da cidade, que tinham recebido os *sharpshooters* com tanta alegria, agora estavam mortos, feridos ou desabrigados. Muitos sobreviventes buscaram abrigo no porão do castelo próximo, que pertencia ao prefeito local, o Visconde de Rugey.

Aunay-sur-Odon, importante cruzamento de estradas a 6,5 quilômetros para o sul, também fora destruída numa série de bombardeios da RAF. O primeiro acontecera durante a missa. O padre, abade André Paul, contou que o som dos motores dos aviões lá em cima, logo seguido por explosões que fizeram a igreja tremer, deixaram a congregação em pânico. Para se proteger, muitos tentaram rastejar debaixo de um genuflexório virado. Assim que tudo terminou, o abade lhes disse que se fossem depressa, em grupos pequenos. Quando saíram da igreja, viram uma paisagem digna do Juízo Final. As bombas tinham desenterrado muitos esqueletos do pátio da igreja. Os ataques repetidos mataram 161 aldeões e transformaram a vila em escombros. Os soldados britânicos ficaram chocados com a cena quando finalmente ali chegaram, pouco antes do final da batalha da Normandia. A cidadezinha de Tilly-sur-Seulles sofreu destino quase igual. Um médico local, que cuidava dos civis, disse que nem em Verdun vira ferimentos tão terríveis.

Em 15 de junho, dia seguinte à retirada britânica, um suboficial da 2ª Panzer-Division encontrou tempo para escrever para casa. "A luta no ocidente já começou. Dá para imaginar que somos muito necessários e que sobra pouco tempo para escrever. Agora é tudo ou nada, o que está em jogo é a existência ou o fim da nossa amada Pátria. Como cada um de nós, soldados, passaremos por isso é bem irrelevante; o principal é e continua a ser conseguirmos uma paz justa e duradoura [...] aprendemos a nos virar sem nada para nós nem para o futuro, e muitas vezes aceitamos a nossa própria mortalidade. Mas, várias vezes, vemos que ainda sentimos anseios, e eles sustentam a nossa fé e a nossa perseverança; mas com a explosão da granada seguinte, a vida inteira pode se extinguir num vácuo eterno. Avançamos para a mais elevada das batalhas."

A tentativa britânica de romper o impasse na Normandia falhara de forma humilhante. É possível se entregar a muitas discussões infrutíferas sobre o fiasco de Villers-Bocage. Será que tudo seria diferente se, sem a demora inicial, os *sharpshooters* tivessem se estabelecido na Cota 213 antes da chegada de Wittmann? Por que Bucknall não mandou reforços? E por que não havia proteção de reconhecimento na vanguarda? O ponto importante é que a operação não foi apenas um revés tático importante. Foi um golpe devastador no moral da 7ª Divisão Blindada e no resto dos regimentos blindados britânicos. Um oficial do serviço de informações da 7ª Blindada escreveria em seu diário, dali a alguns dias, que "a 131ª Brigada estava sofrendo muitos casos de neurose de guerra. A 7ª Divisão Blindada tem muita fama, mas nem a 22ª nem a 131ª Brigadas Blindadas são de primeira classe e tiveram vida fácil demais na Itália".

Dempsey ficou furioso com o desempenho de Erskine e da divisão propriamente dita. A 7ª Blindada, escreveu em agosto o sucessor de Erskine, fez "uma péssima exibição na Normandia". Mas nem todos os seus regimentos passaram por maus momentos. "Os famosos Ratos do Deserto", escreveu o novo oficial comandante dos Rangers de Sherwood, "desembarcaram na Normandia com uma fama extraordinária que, é preciso admitir, acharam difícil manter. Acho que é verdade que a única unidade que lutou com essa divisão continuamente desde sua criação foi o 11º Regimento de Hussardos, o mais famoso regimento de reconhecimento, que criou para si uma fama inigualável que nunca perdeu. Quando o 11º estava na vanguarda, nenhum inimigo conseguia se aproximar sem ser visto e reportado num raio de quilômetros".

Não há dúvida de que a emboscada devastadora causada pela falta de reconhecimento foi um choque. Mas o aspecto mais incômodo da batalha foi a incapacidade do Cromwell de destruir um tanque Tigre, mesmo à queima-roupa. Antes da invasão, houve queixas sobre a inutilidade dos tanques britânicos. O coronel Lord Cranley sentira-se obrigado a falar aos *sharpshooters* sobre o assunto. Ele conhecia os defeitos dos tanques muito bem, mas "não adianta remoer isso porque não teremos outro, então é preciso tirar deles o melhor possível". O Cromwell era rápido no avanço e tinha um perfil baixo, mas, com a frente plana, era vulnerável e seu canhão era ineficaz. Patton desprezava tanto Churchill quanto o Cromwell, e até os generais britânicos tinham plena consciência das "falhas de projeto" do tanque.

Montgomery, numa carta a De Guingand em 12 de junho, tinha esperanças de apagar imediatamente toda ideia de inferioridade dos tanques, por mais que fosse verdadeira. Não queria que suas tropas blindadas desenvolvessem um "complexo de Tigres e Panteras". Mas, no último mês de agosto, o próprio Montgomery criticara o projeto dos tanques britânicos, ao dizer: "Somos superados pelos tanques alemães". No entanto, tentar suprimir o problema quase um ano depois era fugir à realidade. O canhão alemão de 88 mm, tanto no Tigre quanto como canhão antiaéreo, podia acabar com os tanques aliados antes que se aproximassem para atirar. O diário de um oficial britânico da brigada de Hinde foi encontrado num tanque atingido perto de Tracy-Bocage. O penúltimo registro, de domingo, 11 de junho, dizia: "O esquadrão partiu para tentar ocupar uma posição e teve de voltar rapidamente depois de perder quatro carros. Depois de quatro anos de preparativos para a invasão, por que as nossas máquinas são inferiores?".

Os americanos, orgulhosos de sua sofisticação tecnológica, ficaram abalados ao descobrir que até as armas pequenas alemãs, sobretudo a metralhadora leve MG 42, eram claramente superiores. A reação de Eisenhower ao saber como os canhões dos tanques alemães eram melhores não podia ser mais diferente do que a tentativa de Montgomery de suprimir o problema. Escreveu imediatamente ao general Marshall e mandou de volta aos Estados Unidos um especialista em tanques para discutir o que poderia ser feito para melhorar a munição perfurante de blindagem. Montgomery deveria ter escrito a Churchill exigindo um aumento maciço na produção dos tanques Firefly, com o excelente canhão de 17 libras. Churchill, um velho cavalariano, faria tudo em seu poder para ajudar.

Pouco antes da operação de Villers-Bocage, Churchill estava num estado de espírito esfuziante. Finalmente partiria para a França, para a primeira visita à área da invasão, e recebera de Stálin notícias encorajadoras. "Recebi o seguinte de U.J." [Uncle Joe], telegrafou a Roosevelt. "Parece bom. 'A ofensiva de verão das tropas soviéticas, organizada de acordo com o combinado na conferência de Teerã, terá início em meados de junho num dos setores importantes da frente.'" Era a confirmação da Operação Bagration, talvez a ofensiva mais eficaz de toda a guerra.

Em 12 de junho, Churchill, depois de passar a noite em seu trem particular, embarcou no contratorpedeiro HMS *Kelvin*, em Portsmouth, acompanhado dos marechais de campo Smuts e Sir Alan Brooke. Ao atravessarem o Canal da Mancha, Brooke registrou que "passaram por comboios de barcaças de desembarque, varredores, pedaços de quebra-mar flutuantes (Phoenix) sendo rebocados, pedaços de cais flutuantes (Whales) etc." Avistaram o litoral, em Courseulles-sur-Mer, às 11 horas da manhã. "A cena era indescritível", escreveu Brooke. "Por toda parte, o mar estava coberto de navios de todos tamanhos e formatos, com atividade constante. Passamos por fileiras de LSTs ancorados e, por fim, chegamos a um 'Gooseberry', ou seja, uma fila de navios afundados em meia-lua para formar um tipo de porto."

Eles foram recebidos pelo almirante Vian em sua balsa e depois transferidos para um carro anfíbio DUKW, que os levou diretamente para a praia. "Foi um momento maravilhoso encontrar-me de volta na França, quase exatamente quatro anos depois de ter sido expulso", escreveu Brooke. "Ondas de lembranças voltaram da minha última viagem de desespero e daqueles quatro longos anos de trabalho e ansiedade." O general Montgomery aguardava por eles na praia, com uma pequena fileira de jipes. O grande grupo se dividiu entre as viaturas e foi levado pela estrada de Bayeux até o quartel-general do 21º Grupo de Exércitos, no terreno do castelo de Creully. Depois de um relato da situação típico de Monty, Churchill e seu grupo partiram para visitar Dempsey no quartel-general do II Exército. A rota os levou por campos que tinham escapado à destruição. Churchill virou-se para Brooke e disse: "Estamos cercados de gado gordo deitado em pastos luxuriantes com as patas cruzadas". Mas Brooke também notou que "a população francesa não parecia nada satisfeita de nos ver". Churchill também ouviu as histórias sobre franco-atiradoras francesas. "Houve uma quantidade perceptível de mulheres atirando contra nós e contra os americanos", escreveu a Eden quando voltou.

Quando finalmente voltaram a Courseulles, viram um ataque malsucedido de bombardeiros alemães e depois reembarcaram na balsa do almirante Vian para uma viagem pelo litoral. Churchill ficou muito emocionado ao ver um monitor usando os canhões de 14 polegadas contra alvos em terra. Anunciou que nunca estivera "num dos navios de Sua Majestade combatendo o inimigo" e insistiu em subir a bordo. Felizmente, observou Brooke, era difícil demais embarcar e tiveram de negar ao superempolgado primeiro-ministro o seu "arriscado entretenimento". Mas Churchill conseguiu se gabar a Roosevelt de que tinham dado "um direto nos hunos com o nosso contratorpedeiro", porque, quando partiram, ele convenceu o comandante do HMS *Kelvin* e do navio que o acompanhava, o HMS *Scourge*, a abrir fogo contra o território ocupado pelos alemães, a uma distância de 5,5 quilômetros. Mas Churchill não estava inteiramente fora da linha de fogo, nem quando chegou à Inglaterra. Naquela noite, ao voltarem a Londres, caiu a primeira bomba voadora V-1.

Os navios de guerra da Royal Navy não reduziram o bombardeio. Em 13 de junho, o encouraçado HMS *Ramillies* teve de voltar a Portsmouth para reabastecer. E, no dia seguinte, uma granada do HMS *Rodney* matou o Brigadeführer Fritz Witt, comandante da 12ª Divisão SS *Hitler Jugend*, e um de seus oficiais subalternos no posto de comando. O dinâmico Panzer Meyer assumiu o comando em seu lugar.

Naquela manhã de 14 de junho, o general De Gaulle, acompanhado por um grande séquito de 19 pessoas, partiu do Hotel Connaught, em Londres, para Portsmouth, num comboio de seis carros. O comandante em chefe de Portsmouth o recebeu, muito embora tivessem chegado cedo para embarcar em King's Stairs. A espera, com uma troca desajeitada de amabilidades, nunca o ponto forte de De Gaulle, foi prolongada porque o navio, o contratorpedeiro *La Combattante*, da França Livre, estava atrasado. O oficial de ligação britânico notou que isso provocou "uma leve demonstração de mau humor" do general. O comandante em chefe oferecera a balsa do almirante, que não era suficiente para toda a bagagem – um volume espantoso para uma viagem supostamente de um dia só –, e tiveram de chamar um barco-patrulha para transportar tudo aquilo. Era óbvio que parte do séquito planejava ficar na França sem informar aos britânicos. "O pavilhão pessoal do general De Gaulle foi içado no mastro principal quando ele subiu a bordo."

Quando avistaram o litoral francês, um dos membros do grupo disse ao líder:

— Já lhe ocorreu, *mon général*, que faz quatro anos desde o dia em que os alemães marcharam sobre Paris?

— Pois cometeram um erro – foi a resposta inimitável.

Eles foram recebidos na praia por oficiais do Estado-Maior de Montgomery, que não conseguiram acreditar no tamanho da comitiva e na quantidade de bagagem que levavam. Montgomery pedira que De Gaulle não deveria levar mais de duas pessoas para almoçar, mas seu pedido foi tratado com desdém monárquico. Na ocasião, só o general De Gaulle, o embaixador francês Viénot e os generais Koenig e Béthouart embarcaram nos jipes oferecidos pelo 21º Grupo de Exércitos. Os outros 15 integrantes do grupo e a bagagem tiveram de esperar na praia até que se pudesse arranjar transporte para levá-los a Bayeux. De Gaulle chegou a insistir, no último momento, que os jipes tinham de ser dirigidos pelos motoristas franceses que trouxera consigo.

O fato de que Montgomery detestava cigarros era famoso, mas parece que De Gaulle e seus companheiros encheram o seu trailer de fumaça. Isso, de acordo com o oficial de ligação da Marinha que acompanhava a comitiva, "não ajudou a agradar seu ocupante". O almoço pode ter sido um sofrimento diplomático para Montgomery, mas obviamente também deu pouco prazer a De Gaulle. Os companheiros notaram que ele só começou a relaxar mais tarde, quando os jipes do 21º Grupo de Exércitos os levaram para Bayeux, onde se reuniram ao resto do grupo. A notícia do aparecimento de De Gaulle se espalhou com rapidez. O cura local, Padre Paris, veio a cavalo. Repreendeu jovialmente o general por não ter ido lhe apertar a mão. De Gaulle desceu do jipe e, abrindo os braços que pareciam não ter fim, disse: "*Monsieur le curé*, não vou apertar sua mão. Vou abraçá-lo".

Em Bayeux, o general seguiu para a subprefeitura. Lá, foi recebido pelo subprefeito, todo orgulhoso com a faixa tricolor, até que, de repente, recordou com horror que o retrato do marechal Pétain ainda estava na parede. De Gaulle, em geral tão fácil de melindrar, também podia se erguer com majestade acima de insultos involuntários. Continuou a conversar com o subprefeito envergonhado como se nada tivesse acontecido. Também naquele dia, De Gaulle revelou seu humor seco quando uma idosa, na multidão, se confundiu com os vivas e gritou: "*Vive le Maréchal!*". Dizem que ele murmurou para um companheiro: "Mais uma que não lê jornal". Por outro lado, talvez ela fosse de alguma família rural de fora da cidade. O historiador sargento Forrest Pogue verificou várias vezes que os normandos do campo "odiavam Laval, mas não Pétain" e alimentavam certa desconfiança por De Gaulle.

Seja como for, não há dúvida da recepção emocionada a De Gaulle em Bayeux. Isso foi mais importante ainda porque o general pretendia instalar seu governo imediatamente. Ele deu escassa atenção à condição de Churchill para permitir a visita: não deveria haver eventos públicos. Montou um palanque improvisado na praça, na frente da subprefeitura, e falou à multidão. Terminou o discurso com a declaração: *Le gouvernement français salue Bayeux, la première ville française libérée* [O governo francês saúda Bayeux, primeira cidade francesa libertada]. Não houve menção ao fato de que o *gouvernement* era *provisoire*. Depois, liderou a multidão, cantando a "Marselhesa". A única nuvem no horizonte foi que, de acordo com um relatório que Churchill acabara de receber, a população parecia muito contente de aceitar o dinheiro militar emitido pelos aliados e condenado pelo general como *une fausse monnaie*.

De Gaulle seguiu para Isigny e Grandcamp, mas chegou tarde demais no ponto de embarque para que *La Combattante* zarpasse naquela noite. Muito embora tivesse sido avisado de que nenhum navio poderia deixar o ancoradouro durante as horas de escuridão devido à ameaça dos submarinos alemães, De Gaulle ficou exasperado quando as autoridades navais britânicas recusaram-se a permitir que o comandante francês levantasse âncora, mas estava de muito bom humor com a recepção que tivera. Como percebeu o oficial de ligação britânico, talvez o fato de ter conseguido "despachar" quatro integrantes de seu grupo na França "contribuísse para o sentimento de satisfação". Entretanto, Montgomery mandou duas mensagens a Churchill, a primeira dizendo que a visita de De Gaulle ao quartel-general fora "um grande sucesso", a outra afirmando, sem provas, que a recepção de De Gaulle em Bayeux e nas outras cidades fora "definitivamente morna". Ele acrescentou que De Gaulle "deixou para trás, em Bayeux, uma autoridade administrativa civil e três coronéis, mas não faço ideia de qual é a função deles".[1]

Sem dúvida, a atitude de Roosevelt para com o líder do governo provisório não mudara. No mesmo dia, escreveu a Churchill: "Na minha opinião, deveríamos fazer uso máximo de alguma organização de influência que ele possa ter, na medida do possível, sem impô-lo ao povo francês como governo pela força das armas nem reconhecê-lo no papel de governo provisório da França".

Churchill, que vinha pensando em reconhecer De Gaulle como líder do governo provisório, também mantinha uma postura inflexível desde a rixa sobre a recusa a enviar oficiais de ligação franceses. Escrevera a Eden, logo antes da visita à França: "Não há um fiapo sequer de generosidade nesse homem, que, nessa operação, só quer posar de salvador da França". Por sua vez, a imprensa britânica e a maioria dos parlamentares apoiavam De Gaulle com

---

1 Os quatro homens eram o coronel de Chevigné (nomeado delegado militar regional), o comandante de Courcel (ajudante de ordens pessoal de De Gaulle desde 1940), Monsieur François Coulet, que De Gaulle nomeara, na noite anterior, Comissário da República para a região, e o comandante Laroque, que seria seu chefe do Estado-Maior.

todo o vigor. Naquela manhã, o *The Times* descrevera as relações aliadas com o governo provisório como "intoleráveis";[2] mas, para Churchill, as relações com esse "anglófobo teimoso, ambicioso e detestável" tinham se tornado um problema insolúvel. "Se a política do governo até agora for atacada, revelarei a história toda ao Parlamento. Isso pode levar à formação de um novo governo, porque tenho total intenção de contar a história inteira, e o Parlamento pode então me demitir, se quiser."

Entretanto, De Gaulle obteria mais por meios escusos. As autoridades que conseguira deixar na França como "cavalos de Troia", juntamente com outros já ali reunidos, transformaram Bayeux na capital da França Livre. Os oficiais aliados logo descobriram que era mais prático trabalhar com eles e ignoraram discretamente as instruções desatualizadas dos políticos de Londres.

Embora Bayeux fosse uma cidade de paz e abundância, Caen, capital de Calvados, continuou a sofrer de forma abominável com os bombardeios e canhoneios. Na manhã de 9 de junho, um marco muito querido, a torre do sino da igreja de Saint-Pierre, foi derrubado por uma granada do HMS *Rodney*. "*Le panorama est tout changé*" [A paisagem mudou completamente], escreveu com tristeza um cidadão. Os prédios se incendiavam com os novos ataques aéreos e o que parecia chuva sob o céu azul era, na verdade, chumbo derretido que pingava dos telhados.

Os médicos e cirurgiões no hospital Bon Sauveur estavam exaustos de tanto trabalhar. As baixas, levadas de ambulância, maca ou, em certa ocasião, em cima de um tanque alemão, eram anunciadas por apitos. Como num hospital de campanha, havia um médico à mão para fazer a triagem imediata e decidir quem seria operado primeiro. A tensão sobre os cirurgiões era imensa. Um deles disse: "Simplesmente não aguento mais ver sangue". Outro murmurou: "Chega. Acho que, se alguém me trouxer um ferido, não vou conseguir operar". Ele sequer fazia ideia de qual era o dia da semana.

Nos primeiros dias, três paraquedistas canadenses gravemente feridos tinham sido trazidos de Troarn. Um deles, tenente, começou a berrar quando percebeu que o cirurgião queria amputar seu braço direito. Chamaram um intérprete e o tenente explicou que era pintor. O cirurgião concordou em fazer

---

2 Parte da imprensa americana, incitada pela Casa Branca, dizia que, enquanto os rapazes americanos morriam pela libertação da França, De Gaulle brincava de político para obter o poder para si.

o possível para salvar o braço. O homem quase morreu durante a cirurgia, mas foi salvo por uma enfermeira que se ofereceu para fazer uma transfusão direta.

Outro fato que deixou todos abalados no Bon Sauveur aconteceu depois que o dono de um café foi trazido com um ferimento de bala na coxa. Correu a história de que, bêbado, atirara em alguns soldados da *Hitler Jugend* que estavam pilhando o café, um fato comum. Enquanto o médico o operava, surgiu um oficial da SS, armado com uma submetralhadora, e começou a bater no homem deitado na mesa de operações, perguntando se tinha atirado em seus soldados. O dono do café estava sem fala e não respondeu. O oficial disparou uma rajada da arma no peito dele e o matou, bem ali, diante de toda a equipe médica.

A estimativa do número de pessoas que procuraram abrigo no Bon Sauveur e na Abadia dos Homens varia muito, de 3 mil a 15 mil. A igreja de Saint-Étienne também estava apinhada de refugiados que dormiam sobre a palha, como "na Idade Média". Antigos poços foram reabertos, como única fonte de água. Rapazes e moças saíam para procurar comida nas despensas das casas destruídas ou pelo campo, fugindo às patrulhas alemãs. Animais de criação mortos por bombas e granadas foram esquartejados como fonte de carne. Era fácil conseguir laticínios, já que os fazendeiros não podiam mandar nada para o mercado. A sudeste do Orne, o convento das Petites Soeurs des Pauvres, principal refúgio da cidade, os quinhentos refugiados ficaram tentados a reclamar que o pão tinha manteiga demais. (Enquanto isso, em Paris, a manteiga alcançava preços astronômicos no mercado negro.) Fora desses abrigos, Caen era um necrotério sinistro. Os ratos engordaram com os cadáveres enterrados nos porões e os cães perdidos cavavam atrás de um braço ou perna que se projetava dos escombros.

Em Paris, as autoridades de Vichy se esforçaram para ajudar Caen. Dois caminhões carregados de comida e cobertores e uma cozinha de campanha foram enviados pelo Secours National, sob a direção de Monsieur Gouineau. Foi uma viagem arriscada. Em Lisieux, os soldados alemães estavam obcecados com os "terroristas" da Resistência. Mataram um policial na rua simplesmente porque levava a pistola de serviço no cinto. Monsieur Gouineau, sabendo que todos os bancos de Caen tinham sido destruídos, mandou uma autoridade sacar 100 milhões de francos em Lisieux. Não havia tempo para contar o dinheiro; ele assinou o recibo de olhos fechados e partiram para Caen. Quando os caças aliados surgiram no alto, agitaram freneticamente uma bandeira branca, e os aviões se desviaram.

Depois que o dinheiro e os suprimentos foram entregues, a viagem de volta foi ainda mais complicada. Conseguiram um passe-livre da Kommandantur do Exército alemão em Caen, mas foram avisados de que a SS não respeitava esses pedaços de papel. E, depois de Lisieux, uma patrulha alemã abriu fogo, suspeitando que os caminhões pertenciam à Resistência. Monsieur Gouineau e vários outros ficaram feridos. Ainda assim, o transporte de suprimentos começou e, no total, foram entregues 250 toneladas.

Para os franceses atrás das linhas aliadas, pelo menos a vida era mais fácil. Em Lion-sur-Mer, um morador escreveu: "Os ingleses, desde que chegaram, distribuem chocolate, doces e cigarros a torto e a direito". Mas não havia luz nem água, a não ser dos poços, e quanto à comida, a maioria sobrevivia da própria horta. Havia boatos loucos. Alguns acreditavam que os tanques anfíbios tinham atravessado sozinhos o Canal da Mancha e outros se convenceram que tinham vindo pelo fundo do mar, como submarinos com lagartas. Muitas vezes os doces e os cigarros não eram dados, mas trocados por leite, ovos e carne de animais mortos. Logo se estabeleceu uma taxa de câmbio não oficial – "*le troc*" –, com dois ovos valendo uma lata de carne em conserva.

O escambo se estendeu com rapidez espantosa para as outras mercadorias. Um médico da 2ª Enfermaria de Campanha recordou que, em 7 de junho, "um oficial graduado da Polícia do Exército chegou num jipe carregado de presentes: cigarros, doces e chocolate distribuído pelo Exército para os feridos. Antes, naquela manhã, a polícia tinha atacado um bordel criado por três mulheres na praia, na noite do Dia D, numa barcaça de desembarque naufragada, e confiscara a moeda usada nas transações". Os marinheiros britânicos, às vezes já bêbados mas ainda loucos para achar mais bebida, transformaram-se num incômodo, indo de casa em casa no litoral.

Um dos campos de pouso bem temporários construídos pelos britânicos, com pistas de tela de arame, foi o B-5, perto de Le Fresne Camilly. Rapazes adolescentes, fascinados por equipamento militar, se reuniram para observar e fazer amizade com os aviadores e os soldados. Em 15 de junho, chegou uma esquadrilha de Typhoons para preparar um ataque a um quartel-general de *panzers* alemães, num castelo perto de Villers-Bocage. Os pilotos pousaram, encontraram o campo de pouso sob bombardeio e tiveram de mergulhar nas trincheiras. Os tripulantes dos Typhoons sabiam que eram odiados pelos alemães, e vários usavam fardamento cáqui, para não serem linchados caso o avião fosse derrubado. Considerando a atitude bastante altiva dos pilotos da RAF diante da "arma marrom", como chamavam o exército, era irônico que tomassem emprestado seu fardamento.

Os oficiais médicos fizeram todo o possível pelos civis feridos. Num vilarejo perto da estação fortificada de radar alemã, em La Délivrande, uma granada explodiu no pátio da escola. A filha de 18 anos da professora perdeu o braço desde o ombro. Não havia médico disponível, mas "pela manhã, os ingleses ocuparam o lugar e a primeira preocupação deles foi cuidar dos feridos". O médico do batalhão, com dois assistentes, cuidou da moça. Foi evacuada primeiro para um posto de triagem de baixas, em Hermanville, e depois levada pelo Canal da Mancha para ser tratada em Northwood, para onde foram levados outros franceses feridos.

O temor de Dempsey de paralisação da frente se mostrou correto. Os Reais Fuzileiros do Ulster, depois de capturar Cambes, ficaram lá durante mais de um mês. O tenente Cyril Rand, comandante de pelotão, descreveu a vida ali como uma "dança das cadeiras", com as trincheiras e os tiros no lugar das cadeiras e da música interrompida. O capelão, Padre John O'Brien, costumava visitar as posições de vanguarda com rum obtido com o intendente para jogar algumas mãos de pôquer com os soldados nas trincheiras. Ele vivia ocupado, cuidando dos mortos e dos vivos. Numa das rápidas cerimônias fúnebres junto ao túmulo aberto, um oficial recém-chegado quase desmaiou ao seu lado: caiu de joelhos e começou a escorregar para a cova. O padre o agarrou pela farda e disse: "Agora não há necessidade de pressa. Cada coisa a seu tempo".

O humor negro era, na prática, o único divertimento disponível. Um oficial de observação avançada da Real Artilharia dos Fuzileiros do Ulster sentia um prazer perverso em lançar algumas granadas sobre a posição alemã sempre que avistava um *Landser* se esgueirando para a latrina. Os Fuzileiros do Ulster, com as fardas incrustadas de lama, sonhavam com a oportunidade de se limpar. Certo dia, quando estava na reserva, o tenente Rand escapuliu para tomar um banho improvisado numa casa abandonada. Terminou com uma boa dose de água de colônia, de uma garrafa que achou por ali. Quando voltou, encontrou o general, acompanhado pelo subcomandante do batalhão, fazendo uma inspeção. O general foi em frente, parecendo satisfeito, mas virou-se para lançar a Rand um olhar estranho. O sargento do pelotão de Rand lhe cochichou no ouvido:

— Acho que eles notaram, senhor.

— Notaram o quê?

— O cheiro, senhor. O senhor está com cheiro de bordel.

A comida, que costumava ser preparada sobre uma lata de biscoitos cheia de terra impregnada de gasolina, também era monótona. As rações de campanha vinham em pacotes para 14 dias, com bolachas secas, margarina, geleia, seleta de legumes, bolinhos de carne e fígado, latas de carne com legumes, pudim de ameixa, papel higiênico, sopa, doces, cigarros (sete por dia para cada homem), fósforos e chá já misturado com leite em pó e açúcar, para preparo instantâneo. Os blocos de aveia podiam ser esfarelados em água para fazer mingau no café da manhã, em vez das latas de bacon com ovo em pó, glutinoso e salgado demais. Não surpreende que a troca por produtos frescos virasse tamanha obsessão.

A guerra de trincheiras e a possibilidade bastante arbitrária de morte que a acompanha levaram a várias superstições. Poucos ousavam desafiar o destino dizendo que fariam isso ou aquilo "quando voltassem para casa". Para todos os soldados, com exceção apenas dos mais dedicados, a esperança de "ganhar um *blighty*" – um ferimento que exigisse a evacuação para a Inglaterra, mas sem causar invalidez – era como o sonho de ganhar na loteria. Uma medalha seria ótimo, mas prefeririam que outra pessoa desempenhasse o papel de herói, "vencendo a guerra sozinho". Só queriam voltar para casa vivos.

Em quase todos os pelotões de infantaria da maioria dos exércitos formados por conscritos, os homens dispostos a se arriscar e atacar raramente eram mais do que um punhado. Na outra ponta da escala, costumava haver um número semelhante que faria todo o possível para evitar riscos. A maioria que ficava no meio apenas seguia os corajosos, mas, diante de desastres súbitos, também podia correr com os fujões. O primeiro estudo do comportamento sob fogo foi feito na Sicília, em 1943. Montgomery, horrorizado, escondeu o relatório, temendo seu efeito sobre o moral, e a carreira do oficial que o redigiu foi prejudicada. Mais tarde surgiram mais provas para sustentar sua tese.[3] Até no Exército Vermelho os oficiais tinham certeza de que seis em cada dez soldados nunca disparavam os fuzis na batalha. Isso levou um dos comandantes a sugerir

---

[3] Há um excelente estudo do Ministério da Defesa sobre a questão; ver Rowland, David, *The Stress of Battle*, Londres, 2006, p. 48-56. A obra mais conhecida sobre o assunto, *Men Under Fire*, foi escrita depois da guerra pelo general-brigadeiro S. L. A. Marshall, historiador de guerra americano. Embora o uso que Marshall faz das fontes tenha sido questionado, principalmente pelo professor Roger Spiller no *RUSI Journal* (inverno de 1988), não há dúvida de que o quadro geral está correto.

que as armas deveriam ser inspecionadas depois e quem estivesse com o cano limpo deveria ser tratado como desertor.

É provável que esse perfil dos pelotões tenha se refletido nas divisões abaixo da média da infantaria alemã, mas é quase certo que isso não acontecia nas unidades de elite, como os *panzergrenadiers*, os paraquedistas e a doutrinadíssima Waffen-SS. Esses estavam convencidos da justiça do domínio alemão e da "vitória final" da Alemanha. Era seu dever salvar a Pátria da aniquilação. Dificilmente ficaria mais clara a diferença entre os soldados de uma democracia e os de uma ditadura. Mas o moral dos *Landser* alemães na Normandia era vulnerável. O Ministério da Propaganda e os oficiais tinham prometido muito. Vários acharam que a invasão seria a oportunidade de acertar as contas com o bombardeio aliado e, ao esmagá-la, fazer a guerra acabar.

"O mundo inteiro prevê agora o novo curso da invasão", escreveu em 6 de junho um Untersturmführer da 9ª SS Panzer-Division *Hohenstaufen*. "Quando ouvi a notícia no rádio, ao meio-dia de hoje, fiquei sinceramente feliz, porque parece que, com essa medida, nos aproximamos bastante do fim da guerra." A SS *Hohenstaufen* fazia parte do 2º SS Panzerkorps e estava prestes a partir da frente oriental para a Normandia, para contra-atacar os britânicos. Quatro dias depois, quando ficou claro que os aliados estavam seguros em terra, o mesmo Untersturmführer escreveu: "Embora a invasão não esteja sendo rechaçada tão depressa quanto alguns acreditam, dá para ter alguma esperança, porque as coisas estão andando. E ainda temos guardado o golpe de retaliação".

Toda vez que uma garantia do Ministério da Propaganda se mostrava falsa, outra logo lhe tomava o lugar. A Muralha Atlântica era inexpugnável. Os aliados não ousariam invadir. A Luftwaffe e os submarinos esmagariam a frota da invasão. Um contra-ataque maciço empurraria os aliados de volta ao mar. As armas secretas de Vingança fariam o Reino Unido pedir a paz de joelhos. Os novos caças varreriam do céu os aviões aliados. Quanto mais desesperada ficava a situação, mais desavergonhadas as mentiras. As invenções incansáveis de Goebbels serviam como um tipo de benzedrina para o moral do soldado na frente de batalha, mas quando o efeito passava ele podia ficar realmente exausto. Principalmente para os soldados da SS, a crença era quase um vício. Mas, para muitos oficiais e soldados alemães comuns, a Normandia viria a ser a culminância de todas as dúvidas particulares que poderiam ter sobre o resultado da guerra.

14
OS AMERICANOS NA PENÍNSULA DE COTENTIN

Assim como os britânicos nos últimos sete dias, o I Exército americano também temia um grande contra-ataque vindo do sul. Os serviços de informações aliados não tinham avaliado o sucesso da sua força aérea e da Resistência no retardamento da chegada dos reforços alemães. Também não previram que o alto-comando alemão lançaria a vasta maioria das divisões *panzer* contra o II Exército britânico.

Antes da ofensiva de Villers-Bocage, a 1ª Divisão americana, embora criasse um profundo saliente perto de Caumont-l'Eventé, temia um ataque pelo flanco leste. Isso foi enquanto a 50ª Divisão britânica combatia a Panzer Lehr perto de Tilly-sur-Seulles. O general Huebner, comandante da 1ª Divisão, protestou quando Bradley tirou os tanques que os apoiavam para esmagar o ataque da 17ª SS Division a Carentan. Mas Bradley lhe assegurara que Montgomery levaria a 7ª Divisão Blindada para aquele lado.

A 2ª Divisão, à direita, e a 29ª Divisão de Infantaria, que agora fazia parte da frente que avançava para o sul a partir de Saint-Lô, não faziam ideia de como eram fracas as forças alemãs que os enfrentavam. Quando perceberam, a 275ª Divisão de Infantaria e a 3ª Divisão Paraquedista alemã tinham começado a chegar da Bretanha. Saint-Lô, o objetivo americano, só seria tomada depois de pouco mais de um mês de duros combates pelas sebes do *bocage*.

A oeste, o 6º Regimento Paraquedista de Heydte e a 17ª SS Panzergrenadier--Division *Götz von Berlichingen* tinham criado uma linha defensiva dos dois lados da estrada entre Carentan e Périers. Mas o rompimento que os alemães temiam não aconteceu ali. Os aliados tinham outra prioridade: a captura do porto de Cherbourg para apressar a chegada de suprimentos.

O acúmulo de forças já prosseguia com rapidez. Num triunfo da organização e da diligência americanas, a praia Omaha se transformara. "Uma semana depois do Dia D", escreveu um oficial da Marinha, "a praia lembrava Coney Island num domingo de calor. Havia milhares de homens trabalhando, entre eles Seabees,[1] engenheiros do Exército e operários franceses. Retroescavadeiras grandes e pequenas se ocupavam alargando estradas, nivelando terrenos e içando destroços." Antes do fim de junho, o comando da praia Omaha tinha um efetivo total de pouco mais de 20 mil soldados e oficiais, o grosso deles na 5ª e na 6ª Brigadas Especiais de Engenharia. Os DUKWs iam e voltavam pela água com suprimentos e pessoal. Assim que a praia ficou fora do alcance da artilharia alemã, os LSTs vieram com a maré baixa, para descarregar mais veículos. De acordo com uma testemunha, ao abrir as portas duplas e baixar as rampas a estranha embarcação cinzenta ficava parecida com um tubarão-baleia. "Os jipes com oficiais de Estado-Maior eram tão comuns quanto táxis amarelos no centro de Nova York", escreveu o mesmo oficial. E "grandes grupos de prisioneiros alemães podiam ser avistados aqui e ali, aguardando a remoção pelos LST".

Na praia, um sargento da 6ª Brigada Especial de Engenharia contou que, quando escoltava alguns prisioneiros até uma estacada, uns paraquedistas da 101ª Divisão Aeroterrestre começaram a berrar: "Nos entreguem esses prisioneiros! Nos entreguem! Sabemos o que fazer com eles!" Um integrante de uma unidade de demolição de combate naval viu um incidente igual ou parecido. "Aqueles paraquedistas feridos tentavam fazer o possível para pegar os prisioneiros alemães. Acho que foram muito maltratados na retaguarda ou coisa assim. Sanguinários ou não, ainda se dispunham a lutar mais se fosse para pegar aqueles alemães."

Infelizmente, os soldados americanos aeroterrestres feridos foram evacuados nas mesma embarcações que os prisioneiros. Um oficial do LST 1343 recordou: "Tivemos um incidente quando tínhamos alguns paraquedistas e prisioneiros a bordo, e não sei o que aconteceu, mas acho que um ou dois alemães foram mortos". No LST 44, um auxiliar de farmácia assistiu a outro enfrentamento

---

[1] Os Seabees – abelhas do mar – são os Construction Battalions, Batalhões de Construção da Marinha americana, que receberam o apelido devido à sigla, CB, que em inglês soa como "sea bee". (N.T.)

tenso: "Um dos oficiais do nosso navio começou a levar os prisioneiros para a mesma área em que eu ajudava a cuidar de soldados feridos e em estado de choque. A reação imediata dos nossos soldados foi feroz e assustadora. A situação ficou explosiva. Pela primeira e única vez, recusei a permitir a entrada e exigi que o nosso oficial parasse de mandar prisioneiros para aquela área. O tenente pareceu surpreso e com raiva, mas obedeceu de má vontade".

Os LSTs foram especialmente equipados para levar os feridos de volta aos hospitais de apoio na Inglaterra. "Havia macas presas em cavaletes nas paredes do convés dos tanques", observou o auxiliar de farmacêutico, "com várias camadas de altura". O estado de alguns prisioneiros de guerra feridos era terrível. "Um prisioneiro alemão trazido a bordo numa maca estava com o corpo engessado dos tornozelos até o peito. Implorava ajuda a mim e ao médico do navio. Chamava: 'Camarada, camarada.' O médico do navio, com a minha ajuda, abriu o gesso, e descobrimos que aquele pobre homem estava sendo comido por hordas de vermes. Removemos o gesso, o limpamos, lhe demos um banho e analgésicos. Era tarde demais. Ele morreu em paz naquela noite."

Tanto em Utah quanto em Omaha, os soldados da retaguarda e os marinheiros estavam tão ansiosos quanto os soldados da linha de frente para obter lembranças da guerra. De acordo com um oficial da Guarda Costeira do USS *Bayfield*, os caçadores de lembranças negociavam furiosamente medalhas e distintivos alemães. Muitos prisioneiros de guerra, ainda temendo a execução de que seus comandantes tinham falado, entregavam-nas sem muito protesto. Em terra, os troféus mais procurados eram as pistolas Luger. Quem quisesse uma Luger, afirmou um oficial, teria de "matar pessoalmente um alemão e pegá-la antes que ele caísse". Na praia, os marinheiros pagavam 135 dólares por uma delas, e falava-se de ofertas de até 250 dólares, uma bela quantia para a época. Um sargento empreendedor da 2ª Divisão Blindada levou para a praia um caminhão cheio de armas capturadas e as trocou por 45 quilos de café instantâneo, mercadoria que as guarnições de blindados americanos consideravam combustível pessoal.

Como admitiu o oficial responsável pela área da praia de Omaha, "predominava um afrouxamento considerável da disciplina". O general-brigadeiro William Hoge, da unidade de engenheiros de praia, fez o possível para impedir o saque de propriedades locais, que, como declarou numa reunião, "foi denunciado pelos franceses como sendo pior agora do que na época da presença alemã". Muitos soldados e pessoal de praia roubaram animais de criação para variar as rações K ou C. Alguns mergulhadores de uma unidade de demolição de combate da Marinha pegaram um porco que apelidaram de Hermann Göring. Tentaram matá-lo com um cacete, mas ele só gritou, e lhe deram um tiro. Enterraram-no num buraco na areia e começaram a assá-lo. Os civis franceses também saqueavam, embora, paradoxalmente, procurassem os pacotes de ração do Exército americano. Entretanto, isso não surpreende, já que a ração mensal francesa fora fixada em 720 gramas de carne, 100 gramas de manteiga e 50 gramas de queijo por pessoa.

Apesar dos saques, a relação com a população local começou a ficar um pouco mais amistosa. "A atitude [francesa] é de astúcia e espera vigilante", afirmou um relatório. Muitos moradores ainda temiam que os alemães voltassem, embora poucos sofressem tanto quanto os cidadãos de Villers-Bocage. O departamento de administração de assuntos civis deu gasolina aos médicos e o corpo médico americano fez o que pôde pelos civis feridos, ainda mais porque o hospital de Isigny não tinha condições de cuidar de todas as baixas.

Os oficiais daquele departamento não tinham folga. Os fazendeiros locais precisavam de passes para ir a Bayeux comprar suprimentos veterinários. Também pediam material para reconstruir as cercas, porque as novas estradas militares foram abertas passando pelas suas terras e o gado fugia. O prefeito de Saint Laurent se queixou de que as latrinas americanas estavam poluindo o suprimento de água da cidade. Os oficiais também tiveram de contratar mão de obra local. Os americanos ficaram nitidamente surpresos com o horário de trabalho francês, que ia das 7 às 19 horas, mas com uma hora de almoço e duas pausas de dez minutos às 9 e às 16 horas para um copo ou dois de vinho. (Mais tarde houve problemas no setor leste, quando se espalhou a notícia de que os americanos pagavam muito mais do que os britânicos, que tinham pouco dinheiro.) Um coronel com o curioso sobrenome Billion era responsável pela requisição de acomodações e teve de negociar com a condessa de Loy quando ocupou parte do castelo de Vierville para alojar os oficiais de maiores patentes.

A suspeita americana de que havia franceses colaborando com os alemães também foi encorajada pelos próprios franceses. "O prefeito de Colleville relatou [ao destacamento do Corpo de Contrainformações, em Omaha] a presença de mulheres suspeitas naquela cidade e a desconfiança de que podem estar em contato com alemães deixados para trás naquela área." As histórias de franco--atiradoras francesas continuavam a se espalhar.

Mesmo depois que a cabeça de praia de Cotentin foi ampliada a ponto de deixar Omaha fora do alcance da artilharia alemã, os nervos ainda estavam tensos, sobretudo por causa dos ataques aéreos noturnos. Os marinheiros americanos e o pessoal de praia chamavam a Luftwaffe de "vermes de Hermann", em homenagem ao seu comandante em chefe. Mas a reação superentusiasmada de "literalmente milhares" de artilheiros antiaéreos nos navios ancorados ao largo criou problemas consideráveis quando aviões aliados chegaram para interceptar os atacantes. Um relatório afirmou que, na noite de 9 de junho, enquanto ainda havia luz, os navios ao largo da praia Utah derrubaram quatro Mustangs, atiraram em quatro Spitfires e depois, novamente, em outra patrulha de Spitfires, derrubando um, avariaram dois Typhoons e atacaram mais dois Spitfires, tudo no decorrer de menos de duas horas. Ficou claro que os navios de guerra da Marinha americana tinham muito mais culpa do que a marinha mercante, que levava consigo, no total, oitocentos observadores aéreos treinados.

O tenente-brigadeiro Leigh-Mallory escreveu que, apesar de todas as medidas de precaução tomadas e "apesar da supremacia aérea indiscutível, houve casos flagrantes de ataque naval a aviões amigos. Se isso continuar, a cobertura de caças será forçada a voar tão alto que não poderá oferecer proteção contra os aviões inimigos que voarem baixo [...] Não há nenhum fundamento no boato de que os aviões inimigos estão imitando as nossas marcações especiais".[2] Os navios de guerra americanos tinham a bordo um "oficial treinado no reconhecimento de aviões", mas "parece que só eram bons com os tipos de avião americanos". A noite seguinte foi quase tão ruim. Ao reagir a um pequeno ataque da Luftwaffe, o fogo antiaéreo dos navios foi tão intenso que seis caças aliados que iam interceptá-lo foram derrubados. Um dos pilotos passou quatro horas sem conseguir parar de praguejar.

Em 9 de junho, o general Bradley disse ao general de brigada J. Lawton Collins, comandante do 7º Corpo, que se preparasse para atacar cruzando a península de Cotentin, para preparar o avanço sobre Cherbourg. Dois dias depois, Bradley teve de cancelar uma reunião com Montgomery. Soubera que o general George C. Marshall, Eisenhower e o almirante King o visitariam na manhã seguinte.

---

2 É claro que ele se referia às listras brancas e pretas bem destacadas pintadas na fuselagem e nas asas dos aviões aliados, exatamente para impedir que isso acontecesse.

Eles desembarcaram em Omaha de manhã bem cedo, em 12 de junho, quando parte do porto artificial já estava montado.

Bradley os levou para visitar Isigny. Viajaram em carros do Estado-Maior, escoltados por carros blindados, e examinaram o efeito do fogo dos canhões navais sobre a cidade. Bradley, preocupado com uma concentração tão extraordinária de comandantes graduados, disse mais tarde que "um franco-atirador inimigo teria conquistado a imortalidade como herói do Reich". Depois de ver os grandes canhões do USS *Texas* atirar suas granadas na 17ª Divisão SS, em terra, ao sul de Carentan, almoçaram rações C numa barraca do quartel-general do I Exército. Lá, Bradley explicou aos visitantes a operação do 7º Corpo de Collins para tomar Cherbourg.

O general de brigada Collins tinha apenas 48 anos. Rápido e enérgico, era conhecido como "Lightning Joe" e comprovara seu valor na limpeza de Guadalcanal, no Pacífico. Bradley confiava nele completamente, e o sentimento era mútuo.

A primeira tentativa da 90ª Divisão de expandir a cabeça de ponte de Merderet tinha sido um desastre, como já mencionado. Um dos soldados admitiu que os homens da divisão eram tímidos. Queriam sempre conferir tudo com algum superior antes de agir, como ao avistar um observador alemão e não atirar na mesma hora. A 90ª também aprendeu, pelo caminho mais difícil, que tirar itens de alemães mortos era perigoso. Um soldado de outra divisão encontrou o corpo de um segundo-tenente da 90ª com as mãos amarradas às costas, uma pistola P-38 alemã enfiada na garganta e a nuca explodida. O segundo-tenente ainda usava o coldre alemão de couro no cinto. "Quando vi isso", comentou o soldado, "decidi que, para mim, nada de suvenires. Mas é claro que fazíamos a mesma coisa quando os pegávamos com cigarros americanos ou relógios de pulso americanos nos braços."

Collins, ao perceber que o desempenho da 90ª Divisão em combate não melhoraria, trouxe a recém-chegada 9ª Divisão para abrir caminho pela península com a 82ª Divisão Aeroterrestre. Atacaram em 14 de junho. Apoiada por Shermans e armas anticarro, a 9ª Divisão saiu empurrando os remanescentes da 91ª Luftlande-Division e, quatro dias depois, chegou ao pequeno balneário de Barneville.

Hitler dera instruções estritas para que o máximo possível de soldados da península recuasse combatendo até Cherbourg. Entretanto, o comandante da 77ª Jäger-Division decidiu desobedecer à ordem. Não via razão para ficar

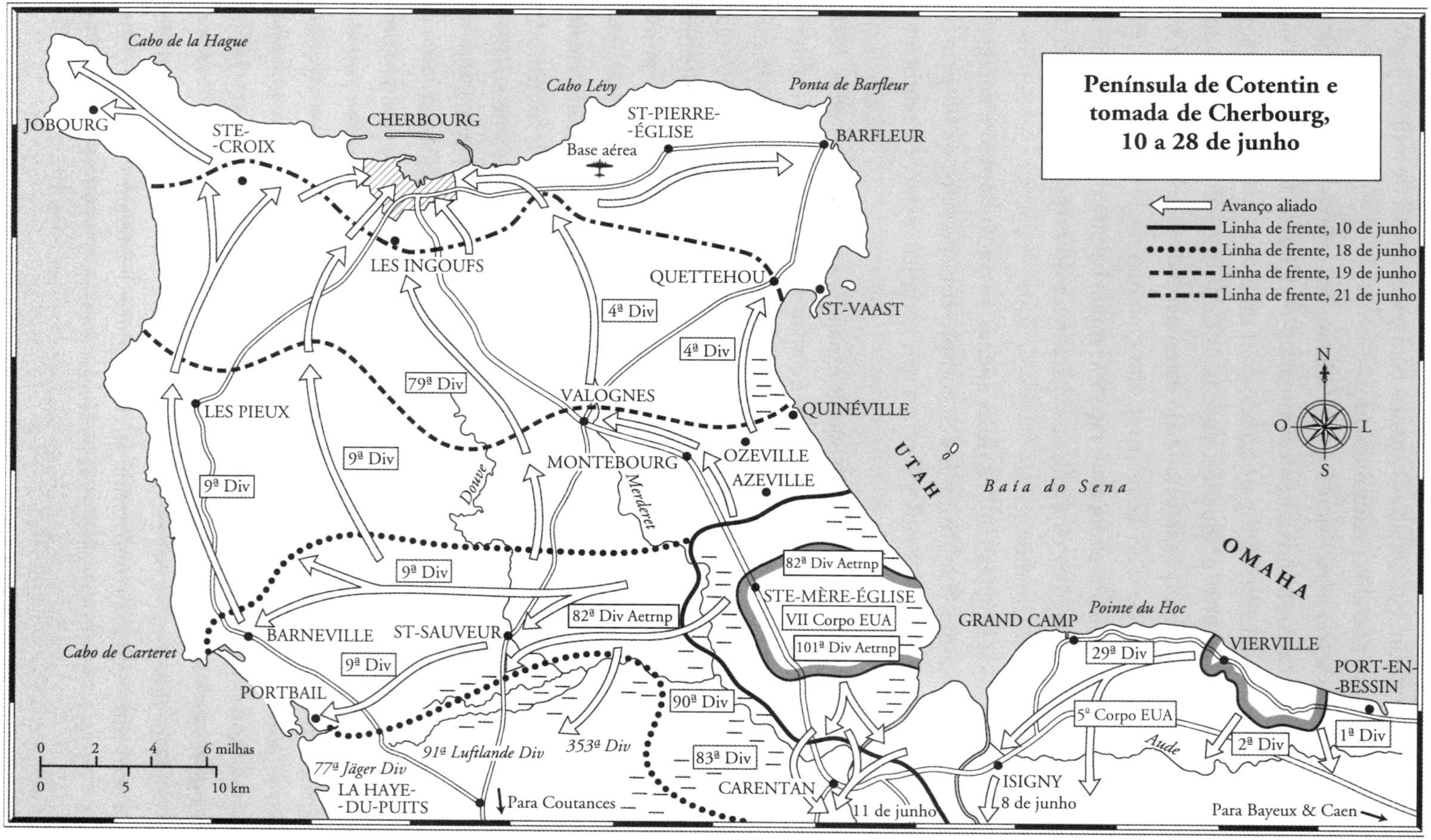
Península de Cotentin e tomada de Cherbourg, 10 a 28 de junho
Avanço aliado
Linha de frente, 10 de junho
Linha de frente, 18 de junho
Linha de frente, 19 de junho
Linha de frente, 21 de junho
N
S
O
L
Cabo de la Hague
JOBOURG
STE-
-CROIX
CHERBOURG
Cabo Lévy
ST-PIERRE-
-ÉGLISE
Base aérea
Ponta de Barfleur
BARFLEUR
LES INGOUFS
QUETTEHOU
ST-VAAST
4ª Div
4ª Div
79ª Div
VALOGNES
QUINÉVILLE
LES PIEUX
9ª Div
9ª Div
MONTEBOURG
OZEVILLE
AZEVILLE
Douve
Merderet
UTAH
Baía do Sena
OMAHA
9ª Div
82ª Div Aetrnp
STE-MÈRE-ÉGLISE
VII Corpo EUA
101ª Div Aetrnp
82ª Div Aetrnp
BARNEVILLE
ST-SAUVEUR
Cabo de Carteret
9ª Div
PORTBAIL
90ª Div
353ª Div
91ª Luftlande Div
77ª Jäger Div
LA HAYE-
-DU-PUITS
Para Coutances
83ª Div
CARENTAN
11 de junho
GRAND CAMP
Pointe du Hoc
29ª Div
VIERVILLE
PORT-EN-
-BESSIN
5º Corpo EUA
Aude
2ª Div
1ª Div
ISIGNY
8 de junho
Para Bayeux & Caen
0 2 4 6 milhas
0 5 10 km

com as forças cercadas e condenadas, agora sob o comando do general Von Schlieben. Ele conseguiu escapar com parte dos seus soldados assim que a 9ª Divisão americana chegou a Barneville. A 91ª Luftlande-Division também recuou para o sul, depois de perder a maior parte do equipamento e quase 3 mil homens desde 6 de junho.

"Recebi ordens de ir até o trem de suprimentos para ajudar a reabastecer, já que tínhamos perdido tudo em poucos dias", escreveu um cabo da 91ª Luftlande. "Só tínhamos a roupa do corpo. O pior continua a ser os aviões, por isso tudo tem de ser feito à noite. Aqueles canalhas metralham os indivíduos com as metralhadoras de bordo; precisávamos de artilharia antiaérea e aviões por aqui, mas não se vê nada disso. Dá para imaginar que isso acaba com o moral. Agora nos dizem que, nos próximos dias, haverá uma grande ofensiva aérea com grande número de aviões à espera."

O flanco sul do corredor americano ficou sob a responsabilidade da 82ª Divisão Aeroterrestre e da pobre 90ª Divisão. Para supervisionar esse setor, Bradley nomeou o general de brigada Troy H. Middleton, um dos comandantes mais impressionantes ao seu dispor, para comandar o 8º Corpo. Dizem que Middleton, que fizera fama na Itália, parecia um "professor robusto com óculos de aro de aço".

Para se opor a Middleton, o 84º Corpo finalmente recebeu um novo general-comandante em 18 de junho. O tenente-general Dietrich von Choltitz podia ser "um homem gorducho que parecia um comediante de boate", mas ele havia aprimorado seu talento na impiedosa escola da frente oriental, sobretudo na luta por Sevastopol. Choltitz viera do quartel-general do VII Exército em Le Mans, onde o general de exército Dollmann lhe passara as informações. A impressão de Choltitz não foi boa. "O comandante em chefe pareceu estar muito cansado, quase distraído", escreveu no fim da guerra. Bayerlein, da Panzer Lehr, tinha mais desprezo ainda por Dollmann. Via-o como uma "nulidade" e dizia que "levara uma vida de luxo e amolecera".

Choltitz também encontrou o Estado-Maior do 84º Corpo desmoralizado. Depois do fracasso dos primeiros contra-ataques *panzer* a oeste de Caen, o general Marcks, antecessor de Choltitz, dissera abertamente que "a guerra estava perdida", uma atitude de traição. O nível de baixas entre os comandantes de divisões também teve influência. Além de Falley, da 91ª Luftlande-Division, e do próprio Marcks, o general Helmlich fora morto em 10 de junho e Ostendorff, da 17ª Divisão SS, fora gravemente ferido em 16 de junho. Para complicar ainda mais a situação, Choltitz descobriu que, com o avanço americano pela península, seu único contato com o general Von Schlieben era pelas Ilhas do Canal e Cherbourg.

Assim que a península ficou isolada, Collins não quis dar aos alemães tempo para se reorganizarem. O general Manton Eddy, comandante da 9ª Divisão, teve de girar todo o seu dispositivo em menos de 24 horas para se preparar para avançar para o norte, subindo o litoral oeste. No centro, Collins colocou a 79ª Divisão de Infantaria, enquanto a 4ª Divisão, ainda em combate acirrado perto de Montebourg e Valognes, limparia a parte leste e atacaria Cherbourg pela direita. Talvez faltasse ao comandante da 4ª Divisão, general de brigada Raymond O. Barton, a exuberância de alguns colegas, mas Liddell Hart ficou bem impressionado. Descreveu-o como "um cara de mente aberta".

A 4ª Divisão de Barton avançou, apesar da concentração de forças contra ela. Combinando bombardeios navais e de artilharia em terra, as defesas alemãs em torno de Montebourg e Valognes, além das próprias cidades, tinham sido muito atingidas. A confiança de Montgomery na artilharia se revelou numa piada apavorante que fez ao escrever a De Guingand: "Montebourg e Valognes foram 'libertadas' no melhor estilo do 21º Grupo de Exércitos, isto é, ambas estão completamente destruídas!!!".

As três divisões que avançavam sobre Cherbourg também se beneficiaram de ter seu próprio grupo de apoio aéreo, pronto para pedir ataques de caças-bombardeiros. Nesse estágio, quando se tentava uma nova técnica de ligação, a maioria dos pedidos de emergência levava pelo menos três horas para ser atendida. Mas houve exceções. Em 16 de junho, "um avião Cub avisou à artilharia da divisão que uma coluna de soldados atravessava uma ponte. A artilharia passou a informação por telefone. O corpo entrou em contato com um esquadrão de caças-bombardeiros na área e o enviou para a coluna. Em 15 minutos, receberam o relatório de que a coluna tinha sido metralhada. Chegaram notícias de que os prisioneiros americanos levados pela estrada pelos alemães escaparam durante a metralha dos nossos aviões". Essa tentativa precoce de cooperação terra-ar foi o importante início de uma combinação que teria eficácia devastadora mais adiante na campanha.

Mas, enquanto o avanço de Collins sobre Cherbourg prosseguia, os aliados foram atingidos por um desastre imprevisível. Em 19 de junho, começou a tempestade mais violenta dos últimos quarenta anos no Canal da Mancha, combinada à maré de água viva. Os moradores nunca tinham visto nada parecido. Como dizem os normandos, as ventanias no litoral foram de "tirar chifre de vaca". A temperatura caiu até o equivalente a um mês frio de novembro. O porto artificial de Mulberry, em Omaha, foi destruído, sem condições de reparo. Alguns especialistas disseram que as brechas na construção o deixaram vulnerável, e ele ficava na parte mais exposta da praia. O porto britânico semelhante, em Arromanches, estava parcialmente protegido por pedras e recifes e, em consequência, pôde ser reconstruído depois.

As barcaças de desembarque foram arrastadas pelas ondas até bem alto nas praias, chocando-se entre si. As chatas Rhino tiveram as laterais cortadas. Até os navios de desembarque de tanques foram jogados em terra. "A única possibilidade que tivemos de impedir que as barcaças de desembarque se fizessem em pedaços", escreveu um oficial da Marinha americana, "foi ancorar bem longe da praia, no Canal da Mancha, e torcer para que aguentássemos a tempestade". Para os navios a caminho da Inglaterra, a travessia foi inesquecível. "Levamos uns quatro dias para percorrer menos de 150 quilômetros até Southampton, em mar muito revolto", escreveu um oficial que estava num LST. "O mar estava tão agitado que o comandante temeu que o navio se rachasse ao meio; portanto, ordenou que os cabos de atracação fossem passados pela proa e pela popa e tensionados pelos cabrestantes, para dar apoio extra a duas pranchas do convés. O navio foi encordoado como uma rabeca."

A tempestade continuou até a noite de 22 de junho, uma quinta-feira. A destruição das praias foi inacreditável. Perderam-se mais navios e material bélico do que durante a invasão propriamente dita. Mas os envolvidos no planejamento do Dia D não puderam deixar de recordar com alívio agradecido a decisão de ir adiante tomada em 5 de junho. Se a invasão tivesse sido adiada duas semanas, como se temia, a frota teria caído numa das piores tempestades da história do Canal da Mancha. Eisenhower, depois de ver as avarias nas praias, aproveitou para escrever um bilhete para o coronel Stagg. "Agradeço aos deuses da guerra termos ido quando fomos."

Recuperar-se dos efeitos mais tarde levou mais tempo do que a duração da tempestade. Para fazer um LST jogado na praia voltar a flutuar, era preciso usar retroescavadeiras para cavar imensas trincheiras em torno dele, na esperança que a próxima maré alta o erguesse. Os americanos, que "nunca acreditaram mesmo no Mulberry", limparam o que foi possível e depois provaram que conseguiam desembarcar "uma tonelagem espantosa tanto com balsas de fundo chato quanto levando os navios até a praia na maré baixa".³

A tempestade atrasou muito a concentração de forças, atrapalhou a volta das baixas à Inglaterra e forçou o cancelamento das operações aéreas. Essa ausência de caças-bombardeiros aliados no céu permitiu aos alemães acelerar o reforço da frente da Normandia. Ao mesmo tempo, muitas divisões aliadas, que já tinham embarcado para a França ou estavam prontas para atravessar o Canal, atrasaram-se uma semana ou mais. O efeito mais imediato foi sobre os suprimentos, sobretudo a munição de artilharia. O general Bradley teve de fazer uma opção difícil, mas decidiu manter o apoio total ao ataque de Collins a Cherbourg. Os dois outros corpos – o 5º, de Gerow, a sudeste, e o 8º, de Middleton, no lado sul da península – só receberiam um mínimo de granadas de artilharia, muito embora Bradley soubesse que isso daria aos alemães tempo para preparar a defesa ao sul do pântano de Douve.

Apesar da fúria da tempestade, Collins ordenara às suas três divisões que cercassem logo a ponta da península. O general Von Schlieben, sabendo que suas forças fragmentadas não conseguiriam segurar os americanos em campo aberto, havia começado a recuar para os fortes perto da cidade. Sua própria divisão enquadrava uma grande variedade de unidades, como um batalhão georgiano e um regimento montado de cossacos com cinco esquadrões. Seu coronel russo, quando bêbado, confessou querer "só um saquezinho". "Era uma guerra de jogos e diversões", disse com sarcasmo um dos coronéis de Schlieben.

Embora a resistência ao avanço contra Cherbourg se desse, na maioria das vezes, por meio de ações isoladas, aquela foi uma fase de experiência para a 79ª Divisão, recém-chegada ao centro. "Os homens estavam cansados", escreveu o comandante de um pelotão, "e quanto mais cansados ficavam, mais queriam se agrupar, principalmente durante as marchas." O fato de não manterem distância segura causou muitas baixas desnecessárias nos primeiros dias. Às vezes, encontravam soldados perdidos que afirmavam que sua companhia tinha sido praticamente dizimada, mas nunca era verdade. Estavam apenas desorientados

---

3 Mesmo depois que Cherbourg foi capturada e se tornou operacional, os americanos conseguiram desembarcar muito mais na praia do que no porto. No mês de agosto, desembarcaram 266.804 toneladas e 817 veículos em Cherbourg, 187.973 toneladas e 43.986 veículos em Utah e 351.437 toneladas e 9.155 em Omaha. A média dos britânicos foi de 9.000 toneladas por dia em Arromanches. Também conseguiram usar pequenos portos de pesca que os alemães não tinham destruído.

por essa primeira experiência de luta entre as sebes. Os comandantes de pelotão sentiam-se vulneráveis tentando caçar os soldados ou esquadrões perdidos. 8 quilômetros a leste de Cherbourg, a 79ª encontrou uma linha avançada de casamatas e ninhos de metralhadora espalhados. "A Companhia K [do 314º Batalhão de Infantaria] perdeu quase um pelotão inteiro devido à inexperiência e a um certo pânico quando os soldados se juntaram e formaram alvos valiosos para os metralhadores inimigos." Mas descobriram que, se cercassem uma casamata e disparassem uma bazuca nos fundos, os defensores logo se rendiam.

Em 22 de junho, os americanos fizeram um ataque aéreo maciço a Cherbourg, no final da manhã. Os alarmes soaram nas posições antiaéreas guarnecidas por adolescentes alemães do Reichsarbeitsdienst, o serviço de mão de obra do Reich, formado por recrutas engajados em projetos de construção que ainda não eram soldados propriamente ditos. Quando chegaram as primeiras ondas de caças-bombardeiros, correram para os canhões. "Atiramos como loucos", escreveu um deles. Nisso, ouviu-se um zumbido trovejante vindo do Canal quando as formações de bombardeiros pesados americanos surgiram, faiscando ao sol. "Um inferno desceu, rugindo, sacudindo, abalando, destruindo. Depois, silêncio. Poeira, cinzas e terra tornaram o céu cinzento. Um silêncio horrível caiu sobre a posição da nossa bateria." Muitas bombas acertaram o alvo diretamente. Mais tarde, os corpos dos rapazes foram levados de caminhão.

Quando os americanos se aproximaram de Cherbourg, encontraram uma densidade maior de casamatas e ninhos de armas, além de fortificações maiores. Cada posição tinha de ser combatida individualmente. O 315º Batalhão de Infantaria do coronel Bernard B. MacMahon enfrentou uma fortificação defensiva aparentemente grande em Les Ingoufs, com uma guarnição de várias centenas de soldados. Um desertor polonês levou MacMahon e um grupo de reconhecimento até mais perto. Parecia que os canhões tinham sido destruídos, por ataques aéreos ou pelos próprios alemães. MacMahon ordenou que trouxessem um caminhão com alto-falantes que acabara de chegar. Então, ordenou que alguma artilharia avançasse e anunciou em alemão, pelos alto-falantes, que estava prestes a começar um ataque com uma divisão inteira. Tinham dez minutos para se render, e "qualquer parte da guarnição que não se render deixará de existir". Continuou repetindo a mensagem, "sentindo-se idiota, porque as palavras não pareciam ter resultado". De repente, ouviu gritos: "Lá vêm eles!". E viu um grande número de soldados alemães avançando, alguns com bandeiras brancas e o resto com os braços erguidos. Mas eram apenas parte da guarnição.

Surgiu então um grupo de cinco oficiais alemães, como delegados enviados pelo comandante da guarnição. Pediram a MacMahon que mandasse seus canhões dispararem uma bomba de fósforo na posição, para que o comandante pudesse sentir que "tinha cumprido sua obrigação com o Führer e se render". MacMahon teve de admitir que não tinha bombas de fósforo. A "honra alemã ficaria satisfeita" se fossem lançadas cinco granadas de fósforo? Depois de discutir entre si essa contraproposta, o oficial alemão mais graduado concordou, com mais cumprimentos. Mas só encontraram quatro granadas na companhia inteira. Depois de mais discussões, essas quatro granadas foram, então, jogadas num trigal, os oficiais alemães inspecionaram o resultado e concordaram que eram mesmo de fósforo, e voltaram para informar ao comandante que podia se render, com o resto da guarnição e o hospital de campanha anexo.

MacMahon descobriu que tinham feito 2 mil prisioneiros. Mais tarde, quando ele e o comandante da divisão foram inspecionar o hospital de campanha alemão, o oficial graduado de lá pediu que tivessem permissão para manter oito fuzis. Ele explicou que, a menos que fossem mantidos sob guarda, os "voluntários" russos e poloneses não trabalhariam. O comandante da divisão americana respondeu que os russos e os poloneses agora estavam sob proteção americana e que os próprios alemães poderiam fazer o serviço.

As defesas mais formidáveis de Cherbourg eram as baterias costeiras. Como os bombardeiros pesados não tinham conseguido destruir as fortificações de concreto armado, Bradley pediu ao almirante Kirk que ajudasse a apressar a captura do porto. Kirk achou que Bradley estava se apegando demais ao apoio dos canhões navais, mas concordou. Um esquadrão com os encouraçados *Nevada*, *Texas* e vários cruzadores contornou o cabo rumo a Cherbourg. Muitos consideraram a operação uma excursão agradável. "Às 8h30, fomos até o quartel-general", escreveu o oficial de controle aéreo do cruzador USS *Quincy*. "O céu estava claro, com alguns amontoados bonitos de nuvens cúmulos-nimbos. O ar era como vinho gelado." De acordo com o contra-almirante Carleton F. Bryant, do USS *Texas*, "era um lindo domingo de sol, com apenas uma leve ondulação na água, e enquanto seguíamos os varredores rumo a Cherbourg fomos induzidos a alimentar uma falsa sensação de segurança". Eles assumiram as posições de bombardeio por volta das 13 horas.

De repente, uma bateria costeira que não tinham visto abriu fogo. Uma granada atingiu a torre de comando do *Texas*, avariando gravemente a ponte do comandante e a da bandeira. "Imediatamente, abrimos fogo", escreveu um oficial, "recebemos salvas [das baterias costeiras] que vieram gritando e a primeira delas passou ao nosso lado." Quase acertaram o *Nevada* também, e o HMS *Glasgow* e vários outros navios além do *Texas* foram atingidos. Nenhum ficou fora de ação, mas o almirante Bryant decidiu, corretamente, que a prudência era boa parte da bravura e fez a força-tarefa recuar atrás de uma cortina de fumaça.

Em terra, parte da infantaria encontrou fortificações que não cederam com facilidade. Houve demonstrações de grande bravura em várias ocasiões. Eram necessárias retroescavadeiras blindadas para trazer suprimento sob fogo. Os soldados da engenharia e da infantaria usaram bananas de dinamite e outras cargas explosivas para jogar pelos dutos de ventilação. Às vezes, uma demonstração de força convencia o comandante de alguma guarnição a se render. De acordo com um relatório extraordinário, o soldado Smith, da 79ª Divisão de Infantaria, que "tinha bebido calvados suficiente para se tornar perigoso", capturou sozinho uma fortificação.

Armado apenas com uma pistola automática .45 e acompanhado de um amigo desarmado, mas também alcoolizado, Smith "foi cambaleando até a entrada da fortificação". Ele e o companheiro, ao ver que as portas de aço estavam abertas, entraram e mataram os soldados alemães que estavam na entrada. Smith, "que estava caindo de bêbado", foi de sala em sala, "atirando e gritando, e, quando surgia em cada porta, os alemães lá dentro, achando que todo o Exército americano estava no forte, desistiam". Ele juntou os prisioneiros e os levou para campo aberto, onde foram entregues ao batalhão. Então, Smith voltou ao forte e descobriu outra sala onde havia alemães feridos. "Declarando a todos que o único alemão bom era o alemão morto, Smith transformou vários deles em alemães bons antes de ser detido."

Depois de tomado o Fort du Roule, principal posição defensiva, o tenente-general Von Schlieben soube que não fazia muito sentido prolongar a agonia. Quase todos os seus homens, e vários milhares de feridos, estavam presos debaixo da terra em suas fortificações. Decidiu se render depois que engenheiros americanos explodiram os dutos de ventilação do quartel-general subterrâneo. Os feridos mal conseguiam respirar com o pouquíssimo oxigênio. Um dos oficiais, o primeiro-tenente Keil, louvado pelas autoridades nazistas por resistir até 30 de junho na península de Jobourg, defendeu o "sólido bom senso" de Schlieben. Não queria sacrificar a vida dos homens à toa, apesar do fato de que, como comandante da Fortaleza Cherbourg, Hitler o fizera jurar que lutaria até a morte.

Em 25 de junho, às 19h32, um oficial do seu Estado-Maior mandou uma mensagem pelo rádio: "Batalha final por Cherbourg começou. General participa da luta. Vida longa ao Führer e à Alemanha". Depois, quando soube disso, Schlieben ficou sem graça. No dia seguinte, ele se rendeu com os oitocentos homens da sua posição. "Alguns rapazes", escreveu um oficial da 4ª Divisão de Infantaria, "não conseguiam entender por que os alemães tinham desistido tão depressa". Schlieben, que parecia ser *gourmet*, não gostou muito das rações K que recebeu. Um dos oficiais de Bradley achou muita graça porque o alemão teria de enfrentar a culinária inglesa quando fosse mandado, como prisioneiro, para o outro lado do Canal da Mancha.

Cherbourg estava em ruínas, sobretudo o porto, que fora destruído sistematicamente por engenheiros alemães. Os soldados americanos limparam os bolsões isolados de resistência. Mais uma vez, houve relatos duvidosos de francesas com fuzis. "Vimos algumas franco-atiradoras", afirmou um sargento da 4ª Divisão de Infantaria, "vestidas com roupas comuns. Certo dia, prendemos vinte alemães, inclusive uma mulher". Também foram cometidos atos de vingança, principalmente depois que um hospital americano foi atingido por uma granada de artilharia. Dizem que os soldados americanos mataram trabalhadores da Organização Todt, que não eram combatentes.

Foram encontrados mais de seiscentos alemães feridos no hospital Pasteur. O capitão Koehler, médico de um batalhão do 22º Regimento de Infantaria e fluente em alemão, se encarregou deles. Embora recebesse excelente cooperação do coronel alemão e de sua equipe médica, Koehler ficou horrorizado com a elevada proporção de mortes causadas, acima de tudo, pela falta de preparação dos pacientes antes das cirurgias. O número desnecessário de amputações também o deixou chocado. "A tendência teutônica de abordar os casos cirúrgicos sem dar importância ao efeito do resultado sobre a vida do paciente era bem visível", escreveu.

Os engenheiros da 101ª Divisão Aeroterrestre, que tinham sido levados para lá para ajudar a vencer as fortificações, uniram-se às comemorações gerais da vitória enquanto a cidade voltava à vida quase normal. "Foi uma experiência e tanto", escreveu um deles, "porque as casas de prostituição estavam abertas, as tabernas estavam abertas, os policiais do Exército estavam lá, o governo militar, *rangers*, paraquedistas, infantaria perdida, oficiais de artilharia, e tivemos a nossa primeira experiência de usar mictórios de rua." O sargento Forrest Pogue, historiador do combate, viu quase 100 soldados fazendo fila diante de um ex-bordel da Wehrmacht. Um francês avisou que deviam ter cuidado. "Os alemães deixaram muita doença."

Juntamente com todos os soldados americanos, eles se espantaram com os estoques que os alemães tinham acumulado nos *bunkers* de concreto. Bradley descreveu as defesas como "uma imensa adega subterrânea". Ordenou que o butim fosse dividido pelas divisões da linha de frente, em vez de permitir que tudo caísse nas mãos dos soldados da retaguarda e dos que trabalhavam na reconstrução.

Quando soube da rendição do general Von Schlieben, Hitler ficou furioso. Em abril, convocara todos os comandantes de portos marítimos a Berchtesgaden para analisá-los e avaliar sua crença na vitória. Destituíra vários ali mesmo por considerar que lhes faltava determinação suficiente para lutar até o último homem, mas Schlieben não foi um deles. Mais tarde, Hitler repetiu várias vezes que Schlieben havia sido patético. A rendição o deixou quase tão ofendido quanto a capitulação de Paulus em Stalingrado.

Dois dias depois da rendição, o general de exército Dollmann foi encontrado morto no banheiro do quartel-general do VII Exército, perto de Le Mans. O anúncio oficial afirmava que tivera um enfarte. Entretanto, a maioria dos oficiais superiores acreditou que ele se suicidara de vergonha pela queda de Cherbourg.

15

EPSOM

Pouco antes da queda de Cherbourg, Hitler fez uma última visita à França. Estava de péssimo humor. A ordem de varrer os aliados de volta ao mar não estava sendo cumprida, e ele considerou derrotistas seus comandantes mais graduados no ocidente. Hitler se queixou abertamente, no quartel-general do OKW, de que, "na vitória, o marechal de campo Rommel é um grande líder inspirador, mas assim que surge a menor dificuldade, torna-se um pessimista completo".

Rommel, por sua vez, não escondia a insatisfação com a maneira como Hitler interferia no comando da batalha. Até os oficiais graduados do OKW foram levados a distrair-se com a obsessão de Hitler pelos detalhes. Ele insistia em que todas as fortificações fossem marcadas em mapas na escala de 1:25.000. Certo dia, notou, num relatório, que, aparentemente, o número de canhões antiaéreos nas Ilhas do Canal tinha se reduzido em duas unidades. Exigiu que o oficial responsável fosse punido por enfraquecer as defesas, mas, na verdade, alguém tinha contado errado na primeira vez. Hitler, sem jamais ter visitado na vida a região de Caen, não parava de importunar o Estado-Maior do OKW com o posicionamento de duas unidades de morteiros múltiplos: a 7ª e a 8ª Brigadas Nebelwerfer. insistiu em que decidiriam o resultado no setor britânico caso fossem posicionadas num ponto específico a leste do rio Orne.

Apesar das discordâncias táticas anteriores, tanto Rommel quanto Geyr von Schweppenburg queriam recuar para além da linha do rio Orne. Geyr admitiu que não fazia sentido iniciar um grande contra-ataque de *panzers* ao alcance dos canhões navais aliados. Em vez disso, queria adotar a "tática do tigre na selva", com ataques blindados súbitos. Isso aconteceu bem quando a *Hitler Jugend* começou a repensar suas táticas depois da surra que levara dos canadenses. Mas a exigência de Rommel de "flexibilidade de ação", que significava ter o direito de recuar sem permissão do quartel-general do Führer, e a proposta de recuar para além do Orne eram contrariar diretamente a ordem de Hitler de manter cada centímetro de terreno.

Hitler, decidido a terminar com Rommel e Rundstedt, convocou-os para uma reunião. Em 16 de junho, voou de Berchtesgaden a Metz em seu Focke-Wulf Condor particular. Acompanhado pelo general Jodl e por assistentes militares, seguiu num comboio para Margival, perto de Soissons. O complexo de fortificações de Margival fora preparado em 1940 como seu quartel-general para a invasão da Inglaterra. Instalaram-no num corte profundo da ferrovia, perto de um túnel, onde o trem especial do Führer pudesse se abrigar.

Na manhã seguinte, Rundstedt e Rommel chegaram, como ordenado. "[Hitler] parecia doente e muito cansado", observou Speidel, chefe do Estado-Maior de Rommel. "Brincava nervosamente com os óculos e com os lápis de cor que segurava entre os dedos. Ficou sentado na cadeira, curvado para a frente, enquanto os marechais de campo permaneceram em pé. O antigo poder de sugestão parecia ter desaparecido. Depois de cumprimentos frios e rápidos, Hitler, falando em voz alta, exprimiu com rispidez o desprazer que sentia com o sucesso dos desembarques aliados, tentou pôr a culpa nos comandantes locais e ordenou a manutenção a qualquer preço da Fortaleza Cherbourg."

Rundstedt fez algumas observações introdutórias e depois pediu a Rommel que fizesse seu relatório. Rommel falou da "desesperança de lutar contra a tremenda superioridade inimiga em todas as três dimensões". Falou do fracasso do reconhecimento aéreo e naval, mas enfatizou que suas divisões ao longo do litoral não tinham sido surpreendidas e que "o desempenho dos homens e oficiais nessa luta desigual tem sido sobre-humano". Rommel previu ainda a queda de Cherbourg e atacou a política de Hitler como um todo, que designara, no litoral do Canal da Mancha e da Bretanha, umas 16 fortalezas a serem mantidas até o fim. No total, cerca de 200 mil homens e material bélico precioso estavam retidos em sua defesa e, na maioria dos casos, os aliados poderiam apenas contorná-las. Os aliados vinham desembarcando duas ou três divisões por semana, continuou, e muito embora fossem lentos e metódicos, as três armas da Wehrmacht simplesmente não seriam capazes de resistir ao seu poderio avassalador. Rommel queria recuar 10 a 15 quilômetros para o leste e para o sul do rio Orne. Isso lhe permitiria retirar as divisões *panzer* para reorganizá-las num grande contra-ataque. Também queria preparar a linha do rio Sena para a defesa. Rundstedt deu apoio a essas propostas. Queria recuar para além do Loire e do Sena, abandonando todo o noroeste da França.

Hitler, ultrajado, recusando-se a encarar os fatos, fez "um longo discurso autossugestionável". Previu que a V-1, usada pela primeira vez em quantidade na véspera, teria "efeito decisivo sobre o resultado da guerra contra a Inglaterra". Então, interrompeu a discussão para ditar ao representante do Chefe da Imprensa do Reich um comunicado sobre as bombas V. Os dois marechais de campo tiveram de ficar ali em pé escutando o monólogo frenético de Hitler, que se recusava a apontar as bombas V para as cabeças de praia ou para os portos do sul da Inglaterra. Insistia que todas deviam visar Londres, para deixar os ingleses de quatro. Quando Rommel criticou a falta de apoio eficaz da Luftwaffe, Hitler admitiu que fora enganado pelos seus líderes, mas afirmou que "enxames" de caças a jato logo acabariam com a superioridade aérea aliada.

Rommel, cada vez mais zangado, exigiu que os representantes do OKW visitassem a frente e verificassem a situação pessoalmente. "O senhor exige que tenhamos confiança", disse a Hitler, "mas não confiam em nós!" Parece que Hitler empalideceu com essa observação, mas continuou calado. Como se em apoio aos argumentos de Rommel quanto à superioridade aliada, nesse momento um aviso de ataque aéreo os obrigou a descer para o abrigo contra bombas.

Lá embaixo, Rommel delineou o quadro mais amplo, com a Alemanha isolada, a frente ocidental a ponto de desmoronar e a Wehrmacht enfrentando a derrota na Itália e na frente oriental. Insistiu com Hitler para que dessem fim à guerra o mais cedo possível. O Führer ficou furioso. Mais tarde, seu ajudante de ordens da Luftwaffe comentou: "Aquela era a última coisa que Hitler queria ouvir da boca de um marechal de campo." Ele retorquiu que os aliados não negociariam. Nisso, estava certo, e Rommel e os conspiradores de julho demonstravam otimismo irreal. Mas Hitler continuou insistindo que a destruição da Alemanha já fora combinada. Assim, "tudo dependeria de uma 'resistência fanática'". Ao se despedir de Rommel, disse: "Não se preocupe com a condução da guerra, concentre-se na frente da invasão".

Rundstedt e Rommel partiram de Margival depois que o principal ajudante de ordens de Hitler, o general Schmundt, lhes disse que o Führer visitaria La Roche-Guyon dali a dois dias para conversar pessoalmente com os comandantes em campanha. Mas, ao voltar aos seus quartéis-generais, souberam que uma bomba V-1, com defeito no giroscópio, explodira acima do *bunker*, pouco depois de lançada. Naquela noite, Hitler voltou rapidamente a Berchtesgaden. Nunca mais sairia do Reich.

As primeiras bombas V-1, ou "doodlebugs", como os civis britânicos as chamavam, caíram na noite de 12 de junho. Quatro delas atingiram Londres. "O que mais incomoda o inglês do sul neste momento", escreveu um jornalista, "é uma certa apreensão ilógica e wellsiana da ideia de um robô à espreita lá em cima, em vez de apenas um jovem nazista com o dedo no botão da bomba [...] O incômodo parece ser a emoção pública predominante, embora muitos talvez admitam furtivamente que não se sentem descontentes de estar na dança com os rapazes na Normandia, mesmo que desse modo relativamente desimportante." Mas a tensão começou a se manifestar quando o ritmo dos ataques se acelerou. O "uivo assustador das sirenes" em Londres parecia marcar o ressurgimento da Blitz. Milhares de pessoas voltaram a dormir nas estações do metrô.

Houve muita discussão no Gabinete de Guerra. Em 16 de junho, Churchill e seus ministros discutiram se deviam fazer os canhões antiaéreos parar de atirar à noite para que o povo pudesse dormir um pouco. Os caças velozes se mostraram melhores para cuidar da ameaça dos "divers", como as V-1 eram chamadas em código. A arma mais eficaz nas operações "anti-diver" era a esquadrilha de Tempests estacionada em Dungeness. Postos de prontidão em 16 de junho, eles derrubaram 632 V-1s com os canhões de 20 mm, mais de um terço do total destruído por caças aliados durante os três primeiros meses. O piloto belga René van Learde derrubou 42. "Essas coisas", escreveu seu líder, tenente-coronel R. Beamont, "rasgavam a noite com um barulho de motocicleta asmática, deixando um rastro de fogo." O Tempest, simplesmente, era mais veloz do que a V-1. Certa vez, sem munição, Beamont voou ao lado de uma delas. Aplicando a camada fronteiriça de ar acima da asa de seu Tempest ao lado inferior da asa da V-1, conseguiu erguê-la sem sequer tocá-la. Isso fez a V-1 rolar e cair em terra. Mas, na vasta maioria dos casos, os pilotos continuaram a usar o canhão, embora a explosão de uma tonelada de amitol a poucas centenas de metros do avião produzisse uma explosão apavorante.

As V-1s eram mesmo instáveis, como Hitler descobriu em Margival. O relatório do diretor-geral da Gendarmerie para Vichy mostrou que muitas, até cinco por dia, caíam antes mesmo de chegar ao Canal da Mancha. Uma chegou a cair a nordeste de Alençon, atrás das linhas do Panzergruppe West. Mas, apesar da inexatidão e da grande façanha dos esquadrões "anti-diver" aliados, caíram V-1s suficientes em Londres para causar grande preocupação. Uma delas caiu na Capela dos Guardas, junto do Palácio de Buckingham, durante um culto de domingo, e matou 121 pessoas. Em 27 de junho, de acordo com o marechal de campo Brooke, uma reunião do Gabinete de Guerra terminou "com um lamento patético de Herbert Morrison [secretário do Interior], que parece um espécime sem um pingo de coragem! Não parava de falar das bombas voadoras e de seu efeito sobre a população. Depois de cinco anos de guerra, não poderíamos querer que o povo suportasse tanta tensão etc. etc.!". Brooke escreveu no diário que Morrison queria que toda a estratégia na França fosse alterada. "Nosso único objetivo deveria ser limpar o litoral norte da França. Foi um desempenho patético. Não havia sinal de que Londres não fosse capaz de aguentar e, se houvesse, bastaria dizer ao povo que, pela primeira vez na história, poderiam dividir o mesmo perigo que os filhos corriam na França, e que, de qualquer modo, o que caísse sobre Londres não cairia sobre eles. Graças aos céus Winston cuidou dele bem depressa."

Como a maioria dos foguetes caía antes de Londres, mandaram o comitê Duplo X descobrir um jeito de encorajar os alemães a manter o cálculo da pontaria. Por meio de "Lector", um dos agentes duplos, uma mensagem foi transmitida via Madri para "Ludwig" e "Herold", seus controladores em Berlim. "Efeito destrutivo devastador de nova arma alemã", afirmava a mensagem. "Apesar da leve contrapropaganda, o bombardeio criou uma sensação de pânico na população como nunca antes [...] Exprimiu-se nos círculos militares e governamentais a opinião de que, se essa e as novas armas forem intensamente empregadas, mais cedo ou mais tarde serão forçados a fazer um acordo de paz com a Alemanha [...] Em círculos elevados e influentes, são perceptíveis tendências de paz aparentemente sérias, nas quais se menciona o nome de Rudolf Hess no papel de intermediário." Talvez esse tenha sido um caso de dourar demais a pílula, já que tais notícias só poderiam encorajar os alemães a persistir, mas nas circunstâncias isso foi considerado justificável. De qualquer modo, não há dúvida de que a crença cega de Hitler em que a sua nova arma de vingança obrigaria o Reino Unido a sair da guerra fortaleceu a determinação de não ceder território na Normandia. Essa obstinação excessiva levaria a outro choque com Rommel e Rundstedt antes do fim do mês. Os dois marechais de campo previram que tal inflexibilidade destruiria o Exército alemão na Normandia e levaria à perda da França.

* * *

Enquanto isso, Montgomery ainda tentava fingir que, do seu lado, tudo avançava de acordo com o plano. Em 14 de junho, dia seguinte ao desastre de Villers-Bocage, escreveu a Churchill: "A batalha vai bem no limite entre os dois exércitos na área geral de Caumont-Villers-Bocage-Tilly". Também achou difícil admitir as verdadeiras consequências da grande tempestade no Canal da Mancha, que os atingira menos de uma semana depois. O mau tempo não só interrompera o desembarque de suprimentos como também adiara a chegada do 8º Corpo, que seria o aríete necessário para o rompimento. Enquanto isso, os alemães reforçavam a frente diante dos britânicos com as divisões *panzer* mais poderosas. O Ultra avisou que o 2º SS Panzerkorps estava a caminho, vindo da frente oriental. Por enquanto, só poderia haver ataques pequenos devido à escassez de munição de artilharia. Embora custosos em vidas e pouco compensadores em termos de terreno ocupado, eles combinavam com o novo plano de Monty de segurar os alemães enquanto os americanos tomavam Cherbourg.

Em 16 de junho, um batalhão da Real Infantaria Leve de Yorkshire, apoiado por um esquadrão de Shermans desfalcado, atacou Cristot. "Nos desdobramos em formação num caminho perto de uma fazenda, com margens altas dos dois lados." Os homens franziram o nariz com o fedor das vacas apodrecidas. Tinham de avançar passando por outro trigal aberto. "De repente, do nada, surgiu o padre e todos nos ajoelhamos e rezamos." Enquanto avançavam, a artilharia em apoio direto disparou por sobre a cabeça deles, mas nisso os alemães usaram o truque de disparar granadas de morteiro nos soldados da vanguarda para dar a impressão de que a artilharia aliada encurtara o alcance. Os oficiais deram ordens para que as salvas fossem interrompidas e o truque alemão se revelou. Mas um soldado que se jogara no chão durante a salva de morteiros sofreu um destino terrível. Um estilhaço pôs fogo nas granadas de fósforo em seu bolso e "em minutos, ele morreu de forma terrível".

Três dias depois, quando a grande tempestade começou, a chuva era tão intensa que o combate teve que ser suspenso. A infantaria, desconsolada, ficou nas trincheiras, com água pingando dos forros de barraca impermeáveis usados como ponchos. As guarnições de blindados tiveram mais sorte. Cavaram trincheiras para dormir e puseram os blindados em cima, para se manterem secos.

Em 22 de junho, terceiro aniversário da invasão alemã da União Soviética, começou a primeira fase da Operação Bagration, o ataque maciço do Exército

Vermelho na Bielo-Rússia para cercar o Grupo de Exércitos do Centro da Wehrmacht. Depois de atrair a atenção alemã para uma possível ofensiva na Ucrânia, com um brilhante exercício de *maskirovka* comparável ao Plano Fortitude, os exércitos soviéticos conseguiram atacar de surpresa. Em três semanas, matariam ou capturariam 350 mil alemães. A Operação Bagration levaria o Exército Vermelho às portas de Varsóvia na primeira semana de agosto.

Depois de vários atrasos, devidos principalmente ao mau tempo, a Operação Epsom, grande ofensiva britânica, finalmente estava pronta. Eisenhower fervia de impaciência, mas Montgomery se recusava a se apressar e o quartel-general do 21º Grupo de Exércitos transmitia ao SHAEF informações exasperadoramente escassas. Parece que Montgomery disse a Dempsey, em várias ocasiões: "Não é preciso contar a Ike". Monty gostava de manter seus objetivos vagos, muitas vezes com metáforas enigmáticas tiradas do críquete, de modo que, se houvesse um rompimento, pudesse assumir o crédito, e, se a operação se atolasse, tivesse condições de segurar as tropas alemãs para ajudar os americanos.

No total, 60 mil homens participariam, principalmente do 8º Corpo, que incluía a 15ª Divisão Escocesa, a 43ª Divisão de Wessex e a 11ª Divisão Blindada. Em sua maioria, os soldados nunca tinham participado de combates, mas estavam decididos a provar seu valor ao lado dos veteranos do deserto. O plano era atacar a oeste de Caen e estabelecer uma cabeça de ponte ao sul do rio Odon, e depois avançar sobre o rio Orne. Esse saliente profundo, a sudoeste da cidade, seria então usado para ameaçar toda a posição alemã. A principal elevação entre os dois rios era a Cota 112.

Em 25 de junho, um domingo, o 30º Corpo, à direita, atacou de novo a Divisão Panzer Lehr. A 49ª Divisão West Riding e a 8ª Brigada Blindada os forçaram a recuar, mas, embora houvesse pesadas baixas, os alemães se aguentaram na vila de Rauray. Um regimento blindado de reconhecimento protegeu o flanco naquele dia, perto de Fontenay le Pesnel. "A artimanha alemã", escreveu um oficial canadense de um regimento britânico de reconhecimento, "era abandonar a posição do armamento e entrar pelo meio do trigal quando nos aproximávamos." Às vezes, rastejavam de volta às armas e abriam fogo outra vez, mas na maioria dos casos os "hunos ainda ficavam pipocando no trigo, mas não eram um perigo potencial".

A extremidade sul de Fontenay ainda estava ocupada pela Panzer Lehr. Na manhã seguinte, um Sherman dos Rangers de Sherwood, "ao dobrar uma esquina no centro da vila, deu de cara com um tanque Tigre alemão que vinha

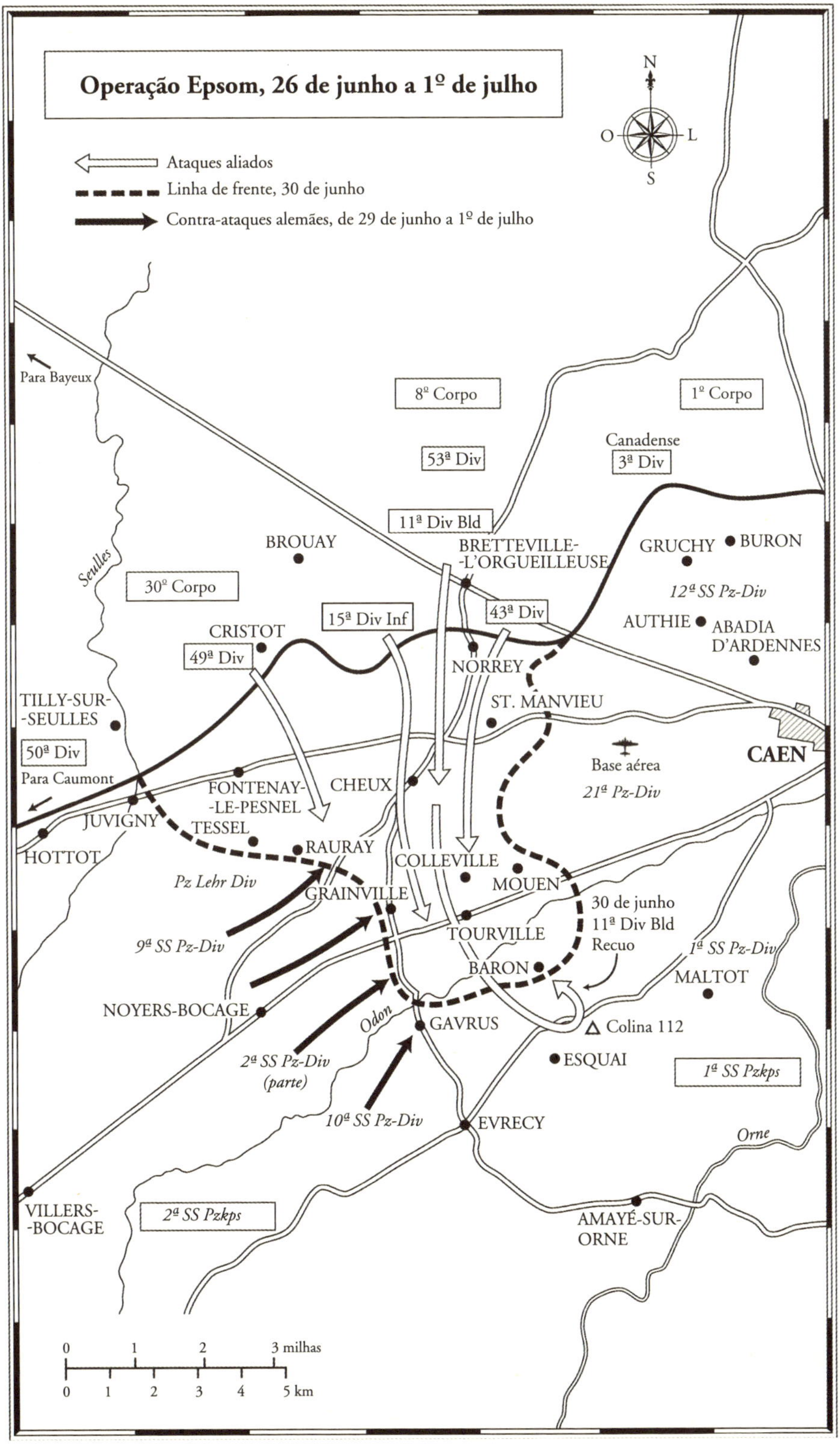

Operação Epsom, 26 de junho a 1º de julho
Ataques aliados
Linha de frente, 30 de junho
Contra-ataques alemães, de 29 de junho a 1º de julho
N
O
L
S
Para Bayeux
8º Corpo
1º Corpo
53ª Div
Canadense
3ª Div
11ª Div Bld
BROUAY
BRETTEVILLE-
-L'ORGUEILLEUSE
GRUCHY
BURON
12ª SS Pz-Div
Seulles
30º Corpo
15ª Div Inf
43ª Div
AUTHIE
ABADIA
D'ARDENNES
CRISTOT
49ª Div
NORREY
TILLY-SUR-
-SEULLES
ST. MANVIEU
50ª Div
Base aérea
CAEN
Para Caumont
FONTENAY-
-LE-PESNEL
CHEUX
21ª Pz-Div
JUVIGNY
TESSEL
HOTTOT
RAURAY
COLLEVILLE
MOUEN
Pz Lehr Div
GRAINVILLE
30 de junho
11ª Div Bld
Recuo
TOURVILLE
9ª SS Pz-Div
1ª SS Pz-Div
BARON
MALTOT
NOYERS-BOCAGE
Odon
GAVRUS
Colina 112
2ª SS Pz-Div
(parte)
ESQUAI
1ª SS Pzkps
10ª SS Pz-Div
EVRECY
Orne
VILLERS-
-BOCAGE
2ª SS Pzkps
AMAYÉ-SUR-
ORNE
0 1 2 3 milhas
0 1 2 3 4 5 km

pela rua. Felizmente [o comandante do Sherman] tinha uma granada perfurante de blindagem na culatra do canhão de 75 mm, que disparou a 30 metros de distância, seguida por seis granadas em rápida sucessão, acabando com o Tigre". No dia seguinte, os Rangers de Sherwood limparam Rauray, depois de perder vários tanques. O maior prêmio foi um Tigre abandonado em perfeito estado. Chegaram a pintar nele o símbolo da brigada, uma máscara de raposa, mas veio a ordem do quartel-general do 30º Corpo de que deveria ser mandado para a Inglaterra. Foi o primeiro a ser capturado intacto na Normandia.

Naquele dia, 26 de junho, a SS começou a retirar os moradores franceses das cidades que ficavam atrás das linhas de frente. A preocupação era a espionagem, e não a segurança dos civis. Não era mera paranoia. A 7ª Divisão Blindada britânica e outras formações vinham recebendo informações muito úteis dos franceses que escapuliam pelas linhas.

A luta também foi dura perto de Tessel. Lá, um batalhão dos "Ursos Polares", como chamavam a 49ª Divisão devido ao distintivo de ombro, enfrentou a Panzer Lehr à queima-roupa. "Recebemos a ordem quando estávamos na floresta de Tessel: 'sem prisioneiros'", afirmou um integrante da Real Infantaria Leve de Yorkshire. "Foi por isso que Lord Haw-Haw[1] nos chamou de ursos polares açougueiros." Uma relatório da Panzer Lehr, interceptado pelo Ultra, afirmava ter sofrido "pesadas baixas" no primeiro dia de batalha.

A fase principal do "acerto de contas", como dizia Montgomery, começou em 26 de junho, com um bombardeio maciço de artilharia naval e de campanha. Depois de uma noite de chuva forte, as nuvens estavam tão baixas que só foram possíveis poucas sortidas aéreas. Os escoceses da 15ª Divisão avançaram com rapidez. Quando os homens eram derrubados no trigo verde-claro, os companheiros marcavam sua posição, para que pudessem ser encontrados pelo pessoal de saúde. Pegavam o fuzil do ferido com a baioneta calada, enfiavam-no em pé no chão e colocavam o capacete em cima. Um observador registrou que os marcadores pareciam "estranhos cogumelos brotando ao acaso nos trigais".

Houve combates ferozes em várias cidades, principalmente em Cheux, onde os Highlanders de Glasgow perderam um quarto do efetivo num só dia. Em Saint-Manvieu, no flanco esquerdo, a 43ª Divisão de Wessex e a 4ª Brigada

---

1 Apelido entre os ingleses para William Joyce, americano que transmitia de Berlim, assim como "Axis Sally".

Blindada combateram a *Hitler Jugend*.[2] O regimento dos Royal Scots Greys destruiu quatro Panteras quando saíam de uma floresta. Os Greys, anexados a uma brigada recém-chegada da 43ª Divisão, "acharam muita graça da nossa infantaria. Sem dúvida, era a primeira batalha deles, pois faziam tudo de acordo com as regras: estavam de rosto enegrecido; tinham cortado todos os distintivos de posto; e falavam aos cochichos." Mas as duas divisões novas se mostraram bem mais eficazes do que os veteranos. Ao anoitecer, a 15ª Divisão Escocesa quase chegara ao Odon, em seu vale de mata fechada. Um francês que assistiu à batalha naquela noite em Fleury, na extremidade sul de Caen, escreveu: "É uma visão dantesca ver o horizonte inteiro se acender ao mesmo tempo".

As estradas congestionadas, a chuva forte e a confusão retardaram o ataque, mas o 2º Batalhão dos Highlanders de Argyll e Sutherland ocupou uma ponte sobre o Odon no dia seguinte. Com iniciativa incomum, os Argyll progrediram por infiltração, em vez de seguir a tática convencional da infantaria britânica. Com grande bravura, a 15ª Divisão Escocesa enfrentou naquele dia um contra-ataque *panzer*, e a captura da ponte permitiu que a 11ª Divisão Blindada começasse a transposição na manhã de 28 de junho. O general O'Connor, comandante do 8º Corpo, queria avançar para tomar uma cabeça de ponte além do rio Orne, mas Dempsey, que sabia, pelas interceptações do Ultra, que o 2º SS Panzerkorps acabara de chegar à frente, mostrou-se cauteloso. Preferiu ocupar uma posição muito mais firme ao sul do Odon antes da fase seguinte.

O Obergruppenführer Sepp Dietrich queria lançar as duas divisões do 2º SS Panzerkorps diretamente na batalha contra a cabeça de ponte britânica, mas Rommel relutou. Tinha esperanças de reservar a 9ª SS Panzer-Division *Hohenstaufen* e a 10ª SS Panzer-Division *Frundsberg* para o grande contra-ataque blindado que, até então, não conseguira deslanchar. Mas, em 28 de junho, Rommel foi convocado por Hitler a ir a Berchtesgaden, interrupção extraordinária no meio de uma batalha. E o desesperado general de exército Dollman, poucas horas antes de se suicidar, ordenou que o 2º SS Panzerkorps atacasse a noroeste, dos dois lados do rio Odon, para esmagar o flanco ocidental do saliente britânico. O corpo foi reforçado por um grupo de combate da 2ª SS Panzer-Division *Das Reich*. Enquanto isso, devido ao falecimento súbito de Dollmann, o Obergruppenführer Paul Hausser, que comandava o

---

2 O comandante da 4ª Brigada Blindada, general-brigadeiro John Currie, morreu naquele dia. Foi substituído pelo general-brigadeiro Michael Carver, de apenas 29 anos.

2º SS Panzerkorps, recebeu, naquela tarde, a ordem de seguir imediatamente para Le Mans e assumir o comando do VII Exército. Ele entregou o grupo ao Gruppenführer Bittrich.

No dia seguinte, 29 de junho, a 11ª Divisão Blindada conseguiu levar os tanques para a importantíssima posição da Cota 112. Ali, barraram ataques de elementos de vanguarda da 1ª SS Panzer-Division *Leibstandarte Adolf Hitler*, apoiada pela 7ª Brigada de Morteiros com *Nebelwerfer* (lançadores de fumaça) e um *Kampfgruppe* da 21ª Panzer-Division. Às 11 horas, o pobre Bittrich, depois de assumir o comando do 2º SS Panzerkorps na noite anterior, recebeu a ordem de avançar em uma hora. Relutante, a princípio, em fazer um ataque tão apressado, logo se convenceu da urgência. A 9ª SS Panzer-Division *Hohenstaufen* recebeu uma mensagem reforçando a importância da missão. Sem o envolvimento dos dois corpos *panzer*, dizia, "o inimigo que rompeu a linha até Baron não poderia ser repelido. Avançaria até o Orne e Caen estaria perdida". A Panzer Lehr recebeu ordens de apoiar o flanco esquerdo do ataque de Bittrich. Mas nisso os adversários tiveram um grande golpe de sorte. A 15ª Escocesa capturou um oficial SS que levava o plano. Os batalhões de vanguarda prepararam rapidamente posições defensivas.

O ataque do 2º SS Panzerkorps começou energicamente logo depois do meio-dia. Às 16h05, seu quartel-general avisou ao Panzer Group West que tinham destruído 11 blindados britânicos diante de Gavrus. Meia hora depois, afirmaram ter tomado Gavrus e destruído 23 tanques. Geyr von Schweppenburg, que voltara na véspera para assumir o comando do quartel-general do Panzergruppe West, instou, ao anoitecer, com as duas divisões SS para que prosseguissem. Disse-lhes que esse ataque seria "*die grosse Chance*" [a grande chance]. Mas, naquela noite, a 15ª Divisão Escocesa, com pesado apoio de artilharia e canhões navais, rechaçou a 9ª e a 10ª divisões SS com sucesso espetacular. Trinta e oito *panzers* foram destruídos e a SS *Frundsberg* foi forçava a voltar para a linha de partida. O efeito sobre o moral das duas divisões *panzer* SS foi pior ainda. Infelizmente, parece que Dempsey nunca recebeu as informações que revelavam que aquele era o contra-ataque principal do inimigo.[3] Temendo que houvesse um

---

3 Ainda não se sabe se o aviso do ataque do 2º SS Panzerkorps veio do plano capturado ou de duas mensagens interceptadas pelo Ultra em 29 de junho, uma das quais transmitida ao II Exército no prazo de quatro horas. Mas se as informações vieram pelo Ultra, é difícil acreditar que Dempsey não as tivesse recebido.

grande ataque pelo outro flanco, ele mandou a 11ª Divisão Blindada recuar, em vez de reforçá-la. Então, a Cota 112 foi ocupada pelos alemães com facilidade. Esse foi um erro desastroso. Recapturar a Cota 112 custaria muito mais tempo e vidas do que as que poderiam ser salvas pela retirada.

Montgomery interrompeu a ofensiva no dia seguinte, depois que outro ataque do II Panzerkorps foi rechaçado. O 8º Corpo perdera pouco mais de 4 mil homens em cinco dias. Mais da metade das baixas era da 15ª Divisão Escocesa, que comprovou sua bravura sem deixar dúvidas. O fato de Dempsey ter perdido uma grande oportunidade com a sua cautela é quase inquestionável. A demora no início da Operação Epsom fez com que o 8º Corpo acabasse enfrentando a maior concentração de divisões *panzer* SS já reunida desde a Batalha de Kursk. O desempenho impressionante dos soldados britânicos envolvidos foi desperdiçado, no último minuto, pela hesitação do comandante do exército de campanha. O único consolo foi que os alemães nunca mais conseguiram lançar um grande contra-ataque no setor britânico.

Não é difícil entender a insatisfação de Eisenhower com Montgomery em questões de estratégia. As mensagens confiantes que Montgomery enviava sobre um "acerto de contas" simplesmente não combinavam com o que ele dizia em particular. Um oficial do serviço de informações da 7ª Divisão Blindada registrou espantado em seu diário, em 22 de junho, o que ouvira do general de brigada Erskine, quando este voltou de uma reunião no quartel-general do 21º Grupo de Exércitos, antes da Operação Epsom. "O general falou do que Monty lhe disse", escreveu. "Mudança completa no que nos diz respeito, já que Monty não quer que ganhemos terreno. Satisfeito porque o II Exército atraiu todas as divisões *panzer* inimigas, agora só quer Caen nesta frente e que os americanos pressionem os portos da Bretanha. Assim, o ataque do 8º Corpo continua, mas temos objetivo limitadíssimo. Monty admite que perdeu a batalha da concentração de forças, cinco dias atrás, por conta do mau tempo." Assim, talvez a cautela de Dempsey tenha sido ditada por Montgomery.

Rommel visitou o quartel-general de Geyr em 1º de julho, dia seguinte ao fim da batalha. Ambos estavam abalados com o efeito do bombardeio dos navios de guerra, a uma distância de mais de 30 quilômetros. Geyr exigiu de ambas as divisões o número de tanques destruídos pelo canhoneio naval. Até Hitler se convencera de que, por enquanto, não podiam fazer nada além de manter a linha atual. Mas Geyr estava furioso porque todas as divisões *panzer* disponíveis tinham sido lançadas na ofensiva britânica. Isso causara imensa desorganização nos seus planos.

Acima de tudo, Geyr se opunha à divisão das formações como medida de emergência, o que também levava ao caos nos suprimentos. Disse a Rommel que as divisões de infantaria recém-chegadas tinham de ser usadas para manter a linha de frente, enquanto as forças *panzer* seriam retiradas e reorganizadas para desferir um golpe adequado. Rommel discordou. "A infantaria não pode mais fazer isso nem está preparada", foi a resposta. Ele não acreditava que as divisões de infantaria recém-chegadas fossem capazes de segurar os britânicos. Essa atitude parecia combinar com a obsessão de Hitler de não ceder nenhum terreno. Geyr reclamou dos "estrategistas de poltrona do Berchtesgaden" e da sua "falta de conhecimento sobre a guerra de blindados". Desprezava Jodl, que era da artilharia. "A artilharia desenvolveu a característica infeliz dos Bourbon, não aprender nem esquecer, e em muitos aspectos era mais atrasada do que a infantaria."

Geyr escreveu um relatório em que não poupou palavras. Exigiu uma defesa flexível e, como resultado da Operação Epsom, o recuo das tropas *panzer* ao sul do Orne para além do alcance dos canhões navais aliados. "As decisões são tomadas diretamente pelo próprio OKW", continuou Geyr. "Como esse quartel-general não está de posse de conhecimento pessoal ou em primeira mão da situação na frente de batalha e costuma pensar com otimismo demasiado, suas decisões estão sempre erradas e chegam tarde demais." Rommel endossou essas conclusões e passou-as ao OKW. Hitler decidiu destituir Geyr imediatamente do comando. Substituiu-o pelo general de Blindados Hans Eberbach.

O marechal de campo Von Rundstedt, assim como Rommel, tinha sido convocado de volta ao Berghof em 28 de junho, no ápice da batalha pela travessia do Odon. Rundstedt "voltou de péssimo humor", de acordo com seu chefe do Estado-Maior. Depois de dirigir 1.000 quilômetros de Saint-Germain-en-Laye até o Berchtesgaden, fizeram-no esperar das 3 horas da madrugada até as 20 horas da noite seguinte, "e então só teve a oportunidade de trocar algumas palavras com o Führer". Pouco depois de retornar, Rundstedt, com Blumentritt à escuta, ligou para Keitel. "Disse-lhe com clareza que era impossível manter toda a posição alemã na Normandia." O poderio aliado era tamanho que seus soldados não conseguiriam "aguentar os ataques aliados, muito menos empurrá-los para o mar".

— E o que devemos fazer?

— O senhor deveria dar fim à guerra toda – retorquiu o velho marechal de campo.

No dia seguinte, ao meio-dia, Keitel ligou para dizer que contara ao Führer a conversa telefônica dos dois. Outra ligação de Jodl avisava que Hitler pensava em mudar o comando no ocidente. O endosso de Rundstedt ao relatório de Geyr foi um fator fundamental. Hitler anunciou que Rundstedt passaria à reserva por problemas de saúde e mandou um oficial a Paris para lhe entregar uma carta bem educada e uma Cruz de Cavaleiro com Folhas de Carvalho. Seria substituído pelo marechal de campo Hans-Günter von Kluge.

Rommel também ficou furioso. Sem lhe informar, Hitler nomeara o Obergruppenführer Hausser para assumir o comando do VII Exército, porque preferia confiar nos comandantes da Waffen-SS. O seu predileto continuava a ser Sepp Dietrich, mas Hitler não sabia que Dietrich também achava que sua interferência estava levando ao desastre na Normandia. O Führer também teria demitido Rommel, mas, como disse Eberbach, substituto de Geyr, isso não aconteceu "devido ao efeito que a exoneração provocaria no moral da frente e na Alemanha, além da impressão que causaria no exterior".

Em 30 de junho, Eberbach recebeu ordens de voar no dia seguinte para oeste, com o marechal de campo Von Kluge, para assumir o comando do Panzergruppe West. Kluge lhe contou que o OKW queria que estabilizassem a frente e lançassem um contra-ataque e chegou a Saint-Germain-en-Laye convencido de que os relatórios da Normandia só podiam ser pessimistas demais. Passara oito dias no *Wolfsschanze*, durante o ataque soviético ao Grupo de Exércitos do Centro – a Operação Bagration – e, durante esse período, de acordo com Blumentritt, "imbuíra-se do espírito obstinado do alto-comando". Em consequência, quando assumiu o comando do ocidente não tendia a ver a situação como desesperadora. Chamado de "Hans esperto" (jogo de palavras com seu sobrenome, que significa "esperto" em alemão), não era popular entre os colegas. O chefe do Estado-Maior de Rommel escreveu que Kluge era "enérgico, de inteligência viva e implacável consigo mesmo. Era impiedoso nas exigências. Os olhos frios no rosto de traços esculpidos escondiam as emoções suprimidas. Odiava Hitler, mas nunca deixou de se sentir ligado a ele, e isso talvez se devesse à aceitação das honras e favores a ele concedidos." Kluge, como Rundstedt, aceitara de Hitler, como presente, 250 mil marcos alemães.

Na tarde de 5 de julho, Kluge visitou o quartel-general de Rommel em La Roche-Guyon. "Depois de uma troca de cortesias bem gelada" com Rommel e Speidel, dirigiu-se ao Estado-Maior do Grupo de Exércitos na *salle des gardes* do castelo. Anunciou que a substituição do marechal de campo Von Rundstedt devia ser vista como sinal da insatisfação do Führer com a liderança no ocidente. Hitler também considerava que o marechal de campo Rommel se impressionava com demasiada facilidade com "o efeito supostamente avassalador das armas inimigas, e, portanto, sofria de uma visão da situação pessimista e exagerada. Kluge chegou até a dizer, na cara de Rommel, diante dos oficiais do Estado--Maior ali reunidos, que ele demonstrava uma atitude obstinada e executava as ordens de Hitler com pouco entusiasmo. "A partir de agora", concluiu Kluge, "o senhor também, marechal de campo Rommel, terá de obedecer sem reservas! Aceite esse bom conselho."

Não surpreende que essa provocação levasse Rommel a uma ríspida altercação, enfatizando a realidade da situação que enfrentavam "e a necessidade de tirar dela as conclusões adequadas". A briga tornou-se tão acalorada que Kluge pediu aos outros oficiais do Estado-Maior que saíssem da sala. Rommel exigiu que Kluge retirasse suas acusações oralmente e por escrito. Também aconselhou-o a conversar com os comandantes do Exército de campanha e das divisões e a visitar a frente em pessoa antes de ditar regras. Rommel ficou especialmente perplexo porque sabia que Kluge estivera em contato com os círculos de resistência do exército. Esperara que Kluge fosse a última pessoa a estar sob a influência de Hitler.

No dia seguinte, Kluge partiu de La Roche-Guyon numa excursão pela frente. A reação de todos os comandantes em campanha foi tão unânime que ele se converteu ao ponto de vista de Rommel e pediu desculpas. Percebeu que, como no caso da frente oriental, Hitler estava sem contato com a realidade e que, quando seus sonhos não se realizavam, procurava bodes expiatórios.

Enquanto isso, Eberbach assumira o comando de Geyr. Descobriu que faltava ao Panzergruppe West um quartel-general e um Estado-Maior adequados. No relatório de transmissão do comando, Geyr fizera várias observações. "Os tanques alemães são superiores aos ingleses e americanos em blindagem e armamento." O moral dos soldados alemães ainda era "comparativamente bom", devido à "propaganda eficiente". No setor britânico, "a proporção de forças é suficiente para a defesa em condições normais", e o terreno era favorável. Tinham criado "um centro de gravidade contra um provável ataque inimigo" ao concentrar oito divisões *panzer*, um corpo de artilharia antiaérea e duas brigadas de *Nebelwerfer*. Mas, depois de engajada em combate, uma divisão de infantaria se esgotava em duas a quatro semanas. Até o general Jodl admitiu, no fim da guerra, que "os ataques britânicos foram um estorvo constante à substituição rápida das divisões *panzer* pelas de infantaria e atrapalharam continuamente o nosso plano de movimentar mais forças para a ala oeste. Esses ataques, então, contribuíram de forma substancial para facilitar o rompimento americano".

Embora Geyr insistisse que os franceses eram "amistosos" e que havia pouquíssimos ataques de guerrilheiros na Normandia, as autoridades militares alemãs tinham começado a ficar muito nervosas. Na tentativa de assombrar a população de Paris, fizeram seiscentos prisioneiros de guerra britânicos e americanos marchar pelas ruas da cidade. Alguns espectadores sussurraram palavras de encorajamento para os soldados aliados e outros lhes gritavam insultos, talvez influenciados pela propaganda alemã, que enfatizava os bombardeios. Um paraquedista americano, que fora chutado e recebera cusparadas de um grupo de simpatizantes alemães, "pulou da fila para socar um deles" e recebeu uma estocada da baioneta do guarda nas nádegas.

Para o alto-comando da Wehrmacht, agora a preocupação muito maior era cuidar da ofensiva do Exército Vermelho na Bielo-Rússia e da pressão na Normandia. "O efeito dos grandes conflitos do ocidente e do oriente era recíproco", afirmou Jodl, ao ser interrogado com Keitel no fim da guerra. "As duas frentes se sentiam negligenciadas, quando comparadas à outra." A concentração de divisões *panzer* SS na Normandia, principalmente a transferência do 2º SS Panzerkorps de volta da frente oriental, ressaltara sua incapacidade de reagir com eficácia à Operação Bagration. "A guerra em duas frentes ficou visível com todo o seu rigor", observou Jodl.

O coronel Vassilievski, oficial de ligação do Exército Vermelho, fez uma visita ao quartel-general da 7ª Divisão Blindada. Com verdadeira diplomacia soviética, foi da opinião de que o avanço britânico era muito lento. Parece que um oficial britânico lhe pediu que mostrasse, no mapa da frente oriental, onde a divisão dele combatia. Sabia-se que havia nove divisões alemãs naquele setor, que tinha mais de 1.000 quilômetros de extensão. Os britânicos ressaltaram que enfrentavam dez divisões, inclusive seis divisões *panzer*, numa frente de apenas 100 quilômetros.

As afirmativas dos propagandistas soviéticos de que os melhores soldados da Alemanha "ainda estão na frente germano-soviética" eram simples inverdades, como comprovava a presença de seis divisões blindadas da SS, além da Panzer Lehr e da 2ª Panzer-Division. "Sabemos agora onde estão os alemães jovens e

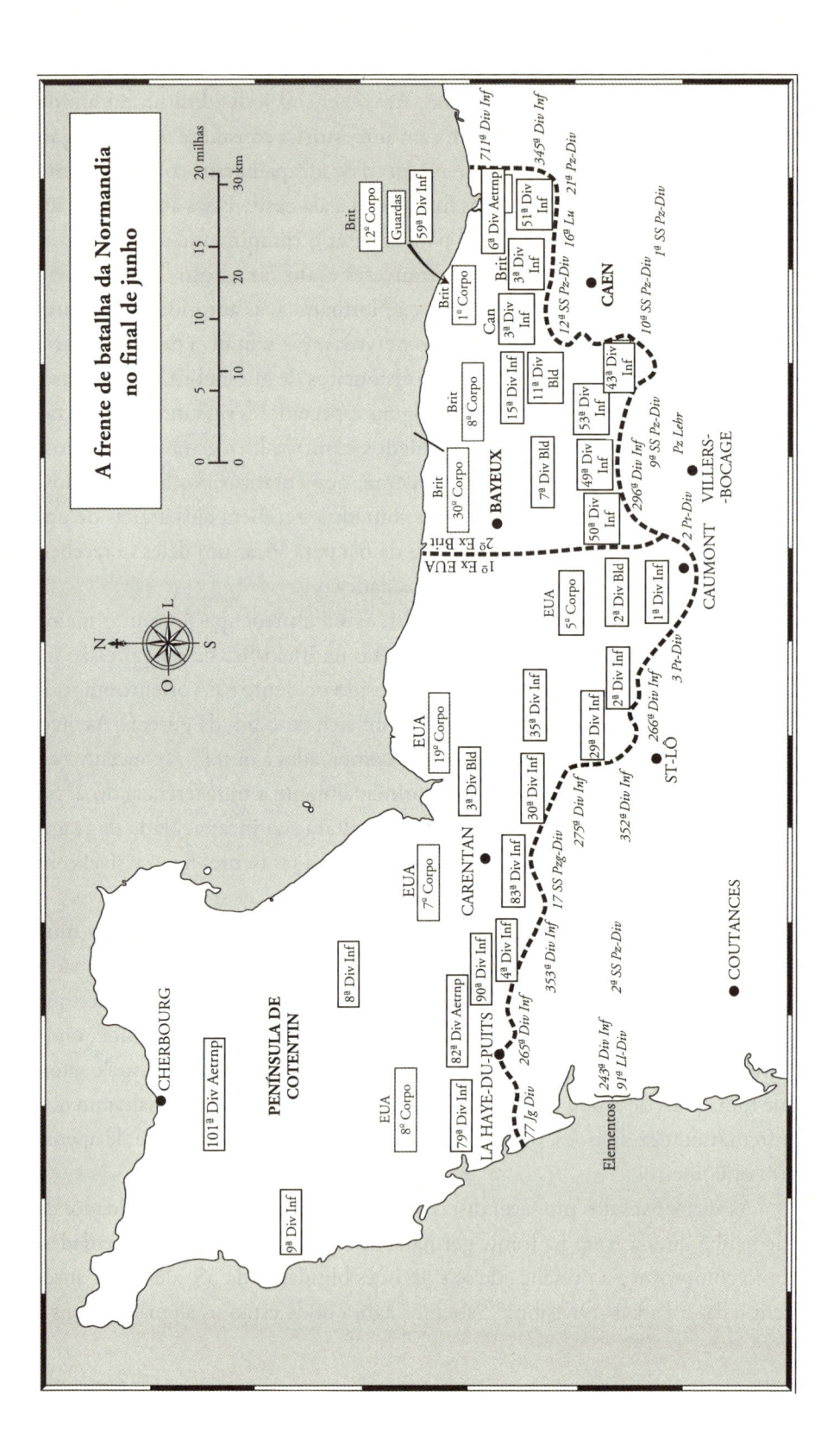

A frente de batalha da Normandia no final de junho

fortes", escreveu Ilia Ehrenburg no *Pravda*, menosprezando a qualidade das formações alemãs na Normandia. "Nós os acomodamos na terra, na areia, no barro, na estepe calmuco, às margens do Volga, nos pântanos perto de Volhov, na estepe ucraniana, nas florestas da Crimeia, na Moldávia, em Rjev, em Veliki--Luki. Agora, nossos aliados veem os alemães que apelidamos de 'totalnik' [mobilização total], um produto pré-fabricado destinado à aniquilação." Mas até Ehrenburg se dispunha a admitir que "a frigideira francesa começa a se parecer com a fogueira russa".

16

A BATALHA DO *BOCAGE*

Depois da queda de Cherbourg no final de junho, o I Exército americano de Bradley preparou-se para avançar para o sul. No oeste, na base da península, a 79ª Divisão de Infantaria, a 82ª Divisão Aeroterrestre e a infeliz 90ª Divisão se espalhavam em terreno pantanoso. Enfrentavam a maior parte do 84º Corpo de Choltitz, agora bem entrincheirado nas colinas cobertas de florestas, ao sul. A 4ª e a 83ª Divisões de Infantaria, ao sul de Carentan, também estavam em terreno baixo e alagado. Enfrentavam a 17ª SS Panzergrenadier-Division *Götz von Berlichingen* e a 353ª Divisão de Infantaria.

A leste, na frente de Saint-Lô, estavam a 30ª, a 35ª e a 29ª Divisões de Infantaria, já em terreno de *bocage*. O mesmo acontecia com a 2ª e a 1ª Divisões de Infantaria perto de Caumont, mais próximas do setor britânico. Enfrentavam o 2º Corpo Paraquedista, de Meindl. Embora Geyr e Guderian tivessem feito forte objeção à cisão das divisões, os alemães operaram na defesa com muita eficiência, com seus *Kampfgruppen*, ou grupos de combate com infantaria, canhões autopropulsados e engenheiros.

A campanha americana começou em 3 de julho, quando o 8º Corpo, comandado pelo general de brigada Middleton, atacou o flanco oeste. Naquele verão incomumente úmido, partiram sob pesado aguaceiro. Os soldados americanos, cansados do frio e da chuva durante os meses de treinamento em solo britânico, tinham esperado que o clima francês fosse mais benevolente. As nuvens baixas impediam o apoio aéreo, e a chuva era intensa demais para permitir atividades precisas de observação de artilharia. A 82ª Aeroterrestre ocupou seu objetivo, a Cota 131, ao norte de La Haye-du-Puits, no início da tarde, mas o resto da ofensiva se atolou. A 82ª esperou com impaciência que as outras duas divisões a alcançassem. Os alemães tinham problemas diferentes. Um batalhão de tártaros do Volga "desertou para o inimigo" assim que o ataque começou. Outro Ost-Battalion se rendeu à 82ª Divisão na primeira oportunidade, e um terceiro, da 243ª Divisão de Infantaria, a oeste, também desertou.

No dia seguinte, no lado leste dos pântanos que circundam o rio Sèves, o 7º Corpo americano mandou para o ataque a 83ª Divisão, no setor de Sainteny. Para comemorar o Quatro de Julho, dia da independência americana, veio a ordem de disparar todos os canhões de campanha da frente exatamente ao meio-dia. Algumas unidades também soltaram sinais de fumaça vermelha, branca e azul. No início de junho, a recém-chegada 83ª Divisão substituíra a 101ª Divisão Aeroterrestre. Tinham feito patrulhas noturnas para "ganhar experiência e confiança" e reduzir o efeito dos soldados "nervosos e rápidos no gatilho". Mas os soldados que voltavam às próprias linhas viram-se alvejados "promiscuamente" por sentinelas ansiosas. Os paraquedistas da 101ª Divisão tinham enchido os recém-chegados "de histórias fantásticas sobre a dureza e a capacidade de combate de Jerry". O combate de Sainteny foi um batismo de sangue. A 83ª Divisão de Infantaria sofreu 1.400 baixas. Tinham muito a aprender, como lhes disseram os poucos alemães capturados. "Os prisioneiros que fizemos", relatou um sargento, "nos disseram que éramos soldados ainda verdes, porque sabiam cada movimento que faríamos. Eles nos viram acender cigarros e nos ouviram batendo metal contra metal. Se usarmos princípios básicos, viveremos mais tempo." Por outro lado, os alemães tendiam a fazer prisioneiros aliados, no mínimo para se apossar dos excelentes mapas que lhes faltavam.

Dois dias depois, em 6 de julho, a 4ª Divisão de Infantaria se uniu ao ataque rumo a sudoeste. Depois do duro combate no avanço até Cherbourg, o general Barton observou: "Não temos mais a divisão que trouxemos à praia". Não era exagero. A divisão sofrera 5.400 baixas desde o desembarque e recebera 4.400 reforços. Tantos homens tinham caído que oficiais do Estado-Maior da divisão foram mandados para as unidades de combate.

O ataque americano foi confinado pelos pântanos do rio Sèves, a oeste, e pelos do rio Taute, a leste. Isso tornou impossível flanquear as posições alemãs e boa parte do terreno estava encharcado demais para os tanques. O 37º SS Panzergrenadier-Regiment, da Divisão *Götz von Berlichingen*, tinha um gargalo perfeito para defender. Mas até os *panzergrenadiers* SS reclamaram que, com a chuva e o nível alto da água, seus pés estavam apodrecendo, com mais de meio metro d'água nas trincheiras.

Os jovens *panzergrenadiers* da SS também estavam desacostumados com a comida. Havia bastante leite, manteiga e carne, mas nada de pão ou macarrão. Pouco mais de uma semana depois do início do ataque americano, receberam correspondência pela primeira vez desde o início da batalha. Depois do custoso ataque a Carentan, muitas cartas tiveram de ser devolvidas a familiares e namoradas na Alemanha com o carimbo oficial no envelope: "Caído pela Grande Alemanha". Nesse dia também houve a chegada dos destacamentos de vanguarda da 2ª SS Panzer-Division *Das Reich*, alquebrados pela viagem prolongada para o norte.

Embora a princípio o ataque no extremo oeste avançasse com lentidão, os alemães sofreram uma guerra de atrito sob a surra incansável da artilharia americana. Até o ataque surpresa, em 6 de julho, de parte da SS *Das Reich* contra o avanço americano na floresta de Mont Castre foi esmagado pela artilharia com facilidade. Com a prioridade total dada à frente de Caen, o 84º Corpo alemão recebeu poucos reforços e equipamento para compensar as perdas. As baixas da Wehrmacht na Normandia, até 25 de junho, tinham chegado a 47.070 homens, inclusive seis generais. Mas sua eficácia na defesa provocou nos adversários amarga admiração. "Não resta muito aos alemães", disse um oficial, "mas sem dúvida sabem muito bem como usá-lo."

A pressão constante mantida pelos americanos fez com que Choltitz não tivesse oportunidade de recuar as unidades para descanso e reorganização. Sua única reserva era um grupo de combate isolado formado por elementos da *Das Reich* e do 15º Regimento Paraquedista. Choltitz estimou que seu grupo perdeu até um batalhão e meio de homens por dia, devido à artilharia e aos ataques aéreos americanos. Ele considerou grotesca a ordem do OKW de que não deveria haver retiradas. Assim, com a concordância de Hausser, mandou relatórios falsos para esconder pequenos recuos. O quartel-general do VII Exército de Hausser avisou a Rommel que o colapso do flanco no extremo oeste já se definia como possibilidade, devido à artilharia e ao poderio aéreo americanos. Os ataques constantes a ferrovias e rodovias tornavam dificílimo para os alemães suprir suas tropas no lado Atlântico com granadas de artilharia.

Os homens de Choltitz, a maioria deles em ação há pouco mais de um mês, estavam exaustos. "Depois de passar três dias sem dormir", escreveu para casa um cabo da 91ª Luftlande-Division, "eu poderia dormir dez horas seguidas hoje. Estou sentado nas ruínas de uma casa de fazenda bombardeada, que deve ter sido bem grande antes do seu fim. É uma cena pavorosa: há cabeças de gado e aves por toda parte, mortas por explosões. Os habitantes foram enterrados ao lado. Os nossos russos estão sentados no meio dos escombros, pois estão bebendo o *Schnapps* que encontraram e cantando *Es geht alles vorüber* [tudo passará] da melhor maneira possível. Ah, se isso pudesse acabar para sempre e a humanidade passasse a ser mais racional. Não consigo aceitar essa confusão e essa guerra cruel. No leste, isso me afetava menos, mas aqui na França simplesmente não dou conta. A única coisa boa aqui é que há muito para comer e beber [...] O tempo ruim continua e é um grande incômodo. Mas isso não atrapalha a guerra, a não ser pela redução do número de aviões inimigos. Finalmente, agora temos proteção antiaérea, e os americanos não verão os deles voando com tanta facilidade quanto nas primeiras semanas da invasão. Aquilo foi simplesmente pavoroso."

Os alemães esperavam que o principal ataque americano acontecesse no litoral oeste, já que, sem dúvida, era o setor menos defendido. Mas Bradley considerava a cidade de Saint-Lô seu principal objetivo. Achava que sua captura era essencial "para obter terreno adequado de onde iniciar a Operação Cobra", que seria o ataque maciço para o sul, para sair do *bocage* e penetrar na Bretanha. Mas, antes, tinham de empurrar os alemães para o sul da estrada de Bayeux a Saint-Lô e também limpar a linha de partida da operação, ao longo da estrada que ia de Saint-Lô a Périers.

Na manhã nublada e enevoada de 7 de julho, começou a batalha de Saint-Lô, com o ataque da 30ª Divisão de Infantaria para expulsar os defensores alemães a oeste do rio Vire. Teriam de vencer o terreno pantanoso e as sebes do *bocage*, assim como as margens íngremes do rio. Bradley, desapontado com a lentidão do avanço, decidiu enviar a 3ª Divisão Blindada na tentativa de apressar a operação.

A divisão entrou em ação naquela noite, com 45 veículos cruzando o Vire a cada hora para atacar na direção de Saint-Gilles, a oeste de Saint-Lô. Mas, no dia seguinte, a operação se mostrou demasiado ambiciosa. A 30ª Divisão não limpara a área e logo as duas divisões se misturaram, já que seus movimentos não tinham sido coordenados com antecedência. As três forças-tarefa da 3ª Divisão Blindada viram-se avançando de campo em campo, em vez de varrer o terreno da maneira que Bradley previra. Receberam uma acolhida

| Para Cherbourg ↑

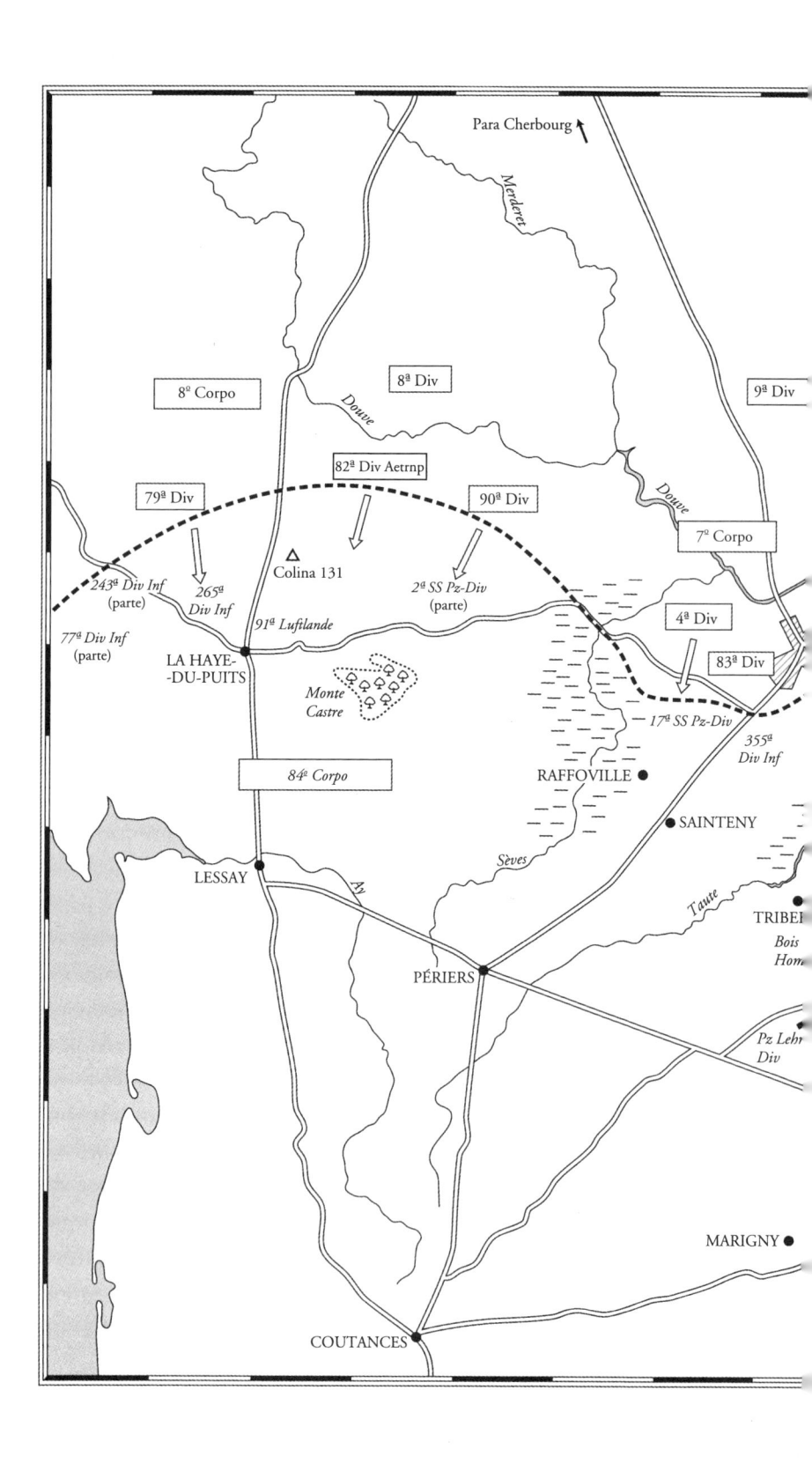

8º Corpo

8ª Div

9ª Div

82ª Div Aetrnp

79ª Div

90ª Div

7º Corpo

243ª Div Inf (parte)

△ Colina 131

265ª Div Inf

2ª SS Pz-Div (parte)

4ª Div

77ª Div Inf (parte)

91ª Lufilande

LA HAYE-
-DU-PUITS

83ª Div

17ª SS Pz-Div

Monte Castre

355ª Div Inf

RAFFOVILLE

84º Corpo

SAINTENY

LESSAY

Sèves

TRIBE

Bois Hom

PÉRIERS

Pz Lehr Div

MARIGNY

COUTANCES

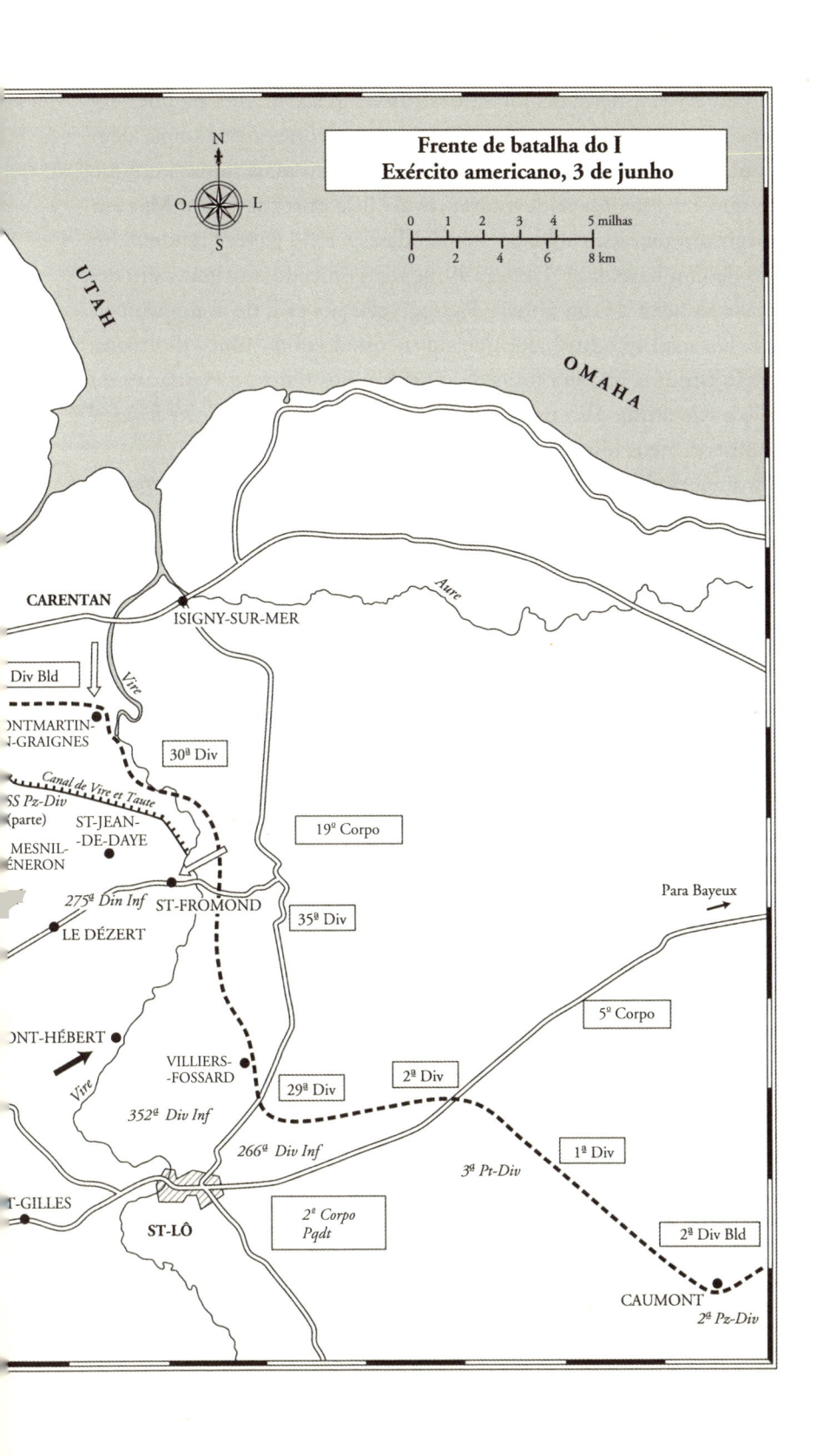

Frente de batalha do I Exército americano, 3 de junho

UTAH

OMAHA

CARENTAN

ISIGNY-SUR-MER

Aure

Div Bld

Vire

ONTMARTIN--GRAIGNES

30ª Div

Canal de Vire et Taute

SS Pz-Div (parte)

ST-JEAN--DE-DAYE

19º Corpo

MESNIL-ÉNERON

275ª Din Inf

ST-FROMOND

35ª Div

Para Bayeux

LE DÉZERT

ONT-HÉBERT

5º Corpo

Vire

VILLIERS--FOSSARD

29ª Div

2ª Div

352ª Div Inf

266ª Div Inf

1ª Div

T-GILLES

3ª Pt-Div

ST-LÔ

2ª Corpo Pqdt

2ª Div Bld

CAUMONT

2ª Pz-Div

sangrenta quando 12 Shermans foram destruídos quase na mesma hora em que saíram da brecha de uma sebe. A munição dos tanques americanos, além de ter menos poder penetrante, também soltava muito mais fumaça do que a alemã, o que era uma grave desvantagem na luta entre as sebes. Mas era comum surgir um ou outro soldado alemão desesperado para se render. Um engenheiro de combate da 3ª Divisão Blindada começou a urinar num arbusto fechado, à beira de um pomar. Para seu alarme, saiu de lá um alemão encharcado. Ele agarrou o fuzil, que deixara encostado num tronco de árvore, mas o alemão tirou da carteira fotos da mulher e dos filhos, na tentativa de convencê-lo a não atirar. Não parava de dizer: *Meine Frau und meine Kinder!* [Minha mulher e meus filhos!]

Outros ataques alemães vindos de oeste indicaram que um *Kampfgruppe* da 2ª SS Panzer-Division *Das Reich* fora desviado para o setor. O reconhecimento aéreo também avistou uma grande tropa blindada se aproximando, vindo de Le Bény-Bocage, quase 30 quilômetros a sudeste de Saint-Lô. As mensagens interceptadas pelo Ultra indicavam que, quase com certeza, fazia parte da Divisão Panzer Lehr, transferida da frente de Caen. Dois esquadrões de Thunderbolts P-47 foram mandados para interceptá-la.

Em 9 de julho, a chuva intermitente continuava, impedindo o reconhecimento aéreo e os ataques de caças-bombardeiros. A pobre infantaria também estava encharcada e coberta de lama quando reiniciou o ataque às 7 horas. Entretanto, logo ficou claro, pela chegada da Panzer Lehr, que os alemães planejavam um contra-ataque. Os relatórios daquela manhã noticiaram que "muitos tanques" vinham subindo pelo lado oeste de Saint-Lô. Bazucas e canhões anticarro foram distribuídos às pressas entre os soldados da vanguarda e a artilharia do corpo se preparou, mas os americanos não detiveram seu avanço.

Seguiu-se o caos quando os Shermans avançados da força-tarefa chegaram a Pont Hébert e se enganaram na leitura do mapa. Em vez de virar para o sul, viraram para o norte, de volta à estrada principal que seguia para Saint-Jean-de-Daye. Isso os deixou diante do avanço da 30ª Divisão, que fora alertada para esperar um ataque de tanques inimigos. Na verdade, foi o 823º Batalhão Anticarro, com alguns canhões antiaéreos autopropulsados, que avistou a coluna perdida e imediatamente lhe ofereceu combate. Os dois Shermans que iam na frente foram destruídos e deu-se início a uma luta feroz, que provocou pânico na infantaria inexperiente da 30ª Divisão quando se espalhou o boato de um grande rompimento de *panzers* alemães. Foi preciso algum tempo para resolver a "terrível confusão", fazer os tanques da 3ª Divisão Blindada darem meia-volta rumo ao sul e trazer mais soldados para estabilizar a linha dos dois lados da estrada de Pont Hébert.

O dia também não foi bom para o flanco direito. O 120º Regimento de Infantaria e o 743º Batalhão de Carros de Combate caíram numa emboscada bem preparada por tanques Pantera e *panzergrenadiers* da Divisão *Das Reich*. Os *grenadiers* da Waffen-SS atacaram os tanques americanos à queima-roupa, alguns até tentando subir a bordo, enquanto os comandantes os combatiam com as metralhadoras pesadas montadas no alto das torres. Um batalhão do 120º Regimento de Infantaria quase foi cercado e por pouco não entrou em colapso "devido ao elemento de pânico que começou a contaminar os soldados relativamente inexperientes". Os escalões da reserva e da retaguarda se entregaram ao medo, que "precipitou uma retirada frenética de veículos de todo tipo, blindados ou não, para o norte".

Só a ação enérgica dos oficiais, sargentos e cabos impediu que as companhias de vanguarda fugissem. Os americanos perderam um total de 13 Shermans. Naquele dia, a infantaria também sofreu o dobro das baixas alemãs. Só o apoio prodigioso da artilharia do corpo, que disparou nove mil vezes desde a madrugada, evitou o desastre total.

Em 10 de julho, o 7º Corpo, entre os pântanos e o rio Taute, fez outra tentativa de avançar para sudoeste pelos dois lados da estrada de Carentan a Périers. Conseguiram-se alguns sucessos locais, mas ainda assim foi impossível passar pelo gargalo. A 83ª Divisão levou quatro dias de duro combate para avançar cerca de 1,5 quilômetro. Um oficial da 4ª Divisão descreveu a situação como uma "semana amarga de pura impiedade para com a infantaria", na qual lutaram de ilha em ilha pelos pântanos, "nessa região abominável", às vezes com água pelos tornozelos, às vezes carregando os fuzis acima da cabeça. Os homens estavam exaustos. "Assim que a gente se senta, dorme ou entra em estupor." O profissionalismo militar alemão também dificultava, para os americanos, estimar as baixas inimigas. Sempre que recuavam, os alemães retiravam seus mortos à noite e os levavam consigo.

O general Barton, comandante da 4ª Divisão, escreveu: "Os alemães só se mantêm lá pela coragem de seus soldados. Temos uma vantagem numérica de dez para um na infantaria, cinquenta para um na artilharia e uma vantagem infinita no ar". Ele queria que os comandantes das unidades convencessem os homens de que "temos de lutar pelo nosso país com tanto vigor quanto os alemães lutam pelo deles".[1] Um relatório sobre prisioneiros de guerra interrogados afirmou que os alemães "não têm respeito pela qualidade de combatente do americano médio". Os *rangers* e paraquedistas eram respeitados. Os alemães eram profundamente doutrinados pela propaganda. Um prisioneiro de 19 anos da 17ª SS Panzergrenadier-Division, membro da Juventude Hitlerista, estava convencido de que os americanos passavam por uma situação desesperadora, que as tropas alemãs tinham recuperado Cherbourg e que a Alemanha destruiria os aliados ocidentais e, depois, derrotaria o Exército Vermelho.

Para criar o ódio, os Oficiais de Liderança Nacional-Socialista, equivalentes alemães dos comissários soviéticos, enfatizaram a destruição das cidades alemãs e a morte de mulheres e crianças em "ataques terroristas". O tema básico era que os aliados pretendiam varrer "a raça alemã" do mapa. A derrota significaria o aniquilamento da Pátria. Os folhetos de propaganda dirigidos aos soldados aliados perguntavam: "O que querem fazer na Europa? Defender a América? [...] Morrer por Stálin – e por Israel?" Tudo isso fazia parte do tema nazista básico de que o "*Amerikanismus*" aliava o "plutocrata judeu" dos Estados Unidos com o "bolchevique judeu" da União Soviética.

Até os soldados alemães que queriam desistir tinham medo. A propaganda nazista convencera-os de que não estariam em segurança na Inglaterra, bombardeada pelas novas armas secretas. "O cativeiro também é uma opção arriscada", escreveu um cabo. "Alguns vão, mas temem a V-2 e a V-3." Três dias depois, ele escreveu para casa, ainda preocupado com o perigo da rendição caso a Alemanha de fato vencesse a guerra. "Hoje, falei com um veterano da frente oriental. Ele disse que a situação estava difícil no oriente, mas que não era de forma alguma como aqui." Se o soldado alemão "deserta para o inimigo [...] a família não recebe apoio e, se vencermos a guerra, o *Landser* será entregue e terá de ver o que vai lhe acontecer."

* * *

---

[1] Bob Miller, correspondente de guerra da United Press nessa frente, escreveu: "Ao comparar o soldado americano, britânico ou canadense médio com o soldado alemão médio, é difícil negar que o alemão, na maioria dos casos, era um combatente muito superior. Recebera melhor instrução, era mais disciplinado e, na maioria dos casos, cumpria suas tarefas com muito mais eficiência do que nós [...] Hoje, o americano médio que luta na Europa está descontente, não quer estar ali, não é soldado, é um civil de farda".

Como em todos os exércitos, o desempenho dos soldados americanos em combate variou muitíssimo entre os batalhões. Durante as batalhas no *bocage*, alguns soldados começaram a superar o pavor que tinham dos *panzers* alemães. O soldado Hicks, do 22º Regimento da 4ª Divisão de Infantaria, com sua bazuca, conseguiu destruir três Panteras em três dias. Embora morresse dois dias depois, a confiança na bazuca como arma anticarro continuava a crescer. O coronel Teague do 22º Regimento ouviu a história de um de seus soldados armados com ela. "Coronel, aquele foi um grande filho da puta. Parecia uma estrada inteira cheia de tanques. Não parava de vir e parecia que ia destruir o mundo inteiro. Dei três tiros, e o filho da puta não parou." Ele fez uma pausa e Teague lhe perguntou o que aconteceu depois. "Dei a volta por trás e só precisei de um tiro. Ele parou." Alguns oficiais subalternos ficaram tão empolgados com a ideia de caçar *panzers* que tiveram de receber ordem de parar.

Entretanto, em cinco dias de luta nos charcos e no *bocage* o 22º Regimento de Infantaria sofreu 729 baixas, entre elas um comandante de batalhão e cinco comandantes de companhias. "Na Companhia G só restavam 5 cabos e sargentos com mais de 15 dias na unidade. Quatro deles, de acordo com o primeiro-sargento, sofreram exaustão da batalha e não teriam sido tolerados no posto caso houvesse outros disponíveis. Devido à falta de cabos e sargentos em boas condições, o comandante da companhia e o primeiro-sargento tiveram de fazer a ronda e chutar todos os indivíduos para fora das trincheiras quando estavam sob fogo, mas assim que passavam os homens voltavam a se esconder."

A leste do Taute, a 9ª e a 30ª Divisões do 19º Corpo aguardavam com nervosismo a chegada da Panzer Lehr. A falta de reconhecimento aéreo em 10 de julho, devido à má visibilidade, permitira que a divisão alemã se deslocasse sem interrupção, naquela noite, até as áreas de reunião. O plano alemão era forçar as duas divisões de volta pelo Canal do Vire e depois atacar até Carentan. A Panzer Lehr começara como a formação alemã mais bem equipada e treinada da Normandia, mas perdera mais de dois terços do efetivo combatendo os britânicos na frente de Caen.[2]

---

[2] De acordo com os dados de Bayerlein, até alcançarem o setor americano, o regimento de *panzers* se reduzira de 2.200 homens e 183 tanques para apenas quatrocentos homens e 65 tanques em 7 de julho. O 901º Panzergrenadier-Regiment se reduzira de 2.600 homens para seiscentos, e o 902º Panzergrenadier-Regiment, de 2.600 para setecentos.

* * *

Os homens de Bayerlein também estavam exaustos, nunca tendo se afastado da linha de frente para descansar. Quando ele protestou junto ao quartel-general do VII Exército, lhe disseram para não se preocupar, porque os americanos eram maus soldados. Bayerlein então avisou Choltitz de que a Panzer Lehr "não estava em condições de fazer um contra-ataque". Parece que Choltitz retorquiu que ele era um mentiroso "como todos os comandantes de *panzers*" e que tinha de atacar de qualquer maneira.

Bayerlein não exagerava o estado da divisão quando saiu do setor britânico. Geyr von Schweppenburg escreveu: "Devido ao estado de exaustão, o 1º SS Panzerkorps considerou desesperadora a situação da divisão." Bayerlein não teve escolha senão dividir os blindados, *panzergrenadiers* e artilharia restantes em três grupos de combate. O mais forte atacaria partindo de Pont-Hébert, o segundo pela estrada de Coutances na direção de Le Dézert, e o terceiro, de Bois du Hommet rumo a Le Mesnil-Véneron.

Na noite de 10 de julho, a infantaria americana nas posições de vanguarda relatou barulho de tanques e, nas primeiras horas de 11 de julho, as unidades da Panzer Lehr nas colinas arborizadas ao sul de Le Dézert começaram a atacar um batalhão do 120º Regimento de Infantaria na Cota 90, perto de Le Rocher. Embora alguns tanques Mark IV irrompessem pelas posições americanas, as guarnições de bazucas prontamente deram cabo deles em ações isoladas.

O ataque alemão que partiu de Pont Hébert pela margem oeste do Vire também foi rechaçado com bazucas e com a ajuda de outras armas anticarro. Uma força-tarefa da 3ª Divisão Blindada chegou para ajudar, mas seis carros seus foram atingidos pelos canhões autopropulsados alemães que atiravam na margem leste do Vire. No outro flanco, a 9ª Divisão trouxe reforços e caça-tanques. Às 9 horas da manhã de 11 de julho, os caças-bombardeiros americanos foram desviados de outra missão para atacar os blindados da Panzer Lehr que avançavam para nordeste, na estrada de Le Dézert.

Alguns quilômetros a oeste, outros grupos anticarros conseguiram emboscar os Panteras que se aproximavam. Muito embora costumassem ser necessárias várias rajadas para eliminar um Pantera por completo, as guarnições anticarro lutaram com autocontrole impressionante. No total, destruíram 12 Panteras e um Mark IV. A ofensiva da Panzer Lehr parou por completo depois que o *Kampfgruppe* central foi avistado ao sul de Le Dézert e, em seguida, bombardeado pela artilharia da 9ª Divisão e atacado por Thunderbolts P-47 e Lightnings P-38. A Panzer Lehr foi muito atingida e perdeu vinte tanques e canhões autopropulsados, além de quase setecentos homens.

Bayerlein pôs a culpa na exaustão dos homens e na inadequação do Pantera Mark V na luta entre as sebes, que reduziam sua grande vantagem de atirar a distância. Com o tubo mais longo, também era difícil girar a torre. Talvez tenha sido mais relevante que os soldados americanos envolvidos demonstraram grande coragem e determinação. Houve pouco sinal do pânico ocorrido dois dias antes. Ao mesmo tempo, o ataque da enfraquecida Panzer Lehr não pode se comparar ao efetivo das divisões *panzer* SS que resistiam aos britânicos.

Essa rápida descrição não pode transmitir a realidade da luta no *bocage*. Os alemães a descreveram como "*schmutziger Buschkrieg*", a "guerra suja no mato", mas admitiram que a maior vantagem era deles, dos defensores. O medo criado pela luta no *bocage* produziu um ódio que não existia antes da invasão. "Jerry bom é Jerry morto", escreveu para casa um soldado da 1ª Divisão de Infantaria, numa carta à família em Minnesota. "Na verdade, nunca odiei tanto uma coisa. E não é por causa de um discurso cheio de bravatas de alguém de cima. Acho que talvez eu esteja meio maluco, mas quem não está? Talvez seja melhor assim." Mas havia limites tácitos à selvageria do combate. Nenhum dos lados usava balas dum-dum, sabendo muito bem que o outro lado responderia na mesma moeda.

Os americanos estavam despreparados para a densidade do *bocage*, para a altura das árvores das sebes e os canteiros altos e sólidos em que cresciam. Tinham suposto, durante o treinamento, que as sebes eram parecidas com as do sul da Inglaterra. O general Collins, do 7º Corpo, disse a Bradley que o *bocage* era pior do que tudo o que enfrentara em Guadalcanal. E o próprio Bradley chamou-o de "a região mais maldita que já vi". Até mesmo o Exército britânico deixara de dar ouvidos às advertências do marechal de campo Brooke. Ele tivera experiência nesse terreno durante a retirada de 1940 e previra a dificuldade para os atacantes.

Os soldados novos, principalmente, se desorientavam e se assustavam com a impossibilidade de avistar o inimigo enquanto avançavam pelos campos pequenos e cercados. Esqueciam as lições básicas da instrução de infantaria. O instinto, quando envolvidos pela artilharia ou o fogo dos morteiros alemães, era jogar-se no chão ou correr de volta para lugar seguro, em vez de acometer à frente, que na verdade era o menos perigoso. Com demasiada frequência, o tiro de um único infante alemão numa árvore levava um pelotão inteiro a se jogar no chão, onde se tornava alvo muito mais fácil. Os alemães gostavam de provocar isso deliberadamente e depois, com rapidez, disparar uma barragem de salvas de morteiro sobre eles, deitados no terreno. "Se quer viver, não pare de se mexer" foi o lema adotado pelo quartel-general de Bradley numa instrução geral. Foi dito aos oficiais, sargentos e cabos que não deviam se jogar no chão, porque o resto do pelotão seguiria o exemplo. A ação agressiva causaria menos baixas porque os alemães ficariam desconcertados se eles continuassem avançando. E a importância do "fogo em marcha" era sempre enfatizada. Isso significava atirar constantemente em prováveis esconderijos durante o avanço, em vez de aguardar um alvo identificável.

Os soldados foram aconselhados a permanecer imóveis quando feridos por um franco-atirador. Ele não desperdiçaria munição num cadáver, mas com certeza atiraria de novo se tentassem fugir rastejando. Os franco-atiradores alemães escondidos nas árvores costumavam se amarrar ao tronco, para não caírem quando feridos. Nenhum dos lados dava cartel aos franco-atiradores. Outro esconderijo favorito em campo mais aberto eram as medas de feno. Entretanto, essa prática logo foi abandonada quando os soldados americanos e britânicos aprenderam a atirar balas traçantes para incendiar a palha e depois metralhar o atirador escondido quando tentasse fugir.

A pontaria dos alemães raramente era boa, principalmente devido à falta de prática de tiro enquanto trabalhavam na Muralha do Atlântico. Mas o temor que inspiravam nos soldados americanos era desproporcional ao número de baixas que causavam. Os morteiros causaram três vezes mais feridos e mortos do que os fuzis ou as metralhadoras. A maioria das unidades alemãs tinha pouquíssimos atiradores de escol treinados com miras telescópicas, mas isso não impediu que os infantes assustados se convencessem de que todo fuzileiro escondido era um "franco-atirador". "A ameaça dos franco-atiradores não deve ser exagerada", insistia numa circular o quartel-general do I Exército americano. Para resolver o problema, era preciso recorrer também a atiradores de escol e não a "fogo indiscriminado". Temores semelhantes transformaram todo tanque alemão em Tigre e todo canhão de campanha alemão num 88 mm.

Como os britânicos na frente de Caen, os americanos descobriram que os alemães eram brilhantes na camuflagem e na ocultação. Cortavam galhos verdes para esconder os canhões e veículos blindados tanto dos aviões quanto dos soldados em terra. Seus soldados tinham ordem de cobrir os rastros reveladores das lagartas dos blindados e tentavam até erguer de novo o capim ou o trigo amassados. E a infantaria alemã não cavava só abrigos individuais. Abrigavam-se como "toupeiras na terra", com cobertura acima da cabeça contra rajadas de artilharia nas árvores e túneis sob as sebes. A pequena abertura que dava para o campo era o lugar ideal para ceifar o avanço de um pelotão americano com o fogo rápido da MG 42.[3]

Na frente oriental, os alemães tinham aprendido, com os bombardeios soviéticos, a minimizar as baixas na defesa. Aplicaram essas lições na Normandia com bom resultado. A linha de frente não passava de uma cortina leve de posições de metralhadora. Várias centenas de metros mais atrás, preparava-se uma linha de posições mais reforçadas. Depois, uma terceira linha ainda mais atrás incluía uma força pronta para contra-atacar imediatamente.

Os alemães sabiam muito bem que a melhor hora para pegar os soldados britânicos e americanos de surpresa era assim que ocupavam uma posição. Provocavam-se mais baixas nesse momento do que durante o ataque original. Os soldados aliados eram lentos para cavar de novo e, muitas vezes, usavam simplesmente os abrigos individuais e as trincheiras alemãs. Em muitos casos, deixavam-se armadilhas nelas, mas elas eram marcadas como alvos com antecedência pelos batalhões alemães de artilharia de apoio, prontos a atirar assim que seus homens recuassem. Várias vezes os soldados aliados caíram nessa armadilha. Exaustos do ataque e complacentes com o sucesso, não achavam muito atraente a ideia de cavar freneticamente uma trincheira nova. Foi preciso muito tempo e muitas mortes desnecessárias para que a infantaria britânica e americana aprendesse a seguir o ditado do Exército alemão: "Suor poupa sangue".

A luta contra o Exército Vermelho ensinara aos veteranos alemães da frente oriental quase todos os truques imagináveis. Se havia buracos de granadas perto de alguma de suas posições, eles instalavam no fundo minas antipessoais. O instinto do atacante seria jogar-se dentro deles para se abrigar quando caísse sob o fogo de metralhadoras ou morteiros. Quando abandonavam uma posição, não só preparavam armadilhas nas trincheiras como

---

3 A Maschinengewehr 42, conhecida como Spandau pelos exércitos aliados, disparava 1.200 tiros por minuto e era muito superior à metralhadora Bren britânica e ao fuzil automático Browning americano. Distribuída em grande número pelas unidades alemãs, dava-lhes um volume de fogo que a infantaria britânica e americana jamais conseguiria igualar.

deixavam para trás uma caixa de granadas, várias das quais preparadas para reduzir a zero o tempo de retardo da explosão. Também eram especialistas em esconder numa vala ao lado da estrada uma mina S, conhecida pelos americanos como "Bouncing Betty" ou como mina "castradora", porque quando detonada ela saltava para lançar estilhaços na altura da virilha. E esticavam-se arames cruzando as estradas usadas pelos jipes, na altura do pescoço, para decapitar os ocupantes desatentos que passassem. Rapidamente, os americanos soldaram uma vara em L invertido na frente dos veículos abertos para enganchar e cortar esses arames.

Outro truque alemão contra ataques noturnos americanos era atirar com a metralhadora para cima, usando balas traçantes, por cima da cabeça dos atacantes. Isso os encorajava a continuar de pé, enquanto os outros atiravam mais baixo com munição comum. Em todos os ataques, tanto os soldados britânicos quanto os americanos deixavam de seguir de perto sua própria artilharia. Os soldados recém-chegados tendiam a se retardar achando que o inimigo seria aniquilado pelo bombardeio ou canhoneio, quando de fato o mais provável era que ficasse temporariamente intimidado ou desorientado. Os alemães se recuperavam depressa, logo era preciso aproveitar o momento.

Os tanques que apoiavam os ataques eram usados para despejar uma cortina pesada de metralha sobre todos os prováveis ninhos de metralhadoras, em especial nos cantos mais distantes dos campos. Mas também causavam algumas baixas em sua própria infantaria, principalmente quando a metralhadora de proa disparava mais para baixo. Os pelotões de infantaria costumavam gritar pedindo apoio de tanques, mas às vezes se indignavam quando estes surgiam sem ser convidados. Quase sempre, a presença dos tanques atraía artilharia ou morteiros alemães.

O Sherman era barulhento. Os alemães afirmavam que sempre sabiam, pelo som do motor dos tanques, quando vinha um ataque americano. As guarnições de blindados americanos e britânicos tinham muitos perigos a temer. O canhão antiaéreo de 88 mm usado em terra era assustadoramente preciso, mesmo a mais de 1 quilômetro de distância. Os alemães os camuflavam numa colina na retaguarda para que pudessem atirar acima das sebes lá embaixo. No terreno fechado do *bocage*, os grupos alemães anticarros, com *Panzerfausts* levados ao ombro se escondiam e aguardavam a passagem de uma coluna de blindados americanos e atiravam neles por trás, na retaguarda vulnerável. O tenente-general Richard Schimpf, da 3ª Divisão Paraquedista na frente de Saint-Lô, observou que seus homens começaram rapidamente a ganhar confiança e a perder o *panzerschreck*, ou medo de tanques, depois de incapacitar os Shermans à queima-roupa. Outros se aproximavam dos tanques e lançavam-lhes bastões explosivos, como a granada Gammon que os paraquedistas americanos tinham usado do mesmo modo. Alguns chegavam a subir no veículo, quando conseguiam se aproximar sem serem vistos, e tentavam jogar a granada pelas escotilhas. Não surpreende que, no *bocage*, as companhias de Shermans não gostassem de se mover sem guarda de infantaria pelos flancos.

Os alemães costumavam colocar um tanque ou canhão autopropulsado no final de um longo caminho reto para emboscar os Shermans que tentassem usá-lo. Isso obrigava os tanques a irem pelos campos pequenos. Incapaz de ver muita coisa pelo periscópio, o comandante do blindado tinha de pôr a cabeça para fora da torre para dar uma olhada e, assim, virava alvo de atiradores armados de fuzil ou metralhadora que eram deixados para trás.

Outro perigo eram os *panzers* escondidos nas trilhas afundadas entre as sebes. A sobrevivência dependia de reações muito rápidas. As torres dos tanques alemães giravam devagar e sempre havia a possibilidade de conseguir pelo menos ser o primeiro a atirar. Para quem não tivesse já na culatra a munição perfurante de blindagem, atirar uma granada de fósforo branco poderia cegar o inimigo ou até provocar pânico na guarnição e fazê-la abandonar o veículo.

Nos campos cercados de sebes, os tanques ficavam mais vulneráveis quando entravam ou saíam de um deles por alguma abertura óbvia. Vários métodos foram experimentados para evitar isso. A infantaria que acompanhava os tanques tentou usar torpedos Bangalore para abrir brechas nas sebes, mas raramente dava certo, devido à solidez da base elevada e ao tempo necessário para enterrar a carga. Os engenheiros usavam explosivos, mas era preciso uma quantidade grande.

Finalmente, a solução perfeita foi descoberta pelo sargento Curtis G. Culin, do 102º Esquadrão de Reconhecimento Mecanizado da 2ª Divisão Blindada. Outro soldado deu a sugestão de instalar pontas de aço na frente do blindado, que então arrancaria a sebe. Muitos dos presentes riram, mas Culin testou e desenvolveu a ideia soldando um par de longarinas de aço curtas na frente de um Sherman. O general Bradley viu uma demonstração. Deu ordem imediatamente para que o aço dos obstáculos de praia alemães fosse cortado e utilizado. Nascia o tanque "rinoceronte". Com um bom piloto, levava menos de dois minutos e meio para abrir uma brecha no canteiro e na sebe.

No *bocage*, um dos passatempos mais importantes mas menos apreciados eram as patrulhas noturnas. Elas costumavam ser comandadas por um sargento e visavam a capturar um prisioneiro para interrogatório ou simplesmente determinar se havia inimigos presentes à frente, para evitar ataques de surpresa. Os paraquedistas alemães da frente de Saint-Lô costumavam se esgueirar à noite para lançar granadas. Muitas histórias foram criadas em torno dessa atividade. "Falei com homens suficientes", escreveu Forrest Pogue, historiador dos combates, "para acreditar na história de uma patrulha alemã e outra americana que passaram vários dias com um acordo de cavalheiros para visitar, a intervalos discretos, uma adega na terra de ninguém." Ele também ouviu do comandante de uma patrulha que seu grupo disse ter "ficado isolado pelo inimigo durante três dias numa fazenda, enquanto gozavam dos favores de duas francesas robustas e joviais". Mesmo que sejam verdadeiros, esses casos foram exceções. Pouquíssimos homens, sobretudo os de origem urbana, gostavam de deixar a companhia tranquilizadora do pelotão. As unidades americanas também usavam as patrulhas para dar aos "substitutos" recém-chegados uma ideia da linha de frente. Mas, para um sargento no comando de recrutas aterrorizados dispostos a atirar em qualquer coisa no escuro, a patrulha noturna era a pior de todas as tarefas.

A burocracia militar americana tratava de todo o sistema de "recompletamento" com uma violenta falta de imaginação. A própria palavra *replacement*, que lembrava a troca de mortos por vivos, foi mal escolhida. Levou vários meses para ser trocada por "reforços". Mas o problema básico era que esses recém-chegados eram maltreinados e totalmente despreparados para o que os esperava. "Os nossos homens mais novos, principalmente os substitutos que vieram comigo", relatou um tenente da 35ª Divisão, "não eram soldados de verdade. Eram jovens demais para ser matadores e moles demais para aguentar as dificuldades da batalha."

"Quase todos os recompletamentos", afirmou um relatório da 4ª Divisão de Infantaria, "vinham diretamente dos centros de treinamento de substitutos." Não receberam treinamento nas unidades nem em campanha e, ao contrário dos que foram preparados para a invasão na Inglaterra, nunca tinham ficado sob o fogo de artilharia. "Muitos dos que eram enviados como especialistas nunca tinham recebido instrução sobre sua especialidade oficial. Vários recompletamentos de infantaria não tinham sido treinados em infantaria de combate [...] Encontrei homens que tinham recebido instrução de encarregado da correspondência, cozinheiro, ordenança, motorista etc., durante períodos que variavam de seis meses a um ano, enviados e designados para unidades de combate e lançados à luta em 24 horas [...] Esses homens, definitivamente, tinham preparo inadequado para servir em combate, tanto em termos psicológicos quanto militares." A única possibilidade que a divisão tinha para lhes dar instrução era durante os períodos tão necessários de descanso: menos de seis dos quarenta dias desde que desembarcara em Utah. Era uma tarefa impossível de cumprir. Após sofrer 7.876 baixas depois do desembarque, a 4ª Divisão recebera 6.663 recompletamentos.[4] A maioria dos suicídios aconteceu entre os recompletamentos. "Pouco antes de irem para a França", recordou uma mulher da Cruz Vermelha americana, "removeram os cintos e as gravatas de alguns desses rapazes. Eles eram muito, muito jovens."

Os recompletamentos costumavam unir-se ao pelotão à noite, sem fazer ideia de onde estavam. Os veteranos os rechaçavam, em parte porque a chegada acontecia logo depois de perderem amigos e eles não se dispunham a se abrir a recém-chegados. Além disso, todos sabiam que eles seriam os primeiros a morrer, e homens condenados eram considerados quase contagiosos. Isso fazia com que a morte viesse ainda mais depressa, porque era comum dar aos substitutos as tarefas mais arriscadas. O pelotão não queria desperdiçar homens experientes.

Muitos recompletamentos entravam em choque assim que caíam sob fogo. Os enfermeiros tiveram de desempenhar o papel de conselheiros de substitutos encolhidos de terror no fundo dos abrigos individuais. Esses meninos se convenciam de estar sob fogo direto devido às vibrações intensas da terra, causadas pelas granadas que caíam a certa distância. Os enfermeiros tiveram de convencê-los a pôr a cabeça para fora do buraco e ver que não corriam risco imediato.

Sempre que a companhia avançava, um sargento ficava como guia na retaguarda do pelotão, para agarrar todos os que entrassem em pânico. Os recompletamentos também eram os que tinham mais probabilidade de tentar fugir da linha de frente recorrendo a ferimentos propositais. Costumavam dar um tiro no próprio pé ou mão esquerdos. Os mais espertos usavam um saco de areia ou outro material para evitar as queimaduras reveladoras de cordite em

---

4 Somente 14% dos militares americanos mandados para o exterior durante a Segunda Guerra Mundial eram da infantaria, mas eles sofreram mais de 70% das baixas. Na Normandia, a infantaria sofreu 85% das baixas.

volta do ponto atingido, mas o padrão de mão ou pé esquerdo era tão óbvio, como observou o general George Patton, que havia "elevada probabilidade de o ferimento ter sido proposital". Nos hospitais, os que adotavam esse caminho eram isolados em enfermarias especiais, como se a covardia fosse contagiosa. Assim que recebiam alta, enfrentavam pena de seis meses de prisão.

Os verdadeiros heróis do *bocage* eram os enfermeiros. Tinham de cuidar dos feridos em campo aberto e tentar evacuá-los. Sua única defesa era uma braçadeira com a cruz vermelha, em geral respeitada, mas nem sempre, pelos franco-atiradores. Eles não esperavam muita ajuda dos soldados em combate, que tinham ordens de continuar lutando mesmo que um companheiro fosse atingido. "Os infantes devem deixar os primeiros socorros para o pessoal médico", afirmava uma instrução do quartel-general de Bradley, dando o exemplo de um incidente específico. "Quatro recompletamentos foram mortos e oito feridos nesta companhia quando tentaram prestar primeiros socorros a um camarada caído."

Um enfermeiro da 30ª Divisão de Infantaria recordou a sua experiência. "Para se abaixar depressa, era preciso aprender a soltar os joelhos e despencar, em vez de fazer um movimento proposital para ficar de bruços." Ele escreveu sobre a "luz de esperança" nos olhos dos feridos quando ele chegava. Era fácil identificar os que estavam prestes a morrer pelo "tom verde-acinzentado da morte que surgia debaixo dos olhos e das unhas. Esses, só consolávamos. Os que faziam mais barulho eram os menos feridos, e mandávamos que fizessem eles mesmos os curativos com as suas compressas e [pó de] sulfa". Ele se concentrava nos que estavam em choque ou com ferimentos graves e forte hemorragia. Quase nunca teve de usar torniquetes, "já que a maioria dos ferimentos era perfurante e sangrava pouco ou eram amputações ou ferimentos causados por granadas ou fragmentos de morteiro em brasa e com alta velocidade, que selavam a ferida".

As principais ferramentas eram as tesouras de gaze para cortar as fardas, pó de sulfa, compressas e morfina. Logo aprendeu a não levar água para os feridos, e sim cigarros, já que costumavam ser a primeira coisa que pediam. Também eram mais fáceis de carregar. As granadas que explodiam nos carvalhos matavam muitos, e ele procurava feridos e cadáveres sempre que via galhos caídos no chão. Os grupos de trabalho levavam os corpos para o Registro de Sepultamento. Costumavam estar rígidos e inchados, às vezes infestados de vermes. Acontecia de um membro cair quando eram erguidos. O fedor era insuportável, sobretudo nos postos de coleta. "Lá o cheiro era ainda pior, mas a maioria dos que trabalhavam no lugar parecia estar tão inteiramente sob efeito do álcool que nem ligavam mais."

Certa vez, teve de preencher etiquetas de "morto em ação" para um esquadrão inteiro, varrido da face da terra por uma única metralhadora alemã. E nunca esqueceu o velho sargento que morreu com um sorriso no rosto. Ficou se perguntando por quê. Já estaria sorrindo no instante da morte ou pensara em algo enquanto morria? Os homens grandes e altos eram os mais vulneráveis, por mais fortes que fossem. "Os combatentes que mais duravam costumavam ser magros, de baixa estatura e movimentos rápidos." Notou que o verdadeiro ódio ao inimigo nascia nos soldados quando um amigo morria. "E com frequência era um ódio total; qualquer alemão que encontrassem depois seria executado." Ele notou até como os soldados mais emotivos de comunidades rurais cobriam os olhos abertos das vacas mortas com palha torcida.

Havia uma divisão marcante entre os rapazes rurais e os de origem urbana, que nunca tinham morado no campo. Um soldado vindo de uma fazenda pegou uma vaca, amarrou-a à sebe e começou a ordenhá-la no capacete. Os rapazes urbanos do pelotão vieram assistir, espantados. Também ficaram impressionados quando ele pôs galhos e ervas secas na frente de suas posições para que os alemães não pudessem se esgueirar em silêncio à noite para lançar granadas.

Algumas vezes, o serviço médico do Exército americano na Normandia ficou assoberbado de casos de exaustão em combate, também conhecido como choque da batalha. A princípio, ninguém sabia direito como tratar esse problema enorme. O major David Weintrob, neuropsiquiatra da 29ª Divisão de Infantaria, registrou com humor cínico que fora mandado para a batalha com "um aparelho de pressão, um conjunto com cinco diapasões, um martelo de percussão e um oftalmoscópio".

Em 18 de junho, todas as suas barracas estavam cheias de soldados com exaustão em combate. O fluxo diminuiu num período mais tranquilo entre 21 de junho e 10 de julho, com uma média de apenas oito casos por dia. Mas, a partir da manhã de 11 de julho, com a ofensiva para tomar Saint-Lô, "as chuvas chegaram", como disse Weintrob. Eram de 35 a 89 internados por dia. Weintrob teve de escutar "visões de canhões de 88 mm à direita; 88 mm à esquerda; 88 mm em cima". Quase metade das baixas por exaustão em combate era de recompletamentos que entravam em colapso menos de 48 horas depois de chegar à linha de frente.

Weintrob tinha tantos casos que teve de repassar a maioria para o Centro de Exaustão do I Exército, que logo também ficou assoberbado e "recusou-se terminantemente a aceitar qualquer caso, com exceção dos mais graves de psiconeurose de batalha". Esse fluxo – "a grande maioria dos casos era de extrema exaustão física, com estados leves de ansiedade" – permitiu que Weintrob convencesse seu comandante, o general Gerhardt, a permitir que se criasse um novo centro. Gerhardt, miúdo mas beligerante, que inventara o grito de guerra da divisão – *Twenty-nine, Let's Go!* [Vinte e nove, vamos!] –, se convenceu com o argumento do psiquiatra de que assim conseguiria mandar mais homens de volta para a linha de frente.

Weintrob tinha 15 auxiliares médicos para atender a dez grandes tendas de enfermaria e oito barracas em forma de pirâmide. Os pacientes chegavam das estações de triagem de baixas na vanguarda. Recebiam descanso de 24 horas e sedação leve. No segundo dia, banho e farda nova. O exame psiquiátrico era feito no terceiro dia. Os casos mais agudos eram evacuados para a retaguarda. Weintrob dividia o restante em três categorias: prontos para a volta imediata ao dever depois do breve descanso, adequado para o novo programa de instrução e os que classificava como inadequados para novo serviço em combate. Admitia que havia homens que jamais seriam capazes de aguentar a tensão da batalha. Simplesmente seriam um risco e um incômodo para os outros.

Primeiro, Weintrob criou o "campo de descanso constante", que passou a ser chamado de "Hot Spot Spa", onde todos os dias havia exibição de filmes e jogos de bola. Mas isso era atraente demais e logo muitos homens que sentiam necessidade de uma pausa começaram a imitar os sintomas de exaustão em combate. Então, ele criou um novo programa: instrução com armamentos, prática de tiro e marchas nas estradas, para reconstruir a confiança militar. O programa era ministrado por cabos e sargentos que se recuperavam de ferimentos leves e também ajudava a avaliar os casos fronteiriços. Dos 1.822 casos (um oitavo do total de baixas não fatais em combate), 775 voltaram ao serviço. Quatorze semanas depois, pouco mais da metade deles, ou melhor, 396 homens, ainda lutava. Weintrob estimou que "o homem que entra em colapso psicológico em duas ocasiões está perdido como soldado eficiente em combate".

Era evidente que a vulnerabilidade dos recompletamentos era o problema mais urgente a resolver. Weintrob e o major G.B. Hankins, que comandava o programa de instrução, insistiram com Gerhardt para mudar o sistema. Em vez de mandá-los para os pelotões de vanguarda durante a noite do dia em que chegavam, deviam ficar na retaguarda e passar pelo programa de instrução até que o regimento para o qual tinham sido designados voltasse à reserva. Isso permitiria treiná-los com o fogo de metralhadoras e artilharia passando sobre a cabeça e com explosões próximas para simular granadas. Os substitutos também precisavam se integrar melhor. Deviam receber o distintivo azul e cinza da divisão para usar na farda antes de se unir aos pelotões. Naquele outono, quase todas as inovações de Weintrob foram adotadas no uso geral do Exército americano.

Por outro lado, os oficiais alemães teriam arregalado os olhos de espanto. Suas pressionadíssimas divisões da Normandia nunca tinham o luxo de alguns dias de instrução por trás das linhas. Os novos soldados eram chutados para a frente de batalha. E se dessem um tiro na mão ou no pé, seriam executados. Em 15 de julho, um cabo da 91ª Luftlande-Division escreveu para casa e disse que: "Krammer, um rapaz bravo e talentoso, deu um tiro na mão, estupidamente. Agora será fuzilado". A única esperança era "um bom *Heimatschuss*", um ferimento suficientemente grave para serem mandados de volta para casa. Os psiquiatras britânicos e americanos se espantaram com os "casos aparentemente poucos de psiconeurose" entre os prisioneiros de guerra alemães. Ficaram se perguntando se isso se devia ao fato de as autoridades militares alemãs se recusarem a admitir a doença ou se 11 anos de propaganda nazista tinham preparado melhor os soldados para a batalha.

17
CAEN E O MONTE CALVÁRIO

Durante e após a Operação Epsom, Montgomery manteve a política de dizer o mínimo possível a Eisenhower. "Ike está bem menos exuberante esses dias", o ajudante de ordens de Eisenhower escreveu em seu diário. A "lentidão do ataque de Monty" era uma de suas principais preocupações, e Eisenhower havia conversado com Churchill a respeito enquanto a batalha seguia à toda.

O tenente-brigadeiro Tedder, representante de Eisenhower, e o major-brigadeiro Coningham chegaram a discutir a possibilidade de destituir Montgomery do comando. Coningham, que comandava a Força Aérea Tática em apoio ao 21º Grupo de Exércitos, detestava Montgomery desde a campanha do norte da África. Nunca conseguira perdoar a compulsão de Montgomery de tomar todo o crédito para si. Agora, estava furioso com o pretexto de Montgomery de que a sua estratégia avançava de acordo com o planejado, quando era óbvio que deixara de ocupar o terreno de que a força aérea precisava para os campos de pouso.

Os oficiais americanos dos altos escalões começavam a ridicularizar o que viam como cautela indesculpável na frente britânica. Em 30 de junho, o II Exército britânico sofreu 24.698 baixas desde o início da invasão, enquanto os americanos tinham perdido 34.034 homens, quase 50% a mais. (As baixas alemãs no mesmo período foram de 80.783 homens.) As baixas no Dia D propriamente dito tinham sido muito menores do que se esperava, mas a partir de então a situação piorava com rapidez. As perdas da infantaria britânica eram 80% mais altas do que o estimado e havia cada vez menos reforços para recompor o efetivo das unidades.[1]

Além da aversão instintiva a pesadas baixas devido à experiência da Primeira Guerra Mundial, Montgomery sentia ter uma razão ainda mais forte para ser cauteloso em seus ataques. Mas ele não discutiu com Eisenhower a crise de pessoal. Os britânicos temiam passar vergonha e perder poder. Churchill temia que essa admissão das fraquezas britânicas reduzisse sua influência sobre Roosevelt na hora de decidir o futuro da Europa no pós-guerra. Entretanto, em breve o 21º Grupo de Exércitos de Montgomery teria de desmobilizar a 59ª Divisão para reforçar outras unidades. E, em novembro, para nova consternação de Churchill, a 50ª Divisão também teve de ser dividida.

A relutância de Montgomery a sofrer baixas na Normandia era alvo de críticas há muito tempo. Mas talvez o problema fosse mais institucional do que meramente pessoal. O desempenho decepcionante de suas três divisões veteranas do norte da África, a 7ª Blindada, a 50ª da Nortúmbria e a 51ª Divisão Highland, revelava o cansaço de grande parte do Exército britânico com a guerra. A aversão ao risco se generalizara, e as oportunidades quase nunca eram aproveitadas. Era inevitável que os repetidos fracassos para romper a frente alemã em torno de Caen impedisse a postura agressiva. Na Normandia, o II Exército preferia contar cada vez mais com o excelente apoio da Real Artilharia e do poder aéreo aliado. A ideia de que os altos explosivos salvavam vidas britânicas se tornou quase um vício. Mas, com certeza, não salvavam vidas francesas, como a próxima ofensiva de Montgomery mostrou da forma mais chocante possível.

A batalha de Caen começou em 4 de julho com a Operação Windsor, um ataque preliminar da 8ª Brigada de Infantaria canadense para ocupar a vila e o campo de pouso de Carpiquet, a oeste da cidade. Carpiquet era defendida por um pequeno destacamento do mais odiado inimigo, a 12ª SS Panzer-Division *Hitler Jugend*. A batalha pela vingança, com os regimentos canadenses – Régiment de la Chaudière, Fuzileiros Canadenses da Rainha, Fuzileiros do Litoral Norte e Reais Fuzileiros de Winnipeg –, seria uma das mais cruéis de toda a campanha da Normandia.

---

1 Entretanto, Carlo d'Este defende que o Exército britânico parece ter retido, para a defesa do Reino Unido e outras contingências, uma força anormalmente grande, de mais de 100 mil homens, que poderia ter sido usada na Normandia.

A vila e o campo de pouso eram defendidos por menos de duzentos integrantes do 26º SS-Panzergrenadier-Regiment e cinco tanques Mark IV, trazidos à noite e escondidos nos hangares arruinados da extremidade sul. Mas o armamento mais poderoso era uma bateria de canhões de 88 mm instalada para proteger a parte leste do campo de pouso. Também havia um batalhão de artilharia e algumas baterias de lançadores de foguetes Nebelwerfer, da 7ª Brigada de Morteiros.

Os canadenses atacaram às 5 da manhã, apoiados pelos canhões pesados do HMS *Rodney* e do monitor HMS *Roberts* a uma distância de 24 quilômetros. A vila foi bombardeada até ficar em escombros. Muitos dos cerca de cinquenta *panzergrenadiers* SS foram enterrados vivos. Cobertos de pó, alguns conseguiram sair dos montes de destroços e vigas derrubadas. Limparam as armas rapidamente e lutaram quando o Régiment de la Chaudière atacou. Apesar do pequeno número, impuseram aos atacantes pesadas baixas, mas às 14 horas o que restou do lugar estavam em mãos canadenses. Os poucos prisioneiros tomados foram tratados com dureza depois da luta difícil.

A artilharia canadense e os navios de guerra também tinham bombardeado o campo de pouso. O observador de artilharia da SS morreu, perfurado por "um fragmento de 25 centímetros de comprimento de uma granada de artilharia naval". Os Fuzileiros da Rainha, apoiados pelos Shermans do regimento blindado de Fort Garry Horse, atacaram o lado leste do campo de pouso, mas os canhões alemães de 88 mm, bem posicionados, rechaçaram os tanques canadenses. Os infantes que chegaram aos hangares e alojamentos enfrentaram duro combate, já que os jovens e fanáticos *panzergrenadiers* estavam instalados em túneis e fortificações. Em muitos casos, a infantaria canadense passou por posições camufladas sem notá-las e foi alvejada pela retaguarda.

Os Fuzileiros de Winnipeg avançaram sobre a parte sul do campo de pouso, apoiados por outro esquadrão e também por alguns Crocodilos com lança-chamas da 79ª Divisão Blindada. Também caíram sob fogo pesado. Os *Nebelwerfer*, apelidados de *moaning minnies*, e o batalhão SS de artilharia transformaram o campo de pouso num matadouro. Os Winnipegs e seus tanques tiveram de recuar para se proteger em um pequeno bosque fora do perímetro. Tentaram outra vez à tarde, mas nisso a 12ª SS Division já havia trazido mais *panzers*. Os alemães escutavam a rede de rádio canadense e sabiam quais eram seus próximos passos.

Naquela noite, depois do ataque malsucedido de caças-bombardeiros aliados, o 1º SS Panzerkorps mandou o 1º SS Panzergrenadier-Regiment da

Leibstandarte Adolf Hitler recapturar a vila de Carpiquet. Enquanto isso, os sobreviventes da 12ª SS Division no campo de pouso receberam ordem de recuar com os feridos. Mas o ataque do 1º Panzergrenadier-Regiment foi atingido primeiro pelo fogo amigo de sua artilharia e, depois, pelo bombardeio maciço dos canhões e navios de guerra canadenses. De acordo com uma fonte canadense, de madrugada os franco-canadenses do Régiment de la Chaudière enlouqueceram e cortaram a garganta de todos os SS que encontraram, "feridos ou mortos". Os oficiais, de pistola na mão, acabaram conseguindo controlá-los. Um oficial do regimento escreveu: "Nesse dia nenhum dos lados fez prisioneiros".

Os canadenses nunca conseguiram ocupar Carpiquet com a Operação Windsor. Jogaram a culpa do fracasso na 43ª Divisão britânica, que perdeu a vila de Verson, logo ao sul do campo de pouso, quando atacada por parte da 1ª SS Panzer-Division *Leibstandarte Adolf Hitler*. Verson só foi retomada quatro dias depois, quando houve o grande ataque a Caen propriamente dita.

Montgomery, conhecendo muito bem a exasperação que crescia contra ele em Whitehall, no SHAEF e no quartel-general do I Exército americano de Bradley, sabia que não poderia mais retardar a captura de Caen.[2] Teria de atacar a cidade diretamente. A ofensiva se chamaria Operação Charnwood. Em 6 de julho, para reduzir as baixas britânicas, ele decidiu requisitar um bombardeio maciço da RAF para abrir caminho, possibilidade que Leigh-Mallory sugerira três semanas antes. E, em 25 de junho, Eisenhower lhe escrevera: "Não hesite em pedir o máximo de ajuda aérea que lhe puder ser útil. Sempre que houver oportunidade legítima, devemos atacar o inimigo com tudo o que temos". No mesmo dia, também escreveu a Tedder pedindo-lhe que assegurasse apoio aéreo "em volume máximo".

Em 7 de julho, Eisenhower compareceu pessoalmente a uma reunião em Bentley Priory convocada por Leigh-Mallory para examinar o plano. Dessa vez, nem o tenente-brigadeiro Harris, que encabeçava o Comando de Bombardeiros, fez objeções. Ficou combinado que, naquela noite, 467 Lancasters e Halifax atacariam a orla norte de Caen com bombas de ação retardada. Os dois maiores

---

2 Há boatos não comprovados de que Churchill pensou em destituir Montgomery logo antes da captura de Caen, mas o choque que isso causaria na opinião pública britânica e estrangeira torna o fato improvável.

céticos, nenhum deles presente na reunião, eram o tenente-brigadeiro Tedder, representante de Eisenhower, e o major-brigadeiro Coningham, inimigo de Montgomery. Temiam que o II Exército continuasse pedindo bombardeiros sempre que quisesse lançar uma ofensiva, mas o apoio de Eisenhower ao plano fez com que se segurassem.

Naquela noite, às 20h30, quando surgiram as formações maciças de Lancasters e Halifax, a infantaria britânica e canadense pulou das trincheiras para dar vivas. A guarnição dos tanques subiu às torres para ver melhor. "Havia nuvens altas e o sol avermelhava [os Lancasters] por todo o céu", escreveu no diário um oficial de artilharia. "Uma barragem inacreditável de fogo antiaéreo" subiu das baterias alemãs. A artilharia britânica e canadense começou imediatamente a atirar em suas posições, para ajudar a RAF.

"Pudemos ver quando os Lancasters soltaram as bombas porque de repente eles subiram vários metros no ar", escreveu um oficial médico. "Mais e mais bombardeiros atravessam o fogo antiaéreo", escreveu o mesmo oficial de artilharia. "Uma nuvem de fumaça, de um branco e acinzentado sujo, começa a subir sobre o alvo, soprada para nordeste." "Aqui e ali, embora bem raramente, cai um dos nossos aviões. Um Lancaster entra em parafuso ao norte e, aparentemente, cai no mar. Vários paraquedas se abrem e descem lentamente." Então, surgiu outra onda de bombardeiros. "A nuvem sobre Caen cobre todo o horizonte a leste e a sudeste. Agora, brilhos irados cobrem a mesma área enquanto escurece. O que poderia ser mais encorajador para nossos rapazes?"

Um oficial da Divisão Blindada de Guardas descreveu o bombardeio de Caen como "um espetáculo magnífico". Sem dúvida, a maioria dos espectadores supôs que os civis franceses tinham sido evacuados. "Fiquei sentado, fumando um cigarro ao lado do rio, observando 2.300 toneladas de bombas serem lançadas sobre Caen, a 10 ou 11 quilômetros", escreveu um major do batalhão paraquedista canadense a leste do Orne. "Que visão incrível foi aquela... Pobres malditos hunos!"

Enquanto a maioria se alegrava com a visão, alguns ficaram apreensivos. "O assustador", escreveu um capitão dos Guardas de Coldstream, "foi que, como infantes, pensávamos: por que será que estão fazendo a cidade em pedaços, para facilitar a defesa?" "A imagem era assustadora", escreveu um integrante da Infantaria Leve de Somerset. "Línguas amarelas pulavam quando as bombas explodiam na cidade atingida, e a fumaça que subia, combinada com o pó dos prédios arrasados, formava uma nuvem enegrecida que rapidamente se espalhou pelo céu noturno." Durante o ataque a uns 10 quilômetros dali, sentiram "o chão tremer como gelatina sob os pés".

Se o chão tremia a 10 quilômetros, mal se consegue imaginar o efeito dentro da própria cidade. Mais tarde, perguntaram a um idoso como se sentira durante o bombardeio de 7 de julho. Ele pensou algum tempo antes de responder. "Imagine um rato costurado dentro de uma bola de futebol num jogo internacional..."

Os 15 mil habitantes que ficaram em Caen apesar das ordens alemãs de partir podem ser perdoados por supor que os bombardeiros alvejariam o centro da cidade e não os arredores ao norte. Parece que muitos acharam que o alvo principal era o antigo castelo. As janelas que ainda tinham vidro literalmente se estilhaçaram com as explosões. No convento de Notre Dame de Bon Secours, os desabrigados que ali buscavam refúgio ficaram cegos com a poeira e sentiram na garganta o ardor da fumaça. "Ficamos com a impressão de estar num navio em apuros, atingido por uma tempestade horrível e prestes a afundar." A única vela que restava foi apagada pelas ondas de choque. Com voz calma, a madre superiora continuou a abençoá-los "com uma relíquia da Vera Cruz".

Enquanto os prédios desmoronavam por todo lado, os doentes que jaziam em catres reagiram ao barulho e aos tremores com olhos arregalados. As freiras ofereciam goles d'água com uma das mãos enquanto manuseavam o terço e rezavam rapidamente. A governanta do padre da igreja de St. Jean-Eudes gritou-lhe uma confissão às pressas enquanto era levada numa maca. "*Monsieur le curé*, vá até o jardim. Enterrei para o senhor uma camisa e uma dúzia de lenços. Se não, o senhor teria doado todos."

Quando o bombardeio acabou, os jovens voluntários da defesa civil chegaram ao convento, insistindo para que partissem imediatamente. Saíram pela única porta que podia ser aberta. A madre superiora mostrou o caminho pela avenida das Fossées Saint-Julien, levando o cibório sagrado, "uma procissão grandiosa num cenário inesquecível sob um céu magnífico pontilhado de estrelas, incêndios por toda parte dando um brilho vermelho, fagulhas caindo a toda volta e bombas de ação retardada ainda explodindo". Tiveram de passar por cima de grandes árvores derrubadas pelas bombas enquanto seguiam para o Bon Sauveur, guiados por um membro da Défense Passive. Um jovem voltou ao convento para protegê-lo de saqueadores e esconder a grande estátua de prata de Notre Dame de la Délivrande.

Naquela noite, em Caen, a universidade, na Rue Pasteur, foi quase completamente destruída. Os habitantes que se abrigavam nas antigas adegas, achando que estavam em segurança, foram enterrados vivos. Na Rue de Geôle, mais de trinta morreram, e outros cinquenta num abrigo na Rue de Vaugueux. Os oficiais britânicos ficaram horrorizados ao saber, pela própria equipe de governo civil, que houve 6 mil mortos, quase metade dos que restavam na cidade. Outro número citado na época foi de 2 mil mortos. Na verdade, o número verdadeiro ficou por volta de 350 mortos,[3] o que, ainda assim, foi uma perda terrível, considerando que mais de três quartos da população deixara a cidade e que a maioria dos que ficaram se abrigara em porões profundos.

Os habitantes de Caen temiam o pior por terem ouvido oficiais alemães declararem que a cidade seria a "Stalingrado francesa". Mas depois se sentiram encorajados pelos sinais óbvios de que a Wehrmacht se preparava para a retirada. Em 26 de junho, os soldados da retaguarda começaram a ir embora. A Gestapo voltou para destruir as provas do massacre de prisioneiros da Resistência. E, em 6 de julho, os engenheiros alemães começaram a destruir as instalações do porto de Caen, ao longo do canal. Naquele dia, a Feldkommandantur também deu aos civis remanescentes a ordem de evacuar a cidade, mas, mais uma vez, a ordem fez pouco efeito. Em Caen propriamente dita, só ficou uma pequena quantidade de *panzergrenadiers* da SS *Hitler Jugend*.

O bombardeio foi um duplo desastre. Não conseguiu destruir a maior parte das posições alemãs na orla norte de Caen e infligiu danos imensos à cidade. O medo da RAF de atingir os soldados britânicos que aguardavam para avançar deslocou a linha de bombardeio para o sul, rumo ao centro da cidade, deixando de atingir as posições alemãs. O erro foi semelhante ao fracasso americano em atingir as defesas de praia em Omaha. Poucos, com exceção de Montgomery, chegaram a acreditar que o bombardeio fora militarmente eficaz. Os únicos soldados que parecem ter sido atingidos pertenciam a um destacamento da

---

3 O Centro de Pesquisa em História Quantitativa da Universidade de Caen chegou ao total de 1.150 mortos na cidade, oitocentos nos bombardeios de 6 e 7 de junho e 350 no bombardeio de 7 de julho e no canhoneio e no combate de 8 de julho. Não se conhece o número de feridos, a não ser pelo hospital de Bon Sauveur, que tratou de 1.734 feridos entre 6 de junho e o final de julho, dos quais 233 morreram. O tenente-coronel Kraminov, correspondente de guerra soviético, afirmou que mais de 22 mil franceses foram mortos e soterrados na destruição de Caen e que não restou na cidade nenhum alemão. Depois da guerra, esse exagero grotesco foi considerado propaganda antibritânica pelo Partido Comunista francês.

16ª Feld-Division da Luftwaffe que tinha substituído a 21ª Panzer-Division perto de Lebisey, além de dois tanques e uma unidade de morteiros da *Hitler Jugend* nos vilarejos logo ao norte de Caen. O pior foi que o ataque, assim como o bombardeio alemão de Stalingrado, transformou boa parte da cidade numa massa de escombros que impedia o avanço dos veículos e constituía terreno ideal para os defensores.[4] O general Eberbach descreveu a cidade como "um monte de ruínas difícil de atravessar".

A razão dada para o bombardeio noturno que precedeu o ataque foi o medo de mau tempo no dia seguinte. Mas as previsões meteorológicas para 8 de julho não confirmam isso. E mesmo com as bombas de ação retardada, os defensores alemães tiveram todo o tempo necessário para se reorganizar. As baixas sofridas pelas unidades britânicas e canadenses que avançavam para a cidade e seus arredores foram muito mais altas do que se esperava, apesar do pesado bombardeio de artilharia. O bosque de Lebisey foi destruído, a ponto de parecer algo saído da Primeira Guerra Mundial.

A *Hitler Jugend* saiu dos porões e fortificações com lançadores de granadas *Panzerfaust* para atacar de perto os Shermans e os lança-chamas do Crocodilo. Os atiradores subiram nas árvores e se amarraram nelas. Parece que seu alvo principal eram os comandantes dos tanques que "impulsionavam" a infantaria. Evidentemente, a mira dos *panzergrenadiers* SS era muito melhor do que a das divisões de infantaria alemãs comuns. Só naquele dia, a Yeomanry Montada do Leste perdeu cinco comandantes de guarnições e um major da força aérea devido aos atiradores de escol.

Os padioleiros que levavam feridos para a retaguarda ficaram exaustos. "Havia todo tipo de baixa", contou um integrante da 223ª Companhia de Ambulâncias de Campanha da 3ª Divisão de Infantaria britânica. "Havia pernas sem pés, joelhos sem rótula, ombros sem braços. Lembro-me de um primeiro-sargento que trouxeram com metade da cabeça destruída, mas ainda consciente, e o oficial médico me disse: 'Dê-lhe uma boa dose de morfina; isso logo acabará com ele.' Mas não acabou. E feridas no peito, feridas terríveis no peito. Naquele único dia, tratamos de 466 baixas britânicas e quarenta alemãs."

---

4 Só se pode imaginar com comiseração os sentimentos subsequentes da tripulação francesa de dois esquadrões de Halifax envolvidos, o 346º Guyenne e o 347º Tunisie, quando receberam, no dia seguinte, mensagens de agradecimento e congratulações de "Bomber" Harris, Dempsey e Montgomery.

No posto avançado de primeiros socorros da 210ª Companhia de Ambulâncias os médicos e enfermeiros também tinham de cuidar de enorme variedade de baixas do combate. Entre elas, "um grupo de rapazes aterrorizados e desorientados, com trauma da batalha, tremendo e gritando num canto". "Chegaram vários SS feridos, um grupo rijo e sujo, alguns tinham passado dias como franco-atiradores nas árvores. Um jovem nazista estava com o maxilar quebrado e quase morto, mas antes de perder os sentidos rolou a cabeça e murmurou *Heil Hitler!*."

Nos postos de primeiros socorros, os condenados a morrer eram levados para outra barraca e recebiam morfina. A equipe médica ficou preocupada com o pouco sangue que restava para transfusões. Também ficaram horrorizados com a ignorância dos soldados a respeito da melhor maneira de transportar os feridos. Os soldados causavam muito mais danos removendo os que tinham fraturas graves do que se os deixassem onde estavam até que os padioleiros treinados pudessem entalá-los. "Parecia que todas as lições da Primeira Guerra Mundial tinham sido esquecidas", escreveu o mesmo médico da 210ª Companhia de Ambulâncias. Como o resto de seus colegas exaustos, temia que sua avaliação fosse prejudicada pela falta de sono.

A "ordem do Führer" de que Caen devia ser mantida a todo custo foi obedecida durante todo o dia 8 de julho. Só naquela noite o general Eberbach concordou com a insistência de Kurt Meyer em que os restos misturados da *Hitler Jugend* deveriam recuar para a parte sul de Caen, do outro lado do Orne. Eberbach sentiu que a retirada podia ser explicada ao OKW porque estavam quase sem munição e era impossível mandar-lhes mais.

Em 9 de julho, a cidade jazia sob uma mortalha de pó e fumaça. André Heintz foi acordado às 5h30 por um companheiro da Resistência. "Os alemães estão indo embora!", disse o amigo. Os dois observaram os comboios recuando pela cidade, mas nenhum canhão britânico disparou. Seu líder, comandante Gilles, distribuiu as últimas submetralhadoras Sten e mandou os membros para o norte, em pares, para atuarem como guias para as forças aliadas. Heintz pôs a braçadeira tricolor com a Cruz de Lorena. De repente, ao ver um soldado alemão perto do que fora a piscina da universidade, escondeu-a outra vez. Mas o alemão estava morto, paralisado na posição em que a explosão o matara. A braçadeira foi reconhecida pelos primeiros soldados britânicos que encontrou, que lhe mostraram o polegar erguido.

Foi tão grande a destruição que, mesmo com os mapas, os britânicos e canadenses acharam impossível descobrir onde estavam. A maioria das ruas estava intransitável e havia franco-atiradores isolados que tinham ficado para trás. Uma coluna de carros blindados canadenses descia a Rue Saint Martin. O comandante, cujas ordens eram atravessar a cidade o mais depressa possível para tentar tomar as pontes, perguntou a um transeunte: "Onde fica o rio Orne?". O homem subiu no carro blindado para orientá-lo, mas uma posição defensiva alemã mais adiante abriu fogo com metralhadoras e canhão anticarro. O blindado deu marcha a ré rapidamente, e o guia francês teve de pular e se esconder num portal.

Assim que recuou pela única ponte que restava na cidade ao sul do Orne, a *Hitler Jugend* preparou-a para a demolição e organizou posições defensivas. Os alemães forçaram os moradores, sob a mira das armas, a cavar trincheiras nos jardins do convento das Petites Soeurs des Pauvres e a derrubar macieiras para melhorar o campo de fogo das metralhadoras. As entradas do porão também foram barricadas com sacos de areia para a defesa. Explodiram a ponte assim que avistaram o pelotão de vanguarda canadense.

Na borda norte de Caen, o grupo britânico de governo civil, comandado pelo tenente-coronel Usher, teve de abandonar os veículos. "Finalmente", escreveu um dos oficiais. "Entramos em Caen com um grupo de oficiais. A parte norte parece totalmente devastada. Pilhas e pilhas de escombros e um silêncio mortal, interrompido apenas por rajadas ocasionais de fogo de metralhadora."

Um oficial de assuntos civis disse a André Heintz que pretendiam instalar o quartel-general no Hôtel d'Angleterre. Heintz os levou até lá, sabendo que o único indício da antiga identidade era um resto do brasão real com o lema *Honi soit qui mal y pense*, "Vergonha sobre aquele que pensar mal". Resistiu à tentação de dizer que os britânicos não deveriam tê-lo destruído, mas o próprio oficial reconheceu o humor negro. Deixou que Heintz o levasse até a única área da cidade onde alguns prédios estavam relativamente ilesos, e perguntou se poderia tomar um banho. Heintz explicou que Caen estava sem água desde o primeiro bombardeio, em 6 de junho. Parecia que os libertadores ainda não faziam ideia do que a cidade sofrera, apesar de todos os indícios. No dia seguinte, um capitão canadense perguntou onde havia um bom restaurante em Caen, porque estava enjoado das rações do exército.

Alguns alemães que ficaram isolados procuraram roupas civis nas ruínas para facilitar a fuga. Outros, principalmente alguns *Osttruppen*, começaram a saquear. O comandante Gilles e alguns de seus homens encontraram dois jovens soldados da SS tentando se esconder. Orgulhosos, entregaram-nos a alguns soldados canadenses na Rue de Bayeux. Em muitos lugares, era preciso tomar cuidado porque a SS deixara para trás granadas prontas para explodir.

Os civis surgiram, incapazes de acreditar que os quatro anos de ocupação alemã tinham finalmente terminado e com medo de que a SS reocupasse a cidade num contra-ataque. Alguns receberam os soldados aliados com alegria e cordialidade reais, mas muitos ainda estavam entorpecidos pelo que tinham sofrido. "A maioria das mulheres chorava amargamente", escreveu um sapador britânico, "cheias de angústia e pesar. Ficavam junto das casas destruídas, talvez para uma última olhada em seus tesouros pessoais. Havia um livro de criança no jardim, as páginas lentamente folheadas pelo vento. Dentro da casa, as portas pendiam guinchando nas dobradiças, as mesas estavam onde tinham caído na primeira grande explosão."

Logo, os grupos do coronel Usher puseram-se a trabalhar, limpando caminhos com retroescavadeiras e tentando criar um fornecimento de água de emergência. A maioria dos serviços básicos só foi restaurada em setembro. Foi preparado um comboio de caminhões do Exército com comida para entrar em Caen. A limpeza das minas era uma tarefa lenta e árdua, assim como a retirada dos corpos que estavam debaixo dos escombros. O fedor dos cadáveres em decomposição era terrível. De fato, muita gente de Caen, mesmo com fome, não conseguiu mais encarar um Camembert maduro durante muito tempo devido às lembranças horríveis que o cheiro trazia.

Em 10 de julho, houve uma cerimônia para hastear a bandeira tricolor na fachada da igreja de Saint-Étienne, na presença de Monsieur Daure, o novo prefeito nomeado pelo governo provisório de De Gaulle. As lágrimas escorreram pelo rosto de muitos presentes. Três dias depois, o II Exército britânico realizou na praça Saint Martin um desfile que deveria ser da vitória. Uma banda escocesa tocou enquanto outra bandeira tricolor era hasteada. Ficou patente a perplexidade no rosto da multidão francesa. Nunca tinham ouvido a "Marselhesa" tocada em gaitas de fole.

A Operação Charnwood fora um sucesso muito parcial e tomara apenas a parte norte de Caen. O II Exército não conseguira ocupar terreno suficiente para permitir que o acúmulo de forças continuasse. O grosso do que se tornaria o I Exército canadense teve de esperar na Inglaterra. Agora, a exasperação do quartel-general de Bradley e do SHAEF reverberava com força em Washington e na imprensa americana. Muitos culparam Eisenhower por não adotar uma postura mais firme com Montgomery.

Em 10 de julho, Montgomery se reuniu com Dempsey e Bradley no seu trailer de comando. Havia muito a discutir, com os britânicos bloqueados em volta de Caen e o I Exército americano atolado nos pântanos e no *bocage*, a oeste. Montgomery insinuou que Bradley tentava atacar numa frente ampla demais. Ele precisava de um golpe concentrado. Em consequência, mais tarde, Montgomery se convenceu de que foi ele o arquiteto original da futura Operação Cobra. Naquela manhã, Dempsey decidiu que também precisava montar uma grande ofensiva, visando a romper na direção de Falaise. Como era isso o que os alemães mais temiam, assim também se manteriam as forças *panzer* na frente britânica, como Montgomery queria. Esse esboço de plano ficaria conhecido como Operação Goodwood.

Entretanto, por enquanto se fez outra tentativa de tomar a Cota 112, principal elevação entre os rios Odon e Orne, abandonada durante a Operação Epsom. A luta pela Cota 112 tornou-se impiedosa. Os alemães da 9ª SS Panzer-Division *Hohenstaufen* logo batizaram o lugar de "*Kalvarienberg*", Monte Calvário. O nome vinha da Croix des Filandriers, o santuário da crucifixão, que pareceu assumir um novo significado.

Em 10 de julho, às 5 horas da manhã, a 43ª Divisão de Wessex atacou, partindo do vale do Odon rumo à Cota 112, na Operação Júpiter. O comandante da divisão, general de brigada G. I. Thomas, era um "artilheiro miúdo, ardente, muito resoluto e sério, sem nenhum vestígio de humor". Thomas, que acabara de assumir, estava decidido a renovar seu novo comando. Parece que ninguém gostava dele. Pelas costas, os oficiais o chamavam de "Von Thoma". Uma brigada teria de atacar a Cota 112 enquanto a outra, à esquerda, avançaria sobre a vila de Eterville.

A 129ª Brigada, que seguia para a Cota 112, teve de avançar a descoberto pelos trigais salpicados de papoulas. Os lançadores de foguetes *Nebelwerfer* abriram fogo. O sargento Partridge, do 4º Batalhão de Infantaria Leve de Somerset, descreveu de que modo, ao ouvir o grito das *moaning minnies*, "11 homens se jogaram no trigal para se proteger. Só um voltou a se levantar". Quando encontravam alemães feridos na plantação, havia pouco que pudessem fazer além de remover o ferrolho do fuzil Mauser e jogá-lo bem longe.

Depois de perder a maioria dos homens, ficaram imobilizados no trigal pelo fogo das metralhadoras pesadas. O comandante do pelotão ordenou a Partridge que lançasse uma granada de fumaça, para que pudessem continuar avançando. Partridge achou a ideia estúpida, mas obedeceu. Assim que a jogou, o comandante do pelotão se pôs de pé antes que a fumaça aumentasse e foi atingido. Soltou um "sargento Partridge" e morreu. Partridge reuniu os outros quatro sobreviventes e recuou um pouco pelo trigal, rastejando, cavou uma trincheira e preparou uma xícara de chá para tomarem juntos.

Enquanto a 129ª Brigada subia a Cota 112 lutando, a 130ª, à esquerda, capturou Eterville e depois avançou para a vila de Maltot. O 7º Batalhão do Regimento de Hampshire e o 5º Batalhão do Regimento de Dorset, com o apoio dos tanques do 44º Real Regimento Blindado, pouca ideia faziam do choque que os aguardava. O 502º Batalhão SS de Panzers Pesados, equipado com Tigres Mark VI, a maior e mais formidável máquina de combate jamais vista na frente ocidental, convergia para o mesmo ponto. Incapazes de ver o que havia à frente, os Tigres de uma companhia lançaram-se sobre a sebe para rompê-la e se viram diante de quatro Shermans. Num instante, os canhões de 88 mm dos Tigres transformaram três deles em destroços ardentes. O quarto escapou dando marcha a ré. Os Dorsets, sem saber que o outro batalhão recuara, logo estavam engajados no combate casa a casa, na vila. Aprenderam do modo mais difícil que, ao limpar um imóvel, era preciso ir diretamente para os cômodos do andar de cima. Quando passavam por uma casa de fazenda ou pelo quintal nos fundos, era fácil demais, para os alemães no segundo andar, lançar granadas ou atirar pelas janelas.

Uns 2,5 quilômetros a oeste, a 129ª Brigada britânica quase chegou à pequena estrada que cruzava o alto da Cota 112, mas o peso do fogo alemão forçou o alquebrado 4º Batalhão de Infantaria Leve de Somerset, que estava no centro, a se lançar de novo em terra. Às 17 horas, o 5º Regimento de Infantaria Leve do Duque da Cornualha foi mandado para ultrapassar os Somersets em outra tentativa de atingir o topo da colina. O avanço até pouco acima na encosta do morro os levou a um pequeno bosque de castanheiras. Lá, foram feitos em pedacinhos pelo fogo de metralha das posições alemãs na outra encosta e depois, atacados por *panzers*. Parte dos soldados desceu correndo, em desordem. Um oficial ferido tentou deter a retirada. "Fora atingido no maxilar, de modo que parte do rosto caíra, e ele brandia a pistola e tentava atirar, fazendo sons terríveis." Enquanto isso, o oficial comandante dos Somersets e o comandante da brigada, tentando manter o ar de confiança diante dos homens, sentaram-se em suas bengalas-banco,[5] em plena vista, discutindo a situação.

Apesar do fogo de morteiro e dos franco-atiradores, os Somersets se aguentaram em "trincheiras abertas na encosta nua". Com as granadas dos morteiros *Nebelwerfer* explodindo sem parar, a guarnição dos blindados de apoio permaneceu trancada dentro dos carros. Mas um oficial ficou tão desesperado para se aliviar que pulou do Sherman, agarrou uma pá na traseira e correu até um blindado destruído ali perto, onde arriou as calças. Enquanto isso, a artilharia britânica continuava a golpear o alto do morro. "Nem um metro de chão deixou de ser revirado pelas granadas", escreveu um integrante da SS *Hohenstaufen*. Depois do anoitecer, o sargento aprovisionador de cada companhia levou marmitas de comida quente e cigarros para a infantaria nas posições de vanguarda. Dessa vez havia mais do que o suficiente para todos, porque "as baixas não tinham sido descontadas". A única queixa é que o chá tinha gosto de gasolina.

A madrugada de 11 de julho não melhorou a visibilidade, devido a um espesso nevoeiro – *eine Milchsuppe*, uma sopa de leite, segundo a *Hohenstaufen*. Mas um avião de reconhecimento da artilharia britânica surgiu voando alto bem na hora em que o 19º e o 20º Regimentos SS-Panzergrenadier estavam prestes a atacar. A guarnição dos Tigres que os acompanhavam temeu o pior. Logo perceberam que o lugar mais seguro seria junto ao inimigo. Atacaram as posições britânicas, passando por cima das trincheiras. Com admiração irônica, viram as guarnições anticarro britânicas tentando usar os canhões ineficazes. "São valentes, os anglo-saxões!", observou um deles.

Os *panzers* monstruosos surgiram de repente na parede de neblina. "Tínhamos à nossa frente uma cena com que todo Tigre sonha", escreveu o integrante de uma guarnição. A menos 100 metros, havia um ponto avançado de remuniciamento, com caminhões de munição e outras viaturas, inclusive tanques. "O nosso comandante gritou: 'Perfuração de blindagem! Abrir fogo!'" Dois tanques Churchill na frente deles estavam girando as torres em sua direção quando os Tigres os atingiram à queima-roupa, e ambos explodiram em chamas.

Naquele dia, o general Eberbach disse ao 2º SS Panzerkorps que a Cota 112 não podia ser perdida sob nenhuma circunstância. Era um "*Schlüsselstellung*",

---

5 Tradução de *Shooting sticks*. Um tipo de bengala que pode ser aberta e serve como banco.

uma posição fundamental. Seguiram-se telefonemas frenéticos na tentativa de obter reforços, tanto em homens quanto em material bélico. Os *panzergrenadiers* apoiados pelas companhias de Tigres ocuparam o morro o dia todo.

Depois do anoitecer, a Companhia D dos Somersets recebeu ordens de "se infiltrar na posição inimiga". "Dá para imaginar o desespero que senti quando recebi essa ordem", escreveu o sargento Partridge, que assumira o comando do pelotão depois da morte do tenente, na véspera. Limparam-se as armas, distribuiu-se munição. À 1 hora, eles saíram das trincheiras e avançaram em silêncio. Mas assim que alcançaram o arame farpado que os *panzergrenadiers* da SS tinham instalado, abriu-se um fogo assassino. Os soldados do pelotão se jogaram no chão. "As balas traçantes", escreveu o sargento Partridge, "arqueavam-se quase preguiçosas em seu caminho pelo ar, seguindo para alvos pré-selecionados escolhidos durante o dia, e agora disparadas com 'pontaria amarrada'."

As tentativas de romper o arame foram abandonadas quando um comandante de seção tentou passar se arrastando. Uma bala alemã atingiu uma granada de fósforo em sua bolsa de munição. "Lutando em desespero", escreveu um cabo que assistia, "ele se emaranhou no arame farpado e lá ficou pendurado, um facho humano vivo, aos berros". O sargento Partridge ouviu os "gritos angustiados: 'Me matem, me matem!'". "Uma única bala certeira de um oficial compassivo, mas sem dúvida horrorizado", continuou o cabo, "terminou com o inferno ardente do coitado. Mesmo na morte, o horror continuou, porque o fósforo seguiu queimando o corpo, agora misericordiosamente sem vida". Todos os que assistiram à cena decidiram nunca mais levar granadas de fósforo nas bolsas do cinto.

Foi dada a ordem de recuar, mas o horror ainda não terminara. Alguns homens se perderam no escuro na descida do morro e foram alvejados ao chegar à posição de outras companhias que não os conheciam. O cabo observou que, dos 36 homens do Pelotão 18 da Companhia D, restaram apenas 9. Depois, um dos sobreviventes deu um tiro no próprio pé, porque não aguentava mais.

O pesadelo da Cota 112 continuou. Os britânicos a recuperaram no dia seguinte e a SS a tomou de volta em outro contra-ataque com Tigres. Depois da chuva da semana anterior, a temperatura havia subido para 30 graus e todas as explosões criavam nuvens de poeira. O pequeno bosque de castanheiras foi retalhado pela artilharia britânica que atirava para o ar. A intenção era fazer chover estilhaços nos defensores. Logo, o bosque se reduziu a troncos destruídos e galhos quebrados, uma "paisagem lunar", como disse um dos SS. Em 15 de julho, o fogo de artilharia foi tão intenso que os *panzergrenadiers* foram forçados a recuar, deixando os Tigres.

Durante todo esse tempo, a artilharia do 2º SS Panzerkorps recorreu à tática alemã de barragens súbitas e intensas sobre as posições britânicas na encosta norte da elevação. Os artilheiros da SS, por estar muito na retaguarda, não sofriam as mesmas privações dos *panzergrenadiers*. Ao que parece, uma bateria do 9º SS Artillerie-Regiment da Divisão *Hohenstaufen* foi adotada por uma moça francesa, que chamavam de "mademoiselle Jeanette". Todo dia ela levava comida para os soldados da linha de canhões.

Mais para leste, a artilharia alemã bombardeava agora a capital libertada de Caen. Em 14 de julho, o Lycée Malherbe e o bairro de Saint-Étienne foram atingidos. Quem recusara a oferta britânica de evacuação há alguns dias correu para os caminhões. Uma anciã, freira beneditina que nunca saíra do convento desde o noviciado no início do século, espantou-se ao ver caminhões pela primeira vez na vida e ainda mais quando andou num deles. Mas os civis presos atrás das linhas alemãs, que tinham se abrigado nas cavernas úmidas junto à vila de Fleury, estavam em situação terrível. Os soldados da SS não os deixavam sair. A possibilidade de resgate só chegou no final do mês.

Em Caen, as autoridades francesas e os oficiais britânicos que cuidavam do governo civil ficaram cada vez mais preocupados com o risco de cólera. Depois da destruição da cidade, a tarefa de restabelecer o fornecimento de água foi muito mais difícil do que imaginara o pior dos pessimistas. Os cães famintos também se tornaram uma ameaça e o prefeito deu ordem de matar todos os que fossem encontrados nas ruas.

Incomodado com a falta de progresso, o II Exército finalmente começou a destituir comandantes incompetentes ou pouco enérgicos. Depois da Operação Epsom, o general "Pip" Roberts, comandante da 11ª Divisão Blindada, substituiu o comandante de uma brigada e dois outros oficiais comandantes.

Em 15 de julho, Montgomery escreveu a Brooke a respeito de uma de suas divisões prediletas do norte da África: "Lamento avisar que Crocker, Dempsey e eu acreditamos que a 51ª Divisão [Highland] no momento está SEM condições de combate. Não luta com determinação e fracassou em todas as operações a ela confiadas". Montgomery destituiu o comandante por fraqueza e chegou a pensar em mandar a divisão inteira de volta ao Reino Unido para nova instrução. A notícia do vexame se espalhou com rapidez pelo II Exército e logo se mandou uma carta instruindo os oficiais a "não criticar a 51ª Divisão Highland". Felizmente, o novo comandante, general de brigada T. G. Rennie, logo recolocou a 51ª Divisão Highland nos eixos e restaurou o moral.

Muitos outros comandantes foram baixas nos combates. A 50ª Divisão perdeu dois generais-brigadeiros, 12 oficiais comandantes e uma proporção altíssima de oficiais das companhias. O comando da 4ª Brigada Blindada foi entregue ao general-brigadeiro Michael Carver, de apenas 29 anos, depois de ferido o antecessor. As baixas eram altíssimas entre os oficiais. Os franco-atiradores alemães conseguiam identificá-los com facilidade pelas pranchetas com mapas, que brilhavam ao sol. Essas perdas se tornaram um círculo vicioso. Embora a maioria dos melhores cabos e sargentos fosse promovida para comandar pelotões, o resto costumava demonstrar falta de iniciativa. Isso obrigava os oficiais a correr riscos exagerados para que os homens atacassem, ou a se levantar ostensivamente para impedir o pânico.

Talvez o exemplo mais extremado desse padrão tenha sido o 6º Batalhão do Regimento do Duque de Wellington. Em pouco mais de 15 dias, o batalhão perdeu 23 oficiais e 350 praças. O novo oficial comandante relatou, no final de junho, que três quartos do batalhão estavam "irrequietos" em consequência do bombardeio, que havia casos de ferimentos propositais e um número elevado de baixas por trauma da batalha. "A situação piora a cada dia conforme surgem mais baixas de pessoal-chave [...] Na maioria dos casos, a liderança de cabos e sargentos é frágil e, em consequência, os oficiais recém-incorporados têm de se expor indevidamente para tentar fazer a coisa andar." Horrorizado com o relatório, Montgomery destituiu o novo oficial comandante que fora honesto demais e desmobilizou o batalhão.

A Normandia provou o que até então se suspeitava. Os soldados atolados em batalhas de atrito nas cabeças de praia e cabeças de ponte têm um nível muito mais alto de colapso psicológico do que os soldados em movimento. Até a retirada de um exército derrotado parecia provocar menos desses casos. Em 13 de julho, a 21ª Companhia de Ambulâncias Leves de Campanha relatou ao general Richard O'Connor, comandante do 8º Corpo, que "durante as 54 horas a partir das 18 horas de 10 de julho de 1944, 280 casos de exaustão foram transferidos da vanguarda para esta unidade, e avalia-se que cerca de 70% deles não deveriam ter sido evacuados de suas unidades". Em termos físicos, não estavam mais fisicamente cansados do que outros feridos em condições de deambulação, "enquanto a ansiedade não era maior do que a apreensão normal de participar do combate".

O general de brigada G. H. A. Macmillan, comandante da 15ª Divisão Escocesa, relatou a O'Connor pouco depois: "Agora organizei um Centro Divisional de Exaustão." No total, tinham sido internados 151 soldados, dos quais 41 do mesmo batalhão, "o que mostra que há algo errado por lá". Seu quartel-general deu instruções aos oficiais médicos para que tomassem "o máximo cuidado para não enviar homens para a retaguarda, a menos que tenham certeza absoluta de que os casos são genuínos". Ele suspeitava que os oficiais médicos, "sob a pressão do trabalho", os mandavam para trás "só para tirá-los do caminho". Todos os cabos e sargentos enviados aos centros de exaustão seriam automaticamente rebaixados a soldado raso. Os comandantes também estavam furiosos com a perda imensa de equipamento quando os soldados desmoralizados jogavam fora as armas. As deserções e as ausências aumentaram. Nada menos que 150 soldados da 50ª Divisão (Northumberland) foram condenados por deserção na Normandia, tantos quanto em todo o resto do II Exército.

A formação mais afetada pela fadiga em combate foi a 43ª Divisão de Wessex, comandada pelo general de brigada Thomas, que participara das batalhas de Maltot e da Cota 112. As guarnições dos tanques, por sua vez, tinham probabilidade muito menor de entrar em colapso. "O psiquiatra do Corpo e comandante da 21ª Companhia de Ambulâncias Leves de Campanha confirma que os casos de falsa exaustão da batalha entre soldados das divisões blindadas são desprezíveis. Os principais infratores são de unidades de infantaria. O maior número de casos vem da 43ª Divisão. Durante três ou quatro dias por volta de 10 de julho cerca de 360 casos vieram dessa formação. As unidades mais afetadas foram o 4º Batalhão do Regimento de Dorset e o 7º de Hampshire." O general O'Connor escreveu a Thomas sobre esse "crime seriíssimo" e lhe ordenou que deixasse "bem claro que quem for culpado de fingir a doença supracitada será julgado por deserção pela [Corte Marcial]".

Parece que os infantes sofreram mais devido aos efeitos dos morteiros alemães e das baterias de *Nebelwerfer* que disparavam salvas concentradas em momentos inesperados. As bombas que erravam o alvo deixavam muitos homens em choque. No quartel-general da 129ª Brigada de Infantaria, três homens, inclusive um primeiro-sargento, sofreram choque de batalha causado por bombardeios de *Nebelwerfer*. "Dois deles, durante o ataque, não ficaram nas trincheiras e saíram correndo em círculo, gritando como loucos: 'Me tirem daqui!'" Outro fator que contribuiu para a sensação de desesperança e desorientação foi a falta de informações. Nas palavras de um soldado, eles sofriam de uma "ignorância entorpecente e brutalizadora. Ninguém sabia onde estava nem onde estava o inimigo, nem o que estávamos tentando obter".

Parece que a guarnição dos tanques era muito menos suscetível à fadiga em combate, não só devido à proteção oferecida pela viatura blindada como também por formarem grupos muito unidos. A infantaria britânica, assim como a americana, sofria com a vulnerabilidade dos recompletamentos. O sistema britânico não era mais engenhoso do que o americano. Um subalterno enviado como substituto para a Infantaria Leve de Somerset depois da surra levada na Cota 112 descreveu como um major de bigode se dirigiu aos novos oficiais no acampamento dos reforços perto de Bayeux. "Cavalheiros, sua expectativa de vida, a partir do dia em que se integrarem aos batalhões, será de exatas três semanas."

18
A BATALHA FINAL DE SAINT-LÔ

Em 6 de julho, com os americanos ainda atolados no avanço geral para o sul, rumo a Saint-Lô, o general George S. Patton chegou à França. Deveria comandar o III Exército dos Estados Unidos assim que este fosse ativado por ordem de Eisenhower.

Obrigado a passar um mês na Inglaterra desde a invasão, Patton ficou "horrivelmente tenso". "É um inferno estar no banco de reservas e ver toda a glória me fugindo", escreveu à esposa no Dia D. Embora não houvesse previsão de ser convocado, começou a usar o coldre axilar "para entrar no espírito da coisa" e fez as malas para ir à França. Por enquanto, tinha de representar o papel de comandante em chefe do fictício Primeiro Grupo de Exércitos Americano, parte fundamental do Plano Fortitude. Os alemães ainda estavam convencidos de que ele comandaria uma segunda invasão perto do Passo de Calais.

Patton era grato a Eisenhower por ter lhe dado outra chance duas vezes. A primeira vez foi quando estapeou um soldado que sofria de exaustão em combate, na Sicília; a segunda, a gafe num discurso na Inglaterra, no qual disse que os americanos e os britânicos estavam destinados a dominar o mundo. Mas ele nunca respeitou Ike "como soldado". Quando acompanhou o comandante supremo numa viagem de inspeção das divisões no sudoeste da Inglaterra, descreveu seus modos amistosos com os soldados como sendo coisa "mais de quem busca cargos do que de um soldado". "A teoria dele é que, com esse método, fica-se no mesmo nível dos homens. O comandante não pode comandar e ficar no mesmo nível. Pelo menos na minha opinião. Tento provocar a emoção do combate; ele busca votos; para quê? No entanto, ele foi muito gentil [comigo]."

Patton também desdenhava Montgomery, que chamava de "macaquinho". Mas, em 1º de junho, pouco antes da invasão, sentiu que devia a Montgomery por ele ter insistido duas vezes com Bradley que "Patton deveria assumir o comando na Bretanha e, talvez, na operação em Rennes". Na manhã seguinte, ele anotou no diário: "Minha impressão a respeito de Monty está melhor do que antes". Patton, que acompanhou os acontecimentos da Normandia com intensa frustração, sentia que a tentativa de Bradley de avançar numa frente ampla estava errada. Em sua opinião, ataques menores e constantes para conquistar terreno causavam muito mais baixas a longo prazo do que uma ofensiva concentrada.

Os comandantes alemães concordavam. "Não consigo entender o raciocínio", escreveu o tenente-general Schimpf, da 3ª Divisão Paraquedista, "de que essa tática ajudaria a evitar derramamento de sangue, como me disseram os oficiais americanos capturados. Afinal, embora as perdas no dia do ataque possam ser comparativamente baixas, por outro lado o total de perdas sofridas nos ataques menores e constantes realizados num longo período seria, com certeza, muito maior do que se houvesse um único ataque contundente." Em outro texto, ele escreveu sobre os ataques de batalhões americanos: "Para os nossos soldados, esse tipo de defesa de contra-ataques contínuos serviu de excelente treinamento e aclimatação aos modos de lutar do inimigo." Com capacidade de previsão impressionante, Patton escreveu, em 2 de julho, que deveriam estar atacando pelo litoral oeste, rumo a Avranches, com "uma ou duas divisões blindadas lado a lado", apoiadas pelo poderio aéreo.

Finalmente, em 4 de julho, o quartel-general do seu III Exército começou a embarcar. Dois dias depois, Patton partiu num C-47 e voou até a pista de pouso acima da praia Omaha. O avião era escoltado por quatro Thunderbolts P-47, caças-bombardeiros que, mais tarde, apoiariam seu avanço espantoso pela França. Assim que chegou ao solo francês, Patton ficou em excelente forma. A notícia de sua chegada se espalhou entre os soldados e os marinheiros do comando da praia Omaha em instantes. Sua presença deveria ser um segredo muito bem guardado, mas eles se amontoaram em volta dele, tirando fotografias como se o comandante fosse um astro do cinema. Patton ficou em pé no jipe que fora buscá-lo e falou-lhes em seu estilo inimitável. "Estou orgulhoso por estar aqui para lutar ao lado de vocês. Agora vamos arrancar as tripas daqueles *krauts* e transformar Berlim num inferno. E quando chegarmos a Berlim, vou matar pessoalmente aquele aplicador de papel de parede filho da puta, como mataria uma cobra."[1] A plateia adorou, com muitos gritos e vivas. Patton e Eisenhower eram mesmo muito diferentes.

No dia seguinte, ele almoçou com Bradley, Montgomery e seu chefe do Estado-Maior, o encantador general Freddie de Guingand. "Depois do almoço, Montgomery, Bradley e eu fomos para a barraca da situação", escreveu Patton no diário. "Lá, Montgomery fez tudo para explicar por que os britânicos nada tinham feito." Apesar do apoio anterior a Patton, Montgomery agora não queria que o III Exército se tornasse operacional antes que Avranches fosse capturada. Os americanos desconfiavam que era uma tentativa de manter Bradley mais tempo sob o comando do seu 21º Grupo de Exércitos. Cauteloso, Bradley se recusou a responder. Assim que o III Exército de Patton fosse ativado, na prática ele ficaria independente de Montgomery, já que, então, comandaria o 12º Grupo de Exércitos americano, com Hodges e Patton como comandantes de seus dois exércitos.

Bradley e seu Estado-Maior começavam a estudar ideias para a Operação Cobra, que se tornou o grande rompimento rumo a Avranches e à Bretanha. Mas, enquanto isso, Bradley insistiu em continuar o avanço geral para tomar Saint-Lô e a estrada a oeste que ia para Périers. Além dos pântanos e do *bocage* de Cotentin e Bessin, a estrada entre Saint-Lô e Périers seria a linha de partida da Operação Cobra. Mas ainda haveria um combate longo e sangrento até chegarem lá.

Enquanto começava a ofensiva da Panzer Lehr, nas primeiras horas de 11 de julho, o 5º e o 9º Regimentos Paraquedistas alemães, a leste do rio Vire, atacaram a 29ª Divisão e a sua vizinha, a 2ª Divisão. Mas, embora o ataque da Panzer Lehr à 30ª Divisão tivesse atrapalhado os preparativos para o avanço geral sobre Saint-Lô, a 35ª, a 29ª e a 2ª Divisões de Infantaria ainda conseguiram começar a operação às 6 horas da manhã.

---

1 A referência à aplicação de papel de parede se deve ao discurso feito pelo Cardeal George Mundelein a quinhentos padres católicos num seminário de Chicago, nos Estados Unidos, em 18 de maio de 1937, no qual perguntou "como um país de 60 milhões de habitantes inteligentes se submete, temeroso, a um estrangeiro, um austríaco, aplicador de papel de parede, e incompetente, pelo que dizem, com alguns auxiliares como Goebbels e Göring, que ditam cada passo da vida do povo?". Não se sabe com certeza se Hitler trabalhou aplicando papel de parede; talvez a referência seja às suas aquarelas; mas, durante a guerra, a expressão foi bastante usada pela imprensa americana. (*N. T.*)

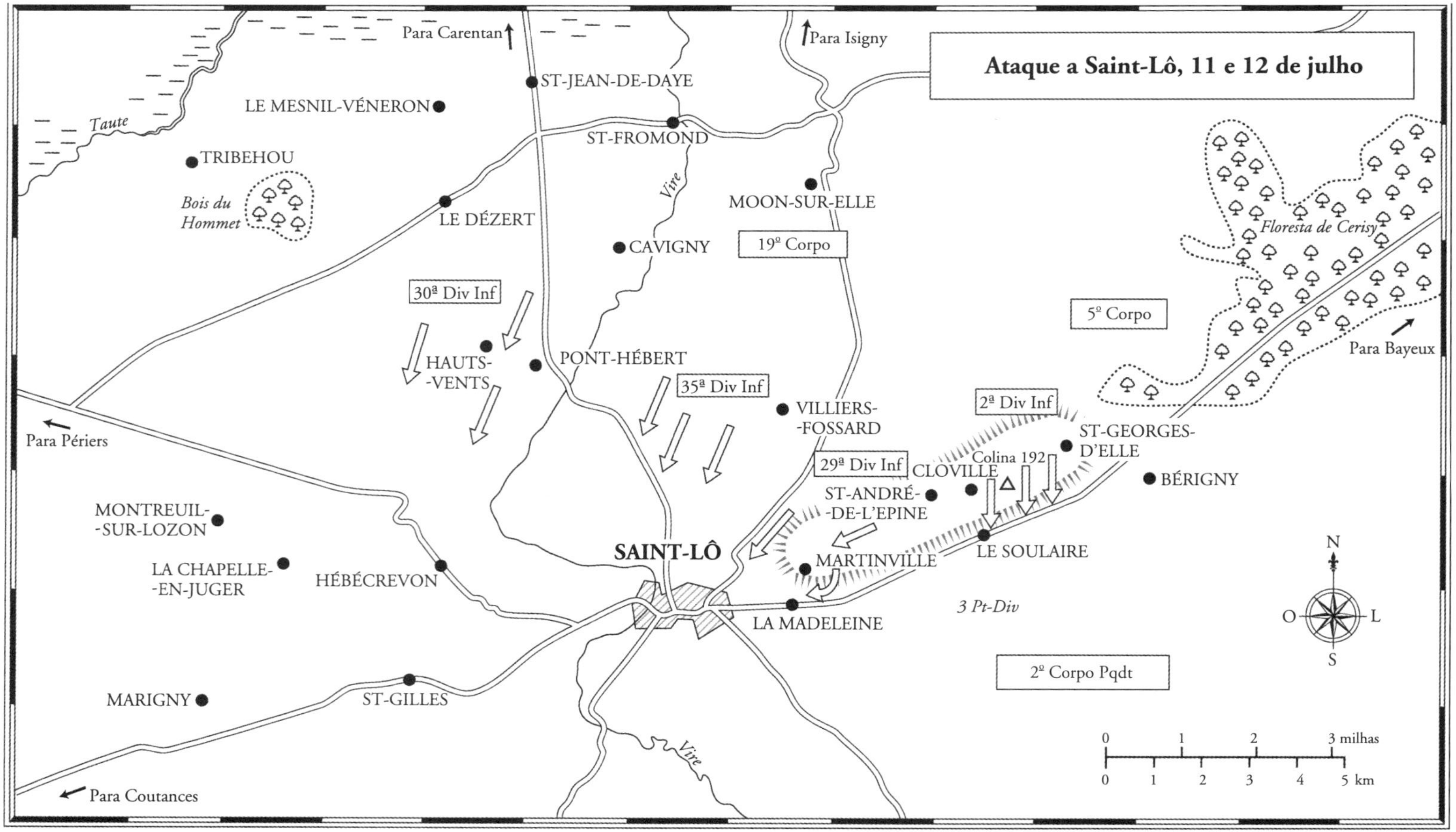
Ataque a Saint-Lô, 11 e 12 de julho
Para Carentan
Para Isigny
ST-JEAN-DE-DAYE
LE MESNIL-VÉNERON
Taute
ST-FROMOND
TRIBEHOU
Bois du Hommet
Vire
MOON-SUR-ELLE
LE DÉZERT
CAVIGNY
19º Corpo
Floresta de Cerisy
30ª Div Inf
5º Corpo
Para Bayeux
HAUTS-
-VENTS
PONT-HÉBERT
35ª Div Inf
VILLIERS-
-FOSSARD
2ª Div Inf
Para Périers
ST-GEORGES-
D'ELLE
Colina 192
29ª Div Inf
CLOVILLE
BÉRIGNY
ST-ANDRÉ-
-DE-L'EPINE
MONTREUIL-
-SUR-LOZON
SAINT-LÔ
MARTINVILLE
LE SOULAIRE
N
LA CHAPELLE-
-EN-JUGER
HÉBÉCREVON
3 Pt-Div
O
L
LA MADELEINE
S
2º Corpo Pqdt
MARIGNY
ST-GILLES
Vire
0 1 2 3 milhas
0 1 2 3 4 5 km
Para Coutances

O plano geral americano consistia em um avanço numa frente ampla. Enquanto o 19º Corpo atacaria rumo ao sul, com a 30ª, a 35ª e a 29ª Divisões, o 5º Corpo, a leste, ajudaria mandando a 2ª Divisão de Infantaria ocupar a Cota 192, principal elevação da longa serra que dava para a estrada entre Saint--Lô e Bayeux. A topografia ondulada, com pequenos campos e pomares ladeados por sebes impenetráveis e sendas afundadas, era horrivelmente conhecida de todos, com exceção dos recompletamento e da recém-formada 35ª Divisão.

Para as equipes de Serviço de Sepultamento, foi um serviço pavoroso. Um tenente contou ter encontrado setenta corpos ao longo de uma única sebe. "Vi soldados americanos que tinham sido minados pelos alemães", prosseguiu. "Eles punham armadilhas na parte oca das costas do morto. Tivemos de explodir esses casos e isso destruía os corpos, mas ainda assim conseguimos identificá--los." Às vezes, os alemães prendiam uma granada escondida na corrente da plaquinha de identificação, e quem a puxasse detonava o explosivo.

Os corpos incharam com o calor. Um integrante das equipes da 4ª Divisão explicou que era preciso "aliviar o cadáver do gás" rolando-o de bruços e pressionando com o joelho o meio das costas. "A gente logo se acostuma", observou. Outro disse que o "fedor enjoativo" da "morte humana" era complicado para os cozinheiros, que recolhiam cadáveres e depois tinham de voltar e preparar pratos de carne. Talvez o serviço mais horrível de todos fosse remover os restos inidentificáveis das guarnições de blindados pela torre queimada. "Por mais nojento que pareça, uma colher e uma caneca do rancho eram as ferramentas do ofício."

O tempo também já era familiar naquele verão chuvoso. Estava nublado, com garoa e pancadas de chuva ocasionais, que mais uma vez impediram o apoio aéreo e atrapalharam os observadores da artilharia. O avanço da 29ª Divisão tomou ímpeto depois de um início lento. Encabeçada por um batalhão do 116º Regimento de Infantaria apoiado por tanques, a divisão encontrou uma brecha na linha mantida pelo 9º Regimento Paraquedista alemão e chegou a Saint-André-de-l'Epine. Mas o 115º Regimento de Infantaria, à direita, do outro lado da estrada de Isigny, foi mais lento e encontrou posições bem defendidas, que foi difícil flanquear. O major-general Gerhardt, comandante da divisão, avisou naquela noite ao general Corlett, do 19º Corpo, que "o que há à frente é bem robusto". Mas o 116º Regimento chegara a uma parte da serra de Martinville, enquanto os texanos da vizinha 2ª Divisão ocuparam a Cota 192 depois de intenso combate. Foi um grande alívio para os americanos.

A Cota 192 permitia aos alemães uma visão clara da retaguarda do setor do 5º Corpo até o flanco direito da frente britânica.

A 2ª Divisão vinha planejando essa operação desde 16 de junho. Em 1º de julho, aproveitando-se da tendência alemã a recuar o grosso da linha de frente à noite para evitar as baixas causadas pelo bombardeio de manhã cedo, um dos batalhões se esgueirou adiante na escuridão e ocupou todas as trincheiras alemãs. Foi um risco calculado, porque os alemães sempre mantinham marcadas as posições de sua linha de frente como alvo de morteiros e da artilharia. Mas valeu a pena. Esse avanço súbito deu à divisão uma boa linha de partida para a operação que tinham sido obrigados a adiar em várias ocasiões. Não tinham desperdiçado o tempo da longa espera. Os batalhões foram retirados da linha de frente, em sistema de rodízio, para instrução intensiva em infantaria com tanques e grupos de engenharia anexados. Sabiam que precisavam de todo o conhecimento e ajuda possíveis. Enfrentariam parte da 3ª Divisão Paraquedista alemã, que vinha preenchendo as sebes da encosta com posições de fogo escondidas, túneis e fortificações de terra. Os morteiros alemães de 50 mm estavam apontados para todas as sebes próximas, e os canhões antiaéreos de 20 mm dominavam a estrada lá embaixo. A artilharia pesada e os tanques da retaguarda, no lado sul da estrada de Bayeux, já estavam prontos para dar apoio.

A 2ª Divisão pôs em prática todas as duras lições aprendidas no *bocage* até então. Todos os tanques de apoio tinham telefones instalados na traseira, para que os comandantes dos pelotões de infantaria pudessem indicar os alvos à guarnição lá de dentro sem que tivessem de subir à torre e se expor ao perigo. E a força atacante como um todo foi dividida em equipes de infantaria e blindados, cada uma com seu grupo de engenharia com explosivos preparados para abrir buracos nas sebes. Os Shermans bombardeariam todos os cruzamentos de sebes com o armamento principal de 75 mm e depois varreriam as sebes entre eles com as metralhadoras enquanto a infantaria avançasse. Tudo isso se combinava com uma barragem rolante mais flexível, que pudesse se adaptar a atrasos inesperados no ritmo do avanço. Cada sebe, depois de tomada, tinha de ser tratada como uma nova linha de partida.

Talvez mais do que em todas as operações anteriores no *bocage*, o avanço da 2ª Divisão seguiu de acordo com o plano, mas continuou a ser um "serviço horroroso". Mesmo quando parecia que um sistema de sebes estava totalmente limpo, os paraquedistas alemães surgiam de entradas ocultas para atirar pelas costas. A encosta oeste da Cota 192 foi defendida com mais ferocidade e, por isso, apelidada de "Canto dos *Krauts*". Depois de uma hora, foi finalmente flanqueada e capturaram-se 15 prisioneiros. "Três paraquedistas inimigos que ainda lutavam foram eliminados por uma escavadeira blindada que os enterrou sob 1,5 metro de terra."

Ali perto, a aldeola de Cloville foi tomada num combate de casa em casa, entre as ruínas do bombardeio de artilharia que não conseguira destruir um canhão de assalto e um tanque que apoiavam os paraquedistas alemães. Um Sherman conseguiu destruir as duas viaturas blindadas para tomar o objetivo. O avanço continuou pouco antes do meio-dia. Para não se atrasarem outra vez, a aldeola de Le Soulaire, 1 quilômetro mais à frente, foi contornada e, às 17 horas, os pelotões de vanguarda, em grupos bem pequenos, começaram a atravessar a estrada de Bayeux. O apoio de tanques não pôde acompanhá-los por causa dos canhões anticarro ainda escondidos na floresta acidentada do outro lado da Cota 192.

Enquanto estavam sob fogo, um oficial de alta patente desconhecido surgiu para inspecionar as posições. Um soldado gritou-lhe que se abaixasse imediatamente ou morreria. "Isso não é da sua conta, soldado!", rugiu de volta o oficial. Era o general George Patton fazendo um reconhecimento pessoal para se familiarizar com o terreno.

No centro, os Shermans acompanharam a infantaria. Conseguiram até entrar na floresta ao lado da crista do morro porque a saturação de granadas de fósforo branco no bombardeio inicial quase a reduzira a cinzas. Só enfrentaram "oposição esporádica" e avançaram pela encosta sul. Embora não conseguissem atravessar a estrada de Bayeux ao anoitecer, entrincheiraram-se firmemente logo ao norte.

No flanco esquerdo do ataque, o 23º Regimento de Infantaria travou um combate duríssimo e sofreu muitas baixas perto de uma reentrância apelidada de "Barranco do Coração Roxo",[2] na encosta nordeste da elevação. A passagem dos blindados por ali foi impossível e o local, por si só, era demasiado exposto para a infantaria, porque a artilharia alemã e as baterias de morteiros tinham registrado os dados de tiro de todos os alvos da área. Os alemães nas casas que ficavam algumas centenas de metros à esquerda, que deveriam ter sido atingidos pelo bombardeio americano, também contribuíram com uma metralha

---

2 A medalha *Purple Heart*, em forma de coração com a efígie dourada de George Washington sobre fundo roxo, é concedida pelo presidente dos Estados Unidos a todos os soldados feridos ou mortos durante o serviço militar. (*N. T.*)

devastadora até que dois Shermans do 741º Batalhão de Carros de Combate avançaram até uns 30 metros e explodiram os alicerces, fazendo as casas desmoronar sobre as guarnições de metralhadoras alemãs lá dentro.

Mais perto do topo, a companhia à direita do batalhão aperfeiçoou a técnica de lançar granadas de fragmentação com os fuzis para que explodissem no ar sobre os ninhos de metralhadora alemães. No final do dia, o batalhão avançara mais de 1.300 metros e chegara à serra, mas ainda estava a 400 metros da estrada de Bayeux. Naquele dia, um dos resultados mais inesperados da cooperação infantaria-carros foi que não se perdeu nenhum Sherman. E, em 12 de julho, o avanço continuou no centro e no leste, de modo que a 2ª Divisão ocupou todos os objetivos ao norte da estrada de Bayeux. Com a captura da Cota 192, agora os americanos tinham postos de observação com visão clara de Saint-Lô e da área circundante.

Logo a leste do setor da 1ª Divisão, ao sul de Caumont, acabara de ocorrer um contraste interessante em relação ao combate renhido da estrada de Bayeux. Em 9 de julho, os americanos combinaram uma trégua com a 2ª Panzer-Division para lhes entregar um segundo grupo de enfermeiras alemãs capturadas em Cherbourg. "Essa segunda transferência e o tratamento cavalheiresco dado às enfermeiras", escreveu o tenente-general Freiherr von Lüttwitz, seu comandante, "causou na época profunda impressão na divisão inteira". Lüttwitz informou a Rommel, que decidiu então que aquele seria o lugar para fazer contato com os americanos e negociar um cessar-fogo na Normandia caso Hitler continuasse se recusando a dar fim à guerra. As discussões de Rommel com seus comandantes sobre a ação unilateral contra o regime corriam em paralelo, mas separadas dos preparativos para o assassinato de Hitler em Rastenburg.

A 35ª Divisão, ainda virgem na margem leste do Vire, teve de começar a ofensiva de 11 de julho com uma manobra complicada devido à linha em L que defendia. Depois, quase de imediato, o comandante do regimento de vanguarda, o 137º de Infantaria, foi ferido por metralhadoras. Naquele setor, os alemães tinham fortificado um castelo e uma igreja perto de Saint-Gilles e se aguentaram apesar do bombardeio violento da artilharia da divisão. Os ninhos de metralhadora nos muros do cemitério e na igreja propriamente dita seguraram o batalhão que tentava atacá-los. Finalmente, no dia seguinte, quando a cidade foi invadida depois de outro bombardeio, "somente três prisioneiros, dois deles feridos, foram feitos nesse terreno arduamente disputado".

Mas, de acordo com o general Bayerlein, a 17ª SS Panzergrenadier-Division *Götz von Berlichingen* estava "em mau estado e não tinha vontade de lutar". Só os paraquedistas e o Kampfgruppe *Das Reich* eram confiáveis. Talvez isso se devesse à maneira como o Obersturmbahnführer Wisliczeny, um dos comandantes da *Das Reich* – "homem gigantesco e violento", segundo Bayerlein –, ficou na retaguarda com uma vara para surrar quem tentasse fugir.

A oeste do Vire, a 30ª Divisão, recuperando-se do ataque da Panzer Lehr, avançou com a Força-Tarefa B da 3ª Divisão Blindada, apoiado pela artilharia da divisão e do corpo, que disparou 14 mil salvas. Chegaram ao limite norte de Pont-Hébert e Haut Vents ao custo de mais 367 baixas.

O avanço geral de Bradley em 11 de julho se estendeu por quase toda a frente do I Exército americano. Na direção do litoral atlântico da península de Cotentin, no setor do 8º Corpo, a 79ª Divisão, auxiliada por intenso ataque aéreo, investiu para oeste de La Haye-du-Puits e ocupou o terreno elevado perto de Montgardon. A 8ª Divisão capturou a Cota 92 e prosseguiu mais 2 quilômetros para o sul.

A 90ª Divisão, depois de finalmente tomar o monte Castre, na véspera, começou a limpar a floresta na contraencosta. Os homens morriam de medo de avançar no mato espesso, com visibilidade máxima de 10 metros, contra o bem camuflado 15º Regimento Paraquedista. O contato entre pelotões e mesmo entre indivíduos do mesmo esquadrão ficou muito difícil. Os oficiais descreveram o combate como "mais parecido com a luta na selva". O avanço só progrediu devido à coragem de alguns poucos indivíduos que flanquearam os ninhos de metralhadoras. A proporção elevada de mortos em relação aos feridos mostrou como a maioria dos combates foi travada à queima-roupa. A experiência foi uma pressão considerável para uma divisão que ainda não se firmara. Até o dia seguinte, um batalhão do 358º Regimento de Infantaria perdeu tantos homens que três companhias tiveram de se fundir numa só. Felizmente, a 90ª descobriu então que os paraquedistas alemães tinham escapulido durante a noite.

O quartel-general do VII Exército alemão já estava preocupadíssimo com a situação naquele setor a oeste porque o general Von Choltitz não tinha reservas, e a linha de defesa de Mahlmann agora já fora flanqueada. O Oberstgruppenführer Hausser falara com Rommel na noite de 10 de julho e insistiu que tinha de recuar aquela parte da frente. O Grupo B de Exércitos só concordou no final da tarde de 11 de julho. Choltitz ordenou a retirada geral de volta à linha do rio Ay e da cidade de Lessay.

"Agora a população tem de ser evacuada e é uma migração em massa completa", escreveu um cabo da 91ª Luftlande-Division. "As freiras gordas suam em profusão enquanto empurram as carroças. É difícil observar isso e continuar com essa maldita guerra. Continuar acreditando na vitória é muito difícil, já que os Estados Unidos estão ganhando cada vez mais terreno."

Os caças-bombardeiros aliados continuavam a atacar não só as posições da linha de frente como também todos os caminhões de suprimentos que vinham atrás trazendo comida, munição e combustível. A ausência quase total da Luftwaffe para enfrentar a supremacia aérea do inimigo continuava a semear a raiva entre os soldados alemães, embora costumassem recorrer ao humor negro. "Se os aviões que a gente vê forem prateados, são americanos", dizia uma piada. "Se os aviões que a gente vê forem cáquis, são britânicos, e se a gente não vê avião nenhum, são alemães." A outra versão era: "Quando surgem aviões britânicos, nós nos jogamos no chão. Quando surgem aviões americanos, todo mundo se joga no chão. E quando surge a Luftwaffe, ninguém se joga no chão". As tropas americanas tinham um problema diferente. Seus soldados rápidos no gatilho viviam disparando contra aviões, apesar das ordens contrárias, porque era muito mais provável que atirassem contra aparelhos aliados do que contra inimigos.

No setor do 7º Corpo, a 4ª e a 83ª divisões avançaram pelos dois lados da estrada entre Carentan e Périers, mas a 9ª, muito desorganizada pelo ataque da Panzer Lehr, não conseguiu se unir a elas naquele dia. O posto de comando de um de seus batalhões foi diretamente atingido. Convencido de que o único posto de observação alemão possível era a torre de uma igreja, a artilharia divisionária a derrubou. As torres das igrejas eram sempre suspeitas. Alguns dias depois, no avanço lento rumo a Périers, os soldados da divisão afirmaram ter encontrado um oficial de observação da artilharia alemã vestido de padre, numa torre de igreja, com um rádio. Foi fuzilado. Mas mesmo na mais experiente 9ª Divisão, os oficiais relataram que havia baixas desnecessárias porque os soldados não atiravam durante o avanço. "Os homens disseram que evitavam atirar porque não conseguiam ver o inimigo."

O general Meindl, do 2º Corpo Paraquedista, estava corretamente convencido de que os americanos usariam a serra de Martinville, a leste de Saint-Lô, para atacar a cidade, mas não tinha efetivo para recuperar a Cota 192.

Com a 2ª Divisão firmemente entrincheirada ao sul da Cota 192, a principal iniciativa americana se concentrou no setor da 29ª Divisão, rumo à parte oeste da elevação. Naquela noite começou outro ataque, que obteve pouco sucesso diante do fogo de artilharia e dos morteiros alemães e foi barrado na noite de 12 de julho. A 29ª Divisão levaria mais cinco dias de pesadas baixas para limpar a serra e ocupar posições ao sul da estrada de Bayeux. Na quinta-feira, 13 de julho, não houve muita luta e a equipe médica finalmente pôde descansar. Os cirurgiões da 3ª Divisão Blindada conseguiram jogar "pôquer com *mint juleps*[3] até a meia-noite", como anotou um deles no diário. Em 14 de julho, o tempo estava tão ruim que o ataque americano parou e, pela primeira vez, os alemães acharam "possível dar folga às unidades durante o dia". Mas o 19º Corpo planejava um ataque para o dia seguinte. O general Corlett o chamou de "murro de domingo".

O quartel-general de Corlett no 19º Corpo ficava mais pitoresco com a presença do oficial de ligação britânico, o visconde Weymouth (que logo se tornaria o 6º Marquês de Bath), "um inglês alto com fama de excêntrico por causa de alguns passeios pelas linhas alemãs e pelo hábito de levar dois patos na coleira".

No anoitecer de 14 de julho, ocorreu o funeral do general-brigadeiro Teddy Roosevelt, que, para infelicidade dele, morrera de enfarte, e não em combate. Os generais Bradley, Hodges, Collins, Patton, Barton e Huebner levaram o caixão, num tributo eloquente, no meio de uma ofensiva, à coragem e à popularidade extraordinárias de Roosevelt. Entretanto, Patton, que adorava cerimônias militares, ficou bastante decepcionado com a ocasião. A guarda de honra estava longe demais e formada em coluna, não em linha. Ficou irritado em especial com "dois sacerdotes de denominação incerta" que "faziam discursos escondidos sob a forma de orações". Na verdade, na opinião dele, o único toque adequado foi o final da cerimônia, quando "os nossos canhões antiaéreos abriram fogo contra alguns aviões alemães e ofereceram um réquiem adequado para o funeral de um homem muito valente". Mas nem uma ocasião solene como essa conseguiria se manter livre do espírito das prima-donas militares. "Brad diz que vai me encaixar assim que puder", acrescentou Patton em seu diário. "Poderia ser agora e seria muito bom para ele, caso tivesse peito. É claro que Monty não me quer porque tem medo que eu roube o espetáculo, e vou roubar mesmo."

---

3 Drinque de uísque com hortelã e açúcar. (*N. T.*)

* * *

No setor extremo oeste, a retirada alemã realizada com grande sigilo por Choltitz permitira ao 8º Corpo avançar até o rio Ay. Ao lado, o 7º Corpo descobriu que Périers agora estava ao alcance da artilharia. Os morteiros pesados dos batalhões de armas químicas concentraram-se em disparar fósforo branco e foram encontrados cada vez mais alemães mortos com queimaduras terríveis.

Em meio às altas sebes do *bocage*, era dificílimo observar a queda das salvas de morteiros e de artilharia. Os americanos aprenderam a usar explosivos potentes ao abrir fogo, já que assim jogavam muito mais terra para o alto. Mas a maior vantagem eram os aviões de observação Piper Cub e a bravura dos pilotos de observação da artilharia que ajustavam os tiros. As bombas que explodiam no ar se mostraram muito eficazes nas investidas, porque forçavam os alemães a ficar no fundo das trincheiras enquanto a infantaria apoiada pelos tanques ocupava uma posição. A 83ª Divisão descreveu como pegaram muitos alemães assim e depois os tiraram das trincheiras. Às vezes um *Landser* se suicidava, recusando-se a se render. Os pilotos de reconhecimento também podiam lançar bombas de fumaça vermelha sobre o alvo, a menos de 800 metros diante de seus soldados, como sinal para os caças-bombardeiros.

As famílias francesas que se recusaram a abandonar as fazendas corriam grande perigo durante essas batalhas. "Lembro-me de uma cena pungente que nos feriu a todos", recordou um oficial de um batalhão de armas químicas. "Uma família passou pela nossa posição levando uma porta na qual estava o corpo de um menino. Não soubemos como morreu. A dor no rosto da família inocente afetou cada um de nós e nos fez sentir muita pena do povo da região pelo que deviam estar sofrendo."

Às vezes, os fazendeiros franceses e seus familiares, quando encontravam um soldado morto, deixavam o corpo ao lado de um crucifixo, à beira da estrada, e o cobriam de flores, muito embora estivessem envolvidos numa batalha cada vez mais cruenta. Perto de Périers, uma pequena patrulha americana foi capturada. De acordo com o médico de um batalhão da 4ª Divisão, o oficial alemão queria saber o paradeiro da unidade mais próxima de combatentes americanos de comunicações. Como não obteve resposta, atirou na perna dos prisioneiros. "Depois, atirou na cabeça do comandante da patrulha quando ele se recusou a falar."

Às vezes, parecia que o símbolo da Cruz Vermelha não era proteção contra represálias. "Vi enfermeiros e oficiais médicos mortos na hora pelos alemães", disse um médico da 2ª Divisão Blindada. "Um enfermeiro foi despido, pendurado numa viga e furado com a baioneta no estômago." Por outro lado, os alemães se queixavam de que os caças aliados costumavam atacar suas ambulâncias, apesar das cruzes vermelhas pintadas.

Nos hospitais de campanha, bem atrás das linhas, o maior perigo era o estresse. Era inevitável que alguns médicos sofressem colapsos sob a pressão física e psicológica. Os gritos, o fedor da gangrena, o sangue, os membros cortados, as queimaduras terríveis das guarnições de blindados estavam fadados a causar um efeito cumulativo. O que mais impressiona é que a grande maioria manteve o prumo. Um capitão do 100º Hospital de Evacuação de Campanha calculou que, em três meses e meio, fez mais de 6 mil cirurgias. "Cheguei a ponto de saber, pelo tipo de ferimento, se os soldados estão avançando, recuando ou estacionados. Também consigo perceber os ferimentos propositais." Os soldados novatos tinham maior probabilidade de sofrer com armadilhas e minas. "Os ferimentos propositais costumam chegar logo no início da batalha. No avanço, são morteiros, metralhadora e armas pequenas. Depois da penetração ou da captura de uma posição, recebemos casos de minas e armadilhas. Quando estacionados, todos afirmam que foi um 88 que os atingiu." Mas o chefe do departamento radiográfico do 2º Hospital de Evacuação se espantou com o fato de os feridos se queixarem muito pouco. "Que paradoxo, essa guerra", escreveu, "que expõe o que há de pior nos homens, mas também o eleva ao cume do autossacrifício, da autonegação e do altruísmo."

As lesões psicológicas ainda constituíam uma minoria respeitável de casos. O Serviço de Saúde do Exército americano teve de cuidar de 30 mil casos de exaustão em combate na Normandia. No final de julho, havia dois centros de mil leitos em funcionamento. A princípio, os médicos ficaram chocados com os comandantes que falavam da necessidade de dar um "batismo de sangue" em ação nos soldados novatos, mas, obviamente, uma apresentação gradual seria melhor do que o choque súbito.

No entanto, nada parecia reduzir o fluxo de casos em que homens sob o fogo de artilharia ficavam "trêmulos, de olhos arregalados", começavam a "correr em círculos e gritar", se encolhiam "como bolinhas" ou até perambulavam em transe, em campo aberto, e começavam a colher flores enquanto as bombas explodiam. Outros não aguentavam a tensão das patrulhas e gritavam de repente: "Vamos morrer! Vamos morrer!". Os jovens oficiais tinham de lidar com "homens que, de repente, gemiam, se encolhiam, se recusavam a ficar em pé ou a sair da trincheira e avançar sob fogo". Embora alguns soldados recorressem aos ferimentos propositais, um número menor e desconhecido se suicidou.

Os médicos militares também tinham de cuidar de problemas mundanos. Às vezes, as picadas de pulgas em terreiros e celeiros se infeccionavam. Muitos acidentes desnecessários foram causados pela combinação de fadiga com *calvados*, que os soldados da infantaria chamavam de *applejack* ou, às vezes, *white lightning*, por ser muito forte. O número de casos de diarreia subiu assustadoramente, mas a prisão de ventre também era um problema, principalmente em guarnições de blindados. O conteúdo salgado demais das Rações K era detestado. Até a limonada em pó com vitamina C era usada para limpeza e polimento. Corria a piada de que os prisioneiros de guerra alemães afirmavam que forçá-los a comer rações K era descumprir as convenções de Genebra. Os soldados sonhavam com sorvete, cachorro-quente e *milk-shake*. A única esperança de obtê-los era ir para a reserva ou receber a visita da camionete das rosquinhas da Cruz Vermelha americana, dirigida por moças voluntárias. A chegada delas também trazia a promessa de conversar com uma conterrânea. Mas, quando descansavam, os soldados recorriam a atividades mais masculinas. No dia do soldo, via-se todo tipo de jogo de apostas, com dados e cartas. E se não tinham dinheiro, apostavam cigarros, como na época da espera pelo Dia D.

Também era difícil manter a higiene pessoal naquele verão chuvoso, em que havia poucas oportunidades para banhos. Algumas francesas, obviamente, não conseguiam refrear a curiosidade, causando embaraço ao recato americano. "Acho meio difícil me acostumar a mulheres aqui espiando os homens tomando banho", escreveu no diário um oficial médico. "Havia dúzias de soldados nus como no dia em que vieram ao mundo, nadando e se lavando na água em torno do moinho – e duas mulheres ficaram sentadas por ali bem à vontade e às vezes ficavam em pé para assistir à cena."

Naquele mês de julho, proteger qualquer coisa da chuva exigia engenhosidade. Um sargento da 1ª Divisão de Infantaria contou que sempre guardava um par de meias secas e um pouco de papel higiênico no alto do forro do capacete. Os soldados também precisavam prestar atenção ao equipamento, porque as crianças, fascinadas, viviam tentando arranjar suvenires. Menininhos franceses os perseguiam, pedindo *cigarettes pour papa*, mas saíam correndo e fumavam eles mesmos. Na retaguarda, havia sempre crianças rodeando as barracas do rancho, apesar das ordens constantes para mandá-las embora. Mas os soldados americanos sempre cediam a elas. "Os garotos franceses costumavam aparecer, com baldinhos de lata, e ficavam na fila do rancho, e sempre arranjávamos alguma comida para lhes dar."

Um *gendarme* de Caumont, atrás das linhas da 1ª Divisão, foi convencido a provar um chiclete. Uma de suas principais tarefas era cuidar dos soldados que vasculhavam as adegas atrás de vinho e *calvados*. Ele e seus homens pensaram em escrever "Minas" nas paredes, junto à entrada. Mas, embora se dispusesse a perdoar os soldados que sentiam necessidade desesperadora de álcool, ficou profundamente chocado quando encontrou seu primeiro soldado aliado morto e viu que alguém já lhe roubara as botas. "Sei que nos falta tudo, mas mesmo assim!", escreveu. O saque dos moradores da cidade o fez ver seus concidadãos com outros olhos. "Foi uma surpresa enorme ver isso em todas as classes da sociedade. A guerra despertou instintos atávicos e transformou em delinquentes vários indivíduos respeitadores da lei."

Embora o VII Exército alemão temesse que Périers fosse o alvo imediato da próxima ofensiva americana, Bradley ainda estava decidido a tomar Saint-Lô partindo da serra de Martinville, logo a nordeste da cidade.

Os comandantes alemães se preocupavam com o setor da serra de Martinville porque a 3ª Divisão Paraquedista de Schimpf estava sendo esmagada. Uma mensagem interceptada pelo Ultra deu a Bradley a informação de que o 2º Corpo Paraquedista de Meindl perdera 6 mil homens. Rommel não tinha dúvida da gravidade da situação quando visitou o general Meindl no quartel-general do 2º Corpo Paraquedista na noite de 14 de julho. (Naquele dia de tempo ruim, Rommel conseguiu circular sem medo de caças aliados.) Meindl avisou-lhe que a exigência de Hitler de manter a linha de frente a todo custo provavelmente seria desastrosa. Menos de uma semana depois, Meindl se queixou ao general Kurt Student, comandante em chefe do exército paraquedista, que dois pedidos de reforços não tinham sido atendidos. Em geral, os recém-chegados não estavam preparados para o combate e imediatamente se tornavam baixas, como tinham descoberto os americanos e britânicos. Alguns desses paraquedistas substitutos eram aprendizes de pilotos que não puderam terminar o curso de voo na Alemanha devido à grande escassez de combustível.

Rommel conhecia o perigo muito bem. Fora avisado de que a fronteira entre o VII Exército e o Panzergruppe West (que correspondia à fronteira entre britânicos e americanos) estava prestes a "estourar". Na verdade, a linha toda precisava muitíssimo de reservas, principalmente quando uma formação com efetivo completo, como a 353ª Divisão de Infantaria, se reduzira a menos de setecentos homens depois de 11 dias de combate. E isso num período em que o mau tempo manteve a força aérea americana quase sempre em terra.

Os americanos também se preocupavam com as pesadas baixas, além da lentidão do avanço. Ao longo da margem leste do Vire, a 35ª Divisão tentara abrir caminho, e a 30ª Divisão, no outro lado do rio, também tentara o rompimento, com pouco sucesso. A desorganização anterior da 9ª Divisão, que a retardou, deixara a 30ª com o flanco direito exposto. A 30ª também descobriu que enfrentava grupos da 2ª SS Panzer-Division *Das Reich*.

A situação só começou a melhorar em 15 de julho, dia do "murro de domingo" de Corlett. Finalmente, o 19º Corpo conseguiu aproveitar o apoio aéreo, com os Thunderbolts P-47 metralhando e bombardeando as posições alemãs. Infelizmente, um par de Thunderbolts identificou erradamente um destacamento da Força-Tarefa B e destruiu um tanque e um meia-lagarta americanos. Mas a 35ª Divisão, usando um estratagema bem preparado naquela manhã, conseguiu romper a linha alemã e forçar a retirada. A pressão em toda a frente do 19º Corpo, com vigoroso fogo de contrabateria da artilharia, forçou os alemães a gastar quase toda a munição. O comandante da 30ª Divisão descreveu o dia como "pancadaria".[4]

Todos os olhos da estrutura de comando americana estavam voltados para a 29ª Divisão, responsável pelo setor fundamental para a tomada de Saint-Lô. O general Gerhardt, seu espalhafatoso comandante, estava decidido a aproveitar ao máximo a oportunidade. Gerhardt não inspirava respeito universal. Bradley Holbrook, correspondente de guerra do *Baltimore Sun* designado para a 29ª Divisão, observara a ânsia de publicidade de Gerhardt enquanto a batalha de Saint-Lô progredia. "Lembro-me de certa manhã em que fui até onde ele estava", contou mais tarde. "As baixas aumentavam e, para mim, aquilo parecia absurdamente inútil. E lhe perguntei por que sofríamos baixas, se bastava contornar o lugar e prosseguir. Ele se virou, me olhou e disse: 'Porque esse é um nome de que todo mundo vai se lembrar'. E pensei: 'Merda, que guerra é essa que estamos travando?'"

Gerhardt, como Patton, insistia na boa aparência em campanha. Pouco podia fazer para mitigar o mau estado capilar dos homens, porque só havia

---

[4] A 30ª Divisão sofreu mais de 2.300 baixas desde 7 de julho, das quais 961 nos dois últimos dias.

oportunidade de fazer a barba quando os batalhões estavam na reserva. Mas, com mais razão, exasperava-se porque a maioria dos homens prendia a correia do capacete na nuca, e não sob o queixo. Isso vinha do medo injustificado de que uma explosão próxima lhes arrancaria a cabeça se o capacete estivesse bem preso. O próprio Gerhardt sempre usava o capacete de aço corretamente afivelado e era difícil vê-lo com outro tipo de cobertura, aparentemente porque desejava esconder a calvície.

O objetivo imediato de sua divisão era o povoado de Martinville, no alto da serra principal. Era apenas um punhado de casas normandas de pedra com quintais murados nos dois lados da estrada de terra que ia de leste a oeste ao longo dos morros. As sebes eram grossas e altas, como em toda a região, e os densos pomares de macieiras davam cobertura total aos veículos e escondiam da observação aérea as posições dos canhões. Os paraquedistas alemães, mais uma vez, tinham se entrincheirado profundamente e com inteligência em fortificações cobertas com troncos e terra que só não aguentariam um tiro direto de bomba ou granada de grosso calibre. Eles tinham recebido o reforço da engenharia de campanha e de outras companhias da divisão, além de remanescentes da 30ª Brigada Móvel, com metralhadoras e morteiros, alguns remanescentes da 352ª Divisão de Infantaria e canhões de assalto bem camuflados e instalados de modo a atirar pelas sebes.

O ataque americano foi apoiado por treze grupos de artilharia, além de Thunderbolts P-47 que jogaram bombas de 220 quilos sobre as baterias de 88 mm. Mas, em quase todos os eixos do avanço, o fogo alemão infligiu pesadas baixas. Às 19h30, o general Gerhardt ordenou uma última investida antes do escurecer, com o grito: "Armar baioneta! Vinte e nove, vamos!" O 116º Regimento de Infantaria investiu ao longo da elevação, partindo do leste, com três batalhões quase ombro a ombro. Depois de várias horas de pesadas perdas, Gerhardt, com relutância, os mandou parar, com instruções de cavar trincheiras e manter o terreno que tinham conquistado. Mas a ordem levou muito tempo para chegar ao major Bingham, que comandava o 2º Batalhão. Quando a recebeu e correu à frente para alcançar a companhia de vanguarda, ela já atingira o objetivo de La Capelle, na estrada de Bayeux. Bingham nem pensou em recuar. Imediatamente, ordenou ao batalhão que cavasse trincheiras para a defesa em todas as direções. O povoado de Martinville propriamente dito, na encosta acima, já fora limpo, mas os paraquedistas alemães, seguindo a sua prática, tinham voltado a se infiltrar, de modo que a força não estava bem segura.

Gerhardt ficou espantado ao saber que o 2º Batalhão conseguira passar. Não queria mandá-los recuar, mas estavam em posição muito exposta, com os morros ainda parcialmente em mãos alemãs. Ordenou que, na aurora do dia seguinte, 16 de julho, o 115º Regimento de Infantaria, à direita, avançasse o mais rápido possível pela estrada que ia de Isigny a Saint-Lô. Se passassem, então os alemães no morro talvez fossem obrigados a recuar. Mas o 115º enfrentou fogo tão pesado de morteiros, metralhadoras e canhões de assalto que foi forçado a se entrincheirar.

A tropa de Bingham, sitiada na estrada de Bayeux, conseguiu rechaçar um contra-ataque, mas estava ficando sem munição e suprimentos. A água não era problema, porque havia dois poços, mas o batalhão tinha 35 feridos e só três enfermeiros inexperientes para cuidar deles. Um avião de reconhecimento de artilharia lhes lançou plasma, mas vários homens que poderiam ter sobrevivido caso fossem evacuados morreram. Ainda assim, o batalhão de Bingham teve muita sorte. A má comunicação do lado alemão fez com que sua posição não fosse identificada com clareza pela artilharia, que, durante aquele dia, para júbilo dos observadores americanos, bombardeava os próprios soldados quase tanto quanto os inimigos.

O 1º Batalhão, no alto do morro, 500 metros a leste de Martinville, sofreu contra-ataques ferozes dos paraquedistas alemães armados com lança-chamas e apoiados por três tanques. Os infantes americanos saíram das trincheiras para garantir que destruiriam as sobrecarregadas guarnições dos lança-chamas antes que chegassem ao alcance e usassem as armas. Na véspera, uma companhia do 1º Batalhão que estava à direita perdera todos os oficiais. Era comandada agora pelo soldado Harold E. Peterson, eleito pelos sobreviventes. Um jovem tenente foi mandado para assumir a unidade, mas, por ser novo no combate, foi sensato e seguiu as orientações de Peterson.

Os alemães em Martinville atacaram mais uma vez. Essa investida teve o apoio de um tanque que destruiu a sebe onde os homens de Peterson estavam escondidos. O grupo da bazuca foi destruído e os outros que passaram a guarnecer a arma foram alvejados. Os sobreviventes tiveram de correr para salvar a vida, arrastando os feridos atrás de si, "como trenós". Mas voltaram a se reunir sob a liderança de Peterson e de outro soldado, um índio norte-americano nativo "conhecido apenas como 'Chefe'". Peterson, então, perseguiu o tanque com granadas de fuzil, que dificilmente perfurariam a blindagem. Atingiu seis vezes o exterior, e bastou o barulho para convencer a guarnição do tanque

que era melhor dar meia-volta e retornar a Martinville. Então, o esqueleto da companhia de Peterson reocupou sua posição.

Naquela noite, Peterson deu ordens para que, nos abrigos individuais, um deles dormisse enquanto o outro ficava acordado. Bem cedo, na manhã seguinte, saiu para verificar os outros abrigos. Naqueles em que os dois homens tinham adormecido, descobriu que a garganta deles fora cortada. O grupo de paraquedistas atacantes inimigos, com uns 15 homens, ainda estava por perto, e Peterson atacou com granadas. Foi forçado a recuar, mas conseguiu assestar duas metralhadoras leves e uma bazuca e manter os paraquedistas alemães paralisados. De fato, o seu fogo, em alguns casos, de forma quase literal, fez os inimigos em pedaços. Todos os alemães foram mortos. Durante todo esse período, o quartel-general do batalhão não fazia ideia de que Peterson estava no comando.

Durante a noite de 15 de julho, o general Gerhardt mandou seu substituto, general-brigadeiro Norman Cota, reunir uma força-tarefa "em no máximo três horas para completar a ocupação de Saint-Lô". Talvez fosse um tanto prematuro, considerando a batalha feroz no alto do morro e a escassez de munição da artilharia da divisão. Também naquela noite, chegaram 269 recompletamentos, imediatamente mandados à vanguarda para reforçar o 1º Batalhão do 116º Regimento de Infantaria que estava no morro. Esse foi um batismo de fogo violentamente repentino e contrário às recomendações dos psiquiatras da divisão, mas Gerhardt não queria perder a iniciativa.

O 3º Batalhão, comandado pelo major Thomas D. Howie, também estava com o efetivo gravemente reduzido, mas só recebeu um punhado de novos oficiais. O batalhão de Howie deveria atacar rumo a oeste, antes do amanhecer, pela encosta sul do morro, para se unir aos homens de Bingham e avançarem todos para Saint-Lô. Para manter a surpresa, ordenou aos homens que usassem as baionetas. Só dois homens por pelotão foram autorizados a atirar em caso de emergência.

O batalhão de Howie "pulou fora" das trincheiras em 16 de julho, quando havia apenas uma fímbria de luz antes da aurora, avançando com rapidez em coluna por companhia. Por sorte, foram protegidos pela cerração matutina do verão, mas, reagindo possivelmente ao som, os metralhadores alemães abriram fogo em sua direção. Como instruídos, os soldados de Howie não atiraram. Às 6 horas, a boa disciplina e o passo rápido os levaram até o objetivo, perto do batalhão de Bingham. Howie falou pelo rádio com o comandante do regimento. Este lhe disse que sua tarefa era avançar imediatamente até o limite de Saint-Lô, pouco mais de 1 quilômetro a oeste. "Certo", respondeu ele. Os homens dividiram rapidamente as rações com o faminto 2º Batalhão, mas não podiam desperdiçar munição. Entretanto, logo depois que o major Howie deu a ordem de avançar sobre Saint-Lô, uma granada de morteiro alemã explodiu no meio do grupo do seu quartel-general. Howie morreu na hora. O capitão H. Puntenney assumiu o comando e tentou fazer o ataque avançar. Contudo, a artilharia alemã e as baterias de morteiros tinham finalmente identificado sua posição e começaram também a bombardear aquele trecho da estrada entre Bayeux e Saint-Lô.

Rapidamente, o 3º Batalhão cavou trincheiras para se abrigar do bombardeio e se preparar para receber o contra-ataque. Este acabou acontecendo no fim da tarde, mas foi rechaçado. Podiam-se ouvir os tanques alemães à distância, por isso pediram uma incursão aérea antes do anoitecer. O 506º Esquadrão de Caças-Bombardeiros decolou e mirou seus fogos na concentração de blindados. O resultado foi desmoralizante para os alemães e um grande estímulo para o moral americano. Alguns homens de Puntenney descobriram ali perto um depósito de munição alemã. Foi um alívio, porque só restava à unidade uma carga de bazuca. Eles levaram as minas Teller e as instalaram ao longo da estrada de Bayeux e na estradinha norte-sul que cruzava a estrada maior em La Madeleine. Foi uma noite angustiante. Puntenney sentia que eles só se aguentavam com blefes. Mas, na manhã seguinte, 17 de julho, receberam uma surpresa milagrosa. Um médico austríaco surgiu de repente, querendo se render, e conseguiu salvar a vida de vários feridos com o plasma lançado no dia anterior.

No morro acima deles, o 1º Batalhão continuou a atacar Martinville, usando uma pequena tropa com um canhão anticarro e um caça-tanque para ocupar uma posição a leste do povoado. Os outros dois regimentos da 29ª Divisão, o 175º, mais acima na estrada de Bayeux, e o 115º, que ainda tentava prosseguir pela estrada de Isigny, pouco avançaram naquele dia. Um batalhão do 115º conseguiu se desviar para atacar a elevação de Martinville pelo lado norte, mas foi pesadamente atingido naquela tarde por uma concentração de morteiros alemães, e, sem cuidados médicos, muitos feridos morreram à noite. Em toda a frente, a escassez de enfermeiros se tornara desastrosa, devido principalmente às pesadas baixas e à falta de substitutos bem treinados.

O batalhão do 115º, abalado pelas baixas, começara a se entrincheirar naquela noite, a leste de Martinville, quando chegou o comandante do regimento.

Com descrença, receberam a ordem de continuar o avanço sem demora. "Essa ordem causou grande consternação no batalhão", observou o comandante do regimento. Mas, depois de terminados os resmungos, à meia-noite eles voltaram a avançar. Para sua grande surpresa, viram-se progredindo ao longo da encosta oeste do morro, rumo a Saint-Lô, sem encontrar muita resistência. Os alemães pareciam ter-se esvaído na noite.[5]

Os dois batalhões, o de Bingham e o de Puntenney, isolados no sopé do morro, perto de La Madeleine, puderam então receber suprimentos por uma trilha vinda do norte, por cima da elevação. Mas percorrer essa rota ainda era um empreendimento arriscado, sob o fogo fatal dos canhões de 88 mm situados ao sul da estrada de Bayeux. A companhia do soldado Peterson foi reforçada com 85 recompletamentos e um novo comandante, o capitão Rabbitt. Os recém-chegados foram misturados aos veteranos, para não entrarem em pânico. Essa companhia, então, guarneceu a rota que descia do morro, com pequenos grupos armados com metralhadoras em todos os campos. Para seu espanto, avistaram de repente uma coluna de soldados alemães marchando em campo aberto morro abaixo, diante deles. As metralhadoras abriram fogo e os ceifaram.

Na noite de 17 de julho, os alemães evacuaram a serra e a retirada se mostrou ainda mais generalizada. Flanqueados na estrada de Bayeux e na serra de Martinville, tiveram de voltar pelo setor à frente da 35ª Divisão, abandonando até um volume considerável de armas e equipamento. O general Corlett disse a Gerhardt, na manhã de 18 de julho, que tomasse Saint-Lô, que os soldados americanos já chamavam de "Stilo". A força-tarefa do general-brigadeiro Cota, com elementos de reconhecimento, Shermans, caça-tanques e unidades de engenharia, estava pronta para avançar. "Parece que estamos prontos", avisou Gerhardt ao quartel-general do Corpo. Às 14h30, Cota mandou a mensagem: "Pronto para partir". Sua coluna começou a se deslocar, descendo a estrada de Isigny rumo a Saint-Lô, onde se uniram a um batalhão do 115º Regimento de Infantaria. Depois da luta intensa das últimas semanas, a resistência alemã

---

5 O oficial comandante do 115º Regimento, coronel Ordway, que teve menos de uma hora e meia de sono, voltou exausto para o quartel-general. O general Gerhardt lhe telefonou às 5h30. Ordway não demonstrou muito tato. Gerhardt ligou de volta às 6h15 para lhe dizer que seria destituído do comando. Considerando que seu primeiro batalhão já começara a sondar os arredores de Saint-Lô, Ordway se zangou, pois achou que sua tática fora bem-sucedida enquanto a de Gerhardt fora desastrosa.

pareceu comparativamente leve. Houve fogo de assédio de posições de artilharia alemãs ao sul de Saint-Lô, e grupos da 30ª Brigada Móvel travaram ações de retaguarda em partes da cidade.

A força-tarefa de Cota entrou numa "casca de cidade", esmagada tanto pelo bombardeio aliado original de 6 de junho quanto pelo fogo de artilharia durante a batalha recente. Podia-se ver o céu pelas janelas de cima dos prédios sem telhado. As ruas estavam bloqueadas por escombros e veículos destruídos, e isso fez quase todo o trânsito parar. Grupos diferentes foram designados para ocupar pontos importantes e travaram batalhas de casa em casa contra os grupos de retaguarda da 30ª Brigada Móvel. Às 19 horas, Gerhardt conseguiu afirmar que o lugar estava ocupado. As unidades de engenharia e as escavadeiras blindadas se puseram a trabalhar limpando as ruas para permitir liberdade de movimento, mas o fogo de assédio não parou. Um observador avançado da artilharia divisionária planejava usar uma das torres duplas da pequena catedral de Saint-Lô como posto de observação, mas antes que ele e seus homens se pusessem em posição a artilharia alemã a derrubou. O general-brigadeiro "Dutch" Cota foi ferido por fragmentos de granada, depois de demonstrar tanto desdém pela segurança pessoal quanto na praia Omaha. "Cota foi atingido por um fragmento de granada no braço", escreveu um tenente da tropa de reconhecimento da cavalaria. "Consigo lembrar o sangue correndo pela manga e pingando pelos dedos. Não foi um ferimento grave, mas ele ficou lá, falando. Não se incomodou nem um pouco."

A captura de Saint-Lô provocou um certo excesso de confiança. No dia seguinte, quando foi substituída pelo 25º Esquadrão de Cavalaria, a tropa de reconhecimento da 29ª Divisão seguiu em frente, apesar de alertada da existência de canhões anticarro alemães, e perdeu vários jipes e viaturas mecanizadas.

O avanço geral de 7 a 20 de julho custou aos americanos cerca de 40 mil baixas. Mas, na opinião de Bradley, finalmente assegurou o flanco esquerdo para a Operação Cobra e paralisou a tal ponto as forças alemãs que o rompimento planejado teria possibilidade de sucesso muito maior. O general Gerhardt quis marcar a vitória da 29ª Divisão com um ato simbólico. Ordenou que o corpo do major Howie, o comandante de batalhão morto pouco antes do ataque final à cidade, fosse levado para a cidade em ruínas. O cadáver de Howie, enrolado numa bandeira americana, chegou num jipe. Foi colocado numa pilha de escombros junto à igreja episcopal de Notre Dame. Howie passou a ser conhecido como o "major de Saint-Lô". Sua morte passou a representar o sacrifício de todos aqueles que o general Montgomery, em sua homenagem, chamou de "magníficos soldados americanos que tomaram Saint-Lô". Mas os comandantes alemães, mesmo depois da guerra, continuaram a considerar desnecessário o imenso esforço americano para tomar a cidade. Saint-Lô teria sido flanqueada imediatamente assim que a Operação Cobra, o grande ataque americano, se iniciasse a oeste, apenas uma semana depois.

19

GOODWOOD

Depois da batalha custosa pelo norte de Caen, Montgomery ficou ainda mais preocupado com as perdas da infantaria. As baixas britânicas e canadenses já chegavam a 37.563. O ajudante-geral, Sir Ronald Adam, foi à Normandia avisar Montgomery e Dempsey de que os substitutos acabariam nas próximas semanas.

Entretanto, não faltavam tanques ao II Exército de Dempsey. Agora, eram três divisões blindadas, cinco brigadas blindadas independentes e três brigadas de carros de combate. Embora Montgomery continuasse apegado à ideia de segurar as formações de *panzers* alemães à sua frente para permitir que os americanos fizessem a penetração, Dempsey estava decidido a interromper o impasse sangrento. A cabeça de ponte a leste do Orne parecia uma boa oportunidade para um grande ataque blindado em campo aberto rumo a sudeste, na direção de Falaise. Dempsey ficara impressionado com o poder destrutivo dos bombardeiros pesados no ataque de 7 de julho. Entretanto, estranhamente, parece que se enganou a respeito de sua falta de eficácia militar.

Em 12 de julho, Dempsey convenceu Montgomery de que deveria juntar as três divisões blindadas no 8º Corpo do general Richard O'Connor. Montgomery relutou muito. Não gostava da ideia de formações blindadas "perambulando por aí" como no Deserto Ocidental, às vezes com consequências desastrosas. Mas achou que não tinha opção naquelas circunstâncias. Não queria se arriscar noutra grande batalha de infantaria, mas tinha de fazer alguma coisa para desviar as críticas que se acumulavam em Londres e no quartel-general do SHAEF. O ataque a Caen não conseguira ocupar o território necessário para os campos de pouso e para desdobrar o I Exército canadense.

O mais importante, no pensamento de Montgomery, era que essa ofensiva constituiria um grande golpe na frente de Caen pouco antes que os americanos, a oeste, começassem a Operação Cobra. No mínimo, impediria os alemães de transferir divisões *panzer* para enfrentar o I Exército de Bradley. Mas ainda não se tem clareza dos verdadeiros sentimentos de Montgomery. Ou o general se convenceu de repente que a operação permitiria um rompimento importante, ou se sentiu compelido a enganar os superiores para obter os bombardeiros pesados e abrir as linhas alemãs. Em termos políticos, não foi uma linha de ação muito sensata.

Em 12 de julho, ele apresentou a Eisenhower o plano de Dempsey e o defendeu com base na possibilidade de uma penetração decisiva. O comandante supremo, que perdera as esperanças com a cautela de Montgomery, respondeu com exuberância dois dias depois: "Vejo a possibilidade com o mais tremendo otimismo e entusiasmo. Não ficarei nada surpreso ao ver o senhor obter uma vitória que fará alguns 'velhos clássicos' parecerem uma escaramuça entre patrulhas". Também em 14 de julho, Montgomery escreveu ao marechal de campo Brooke, dizendo que "chegou a hora de ter um confronto de verdade no flanco leste". Então, no dia seguinte, Montgomery deu a Dempsey e a O'Connor uma ordem revisada, com objetivos mais modestos. Ele queria avançar apenas um terço da distância até Falaise e depois ver como ficava a situação. Essa pode ter sido uma avaliação mais realista do que seria possível, mas ainda assim Montgomery nunca disse nada a Eisenhower nem informou ao quartel-general do seu próprio 21º Grupo de Exércitos. As consequências seriam desastrosas para a reputação e a credibilidade de Montgomery.

A Divisão Blindada de Guardas, a princípio retardada pela grande tempestade, já estava pronta para participar. Seus oficiais foram instados a visitar de jipe as várias frentes para reunir todo o conhecimento que fosse possível sobre o combate. Mas a experiência não foi lá muito encorajadora. "Encontrei uma linha de seis ou sete tanques Sherman britânicos", escreveu um integrante da Guarda Irlandesa, "todos eles com um bom buraco na lateral. A maioria estava queimada. Era óbvio que tinham sido atingidos em rápida sucessão, provavelmente pela mesma arma." Ao voltarem, quando receberam as informações relativas à Operação Goodwood, disseram-lhes que "o rompimento seria direto". A

Operação Goodwood, que, como a Epsom, recebeu o nome de um hipódromo, deu origem à piada de que seria "um dia no jóquei clube".

Montgomery, usando a estratégia de "investidas alternadas" para desequilibrar os alemães antes da ofensiva principal, convenceu Dempsey a começar com ataques diversionários mais a oeste. Pouco antes da meia-noite de 15 de julho, os britânicos atacaram perto de Esquay, da Cota 112 e de Maltot, com tanques Crocodilo armados com lança-chamas. No escuro, devem ter parecido dragões blindados. Mais a oeste ainda, o 30º Corpo fez uma pressão limitada. "Agora há uma brisa fresca e agradável balançando o trigo maduro", escreveu um capitão perto de Fontenay-le-Pesnel. "Em meio ao trigal, dá para ver o topo dos tanques e canhões, os jorros de chamas e nuvens de pó quando disparam [...] outro dia maravilhosamente quente. Empoeirado, nebuloso, com fumaça de canhão pendendo sobre o trigo como uma cerração de novembro."

Mais uma vez, a Cota 112, o "Monte Calvário", assistiu à luta mais acirrada. O comandante da 9ª SS Panzer-Division *Hohenstaufen* registrou que, na noite de 16 de julho, os britânicos lançaram uma cortina de fumaça tão espessa no terreno elevado que os soldados na defesa passaram mal e acharam que era um ataque com gás. Os blindados britânicos irromperam por volta das 21 horas e aprisionaram sessenta *panzergrenadiers*. Mas os Panteras da *Hohenstaufen*, na encosta do outro lado do morro, contra-atacaram e afirmaram ter destruído 15 tanques.

A 277ª Divisão de Infantaria alemã acabara de chegar à frente de batalha perto de Évrecy, vinda de Béziers, no litoral do Mediterrâneo. Eberhard Beck, jovem artilheiro da divisão, viajou de trem até o Loire com o regimento de artilharia e de lá marchou à noite. Até os cavalos da unidade hipomóvel que tracionavam os obuseiros de 150 mm e os armãos de munição ficaram com os quartos entorpecidos. Quando a coluna parava, e isso acontecia com frequência, os cavalos se arrastavam e os soldados que cochilavam atrás da carreta da frente davam de cara com seu focinho. O único ponto alto da viagem foi o saque bem-sucedido da adega de um castelo. Beck e seus camaradas não faziam ideia do que os esperava na Normandia.

Mais perto da frente de batalha, eles se uniram à infantaria, que levava nos ombros os *panzerfausts*, lançadores de granadas anticarro. Conseguiam ver diante deles a luz doentia dos foguetes de magnésio e "a extensão inteira da frente tremeluzia e piscava como relâmpagos". Beck queria se esconder no fundo de uma floresta. "Um nervosismo inacreditável tomou conta dos soldados e dos cavalos." O som dos aviões no céu se tornou "um rugido sem fim, sem descanso".

O comandante da bateria, primeiro-tenente Freiherr von Stenglin, os conduziu para a primeira posição de fogo, a oeste de Évrecy. Quase de imediato, começaram a explodir granadas. A cabeça de um condutor chamado Pommer foi arrancada por um estilhaço. Os cavalos recuaram com terror e uma panela de comida quente, trazida da cozinha de campanha, saiu voando, derramando o picadinho no chão. Beck tinha duas preocupações: uma era dormir depois da exaustão da marcha. A outra era que, como a maioria dos jovens soldados, ele não queria morrer virgem.

As missões de tiro contra as concentrações de tanques britânicos em volta de Évrecy foram poucas, devido à escassez de munição. Era comum a bateria só poder fazer três disparos por canhão por dia. Com tempo de sobra, Beck e os outros artilheiros jogavam xadrez ou *skat* quando não estavam sob fogo. Os ataques aéreos aliados às linhas de suprimento também reduziram suas rações. Beck estava com tanta fome que teve a ideia idiota de se esgueirar para colher batatas perto da linha de frente. Mas, como os soldados britânicos do outro lado, quase todos tiveram disenteria, disseminada pelos insetos que se alimentavam de cadáveres.

Logo encontraram *panzergrenadiers* SS muito jovens, com fardas camufladas, "muito bem equipados" se comparados à infantaria. "Entretanto, não havia por que invejá-los. Eram soldados ambiciosos e esplêndidos. Todos os respeitávamos." Mas, "para nós, a guerra já estava perdida há algum tempo. O que contava era sobreviver". Sem dúvida, essa era a opinião dos soldados mais velhos. "Eles eram mais maduros, preocupados, paternais e humanos. Não queriam nenhum heroísmo." Às vezes, Beck e seus camaradas tinham de avançar com um carrinho de mão para recolher os feridos, que lhes diziam que tinham sorte de serem artilheiros e não estarem na linha de frente. "Lá é o inferno." Os jovens artilheiros, quando se abrigavam do bombardeio nas trincheiras, também discutiam o tipo certo de *Heimatschuß*, ferimento grave o bastante para mandá-los para um hospital na Alemanha. "Só pensava", escreveu Beck, "em feridos, triagem de baixas, hospital, casa, fim da guerra. Eu só queria sair desse sofrimento." Mas o bombardeio britânico, inclusive os canhões navais que abriam crateras de 4 metros de diâmetro e 2 de profundidade, provocou ferimentos psicológicos além dos físicos. Quando uma bomba explodiu um sargento mais velho, um soldado de comunicações de 17 anos ao seu lado ficou completamente perturbado.

As baixas da infantaria alemã foram tão altas que uma divisão foi dizimada em três semanas. Em 16 de julho, o quartel-general de Rommel registrou que a 277ª Divisão de Infantaria, perto de Évrecy, perdera 33 oficiais e oitocentos homens nos últimos dias. Foram então reforçados por parte da 9ª SS Panzer-Division *Hohenstaufen*, mas até esta perdera tantos homens que tiveram de juntar os dois regimentos *panzergrenadier* em três batalhões com efetivo incompleto.

Durante a noite de 16 de julho, o Ultra interceptou uma mensagem do marechal do ar Hugo Sperrle, comandante em chefe da Terceira Frota Aérea, em que ele previa um grande ataque "decisivo para o rumo da guerra a ocorrer de Caen para sudeste na noite de 17-18". Dessa vez, o reconhecimento aéreo alemão penetrara pelas linhas aliadas e sobrevoara a cabeça de ponte do Orne para fotografar os preparativos. De qualquer modo, os britânicos sabiam que os alemães no distrito fabril de Colombelles, na margem leste do Orne, tinham postos de observação no alto das longas chaminés e conseguiam ver quase tudo na cabeça de ponte. Mas esse aviso claro do Ultra de que os alemães tinham plena consciência da direção do impulso principal britânico não levou Dempsey a reexaminar suas prioridades. Sem surpresa, a única possibilidade de sucesso era seguir o bombardeio com um ataque veloz e resoluto.

O general Eberbach, do Panzergruppe West, não acreditava que suas tropas, com 150 tanques, conseguiriam segurar os oitocentos tanques britânicos reunidos contra eles. Quando o VII Exército de Hausser solicitou a transferência de uma divisão *panzer* do setor de Caen porque não lhe restavam mais reservas para enfrentar o ataque americano em torno de Saint-Lô, Eberbach disse que isso estava "fora de questão". Rommel lhe deu apoio.

Em 17 de julho, o Standartenführer Kurt Meyer, comandante da divisão SS *Hitler Jugend*, recebeu ordens de se apresentar ao marechal de campo Rommel no quartel-general do 1º SS Panzerkorps de Dietrich. Depois da derrota em Caen, a maior parte da divisão recuara para descansar e se reorganizar perto de Livarot. Rommel pediu a Meyer uma avaliação do ataque britânico iminente. "As unidades lutarão e os soldados continuarão a morrer em suas posições", disse Meyer, "mas não impedirão os tanques britânicos de passar sobre seu corpo e marchar para Paris. A supremacia aérea avassaladora do inimigo torna as manobras táticas praticamente impossíveis. Os caças-bombardeiros chegam a atacar os mensageiros individualmente."

Rommel se inflamou com a questão. Revelou a exasperação que sentia com o OKW, que ainda se recusava a dar ouvidos às suas advertências. "Eles não acreditam mais em meus relatórios. Alguma coisa tem de acontecer. A guerra no Ocidente tem de acabar [...] Mas o que vai acontecer no Oriente?" Quando Rommel partiu, Sepp Dietrich insistiu que evitasse a estrada principal ao retornar a La Roche-Guyon. Parece que Rommel desdenhou a ideia com um sorriso.

Menos de uma hora depois, o Horch aberto de Rommel foi atacado na estrada, perto de Sainte-Foy-de-Montgommery, por dois Spitfires. Ele foi jogado do carro e ficou gravemente ferido. Uma francesa que ia ao açougue teve de se jogar no chão em pânico quando os caças vieram. Ela contou que os moradores locais acharam irônico que o ataque acontecesse perto de uma vila de nome tão parecido com o do comandante adversário. Rommel foi levado primeiro para uma farmácia de Livarot e depois para um hospital em Bernay. Estava fora da guerra.

Eberbach, ao receber a notícia, partiu imediatamente com um médico do exército. Às 21h30, Speidel ligou para o Panzergruppe West para dizer que Hitler ordenara ao marechal de campo Von Kluge que assumisse o comando do Grupo B de Exércitos, acumulando com as funções de comandante em chefe do Oeste. Quando voltou, Eberbach recebeu um telefonema do Estado-Maior de Kluge ordenando a transferência de uma divisão *panzer* para ajudar o VII Exército a impedir o rompimento americano em Saint-Lô. Embora sua participação na conversa não esteja incluída no relatório, fica evidente que o general Eberbach se recusou a obedecer. Em questão de minutos, o próprio Kluge estava no telefone. Eberbach explicou que "o grupo *panzer* enfrentava um grande ataque inglês". Depois, pôs-se a especificar a ameaça. A única reserva disponível era a 12ª SS Panzer-Division *Hitler Jugend*, que acabara de lhe ser removida. Numa conversa claramente mal-humorada, Kluge rejeitou por completo, como fora de questão, as exigências de reforços de Eberbach. O relatório acrescenta então que Kluge ressaltou a situação da frente oriental, com o massacre da Operação Bagration desfechado pelo Exército Vermelho. Mas Eberbach se recusou a ser intimidado. Voltou à carga falando da ameaça ao seu setor e das consequências de mandar uma das suas divisões *panzer* para Saint-Lô.

Naquela noite, começaram os primeiros bombardeios para preparar a Operação Goodwood e também a Operação Atlântico. A ideia era encobrir o som dos tanques que seguiam para suas posições, mas só se conseguiu confirmar o que os alemães já sabiam. A Operação Atlântico era a ofensiva canadense simultânea que, em parte, visava a tomar Vaucelles, a parte sul de Caen e seus arredores. A artilharia canadense atingiu um grande depósito de combustível e munição em Vaucelles, provocando uma imensa explosão.

De todas as ofensivas da Normandia, a Operação Goodwood foi a mais óbvia para o inimigo. As tentativas de ocultá-la com medidas de simulação, como "tráfego de rádio pré-gravado" para simular um ataque na direção de Caumont, foram fadadas ao fracasso. Mesmo que os alemães já não soubessem de sua ocorrência pelo reconhecimento fotográfico e pelos postos de observação em Colombelles, as nuvens de poeira naquele raro tempo tão quente indicavam o movimento das formações de blindados. As placas ao lado da estrada avisando que "Poeira mata" (porque atraía o fogo da artilharia alemã) pareciam apenas um lembrete irônico enquanto os policiais do Exército, com as perneiras de lona e as luvas brancas, acenavam para que os veículos avançassem.

Goodwood também foi um fracasso nas informações militares. Mesmo com os Mustangs da RAF fazendo missões de fotorreconhecimento, o Estado-Maior de Demspey supôs que as defesas de Eberbach tinham uma profundidade de menos de 5 quilômetros. Na verdade, havia cinco linhas que chegavam à retaguarda da serra de Bourgébus, a uns 10 quilômetros. E, apesar da identificação da 16ª Luftwaffe Feld-Division, não sabiam o número de canhões de 88 mm trazidos à frente com o Corpo de Artilharia Antiaérea do tenente-general Pickert. Mais tarde, os regimentos de cavalaria amaldiçoariam o serviço de informações, que apelidaram de "bola de cristal".

Naquela noite, a 11ª Divisão Blindada assumiu a vanguarda, atravessando as pontes do Orne rumo à cabeça de ponte a leste. Apesar da revisão do plano feita por Montgomery, o quartel-general de Dempsey nada fizera para baixar a febre da expectativa. "Seguiremos com velocidade máxima!", disse aos oficiais o comandante de uma brigada da 7ª Divisão Blindada. "Sem dúvida alguma, estamos às vésperas de uma batalha muito maior do que Alamein", escreveu no diário o comandante de um esquadrão do 13º/18º Regimento de Hussardos. "É preciso ver para crer o amontoado a leste do Orne. Não há nenhum pomar nem campo vazio." As lembranças da vitória no norte da África talvez estivessem na mente de todos também por causa do grande calor, da poeira terrível "que todos concordamos que é comparável ao deserto" e dos enxames incansáveis de mosquitos. Os soldados se queixavam de que o repelente de insetos distribuído pelo Exército parecia atraí-los ainda mais.

Os oficiais da Divisão Blindada de Guardas sentiam-se constrangidos por não ter lutado no norte da África e por essa ser sua primeira batalha. Rex Whistler, pintor e cenógrafo, embora 15 anos mais velho do que os outros líderes de soldados do batalhão blindado da Guarda Galesa, decidira ficar com

1. Os comandantes dos Aliados antes do Dia D: (na frente) Tedder, Eisenhower e Montgomery; (atrás) Bradley, Ramsay, Leigh-Mallory e Bedell Smith.

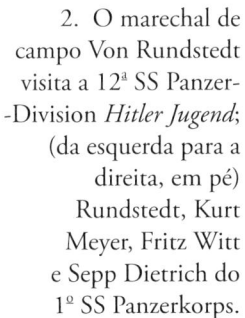

2. O marechal de campo Von Rundstedt visita a 12ª SS Panzer-Division *Hitler Jugend*; (da esquerda para a direita, em pé) Rundstedt, Kurt Meyer, Fritz Witt e Sepp Dietrich do 1º SS Panzerkorps.

3. Rommel inspeciona a Muralha Atlântica.

4. Eisenhower com integrantes da 101ª Divisão Aeroterrestre em Greenham Common, em 5 de junho, pouco antes da decolagem. O comandante Harry Butcher, seu ajudante de ordens, está logo atrás.

5. Precursores da 6ª Divisão Aeroterrestre sincronizam os relógios antes da decolagem.

6. Uma barcaça de desembarque da Real Marinha Canadense se aproxima da praia Juno, 6 de junho.

7. Elementos do serviço de saúde americano aplicam plasma em um soldado ferido na praia de Omaha.

8. Um enfermeiro com *rangers* feridos no sopé dos penhascos de Pointe du Hoc.

9. Parte da 4ª Divisão de Infantaria se desloca da praia Utah para o interior.

10. O general de brigada Rod Keller e o Estado-Maior da 3ª Divisão de Infantaria canadense, logo depois do desembarque em Bernières-sur-Mer.

11. Alemães, prisioneiros dos canadenses, levam um soldado ferido de volta à praia Juno.

12. Um tanque Sherman do II Exército passa por Douvres-la--Délivrande, ao norte de Caen.

13. Praia Utah, 9 de junho.

14. O Obersturmführer SS Michael Wittmann, ás dos tanques alemães do 101º Batalhão Panzer Pesado (ao centro, no fundo), com seu artilheiro da frente oriental, Balthazar Woll (a sua frente).

15. Um sargento do Regimento do Leste do Yorkshire limpa um fuzil de franco-atirador enquanto outro soldado dorme.

16. Um soldado americano e um alemão morto nos arredores de Cherbourg, 27 de junho.

17. O 6º Batalhão do Regimento de Fuzileiros Reais Escoceses (15ª Divisão Escocesa) no início da Operação Epsom, 26 de junho.

18. Sapadores *panzergrenadiers* alemães com detector de minas num tanque Pantera.

19. Jovens *panzergrenadiers* da Waffen-SS com um fuzil Mauser Modelo 98 e um lançador de rojões Panzerfaust, à direita.

20. Avanço da infantaria americana pela brecha numa sebe do *bocage* feita por um tanque Rinoceronte.

21. Guarnição de obuseiro americano de 105 mm em ação no *bocage*.

22. O notável correspondente de guerra Ernie Pyle aquece a refeição num fogão Coleman, dado a ele pela 90ª Divisão de Infantaria, na Normandia.

23. Dois *panzergrenadiers* da 12ª SS Panzer-Division *Hitler Jugend* nas ruínas de Caen.

24. Tanques Cromwell aguardam o início da Operação Goodwood, 18 de julho.

25. Goodwood: 1º Batalhão de Guardas Galeses em ação perto de Cagny, 19 de julho.

26. Francesas acusadas de *collaboration horizontale* levadas em desfile por Cherbourg, 14 de julho.

27. Operação Cobra: efeitos do bombardeio, 25 de julho. Um soldado alemão morto foi jogado por cima do cano de um canhão de assalto Sturmgeschutz III de 75 mm.

28. Depois do bolsão de Roncey: foto de Robert Capa mostra o tenente Paul Unger, policial do Exército da 2ª Divisão Blindada, revistando um prisioneiro da SS.

29. Um soldado de infantaria exausto dorme na rua, depois da captura de Marigny, 28 de julho.

30. Refugiados idosos em La Haye-du-Puits, 28 de julho.

31. Operação Bluecoat: o avanço com reboques de metralhadoras Bren e um tanque caça-minas, 30 de julho.

32. Prisioneiros alemães mandados de volta a Cherbourg para serem enviados para a Inglaterra.

33. Patton, Bradley e Montgomery sorriem para a câmera no quartel-general do 21º Grupo de Exércitos.

34. Refugiados em Saint-Pois, 10 de agosto.

35. Mortain depois de ser destruída pela artilharia da 30ª Divisão. "Quero Mortain demolida [...] para que nada possa viver lá", ordenou o chefe do Estado-Maior da divisão, 11 de agosto.

36. Dois canadenses, um deles franco-atirador, avançam em Falaise, 16 de agosto.

37. Estrada aberta em meio à destruição do bolsão de Falaise.

38. A ponta de lança de Patton, com caça-tanques atravessando o Sena por um pontilhão.

39. Três combatentes da Resistência descem a Rue de la Montagne Sainte-Geneviève, no Quartier Latin, 22 de agosto.

40. A Libertação: uma parisiense beija um dos *fusiliers marins* do general Leclerc, 25 de agosto.

41. O general Von Choltitz assina a rendição de Paris, 25 de agosto.

42. O general De Gaulle e Leclerc (*sem quepe*) no quartel-general temporário da 2ème DB na Gare Montparnasse, 25 de agosto.

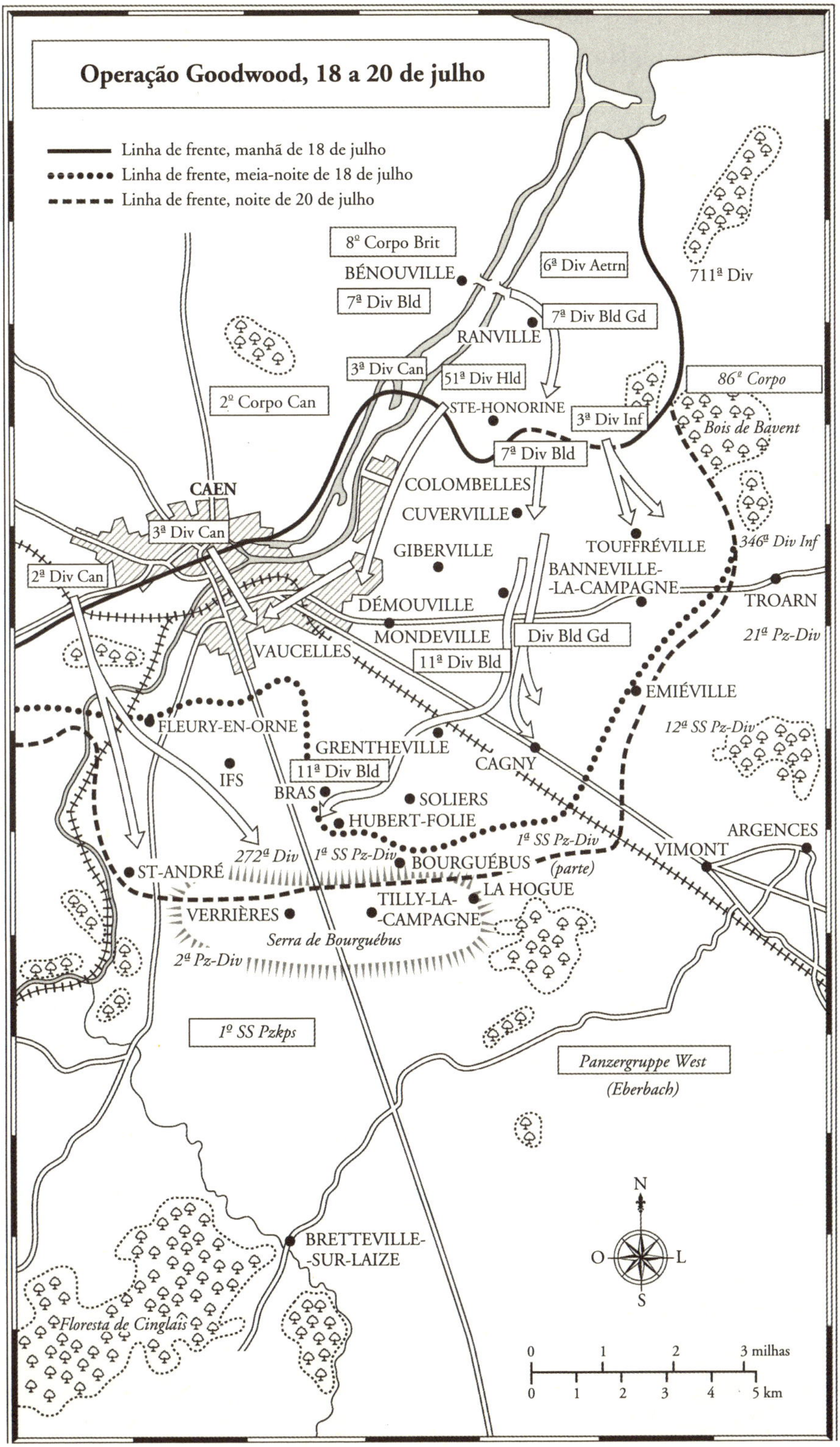
Operação Goodwood, 18 a 20 de julho
Linha de frente, manhã de 18 de julho
Linha de frente, meia-noite de 18 de julho
Linha de frente, noite de 20 de julho
8º Corpo Brit
BÉNOUVILLE
6ª Div Aetrn
7ª Div Bld
7ª Div Bld Gd
RANVILLE
711ª Div
3ª Div Can
51ª Div Hld
2º Corpo Can
STE-HONORINE
86º Corpo
3ª Div Inf
Bois de Bavent
7ª Div Bld
CAEN
COLOMBELLES
CUVERVILLE
3ª Div Can
TOUFFRÉVILLE
346ª Div Inf
GIBERVILLE
BANNEVILLE-
-LA-CAMPAGNE
2ª Div Can
TROARN
DÉMOUVILLE
MONDEVILLE
Div Bld Gd
21ª Pz-Div
VAUCELLES
11ª Div Bld
EMIÉVILLE
FLEURY-EN-ORNE
12ª SS Pz-Div
GRENTHEVILLE
CAGNY
IFS
11ª Div Bld
BRAS
SOLIERS
HUBERT-FOLIE
ARGENCES
1ª SS Pz-Div
VIMONT
272ª Div
1ª SS Pz-Div
BOURGUÉBUS
(parte)
ST-ANDRÉ
LA HOGUE
TILLY-LA-
-CAMPAGNE
VERRIÈRES
Serra de Bourguébus
2ª Pz-Div
1º SS Pzkps
Panzergruppe West
(Eberbach)
N
O
L
S
BRETTEVILLE-
-SUR-LAIZE
Floresta de Cinglais
0 1 2 3 milhas
0 1 2 3 4 5 km

seu esquadrão. E ele não viu razão para parar de pintar só porque estavam em guerra. Na Inglaterra, Whistler encomendara ao ferreiro da cidade um recipiente de metal para as tintas, pincéis e algumas telas pequenas, para ser fixado do lado de fora da torre. Mas, como subalterno mais graduado, Whistler se tornou o oficial responsável pelos sepultamentos do batalhão. A tripulação supersticiosa não gostou nada das cerca de vinte cruzes de madeira que tinham de levar no tanque.

Como o poeta Keith Douglas, parece que Whistler previu a própria morte. Ele disse a um amigo que não queria ser sepultado num grande cemitério militar, mas sim onde caísse. Ele escreveu a última carta à mãe no pomar onde estavam acampados, pouco antes de o comandante da divisão, major-general Adair, passar as informações aos oficiais. Whistler incluiu na carta "um pouco de visco da árvore que cobria meu bivaque", a lona presa ao tanque e esticada para o lado sob a qual dormia a tripulação. Ao anoitecer de 17 de julho, Francis Portal, um oficial colega seu, conversou com ele enquanto os motores dos tanques eram testados e revisados pela última vez.

— Então é provável que nos encontremos amanhã à noite — disse Portal ao se despedirem.

— Assim espero — foi a resposta melancólica.

Todos os comandantes graduados do lado aliado rezavam para que Montgomery finalmente conseguisse o rompimento. Nem seus inimigos da RAF, como "Bomber" Harris, fizeram objeção ao pedido de apoio de bombardeiros pesados. O major-brigadeiro Coningham, comandante da força aérea tática e o que mais detestava Montgomery, estava tão ansioso pelo sucesso quanto pelo espaço para construir os campos de pouso avançados. O tenente-brigadeiro Tedder, que discutira particularmente com Coningham a possibilidade de destituir Montgomery, escreveu para assegurar ao comandante em chefe que a força aérea estaria "toda no ar para apoiar seu plano decisivo e de longo alcance".

Às 5h30 de 18 de julho, a primeira onda de bombardeiros veio do norte para atacar os alvos. Nas duas horas e meia seguintes, dois mil bombardeiros pesados e seiscentos médios, da RAF e da USAAF, lançaram 7.567 toneladas de bombas numa frente de 6,4 quilômetros. Foi a maior concentração de poder aéreo que já se viu em apoio a uma operação em terra. Os navios de guerra da Royal Navy, ao largo do litoral, também contribuíram com um bombardeio maciço. As guarnições à espera subiram nos tanques para observar as espetaculares nuvens de poeira criadas por explosões aparentemente intermináveis. Para os que assistiam, era impensável que alguém conseguisse sobreviver a tamanho ataque.

Os alemães que suportaram o terremoto causado pelo homem ficaram tontos e ensurdecidos. Os feridos e os enlouquecidos não paravam de gritar. Alguns, incapazes de suportar o barulho, as ondas de choque e a vibração do chão, se mataram. As explosões fizeram tanques pesados Tigre cair de lado ou quase os enterraram em crateras imensas. Mas, com as áreas do alvo obscurecidas pela poeira e pela fumaça, os britânicos não conseguiram ver que o bombardeiro não foi nem um pouco preciso. E ainda não sabiam que Eberbach formara cinco linhas de defesa. A mais importante delas, ao longo da serra de Bourgébus, teria de ser tomada para o II Exército avançar até Falaise. Mas essa linha praticamente não recebeu bomba alguma.[1]

O 3º Real Regimento Blindado avançou para encabeçar a 11ª Divisão Blindada na batalha. À frente, a região era suavemente ondulada, composta sobretudo de extensos campos de trigo maduro, pontilhados de povoados de casas de pedra normandas cercadas de pomares. O terreno subia rumo ao principal objetivo, a serra de Bourgébus, logo apelidada de Buggersbus pelos soldados britânicos.

Não demorou para que um grande defeito do plano ficasse óbvio. A 51ª Divisão Highland criara diante de si um campo minado mal mapeado. O general O'Connor decidiu que não seria possível desativar todo o campo sem alertar os alemães, preocupação desnecessária naquele momento, de modo que foram abertos apenas 12 canais estreitos durante a noite. Isso retardou o avanço como um todo, com consequências desastrosas.

Houve também engarrafamentos imensos na retaguarda enquanto os Guardas e a 7ª Divisão Blindada esperavam que a 11ª limpasse a área para que pudessem atravessar as seis pontes Bailey por sobre o Orne. Enquanto o sol subia no céu, as guarnições dos blindados comeram e até se deitaram para dormir à beira dos trigais ao lado da estrada. Apesar da poeira e do cheiro de gasolina, Rex Whistler e alguns colegas oficiais da Guarda Galesa passaram o

---

1 Mais tarde, o relatório oficial da RAF admitiu os seguintes erros: no bombardeio da Área M, perto de Cagny, os primeiros tiros foram além do alvo. Foram feitas correções, mas a fumaça e a poeira logo obscureceram o alvo e eles não conseguiram destruir uma bateria de canhões de 88 mm. Na Área I, perto de Troarn, à esquerda, só 18% das bombas caíram dentro da área do alvo. E quanto à Área P, que cobria Hubert-Folie, Soliers e a vila de Bourgébus, só 40% das bombas caíram na área do alvo.

tempo jogando *piquet*. Mesmo quando as colunas começaram a avançar, a cena era igual "aos carros que se arrastavam do litoral de volta a Londres após um domingo de sol, parados até onde a vista alcança, depois dando uma sacudida à frente". O major-brigadeiro Coningham, que estava com Dempsey junto ao quartel-general de O'Connor, ficou transtornado de tanta frustração. O avanço lento das brigadas blindadas pelo campo minado fez com que o choque do bombardeio fosse desperdiçado.

No lado oeste da arremetida principal de O'Connor, a 3ª Divisão Canadense avançava rumo a Vaucelles, na parte sul de Caen, do outro lado do Orne. Mas, às 10h30, a forte resistência deteve o Régiment de la Chaudière. Os Fuzileiros da Rainha entraram à esquerda para contornar a obstrução e tomar Giberville, e os Fuzileiros Regina atravessaram o Orne, em Caen, e tomaram Vaucelles. Enquanto isso, os Highlanders da Nova Escócia prosseguiram e ocuparam o subúrbio adjacente de Mondeville. O Regimento do Litoral Norte atacou os prédios fabris de Colombelles, na margem leste do Orne, onde infantes enfraquecidos da 16ª Feld-Division da Luftwaffe ficaram tão abalados com o bombardeio que, a princípio, não conseguiam mais andar. À esquerda do avanço principal, a 3ª Divisão de Infantaria britânica, apoiada por uma brigada blindada, avançou sobre Touffreville e depois, sobre Troarn.

Nas duas primeiras horas da batalha, os atacantes viram muitos sinais encorajadores. O 3º Real Regimento Blindado encontrou infantes alemães estonteados que se levantavam no meio do trigo com as mãos erguidas para se render. As guarnições dos blindados mandaram-nos para a retaguarda. O Esquadrão B do 11º Regimento de Hussardos encontrou um abrigo alemão onde os homens pareciam dormir. Os corpos estavam intactos, mas na verdade tinham sido mortos pelas ondas de choque. O 13º/18º Regimento de Hussardos, que avançava pelo flanco leste rumo a Touffreville com a 3ª Divisão de Infantaria, metralhou as trincheiras até os prisioneiros saírem com as mãos para cima. "Os prisioneiros não param de passar por nós, a maioria paralisada pelo nosso bombardeio", escreveu um major do 1º Batalhão Paraquedista canadense na cabeça de ponte do Orne. Até o general Eberbach, comandante em chefe do Panzergruppe West, escreveu que "o rompimento parecia inevitável".

A maior parte da 16ª Feld-Division fora esmagada pelo bombardeio e "completamente sobrepujada". A 21ª Panzer-Division, reforçada pelo 503º Batalhão Panzer Pesado, equipado com Tigres, foi a formação blindada alemã mais atingida. "Alguns carros receberam tiros diretos, outros viraram ou caíram em crateras de bombas. As torres foram imobilizadas pelo pó levantado, os dispositivos de pontaria e os rádios enguiçaram." A 21ª Panzer-Division logo recebeu ordem de Eberbach de participar de um contra-ataque com a 1ª SS Panzer-Division *Leibstandarte Adolf Hitler*, depois adiado duas vezes devido ao mau estado. Com a poeira e a fumaça, os observadores da artilharia alemã pouco conseguiam ver, e assim as baterias pesadas, atrás da serra de Bourgébus, continuaram em silêncio. "Às 10 horas", escreveu Eberbach, "veio a terrível notícia de que o inimigo rompera a linha numa profundidade de 10 quilômetros".

Entretanto, o 3º Real Regimento Blindado logo descobriu que a Operação Goodwood não seria "um dia no jóquei clube". Enquanto seguiam para Le-Mesnil-Frementel, povoado minúsculo de casas de pedra perto de Cagny, caíram sob o fogo dos canhões anticarro alemães. "De repente, um Sherman à minha esquerda acabou parando, cuspindo fumaça", escreveu o líder do esquadrão à frente. Todos os canhões se voltaram para o ponto de onde viera a granada. Destruíram os canhões alemães, mas então caíram sob fogo vindo de outro lugar. Mais Shermans foram atingidos e o trigo em volta deles começou a arder.

O esquadrão de vanguarda do 2º Regimento da Yeomanry de Fife e Forfar, à sua esquerda, foi atingido por fogo devastador vindo de Cagny. Foi lá que uma bateria de canhões de 88 mm da 16ª Feld-Division escapou do bombardeio, juntamente com dois canhões autopropulsores de 105 mm. Em poucos minutos, o esquadrão foi quase inteiramente aniquilado.

O 3º Regimento de Carros de Combate recebeu ordem de contornar Le Mesnil e seguir para Grentheville, a sudoeste. Outra grande falha do plano de Dempsey começava a ficar visível. O'Connor queria enviar a infantaria com os regimentos de carros de combate para limpar as vilas e povoados defendidos, mas devido às limitações causadas pelo campo minado, Dempsey lhe disse que segurasse a infantaria. Para as guarnições dos blindados, toda a conversa sobre "terreno bom para tanques" parecia agora uma piada de mau gosto. O alcance e a precisão dos canhões alemães de 88 mm faziam com que estivessem sob desvantagem ainda maior do que durante os ataques no *bocage*.

Havia posições anticarro em toda a volta de Grentheville e canhões de assalto escondidos. O 3º Regimento de Carros de Combate não teve escolha senão fazer uma carga, como na cavalaria, e vários veículos se incendiaram. Os tripulantes em chamas rolavam em agonia no chão, tentando apagar o fogo. As baixas do regimento foram tão altas que tiveram de recuar e pedir apoio à 13ª Bateria da Real Artilharia Montada. A 11ª Divisão Blindada sofreu um golpe inesperado no início da batalha, quando seu oficial de ligação da RAF foi atingido. Não puderam chamar os Typhoons que sobrevoavam, prontos para atacar o alvo quando solicitado.

Enquanto isso, a Divisão Blindada de Guardas seguia pela planície ondulante. Seus oficiais, constrangidos por serem novos em combate, tentaram exibir uma despreocupação desnecessariamente perigosa, como não se enfiar pela torre adentro quando atacados. O 2º Batalhão Blindado dos Granadeiros seguiu para Cagny, onde o Regimento de Fife e Forfar recebera tamanha surra. Também perderam nove Shermans para os 88 mm. Inexplicavelmente, esse revés deteve o avanço da Divisão Blindada de Guardas, que deveria ter seguido para Vimont em vez de esperar que a infantaria chegasse. O general Eberbach não conseguia acreditar na sorte. Com leve exagero, escreveu: "O que aconteceu foi incompreensível para um soldado blindado: os tanques inimigos ficaram parados no período decisivo entre as 10 e as 15 horas!"

No flanco direito, o esquadrão de Rex Whistler, com seus Cromwells, recebeu a tarefa de apoiar a infantaria canadense que entrava em Giberville, a 3 quilômetros da linha de partida. A tropa de Whistler contornou Giberville pelo leste, para impedir retiradas. A vila parecia deserta. Um dos Cromwells parou, com uma das rodas dentadas emperradas pelo arame. Whistler desembarcou e foi até lá com um alicate para ajudar a soltá-la. Nunca deveria ter saído do blindado. Caíram sob fogo. Whistler correu até o blindado do sargento do esquadrão para mandá-lo atacar a vila. Mas, em vez de se manter protegido ao lado do Cromwell do sargento enquanto avançava, correu pelo campo aberto de volta ao blindado. A bomba de um morteiro explodiu perto de seus pés, lançando-o no ar e quebrando-lhe o pescoço. Whistler, que fora nomeado oficial responsável pelos sepultamentos do batalhão, foi a primeira baixa.

Foram os canhões anticarro alemães, e não os tanques, os principais responsáveis pela "corrida da morte" das divisões blindadas britânicas, como mais tarde chamaram a investida. A falta de infantaria junto aos regimentos de vanguarda se mostrou desastrosa. Cagny só foi tomada às 16 horas, quando o 1º Batalhão Motorizado dos Granadeiros chegou a pé. Os canhões de assalto e de 88 mm não tinham proteção de infantaria e os granadeiros os venceram com facilidade.

Ao meio-dia, o general Eberbach ordenou um contra-ataque com os tanques remanescentes da 21ª Panzer-Division e os da 1ª SS Panzer-Division, que tinham ficado na reserva, bem atrás da serra de Bourgébus. Foram mandados a Hubert-Folie para se concentrar contra a ponta de lança da 11ª Divisão Blindada, que se aproximava. Mas, duas horas depois, a 21ª Panzer-Division, que só tinha cinco Tigres e oito Mark IV em condições de uso depois do bombardeio, ainda não conseguira se mover. O grupo *panzer* da *Leibstandarte* partiu sozinho.

Às 13h05, Eberbach também solicitou o remanescente da 12ª SS Panzer-Division, que recuara por ordem pessoal de Hitler para se recuperar perto de Lisieux. Com a justificativa de que não tinha "mais reservas", o pedido de Eberbach foi transmitido do Grupo B de Exércitos, em La Roche-Guyon, para o OB West, em Saint-Germain-en-Laye, e depois para o OKW, agora no *Wolfsschanze*, o quartel-general de Hitler na Prússia Oriental. Pouco mais de duas horas depois, a permissão foi concedida.

A 1ª SS Panzer-Division, agora organizada em três grupos de combate, chegou à área de Soliers, perto da extremidade oeste da serra de Bourgébus, por volta das 15 horas. Estavam em posição quando o 3º Regimento de Carros de Combate e o resto da 29ª Brigada Blindada – o Regimento de Fife e Forfar e o 23º de Hussardos – avançaram para o povoado de Ifs-Bras. Lá, o 3º RCC enfrentou os Panteras da *Leibstandarte*, aos quais só os Shermans Firefly conseguiriam resistir. Os outros Shermans se concentraram nos canhões anticarro. Enquanto isso, a Yeomanry de Northamptonshire, com seus Cromwells, deu a volta a oeste para atacar pelo flanco, mas no processo perdeu 12 tanques. O líder de esquadrão do 3º RCC escapou de um Sherman destruído pela segunda vez no mesmo dia e se transferiu para um terceiro. É preciso coragem para voltar a um blindado depois de ter sido "cozinhado".

A 11ª Divisão Blindada deveria ter sido apoiada pela 7ª Divisão Blindada, mas os engarrafamentos e atrasos causados pelo campo minado na linha de partida fizeram com que os Ratos do Deserto quase não participassem do combate. O'Connor, sabendo muito bem que a ofensiva como um todo fracassara, pediu novo bombardeio da serra de Bourgébus, que foi recusado. Mas, mesmo depois que a *Leibstandarte* entrou na batalha, Montgomery, escolhendo catastroficamente a hora mais errada, anunciou o sucesso.

Às 16 horas, mandou uma mensagem ao marechal de campo Brooke: "Operações esta manhã um completo sucesso. O efeito do bombardeio foi decisivo e o espetáculo terrível [...] situação muito promissora e é difícil ver o que fará o inimigo no presente. Encontrados poucos blindados inimigos até agora e nenhuma, repito, nenhuma mina". Em seguida, ele afirmou, erradamente, que a 11ª Divisão Blindada chegara a Tilly-la-Campagne e que a Divisão Blindada da Guarda tomara Vimont. Uma coisa era enganar Brooke, outra foi transmitir à BBC um comunicado semelhante e dar uma entrevista coletiva. De acordo com um dos generais de Montgomery, ele falou aos jornalistas reunidos "como se fossem crianças". Isso produziria uma reação azeda.

Naquele dia, os britânicos perderam quase duzentos tanques. Felizmente, tinham quase quinhentos em reserva. Muitos deles foram levados até a cabeça de ponte do Orne durante a noite. A 29ª Brigada Blindada – o 3º Regimento de Carros de Combate, o da Yeomanry of Fife e Forfar e o 23º de Hussardos – foi a primeira a recebê-los, depois de todas as perdas. Embora a perda de tanques britânicos tenha sido horrenda, a maioria das guarnições escapou comparativamente ilesa. Os tripulantes se reuniram na cabeça de ponte do Orne para receber novas viaturas. Mas, numa ironia terrível, a Luftwaffe finalmente fez um ataque ousado e muitos sobreviventes daquele dia foram então mortos ou feridos.

Enquanto isso, as equipes alemãs de recuperação e manutenção de blindados rebocaram os *panzers* avariados para as oficinas escondidas na floresta de Cinglais. Como sabiam que não era possível esperar peças de reposição, trabalharam com dedicação e engenhosidade, deixando o máximo possível de veículos em condições de combate. "Travávamos uma guerra de pobres", escreveu Eberbach.

No flanco leste, a 3ª Divisão de Infantaria britânica foi detida em Touffreville por uma defesa mais feroz do que esperado porque os bombardeiros tinham errado o alvo. Mas parte da divisão conseguiu avançar pela borda sul do bosque de Bavent e chegar aos arredores de Troarn ao anoitecer. A 346ª Divisão de Infantaria alemã fora tão espancada em combate naquele dia que o general Eberbach ficou preocupadíssimo. E ficou mais preocupado ainda com a brecha entre Troarn e Emiéville que, para sua sorte, os britânicos não perceberam. "O inimigo só precisava marchar naquela direção e haveria a penetração. Foi um mau momento para nós."

Às 17h45, ele mandou a 12ª SS Panzer-Division *Hitler Jugend* fechar a brecha da linha de frente. Mas, apenas 15 minutos depois, soube que a *Hitler Jugend* fora atacada no caminho por caças-bombardeiros aliados e perdera dez tanques. De acordo com ele, quando a escuridão caiu "os britânicos continuaram imóveis, como se um milagre tivesse acontecido". A *Hitler Jugend* fechou a brecha e Eberbach voltou a ter uma linha contínua, embora mantida de forma muito precária.

No dia seguinte, 19 de julho, as divisões britânicas fizeram mais ataques, mas nenhum com grande potência. A chuva começou a cair e o céu estava nublado, logo não havia Typhoons no céu. Mais alguns povoados foram ocupados, mas a maior parte da serra de Bourgébus permaneceu em mãos alemãs. As baterias de 88 mm ali posicionadas continuaram a destruir os tanques sem esforço. Os alemães traziam soldados da retaguarda para cobrir as baixas e novas divisões para reforçar a linha. A 2ª Panzer-Division, diante do limite entre as zonas de ação dos exércitos britânico e americano, foi transferida para leste, para reforçar o flanco esquerdo do Panzergruppe West, e a 116ª Panzer-Division partiu de Amiens. O único grande benefício da Operação Goodwood foi que Eberbach e Kluge se convenceram ainda mais de que o principal ataque na Normandia ainda viria da frente britânica, na direção de Paris. Isso foi confirmado por mensagens interceptadas pelo Ultra dali a alguns dias.

O marechal de campo Brooke voou para a França ao meio-dia, em parte para resolver uma briga ridícula com Churchill, que acreditava que Monty tentava impedi-lo de visitar o país. Quando se encontrou com Montgomery depois do almoço, achou-o "em ótima forma e muito satisfeito com o sucesso a leste de Caen". Talvez Montgomery estivesse apenas se fazendo de valente. O abismo entre as afirmativas feitas antes da operação e a realidade da situação, revelada depois da entrevista coletiva, já era visível e estava se tornando um grande constrangimento.

Às vésperas da batalha, os correspondentes de guerra tinham sido informados de um rompimento no "estilo russo" que poderia levar o II Exército a avançar 150 a 200 quilômetros. Vários jornalistas presentes ressaltaram que isso significava chegar a Paris. Quando, dois dias depois, o mesmo coronel teve de admitir que a ofensiva fora detida, houve um tumulto de interrupções. Ele tentou explicar que tinham aparecido tanques Tigres e Panteras e que o general Montgomery recebera ordens formais de não se arriscar a fracassar. Essa declaração foi recebida com clara incredulidade.

No dia seguinte, o general-brigadeiro Alfred Neville, do 21º Grupo de Exércitos, foi chamado para acalmar os jornalistas furiosos. Tentou dar um tom positivo ao que fora conseguido. O II Exército tomara a parte sul de Caen e agora controlava uma importante rede de comunicação. Mas aí afirmou que o objetivo não fora romper as posições alemãs, mas apenas penetrá-las. Os jornalistas retrucaram com o que tinham lhes dito antes da ofensiva. No dia seguinte, o chefe do Estado-Maior de Dempsey fez outra tentativa de explicar a situação usando jargão militar incompreensível. Um correspondente americano provocou gargalhadas quando pediu a tradução.

O calor ficou opressivo na manhã de 20 de julho e depois a chuva voltou. Sob um violento aguaceiro, a poeira virou lama e as trincheiras se encheram d'água. As lagartas afundavam meio metro na lama. As condições ficaram tão ruins que serviram de desculpa para cancelar oficialmente a Operação Goodwood.

Para os soldados que tinham participado, essa situação foi uma frustração amarga depois de tantas promessas. Um oficial de infantaria da 7ª Divisão Blindada acampou com seu batalhão perto de Demouville, num "campo coberto de alemães mortos". "Moscas incontáveis voavam sobre os cadáveres. Vermes ferviam em feridas abertas. Era nojento, mas eu não conseguia tirar os olhos de um rapaz que não podia ter muito mais de 16 anos; só havia penugem no seu queixo. Os olhos mortos pareciam fitar o infinito, os dentes nus na agonia da morte. Ele não teria hesitado em me matar, mas ainda assim me entristeci."

Para alguns, a tensão tinha sido demais. O comandante de esquadrão do 3º Regimento de Carros de Combate registrou que três sargentos mais antigos pediram transferência das unidades de blindados. "Chega uma hora em que a reserva de coragem se esgota", observou. As guarnições de outras formações também ficaram abaladas com as baixas sofridas pela 11ª Divisão Blindada. "Foi simplesmente um péssimo planejamento dos comandantes dos escalões mais elevados", escreveu no diário o major Julius Neave, do 13º/18º Regimento de Hussardos, "ou então a 'bola de cristal' estava com defeito. Eles devem ter pensado que só havia uma casquinha fina e que, depois de passar por ela, seria um passeio. No entanto, acho monstruoso que uma divisão treinada – muito bem treinada – durante três anos perca dois terços dos tanques na segunda batalha."

Durante o dilúvio, o único consolo foi ficarem relativamente secos dentro dos veículos ou sob um bivaque ao lado. "Graças a Deus não sou infante, que tem de escolher entre ficar 'seco' acima do chão ou escapulir dos morteiros pulando numa trincheira com 1 metro d'água", escreveu o major Neave.

A enfermaria de campanha da 3ª Divisão de Infantaria foi montada em Escoville, perto do campo minado problemático. "Chovia e havia mosquitos, e a gente acordava de manhã com a cara toda inchada", escreveu um enfermeiro. "Foi ali que tivemos um número imenso de casos de exaustão [em combate]. Alguns dos nossos também caíram, o que foi bem desagradável. Então, nessa hora, parece que alguém nos jogou mau-olhado, porque as baixas chegavam em estado até bom e depois, sem qualquer razão, começavam a vacilar e titubear. E morreram mais nas nossas mãos do que em todos os outros lugares."

Os britânicos e canadenses sofreram 5.537 baixas durante a breve operação. Isso elevou para 52.165 o seu total de baixas na Normandia. A Operação Goodwood fracassou por uma combinação de razões. Houve falta de clareza em seu raciocínio e falta de franqueza na troca de informações. Enquanto Dempsey ainda sonhava com o rompimento, Montgomery pressionou O'Connor para ter cautela. Mas era quase inevitável que a carga sem entusiasmo levasse à perda de mais tanques do que num ataque com força total. O maior erro de O'Connor foi não admitir que jamais poderiam ter alimentado esperanças de esconder a operação dos alemães. Deviam ter limpado todo o campo minado. Só então, com um avanço muito acelerado, poderiam ter aproveitado plenamente o efeito do choque dos bombardeiros pesados.

O bombardeio propriamente dito, apesar da intensidade, também foi bem menos eficaz do que se imaginou. Mais tarde, os oficiais do Exército se queixaram à RAF de que deveriam ter sido jogadas mais bombas na serra de Bourgébus e menos nos alvos mais próximos, mas esse erro de prioridade foi, acima de tudo, responsabilidade do serviço de informações do Exército. A RAF, por sua vez, ficou roxa de raiva. Tedder, Harris e Coningham se sentiram enganados por Montgomery. Ele prometera um rompimento espetacular para garantir o apoio dos esquadrões de bombardeiros pesados, mas secretamente o general pensava apenas numa ofensiva muito limitada. A rixa continuou muito depois do fim da guerra. "Foi lembrado ao general Montgomery", dizia a versão deles, "que a Força Aérea confiava na captura rápida de terreno além de Caen, mas alguns dias depois ele parecia ter aceitado a situação com uma certa complacência".

Entretanto, Liddell Hart temia que o problema fosse mais básico. Acreditava que houvera "um declínio nacional de ousadia e iniciativa". O cansaço da guerra encorajara a atitude de deixar "que as máquinas vençam a batalha". Os britânicos eram persistentes na defesa, como os alemães admitiam em seus relatórios. Mas havia o que Liddell Hart chamou de "relutância crescente em fazer sacrifícios no ataque". "Quando nos aprofundamos nas operações da Normandia, é perturbador e deprimente descobrir que, em muitos casos, o desempenho da força atacante foi ruim. Várias vezes ela foi detida e até induzida a recuar por grupos alemães de força muito inferior mas empregados com ousadia. Se não fosse a nossa superioridade aérea, que atrapalhou os alemães a cada passo, o resultado teria sido muito pior. Parece que as nossas tropas tiveram pouquíssima iniciativa na progressão e também pouquíssima determinação – com algumas exceções [...] O apoio logístico foi péssimo e lento."

Embora as duras críticas de Liddell Hart contivessem verdades importantes, também revelavam falta de imaginação. Para as guarnições dos blindados, era, no mínimo, desalentador atacar as baterias dos temidos canhões de 88 mm sabendo muito bem que podiam ser atingidos muito antes que seus tanques inferiores conseguissem atacá-los. E, mais uma vez, não devemos jamais esquecer que não é possível esperar dos soldados essencialmente civis de uma democracia o mesmo nível de autossacrifício dos membros doutrinados da Waffen-SS, convencidos de que defendiam o seu país da aniquilação.

No principal hospital de base perto de Bayeux, o coronel Ian Fraser contou de que modo costumava fazer a ronda dos prisioneiros alemães feridos. Todos sorriam quando ele os cumprimentava. Então, certa manhã, todos lhe viraram as costas. A freira que era a enfermeira-chefe lhe contou que um soldado ferido da SS fora trazido e que agora tinham medo de se mostrar cordiais com o inimigo. Fraser examinou esse soldado da SS, cujo estado era tão grave que precisava de uma transfusão de sangue. "Mas assim que a agulha foi inserida, o nazista jovem e passional perguntou, de repente: 'Esse sangue é inglês?' Quando lhe disseram que sim, ele arrancou a agulha e proclamou: 'Morro por Hitler'. E morreu mesmo." Fraser observou que os outros prisioneiros alemães logo voltaram a se mostrar amistosos.

Os prisioneiros gravemente feridos da 12ª SS Panzer-Division *Hitler Jugend* se comportavam de maneira parecida. Jock Colville, ajudante de ordens de Churchill que servia como piloto de fotorreconhecimento num Mustang, ouviu uma jovem enfermeira britânica contar sua experiência. "Um garoto de uns 16 anos arrancou o curativo que ela fizera em seu ferimento grave, gritando que só queria morrer pelo Führer. Outro lhe jogou na cara a comida que ela lhe levara. Ela acalmou um terceiro ameaçando-o com uma transfusão de sangue judeu." É difícil imaginar um prisioneiro de guerra britânico ou canadense querendo morrer por Churchill ou pelo rei Jorge VI. A sua lealdade na batalha era muito mais limitada. Não queriam deixar os camaradas na mão.

* * *

Quaisquer que fossem as falhas graves da Operação Goodwood e as afirmativas falsas de Montgomery na época e mais tarde, não há dúvida de que os britânicos e canadenses mantiveram as divisões *panzer* ocupadas naquele momento importantíssimo. Os canadenses voltaram a atacar em 25 de julho, coincidindo com a Operação Cobra, a grande ofensiva de Bradley a oeste. Mais uma vez, isso convenceu os alemães de que o principal ataque aliado rumo a Paris viria pela estrada de Falaise. O seu maior temor era um rompimento ali, porque isolaria todo o VII Exército que enfrentava os americanos. Kluge e seus comandantes só reconheceram o verdadeiro perigo quando era tarde demais. Assim, a "corrida da morte" das divisões blindadas britânicas não foi inteiramente em vão.

Os alemães também ficaram abalados com a notícia da tentativa de assassinato de Hitler no *Wolfsschanze*, perto de Rastenburg, em 20 de julho. Na verdade, a ameaça de rompimento aliado na Normandia e a recusa de Hitler a encarar a realidade tiveram papel importante durante a conspiração.

20

A CONSPIRAÇÃO CONTRA HITLER

Há uma teoria nazista da conspiração para explicar a derrota na Normandia que começa com o próprio Dia D. Os fiéis a Hitler ainda acusam o chefe do Estado-Maior de Rommel, tenente-general Hans Speidel, de tirar divisões *panzer* do contra-ataque aos britânicos. Essa lenda da primeira "punhalada pelas costas" em 1944 afirma que Hitler acordou cedo em 6 de junho e que os atrasos no desdobramento das divisões *panzer* não foram culpa sua. Ele estava certo, desde o primeiro momento, e sabia que a Normandia seria o local da invasão. Mas Speidel, agindo na ausência de Rommel, conseguiu sabotar, sozinho, a reação alemã. Essa versão absurda, que tenta tirar a culpa de Hitler e jogá-la em oficiais "traidores" do Estado-Maior geral alemão, está cheia de incontáveis falhas e contradições.

Houve, de fato, uma conspiração prolongada contra Hitler dentro do Exército, mas nada estava pronto em 6 de junho. Assim, sugerir que Speidel tentou mandar a 12ª SS Panzer-Division *Hitler Jugend* para o lugar errado e segurar a 2ª e a 116ª divisões *panzer* para um golpe de Estado na França naquele momento é pura fantasia. No entanto, Speidel foi um personagem importante na conspiração que levou ao malsucedido atentado na Prússia Oriental, mais de seis semanas depois.

Havia outro nível de opositores de Hitler que não acreditavam em matar o ditador. Eles estavam centrados no próprio Rommel, que queria forçar Hitler a fazer a paz com os aliados ocidentais.[1] Caso se recusasse, pretendiam levá-lo a julgamento. Mas os tiranicidas agrupados em torno do major-general Henning von Tresckow e do coronel Claus Graf Schenk von Stauffenberg rejeitaram essa linha como condenada ao fracasso. A SS e o Partido Nazista resistiriam até o fim. Haveria o risco de guerra civil. Só a decapitação súbita do regime nazista com um golpe de Estado lhes permitiria formar um governo que, como esperavam com otimismo profundamente mal orientado, os aliados ocidentais talvez reconhecessem.

Speidel conhecia Rommel desde a Primeira Guerra Mundial, quando serviram juntos no mesmo regimento. Em 1º de abril, depois de nomeado chefe do Estado-Maior de Rommel, Speidel foi convocado ao quartel-general do Führer, no Berghof. Jodl o informou da "missão inflexível de defender o litoral" e lhe disse que Rommel "tendia ao pessimismo" em consequência da campanha africana. Sua tarefa era encorajar Rommel.

Quando Speidel chegou a La Roche-Guyon, duas semanas depois, Rommel falou com amargura da experiência na África "e, acima de tudo, das tentativas constantes de Hitler de dissimular". Acrescentou que a guerra deveria "terminar o mais depressa possível". Speidel, então, contou-lhe os contatos com o general de exército Ludwig Beck, ex-chefe do Estado-Maior geral do Exército, e o movimento de resistência em Berlim que estava "disposto e determinado a acabar com o regime atual". Em discussões subsequentes, Rommel condenou "os excessos de Hitler e a ilegalidade total do regime", mas ainda se opunha ao assassinato.

Em 15 de maio, Rommel compareceu a uma reunião secreta com o velho amigo general Karl-Heinrich von Stülpnagel, comandante militar da Bélgica e do norte da França. Embora participasse da conspiração contra Hitler, Stülpnagel era um "antissemita linha-dura". Se não tivesse se suicidado mais tarde, provavelmente teria sido levado ao tribunal de crimes de guerra pelas atividades na frente oriental e pela perseguição aos judeus na França. Os dois discutiram "medidas a serem tomadas imediatamente para dar fim à guerra e para a eliminação do regime de Hitler". Stülpnagel sabia que não podiam contar

---

1 Rommel pode ter mudado de ideia no último instante e acreditado que o assassinato seria o único caminho. De acordo com o general Eberbach, Rommel acabou lhe dizendo na reunião de 17 de julho, pouco antes de ser gravemente ferido: "O Führer tem de ser morto. Não há outro remédio, o homem tem sido mesmo o motor de tudo".

com o marechal de campo Von Rundstedt, muito embora o "velho prussiano" soubesse muito bem da "situação catastrófica" e detestasse o "cabo da Boêmia". Stülpnagel acreditava que, num levante, "o marechal de campo Rommel seria a única pessoa a inspirar o respeito indiscutível do povo alemão e das Forças Armadas, e até dos aliados".

Uma série de visitantes solidários foi a La Roche-Guyon, que se tornou um "oásis" para a resistência alemã. Perto do fim do mês, o general Eduard Wagner, do OKH, informou Rommel dos preparativos do grupo de resistência dentro do Exército. Ernst Jünger, escritor nacionalista extremado que servia no Estado-Maior de Stülpnagel, em Paris, apresentou-lhe suas ideias sobre a paz que se deveria ser negociada com os aliados. Speidel voltou à Alemanha no final de maio para se encontrar com o ex-ministro do Exterior Konstantin Freiherr von Neurath e com o Dr. Karl Strölin, prefeito de Stuttgart. Ambos acreditavam que o envolvimento de Rommel seria essencial para obter a confiança do povo alemão e dos aliados. Speidel sentiu-se em condições de avisar o general Blumentritt, chefe do Estado-Maior de Rundstedt, dessas discussões.

Rommel e Speidel tinham concordado com uma lista de possíveis enviados para conversar com Eisenhower e Montgomery. O primeiro seria Geyr von Schweppenburg, que falava um inglês excelente, mas depois que foi destituído tiveram de pensar em outros. Proporiam a retirada de todos os territórios ocupados a oeste, enquanto a Wehrmacht manteria uma frente reduzida a leste. Rommel insistiu que Hitler deveria ser julgado por um tribunal alemão. Não queria ser o líder do novo regime. Achava que esse papel deveria ser do general de exército Beck ou do Dr. Carl Goerdler, ex-prefeito de Leipzig. Entretanto, estava disposto a assumir o comando das Forças Armadas.

Parece que poucos conspiradores cogitaram por um instante que os aliados ocidentais pudessem rejeitar o seu oferecimento, mesmo que tivessem condições de oferecer alguma coisa. A proposta deles incluía o reconhecimento aliado da anexação alemã dos Sudetos e da *Anschluss* da Áustria, além da restauração das fronteiras de 1914 da Alemanha. A Alsácia-Lorena deveria ser independente. Não tinham planos de reviver a plena democracia parlamentar; na verdade sua solução parecia ser, basicamente, a ressurreição do Segundo Reich, mas sem o Kaiser. Essa fórmula seria recebida com incredulidade pelos governos americano e britânico, assim como pela imensa maioria do povo alemão.

Speidel e Rommel começaram a sondar comandantes de exércitos, corpos e divisões. No comando de tropas combatentes, os dois partidários mais óbvios eram o tenente-general Graf von Schwerin, comandante da 116ª Panzer-Division, e o tenente-general Freiherr von Lüttwitz, da 2ª Panzer-Division. Foi a divisão de Lüttwitz que recebeu as enfermeiras alemãs de Cherbourg, devolvidas pelos americanos. Mais tarde, quando soube desse contato com o inimigo, Hitler ficou indignado. Já começara a temer que os generais fizessem sondagens de paz junto aos americanos pelas suas costas.

Depois da visita humilhante a Berchtesgaden com Rundstedt, em 29 de junho, Rommel chegou à conclusão de que teriam de agir. Mesmo Keitel, o pior lacaio de Hitler dentre todos eles, admitiu em particular: "Também sei que nada mais pode ser feito." Parece que até Hausser e Eberbach, dois comandantes dos altos escalões, chegaram à conclusão de que algum tipo de ação unilateral seria inevitável. No início de julho, pouco antes da queda de Caen, o Obergruppenführer Sepp Dietrich, favorito de Hitler e comandante do 1º SS Panzerkorps, foi a La Roche-Guyon para perguntar o que o comandante em chefe pretendia fazer em vista da "catástrofe iminente". De acordo com Speidel, Dietrich lhe assegurou que as unidades da SS estavam "firmemente em suas mãos". Não se sabe até que ponto Dietrich foi informado dos planos em andamento. Ao mesmo tempo, o Obergruppenführer Hausser, novo comandante em chefe do VII Exército, também previa o colapso.

Em 9 de julho, dia em que os britânicos e canadenses entraram em Caen, o tenente-coronel Cäsar von Hofacker, primo de Stauffenberg, foi mandado pelo general Von Stülpnagel, que estava em Paris, para visitar o marechal de campo Von Kluge. Este, quando na frente oriental, mantivera contato com o grupo de resistência do Exército alemão, mas agora tergiversava. Hofacker era o principal contato de Stülpnagel com os conspiradores em Berlim. Tentou convencer Kluge, em nome da resistência, a dar fim à guerra no ocidente por meio de uma "ação independente" assim que possível. Os aliados jamais negociariam com Hitler nem com nenhum de seus "paladinos", como Göring, Himmler ou Ribbentrop, por isso era essencial mudar o governo e remover os líderes nazistas. Ele perguntou a Kluge quanto tempo se aguentaria a frente da Normandia, porque a decisão tomada pela resistência em Berlim dependia da resposta. "Não mais do que duas ou três semanas, no máximo", respondeu ele, "e então deve-se esperar o rompimento, que seremos incapazes de impedir."

Rommel e Kluge se reuniram em 12 de julho para discutir a situação militar e as consequências políticas. Rommel também sondaria mais uma vez os comandantes dos seus corpos e depois prepararia um ultimato a ser apresentado a Hitler. Enquanto Rommel consultava os comandantes, Speidel foi visitar Stülpnagel, que já se preparava para eliminar a Gestapo e a SS na França. Dois dias depois, Hitler se mudou de Berchtesgaden para o *Wolfsschanze*, na Prússia Oriental. Na frente oriental, a imensa ofensiva do Exército Vermelho ameaçava agora todo o Grupo de Exércitos do Centro. Novas fortificações tinham sido construídas e havia defesas antiaéreas muito mais fortes na floresta em volta. Mas o trabalho ainda não estava terminado, e, no local, ainda havia trabalhadores da Organização Todt.

No dia seguinte, Rommel redigiu para Hitler uma avaliação da situação na frente ocidental. Avisava que os aliados logo romperiam e avançariam com rapidez rumo à fronteira alemã. O documento terminava com as palavras: "Devo solicitar-lhe, *mein Führer*, que tire sem demora as conclusões dessa situação. Rommel, marechal de campo". Depois que entregou a mensagem para ser despachada, Rommel disse a Speidel: "Dei mais uma chance a Hitler. Se ele não tirar as conclusões necessárias, agiremos".

Em 17 de julho, durante a reunião no quartel-general do Panzergruppe West, Rommel perguntou a Eberbach, quando estavam sozinhos, o que pensava da situação.

— Estamos vivendo o desastre avassalador da guerra em duas frentes — respondeu Eberbach. — Perdemos a guerra. Mas temos de causar aos aliados ocidentais o máximo possível de baixas, para levá-los ao cessar-fogo e impedir que o Exército Vermelho chegue à nossa Alemanha.

— Concordo — disse Rommel —, mas dá para imaginar que o inimigo entabulará negociações conosco enquanto Hitler for o nosso líder?

Eberbach teve de aceitar a questão.

— Então, a situação não pode continuar assim — prosseguiu Rommel. — Hitler tem de cair.

As divisões *panzer* eram muito necessárias na frente oriental. No ocidente, recuariam para a Linha Siegfried enquanto tentassem negociar.

— Isso não levaria a uma guerra civil — perguntou Eberbach —, que seria o pior de tudo?

Esse era o grande temor da maioria dos oficiais. A ideia trazia lembranças de novembro de 1918, dos levantes revolucionários em Berlim e Munique e do motim da esquadra em Wihelmshaven. Uma hora depois, Rommel teve o crânio fraturado durante o ataque de Spitfires perto de Sainte-Foy-de-Montgommery. Não sabia que o assassinato fora planejado para dali a três dias.

Já houvera atentados contra a vida de Hitler, mas por azar tinham fracassado.[2] Em todas as vezes, Hitler escapou da morte mudando seus movimentos no último instante, como se tivesse o sexto sentido de um animal selvagem. Mas os conspiradores enfrentavam um problema mais básico, que aparentemente não percebiam: qual seria a atitude dos aliados ocidentais?

Os britânicos não estavam nem um pouco convencidos de que a remoção de Hitler seria uma vantagem. Sua direção dos assuntos militares, desde pouco antes da batalha de Stalingrado, fora desastrosa para a Wehrmacht. Seis semanas antes do Dia D, o 21º Grupo de Exércitos resumiu a questão: "Agora, quanto mais tempo Hitler ficar no poder, melhor a chance aliada". Mas, em junho, houve uma mudança súbita. Informaram a Churchill que "a Junta de Chefes de Estado-Maior fora unânime ao afirmar que, do ponto de vista estritamente militar, seria quase uma vantagem que Hitler continuasse no controle da estratégia alemã, tendo em vista os erros crassos que cometeu, mas que, num ponto de vista mais amplo, quanto mais cedo ele saísse do caminho, melhor". A SOE entendeu esse pronunciamento como sinal verde para iniciar os planos da Operação Foxley, uma tentativa de assassinar Hitler. A ideia era emboscá-lo perto do Berghof, mas nunca foi posta em prática a sério. Seja como for, Hitler partira de Berchtesgaden para nunca mais voltar, mas o mais importante é que Churchill estava cada vez mais convencido de que a Alemanha tinha de ser derrotada em combate. Ele acreditava que o Armistício de novembro de 1918 e o fato de a Alemanha propriamente dita não ter sido ocupada deram oportunidade ao mito do golpe pelas costas dos nacionalistas e nazistas, que se convenceram de que o Exército alemão fora traído em casa por revolucionários e judeus.

---

2 A resistência dentro do Exército e os planos para remover Hitler do poder começaram com a crise dos Sudetos, em 1938. Entre as tentativas de matá-lo, houve também o atentado fracassado de um estudante suíço de teologia em 1938 e a bomba que um marceneiro suábio de esquerda, agindo sozinho, explodiu no Bürgerbräu-Keller em 8 de novembro de 1938. Contudo, a maioria dos atentados envolveu a resistência militar. Speidel participou de um plano para prender Hitler em Poltava, em fevereiro de 1943, pouco depois do desastre de Stalingrado. Outro atentado planejado deixou de acontecer um mês depois. Então, puseram uma bomba no avião Condor de Hitler, mas ela não explodiu. Naquele mês, uma terceira tentativa, em que Gersdorff detonaria uma bomba suicida, mais uma vez fracassou, porque Hitler mudou a programação na última hora. Outros três planos, em dezembro de 1943 e na primavera de 1944, também não deram em nada.

Em 1943, Stálin cancelou os planos para assassinar Hitler, embora por razões bem diferentes.³ Depois de Stalingrado, a União Soviética não corria mais o risco de derrota, e, de repente, ele começou a temer que, se Hitler fosse removido, os aliados ocidentais ficariam tentados a fazer a paz em separado com a Alemanha. Não há absolutamente nenhuma prova de que se chegou sequer a pensar nisso, mas, até o fim da guerra, Stálin, que costumava julgar os outros por si, foi perseguido pela ideia de uma Wehrmacht rearmada pela indústria americana que rechaçaria o avanço vitorioso do Exército Vermelho. Na verdade, Churchill e Roosevelt estavam totalmente dedicados ao princípio de forçar a Alemanha à rendição incondicional.

Stauffenberg, Tresckow e a maioria de seus camaradas foram ingênuos ao esperar que os aliados ocidentais aceitariam negociar depois da morte de Hitler. O planejamento e os preparativos também foram absurdamente amadores para integrantes do Estado-Maior geral com todo o seu treinamento. No início, alguns tinham sido admiradores de Hitler, até serem forçados a encarar a realidade criminosa do regime. Mas ninguém pode duvidar da coragem e do espírito de sacrifício. De certa forma, eles desejavam preservar a imagem idealizada que tinham da Alemanha, uma versão elevada e menos nacionalista da época de Guilherme II, anterior a 1914. E talvez esperassem salvar propriedades familiares da destruição soviética, embora provavelmente admitissem que era tarde demais. Entretanto, o motivo principal se tornara uma compulsão moral. Sabiam que aquele ato teria pouquíssimo apoio popular e que eles e as famílias seriam tratados como traidores por todos, não só pela Gestapo. A possibilidade de sucesso era mínima. Mas, como explicou Stauffenberg: "Como os generais até agora nada conseguiram, é hora de os coronéis entrarem em ação". Era seu dever tentar resgatar a honra da Alemanha e do Exército alemão, apesar do perigo de, no futuro, criar outra lenda de punhalada pelas costas.

Durante o interrogatório por agentes aliados do serviço de informações, no final da guerra, o general Walter Warlimont descreveu os acontecimentos de 20 de julho na Prússia Oriental. A reunião do meio-dia realizou-se, como

---

3 A diretoria do NKVD, comandada pelo general Sudoplatov, planejou várias tentativas de matar Hitler, inclusive uma em Vinnitsa, na Ucrânia, e outra na Alemanha, com um ex-boxeador chamado Igor Miklashevsky e o compositor Lev Knipper, irmão da atriz Olga Tchecova. Nenhuma dessas tentativas chegou nem perto de ser colocada em prática.

de costume, na comprida cabana de madeira. Hitler entrou por volta das 12h30. A sala estava vazia, a não ser por algumas cadeiras e uma pesada mesa de carvalho com 6 metros de comprimento que ocupava a extensão da sala. Entre os presentes, estavam o marechal de campo Keitel, o Generaloberst Jodl, o general Warlimont, o general Buhle, o general de exército Fegelein e os ajudantes de ordens de Hitler: general Schmundt, almirante Von Puttkamer e tenente-coronel Von Below.

O general Heusinger, que representava o chefe do Estado-Maior geral do exército, começara a fazer seu relatório quando Stauffenberg entrou. Ele era o chefe do Estado-Maior do Ersatzheer, o Exército de Reserva. De acordo com Warlimont, Stauffenberg levava uma "pasta grande demais", que pôs debaixo da mesa de carvalho, não muito longe de Hitler, que estava de costas para a porta. Por causa da reunião, ninguém notou que Stauffenberg saiu da sala dali a poucos minutos.[4]

Às 12h50, "aconteceu de repente uma explosão terrível que pareceu encher de pó, fumaça e fogo a sala inteira e lançou tudo em todas as direções". Quando Warlimont recuperou os sentidos, viu Hitler sendo "levado de costas pela porta, apoiado por vários assistentes". As baixas foram pouquíssimas, porque a explosão foi dissipada pelas janelas e pelas paredes finas. Hitler se salvou porque Stauffenberg não conseguira armar a segunda bomba e devido ao apoio pesado da mesa de carvalho entre a pasta e ele, quando a explosão ocorreu.

A princípio, as suspeitas se concentraram nos trabalhadores da Organização Todt, mas, no início da tarde, um sargento que servia no Estado-Maior mencionou que o Oberst Von Stauffenberg chegara com uma pasta e fora embora sem ela. Ele voara de volta a Berlim.

Stauffenberg, convencido de que ninguém conseguiria sobreviver à explosão, fora diretamente para a base aérea. Enquanto isso, a mensagem confusa de outro conspirador no *Wolfsschanze* deixou os generais que aguardavam em Berlim num estado de incerteza terrível. Tinham se congregado no Bendlerblock,

---

4 As duas bombas, das quais Stauffenberg só teve tempo de armar uma, usavam estopins britânicos. Tinham sido lançadas pela SOE para um grupo da resistência na França e depois foram capturadas pelos alemães. Em setembro de 1943, chegaram aos conspiradores por meio de um partidário da Abwehr. Stauffenberg fora duas vezes a Rastenburg com sua bomba, em 6 e 15 de julho, mas não surgira a oportunidade certa.

quartel-general do Exército de Reserva na Bendlerstraße. Ninguém sabia ao certo se a bomba havia explodido ou não nem se Hitler estava vivo ou morto. O general de exército Friedrich Fromm, comandante do Exército de Reserva, recusou-se a deflagrar o golpe com o código "Valkyrie" antes de ter certeza de que Hitler morrera. Sem a certeza de sua eliminação, na prática, o golpe de estado não teria possibilidade de sucesso.

Para piorar a situação, não havia nenhum carro à espera na base aérea de Tempelhof para buscar Stauffenberg, o que atrasou seu retorno a Bendlerblock em mais uma hora. O assistente de Stauffenberg telefonou da base para dizer que Hitler estava morto. Quando finalmente chegou, Stauffenberg também insistiu que devia ser verdade, mas Keitel ligara para Fromm e perguntara onde estava Stauffenberg. Keitel insistiu que os ferimentos de Hitler não eram graves. Em consequência, Fromm se recusou a agir, mas outros oficiais da conspiração foram em frente. Enviaram mensagens para vários quartéis-generais anunciando que Hitler estava morto.

O plano era aproveitar um mecanismo existente e especificamente projetado para sufocar uma revolta em Berlim contra o regime de Hitler. As autoridades temiam um levante porque havia "mais de um milhão de trabalhadores estrangeiros em Berlim e que, caso alguma revolução começasse, essa gente seria uma ameaça enorme". O código para pôr em ação esse plano contra insurgências era "Gneisenau". Parece que alguém no Bendlerblock já apertara o gatilho, talvez em consequência do telefonema da base aérea de Tempelhof dizendo que Hitler estava morto, porque às 15 horas o major Otto Remer, comandante do Regimento da Guarda *Grossdeutschland*, foi convocado, com o código "Gneisenau", a comparecer à sala de outro conspirador de alta patente, o general de exército Paul von Hase, comandante militar de Berlim.

Exatamente ao mesmo tempo, o plano entrou em ação em Paris. O general Blumentritt, chefe do Estado-Maior de Kluge, soube por um dos seus oficiais que Hitler fora morto num "tumulto da Gestapo". Ligou para La Roche-Guyon, para falar com Kluge, mas lhe disseram que este visitava a frente de batalha da Normandia. O major-general Speidel pediu a Blumentritt que fosse para lá imediatamente, já que Kluge estaria de volta naquela noite. Mas Blumentritt não fazia ideia de que o general Von Stülpnagel, o comandante militar, estava ordenando a prisão de todos os oficiais da Gestapo e da SS em Paris.

* * *

Havia muitos oficiais dos altos escalões envolvidos na conspiração com tão pouca organização e comunicações tão ineficazes que a incerteza quanto à morte de Hitler estava fadada a causar atrasos e caos. Quando Remer chegou à sala de Hase, notou que o clima era nervosíssimo. Disseram a Remer que o Führer morrera num acidente, que uma revolução começara e que "o poder executivo passou ao Exército". Mais tarde, Remer afirmou ter feito uma série de perguntas. O Führer estava morto? Onde era a revolução, já que não vira sinal de nada pelo caminho? Os revolucionários eram trabalhadores estrangeiros? Por que o poder executivo passara para o Exército e não para a Wehrmacht? Quem seria o sucessor de Hitler e quem assinara a ordem que transmitia o controle ao Exército?

Evidentemente, os conspiradores não tinham se preparado para essas perguntas. As respostas foram evasivas e sem confiança. Remer ficou desconfiado, mas ainda confuso. Voltou a seu quartel-general e convocou os oficiais. Ordenou que montassem um cordão de isolamento em torno dos prédios na Wilhelmstrasse. As suspeitas de Remer aumentaram quando soube que um general destituído por Hitler fora avistado em Berlim. Então, Remer recebeu do general Von Hase a ordem de prender Goebbels. Recusou-se a obedecer, porque Goebbels era o patrono da divisão *Grossdeutschland*. Enquanto isso, um oficial, o tenente Hans Hagen, ainda mais desconfiado do que Remer com o que acontecia, visitou Goebbels para descobrir a verdade. Hagen, então, convenceu Remer de que Goebbels, como Comissário de Defesa do Reich em Berlim, era o seu superior direto. Embora o general Von Hase o tivesse proibido especificamente de visitar Goebbels, Remer foi até o Ministério da Propaganda. Ainda estava confuso com as histórias conflitantes e não confiava inteiramente em Goebbels.

— O que sabe sobre a situação? — perguntou Goebbels. Remer contou o que tinham lhe dito. Goebbels lhe afirmou que não era verdade e mandou que ligassem para o *Wolfsschanze*. Alguns momentos depois, Remer falava com Hitler. A voz era inconfundível.

— Agora temos os criminosos e sabotadores da frente oriental — disse-lhe Hitler. — Só alguns oficiais estão envolvidos e os eliminaremos pela raiz. O senhor se colocou numa posição histórica. É sua responsabilidade usar a cabeça. Está sob meu comando até que Himmler chegue para assumir o Exército de Reserva. Entendeu?

O Reichsmarschall Hermann Göring também chegou à sala e perguntou o que Hitler dissera. Remer lhe contou. Göring achou que deviam chamar a

SS. Remer retrucou que o problema era do Exército e que eles terminariam o serviço. Saiu de lá e descobriu que um destacamento *panzer*, convocado pelos conspiradores na base de instrução de blindados de Döberitz, chegara à Berlinerplatz. Falou com o oficial e os colocou sob seu comando. Remer desfez o cordão de isolamento da Wilhelmstrasse e levou os soldados para a Bendlerstrasse. Agora, em Berlim, a conspiração estava condenada ao fracasso.

Enquanto isso, na França, Kluge voltou para La Roche-Guyon por volta das 20 horas e, imediatamente, convocou uma reunião. Blumentritt suspeitou que Kluge estava envolvido na conspiração simplesmente porque houvera duas ligações anônimas do Reich para ele. Uma delas era do general Beck, que não conseguira convencê-lo no último instante. Kluge insistiu particularmente com Blumentritt que não sabia de nada daquele "ultraje". Entretanto, admitiu que, no ano anterior, fora procurado duas vezes pelos conspiradores, mas "no final" se recusara a participar.

Às 20h10, as estações de interceptação do Ultra captaram uma mensagem do marechal de campo Von Witzleben, marcada ironicamente com a prioridade máxima de "Führer-Blitz". Começava assim: "O Führer está morto. Fui nomeado comandante em chefe da Wehrmacht e também..." Neste ponto, o texto se interrompia. Trinta minutos depois, Kluge recebeu uma mensagem do OKW, na Prússia Oriental. "Hoje, ao meio-dia, cometeu-se uma tentativa desprezível de assassinar o Führer. O Führer está perfeitamente bem." Kluge logo ordenou a Stülpnagel que soltasse todos os oficiais da Gestapo e da SS que tinham sido presos em Paris.

A confirmação de que Hitler estava vivo fez os hesitantes correrem para se proteger, embora mais tarde isso não os salvasse da Gestapo. A notícia de que Himmler fora nomeado comandante em chefe do Exército de Reserva foi recebida com horror pelos oficiais do exército, que às vezes se referiam a ele como "*Unterweltsmarschall*", o marechal do submundo. Ao mesmo tempo, veio a ordem de que a saudação convencional do Exército teria agora de ser substituída pela "saudação alemã" do Partido Nazista.

Sem saber que Kluge já ordenara a Stülpnagel que soltasse os prisioneiros, Himmler mandou a secretaria geral da SS ligar para Sepp Dietrich. Este recebeu ordens de se preparar para marchar sobre Paris com a 1ª SS Panzer-Division *Leibstandarte Adolf Hitler*. Parece que Himmler não sabia que a divisão acabara de se envolver numa grande batalha e, naquele momento, não poderia abandonar a serra de Bourguébus. Também não sabia que Sepp Dietrich, o "leal discípulo" de Hitler, "quase virara revolucionário",[5] nas palavras de Eberbach.

Em Berlim, o Bendlerblock estava um caos. O general de exército Fromm, na malsinada tentativa de escapar das suspeitas, ordenou a prisão e a corte marcial instantânea de quatro outros oficiais envolvidos. Permitiu ao general de exército Beck que ficasse com a pistola, desde que a usasse imediatamente em si mesmo. Talvez porque a mão tremesse, Beck deu dois tiros na própria cabeça. Raspou o couro cabeludo na primeira vez e depois, com o segundo tiro, causou um ferimento terrível. Fromm, exasperado, ordenou que um sargento ou, segundo alguns relatos, um oficial que lhe desse o tiro de misericórdia.

Os quatro, inclusive Stauffenberg, que tentou assumir sozinho toda a responsabilidade pela tentativa de assassinato, foram executados no pátio do Bendlerblock à luz de faróis de automóveis. Um destacamento de homens de Remer que tinha acabado de chegar formou o pelotão de fuzilamento. Quando chegou a vez de Stauffenberg, ele gritou, iluminado pelos faróis: "Vida longa à santa Alemanha!". Fromm, mais desesperado do que nunca para se salvar, fez um discurso grotesco em homenagem a Hitler junto aos cadáveres e terminou com um triplo *Sieg Heil!*

Na França, o marechal de campo Von Kluge ordenou a prisão de Stülpnagel à 1h25 da madrugada de 21 de julho. Naquela tarde, Stülpnagel foi posto num carro para ser levado de volta a Berlim e interrogado pela Gestapo. Devido a seu alto posto, a escolta não lhe tirou a pistola. Quando o carro parou no meio do caminho, talvez para dar aos ocupantes a oportunidade de se aliviarem, Stülpnagel tentou se suicidar, mas só conseguiu explodir ambos os olhos. Foi levado para um hospital em Verdun para receber um curativo e seguir viagem

---

[5] É importante lembrar que vários dos que se opunham a Hitler por razões militares não faziam necessariamente objeção à "solução final", exceto em alguns detalhes. Foi gravada uma fita em que Eberbach dizia ao filho, em cativeiro na Inglaterra, naquele mês de setembro: "Na minha opinião, pode-se chegar até a dizer que a morte daqueles milhões de judeus, ou seja lá quantos foram, foi necessária para o bem do nosso povo. Mas matar mulheres e crianças não era necessário. Isso é ir longe demais". O filho, oficial da Marinha, respondeu: "Ora, se é para matar os judeus, então que se matem as mulheres e crianças também, ou pelo menos as crianças. Não há necessidade de fazer isso publicamente, mas que bem me faria matar só os velhos?".

até Berlim, onde seria julgado e enforcado. Às 22h15, anunciou-se que "o Comandante Militar da França, general Von Stülpnagel, foi emboscado e ferido por terroristas".

A notícia da tentativa de assassinato "caiu feito uma bomba", nas palavras do tenente-general Bodo Zimmermann, um dos oficiais de maior posto do Estado-Maior de Kluge. "Como no caso de todo acontecimento súbito e inesperado, primeiro se instalou uma certa paralisia." Para a maioria dos oficiais, a "pergunta candente" era: "o que os homens estão dizendo e fazendo na frente de batalha? A frente ainda se aguentará?". Quando chegou a um *Kampfgruppe* da 21ª Panzer-Division, perto de Troarn, a notícia do atentado "se espalhou pela coluna como fogo no mato". Mas "a frente continuou lutando como se nada tivesse acontecido". A "elevada tensão emocional da batalha" fez com que a notícia só tocasse o soldado médio "na fímbria da consciência [...] o soldado em combate estava em outro mundo". O general Eberbach, por outro lado, disse mais tarde que ficou "espantado" com "a raiva e a indignação" que a tentativa de *Putsch* provocara "não só nas divisões da SS como também em algumas divisões da infantaria". A maioria dos oficiais se horrorizou porque os conspiradores tinham quebrado o juramento ao Führer.

Eberhard Beck, da 277ª Divisão de Infantaria, recordou o que aconteceu quando a notícia chegou à sua bateria de artilharia. "Nosso elemento de comunicações ouviu no rádio que houve um atentado contra Adolf Hitler. A morte dele teria sido um momento decisivo para nós e esperávamos que essa guerra sem sentido tivesse fim." O primeiro-tenente Freiherr von Stenglin, comandante da bateria, veio e anunciou que o atentado fracassara. Hitler estava vivo. Veio a ordem de que, a partir de então, todo soldado teria de fazer a "saudação alemã" (a saudação nazista) em vez da continência militar. Stenglin deixou sua posição bem clara ao levar prontamente "a mão à aba do quepe, na continência militar". Beck recordou que todos os camaradas se desapontaram com o resultado infeliz. Alguns dias depois, aviões aliados sobrevoaram as linhas alemãs soltando folhetos de propaganda. Divulgavam detalhes do atentado e também do novo decreto nazista do *Sippenhaft*, que impunha represálias contra a família dos envolvidos.

A reação de Stenglin e Beck não foi universal. Muitos oficiais subalternos ficaram abalados e confusos, mas preferiram não se envolver com a questão. Por outro lado, os oficiais de Estado-Maior, como Zimmermann, sentiram com "preocupação e opressão moral". Alguns, estranhamente, se mostraram chocados porque Stauffenberg pusera a bomba e depois saíra de cena. Para eles, um assassinato a pistola, no qual o assassino também morresse, lhes parecia mais adequado à honra do corpo de oficiais alemães. Entretanto, o que mais os deprimiu foi que o fracasso da tentativa entregara todo o poder aos fanáticos e eliminara toda e qualquer possibilidade de uma paz negociada.[6] "Os que viam mais longe", escreveu Zimmermann, "acharam que era o começo do fim, um sinal terrível. Os linhas-duras pensaram: que bom que os reacionários traidores foram desmascarados, agora podemos acabar com eles".

Em Londres, houve esperanças de que o atentado fracassado pudesse "ser o famoso seixo que dá início à avalanche". Mas a crença de Hitler de que a providência o salvara o deixou ainda mais convencido de seu gênio militar, para desespero dos generais. Entretanto, a respeito de uma coisa ele estava certo. Ele descreveu como "idiota" a ideia de um armistício com os britânicos e americanos, talvez até de convencê-los a entrar na guerra contra a União Soviética. Segundo ele, os conspiradores eram "inacreditavelmente ingênuos" e que a tentativa de matá-lo foi "como uma história de faroeste".

Nos meses seguintes, as teorias da conspiração vicejaram nos círculos nazistas, depois que ficou claro o grande número de oficiais envolvidos na trama e de seus simpatizantes. No total, cerca de 5 mil foram presos. Essas teorias foram além da ideia de que Speidel desviara deliberadamente as divisões *panzer* em 6 de junho. Quando finalmente se descobriu que o Plano Fortitude e a ameaça de um segundo desembarque no Passo de Calais eram um logro brilhante, a SS se convenceu de que houve traição dentro do Fremde Heere West, o departamento de informações militares que tratava dos aliados ocidentais. A SS perguntou como o serviço de informações militares conseguira engolir um logro que envolvia todo um grupo de exércitos que jamais existira. Oficiais de

---

[6] Quando Churchill se encontrou com Roosevelt em Quebec para a conferência Octagon naquele mês de setembro, o marechal de campo Brooke escreveu uma breve "Explicação da resistência alemã continuada". "A resistência alemã continuada se deve principalmente à determinação fanática dos líderes do Partido Nazista a lutar até o fim e à posse do necessário controle político e psicológico da Alemanha. Essa determinação se baseia na doutrina defendida pelos nazistas de que a Alemanha se rendeu depressa demais em 1918; no medo que sentem pela própria segurança; na crença fanática em sua capacidade, que os impede de avaliar corretamente a situação; e na falta de alternativas à resistência continuada que possam oferecer a oportunidade de um renascimento posterior do seu poder."

Estado-Maior ficaram sob suspeita de terem inflado deliberadamente o efetivo aliado e foram acusados de "falsificação da situação do inimigo".

No mês seguinte, as tensões entre a Waffen-SS e o Exército alemão também cresceram rapidamente na campanha da Normandia. As rações foram drasticamente reduzidas devido aos ataques aéreos aliados ao transporte de suprimentos, e grupos de SS em busca de comida saqueavam sem compunção e ameaçavam todos os soldados do Exército que tentassem fazer o mesmo.

Na Normandia, a única coisa em que o Exército e a Waffen-SS pareciam concordar era na exasperação constante com a Luftwaffe. O general Bülowius, comandante do 2º Corpo Aéreo, considerava isso muito injusto. A supremacia aliada interceptava seus aviões assim que decolavam, e os bombardeiros eram obrigados a soltar as bombas muito antes de chegarem à área do alvo. Ele sofria com os "relatórios diários [do exército] que chegam ao quartel-general do Führer dizendo que a Luftwaffe e seus aviões nunca eram vistos". Em consequência, ele recebia dos seus superiores "muitas acusações e repreensões desagradáveis".

As tripulações da Luftwaffe na Normandia consistiam em um punhado de ases sobreviventes, mas a vasta maioria era bucha de canhão recém-saída das escolas de voo. Não era raro que o major Hans-Ekkehard Bob, comandante de um esquadrão de caças com 59 vitórias, fosse perseguido por oito ou nove Mustangs. Só sobrevivia usando toda a sua habilidade em voo, girando e retorcendo-se quase ao nível do chão em volta de pequenos bosques e torres de igreja. Ele afirma ter sido muito auxiliado pela intensa competição entre os pilotos americanos, todos ansiosos para derrubá-lo e, assim, atrapalhando-se uns aos outros.

Já que todas as bases aéreas conhecidas eram bombardeadas e metralhadas com regularidade pelas forças aéreas aliadas, os esquadrões de caças transferiram-se para os bosques próximos a algum trecho reto de estrada que pudesse servir de pista. Tinham de pousar e depois se enfiar entre as árvores, onde o pessoal de terra esperava para cobrir o avião com redes de camuflagem. Para esse tipo de trabalho, o Focke-Wulf 190, com o trem de pouso largo e a construção robusta, se mostrou muito mais eficaz do que o Messerschmitt 109.

Como tinham alertado Rommel e Kluge, as forças alemãs na Normandia estavam perto do colapso. Só tinham recebido pequeno número de homens para compensar as baixas. Foram levadas à frente as "unidades de alarme", formadas de escriturários e outros chamados desdenhosamente de "semissoldados", para preencher algumas lacunas das divisões da frente de batalha. Eles não perdiam homens somente devido às ações do inimigo. A redução das rações causada pelos ataques aéreos aliados provocou deserções, não só de poloneses, *Osttruppen*,[7] alsacianos e *Volksdeutsche*, mas até de alemães nascidos no Reich.[8]

Alguns soldados não acreditavam no regime nazista ou simplesmente detestavam a guerra. Um médico britânico desconfiou da ajuda entusiasmada de um jovem soldado alemão que se rendera. Ao sentir a desconfiança, o rapaz puxou uma fotografia da namorada e mostrou-a. "Não, não", disse. "Não é truque. Quero viver para *vê-la*!"

O tenente-general Von Lüttwitz, comandante da 2ª Panzer-Division, ficou chocado quando três austríacos seus desertaram para o inimigo. Ele avisou que o nome dos desertores seria publicado nas cidades natais, de modo que se pudessem adotar medidas contra os parentes. "Quando alguém trai o próprio povo", anunciou, "sua família não pertence mais à comunidade nacional alemã." Lüttwitz podia ter apoiado a ideia de resistir a Hitler, mas ainda assim estava disposto a adotar medidas de caráter nazista.

O tratamento dado aos soldados da SS foi ainda mais duro. De acordo com um decreto do Führer, os soldados da SS podiam ser acusados de alta traição se fossem aprisionados pelo inimigo sem estarem feridos. Foram lembrados disso com todo o vigor pouco antes da invasão. Não surpreende que os britânicos e canadenses tenham capturado tão poucos SS vivos.[9] Mas talvez a história mais horrenda sobre a disciplina da SS seja a de um alsaciano convocado para a 1ª SS Panzer-Division *Leibstandarte Adolf Hitler*. Outro alsaciano da 11ª Companhia do 1º Regimento SS da *Leibstandarte*, que também fora recrutado à força, desertou e tentou fugir numa coluna de refugiados franceses. Foi avistado por

---

7 Alguns voluntários *Hiwi* soviéticos das tropas alemãs demonstraram lealdade fanática. Um integrante da 272ª Divisão de Infantaria escreveu que "tinham uma relação muito boa com eles". Também se mostraram muito eficientes no roubo de comida para os camaradas alemães. E Panzer Meyer, da 12ª Divisão SS, tinha um ordenança cossaco que parece ter sido muito dedicado.

8 No total, 130 mil homens foram convocados na Alsácia, na Lorena e em regiões do sul da Bélgica para a Wehrmacht e a Waffen-SS. Eram classificados como "*Volksdeutsche*", mas francófonos relutantes se descreviam como "*malgré-nous*", ou "malgrado nós".

9 O Exército americano realizava um exame cuidadoso dos prisioneiros alemães. Um relatório disse que a idade média era de 28 anos, a altura média era de 1,67 metros e que o peso médio era de quase 68 quilos. Os mais baixos eram os nascidos entre 1919 e 1921, os "anos da fome" na Alemanha.

membros de seu regimento e levado de volta. O comandante, então, ordenou que membros de sua companhia o surrassem até a morte. Com todos os ossos do corpo quebrados, o cadáver foi jogado numa cratera de granada. O capitão declarou que aquele era um exemplo de "*Kameradenerziehung*", "educação pela camaradagem".

21

OPERAÇÃO COBRA: ROMPIMENTO

Em 21 de julho, os alemães interceptaram uma mensagem de rádio que convocava os comandantes americanos para receberem ordens. Assim se confirmaram suas suspeitas de que o I Exército americano preparava uma ofensiva em grande escala, mas ainda não sabiam onde. Depois da luta intensa em Saint-Lô, o Oberstgruppenführer Hausser esperava um avanço para sudoeste, pelo vale do Vire, de Saint-Lô para Torigni. O marechal de campo Von Kluge, por outro lado, estava convencido de que o ataque principal da Normandia viria mais uma vez dos britânicos, na frente de Caen. No mundo sombrio das mensagens interceptadas, os aliados gozavam de imensa vantagem. O general Bradley sabia pelo Ultra que as tropas alemãs, muito espalhadas, estavam próximas do colapso. Finalmente, chegara a hora do rompimento.

As tropas de Bradley tinham chegado enfim à estrada longa e reta que ia de Lessay, no litoral oeste, até Saint-Lô, passando por Périers, linha de onde partiria a Operação Cobra. O único problema era o setor de Lessay. Em 22 de julho, os alemães tinham iniciado um ataque súbito e a pobre 90ª Divisão americana, que continuara a despencar devido às baixas de oficiais, recebeu o maior golpe. "Uma unidade se rendeu ao inimigo", afirmava o relatório, "e a maioria das outras saiu correndo e retrocedeu em desordem". Patton escreveu em seu diário que "hoje um batalhão da 90ª Divisão se comportou de forma vergonhosa" e que o comandante da divisão teria de ser destituído.

A Operação Cobra foi retardada vários dias devido às pesadas chuvas que começaram em 20 de julho, seguidas por nuvens baixas que não se desfaziam. Os aguaceiros foram tão intensos que as caixas de Ração K, que os soldados usavam para forrar as trincheiras, desintegraram-se numa pasta encharcada. Assim como os britânicos e canadenses, eles também foram atormentados pelos mosquitos. Os atrasos foram difíceis para muitos. Um oficial da 3ª Divisão Blindada mostrou-se mais filosófico. "Quase 90% da guerra é esperar", escreveu em seu diário, "o que não é tão ruim assim, desde que o material de leitura se aguente". Mas o general-brigadeiro Maurice Rose, que provou ser um dos melhores comandantes de blindados do Exército dos Estados Unidos, não desperdiçou os dias de mau tempo. Usou-os para fazer um treinamento intensivo dos grupos de infantaria que acompanhavam seus tanques.

Bradley precisava de boa visibilidade. Estava decidido a abrir a frente à força com bombardeiros pesados, mas queria evitar o grande erro cometido na Operação Goodwood, quando o avanço não ocorreu com rapidez suficiente para aproveitar o efeito do choque. Bradley voou até a Inglaterra em 19 de julho para discutir o plano de bombardeio com os comandantes da força aérea. Só queria bombas leves, para evitar as crateras profundas que poderiam retardar as tropas blindadas. A área-alvo do bombardeio de saturação seria um retângulo no lado sul da estrada entre Périers e Saint-Lô.

Os brigadeiros concordaram com o pedido de Bradley, mas deixaram claro que não poderiam atacar seguindo a linha da estrada.[1] Teriam de vir pelo norte, sobrevoando o Exército à espera, mais ou menos como tinham feito em Omaha. Também acharam que recuar os soldados da linha de frente apenas 750 metros, como Bradley sugerira para assegurar o aproveitamento rápido da oportunidade, não seria uma margem de segurança suficiente. O Exército e a força aérea discutiram muito sobre isso e se decidiram por 1.100 metros. Os relatórios meteorológicos indicavam que o céu estaria suficientemente claro ao meio-dia de 24 de julho, e a hora H foi marcada para as 13 horas.

O major-brigadeiro Leigh-Mallory fora à Normandia observar a operação em pessoa. O céu não ficou limpo ao meio-dia como estava previsto. Leigh-Mallory, então, decidiu que a visibilidade não era suficiente. Enviou à Inglaterra

---

1 O bombardeio lateral os obrigaria a abordar o lado mais estreito da área-alvo. Isso exigiria que atacassem numa formação muito restrita. Também deixava os aviões expostos ao fogo antiaéreo em toda a extensão da frente alemã.

uma mensagem adiando o ataque para o dia seguinte, mas os bombardeiros já estavam a caminho. Foi dada a ordem de abortar a missão, mas a maioria dos soldados que aguardavam para atacar não foi avisada. Os jornalistas e oficiais dos exércitos aliados, inclusive do Exército Vermelho, tinham sido convidados a comparecer aos postos de comando para assistir ao espetáculo. "Os observadores ficaram por ali, matando o tempo, contando piadas, e esperaram", observou um oficial da 4ª Divisão de Infantaria.

A maioria dos aviões recebeu a ordem a tempo e voltou. Alguns lançaram as bombas ao sul da estrada, como planejado, mas no avião líder de uma formação o bombardeador teve dificuldades com o mecanismo de liberação e soltou a carga acidentalmente 1,5 quilômetro ao norte da estrada de Périers a Saint-Lô. O resto da formação, achando que era o sinal, prontamente soltou as suas também. Lá embaixo, os soldados da 30ª Divisão não estavam em trincheiras. Em pé ou sentados em veículos, tinham observado os bombardeiros lá em cima. Nisso, escutaram aquele "estranho farfalhar no céu" que significava que um grande número de bombas tinha sido lançado. Correram em todas as direções, tentando se proteger. 25 homens morreram e 131 ficaram feridos. O general Bradley ficou furioso. Ele se convencera de que os comandantes da força aérea acabariam atendendo a seu pedido de que o ataque ocorresse ao longo da linha da estrada e não perpendicular ao alvo. Era preciso tomar uma decisão rápida para que a Operação Cobra fosse iniciada no dia seguinte. Os comandantes da força aérea insistiam que tinham que seguir a mesma abordagem, senão haveria atrasos. Bradley sentiu que não tinha opção senão concordar.

Um número ainda maior de observadores se reunira no quartel-general de Collins, no 7º Corpo, para assistir ao "grande espetáculo". Os jornalistas se acotovelavam com impaciência enquanto esperavam. O coronel Kraminov, correspondente de guerra soviético, que tinha para quase todo mundo uma palavra maliciosa, descreveu Ernest Hemingway, que olhava por sobre a cabeça dos outros: "O extravagante *knickerbocker* ruivo", acrescentou, "contava anedotas tão chatas quanto suas obras numerosas e superficiais". Depois que o general Bradley passou as primeiras informações aos correspondentes, os oficiais do Estado-Maior prosseguiram. "Esta não é uma ofensiva de objetivo limitado. É isso. Este é o grande rompimento." Não se fez menção das baixas causadas pelo bombardeio amigo.

Uma missão militar soviética, vinda de Londres, também visitava o I Exército americano na ocasião. O general Hodges chegou ao 5º Corpo de Gerow

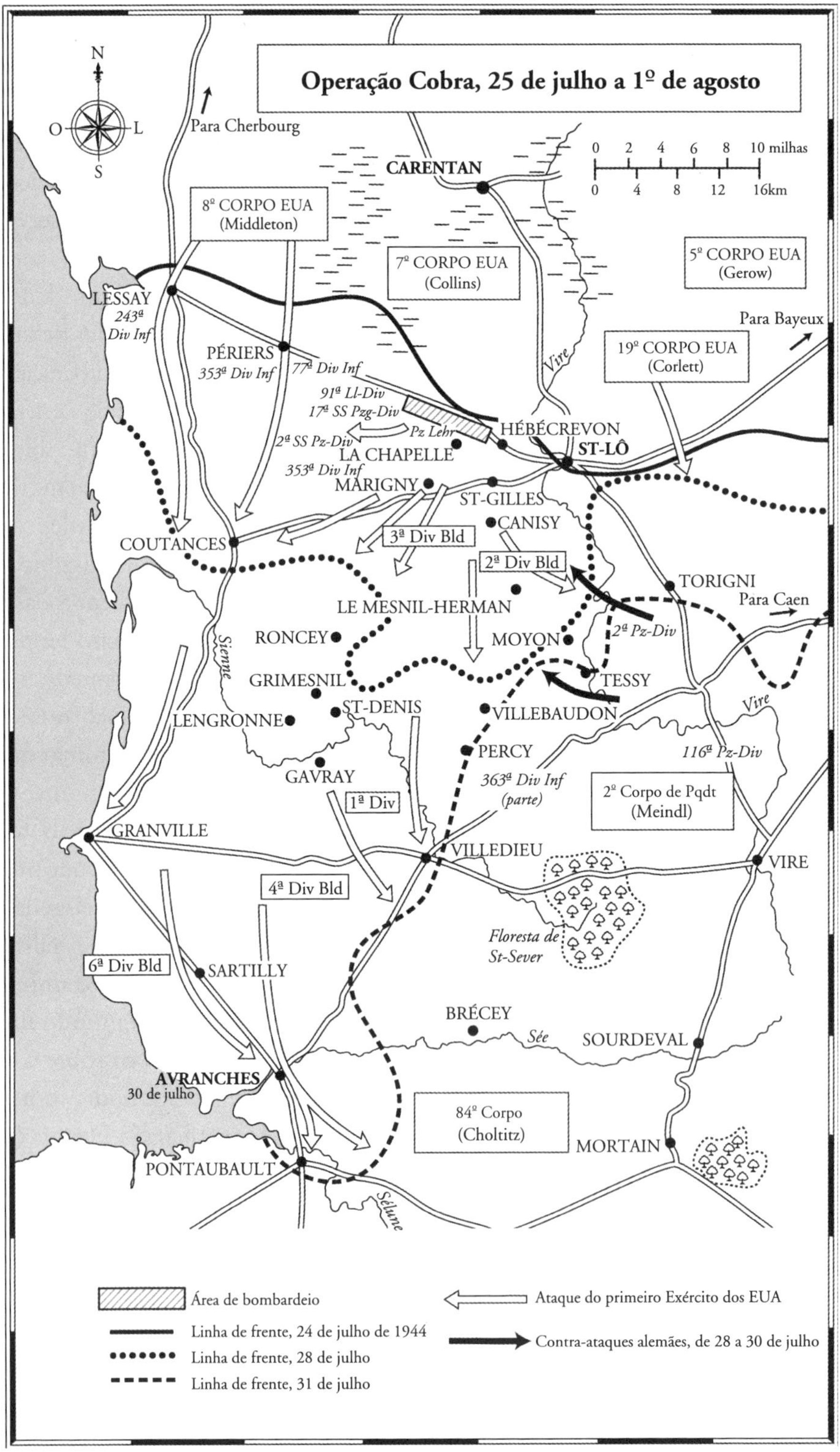

Operação Cobra, 25 de julho a 1º de agosto
N
O
L
S
Para Cherbourg
0 2 4 6 8 10 milhas
0 4 8 12 16km
CARENTAN
8º CORPO EUA
(Middleton)
7º CORPO EUA
(Collins)
5º CORPO EUA
(Gerow)
LESSAY
243ª Div Inf
PÉRIERS
353ª Div Inf
77ª Div Inf
91ª Ll-Div
17ª SS Pzg-Div
Pz Lehr
2ª SS Pz-Div
353ª Div Inf
Para Bayeux
19º CORPO EUA
(Corlett)
Vire
HÉBÉCREVON
ST-LÔ
LA CHAPELLE
MARIGNY
ST-GILLES
CANISY
COUTANCES
3ª Div Bld
2ª Div Bld
TORIGNI
Para Caen
LE MESNIL-HERMAN
2ª Pz-Div
RONCEY
MOYON
Sienne
GRIMESNIL
TESSY
ST-DENIS
VILLEBAUDON
LENGRONNE
Vire
PERCY
116ª Pz-Div
GAVRAY
363ª Div Inf
(parte)
2º Corpo de Pqdt
(Meindl)
1ª Div
GRANVILLE
VILLEDIEU
VIRE
4ª Div Bld
Floresta de St-Sever
6ª Div Bld
SARTILLY
BRÉCEY
Sée
SOURDEVAL
AVRANCHES
30 de julho
84º Corpo
(Choltitz)
MORTAIN
PONTAUBAULT
Sélune
Área de bombardeio
Linha de frente, 24 de julho de 1944
Linha de frente, 28 de julho
Linha de frente, 31 de julho
Ataque do primeiro Exército dos EUA
Contra-ataques alemães, de 28 a 30 de julho

com um grupo de oficiais soviéticos de calças com listras vermelhas e ombreiras douradas. Os oficiais do Exército Vermelho estavam interessados em tudo o que viam e fizeram perguntas sobre os soldados inimigos capturados. Entretanto, eles se "enrijeceram perceptivelmente" quando um dos integrantes do Estado-Maior de Gerow respondeu: "Não eram muito bons, eram poloneses e russos". Provavelmente, não foi tanto o desprezo às suas qualidades marciais que os irritou, mas a lembrança do fato de que cerca de 1 milhão de ex-soldados do Exército Vermelho serviam com farda da Wehrmacht sob graus variados de coerção.[2]

O general de divisão Leslie J. McNair, comandante das forças terrestres, era outro observador. Sua visita à frente de batalha fora mantida ultrassecreta porque ele devia assumir o lugar de Patton como comandante em chefe do fictício Primeiro Grupo de Exércitos americano, que ameaçava o Passo de Calais.[3] McNair estava no quartel-general da 30ª Divisão e decidiu avançar até o 120º Regimento de Infantaria para assistir ao bombardeio na linha de frente.

Pouco antes do ataque, houve um sinal sinistro. Os alemães, de repente, dispararam uma das suas salvas de artilharia curtas e intensas. Dois soldados americanos da 30ª Divisão, que vinham correndo de direções diferentes para pular na mesma trincheira, baionetaram-se. Um enfermeiro correu para ajudá-los e enfaixar as feridas. Pouco depois, o general McNair, ao saber desse horrível acidente, procurou o enfermeiro para interrogá-lo sobre o caso. Mas o infortúnio estava prestes a se repetir em escala muito maior.

Naquela manhã de 25 de julho, com a hora H, marcada agora para as 11 horas, o processo de bombardeio se repetiu. Os primeiros caças-bombardeiros vieram zunindo pontualmente às 9h40. Nos vinte minutos seguintes, ondas formadas por um esquadrão de cada vez atingiram o alvo com grande precisão, entre a linha de frente e a estrada de Saint-Lô a Périers. Os soldados em pé e sentados nos veículos acenaram e gritaram. Então, antes mesmo que morresse

---

2 O governo de Stálin era extremamente sensível a essa questão. O embaixador soviético em Washington fez um protesto oficial depois que reportagens sobre ex-soldados do Exército Vermelho que lutavam pelos alemães foram divulgadas pelos correspondentes da Associated Press e da United Press na Normandia.

3 Três dias depois, em 28 de julho, os alemães descobriram, por alguns documentos capturados, que o III Exército americano já se transferira para a França, mas o Estado-Maior que organizava o Plano Fortitude estava preparado para o caso de esse detalhe vazar. Por meio dos seus agentes, aumentaram a falsa força de invasão com o quartel-general de um novo Grupo de Exércitos e com o chamado "XIV Exército dos Estados Unidos".

o som do motor dos Thunderbolts, o rugido firme dos bombardeiros pesados pôde ser ouvido vindo de trás quando mais de mil Fortalezas Voadoras B-17 e Liberators B-24 aproximaram-se em formação.

Parece que ninguém imaginou que tudo poderia dar errado uma segunda vez. O general McNair deixara o carro do comando atrás de um blindado e avançara a pé para ver melhor. Havia uma brisa soprando do sul cujo efeito não fora levado em conta. As primeiras bombas foram lançadas sobre o alvo, mas o vento soprou a fumaça e a poeira para o norte, por sobre a estrada de Périers a Saint-Lô, de modo que as ondas posteriores começaram a soltar as cargas antes do lugar certo. As companhias de vanguarda, ao perceber o perigo, jogaram granadas de fumaça alaranjada como alerta, mas a quantidade de fumaça e poeira levada pelo vento as cobriu. Não havia ligação pelo rádio entre as tropas em terra e os bombardeiros pesados.

A guarnição dos tanques pulou de volta para dentro dos veículos e fechou as escotilhas, mas a infantaria e o general McNair ficaram ao ar livre. Nos regimentos avançados de infantaria, um total de 101 homens foram mortos e 463 feridos. Um dos paramédicos que foi ajudar espantou-se ao descobrir que "o rosto dos mortos ainda estava rosado". Possivelmente, isso aconteceu pela onda de choque, e não com a penetração de estilhaços.

McNair foi um dos mortos. O corpo foi levado para um hospital de campanha e todo o pessoal teve de jurar que manteria segredo. Além das baixas, o efeito sobre os homens prestes a atacar foi devastador. Um tenente registrou que seus homens ficaram enterrados nas trincheiras. "Muitos tinham apenas um braço ou uma perna de fora e tiveram de ser desenterrados." A 4ª Divisão de Infantaria relatou que "todos os homens e oficiais que estavam sob bombardeio confirmam o terrível efeito de choque. Grande número de homens ficou algum tempo estonteado, fitando o vazio, incapaz de entender o que se dizia". Em consequência, na 30ª Divisão, 164 homens foram evacuados com exaustão de combate.

As companhias atingidas pelo bombardeiro esperavam que a hora H fosse adiada depois do que acontecera, mas Bradley insistiu que a operação devia começar imediatamente. Nas circunstâncias, isso foi otimista demais. Além do choque, os tanques que deveriam acompanhar o avanço da infantaria tinham recuado durante o bombardeio e perdido o contato com ela.

* * *

Os alemães, que receberam a força total do bombardeio, estavam em situação muito pior. A Divisão Panzer Lehr de Bayerlein e a 275ª Divisão de Infantaria ficaram no centro do ataque. A Panzer Lehr fora duramente atingida na véspera pelo bombardeio, ainda que limitado, e a artilharia alemã usara grande parte do reduzido suprimento de munição, supondo que era o ataque principal. Bayerlein recuara o grosso das tropas, deixando-as exatamente na área-alvo de 25 de julho. Alguns comandantes alemães chegaram a acreditar que tinham conseguido repelir o ataque abortado, de modo que, na verdade, o adiamento de um dia confundiu os alemães e não revelou o plano americano. Kluge achou que o bombardeio de 24 de julho poderia ser uma operação diversionária para ocultar uma grande ofensiva britânica. Imediatamente, visitou a frente de batalha do Panzergruppe West e discutiu a situação com o general Eberbach.

Parece que suas suspeitas se confirmaram, porque Montgomery, escolhendo o momento perfeito, iniciou a Operação Spring na madrugada seguinte, apenas quatro horas antes que a Operação Cobra realmente começasse. Essa foi a tentativa do 2º Corpo Canadense de tomar a serra de Verrières, ao lado da estrada de Caen a Falaise. Embora a ofensiva fracassasse horrivelmente, o resultado não poderia ter sido melhor. Kluge ficou com mais certeza ainda de que Falaise era o principal objetivo aliado. Em consequência, só concordou com a transferência de duas divisões *panzer* do setor britânico para o americano mais de 24 horas depois do início da Operação Cobra, e elas só chegaram à frente de batalha dois dias depois.[4] As operações Goodwood e Spring, portanto, atingiram o principal objetivo de Montgomery, muito embora nenhuma das duas tivesse conseguido o rompimento.[5]

O bombardeio total de 25 de julho causou efeito devastador sobre soldados e veículos alemães. "O lugar inteiro mais parecia uma paisagem lunar; tudo estava queimado e destruído", escreveu Bayerlein. "Era impossível trazer veículos ou recuperar os avariados. Os sobreviventes pareciam loucos e não serviam para nada. Não acredito que o inferno seja tão ruim quanto o que vivenciamos."

---

[4] Patton e até Bradley se convenceram de que os alemães tinham transferido duas divisões *panzer* antes que a Operação Cobra começasse. As fontes alemãs mostram que isso não aconteceu.

[5] O oficial de ligação pessoal de Montgomery com o I Exército americano observou depois que "a retirada de *panzers* alemães e o início da Operação Cobra deu fim à tentativa, principalmente de Tedder, de convencer Churchill e Ike a substituir Monty".

Bayerlein, que tendia ao exagero, afirmou inicialmente que a Panzer Lehr perdera 35 tanques, 15 canhões autopropulsados e 2 mil homens. Mais tarde, reduziu para 25 tanques, dez canhões autopropulsados e pouco menos de mil homens. Um regimento de paraquedistas de seu setor também foi aniquilado. De qualquer modo, não se pode duvidar do efeito do choque. Um médico americano anotou no diário que "muitos [prisioneiros] na verdade apenas balbuciavam, completamente malucos".

Um oficial de infantaria americano, ao avançar pela área-alvo, observou que "no fim dessa grande ação de bombardeio, foi como se tivessem arado a terra. Numa área de vários quilômetros quadrados, quase nenhum animal ou ser humano estava vivo e havia caminhões, canhões e máquinas de todo tipo numa desordem contorcida sobre o solo profundamente marcado". Em alguns casos, tanques Panteras tinham capotado, como tartarugas. Vários dias depois do rompimento, Patton sobrevoou o setor da Operação Cobra a 90 metros de altitude, num avião de reconhecimento. Mesmo a essa altitude, ele achou insuportável o fedor das vacas mortas.

Entretanto, nem toda resistência fora eliminada. A 4ª Divisão de Infantaria avançou ainda esperando que os tanques surgissem. Depois dos primeiros 700 metros, os americanos encontraram as posições alemãs, apoiadas por tanques escondidos numa trilha afundada entre sebes. Os grupos com bazucas destruíram os tanques, que talvez já não funcionassem, e atiraram num grupo de alemães que contornou a sebe bem à frente deles. "O resto se amontoou num canto da sebe e gritou '*Kamerad!*'. Um dos líderes do esquadrão avançou e lhes fez sinal para que se aproximassem. Nisso, levou um tiro. O outro líder do esquadrão foi à frente mas o pegaram com uma granada. Não conseguíamos ver de que parte da posição inimiga vinha o fogo e não podíamos correr mais riscos, então atiramos nos alemães que queriam se render."

A 4ª Divisão de Infantaria conseguiu avançar no máximo 2,5 quilômetros. "O resultado do primeiro dia dificilmente constituiria um verdadeiro rompimento", admitiu o quartel-general. A 9ª Divisão, à direita, e a 30ª, à esquerda, conseguiram pouco mais. Surgiu a sensação generalizada de que o resultado do bombardeio havia sido profundamente desapontador. Mas tanto os comandantes quanto os soldados estavam sendo supercautelosos, em parte como consequência das semanas de luta no *bocage*. O general Collins, comandante do corpo, tomou uma decisão ousada. Em 26 de julho, decidiu avançar, antes da hora marcada, as divisões blindadas.

Naquele dia, os alemães mandaram para La Chapelle-en-Juger as últimas reservas que lhes restavam, que foram atingidas por ataques de caças-bombardeiros. Logo ficou claro que o setor entre a 4ª e a 9ª Divisões estava praticamente aberto. Choltitz e Hausser não compreenderam toda a extensão do perigo, principalmente porque o bombardeio havia destruído muitas linhas telefônicas.

No centro, então, a 4ª Divisão de Infantaria avançou bem. "A eficácia do bombardeio ainda estava evidente", relatou a divisão. "Muito embora fosse um dia depois, muitos alemães ainda pareciam bastante abalados. Vários prisioneiros pareciam uns trapos." Em certo ponto, três tanques Pantera foram cercados pela infantaria e a guarnição se rendeu. Um pelotão achou graça ao descobrir, num tanque abandonado pela Panzer Lehr, "uma boa coleção de roupas de mulher, como meias de seda e calcinhas". A 30ª Divisão, no flanco leste, depois de se recuperar extraordinariamente bem do bombardeio acidental, enfrentou duro combate perto de Hébécrevon, logo a nordeste de Saint-Lô. Mas nisso a resistência alemã começou a se desfazer com rapidez.

Naquela manhã de 26 de julho, Collins tinha ordenado que a 1ª Divisão, com uma unidade de combate da 3ª Divisão Blindada, rompesse pela direita. Enquanto isso, a Força-Tarefa da 2ª Divisão Blindada do general-brigadeiro Rose deveria atacar pela esquerda, primeiro com a 30ª Divisão e depois prosseguindo sozinha para o sul, rumo a Saint-Gilles. O treinamento intensivo anterior de Rose para "casar" infantaria e carros numa tática conjunta funcionou. O 22º Regimento de Infantaria da 4ª Divisão subiu nos tanques, oito homens em cada Sherman e quatro nos blindados leves. O terceiro batalhão seguiu atrás, em viaturas pesadas. Às vezes as estradas esburacadas por bombas e granadas os retardavam e, sempre que encontravam resistência, a infantaria apeava. Os soldados esgueiravam-se à frente para localizar *panzers*, tarefa facilitada pela prática alemã de manter o motor ligado. Então, a infantaria indicava a posição do inimigo para os tanques do seu lado, que avançavam para combatê-los. Rose, sabendo muito bem que o principal problema seriam os suprimentos, ordenara que os tanques levassem rações a mais, granadas e cargas de munição para os fuzis da infantaria.

A 2ª Divisão Blindada, orgulhosamente chamada de "Inferno sobre Rodas", fora pessoalmente organizada pelo general Patton e se orgulhava de ser uma formação que bebia e lutava muito. Suas guarnições eram arrogantes com a infantaria, que chamavam de massa, e o espírito de temeridade de Patton também se refletia no gosto deles pelo jogo. Um oficial admitiu que se entregavam a "muitos saques". Em todos os exércitos, as guarnições dos tanques tendem a ser as que mais saqueiam, talvez por chegarem primeiro com a infantaria mas terem mais condições para guardar o butim. Entretanto, outro oficial observou que poucos homens seus perdiam o controle na batalha. "Felizmente, é pequeníssimo o número de indivíduos doidos para matar", escreveu. "Eles são traiçoeiros, inábeis e é perigoso tê-los por perto." De qualquer modo, o profissionalismo e a iniciativa decidida da 2ª Divisão Blindada foram exatamente o necessário para aproveitar a oportunidade criada pela Operação Cobra.

Retardados por sebes e crateras, os tanques com a infantaria em cima percorriam em média apenas 1,5 quilômetro por hora, mas esse avanço ainda era incomparavelmente mais rápido do que nos períodos anteriores de luta no *bocage*. O 22º Regimento de Infantaria apeou para limpar a cidadezinha de Saint-Gilles, na estrada de Coutances a Saint-Lô. Quando os tanques saíram da cidade e seguiram para o sul, passaram pelo "soldado De Castro, deitado ao lado da estrada, gravemente ferido. O pé direito quase fora arrancado acima do tornozelo e estava pendurado apenas pelo tendão. Tinha uma ferida terrível aberta no ombro direito. Quando passamos, ele tentou se erguer um pouco, acenou com o braço esquerdo bom e disse: 'Peguem eles, rapazes!'".

Depois que a coluna blindada de Rose saiu da área bombardeada e passou por Saint-Gilles, o ritmo do avanço aumentou, muito embora a noite tivesse caído. Rose não viu razão para parar durante as horas de escuridão. Os tanques contornaram as posições alemãs. Algumas viaturas germânicas, achando que a coluna devia ser de unidades deles que recuavam, uniram-se a ela e foram prontamente capturados. Na estrada que seguia para Canisy, ao sul, os Shermans de Rose explodiram meias-lagartas alemãs que tinham apenas uma metralhadora para se defender.

Canisy estava em chamas, bombardeada por Thunderbolts P-47. A coluna blindada levou tempo para atravessar os escombros. No castelo local, encontraram um hospital de campanha alemão, onde capturaram soldados feridos, médicos e enfermeiras. Rose não queria perder tempo. Forçou os homens rumo a Le Mesnil-Herman, mais de 12 quilômetros ao sul de Saint-Lô.

No flanco direito, a 1ª Divisão de Infantaria e a Força-Tarefa A, da 3ª Divisão Blindada, sob o comando do general-brigadeiro Doyle O. Hickey, atacou rumo ao sul. Avistaram um canhão autopropulsado e um blindado Mark IV em Montreuil-sur-Lozon. Chamaram pelo rádio um esquadrão de Thunderbolts

P-47, que vieram voando baixo e destruíram o canhão de assalto. A guarnição do tanque pulou do blindado e fugiu correndo.

Cada força-tarefa tinha um grupo de apoio aéreo montado em tanques cedidos por ordem de Bradley aos oficiais de ligação da força aérea. Criara-se uma relação de trabalho excepcionalmente eficaz com o general de divisão Elwood R. Quesada, chefe do 9º Comando Tático Aéreo. "Pete" Quesada, de 40 anos, ao contrário de muitos aviadores, tinha verdadeiro entusiasmo pelo papel do ataque em terra. Essa seria a base da "proteção das colunas blindadas", na qual os esquadrões de caças-bombardeiros, trabalhando em turnos, estavam sempre por perto para dar apoio, como o sistema de "fila de táxi" dos Typhoons que operavam com o II Exército britânico. Naquele dia, os caças-bombardeiros de Quesada estavam no ar em grande quantidade. Um comandante alemão se queixou amargamente de que voavam "no céu como falcões, vigiando qualquer movimento em terra e mergulhando para o ataque".

A força-tarefa de Hickey e a 1ª Divisão seguiram para o sul, rumo a Marigny, 6 quilômetros além da estrada de Périers a Saint-Lô. Às 13 horas de 26 de julho, um piloto de Piper Cub avistou "tanques amigos" em Marigny. Mas a cidade não caiu de imediato. As estradas estavam bloqueadas por escombros, e desmoronavam paredes das casas em chamas. Os americanos fizeram quase duzentos prisioneiros alemães, muitos deles recompletamentos que tinham acabado de chegar, vindos dos batalhões de instrução. "Soldado velho", observou o tenente Schneider, que foi levado com eles, "é o que está no setor desde domingo". Ao anoitecer, Marigny estava completamente ocupada. Os americanos sofreram poucas baixas. Um batalhão teve apenas doze feridos no dia inteiro.

Felizmente para as unidades blindadas americanas, os alemães tinham começado a ficar sem granadas de 88 mm, como revelava uma mensagem de 26 de julho interceptada pelo Ultra. Outra mensagem captada pelo Ultra naquele dia mostrava que os alemães ainda acreditavam que o ataque principal viria da frente de Caen e não do oeste, pelo litoral do Atlântico. Choltitz, bem mais perto da crise, começou a recuar as tropas entre Périers e a costa. Só ficou para trás uma leve proteção, que pouco pôde fazer quando a 6ª Divisão Blindada americana entrou em Lessay. "Seguíamos junto de moradores que acenavam e nos jogavam flores", contou o comandante de um pelotão de tanques, quando os alemães abriram fogo com metralhadoras e pistolas automáticas. A 6ª Divisão Blindada avançou pela estrada do litoral, deixando a infantaria para trás para limpar o setor.

O general Patton, que aguardava impaciente que seu III Exército se tornasse operacional, recebeu um telefonema de Bradley convidando-o para jantar usando "roupa boa". Patton ficou um pouco surpreso. "É o que eu sempre uso", comentou, sempre querendo a última palavra. Na verdade, Bradley não queria lhe contar por telefone a verdadeira razão do convite. Iam sepultar o general McNair em sigilo total.

O decisivo rompimento americano teve efeito marcante sobre o moral alemão. Os soldados começaram a conversar entre si de um modo que antes não ousariam. Um suboficial médico mais velho, chamado Klein, descreveu a noite de 26 de julho, quando receberam ordens de abandonar a enfermaria ao sul de Saint-Lô com 78 homens gravemente feridos e voltar para Vire. Ele registrou a conversa dos feridos capazes de andar.

Um cabo com a Cruz de Ouro alemã por ter destruído cinco tanques na frente oriental lhe disse: "Vou lhe dizer, Sani, não há mais guerra aqui na Normandia. O inimigo é superior em efetivo e material bélico. Estamos simplesmente sendo mandados para a morte com armamento insuficiente. O nosso Supremo Comando [Hitler e o OKW] não faz nada para nos ajudar. Nenhum avião nem munição suficiente para a artilharia [...] Pois bem, para mim, a guerra acabou".

Um infante ferido por estilhaços no ombro disse: "Esse pedaço de ferro que me feriu devia ter atingido a cabeça do Führer em 20 de julho, e a guerra já teria acabado". Outro soldado que ajudou Klein a carregar os feridos disse: "Já nem ligo mais. Dois irmãos meus foram sacrificados em Stalingrado e não adiantou nada. E aqui é a mesma coisa". As baixas mais jovens perguntavam "se o ferimento era suficiente". Queriam saber se seriam mandados de volta para casa ou se seriam apenas transferidos para o hospital principal. Os feridos leves, que tivessem perdido um dedo ou recebido um tiro na perna sem quebrar nenhum osso, eram mandados de volta à frente de batalha em cinco dias.

Ao meio-dia de 27 de julho, Bradley deu novas ordens. A Operação Cobra ia tão bem que queria um avanço com força total até Avranches, a entrada da Bretanha. O comandante das forças aeroterrestres britânicas, tenente-general de divisão Sir Frederick "Boy" Browning, tentara convencer Bradley a adotar a ideia de um lançamento de paraquedistas em Avranches, na retaguarda alemã. Mas Bradley rejeitou a proposta. O lançamento reduziria muito a flexibilidade necessária nesse tipo de operação, porque criaria o imperativo moral de, antes de tudo, resgatar a tropa aeroterrestre.

Bradley decidiu dar a Patton o comando extraoficial do 8º Corpo, a oeste, embora o III Exército só fosse entrar em operação em 1º de agosto. "Sinto-me muito mais feliz com a guerra", registrou Patton no diário. "Ainda posso entrar." De acordo com os preceitos firmes de Patton, a 4ª Divisão Blindada de Wood e a 6ª Divisão Blindada de Grow se tornaram a dupla ponta de lança do 8º Corpo.

De repente, os comandantes alemães compreenderam a enormidade do desastre que enfrentavam. Sua reação fora lenta principalmente devido à tática americana de cortar todos os cabos e linhas telefônicas. Em muitos lugares, os soldados alemães não faziam ideia de que houvera um rompimento. Muitas vezes se espantavam ao encontrar soldados americanos muito além de onde achavam que estava a linha de frente. Alguns oficiais num Kübelwagen quase se chocaram com uma coluna, e, em várias ocasiões, motociclistas alemães se aproximaram de veículos americanos para descobrir o que estava acontecendo e foram alvejados.

O general Meindl avisou que o 2º Corpo Paraquedista, ao sul de Saint-Lô, no vale do Vire, estava agora reduzido a 3.400 homens. "Devido às pesadas baixas, [não foram] mais capazes de suportar a grave pressão aliada." Kluge, então, foi forçado a aceitar que a ofensiva americana constituía o perigo principal. Concordou com o pedido apavorado de Hausser de reforços de *panzers* e ordenou a transferência da 2ª e da 116ª Divisões Panzer da frente britânica.

Na noite de 26 de julho, Lüttwitz foi à frente visitar o quartel-general de Meindl, onde encontrou "uma situação bastante confusa". O próprio Meindl escreveu que "o barulho do canhoneio e dos motores dos tanques era tão grande que ficou impossível falar ao telefone". Seu posto de comando estava escondido em montes de escombros, que pelo menos constituíam boa camuflagem contra os caças-bombardeiros americanos. Meindl, irritado ao descobrir que Lüttwitz não estava sob seu comando direto, disse que era loucura iniciar um ataque, sobretudo durante o dia. A situação estava tão ruim que mal conseguiam se aguentar.

— O que o senhor está pensando? — retorquiu Lüttwitz. — Só quero que o senhor cuide para que meu flanco direito fique adequadamente seguro durante o ataque.

Meindl respondeu que manteriam o flanco, mas que não conseguiriam acompanhar os *panzers*.

Lüttwitz, então, foi convocado ao posto de comando do VII Exército de Hausser, 15 quilômetros ao sul de Percy. Lá, foi informado do plano pelo general Von Funck, novo comandante do corpo. Teria de atravessar o Vire perto de Tessy e depois avançar para noroeste e bloquear a estrada de Saint-Lô a Percy. Era por essa rota que avançava a coluna do general-brigadeiro Rose. Ele seria seguido pela 116ª Panzer-Division assim que esta chegasse.

Meindl, que ainda se sentia magoado, decidiu conversar pessoalmente com o general Von Funck. Assim, embora seu corpo estivesse no meio de uma batalha desesperada, subiu no seu Kübelwagen, que apelidara de "*Jaboflitzer*", ou "o que se esquiva dos caças-bombardeiros", e seguiu Lüttwitz até o posto de comando do VII Exército para reclamar que a 2ª Panzer-Division não estava sob suas ordens. A visita de pouco lhe adiantou. Na viagem de volta, teve de parar em várias ocasiões e se jogar numa vala enquanto os caças americanos atacavam.

Assim que chegou, encontrou o tenente-coronel Von Kluge, filho do marechal de campo, esperando impaciente em seu quartel-general com o general de exército Heinz Guderian, novo chefe do Estado-Maior geral. Kluge mandou o filho ir "de Estado-Maior a Estado-Maior, como 'viajante da frente de batalha', como diziam", escreveu Meindl, "mas que, na nossa maneira de dizer, é o chamado espião, para levar ao velho as suas impressões", Meindl, de mau humor, disse ao jovem Kluge que informasse ao pai que não era mais possível manter a Normandia, e que o ataque das duas divisões *panzer* nada conseguiria. Em vez disso, os *panzers* deviam ser usados para montar uma defesa anticarro, "em vez de lançá-los para longe, com objetivos imaginários, como se fizessem manobras blindadas num mapa".

Meindl não escondeu o desdém pelos comandantes de *panzers* – "essa gente metida". Nunca saíam de suas "carroças a gasolina" para fazer reconhecimento a pé, porque "não era agradável sair na zona de fogo. Era muito mais seguro se abaixar e fechar a escotilha. Só alguns comandantes de tanques tinham capacidade de ver – ou podiam ser convencidos com uma discussão – de que, para nós, o momento das grandes batalhas de blindados já passara! Agora tinham de acordar do lindo sonho!".

"Parecia que os lá de cima ainda esperavam que um milagre acontecesse. Além disso, nossa propaganda anunciou o atentado de 20 de julho e suas consequências. Assim, cabia a nós, como paraquedistas, cuidar para que *nossa* honra não fosse manchada! O mundo se decidira pela nossa destruição. Ótimo! Vamos nos aguentar com nossos trabucos."

Embora 27 de julho fosse um dia nublado, o que salvou a 2ª Panzer-Division de ataques aéreos na marcha até o Vire, ela só começou a atravessar o rio naquela noite, em Tessy, sessenta horas depois do início da Operação Cobra. Nisso, estavam atrasados demais para deter o avanço americano.

No litoral oeste, em 27 de julho, quando chegou a Coutances, a 6ª Divisão Blindada descobriu que sua unidade de reconhecimento já havia tomado a cidade. Acamparam lá naquela noite e depois "só saímos correndo" na direção de Granville. A infantaria alemã estava escondida nas sebes dos dois lados, de modo que os tanques leves da 6ª Divisão Blindada avançaram pela estrada a 24 quilômetros por hora, espalhando fogo de metralhadora para a direita e para a esquerda. A coluna da 3ª Divisão Blindada do general-brigadeiro Hickey também seguia para Coutances. Mas o general Collins, assim como o coronel Luckett, do 12º Regimento de Infantaria adido a ele, criticaram a 3ª Blindada por avançar com demasiada cautela.

O avanço foi mais difícil em 27 de julho para as formações americanas no centro do rompimento. As divisões blindadas foram retardadas pela densidade do trânsito militar nas estradas, com as colunas se estendendo por uns 25 quilômetros. As obstruções costumavam ser causadas por viaturas alemãs destruídas que bloqueavam as estradas. Bradley, que previra esse problema, reunira 15 mil homens da engenharia para a Operação Cobra. Sua principal tarefa era "abrir e manter as principais rotas de suprimentos" passando pela brecha. Isso significava encher as crateras das estradas, retirar as viaturas alemãs avariadas e até construir desvios em torno de cidades que tivessem sido destruídas.

Em 28 de julho, a visibilidade melhorou, para alívio dos comandantes americanos. O ataque de Lüttwitz com a 2ª Panzer-Division, a oeste do rio Vire, foi interrompido por ataques aéreos com facilidade. A 116ª Panzer-Division se saiu um pouco melhor. A oeste, o corpo de Choltitz corria o risco de ser cercado e o quartel-general do VII Exército ordenou que recuasse para o centro, perto de Roncey. O Obersturmbannführer Tychsen, novo comandante da *Das Reich*, foi morto perto de seu posto de comando por uma unidade de reconhecimento americana. E, naquela noite, o Standartenführer Baum, da 17ª SS Panzergrenadier-Division *Götz von Berlichingen*, assumiu o comando do que restava de ambas as divisões.

O avanço americano se acelerou pela estrada litorânea. Com o mar à direita, a 6ª Divisão Blindada avançou quase 50 quilômetros. Sempre que chegava a um bloqueio na estrada, o oficial de ligação do tanque ou meia-lagarta simplesmente chamava um esquadrão de Thunderbolts P-47 e a posição defensiva era destruída, em geral dentro de 15 minutos.

Os alemães sofreram a confusão da retirada súbita sem meios de comunicação. Poucos comandantes sabiam onde seus soldados estavam. As divisões se fragmentaram, havia caos nas estradas. A munição e o combustível não conseguiam chegar e os veículos e *panzers* tiveram de ser abandonados. Apenas pequenos grupos de soldados, com o apoio de um canhão anticarro ou de assalto, mantinham a resistência. A Divisão Panzer Lehr avisou que não tinha "tropas em condições de combate". Seus remanescentes foram mandados de volta a Percy. No mesmo dia, o quartel-general do 2º Corpo Paraquedista avisou que "não havia munição leve e média para obuseiros de campanha".

A luta acirrada continuava perto de Cerisy-la-Salle, no centro, mas na verdade era a tentativa desesperada de uma tropa alemã encurralada de escapar lutando, e não uma defesa até o último homem. A artilharia de campanha e os canhões antiaéreos americanos foram "usados para atirar diretamente nos atacantes". Os Thunderbolts P-47 também se lançaram ao ataque, mas também surgiu uma formação inesperada de Messerschmitts 109, metralhando os soldados americanos.

Parte do *Kampfgruppe* Heintz abriu caminho por entre as sebes, evitando os vilarejos, tentando encontrar uma brecha no cerco. Alguns homens sugeriram a rendição, mas os oficiais se recusaram. "Durante cinco dias", escreveu um suboficial, "não tivemos nada para comer além de frutas verdes e as rações de ferro que tiramos dos companheiros mortos. Mais uma vez o Exército foi sacrificado para salvar as unidades da SS de serem capturadas […] tivemos de deixar 178 feridos para trás." Render-se nem sempre era uma opção segura. Um oficial americano da 9ª Divisão observou que, "quando outros elementos do inimigo, como os poloneses, tentam se render, os SS atiram neles". Durante as marchas noturnas para escapar, o moral começou a se deteriorar rapidamente e o mau humor explodiu. Os paraquedistas culpavam a SS pela situação difícil e a SS, por sua vez, os culpava. Alguns oficiais entraram em colapso com a tensão nervosa e a exaustão.

* * *

No lado leste do rompimento, no vale do Vire, a 2ª Divisão Blindada estava além de Villebaudon, no mesmo nível de Tessy. A força-tarefa de Rose seguia para Saint-Sever-Calvados, na estrada entre Villedieu e Vire. De repente, o quartel-general do VII Exército teve medo que o corpo de Choltitz, a oeste, ficasse completamente isolado. Choltitz recebeu do major-general Pemsel, chefe do Estado-Maior do VII Exército, a ordem de contra-acatar na direção de Percy, para deter a ponta de lança americana. Ele sabia que isso causaria o caos e os exporia aos ataques de caças-bombardeiros assim que chegasse a aurora. Também deixaria aberta a rota litorânea até Avranches. Mas Hausser insistiu que obedecessem à ordem.

Naquela noite, quando soube da decisão do VII Exército de acometer para sudeste, Kluge, em La Roche-Guyon, perdeu a paciência. Telefonou para o Oberstgruppenführer Hausser e ordenou-lhe que revogasse a ordem imediatamente. Hausser respondeu que provavelmente seria tarde demais, mas que tentaria. A mensagem, levada de motocicleta por um oficial, chegou finalmente a Choltitz à meia-noite, mas ele não tinha comunicação com as divisões. Estas continuaram a atacar rumo ao sudeste, para longe do litoral.

Kluge, temendo destituir Hausser pelo erro porque ele pertencia à Waffen-SS, ordenou que Pemsel fosse substituído. O general Von Choltitz, chamado de volta para assumir o comando da região de Paris, teve de ceder o 84º Corpo ao general Elfeldt. Hitler também ficou furioso ao saber que a estrada para Avranches, e portanto para a Bretanha, estava exposta. O OKW deu ordens para que houvesse um contra-ataque imediato. Kluge também exigiu reforços urgentes. Pediu a 9ª Panzer-Division, que estava no sul da França, e mais divisões de infantaria. O OKW aceitou esse pedido com rapidez incomum.

Com muitos soldados alemães em retirada concentrados perto de Roncey, a Força-Tarefa B da 2ª Divisão Blindada começou a montar pontos de bloqueio numa linha mais ao sul. Mas, na noite de 28 de julho, o Exército americano se tornou vítima de sua própria mecanização perdulária. As estradas mais ao norte estavam tão engarrafadas no corredor do rompimento que os elementos de vanguarda do quartel-general da 4ª Divisão de Infantaria ficaram "na estrada a noite toda". Em todos os casos, os engarrafamentos foram causados por "uma viatura inimiga avariada deixada parcialmente sobre a estrada num ponto com muita lama". O corpo de engenheiros não conseguia remover os obstáculos. Em certo ponto, um oficial do Estado-Maior pediu uma retroescavadeira e ele mesmo retirou um veículo queimado. Alguns franceses, que trabalhavam furiosamente para ajudar a cobrir as crateras, recusaram-se a receber pagamento, insistindo que "faziam isso para nos ajudar a matar mais *boches*".

O major-general Huebner, da 1ª Divisão de Infantaria, a "Primeira Vermelhona", estava decidido a não deixar que nada retardasse seu avanço. Insistia que "só deve predominar o tráfego em mão única" nas estreitas estradas normandas. Nem mesmo ambulâncias teriam permissão de retornar. "As baixas terão de ser tratadas da melhor maneira possível ao longo da rota de avanço." A infantaria da 3ª Divisão Blindada subiu nos tanques para que os meias-lagartas pudessem ser carregados com latas de gasolina, munição e outros suprimentos. A 6ª Divisão Blindada, no litoral, também decidiu que não era hora de fazer depósitos de suprimentos nem de distribuir rações em áreas de bivaque. "Que inferno", comentou um oficial, "durante uns dois dias ficamos distribuindo rações feito Papai Noel no trenó, com entregadores e destinatários em movimento". As guarnições dos Shermans raramente paravam para cozinhar ou para se aliviar. Sobreviviam com ovos cozidos e café solúvel. Um oficial médico disse, a respeito dos capacetes dos tanquistas, em forma de "bacia de pudim" que "eles defecavam e cozinhavam neles". Outro oficial médico da 2ª Divisão Blindada observou mais uma vantagem do avanço rápido: havia menos baixas causadas por minas e armadilhas. Os alemães tiveram pouco tempo para deixar suas surpresinhas atrás de si.

Em 29 de julho, a Força-Tarefa A da 2ª Divisão Blindada de Rose enfrentou luta renhida ao sul da estrada para Villebaudon. Encararam um *Kampfgruppe* da 2ª Panzer-Division de Lüttwitz, no cruzamento de La Denisière, com quase vinte tanques e duas companhias de *panzergrenadiers* em meias-lagartas. A divisão de Lüttwitz e a recém-chegada 116ª Panzer-Division tinham recebido ordens de investir para oeste e interromper o avanço americano, juntando-se à amalgamada Divisão SS. Mas Lüttwitz percebeu que seria impossível. Decidiu que era mais importante proteger o flanco ao longo do rio Vire, que sofria pressão da 30ª Divisão de Infantaria americana. As armas anticarro americanas destruíram vários *panzers* e forçaram os outros a recuar para leste até Moyon, onde ocorreu uma batalha muito mais dura.

Uma coluna de tanques da força-tarefa de Rose, tendo consigo soldados da 4ª Divisão de Infantaria, avançou para a cidadezinha de Moyon, enquanto o capitão Reid comandava uma patrulha de sua companhia pelo lado leste.

Os homens de Reid atiraram na guarnição de um canhão anticarro, mas foram alvejados por um tanque alemão. O soldado Sharkey, um "ás da bazuca", aproximou-se dele pelo outro lado da sebe e o destruiu com o penúltimo rojão que tinha. Outro tanque apareceu perto do primeiro e começou a atirar com a metralhadora. O capitão Reid se esgueirou ao longo da sebe, levantou-se e jogou uma granada de fósforo branco em cima do tanque e outra embaixo. Logo o blindado estava em chamas.

Entretanto, em Moyon propriamente dita, outro tanque alemão destruiu um dos Shermans. O comandante do batalhão de blindados decidiu sair da cidade e alvejar o lugar com munição de alto explosivo. Disse aos pelotões de infantaria na vanguarda que também retrocedessem. Pouco antes de recuar, o soldado Sharkey disparou o último rojão da bazuca contra outro tanque alemão, à frente de uma coluna com infantaria que se aproximava da cidade. Acertou diretamente o anel com cremalheira da torre. O capitão Reid gritou: "Vamos sair daqui antes que atirem em nós!". Mas era claro que o sangue de Sharkey já fervera. Ele ficou em pé na sebe, atirando com o fuzil na infantaria alemã. Uma rajada de metralhadora de um dos tanques lhe arrancou parte do rosto, mas Starkey conseguiu recuar com os outros, "a carne pendurada até o peito". Andou com o corpo erguido enquanto os outros rastejavam.

Foram interceptados por outra coluna alemã, liderada por tanques. Só restavam a Reid mais duas granadas de fósforo branco, mas ele conseguiu pôr fogo no veículo da frente. A fumaça serviu de cortina e a patrulha escapuliu cruzando a estrada. Sharkey caiu, devido ao terrível ferimento, mas se recuperou depois de descansar e reencontrou o resto da companhia um pouco adiante, erguendo dois dedos no V da vitória. "Sharkey deu a maior demonstração de bravura que já vi", disse Reid depois.

O major Latimer, comandante do batalhão de infantaria, soube tarde demais para impedir a decisão do comandante de tanques de abandonar a cidade. Ficou horrorizado por razões táticas e também devido ao efeito sobre o moral. Uma coisa era os tanques retrocederem e voltarem a investir, mas ele acreditava que, depois que a infantaria avançava, devia manter o terreno que tivesse ocupado. Os *panzergrenadiers* alemães, pegos de surpresa pelo assalto inicial, rapidamente se infiltraram de volta na cidade. Levaram para lá mais tanques e artilharia, além da coluna que os homens de Reid tinham visto.

"Desenrolou-se um duelo entre os tanques alemães e os nossos, com a infantaria no meio", dizia o relatório da ação. "Foi uma experiência terrível e as baixas foram altíssimas. Nossas forças também caíram sob muito fogo de artilharia. Além das pesadas baixas físicas, tanto a infantaria quanto os tanques tiveram alguns homens que não aguentaram a tensão." Mais tarde, naquele mesmo dia, a força-tarefa recebeu o reforço de parte da 30ª Divisão. A única satisfação que tiveram ao se retirar foi ver os bombardeiros alemães chegarem e atacarem suas próprias forças em terra por engano.

Mais a oeste, durante a tarde de 29 de julho, os Thunderbolts P-47 do 405º Grupo de Caças avistaram um enorme engarrafamento de veículos alemães na estrada a leste de Roncey. Durante seis horas e meia, bombardearam e metralharam em rodízio. Os pilotos afirmaram ter destruído 66 tanques, 204 viaturas e 11 canhões, além de 56 blindados e 55 veículos avariados. Isso era absurdamente otimista, mas ainda assim a carnificina foi considerável. O Exército dos Estados Unidos também pediu o apoio dos Typhoons da Esquadrilha 121 da RAF, que atacaram outra coluna, ao sul de Roncey, e afirmaram ter destruído 17 tanques e avariado mais 27. Na verdade, a pesquisa operacional descobriu mais tarde que só quatro tanques e cinco meias-lagartas foram atingidos. A maioria das viaturas foi abandonada e destruída pelas próprias guarnições. Mesmo assim, a falta de precisão dos Typhoons foi mais do que compensada pelo efeito psicológico que causou na guarnição dos *panzers* alemães.

Enquanto isso, a Força-Tarefa B da 2ª Divisão Blindada terminou de preparar as emboscadas e os bloqueios de estrada na área de Grimesnil. Os alemães do bolsão de Roncey, sob forte pressão da 3ª Divisão Blindada, ao norte, teriam de tentar escapar passando por eles.

Perto de Saint-Denis-le-Gast, a 1,5 quilômetro de Grimesnil, o 82º Batalhão de Reconhecimento montou um bloqueio coberto de canhões anticarro com o 92º Batalhão de Artilharia de Campanha. Eles viram uma coluna de veículos se aproximar, com dois carros blindados americanos na frente, mas esses tinham sido capturados e estavam sendo usados como *ruse de guerre*. Enquanto passavam, um artilheiro anticarro avistou um meia-lagarta alemão logo atrás deles e abriu fogo. A artilharia também reagiu depressa, atirando com a mira aberta, e a coluna alemã foi destruída.

Pouco depois, o posto de comando da reserva da 2ª Divisão Blindada quase foi invadido num ataque de surpresa, mas os defensores, em sua maioria pessoal de administração e de serviços de retaguarda, mantiveram o sangue-frio. Com a ajuda do luar e da luz dos veículos em chamas, escolheram os alvos a curta distância quando a infantaria alemã investiu. Isso ficou claro, pela manhã, quando os oficiais foram examinar os cadáveres dos atacantes. Os alemães tinham sido mortos "por tiros únicos de fuzil em vez de rajadas de metralhadora".

Outro relatório citou a bravura do sargento Bishop, cujo corpo foi encontrado no meio de sete alemães mortos, e do sargento especialista Barnes, que cortou a garganta de três atacantes alemães com uma faca de combate. "A ação durante a luta foi tão confusa que um enfermeiro ergueu os olhos e encontrou um enfermeiro alemão dividindo a trincheira com ele. Durante alguns minutos, ambos apontaram freneticamente para as braçadeiras com a cruz vermelha e depois revistaram-se um ao outro atrás de armas."

Naquela mesma noite, alguns quilômetros a sudeste, duas companhias de infantaria blindada que montavam um bloqueio de estrada foram pegas de surpresa quando os alemães desceram "morro abaixo rumo à estrada de Grimesnil, com o motor dos veículos desligado". Na luta desesperada no escuro, a infantaria blindada sofreu pesadas baixas, não só devido ao fogo inimigo mas também à sua própria artilharia e aos seus tanques. Quando, às 7 horas de 30 de julho, o tenente-coronel Crowley chegou com a companhia de reserva do batalhão, o combate praticamente já havia terminado. A área toda estava cheia de veículos em chamas. O bloqueio de estrada propriamente dito fora ultrapassado e Crowley não conseguiu fazer contato pelo rádio com uma das companhias atacadas. Mas os alemães estavam exaustos e intimidados pela artilharia. Trezentos prisioneiros foram recolhidos na área. A pior parte daquela manhã foi ficar sob fogo constante da 4ª Divisão Blindada, a oeste. "Nem o uso de fumaça amarela conseguiu detê-los, até que o coronel Crowley estabeleceu comunicação com eles pelo rádio."

Houve duas colunas alemãs principais que tentaram escapar durante a noite, uma delas com 96 veículos, como "tanques, canhões de 150 mm e 170 mm, rebocados e autopropulsados, meias-lagartas, carros do Estado-Maior, motocicletas e caminhões". Os soldados eram de três divisões, a 275ª Divisão de Infantaria, a 17ª SS Panzergrenadier-Division e o batalhão de reconhecimento da 2ª SS Panzer-Division *Das Reich*. "Os morteiros dispararam rojões sobre as viaturas, incendiando-as depois a artilharia do 62º e do 78º [Batalhões de Grupos de Artilharia Blindada de Campanha] começou a atirar nos cruzamentos e, sem se preocupar com a precisão, continuou a atirar pela estrada toda."

Um caça-tanques M-10 muito avariado parara ao lado da estrada entre Saint-Denis e Lengronne. A guarnição lá dentro se fez de morta quando a coluna alemã passou e, assim que o último meia-lagarta se afastou, os atiradores do M-10 apontaram o canhão de 3 polegadas e começaram a destruir o comboio inimigo, veículo a veículo, disparando um total de 28 tiros.

No cruzamento, a força principal teve de recuar para terreno mais alto, onde a infantaria poderia proteger os Shermans dos soldados alemães que tentavam se aproximar deles a pé com *panzerfausts*. O primeiro veículo da coluna alemã, um tanque Mark IV que rebocava um canhão de 88 mm, avançou rumo à posição defensiva e foi destruído pela granada de um tanque americano. "Então começou a matança organizada", contou um oficial. O pelotão de morteiros alvejou com fogo rápido a linha do comboio, "na razão de um rojão de fósforo branco para três de alto explosivo". Os veículos incendiados pelo fósforo branco iluminaram a cena, auxiliando os artilheiros dos tanques e as guarnições dos morteiros, que lançaram granadas e rojões de alto explosivo na traseira exposta dos meias-lagartas alemães. Enquanto os artilheiros continuavam a atirar nos alvos, os comandantes dos tanques tinham de combater a infantaria alemã com a metralhadora .50 montada sobre a escotilha.

Um oficial escreveu que, "quando o dia amanheceu, cerca de trezentos infantes alemães tentavam avançar pelo pântano para o norte da estrada de Grimesnil [...] os tanques foram atrás deles e mataram todos. Quase 300 corpos foram encontrados no pântano e em volta dele". Outros 600 mortos foram achados ao longo da estrada que fora bombardeada – "uma massa sangrenta de braços, pernas, cabeças [e] corpos cremados [...] pelo menos três mulheres alemãs foram encontradas em vários estágios de decapitação". Uma delas dirigia o carro do Estado-Maior de um general. "O major-general foi identificado pela farda, mas quando os oficiais do batalhão voltaram depois descobriram que os caçadores de suvenires tinham lhe tirado toda a roupa."[6]

O serviço americano de sepultamento resgatou 1.150 alemães mortos do comboio de 96 veículos. "A área toda era carne crua espalhada em veículos queimados e arruinados", observou um oficial. Outro relatório afirmava que "os prisioneiros chegavam tão depressa que era impossível contá-los. Muitos afirmaram que não comiam há dois ou três dias". Enquanto isso, o 82º Batalhão de Reconhecimento esgueirou-se para o sul para tomar as pontes sobre o rio Sienne.

---

6 Não se sabe ao certo a identidade desse oficial. Poderia ser o tenente-general Dietrich Kraiss, comandante da 352a Divisão de Infantaria, embora sua morte tenha sido registrada vários dias depois, em 2 de agosto.

A força-tarefa do brigadeiro-general Hickey, da 3ª Divisão Blindada, seguindo a retirada alemã, descobriu em Roncey que "equipamento alemão abandonado e avariado enchia o caminho a tal ponto que era impossível avançar pela rua principal, e a força teve de seguir por ruas secundárias para sair da cidade". Uma retroescavadeira blindada teve de ser trazida para limpar a rua principal. Tantos alemães se rendiam que tiveram de mandá-los sem guardas para a retaguarda. Quando a 3ª Blindada chegou à área de Grimesnil e Saint-Denis-le-Gast, um oficial médico anotou no diário: "Carnificina pavorosa. Inclui mortos inimigos esmagados pelos nossos blindados".

O major-general Rudolph-Christoff Freiherr von Gersdorff, novo chefe do Estado-Maior do VII Exército que chegara ao posto de comando avançado, 5 quilômetros a nordeste de Avranches, na tarde de 29 de julho, encontrou uma situação desastrosa.[7] Ninguém dera ordens de explodir nenhuma das pontes e não existia comunicação telefônica. Em consequência da retirada alemã do litoral, que tanto enfurecera Kluge, a 6ª e a 4ª Divisões Blindadas americanas estavam agora praticamente sem adversário.

Em Granville, no litoral, os alemães começaram a explodir as instalações do porto à 1 hora da madrugada e continuaram durante cinco horas. O comissariado de polícia local registrou que os soldados alemães estavam saqueando e roubando todos os veículos que encontrassem para fugir para o sul. Um pelotão de tanques americanos chegou a passar a 100 metros do posto de comando do VII Exército sem avistá-lo. À meia-noite, o Oberstgruppenführer Hausser e seu Estado-Maior retraíram para a retirada na direção de Mortain, a leste.

Houve consternação em La Roche-Guyon e no *Wolfsschanze*, na Prússia Oriental. O general Warlimont, no quartel-general do Führer, registrou que Kluge recebeu "ordens urgentes de impedir toda penetração rumo a Avranches. Todos viam que a frente inteira da Normandia estava se fragmentando." Hitler também estava preocupado com o destino da 17ª SS Panzergrenadier-Division *Götz von Berlichingen*, que parecia ter sido "praticamente engolida" durante a retirada. "Ninguém sequer sabia nem conseguia imaginar o que acontecera com ela, apesar de indagações frenéticas. É claro que estávamos mais interessados nessa divisão porque o assunto da qualidade combativa das divisões SS

---

7 Hitler, que aprovara a nomeação, não sabia que Gersdorff estivera prestes a matá-lo num atentado suicida em 21 de março de 1943, em Berlim.

era como 'ferro em brasa': coisa que não se deve tocar. Hitler tendia a acreditar em tudo o que fosse favorável a seus soldados da SS. Jamais permitia qualquer censura aos 'guardas negros'."

O grosso das forças alemãs recuara na direção de Percy. Uma tropa americana de reconhecimento que tentava encontrar alguma rota não defendida até aquela cidade vasculhou as estradas próximas, mas encontrou-as todas bloqueadas. Numa vereda rural, o sargento, no jipe da frente, avistou alguns soldados alemães se esgueirando atrás de uma sebe. "Jogue tudo neles!", berrou para o soldado que estava em pé atrás, guarnecendo a metralhadora .50. O artilheiro varreu a linha, matando a maioria deles com balas "incineradoras" (traçantes). Depois, brincou que eram balas bondosas porque esterilizavam o ferimento quando entravam e saíam do outro lado. Muitos soldados viram isso como vingança depois dos duros combates no *bocage*.

Os alemães praticamente não tinham mais forças para defender a estrada litorânea. Um batalhão de recompletamentos de campanha, no lado sul do rio Sienne, tinha reunido os soldados perdidos que conseguiram escapulir pela teia americana. A 6ª e a 4ª Divisões Blindadas, já sob o comando de Patton, estavam bem avançadas no caminho de Avranches. Patton não aceitou desculpas para atrasos. "O que se tem de fazer é jogá-los para o alto antes que se instalem", escreveu no diário em 29 de julho. Estava de excelente humor. O rompimento fora conseguido. A invasão, que considerava como sendo dele por direito divino, estava prestes a começar.

22

OPERAÇÃO COBRA: INVASÃO

Em 30 de julho, quando Avranches estava ao alcance da mão da 4ª Divisão Blindada, Montgomery iniciou a Operação Bluecoat. Ele não costumava organizar ofensivas com tanta pressa. Parece que, mais uma vez, a iniciativa era de Dempsey, mas isso não impediu Montgomery de achar que o plano era dele. Enviou mensagem a Eisenhower: "Ordenei a Dempsey que mandasse a cautela às favas, corresse os riscos que quisesse, aceitasse todas as baixas e pisasse fundo rumo ao Vire".

O 13º/18º Regimento de Hussardos estava na reserva, executando serviços muito necessários de manutenção dos tanques, quando o comandante da brigada "freia o jipe cantando os pneus" e diz a um dos oficiais que o regimento participaria de uma batalha no domingo de manhã. Teriam de partir às 6 horas da manhã seguinte. Os motores dos tanques estavam desmontados e os mecânicos tiveram de começar a remontá-los freneticamente. Algumas unidades foram avisadas com apenas 36 horas de antecedência.

Deslocar dois corpos da frente de Caen para atacar no extremo oeste do setor britânico em menos de 48 horas foi um pesadelo com as estradas estreitas. Muitas unidades só receberam as ordens operacionais quando se aproximavam da linha de partida. O comandante de um dos esquadrões do 13º/18º ouviu um boato vindo do quartel-general e o registrou no diário. "Monty está decidido a nos obrigar a alcançar os ianques, que estão indo magnificamente. A única diferença entre nós é que (a) o Exército deles é duas vezes maior e (b) temos o dobro da oposição contra nós." Embora a proporção estivesse um pouco exagerada, os soldados britânicos e canadenses sentiram, com certa razão, que tinham aguentado a guerra de desgaste contra as divisões *panzer*, e agora eram os americanos que recebiam toda a glória nos jornais.

A Operação Bluecoat se realizou ao sul de Caumont, onde os britânicos tinham ocupado parte da frente dos americanos. Uma das razões para escolher esse setor era que ali não havia divisões *panzer* da SS. O 8º Corpo de O'Connor seria encabeçado pela 15ª Divisão (escocesa) e pela 6ª Brigada Blindada de Guardas. A 11ª Divisão Blindada e a Divisão Blindada da Guarda vinha atrás deles, pronta para avançar. À esquerda, o 30º Corpo de Bucknall, com a 7ª Divisão Blindada, recebeu ordens de tomar Aunay-sur-Odon e, depois, o maciço de Mont Pinçon. A ideia era ocupar ali o terreno elevado para controlar as estradas ao sul da serra de que os alemães precisariam para a retirada.

O dia 30 de julho foi um domingo tão escaldante que a infantaria teve permissão de atacar em mangas de camisa, mas pelo menos o céu estava limpo e permitiu o apoio aéreo. A Operação Bluecoat foi precedida de outro ataque aéreo e de pesado bombardeio da artilharia. A 15ª Divisão Escocesa partiu com vantagem, atacando uma frente estreita. Quando o avanço foi retardado pela 326ª Divisão de Infantaria alemã, os tanques de apoio do 4º Batalhão do Regimento da Guarda de Coldstream e o 3º da Guarda Escocesa forçaram a passagem. Seus comandantes disseram à infantaria que seguisse as lagartas. Isso ia contra a doutrina do Exército britânico, mas os comandantes da 6ª Brigada de Guardas e da 15ª Escocesa tinham combinado, antes da batalha, que agiriam assim se necessário.

As encostas íngremes da serra, cobertas de florestas, derrotariam a maioria dos tanques, mas Churchill, apesar de todos os defeitos como máquina de combate, comportou-se extremamente bem. Os alemães, como não esperavam que os blindados britânicos conseguissem passar, não tinham canhões anticarro pesados na linha de frente. Tinham mantido bem atrás o batalhão de canhões autopropulsados. Em consequência, os tanques do batalhão de Coldstream atingiram seu objetivo, a Cota 309, às 16 horas. Tinham penetrado quase 5 quilômetros pelas linhas alemãs. À direita, os tanques da Guarda Escocesa investiram contra a Cota 226, passando por sebes e pomares. "As guarnições estavam machucadas e abaladas, os comandantes atingidos por galhos baixos e uma chuva de duras maçãs de sidra, que se acumularam no piso da torre dos tanques." Naquela noite, os batalhões escoceses alcançaram os dois batalhões blindados de Guardas e se prepararam para a defesa o alto dos morros.

Os alemães demoraram demais para reagir. Quando finalmente percebeu a ameaça, Eberbach ordenou à 21ª Panzer-Division que atravessasse o Orne e entrasse na batalha. Enquanto isso, a 326ª Divisão de Infantaria realizava contra-ataques desesperados nos dois morros e seu comandante, major-general Von Drabich-Wächter, foi morto. Em certo momento, conseguiram empurrar o batalhão de Coldstream e o 2º Batalhão de Highlanders de Glasgow para fora do morro, mas logo depois os britânicos o retomaram num contra-ataque.

O fato de o 30º Corpo não ter conseguido avançar à esquerda, bloqueado por um riacho com margens íngremes, deixou o 8º Corpo com o flanco muito exposto. Era aí que Eberbach queria atacar, mas quando o coronel Oppeln-Bronikowski reuniu a 21ª Panzer-Division, já era tarde demais. A tentativa aconteceu às 6 horas da manhã de 1º de agosto, com três batalhões *panzergrenadier*, cada um com apenas duzentos homens, os últimos tanques Mark IV do 1º Batalhão de seu regimento *panzer* e os últimos oito Tigres do 503º Batalhão Panzer Pesado. Os britânicos contra-atacaram e chegaram ao posto de comando divisionário da 21ª Panzer-Division. O pessoal do quartel-general teve de fugir, abandonando todas as viaturas. A 21ª Panzer recuou, depois de perder quase um terço do efetivo. Seguiu-se uma briga furiosa no quartel-general do corpo a respeito do fracasso.

A cooperação britânica entre carros e infantaria melhorara muito desde a Operação Goodwood, mas os tanques Churchill e Cromwell ainda tinham pouca chance contra os Tigres do 503º e do 502º batalhões de *panzers* pesados, além dos imensos canhões de assalto *Jagdpanzer* Ferdinand. Um dos esquadrões do 3º Regimento da Guarda Escocesa, ao atingir o objetivo depois de uma corrida louca pelo campo, encontrou três Ferdinands que, em instantes, destruíram doze dos seus dezesseis tanques. Um dos Ferdinands passou perto de um oficial da artilharia britânica. Este pôde ver bem o comandante, que "usava apenas um colete, talvez devido ao calor, e ria". O 2º SS Panzerkorps também foi desviado para bloquear o avanço britânico.

Enquanto a 15ª Divisão Escocesa e a 6ª Brigada Blindada de Guardas travavam suas batalhas, a Divisão Blindada de Guardas atacou Saint-Martin-des-Besaces, grande povoado da qual saíam estradas em todas as direções. Mas os alemães a defenderam furiosamente, apoiados por canhões autopropulsados.

À direita, a 11ª Divisão Blindada teve um golpe de sorte e o aproveitou na mesma hora. Em 31 de julho, uma unidade de carros blindados do 2º Regimento de Cavalaria da Casa Real conseguira atravessar as linhas alemãs na

Operação Bluecoat, 30 de julho a 7 de agosto

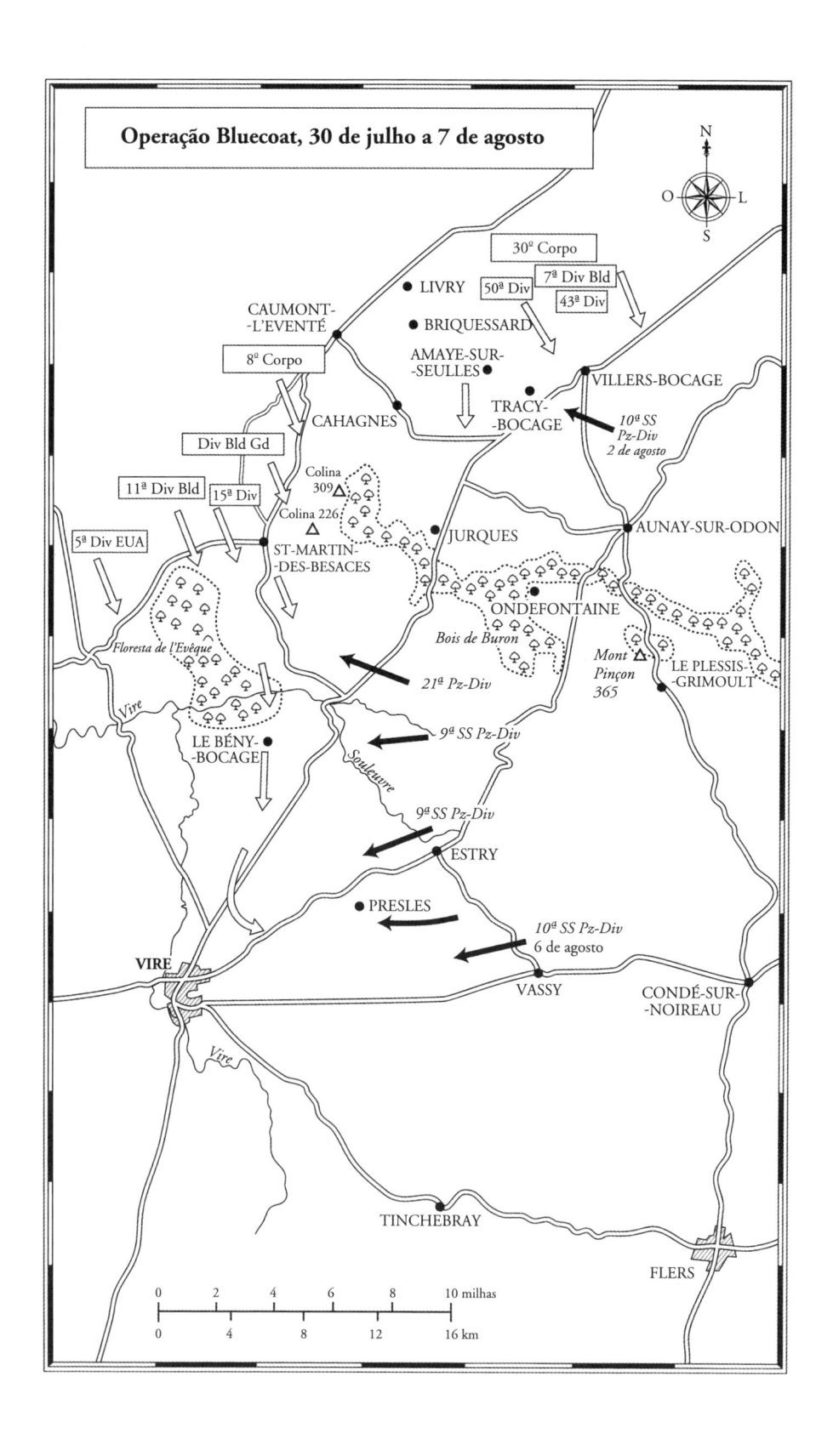

floresta de l'Eveque. 9,5 quilômetros mais adiante, descobriram que a ponte sobre o rio Souleuvre estava intacta. Rapidamente, eliminaram a única sentinela. A ponte ficava no limite entre a 326ª Divisão de Infantaria e a 3ª Divisão Paraquedista, e é provável que por isso nenhuma das duas tenha assumido a devida responsabilidade por ela. Quando transmitiram a descoberta pelo rádio, o oficial comandante da Cavalaria da Casa Real mal conseguiu acreditar e lhes pediu que voltassem a confirmar sua posição. Imediatamente, informou ao major-general "Pip" Roberts, da 11ª Divisão Blindada. Embora aquela rota ficasse a oeste da linha de avanço, no setor do 5º Corpo americano, Roberts mandou a 29ª Brigada Blindada a toda a velocidade, com a infantaria em cima dos blindados, para garantir a travessia. A ponte já recebera o apelido de "Dickie's Bridge" devido ao comandante da tropa, tenente D. B. Powle, que a ocupara. Mais tarde, Roberts pediu a aprovação de O'Connor para mudar de rumo. Esse avanço extraordinário, que levou a 11ª Blindada até o terreno elevado perto de Le Bény Bocage, forçou o general Meindl a recuar a 3ª Divisão Paraquedista.

A apenas 50 quilômetros para sudoeste, os primeiros tanques da 4ª Divisão Blindada de Wood entraram em Avranches, portal da Bretanha e do centro da França, pouco antes do anoitecer de 30 de julho. A cidade estava um caos. No litoral oeste, as tropas alemãs remanescentes sabiam que estavam numa corrida para escapar do cerco. A bateria costeira da Marinha, perto de Granville, destruíra seus canhões e partira para o sul atrás da ponta de lança americana. O coronel Von Aulock e seu *Kampfgruppe* também tentavam escapar para o sul passando por Avranches. Kluge ainda tinha esperanças de manter sua posição mais importante, mas quando os americanos avançaram com quatro divisões blindadas lado a lado – a 6ª, a 4ª, a 5ª e a 2ª –, não tinha mais reservas para contê-los.

Embora os tanques americanos já estivessem em Avranches, grupos de soldados alemães perdidos ainda tentavam passar pela cidade. Um pequeno destacamento de batedores da 256ª Divisão de Infantaria ficou algum tempo sobre a escarpa, em seu tanque soviético capturado na frente oriental, fitando a "vista inesquecível". "Lá embaixo, a praia coberta pela maré alta, com o Mont Saint-Michel ao luar e, à nossa frente, Avranches em chamas", escreveu o cabo Spiekerkötter. "Os americanos já estavam lá e queriam nos impedir de sair. Como conseguimos chegar à ponte e atravessá-la, ainda não sei. Só lembro que dois oficiais [alemães], de pistola em punho, tentaram tomar o caminhão de nós."

À 1 hora de 31 de julho, o marechal de campo Von Kluge recebeu um telefonema do tenente-general Speidel, chefe do Estado-Maior do Grupo B de Exércitos. Speidel avisou ao comandante em chefe do Ocidente que o 84º Corpo ficara para trás, na direção de Villedieu, mas que não conseguia entrar em contato com eles. "A situação é gravíssima. A capacidade de combate dos soldados declinou consideravelmente." O Alto-Comando, acrescentou, deveria ser informado de que o flanco esquerdo desmoronara. A ameaça à Bretanha e aos portos do litoral oeste era evidente. Muitos oficiais e soldados foram mais enfáticos. Descreveram a sensação de desastre como "*Weltuntergangsstimmung*", a sensação de que o mundo inteiro desmoronava. No flanco esquerdo do rompimento, as divisões americanas forçavam os alemães a retroceder, cruzando de novo o rio Vire.

Trinta e cinco minutos depois, Kluge conversou com o general Farmbacher, comandante do 25º Corpo na península da Bretanha. Farmbacher lhe falou das unidades mistas que tentava reunir e requisitou "uma ordem mais categórica à Marinha, cuja cooperação é insuficiente". Kluge também telefonou para Eberbach para perguntar se o Panzergruppe West estava em condições de ceder mais formações ao VII Exército. Este respondeu que era impossível. O duplo ataque britânico ao Vire e na direção de Aunay-sur-Odon já havia começado. Se mais alguma divisão *panzer* fosse transferida, os britânicos romperiam pelo menos até Falaise e Argentan, isolando assim também todo o VII Exército.

Às 2 horas, Kluge deu a ordem de que "sob quaisquer circunstâncias, a ponte de Pontaubault [ao sul de Avranches] tem de permanecer em nossas mãos. Avranches tem de ser retomada." Kluge ainda estava furioso com Hausser porque a "decisão fatal do VII Exército de seguir para sudeste levou ao colapso da frente de batalha".

Embora a 3ª Divisão Blindada fosse criticada pelo avanço lento, a Força-Tarefa X, comandada pelo tenente-coronel Leander L. Doane, realizou uma arremetida extraordinária. Sua coluna deixou o terreno elevado ao sul de Gavray às 16h07, seguindo para Villedieu-les-Poêles. O tempo estava "límpido como um sino" e os vinte Thunderbolts P-47 que davam apoio aéreo à coluna atacaram todas as colunas alemãs forçadas a se expor pelo avanço rápido de Doane. Este se comunicava diretamente com eles pelo rádio e podia direcionar os pilotos para qualquer alvo à frente. Os soldados nos veículos blindados em terra ficaram fascinados com a chuva de cartuchos vazios, enquanto os Thunderbolts os sobrevoavam e metralhavam prováveis posições inimigas.

Às 18 horas, chegaram aos arredores de Villedieu. Apesar de ter avançado 16 quilômetros em menos de duas horas, o coronel Doane recebeu a seguinte ordem: "Não pare no objetivo inicial. Siga para o rio Sée antes de parar para passar a noite. O comandante do Corpo ordena que siga com velocidade ainda maior." O Sée ficava logo depois de Brécey, mais 26 quilômetros ao sul. Doane ordenou aos homens que contornassem Villedieu e continuassem à velocidade máxima. Também pediu aos Thunderbolts no céu que fizessem o reconhecimento da estrada à frente.

O P-47 davam apoio tão de perto que um piloto avisou a Doane pelo rádio que ia bombardear um tanque alemão à esquerda, a apenas 50 metros, e que era melhor ele se proteger. A cooperação entre aviões e tanques foi a mais íntima possível. Outro piloto de Thunderbolt que voava para dar proteção à Força-Tarefa Z "sugeriu jocosamente" ao comandante que "era melhor baixar a antena", porque ia atacar bem acima de suas cabeças.

Quando eles chegaram às redondezas de Brécey, Doane, que estava no tanque da frente, disse aos Thunderbolts que se segurassem, porque não parecia haver inimigos presentes. Mas, quando seu Sherman dobrou a esquina e entrou na rua principal da cidade, ele viu "montes de soldados alemães descansando ao longo do meio-fio". Sem poder atirar naquele momento porque o operador de rádio estava no assento do artilheiro, Doane começou a atirar na infantaria alemã aqui e ali com a pistola Colt .45. Foi "uma entrada praticamente hollywoodiana", dizia o relatório. Entretanto, os tanques seguintes giraram as torres para a direita e para a esquerda, varrendo as ruas e casas com fogo de metralhadora.

A principal ponte sobre o Sée fora destruída, e assim a coluna virou-se para leste para tentar outra ponte próxima à cidade. Avistaram um grupo de infantes alemães deitados num pomar e também os varreram com as metralhadoras. Mas, ao chegar ao lugar da travessia, descobriram que a ponte também havia sido destruída. Doane se comunicou pelo rádio e logo o pelotão de engenharia chegou à vanguarda. Seu comandante decidiu que os homens conseguiriam construir um vau ali perto, usando uma das retroescavadeiras blindadas. As guarnições desembarcaram para carregar as pedras que formariam um tipo de base no leito macio do rio, mas só alguns veículos conseguiram atravessar antes que o vau ficasse intransitável.

Enquanto isso, a retaguarda da coluna se aproximava de Brécey, mas a infantaria alemã se reorganizara e oferecia forte oposição. Doane seguiu em frente com os tanques da vanguarda e, ao anoitecer, chegou à encosta norte da Cota 242. Em Brécey, o combate foi extremamente confuso. O capitão Carlton Parish Russell, do 36º Batalhão de Infantaria Blindada, saiu do meia-lagarta e voltou andando pela coluna para ver o que estava acontecendo. Viu alguns jipes com a rede de camuflagem em fogo. Depois, viu um soldado tentando arrancar o material em chamas. Gritou-lhe que, se não tirasse aquela farda camuflada, seria confundido com um alemão. O homem se virou e ele viu que era mesmo um soldado da Waffen-SS. O destacamento alemão cujo caminho fora cortado tentava capturar os veículos que tinham emboscado para fugir. O soldado SS derrubou-lhe a pistola da mão e ia erguendo o fuzil quando Russell o tomou dele e o nocauteou. Ele usou a arma contra os alemães na troca de fogo que se seguiu no meio da cidade.

A Força-Tarefa Z, que partiu de Gavray para Avranches, ao sul, em 31 de julho, enfrentou muito mais resistência e encontrou bloqueios de estrada protegidos por tanques e canhões anticarro. Mas também pegaram uma coluna alemã em campo aberto, que tentava escapar cruzando o seu caminho. Provocaram graves avarias em veículos de reconhecimento e meias-lagartas. O general Duble O. Hickey, num meia-lagarta do comando perto da vanguarda da Força-Tarefa, viu um dos seus canhões autopropulsados de 105 mm fazer uma dessas viaturas em pedaços a uma distância de menos de 50 metros.

Quando outra coluna da 3ª Divisão Blindada também chegou a Avranches, Ernest Hemingway estava logo atrás da ponta de lança. O tenente Stevenson, oficial que o acompanhava, observou que ficar perto de Hemingway era "mais perigoso do que ser ajudante de ordens do [brigadeiro-general] Roosevelt". Hemingway, que designara para si a 4ª Divisão de Infantaria do general Barton, convenceu Stevenson a acompanhá-lo em viagens arriscadas num Mercedes conversível ou numa motocicleta com *sidecar*, ambos abandonados pelos alemães em retirada. Ele escreveu à futura esposa Mary Welsh para descrever "uma vida muito alegre e divertida, cheia de façanhas, saques de alemães, muitos tiros, muita luta, sebes, morrinhos, estradas poeirentas, campo verde, trigais, vacas mortas, cavalos mortos, tanques, 88s, *Kraftwagens*, americanos mortos". Logo Robert Capa se uniu a ele e quase morreu também, quando se perderam e deram com um canhão anticarro alemão. Hemingway, que teve de se abrigar do fogo numa vala, depois acusou Capa de não tê-lo ajudado numa crise para que pudesse "tirar a primeira foto do cadáver do escritor famoso".

* * *

Atrás da mal defendida linha de frente, o rompimento americano provocou outro tipo de caos. Em Granville, no litoral, os moradores tinham começado a pilhar as casas abandonadas pelos alemães. Até os cidadãos mais respeitáveis foram vistos saindo com móveis, desde cadeiras de jantar até um berço. Uma turba de trezentas a quatrocentas pessoas queria linchar um colaboracionista. A polícia teve dificuldade para convencer todos a se acalmarem e entregarem o prisioneiro para ser julgado de forma adequada. Nos próximos dias, a polícia também prendeu soldados alemães perdidos que tentavam se esconder, muitas vezes usando roupas civis roubadas. Uma mulher, na estrada de Villedieu, ficou com pena de um soldado alemão e o escondeu. Foi presa e levada ao corpo de bombeiros local, enquanto os filhos pequenos foram entregues à guarda de Madame Roy, zeladora da praça pública.

Um suboficial alemão idoso foi capturado com roupas civis, escondido numa fazenda perto de Avranches. "Ah, *monsieur*", disse ele ao fazendeiro que chamara uma patrulha americana para levá-lo embora, "é uma grande tristeza para mim. Estou aqui e meu filho é soldado do Exército americano". O fazendeiro, que ouvira dizer que muitos jovens emigrantes alemães serviam nas forças americanas, sentiu-se inclinado a acreditar nele.

A 6ª Divisão Blindada também avançava pela brecha de Avranches. Nas primeiras ações, as guarnições dos tanques tinham atirado à toa ao avistar qualquer grupo de alemães, por pequeno que fosse. Mas, quando trinta alemães saíram detrás de uma sebe com as mãos erguidas, tiveram de levá-los consigo, pois não podiam abrir mão de ninguém. Mandaram que se sentassem no capô dos jipes e meias-lagartas. "Naquele dia nossos rapazes conseguiram os seus suvenires", observou um oficial. A vanguarda compunha-se de uma companhia de tanques, outra de infantaria em meias-lagartas, uma bateria de artilharia de campanha, uma companhia de caça-tanques, uma unidade de engenharia em meias-lagartas, pronta para cuidar das minas, e uma unidade de reconhecimento. Avançavam à velocidade constante de 25 quilômetros por hora e, às vezes, ultrapassavam "Jerries distraídos de bicicleta ou a pé". A guarnição dos Shermans levava tudo o que não fosse essencial do lado de fora dos blindados, para que pudessem carregar "150 cargas de 75 e 12 mil cargas de calibre .30", o dobro do volume normal de munição.

Para aumentar seus problemas, mais ao sul os alemães vinham sofrendo ataques cada vez mais audaciosos da Resistência. Um trem de 69 vagões, que trazia a munição de artilharia tão urgentemente necessária, acabara de explodir em Landes, e um trem blindado fora descarrilado num túnel ao norte de Souillac. Os britânicos haviam interceptado uma mensagem que pedia um trem de material de construção "sob forte escolta militar".

Na noite de 31 de julho, Patton foi até o posto de comando do 8º Corpo para visitar Middleton. Como ordenado, a 4ª Divisão Blindada havia ocupado a linha do rio Sélune, ao sul de Avranches, mas Middleton não conseguira entrar em contato com Bradley para ver o que deveria fazer em seguida. Patton, aparentemente mantendo a exasperação sob controle, disse-lhe que "em toda a história, sempre foi fatal não atravessar um rio". Embora só assumisse o comando oficialmente no dia seguinte ao meio-dia, deixou bem claro que o 8º devia atravessar imediatamente. Logo depois, chegou uma mensagem dizendo que a ponte de Pontaubault fora capturada. Estava avariada, mas transitável. Patton disse a Middleton que mandasse a 4ª e a 6ª Divisões Blindadas atravessá-la o mais depressa possível.

Ao sul de Pontaubault, a estrada se dividia. Um caminho levava para o sul e para oeste, rumo a Rennes e Brest. O outro seguia para leste, rumo ao Sena e a Paris. Patton foi dormir à 1 hora de 1º de agosto sabendo que, dali a 11 horas, o III Exército estaria inteiramente operacional sob seu comando, com quatro corpos de exército, o 8º de Middleton, o 15º de Haislip, o 20º de Walker e o 12º de Cook. O 15º Corpo enviou imediatamente às suas três divisões uma ordem de alerta que evidenciava o estilo de Patton. "O máximo possível de soldados a serem motorizados e tanques para avançar em toda a frente." Também ao meio-dia de 1º de agosto, Bradley se tornou comandante em chefe do 12º Grupo de Exércitos, com o general Hodges assumindo o I Exército, que continuaria a atacar rumo à linha do Vire e, depois, seguindo para Mortain.

Em 1º de agosto, Kluge estava no quartel-general avançado do VII Exército com Hausser e o Oberst Von Gersdorff, seu novo chefe de Estado-Maior, quando souberam da tomada de Avranches pelos americanos. De acordo com o tenente-coronel Tangermann, seu assistente, ele disse: "Cavalheiros, esse rompimento, para nós e para o povo alemão, significa o início do amargo e decisivo fim. Não vejo mais possibilidade de deter esse ataque em andamento". Alguns colegas seus sentiram que os efeitos do grave acidente de carro na Rússia, no ano anterior, tinham começado a aparecer. Ele estava perdendo a determinação que demonstrara quando assumira o comando de Rundstedt.

Assim que a notícia chegou ao *Wolfsschanze*, na Prússia Oriental, Hitler mandou uma ordem a Kluge. "O inimigo não deve, sob circunstância alguma, chegar a campo aberto. O Grupo B de Exércitos preparará um contra-ataque com todas as unidades *panzer* para avançar até Avranches, isolar as unidades que romperam a linha de frente e destruí-las. Todas as forças *panzer* disponíveis devem deixar a posição atual sem substituição e serem usadas com esse propósito sob o comando do General de Blindados Eberbach. O futuro da campanha da França depende desse contra-ataque."

Kluge alertou que a retirada das divisões *panzer* levaria ao colapso da frente como um todo, inclusive no setor britânico. Propôs que, em vez disso, as forças alemãs recuassem para atrás do Sena, abandonando inteiramente a França ocidental. As divisões *panzer* poderiam proteger a retirada das divisões de infantaria sem transporte motorizado. Furioso, Hitler rejeitou a proposta e insistiu que, se suas ordens fossem cumpridas, haveria "vitória certa no final". Kluge sabia que seria uma decisão catastrófica, mas nada podia fazer. Hitler, obcecado pelos mapas mas sem ideia da realidade da campanha, começara a planejar a Operação Lüttich,[1] o grande contra-ataque que partiria de Mortain rumo a Avranches. Mas o inimigo estava chegando a campo aberto. Ao meio-dia, a 4ª Divisão Blindada americana atravessou o Sélune e bastava "dobrar a esquina da Bretanha".

Os americanos encontraram resistência alemã muito mais acirrada à esquerda, com combates violentos perto de Percy e Villedieu, que a 3ª Divisão Blindada contornara. A 4ª Divisão de Infantaria pediu quatro batalhões de artilharia para cuidar das posições alemãs. Os "Long Tom" de 155 mm dispararam um total de três "serenatas", o bombardeio mais intenso à disposição, e finalmente os canhões alemães silenciaram. No fim da tarde, o esquadrão de reconhecimento da 4ª Divisão entrou em Villedieu.

Tessy também foi capturada naquele dia, depois de combate duro e amargo. Os alemães em retirada podiam recorrer à mesma violência da frente oriental. De acordo com o tenente-coronel Teague, que comandava o 3º Batalhão do

---

1 Nome alemão da cidade francesa de Liège. (*N.T.*)

22º Regimento de Infantaria, "um dos nossos caminhões (uma ambulância) foi enviado pela estrada do norte, partindo do posto médico perto de La Tilandière, rumo a Villebaudon. Os Jerries, que atacavam na direção da estrada, capturaram o caminhão, atiraram em seis feridos que estavam nele e o usaram para bloquear a via".

Os soldados da linha de frente adotaram uma atitude muito desdenhosa para com o grande número de prisioneiros que vinham fazendo. Em apenas três dias, o 8º Corpo de Middleton fizera 7 mil do total de 20 mil prisioneiros que todo o I Exército capturaria em seis dias. Quando um batalhão da 8ª Divisão de Infantaria capturou uns duzentos alemães, mandaram-nos para a retaguarda com um único guarda. Às vezes, devolviam as armas a prisioneiros poloneses e russos e lhes diziam que escoltassem os alemães, o que deve ter impedido que vários destes chegassem vivos aos campos de prisioneiros. Também foram usados caminhões de suprimentos vazios que voltavam para o norte. "Passamos por colunas de prisioneiros, a pé e em caminhões, mas todos sob guarda", observou um oficial da 29ª Divisão de Infantaria perto de Percy. "Os mais velhos pareciam desanimados. Os únicos desafiadores eram os jovens." O boato otimista de que recuariam para trás do Sena começara a se espalhar pelas unidades alemãs.

Em 2 de agosto, o combate continuava na parte sul de Villedieu, depois que a maior parte da cidade já fora limpa. Os tanques americanos empurraram um grupo de infantaria alemã, armado com *panzerfausts*, até a estação ferroviária. Os Shermans dispararam no prédio com o armamento principal de 75 mm até demolir toda a estrutura em cima deles.

Na estrada para a floresta de Saint-Sever, onde muitas unidades alemãs se reorganizavam, as lutas encarniçadas continuaram nos morros dos dois lados, principalmente na Cota 213. O tenente-coronel Johnson levava seu batalhão pela encosta do morro para flanquear os alemães que estavam no cume. "Quando chegamos ao alto da crista e vimos a estrada, esfreguei os olhos", escreveu. "Achei que devíamos ter confundido a direção. A estrada inteira estava engarrafada com o trânsito da 3ª Divisão Blindada, parachoque contra para-choque: tanques, viaturas pesadas, jipes e ambulâncias. Olhei para o outro lado da estrada e vi um posto médico." Ninguém parecia perceber que havia uma grande batalha em andamento a apenas 500 metros. O 12º Regimento de Infantaria, como observou um dos seus oficiais, estava "tão cansado que mal aguentava caminhar morro acima, muito menos atacar morro acima". A leste, o fogo da artilharia alemã na floresta de Saint-Sever, era pesadíssimo e causou muitas baixas. Isso, combinado aos ataques noturnos da Luftwaffe, mantinha os homens num "estado de pavor" que resultou no aumento do nível de fadiga em combate.

Embora alguns alemães lutassem implacavelmente na retirada, outros respeitavam as regras da guerra. O capitão Ware, médico do batalhão, relatou que dois homens atingidos numa patrulha não tinham sido encontrados. Quatro enfermeiros, comandados pelo cabo Baylor, partiram num jipe com uma grande bandeira com uma cruz vermelha para procurá-los. "Um dos homens subiu no capô e segurava a bandeira aberta, para que ninguém deixasse de vê-la. O jipe fez a curva da estrada [e] chegou à primeira baixa. Estava morto. Enquanto o enfermeiro o examinava, os alemães dispararam uma metralhadora que atingiu o Cb. Baylor no peito. Os outros três rastejaram de volta sob fogo, arrastando o ferido e deixando os dois corpos e o jipe." O capitão Ware decidiu desistir da tentativa. "Mas, assim que essa decisão foi tomada, um alemão usando uma braçadeira de Genebra [Cruz Vermelha] e com uma bandeirinha branca veio pela curva da estrada, andando na direção deles. Ficou prontamente sob nossa mira. Todas as armas americanas naquele local foram apontadas para ele, mas felizmente nenhum tiro foi disparado. Quando o alemão se aproximou, pudemos ver que suava profusamente. Mas não vacilou. Entregou-me o bilhete anexo, que nenhum presente conseguiu ler. Mandaram buscar um soldado do pelotão anticarro que falava alemão. O alemão contou lhe que fora enviado pelo tenente para pedir desculpas porque os soldados tinham atirado nos enfermeiros americanos. O alemão ainda suava [e] não parava de tirar o capacete para limpar a testa. Disse que se apresentara como voluntário para a missão. Também nos contou que ambas as baixas americanas tinham morrido. Disse também que o bilhete do tenente nos assegurava que podíamos voltar e remover nossas baixas, assim como o jipe, e que os alemães não atirariam de novo. Perguntamos se ele gostaria de ficar conosco, agora que estava do outro lado da linha. Ele riu e disse que achava que não fazia diferença de que lado ficaria, mas ressaltou que, se ficasse, seria ruim para os americanos, já que os alemães achariam que fora detido à força."

O avanço americano ainda era retardado por engarrafamentos nas estreitas estradas campestres e também por ataques de grupos de soldados alemães perdidos. "O pequeno número de alemães está nos causando problemas desproporcionais à sua quantidade", registrou o quartel-general da 4ª Divisão de Infantaria. "No entanto, provavelmente faz parte do plano deixar o inimigo em posição no nosso flanco esquerdo, na esperança de um cerco."

Essa avaliação do pensamento de Eisenhower e Bradley era prematura, mas quase acertada. O plano original era investir pela brecha de Avranches e tomar os portos da Bretanha para apressar as linhas de suprimento aliadas para o avanço até o Sena. Mas agora havia uma grande abertura entre o VII Exército alemão e o Loire. Em 3 de agosto, a 4ª Divisão Blindada do major-general John Wood contornou o lado oeste de Rennes, ao sul. Estava com pouca munição e combustível e, assim, não poderia tomar a cidade, mas nesse momento isolara toda a península da Bretanha. Voltado para leste, sentiu que os alemães não tinham reservas para impedir um ataque diretamente rumo a Paris e ao Sena. Eisenhower e Bradley chegaram, ambos, a conclusão semelhante. Era uma oportunidade rara na guerra. Os generais alemães viram com horror as consequências. Bayerlein escreveu que a notícia de que uma divisão blindada americana chegara a Rennes "teve sobre nós um efeito atordoante, como a explosão de uma bomba".

23

A BRETANHA E A OPERAÇÃO BLUECOAT

A Bretanha, como os aliados sabiam muito bem, era um dos grandes centros da Resistência Francesa. Foi por isso que os primeiros soldados aliados a saltar na França tinham sido o 2º Régiment de Chasseurs Parachutistes (2º Regimento de Caçadores Paraquedistas, 4º do SAS) pouco antes da meia-noite de 5 de junho. No final daquele mês, a Resistência reunia um total de 19.500 homens nas FFI, de liderança gaullista, e entre os FTP, comandados pelos comunistas. No final de julho, eram 31.500, dos quais 13.750 tinham armas.

Em 4 de julho, o general Koenig, que comandava as FFI de Londres, convocara o coronel Eon à sua sala, na Upper Grosvernor Street. Este deveria comandar as forças da Resistência na Bretanha. Seu subcomandante seria André de Wavrin, oficial-chefe do serviço de informações de De Gaulle, sempre conhecido pelo codinome de coronel "Passy". Receberiam um Estado-Maior de vinte oficiais e seriam apoiados por mais nove equipes Jedburgh de três homens para ajudar a instruir e orientar suas forças. Seriam fornecidas armas para 30 mil homens. Mas, com o aparente impasse nas frentes americana e britânica, o lançamento de armas não recebeu prioridade.

A captura americana de Avranches em 1º de agosto pegou o Estado-Maior em Londres de surpresa. Dois dias depois, às 18 horas, a BBC transmitiu a mensagem em código para que a guerrilha começasse em toda a Bretanha. Na manhã de 4 de agosto, Koenig chamou Eon de lado para perguntar se concordaria que o quartel-general inteiro, em bloco, pulasse de paraquedas, tendo ou não treinamento específico. Eon, que nunca saltara de paraquedas, concordou, assim como os outros soldados e oficiais não treinados. Ainda assim, as autoridades britânicas insistiram que Eon, ao ser levado para a base aérea, assinasse "uma declaração por escrito aceitando toda a responsabilidade por saltar de paraquedas sem treinamento". Felizmente, os únicos paraquedas que deixaram de abrir foram os presos a caixotes de armas, e o grupo pousou são e salvo. Um dos caixotes continha 9 milhões de francos. Quando foi encontrado, a 3 quilômetros da zona de lançamento, 1 milhão já havia sumido.

O general Bradley, em contato com Koenig no quartel-general do SHAEF ainda na Inglaterra, ordenou a todos os grupos da Resistência na Bretanha que ficassem sob as ordens do III Exército do general Patton. Deviam proteger a ferrovia ao longo do litoral norte da península da Bretanha, ocupar o terreno elevado ao norte de Vannes, conseguir guias para as tropas americanas e "intensificar a atividade guerrilheira em geral, quase guerra declarada, em toda a Bretanha". Quando Eon e seu grupo pousaram, 6 mil integrantes das FFI tinham ocupado a área ao norte de Vannes e tomado a ferrovia. E, na noite de 4 de agosto, um esquadrão reforçado de 150 integrantes franceses do SAS, do 3º Regimento de Caçadores Paraquedistas, saltaram além das linhas alemãs para proteger a ferrovia a leste de Brest, no lado norte da península. Na verdade, as FFI e os FTP fariam muito mais do que Bradley lhes pedira.

A investida de Patton rumo à Bretanha com a 6ª e a 4ª Divisões Blindadas logo ficou confusa, para não dizer caótica. Em parte, isso se deveu à má comunicação. O alcance dos aparelhos de rádio simplesmente não cobria as distâncias envolvidas e Patton e Middleton, o comandante do 8º Corpo, tinham abordagens totalmente diferentes. Patton, cavalariano impulsivo, mas no fundo melindroso, acreditava em avanços ousados e no aproveitamento rápido de todas as oportunidades. Middleton era um excelente comandante de corpo, mas da infantaria. Em seu modo de ver, cada avanço tinha de ser cuidadosamente planejado. Não estava preparado para o estilo de guerra de Patton.

As ideias de Patton eram as mesmas do general John Wood, da 4ª Divisão Blindada: "um segundo general Patton, se é que isso existe", observou um oficial da 8ª Divisão de Infantaria. Wood, "um tipo musculoso e jovial", era igualmente imune à indecisão. Partindo de Pontaubault, disparou para o sul, rumo à capital regional de Rennes. A cidade estava demasiado defendida para ser tomada sem infantaria, e, no início de 3 de agosto, ele a contornou até o sul, aguardando reforços e mais combustível. Seu instinto era seguir para Angers e dali para Paris, mas sabia que isso deixaria Middleton alarmado.

Em Rennes propriamente dita, grupos misturados de soldados alemães, em sua maioria remanescentes da 91ª Luftlande-Division, prepararam a fuga e destruíram equipamento e arquivos. Enquanto isso, a 8ª Divisão de Infantaria americana chegou e começou a bombardear a cidade. Os integrantes da Resistência Francesa tinham se esgueirado pela linha de frente e lhes revelado a posição exata do quartel-general da Gestapo em Rennes. Não disseram que ficava bem na frente do hospital onde eram mantidos os prisioneiros de guerra americanos e britânicos, mas felizmente houve poucos feridos. Outros integrantes da Resistência, ao perceber a partida apressada da Gestapo, atacaram o quartel-general e levaram de lá a comida para alimentar os prisioneiros mal nutridos. Naquela noite, outro grupo das FFI explodiu um depósito de munições alemão, perto da cidade. Nisso, um médico francês conseguiu ir até os americanos para avisá-los dos prisioneiros, e a artilharia da 8ª Divisão interrompeu o canhoneio.

Os soldados alemães escaparam durante a noite para Saint-Nazaire, na embocadura do Loire. Os únicos que ficaram para trás foram "um punhado de bêbados", que foram facilmente aprisionados pela infantaria americana em 4 de agosto, "mas tiveram de ser protegidos dos franceses". A população que restava – uns sessenta dos 120 mil habitantes – saiu às ruas para receber os americanos, que logo enviaram unidades médicas ao hospital. "Um paciente paraquedista, com uma ferida feia no rosto, se apresentou, apertou minha mão e chorou", disse um capitão. Imediatamente, os soldados deram o que podiam, inclusive o equipamento de combate, para aqueles cujos uniformes tinham se desfeito.

Middleton, no quartel-general do 8º Corpo, teria de tomar uma decisão difícil. Simpatizava com o desejo de Wood de atacar rumo leste, mas suas instruções continuavam a ser a captura dos portos no litoral da Bretanha e ele não tinha contato com Patton. Foi visitar Wood e mandou a 4ª Divisão Blindada de volta para sudoeste, para tomar Vannes e depois Lorient. Vannes caiu logo, mas Lorient parecia inexpugnável.

Em 4 de agosto, Patton, escoltado por um carro blindado, entrou pessoalmente na Bretanha. Seguia o avanço da 6ª Divisão Blindada do major-general Grow, a quem ordenara que corresse para Brest, principal porto da Bretanha, contornando toda resistência. Patton gritava de alegria sempre que um mapa acabava e tinham de abrir outro. Essa era a guerra que adorava. Mas ele não contara a Middleton o objetivo que dera à 6ª Divisão Blindada. Então, Grow recebeu uma mensagem de Middleton ordenando-lhe que não contornasse Saint-Malo, no litoral norte da península, e a atacasse no dia seguinte. Grow pediu que a ordem fosse cancelada, mas Middleton se manteve firme.

Grow estava prestes a sentar-se com uma caneca de café diante da barraca num trigal quando, de repente, Patton apareceu:

— Que diabos o senhor está fazendo aqui? — perguntou Patton. — Acho que mandei que fosse para Brest. — Grow explicou a ordem que recebera de Middleton, e seu chefe de Estado-Maior mostrou a ordem escrita. Patton a leu e dobrou-a. — E ele foi um *bom* pracinha na outra guerra também — pensou Patton com seus botões. – Vou conversar com Middleton — disse a Grow. — O senhor avance para onde o mandei.

A confusão continuou, mas Patton resolveu o problema de comunicar-se com divisões espalhadas por centenas de quilômetros. Designou o 6º Grupo de Cavalaria para relatar a posição exata de todas as suas divisões e colunas blindadas, assim como as do inimigo. Os seus treze pelotões de reconhecimento, cada um com seis carros blindados e seis picapes pequenas, tinham rádios de alta potência que também podiam atuar como estações de reserva caso a rede do Corpo de Comunicações falhasse. O 6º de Cavalaria logo ficou conhecido como a "Cavalaria da Casa Real do general Patton".

O avanço da 6ª Divisão Blindada rumo a Brest quase sempre encontrou oposição. Os grupos de soldados alemães perdidos e os grupos de combate improvisados realizaram ações de retardamento. Durante o dia, as colunas tinham o apoio de Mustangs do 363º Grupo de Caças, mas "toda noite, de 3 a 6 de agosto, tivemos de lutar pelas áreas de bivaque", relatou o capitão Donley, da 6ª Blindada. Em 5 de agosto, ele foi avisado de que a cidade de Huelgoat estava limpa, e o general Grow foi até lá com um tanque e uma viatura blindada. Foi saudado com "fogo intenso de armas pequenas, vindo de todas as direções". A companhia de infantaria blindada de Donley foi mandada para resgatá-lo, apoiada por tanques. Então, os paraquedistas alemães na cidade ficaram encurralados. A infantaria blindada cuidou de muitos deles, mas membros das FFI imploraram para acabar com o restante. Afirmaram que "os paraquedistas cortaram as mãos de uma mulher" e que eles "estavam ansiosíssimos para varrê-los de lá".

A 6ª Divisão Blindada pôs os membros das FFI em jipes de reconhecimento, conhecidos como *peeps*, para ir à frente. E o batalhão blindado de vanguarda pôs sacos de areia na frente dos Shermans para absorver o choque dos disparos dos canhões anticarro de 50 mm. Quando um vilarejo estava deserto, isso costumava significar que os alemães estavam lá. "A primeira coisa que fizemos foi explodir a torre da igreja, para nos livrarmos de possíveis [postos de observação] e franco-atiradores."

Com os soldados alemães perdidos percorrendo o campo atrás deles, os jipes tinham de correr como os antigos mensageiros expressos do Velho Oeste. Os franco-atiradores e os bandos de alemães desesperados por comida tentavam emboscar os veículos de suprimentos. "Os caminhões eram como um bando de diligências percorrendo o território índio." Os recompletamentos que iam se integrar em suas unidades de vanguarda descobriram que tinham de estar prontos para lutar assim que chegassem lá. Os americanos pediram às FFI que fizessem o possível para proteger as linhas de comunicação.

Patton tinha um certo desdém pela Resistência Francesa. Mais tarde, disse que sua ajuda foi "melhor do que o esperado, menor do que o anunciado". Mas na Bretanha sua contribuição foi mesmo considerável. "Ajudavam a carregar munição pesada", contou um oficial da 6ª Divisão Blindada, "e eliminavam franco-atiradores enquanto nossas colunas continuavam avançando". Também protegiam pontes, davam informações e atrapalhavam os alemães a todo momento. Em 6 de agosto, um relatório alemão enviado ao quartel-general de Kluge se queixava de que o avanço americano em Brest fora executado "com a ajuda de terroristas". O general Koenig, em Londres, foi rotulado de *Terroristenführer* e, no dia seguinte, os alemães descreveram "batalhas com terroristas por toda parte". As represálias alemãs foram previsivelmente violentas, com dois massacres na península de Finisterre, perto de Brest. 25 civis foram fuzilados em Saint Pol-de-Léon, em 4 de agosto, e, em Gouesnou, 42 homens, mulheres e crianças foram mortos por marinheiros da 3ª Marineflakbrigade, em 7 de agosto.

Em 6 de agosto, a tropa do coronel Eon obteve a rendição de um batalhão de *Osttruppen*, em Saint-Brieuc. Mas, naquela noite, quando Eon e Passy voltaram exaustos ao quartel-general, o acampamento foi atacado por 250 alemães da 2ª Divisão Paraquedista. Depois de seis horas de combate, conseguiram rechaçá-los. Passy e um pequeno grupo ficaram cercados, mas lutaram até conseguir sair. Quando se encontraram com o resto do grupo do quartel-general, souberam que Londres fora avisada de sua perda. Mas logo os ataques das FFI e dos FTP obrigaram os alemães a recuar para as cidades litorâneas, que seria mais fácil defender. Mais ao sul, outros destacamentos das FFI ajudaram a 4ª Divisão Blindada de Wood, chegando a limpar à mão um campo minado.

Em 6 de agosto, os soldados de vanguarda de Grow se aproximaram de Brest. Depois do excesso meio louco de otimismo ao esperar que a cidade se renderia com uma demonstração de força, Grow logo teve de aceitar que uma divisão blindada era incapaz de tomar uma grande cidade fortificada. Ele não sabia que o comandante da "Fortaleza Brest" era o General Aeroterrestre Hermann Ramcke, paraquedista veterano e implacável que jurara a Hitler defender a cidade até o fim.[1] Então, Grow descobriu que estava sendo atacado por trás pela 266ª Divisão de Infantaria alemã, que vinha tentando se unir à grande guarnição de Brest. Suas forças logo cuidaram dela, mas Brest se mostrou um obstáculo grande demais, como Patton rapidamente compreendeu.

A 8ª Divisão de Infantaria veio ajudar a 6ª Divisão Blindada. Entre suas tarefas estavam as patrulhas noturnas para impedir que grandes grupos de alemães atrás de comida, às vezes com 150 integrantes, tomassem alimentos dos fazendeiros franceses. As FFI vieram pedir armas e gasolina, mas também traziam prisioneiros. A 8ª teve de construir uma paliçada para prender seiscentos deles. Um dos oficiais ficou muito contente "ao receber de um dos paraquedistas uma adaga cerimonial de Hermann Göring". A 8ª Divisão de Infantaria mal sabia o que esperar nesse ponto nada convencional da guerra. Em certo momento, um oficial das forças especiais britânicas que fora lançado de paraquedas atrás das linhas inimigas apareceu pedindo combustível; no momento seguinte, eles se viram envolvidos nas rivalidades políticas francesas. Dois oficiais franceses bastante idosos apareceram fardados, oferecendo seus serviços, mas os integrantes da Resistência que estavam ajudando os americanos insistiram, zangados, que jamais trabalhariam com eles. Eram o que chamavam de "naftalinas": tinham servido sob o regime de Vichy e agora tiravam a farda do armário assim que os aliados apareciam. Os americanos "se livraram cortesmente dos velhos oficiais".

---

[1] Mais tarde, Ramcke destruiu sistematicamente a cidade com fogo e explosivos. "Foi inteiramente varrida do mapa!", gabou-se mais tarde ao general Von Choltitz, no cativeiro britânico. Afirmou que seguira o exemplo do almirante Nelson, que queimara Toulon em 1793.

A libertação também tinha duas caras. "Os moradores da cidade eram tão gentis conosco que foi um inferno manter os homens sóbrios", contou um tenente. Os soldados americanos acharam os civis muito mais amistosos na Bretanha do que na Normandia. Mas também assistiram ao lado muito mais feio da vingança contra as mulheres acusadas de *collaboration horizontale* com os alemães. "Tivemos uma festa de raspagem de cabeças", acrescentou o tenente. "Além disso, várias moças foram chutadas no estômago e tiveram de ser internadas."

Para os americanos, principalmente os da 6ª Divisão Blindada, a campanha da Bretanha terminou num anticlímax. Ficaram sitiando Brest, Saint-Nazaire e Lorient, onde a 6ª assumiu o lugar da 4ª Divisão Blindada de Wood, mas, na verdade, havia pouco perigo de que alguma das guarnições tentasse uma investida. Os batalhões das FFI, com algum apoio americano, eram bastante capazes de conter os alemães. Enquanto isso, a 83ª Divisão de Infantaria, que levara uma surra em Saint-Malo porque a força ali estacionada ameaçava a retaguarda das operações na Bretanha, finalmente conseguiu a rendição dos alemães.

Bradley conhecia muito bem a situação frustrante, mas o cerco de Brest, embora agora não fizesse mais sentido em termos estratégicos, tornara-se uma questão de orgulho. "Eu não diria isso a mais ninguém", confessou Bradley a Patton, "e dei desculpas diferentes ao meu Estado-Maior e aos escalões mais elevados, mas temos de tomar Brest para manter a ilusão de que o Exército americano não pode ser vencido". Patton concordou com veemência com esse ponto de vista. "Sempre que pomos a mão num serviço, temos de terminá-lo", anotou no diário. Mas tanto Patton quanto Bradley tinham os olhos no flanco aberto ao norte do rio Loire, que levava a Orléans e a Paris.

Patton podia ver com a máxima clareza que a Bretanha provocaria atrasos. Recebeu bem a nova ordem de Bradley de deslocar o 15º Corpo de Haislip para Le Mans, a sudeste, e o 20º Corpo de Walker até Angers, no Loire, para proteger o flanco direito quando se virassem para o leste. A glória estava na direção do Sena.

Uma das divisões destinadas ao corpo de Haislip acabara de desembarcar na praia Utah. Era a 2ª Divisão Blindada francesa, que ficaria famosa na França como a Deuxième Division Blindé, ou 2ème DB. Era, realmente, uma formação extraordinária, comandada por um homem notável.

O general Conde Philippe de Hautcloque era mais conhecido pelo *nom de guerre* de "Leclerc", para evitar represálias alemãs contra sua família. Era um católico devoto do *ancien régime*. Como capelães, recrutara uma dúzia de Padres Brancos, ordem criada no século XIX para levar o cristianismo aos tuaregues. Comandados pelo Padre Houchet, vestiam batinas brancas e usavam barba comprida.

Leclerc, homem alto e magro, com rugas em volta dos olhos e um bigode militar retangular, era instantaneamente reconhecido pelos homens por seus óculos de tanquista no quepe e a bengala de junco que sempre levava consigo. Respeitavam-no pela bravura, pela determinação e pelo talento em combate. Homem austero, era extremamente patriota. Como De Gaulle, via com amargura o fato de que, depois do desastre de 1940, os britânicos tinham acumulado tanto poder enquanto a França declinara de maneira tão catastrófica. Ambos tendiam a suspeitar que os britânicos não deixavam passar oportunidade de tirar proveito disso. Em seu ressentimento, não viam que o Reino Unido, apesar da força aparente, chegara à beira da falência física e econômica com os cinco anos de guerra. Foi por um detalhe infeliz que parte da divisão embarcou para a Inglaterra em Mers-el-Kebir, onde o esquadrão de encouraçados do almirante Somerville afundara a esquadra francesa em 1940 para evitar que caísse em mãos alemãs. "Até para nós, gaullistas", escreveu um jovem oficial, "foi um grande peso no coração".

Para De Gaulle, Leclerc e sua divisão eram a personificação do espírito da França Livre. Em suas fileiras, havia oficiais e praças de todas as vertentes políticas. Ao lado dos arquicatólicos de *la vieille France*, comunistas, monarquistas, socialistas, republicanos e até alguns anarquistas espanhóis serviam juntos. Isso encorajou De Gaulle a acreditar que, de algum modo, a França no pós-guerra conseguiria uma solidariedade semelhante, mas ele viria a se desapontar amargamente.

Foram os americanos, com sua cornucópia industrial-militar, que vestiram, equiparam, armaram e treinaram a 2ème DB (mais tarde, os americanos se irritaram quando os civis franceses lhes perguntaram por que o Exército dos Estados Unidos não tinha "uma farda diferente da nossa"). Leclerc, apesar das opiniões antiquadas, não era reacionário em assuntos bélicos. Sentiu afinidade imediata com Patton e Wood. Patton estava ansioso para ajudar Leclerc, e a divisão blindada francesa não o desapontaria nas batalhas que se seguiram. Mas a intenção de De Gaulle de usar a 2ème DB para promover o interesse francês acima da prioridade dos aliados seria uma fonte de conflito com outros generais americanos.

Para os soldados da divisão, o momento do desembarque na França, em 1º de agosto, foi de intensa emoção. O mar estava revolto e alguns tinham vomitado no capacete, como os americanos quase dois meses antes deles. Os marinheiros britânicos, ao ver os preservativos no cano dos fuzis, fizeram piadas previsíveis sobre as "cartas da França Livre". Quase todos os que pisaram na praia não viam a terra natal há quatro anos ou mais. Alguns colheram punhados de areia da praia Utah para guardar em vidros. A notícia da chegada de soldados franceses se espalhou rapidamente pela península de Cotentin e logo uns cem rapazes se apresentaram como voluntários para servir em suas fileiras. Dali a dez dias, entrariam em combate pela primeira vez.

Enquanto as duas divisões blindadas de Patton avançavam pela Bretanha, os britânicos continuavam a Operação Bluecoat. A 11ª Divisão Blindada de Roberts avançou de forma brilhante rumo à cidade de Vire, com a infantaria em cima dos tanques. Os carros da 2ª Cavalaria da Casa Real foram detidos numa cidade pelo prefeito, que veio correndo agitando os braços. À frente, viram a estrada coberta de pedaços de papel. Os habitantes tinham observado os alemães instalarem as minas e, assim que partiram, correram para marcar cada uma delas.

A 11ª Divisão Blindada ainda tinha de enfrentar a chegada do 2º SS Panzerkorps no flanco esquerdo. Assim que os tanques inimigos foram avistados, a infantaria desceu. Mais tarde, o sargento Kite, do 3º Real Regimento Blindado, descreveu o momento da morte de seu tanque quando estava gravemente ferido. "No campo vizinho, surgiram os contornos de dois Panteras. O trigo estava alto e quase maduro. Cada vez que atiravam, as granadas abriam um sulco estreito entre as espigas de trigo. Um dos [Panteras] foi atingido. De repente, o canhão do outro girou e apontou na minha direção. Vi a boca relampejar ao disparar e o trigo se curvar na linha de voo da granada que estava prestes a nos atingir."

Em 2 de agosto, a 11ª Blindada estava em posição para tomar Vire quando, de repente, Montgomery ordenou que Roberts levasse a divisão para leste. Em vez de tomar Vire, devia atravessar a estrada a leste da cidade e ocupar a serra de Perrier. O limite entre as zonas de ação dos exércitos britânico e americano mudara. Vire seria um objetivo americano. Ainda não se sabe se Montgomery teve medo de que a divisão ficasse isolada por um contra-ataque alemão ou se atendeu a um pedido americano.

De qualquer modo, Meindl, alarmado com a ameaça a Vire, que estava praticamente indefesa, logo trouxe uma divisão recém-chegada para fechar a brecha. E como ela era inexperiente, ele a reforçou com o 9º Regimento Paraquedista e o 12º Grupo de Artilharia. Também avançou duas baterias de canhões antiaéreos de 88 mm para cuidar dos tanques britânicos que rumavam para leste. A tragédia da decisão de Montgomery, assunto que ele tentou evitar depois da guerra, não foi apenas a perda da oportunidade. Quatro dias depois, quando a cidade foi atacada pelos americanos, os reforços de Meindl já estavam posicionados e causaram baixas pesadas.

A 5ª Divisão de Infantaria americana, que avançava logo à direita da divisão de Roberts, começara a se espremer num setor mais estreito quando Roberts aproveitou a oportunidade da captura da "ponte de Dickie". Como os britânicos, eles também tinham encontrado florestas e terreno montanhoso difícil. Foi um avanço estranho, com períodos de combate intenso seguidos por momentos de calma inquieta. O comandante de uma companhia descreveu uma estranha experiência quando avançavam por uma trilha na floresta. "A mata parecia nos lançar um feitiço misterioso, como se fôssemos vítimas de um encantamento das fadas", escreveu. De repente, ele e os homens ouviram um barulho baixo e suave de palmas. "Quando nos aproximamos, conseguimos avistar formas sombrias de homens, mulheres e crianças francesas ladeando a estrada, sem falar, alguns chorando baixinho, mas a maioria batendo palmas de leve, por várias centenas de metros dos dois lados da estrada. Uma menininha veio até o meu lado. Era loura, bonita e devia ter no máximo uns 5 anos. Confiante, pôs a mão na minha e andou um pouco comigo, depois parou e acenou até sumirmos de vista." Até cinquenta anos depois ele ainda conseguia ouvir o som das palmas na floresta.

A 5ª e a 35ª Divisões de Infantaria foram então transferidas para o III Exército de Patton, e Vire foi deixada para a 29ª Divisão do 19º Corpo. O ataque americano só começou no anoitecer de 6 de agosto, quatro dias depois de Montgomery afastar da cidade a 11ª Divisão Blindada de Roberts. Vire, cidade antiga num morro rochoso, já fora parcialmente destruída pelo bombardeio do Dia D. Os reforços de Meindl fizeram aos civis que restavam uma promessa ameaçadora: "Defenderemos a cidade casa a casa". A 29ª Divisão americana enfrentou um combate acirrado em meio às ruínas.

* * *

Enquanto o 8º Corpo avançava bem pelo flanco direito, o progresso do 30º Corpo de Bucknall continuava lento. Dempsey avisara a Bucknall, na primeira noite da ofensiva, que devia prosseguir mais depressa para Aunay-sur-Odon. Aquele setor da frente estava muito minado, mas isso não foi aceito como desculpa. Na noite seguinte, Dempsey o destituiu, com total apoio de Montgomery. Para substituir Bucknall, Montgomery convocou o general de divisão Sir Brian Horrocks, da Inglaterra, que se recuperara dos ferimentos recebidos no norte da África. Nos dois dias seguintes, Dempsey também destituiu o major-general Erskine da 7ª Divisão Blindada, e o general-brigadeiro "Loony" Hinde. A 7ª Blindada ficou abalada com a perda do comandante. "Todos muito deprimidos", escreveu no diário um oficial do Estado-Maior. "Não parece ser jeito de tratar quem capturou Trípoli." Mas a maior parte dos oficiais de altas patentes achava que Dempsey já devia ter baixado o machado depois do fiasco de Villers-Bocage, em junho. De qualquer modo, a chegada de Horrocks foi muito bem recebida.

Boa parte do problema do ataque do 30º Corpo se devia à 50ª Divisão da Nortúmbria e à 43ª de Wessex. Os homens estavam exaustos. Muitos sofriam de disenteria e furúnculos. Também estavam desidratados, já que a água, trazida à noite em carros-pipa, estava severamente racionada. Quando os britânicos atacavam por um trigal maduro, às vezes os alemães disparavam granadas incendiárias, e "os pobres feridos eram queimados vivos". Mas os aliados mal podiam se queixar, dado o uso que faziam de fósforo branco e de blindados com lança-chamas.

Em cada pelotão, só restava um punhado de homens experientes. Os outros eram todos recompletamentos. Os padres estavam entre os que mais trabalhavam, evacuando feridos e realizando rápidas cerimônias fúnebres nas horas de escuridão. "Não conseguia deixar de pensar num verso do *Funeral de Sir John Moore*", escreveu o capelão do 4º Batalhão de Dorset. "'No escuro o enterramos, no meio da noite.'"

Sob a pressão dos comandantes, os batalhões de infantaria do 30º Corpo continuaram avançando e tomaram a arrasada Villers-Bocage, Jurques e Ondefontaine. Aqueles dias de agosto também não foram agradáveis para a guarnição dos tanques. "Nos pequenos campos da Normandia, em meio aos pomares de macieiras", escreveu um comandante de carro, "cada movimento no verão quente provocava uma chuva de maçãs duras e azedas a cascatear pelas escotilhas abertas da torre. Em poucos dias, faziam a torre emperrar. Cinco homens em proximidade íntima, 3 na torre e 2 embaixo, no compartimento do motorista, todos num forno de metal grosso, logo produziam um fedor horrível: humanidade, maçãs, cordite e calor". A cabeça latejava com o barulho: "a 'bobajada' perpétua dos fones de ouvido, 24 horas por dia, e no meio disso o barulho da maquinaria, o motor ao fundo, com o gemido [do mecanismo] da torre e a pancada e o chocalho dos canhões como acompanhamento".

Stanley Christopherson, que comandava a Yeomanry dos Rangers de Sherwood, tinha plena consciência da tensão sofrida pelos homens. "Estar no tanque de vanguarda do pelotão de vanguarda do esquadrão de vanguarda do regimento de vanguarda da brigada de vanguarda, avançando por um caminho estreito que levava a uma cidade sabidamente em poder de tanques e infantaria inimigos era, naquela época e a qualquer momento, uma posição nada atraente. Quase invariavelmente, isso resultava em ver o tanque ser posto para ferver por um canhão anticarro ou tanque inimigo que nos visse antes. Deve ter sido igualmente desagradável para a infantaria de vanguarda, mas pelo menos eles podiam pular numa vala e se encolher, mas nem o Todo-Poderoso seria capaz de diminuir o tamanho de um Sherman a bambolear por um caminho estreito."

Mas era comum que os alemães deixassem o primeiro tanque passar, ou mesmo vários, antes de abrir fogo. "Era uma linda manhã e o sol estava prestes a romper e espalhar a neblina que cercava o campo", escreveu Christopherson sobre o dia 3 de agosto. "Passamos pela vila de Jurques sem encontrar oposição, mas os problemas começaram em La Bigne, povoado minúsculo um pouco mais adiante, quando os dois tanques que me seguiam foram destruídos." Um comandante de guarnição recém-chegado morreu instantaneamente num deles. "Um dos tanques em chamas bloqueou completamente a estrada e impediu todo movimento nos dois sentidos. Entretanto, o sargento Guy Saunders, exibindo sua calma costumeira e total desatenção para com a própria segurança, pulou no tanque e o levou para a vala, abrindo o caminho. Foi um ato de muita bravura, principalmente porque as granadas do depósito de munições do blindado tinham começado a explodir."

Os oficiais da Divisão Blindada de Guardas fizeram o possível para mitigar o desconforto da guerra nos tanques, ainda que isso significasse ter uma atitude não muito adequada à Guarda em relação às normas de fardamento. Com macacões cáqui, os tanquistas começaram a usar echarpes de seda para proteger o rosto da poeira e botas de couro de cano alto da Gieves & Hawkes, famosos alfaiates militares ingleses, "porque entram e saem facilmente". Vários oficiais que não gostavam dos sacos de dormir distribuídos pelo Exército adquiriram versões mais confortáveis na famosa loja londrina Fortnum & Mason. O quartel-general da 6ª Brigada Blindada de Guardas também se beneficiou da capacidade de previsão do oficial responsável pelo rancho, Terence O'Neill, mais tarde primeiro-ministro da Irlanda do Norte. Ele trouxera da Inglaterra, "nos recessos de um LST", galinhas e gaiolas. Seu primo Jock Colville, que era secretário particular de Churchill, jantara com eles pouco antes da Operação Goodwood. "A Brigada de Guardas", anotou no diário, "combatentes tão magníficos quanto qualquer um no mundo, não via virtude na austeridade em serviço ativo".

Desde a Operação Goodwood, os Blindados de Guardas também tinham melhorado muito a cooperação com a infantaria. A instalação de um telefone na traseira dos tanques ajudou muito essa cooperação. Assim, os oficiais da infantaria podiam falar diretamente com o comandante dos tanques sem ter de subir na torre sob fogo para guiar a tropa até a posição inimiga. Mas um capitão do 5º Batalhão dos Guardas de Coldstream, que acionava loucamente o telefone enquanto as balas assoviavam à sua volta, não apreciou a irreverência compulsiva do colega oficial do 1º Batalhão, dentro do Sherman. "O comandante do tanque sempre dizia, ao atender o telefone: 'Sloane, 4929'.[2] Engraçado para ele, mas sem graça nenhuma para mim."

Os alemães travavam suas batalhas com emboscadas fatais de pequenas forças-tarefas, em geral uma companhia improvisada de *panzergrenadiers* agrupados em torno de um canhão autopropulsado. Mas o moral alemão sofria sob o massacre. Nas pontes, os destacamentos da Feldgendarmerie capturavam os soldados perdidos e os enforcavam nas árvores próximas para dissuadir os que fossem tentados pela ideia da deserção.

O capelão designado para o 4º Batalhão de Dorset conversou com um prisioneiro chamado Willi, "um maqueiro alemão miúdo, um rapaz de óculos com aparência de estudioso". Este não conseguia entender por que os britânicos não rompiam à frente com todos os tanques e a artilharia. Disse que os soldados alemães aguardavam a oportunidade de se render, contanto que os oficiais, sargentos e cabos não estivessem olhando. "Então é uma pena", respondeu o capelão, "que vários camaradas seus saíssem de mãos para cima e depois jogassem granadas

---

[2] A Sloane Street e a praça de mesmo nome separam, em Londres, os bairros mais elegantes do resto da cidade. (*N.T.*)

nos nossos homens". O lábio do jovem alemão tremeu "e parecia que ia cair em lágrimas infantis com essa traição de seus conterrâneos". Assim como outros auxiliares médicos capturados, Willi impressionou os médicos britânicos com sua capacidade e boa vontade, ajudando os feridos britânicos e alemães ainda sob fogo de morteiros. Mas, apesar da preleção do capelão sobre soldados alemães que desrespeitavam as regras da guerra, os britânicos costumavam matar soldados SS na hora da captura. "Muitos deles provavelmente merecem mesmo ser mortos, e sabem disso", afirmava cruamente um relatório do 30º Corpo.

Embora certas partes do campo ficassem praticamente intocadas pela guerra, em outras as cenas de destruição eram terríveis. Quase todos os que viram a grande vila de Aunay-sur-Odon ficaram profundamente chocados. O lugar fora bombardeado várias vezes desde 11 de junho e agora fora mais uma vez arrasado pela artilharia do 30º Corpo. "Exceto pela torre da igreja e três esqueletos de casas, está totalmente destruída", anotou no diário um oficial de cavalaria. Um oficial de artilharia ficou horrorizado com o papel que teve na destruição. "Era preciso mesmo se desassociar daquilo, senão seria impossível cumprir os deveres militares", observou depois. "A única coisa que se podia fazer era atirar e pedir a Deus que os franceses tivessem ido embora."

A sobrevivência dos civis nas cidades arruinadas pelo bombardeio e pelo fogo da artilharia sempre parecia um milagre. André Heintz, da Resistência de Caen, seguira as equipes caça-minas até as ruínas de Villers-Bocage. Lá, viu tanques alemães e britânicos esmagados uns contra os outros desde a batalha de junho. Descreveu-os como um "emaranhado de aço". No castelo de Villers, à beira da cidade, descobriu que o visconde de Rugy, prefeito do local, abrigara duzentas pessoas numa adega parecida com um túnel debaixo do prédio. Estavam numa situação "patética". Em outra cidadezinha, um soldado do 4º Batalhão da Infantaria Leve de Somerset foi se aliviar. As botas de seu uniforme, com solado de ferro, escorregaram quando ele atravessava uma pilha de escombros. Ao cair, sua mão bateu em algo macio. Era a mão cortada de uma menina. Nisso, ouviu o chamado do comandante da patrulha. "Vamos, rapazes, está na hora de andar." Ele só teve tempo para riscar na laje uma cruz e R.I.P.

Os soldados, tantas vezes emotivos com os animais, também se comoviam com o sofrimento da criação abandonada. As vacas não ordenhadas estavam em agonia. Ficavam paradas para evitar a dor de qualquer movimento que fizesse o úbere balançar. Os que tinham origem rural as ordenhavam diretamente no chão, para reduzir a pressão. Um oficial médico também se comoveu com uma cena triste: "Um potrinho andava em círculos em torno da mãe recentemente morta. Abrira um caminho no capim e se recusava a deixá-la".

Enquanto a 11ª Divisão Blindada, à direita, continuava a combater a 10ª SS Panzer-Division *Frundsberg* a leste do Vire, na serra de Perrier, e a Divisão Blindada de Guardas esmagava o canto da frente alemã, o 30º Corpo finalmente se aproximou de Mont Pinçon. A infantaria montada nos tanques quase se sufocou com a poeira grossa e vermelha que agora cobria o mato.

O ataque estava marcado para 6 de agosto. Muitos praças se lembraram que, na Inglaterra, era feriado e fim de semana prolongado. A lembrança trouxe imagens da família à beira-mar, mas tiveram pouco tempo para devaneios. O agressivo major-general Thomas, da 43ª Divisão de Wessex, continuou a exercer pressão máxima sobre os subordinados, como observou o oficial comandante de um de seus regimentos blindados de apoio. "Os comandantes de brigadas e batalhões da 43ª Divisão tinham um certo medo de Von Thoma, que, ao mesmo tempo, os enfurecia, já que insistia em 'travar suas batalhas' e não os deixava em paz depois de distribuídas as ordens operacionais definitivas."

Julius Neave, que comandava um esquadrão do 13º/18º Regimento de Hussardos, se resignara com outra dura batalha. "Nossa intenção é capturar M.P. [Mont Pinçon], o maior acidente geográfico da Normandia, com uma brigada de infantaria muito desfalcada e um regimento blindado cansado." Mesmo durante a reunião para receber as ordens no quartel-general da brigada, viram-se sob uma "surra feroz" de morteiros alemães.

A infantaria ficou ainda mais deprimida com a ideia. "Quanto mais perto chegávamos do objetivo", escreveu o cabo Proctor, "mais assustadora ficava a tarefa. As encostas mais baixas eram de terra agrícola cultivada, que sebes imensas dividiam em campos pequenos. Mais acima, florestas. O topo parecia coberto de tojo. Fora de vista, do outro lado do pico do morro, estavam as instalações de radar alemãs que tinham de ser destruídas. No sopé do morro havia um riachinho que tínhamos de atravessar." O dia estava quentíssimo.

A barragem de artilharia começou às 15 horas. O 4º Batalhão de Somerset avançou pela esquerda e o 5º do Regimento de Wiltshire, pela direita. 100 metros além do riacho, caíram sob fogo de metralhadoras pesadas, pela frente e pelos flancos. Todas as companhias de vanguarda ficaram paralisadas. Algumas voltaram para se abrigar sob a margem do riacho, que ficou lotada. "Logo se tornou óbvio que havia gente demais procurando proteção de menos", escreveu o sargento Partridge, do Batalhão de Somerset. O Batalhão de Somerset e o de Wiltshire tinham esperança de que os alemães ficariam sem munição, mas parecia que a frequência dos tiros não se reduzia. O Batalhão de Wiltshire foi muito atingido e seu comandante morreu.

O primeiro-sargento da companhia de Partridge teve o nariz arrancado. Quando voltou cambaleando com um curativo de campanha sobre o rosto, Partridge o ajudou a retornar ao posto médico do regimento, perto do quartel-general do batalhão. Lá, soube que o major Thomas, comandante da Companhia B, fora morto ao atacar sozinho uma metralhadora alemã. "Muito corajoso", observou Partridge, "mas faz tempo que aprendi que soldados mortos não vencem batalhas, e meu primeiro dever era permanecer vivo e preservar o máximo possível a vida dos outros".

Chegou uma ordem ríspida do oficial comandante dizendo que havia praças demais no posto médico. "Voltem às suas frações e subunidades." Partridge admitiu que era uma represão merecida. Voltou ao 17º Pelotão e encontrou "quatro camaradas numa trincheira abandonada chorando a mais não poder". Esses recém-chegados não eram garotos, mas homens de quase 40 anos – "velhos demais para levar o nosso tipo de vida". Vinham de uma unidade antiaérea desmobilizada e tinham sido mandados à vanguarda sem treinamento de infantaria, como parte da tentativa desesperada de recompletar os batalhões da linha de frente.

Pouco antes do anoitecer, um Sherman do 13º/18º Regimento conseguiu atravessar o riacho e proporcionar fogo de cobertura, mas os ninhos de metralhadoras alemãs estavam bem camuflados. Outro plano foi adotado. Assim que a noite caiu, as companhias se reorganizaram e começaram a avançar em fila indiana atrás de uma cortina de fumaça, o mais silenciosamente possível. O equipamento de cada homem foi conferido para garantir que nada chacoalharia.

Sem acreditar que conseguiriam passar sem serem vistos nem ouvidos, continuaram subindo a encosta. Ouviam vozes alemãs dos dois lados, mas por sorte não deram com nenhum dos ninhos de metralhadoras. As duas primeiras companhias do 4º Batalhão de Somerset chegaram ao topo e logo foram seguidas pelas outras duas. Tentaram cavar trincheiras para o inevitável contra-ataque alemão, mas descobriram que o chão era duro feito pedra.

Então, o sargento Partridge escutou o que parecia ser um tanque Tigre ou Pantera. Mandou uma mensagem cochichada para que o homem da unidade anticarro trouxesse o lançador PIAT. Mas o soldado pediu desculpas. O PIAT era pesado demais para levar morro acima, e ele o deixara para trás. Partridge demonstrou grande autocontrole ao não estrangulá-lo ali mesmo. Na verdade, quase com certeza, o tanque que lhes causou tamanho susto no escuro pertencia a um dos esquadrões do 13º/18º Regimento de Hussardos, que, mais cedo, na mesma noite, encontrara um caminho para subir pela encosta do Mont Pinçon. Na confusão, parece que não sabiam que a infantaria já chegara e pediam apoio pelo rádio. O comandante enviou outro esquadrão enquanto pedia reforço urgente da infantaria.

Na manhã de 7 de agosto, o acidente geográfico dominante da Normandia finalmente caiu em mãos britânicas. Na verdade, os alemães tinham sumido. A retirada fazia parte da tentativa muito necessária de encurtar a linha de frente, em parte para compensar a transferência da 1ª SS Panzer-Division para o contra-ataque preparado em Mortain.

A Operação Bluecoat fora o clímax de uma batalha renhida de ambos os lados. O 4º Batalhão de Somerset perdera "mais homens em cinco semanas do que nos nove meses seguintes até o fim da guerra". Mais a oeste, na direção de Vire, a 10ª SS Panzer-Division *Frundsberg* fora paralisada pela 11ª Divisão Blindada e pela Divisão Blindada de Guardas. O quartel-general de Eberbach relatara, na noite anterior, "pesados ataques inimigos ao longo de quase toda a frente". Num último esforço, a *Frundsberg* contra-atacara a 11ª Divisão Blindada ao sul de Presles, na tentativa de fechar a brecha entre o VII Exército e o Panzergruppe West.

No dia seguinte, quando, por ordem de Hitler, o Panzergruppe West tornou-se oficialmente o V Exército Panzer, Eberbach avisou que havia apenas "três blindados ainda em condições de uso" na 10ª SS Panzer-Division. Tinha de retirá-la da linha de frente. O "espírito de combate" do seu Exército era "insatisfatório" em decorrência de "baixas, retrocessos e exaustão". Não havia condições para o 2º Panzerkorps, a 12ª Divisão SS *Hitler Jugend* ou a 21ª Panzer-Division recuarem para o contra-ataque em Mortain. Até Kluge alertou que "já era uma decisão grave levar embora a 1ª SS Panzer-Division". Naquele dia, o Grupo B de Exércitos relatou que, desde a invasão, sofrera 151.487 baixas, entre mortos, feridos e desaparecidos. Recebera menos de 20 mil recompletamentos.

24

O CONTRA-ATAQUE DE MORTAIN

Pouco antes da meia-noite de 2 de agosto, o general de artilharia Warlimont chegou ao castelo de La Roche-Guyon vindo da Prússia Oriental. Fora de avião até Estrasburgo, onde um carro do Estado-Maior o aguardava. As instruções eram avaliar o rompimento americano, mas naquele dia o Panzergruppe West estava muito mais preocupado com a incursão britânica no Vire combinada ao ataque do 30º Corpo. "A situação é ainda mais grave", escreveu Eberbach. "Os aliados tentam unir as cunhas de penetração no flanco oeste e no centro da frente."

Na noite da véspera, Warlimont partira do *Wolfsschanze*, depois que Jodl e ele foram convocados por Hitler. Discutiram a opção de retroceder até o baixo Sena, mas as curvas e meandros do rio o transformavam numa difícil linha defensiva. Hitler estava indeciso. Sentia-se extremamente relutante de perder o contato com a Espanha e com Portugal, pela consequente perda de matérias-primas. Recuar também significaria o fim das bases de submarinos no litoral atlântico. Hitler mostrou-se mais realista do que Warlimont esperava, mas lhe deu instruções muito estritas de não discutir o assunto com Kluge. "Sempre que se prepara uma linha de defesa na retaguarda da linha de frente", observou Hitler, "meus generais só pensam em recuar para essa linha".

Depois de conversar com Kluge, Warlimont visitou vários quartéis-generais na região. Encontrou-se com o general Eberbach, do Panzergruppe West, e com Sepp Dietrich, do 1º SS Panzerkorps na frente de Caen. Parece que o turbulento Meindl foi o mais franco, principalmente quando Warlimont fez uma descrição dramática dos ataques de caças aliados na estrada, que quase acertaram o alvo. Mais tarde, disse de Warlimont: "Ele pertencia à caixa de soldadinhos de chumbo em cujas mãos o Destino colocou o nosso destino!" Todos os oficiais com quem Warlimont falou estavam "desencorajados" pelo efeito avassalador do poderio aéreo aliado.

Na manhã de 4 de agosto, Warlimont voltou ao quartel-general de Kluge, em La Roche-Guyon. Tinham acabado de receber de Hitler a ordem de concentrar todas as divisões *panzer* e atacar na direção de Avranches para interromper as linhas de comunicação de Patton. Seria a Operação Lüttich. Kluge já pensara em plano semelhante, mas temia "não conseguir manter a linha e, ao mesmo tempo, iniciar o contra-ataque". Mas, suspeito de cumplicidade no atentado a bomba, não estava em condições de se opor à vontade do Führer.

Depois da reunião com Jodl e Warlimont, o estado de espírito de Hitler se enrijeceu e ele passou a rejeitar toda e qualquer ideia de recuo. O jogador que havia nele, combinado ao gosto por ações dramáticas, inspirara uma de suas fantasias cartográficas. Ele andara fitando os símbolos das divisões no mapa, ao mesmo tempo em que se recusava a aceitar que a maioria delas estava reduzida a uma fração do efetivo teórico. Para ele, a ideia de isolar o III Exército de Patton era irresistível. Também justificava a ideia de se segurar na Normandia com base em que faltava transporte mecanizado a quase todas as divisões de infantaria. A retirada as deixaria à mercê das divisões blindadas americanas e às forças aéreas aliadas. Ao mesmo tempo, ele se recusou a levar em conta o poderio aéreo aliado quando planejou a Operação Lüttich. Isso era típico de sua compulsão de só enxergar o que achasse adequado.

O tempo estava contra eles, como Kluge sabia melhor do que Hitler. Na noite de 4 de agosto, Patton voltou da Bretanha e conversou com Haislip, comandante do 15º Corpo. Bradley dera ordens ao III Exército para atacar a leste, ao longo do flanco aberto dos alemães. Patton disse a Haislip que tomasse Mayenne e Laval no dia seguinte. Menos de duas horas depois, Haislip passou aos comandantes de suas divisões as ordens para o ataque da manhã seguinte. A 79ª Divisão de Infantaria ocuparia Laval, enquanto a 90ª Divisão de Infantaria tomaria a cidade de Mayenne, ao norte.

Patton fora mordaz com a 90ª quando a encontrara na estrada, a leste de Avranches, havia apenas três dias. "A divisão é ruim, a disciplina é pouca, os homens imundos e os oficiais apáticos, muitos deles com os distintivos de posto retirados e as marcas do capacete cobertas. Vi um tenente de artilharia pular do jipe e se esconder numa vala quando um avião passou bem alto, disparando um pouco." Mas, sob o novo comandante, major-general Raymond McLain, a 90ª rapidamente mostrou que uma formação com moral baixo pode se transformar extraordinariamente se houver boa liderança e uma mudança das circunstâncias. Em 5 de agosto, a 90ª tomou a cidade de Mayenne em apenas seis horas. A principal travessia do rio fora minada, mas "um garoto francês de 15 anos subiu na ponte e cortou os fios". A 79ª tomou Laval na manhã seguinte. O ataque americano à Bretanha, embora não conseguisse ocupar um porto importante, ainda assim distraíra os alemães da verdadeira ameaça no flanco sul. Nunca tinham esperado que o III Exército avançasse para leste com tanta rapidez.

Patton, no fundo, continuava a desprezar o temor de Bradley de que os alemães fizessem um grande contra-ataque ao norte, perto de Mortain. "Pessoalmente, não acredito muito nisso", escreveu no diário em 1º de agosto, quando Bradley abordou o assunto. Depois, no dia seguinte, irritou-se quando Bradley ordenou que a extremidade da frente, perto de Fougères, fosse reforçada. Patton achou que Bradley estava sendo tão cauteloso quanto os britânicos. Mas o instinto de Bradley estava certo, embora nesse momento não tivesse informações que sustentassem suas suspeitas.[1]

Para Patton, o problema mais urgente era de ordem logística. As divisões blindadas vinham ficando sem combustível e os depósitos de suprimento ainda se situavam ao norte de Avranches. As estradas para a retaguarda estavam engarrafadas com soldados e caminhões de suprimentos. A Polícia do Exército, sobrecarregada, tentava controlar 24 horas por dia o tráfego que passava pelo gargalo de Avranches. Até os comandantes de corpos e divisões tentaram organizar o caos. "Cerca de 13 mil viaturas pesadas, tanques, jipes, meias-lagartas e obuseiros atravessaram a ponte de Pontaubault, numa média de uma viatura a cada trinta segundos." A Luftwaffe, com ordens de fazer todos os sacrifícios para atacar a rota de Avranches, realizou ataques diurnos e noturnos com bombardeiros e caças-bombardeiros. Mas os americanos, depois

---

1 A única pista de que os alemães poderiam estar planejando alguma coisa surgiu em 2 de agosto, por meio do Ultra. A mensagem só dizia que a 2ª Panzer-Division realizara "movimentos de retirada" no setor ferozmente disputado ao sul do Vire e que a posição da 1ª SS Panzer-Division não mudara.

de superestimar a necessidade de grupos de artilharia antiaérea na Normandia, puderam concentrar um poder de fogo formidável em torno das principais pontes ao sul de Avranches.

Enquanto o III Exército de Patton começava o avanço para o leste, o I Exército de Hodges continuava empurrando os alemães ao sul do Vire. À direita, a 1ª Divisão de Infantaria americana recebeu ordem de avançar sobre Mortain e, depois, fazer contato com as forças de Patton, ao sul. A 1ª Divisão de Huebner recebeu uma tarefa mais fácil do que os vizinhos ao norte. Na manhã de 4 de agosto, a 1ª Divisão tomara Mortain e ocupara a principal elevação, a Cota 314, conhecida como rochedos de Montjoie. Quando o general Collins, comandante do corpo, lhe recordou a importância da colina, Huebner pôde dar uma resposta gratificante: "Joe, já é minha".

Mortain era uma cidade tranquila numa região impressionante. Comprida e estreita, ficava no alto do lado oeste da serra de Montjoie, com a ravina do rio Cance lá embaixo. Ao norte da cidade, havia duas cachoeiras. A maioria das casas tinha uma vista magnífica dos morros íngremes do lado mais distante, por sobre a ravina. Avranches ficava a menos de 30 quilômetros em linha reta.

Os franceses que fugiam das batalhas ao norte tinham se refugiado ali. A maioria chegara a pé, porque os soldados alemães tinham tomado as bicicletas e as carroças para recuar. Os refugiados invejavam os cidadãos porque a cidade não sofrera danos. Os que podiam pagar tinham almoços muito agradáveis no hotel Saint-Michel e sonhavam com a paz iminente. Os únicos sinais da guerra eram os aviões aliados no céu. Os alemães da vizinhança eram quase invisíveis durante o dia e só surgiam depois do escurecer.

Por detrás das cortinas, outros habitantes da área observaram a retirada alemã rumo a Domfront. "Alguns soldados se aguentavam bem, outros estavam numa situação terrível, homens a cavalo, em charretes, empurrando carrinhos de mão. Lembrou-nos o nosso êxodo em 1940." Quando os alemães ordenaram a evacuação dos aldeões e moradores da cidade, o prefeito local aconselhou-os apenas a se esconder em estábulos no campo. Quando a luta se aproximou, as mães prenderam na roupa dos filhos mais novos etiquetas com o endereço de um parente, para o caso de elas morrerem.

Na noite de 5 de agosto, o major-general Huebner recebeu ordens de mandar a 1ª Divisão de Infantaria rumo a Mayenne. Ao mesmo tempo, a 30ª Divisão de Infantaria, na reserva perto de Tessy-sur-Vire, avançaria para

Mortain imediatamente, em transporte motorizado, para reforçar os soldados de Huebner. Mas reunir os veículos de transporte levou tempo, e as estradas estavam tão engarrafadas que o comboio da 30ª Divisão percorreu, em média, uns 5 quilômetros por hora. Os primeiros soldados só chegaram a Mortain no meio da manhã de 6 de agosto. Os oficiais da 1ª Divisão lhes descreveram a situação. O setor estava tranquilo, fora algumas granadas de artilharia e alguma atividade de patrulhas no flanco da serra de Montjoie. Entretanto, admitiram a surpresa que tiveram na noite da véspera, quando a Luftwaffe atacou Mortain com bombas explosivas e incendiárias. Não fora um ataque muito eficaz e ninguém deu importância.

Quando chegou a Mortain, o coronel Hammond D. Birks, oficial comandante do 120º Regimento de Infantaria, descobriu que as lojas estavam abertas e os hotéis, cheios. Para alguns dos seus homens, "parecia um excelente lugar para descansar e relaxar um pouco", observou. Mas, de repente, o clima mudou. "Quando chegamos", escreveu mais tarde um enfermeiro do 120º Regimento de Infantaria, "os poucos franceses que restavam na cidade começaram de repente a sumir. Passaram-nos a informação de que eles tinham sido avisados de que os alemães estavam prestes a atacar e que se refugiaram numas cavernas perto da cidade. Essa história parecia completamente implausível, e continuamos deitados à vontade na grama".

O 2º Batalhão do 120º Regimento desembarcou dos caminhões na rua principal de Mortain e subiu a encosta da serra rochosa de Mortain para ocupar as posições da 1ª Divisão em torno da Cota 314. O tenente-coronel Hardaway, seu comandante, tomou a decisão infeliz de instalar o posto de comando na cidade, no Grande Hôtel, em vez de ficar com o batalhão na Cota 314. Outras companhias montaram bloqueios nas estradas que vinham do norte e do sul e que levavam à cidade. Um batalhão também foi mandado para sudeste, para ocupar a cidadezinha de Barenton.

A maior parte das divisões alemãs já estava escondida nas posições de reunião, no setor de Sourdeval-Mortain. A *Das Reich* e a 116ª Panzer-Division tinham recuado, protegidas pela escuridão, em 3 de agosto. A 1ª SS Panzer-Division *Leibstandarte Adolf Hitler* também abandonara a linha ao sul de Caen para se unir ao ataque, mas ainda tinha muito a percorrer. Os remanescentes da 17ª SS Panzergrenadier-Division *Götz von Berlichingen* foram mandados para fortalecer a *Das Reich*, cuja tarefa era cobrir o flanco sul da ofensiva e atacar Mortain.

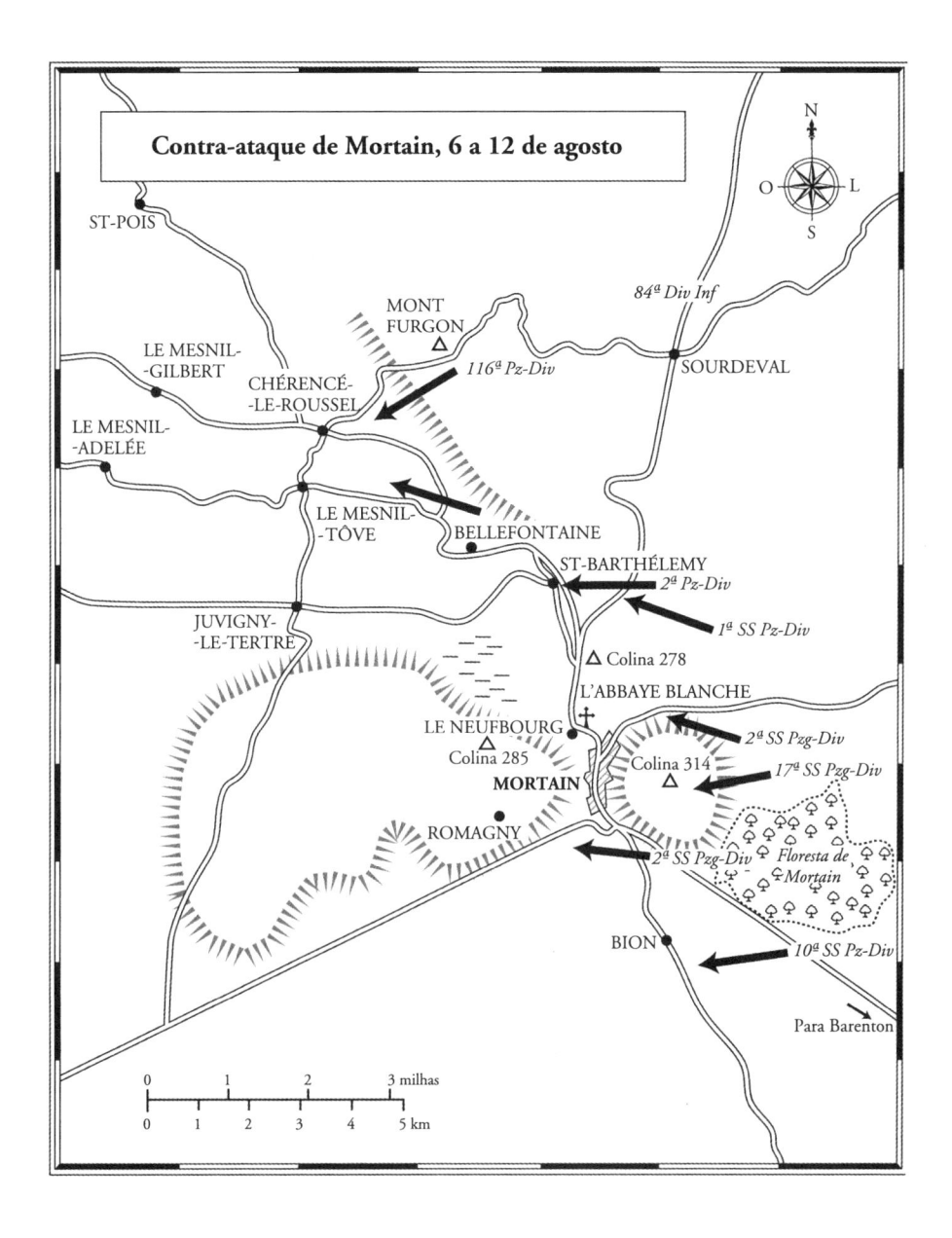

No centro, a força principal se comporia da 2ª Panzer-Division, que deveria seguir diretamente para Juvigny-le-Tertre, a apenas 25 quilômetros. No flanco norte, a 116ª Panzer-Division atacaria partindo da área do monte Furgon, a oeste de Sourdeval. A 1ª SS Panzer-Division *Leibstandarte Adolf Hitler*, assim que chegasse, ultrapassaria as outras divisões, depois que rompessem a linha americana, e seguiria a toda para Avranches.

Jodl avisou a Kluge que Hitler queria um ataque com força máxima e lhe disse que retardaria a ofensiva até 8 de agosto. Mas Kluge, que acabara de saber que os americanos estavam avançando a partir do rio Mayenne rumo a Le Mans, sentiu que não podia esperar. Além de Le Mans ficava a base de suprimentos do VII Exército, em Alençon.

Kluge, Hausser e Gersdorff, o seu chefe do Estado-Maior, discutiram a ameaça. Tinham capturado um mapa americano que mostrava a investida partindo de Le Mans rumo a Paris, mas não para o norte, para isolá-los. Isso os encorajou a pensar que os aliados não visavam ao cerco. Os ataques britânicos intensos "eram o maior obstáculo para tomar a decisão", observou Gersdorff. Hitler demonstrava pouca preocupação com o avanço do III Exército. Em sua opinião, isso significava simplesmente que o contra-ataque isolaria quantidade ainda maior de soldados americanos.

Kluge via a ofensiva de Avranches como um modo de confundir os aliados antes de recuar para o Loire, ao sul, e o Sena, a leste. Hitler, por outro lado, com seu otimismo obsessivo, via-a como o primeiro passo para restabelecer a frente mantida na Normandia no início de julho. O OKW prometeu mil caças em apoio à operação, mas nenhum dos comandantes dos altos escalões acreditou. "Tinham sido enganados tantas vezes no passado que acharam que seriam enganados de novo", admitiu Warlimont depois da guerra. Mas ele mesmo foi um dos enganadores de Hitler, convencendo os generais de que a situação era melhor do que na realidade.

A Operação Lüttich seria comandada pelo general de Blindados Hans Freiherr von Funck, comandante do 47º Panzerkorps, de quem ninguém gostava. O tenente-general Gerhard Graf von Schwerin, homem de grande arrogância intelectual e comandante da 116ª Panzer-Division, já tivera uma série de brigas furiosas com Funck sobre a condução do contra-ataque a oeste do Vire, em 28 de julho. Funck acusara a 116ª Panzer-Division de "resistência passiva, covardia e incompetência". Schwerin agora estava envolvido em outra discussão azeda com Funck sobre a luta para manter a linha de partida da Operação Lüttich. A recém-chegada 84ª Divisão de Infantaria, à sua direita, que deveria assumir o controle do setor, vinha cedendo sob os novos ataques americanos. Depois, Funck acreditou erradamente que Schwerin não transferira um batalhão de Panteras para a 2ª Panzer-Division como ordenado. Exigiu que Schwerin fosse destituído do comando. Como o ataque estava prestes a começar, o Oberstgruppenführer Hausser recusou. Era visível que todos os comandantes de altas patentes estavam muito agitados.

Às 15h20 de 6 de agosto, menos de quatro horas antes do momento em que a ofensiva deveria começar, o marechal de campo Von Kluge recebeu uma mensagem que começava da maneira característica: "O Führer ordenou...". Determinava que a Operação Lüttich não devia ser comandada pelo general Von Funck, mas pelo general Eberbach. Hitler detestava Funck por ter sido ajudante de ordens do general de exército Werner Freiherr von Fritsch, destituído pelo Führer em 1938. Em 1942, Funck deveria comandar o Afrika Korps, mas Hitler nomeou Rommel em seu lugar.

Kluge ficou horrorizado com a decisão. Ligou imediatamente para o OKW, na Prússia Oriental, para protestar que a mudança de comando poucas horas antes do ataque era "praticamente impossível". Quando lhe disseram que a operação devia ser adiada, como o Führer insistia, Kluge respondeu: "O ataque tem de acontecer esta noite. Se esperarmos mais, enfrentaremos a deterioração grave da nossa posição. O adiamento de um dia cria o perigo de as forças aéreas inimigas atacarem nossas zonas de reunião".

Kluge conseguiu convencer o OKW a adiar a transferência do comando para Eberbach, mas tinha outras preocupações. Os elementos avançados da 1ª SS Panzer-Division *Leibstandarte Adolf Hitler* tinham acabado de chegar a Flers. Kluge ligou para o quartel-general do VII Exército para dizer que duvidava que chegassem a tempo. Embora a *Leibstandarte* tivesse começado a retirada na noite de 4 de agosto, sua transferência para a área de Mortain fora atrasada por um súbito ataque canadense e depois pelos engarrafamentos e alguns ataques aéreos.

Apesar do medo de Kluge de bombardeios contra as zonas de reunião, no dia houve "pouca atividade aérea". A 2ª SS Panzer-Division *Das Reich* estava bem escondida sob as faias e carvalhos da antiga floresta de Mortain, uma longa serra coberta de mata a sudeste da cidade. À direita, estava o Panzergrenadier-Regiment *Führer*; no meio, o grupo de combate da 17ª SS Panzergrenadier-Division *Götz von Berlichingen*; à esquerda, o *Deutschland*-Regiment, apoiado pelo 2º SS Panzer-Regiment, pronto para contornar Mortain rumo a sudoeste.

A 30ª Divisão de Infantaria americana, em Mortain e nos arredores, ainda não fazia ideia do que estava em andamento. A 4ª Divisão de Infantaria, que estava na reserva, anotou no diário de operações: "A guerra parece praticamente terminada". Esse otimismo foi estimulado pela notícia de que a Turquia rompera relações com a Alemanha, pelas tentativas da Finlândia, da Bulgária "e talvez da Hungria" de sair da guerra, pelos avanços americanos até Brest e Mayenne e pela chegada do Exército Vermelho aos arredores de Varsóvia e à beira da Prússia Oriental. Em 6 de agosto, o 12º Regimento de Infantaria da divisão finalmente recuou para descansar num "lindo bivaque perto da pitoresca cidadezinha de Brécey. Foram tomadas providências às pressas para banhos, espetáculos, filmes e moças das 'rosquinhas' da Cruz Vermelha. Pela primeira vez desde o Dia D, os homens de olhos vazios e faces encovadas da Força-Tarefa do 12º puderam relaxar".

Naquela tarde e durante a noite, os decifradores de códigos de Bletchley Park começaram a trabalhar num turbilhão de mensagens interceptadas. Pedia-se à Luftwaffe que desse proteção com caças noturnos à 2ª SS Panzer-Division para um ataque a Mortain e além da cidade. A 2ª e a 116ª Panzer-Divisions e a *Leibstandarte* também foram identificadas para um ataque cuja linha de partida ficava entre Mortain e Sourdeval. Bradley, embora mais cético diante das informações do Ultra do que a maioria dos comandantes, não teve dúvidas sobre a gravidade do ataque. Assegurou-se de enviar às pressas todos os grupos de artilharia disponíveis para o setor ameaçado, entre os rios Sée e Sélune. Foi enviada uma mensagem à 30ª Divisão de Infantaria para que reforçasse o batalhão da Cota 314, acima de Mortain, mas parece que não foi recebida a tempo. A noroeste, o prefeito de Le Mesnil-Tôve avisou ao comandante de uma companhia do 117º Regimento de Infantaria da 30ª Divisão que havia soldados alemães com tanques escondidos na floresta perto de Bellefontaine, que ficava atrás das linhas americanas. Quando o comandante da companhia passou a informação, ouviu do quartel-general da divisão que "parasse de espalhar boatos".

O início do ataque, marcado originalmente para as 18 horas, foi retardado várias vezes devido ao atraso da SS *Leibstandarte*. Também houve mudanças de última hora no dispositivo, principalmente porque outras unidades que reforçariam a operação não conseguiram chegar, devido à pressão aliada em outras partes da frente. Kluge, que queria fazer alterações de última hora no plano, foi convencido a deixar tudo como estava. Finalmente, à meia-noite, o avanço começou sem preparação de artilharia. O plano era se infiltrar o máximo possível antes do amanhecer.

O primeiro choque ocorreu no flanco norte, antes mesmo que a Operação Lüttich começasse oficialmente. Às 22h30 de 6 de agosto, duas motocicletas meias-lagartas alemãs investiram sobre um bloqueio de estrada do 39º Regimento de Infantaria, a leste de Chérencé-le-Roussel, mas foram destruídas por outra companhia um pouco adiante, estrada abaixo. Tudo então ficou tranquilo, mas por volta da meia-noite foram ouvidos tanques na estrada que ia de Bellfontaine a Le Mesnil-Tôve, 1 quilômetro ao sul. Ninguém relacionou isso com o aviso do prefeito. Todos acharam que eram tanques americanos.

Duas horas depois, às 2 horas da madrugada de segunda-feira, 7 de agosto, o batalhão que estava no vale foi atacado pela infantaria alemã vinda do monte Furgon, logo ao norte, e por mais infantaria apoiada por carros da 116ª Panzer-Division, que vinham do leste. Com o apoio de alguns Shermans do 746º Batalhão de Carros de Combate, foram rechaçados. Os americanos ainda acharam que era apenas um ataque local. Mas logo ficou claro que o eixo principal do avanço alemão era a estrada menor ao sul, passando por Le Mesnil-Tôve. Essa era a coluna norte da 2ª Panzer-Division que, às 5 da manhã, irrompeu na vila e seguiu para Le Mesnil-Adelée.

O progresso da coluna sul da 2ª Panzer-Division foi retardado até as 5 horas. Em Saint-Barthélemy, parte do 117º Regimento de Infantaria conseguiu ouvir o som sinistro dos *panzers* avançando, mas a neblina era tão espessa que a visibilidade estava reduzida a uns 20 metros. Embora alguns bloqueios na estrada perto da cidade tivessem sido ultrapassados com facilidade, uma posição anticarro conseguiu segurar um destacamento de Panteras, destruindo dois. Outros grupos de Panteras apoiados pela infantaria, inclusive um destacamento de vanguarda da 1ª SS Panzer-Division, atacaram vindo de outras direções. Os infantes americanos lutaram sem parar, usando bazucas. Resistiram "extraordinariamente bem", como admitiu mais tarde o general Von Lüttwitz, da 2ª Panzer-Division.

Oito Panteras entraram em Saint-Barthélemy e pararam na rua principal, bem na frente do quartel-general avançado do tenente-coronel Frankland, do 1º Batalhão do 117º Regimento de Infantaria. Um dos oficiais olhou pela janela e viu um Pantera bem ali abaixo. Depois, ouviram ruídos nos fundos da casa. Frankland foi investigar e encontrou dois elementos de comunicação sendo levados com as mãos levantadas. Ele matou os dois soldados SS que os tinham capturado e viu outro Pantera na rua atrás da casa. Espantosamente, o grupo de comando de Frankland conseguiu escapar pela janela e se unir a uma das companhias. Sob o ataque dos *panzergrenadiers* SS, a maior parte do batalhão de Frankland teve de recuar, pulando sebes e se esgueirando pelas valas.

Embora o batalhão de Frankland tivesse sido ultrapassado, a defesa feroz de Saint-Barthélemy provocou o atraso importantíssimo do avanço da 2ª Panzer-Division rumo a Juvigny-le-Tertre. Os Panteras só voltaram a avançar no final da manhã. Isso deu aos americanos tempo para trazer reforços às pressas, principalmente para bloquear a coluna norte em Le-Mesnil-Adelée, 4 quilômetros a oeste de Le-Mesnil-Tôve.

Pouco depois da meia-noite, os três *Kampfgruppen* da *Das Reich* e da *Götz von Berlichingen* tinham avançado sobre Mortain e sobre a Cota 314. Também foram auxiliados pela neblina espessa, que abafou o barulho dos motores.

À 1h25 de 7 de agosto, o batalhão americano que estava na Cota 314 ficou de prontidão ao ouvir fogo de armas portáteis. Os alemães tinham encontrado um caminho para ultrapassar o bloqueio da estrada ao sul da cidade. Estavam atacando morro acima e entrando em Mortain. O coronel Hammond Birks, comandante do 120º Regimento de Infantaria, mandou uma companhia limpar Mortain, mas os alemães já estavam bem posicionados. Às 2 horas, os alemães também atacaram a Cota 314 pelo norte.

Birks não tinha mais reservas, e o tenente-coronel Hardaway, preso no Grande Hôtel, no centro da cidade, não podia se juntar ao grosso do batalhão no alto do morro. Ele e seu grupo, com mais três oficiais, tentaram abrir caminho para sair do hotel, atravessar a cidade e chegar ao morro, mas as patrulhas de *panzergrenadiers* SS os obrigaram a se abrigar numa casa abandonada.

Embora a maioria dos bloqueios de estrada fossem rapidamente ultrapassados, a posição defensiva perto da Abbaye Blanche, na extremidade norte da cidade, infligiu pesadas baixas aos atacantes da SS *Das Reich*. O pelotão de armas anticarro do tenente Springfield, com seus canhões de três polegadas, disparou quase à queima-roupa sobre o meia-lagarta alemão que saía da neblina. "Um barulhão seguido por um brilho vermelho anunciava cada tiro certeiro. Quando os ocupantes das viaturas blindadas de transporte de pessoal saíram aos trambolhões das máquinas atingidas, foram varridos pelo fogo das metralhadoras. As balas traçantes ricocheteavam loucamente pela estrada, assim como nos flancos blindados dos veículos imobilizados." O coronel Birks, consciente da importância da posição da Abbaye Blanche, reforçou-a com dois pelotões.

Um de seus comandantes, o tenente Tom Andrew, logo assumiu a direção da batalha defensiva que lá se desenvolvia.

Uma companhia do batalhão do tenente-coronel Lockett, do 117º Regimento de Infantaria, fora mandada para Romagny, 2 quilômetros a sudoeste de Mortain, com quatro canhões anticarro para bloquear o cruzamento ali existente. Sofreram um choque horrível ao descobrir que os alemães já tinham ocupado o lugar. O batalhão de Lockett não só se dividira em vários destacamentos como estavam voltados para três direções, e os alemães se infiltravam em suas posições usando armas americanas capturadas. Ao ouvir o som típico que faziam, os soldados americanos achavam que estavam sendo alvejados por fogo amigo. Lockett tinha apenas uns trinta homens sob seu controle direto. Muitos não eram da infantaria, mas tiveram de lutar como se fossem. O posto médico do batalhão quase ficou sobrecarregado com o número de baixas.

Do outro lado do vale, na Cota 314, a situação do 2º Batalhão do 120º Regimento já era desesperadora. Estavam cercados pelo *Kampfgruppe* da 17ª SS Panzergrenadier-Division. Os feridos estavam em campo aberto, vulneráveis às salvas de morteiros. As posições da companhia estavam isoladas e com pouca munição porque não tinham acesso ao depósito, agora coberto pelo fogo dos atiradores de escol. Devido à ausência de Hardaway, o capitão Reynold C. Erichson recebeu ordem de assumir o comando do grosso do 2º Batalhão, em posição no alto do morro. Usando pedras, abrigos individuais e o mato rasteiro para se esconder, o "Batalhão Perdido", como ficou conhecido, se aguentou na Cota 314. Seu maior tesouro era um observador avançado de artilharia que, assim que a neblina começou a se desfazer, pediu fogo e o corrigiu do seu ponto de observação privilegiado.

Com a necessidade de apoio rápido para deter os *panzers* alemães, o general Bradley e o general Hodges entraram em contato com a 9ª Força Aérea do general Quesada. Assim que a neblina se desfez, por volta das 11 horas, os Thunderbolts P-47 entraram em ação. Mas os americanos, admitindo que os Typhoons da RAF, com seus lançadores de foguetes, eram a arma mais eficaz contra os tanques, entraram em contato com a 2ª Força Aérea Tática do major-brigadeiro Coningham. Coningham e Quesada concordaram que os Typhoons "deveriam cuidar exclusivamente das colunas blindadas inimigas", enquanto os caças americanos fariam a proteção e os caças-bombardeiros americanos atacariam as viaturas de transporte na retaguarda alemã.

Embora a manhã estivesse úmida e enevoada na pista de pouso de Fresne-Camilly, ao norte de Caen, dois Typhoons tinham decolado em missão de reconhecimento. Avistaram tanques alemães em movimento na área de Mortain. Ao pousar, os dois pilotos correram para a barraca de informações. Um jipe foi mandado até as barracas dos tripulantes, atrás de uma sebe alta, com o motorista tocando a buzina para avisar. O pessoal de terra correu para preparar os Typhoons para decolagem, enquanto os pilotos se reuniam para receber as ordens da missão.

— Este é o momento que todos esperávamos, cavalheiros — disse-lhes o tenente-coronel Charles Green, poucos instantes depois de receber do quartel-general de Coningham a confirmação da missão. — A oportunidade de pegar os *panzers* em campo aberto. E há montes deles. — Deveriam atacar em pares, e não em formação de esquadrão. O tempo de voo até o alvo não passava de 15 minutos. Isso significava que todo o esquadrão poderia criar um "ciclo contínuo de sortidas de Typhoons".

Os pilotos correram para os aviões. Um deles, por superstição pessoal, insistiu na prática usual de urinar no estabilizador horizontal antes de subir na cabine. Os pilotos do Esquadrão 123 eram naturais de muitos países. Era quase uma legião estrangeira aérea, com pilotos britânicos, belgas, franceses, canadenses, australianos, neozelandeses, sul-africanos, noruegueses, poloneses, um argentino e até um judeu alemão chamado Klaus Hugo Adam (que veio a se tornar o cineasta Sir Ken Adam).

O sol queimava pela névoa quando os dezoito esquadrões do Grupo 83 decolaram. Além do canhão de 20 mm, os Typhoons tinham, sob as asas, dispositivos para o disparo de oito foguetes, cada um deles com uma ogiva de 27 quilos de alto explosivo. Alguns pilotos afirmavam que disparar todos eles equivalia a uma salva dos canhões do costado de um cruzador leve. Entretanto, as experiências tinham demonstrado que, em média, quando disparavam os oito foguetes, os pilotos tinham "mais ou menos 4% de chance de atingir um alvo do tamanho de um tanque alemão". Pelo menos, o avião tinha "força bruta e robustez" e aguentava o fogo antiaéreo melhor do que os outros.

A primeira vaga entrou em ação contra a 1ª SS Panzer-Division *Leibstandarte Adolf Hitler* na estrada que partia de Saint-Barthélemy e seguia para oeste. A poeira parda levantada pela lagarta dos veículos blindados revelou o alvo quando os Typhoons se aproximaram. Os pilotos novos tentaram recordar o mantra do treinamento – "Mergulhar, largar, cair fora!" – e a necessidade de evitar que o avião "derrapasse" de lado. O primeiro alvo era o veículo da frente. O segundo, o último veículo da coluna. Eles disparavam os foguetes em salvas de oito ou os lançavam em "ondas", numa sequência de pares. Depois que os foguetes eram lançados, os pilotos tentavam fazer as granadas dos canhões de 20 mm ricochetear perto do alvo, para que atingissem o fundo vulnerável do tanque ou do meia-lagarta. Logo, a fumaça preta que subia dos *panzers* em chamas tornou difícil enxergar com clareza, e o perigo de colisões aéreas aumentou.

Vinte minutos depois da decolagem, os Typhoons estavam de volta para remuniciar e reabastecer, numa verdadeira linha de produção. Em terra, os pilotos impacientes suavam no calor terrível das cabines, nos cokpits de acrílico. As hélices propelidas pelo motor Sabre do Typhoon levantavam nuvens de poeira por toda parte, de modo que o pessoal de terra e os municiadores, despidos até a cintura no calor de agosto, tinham de usar lenços amarrados sobre o rosto, como bandidos do faroeste. Na hora em que recebia o sinal do polegar levantado, o piloto taxiava e se preparava para a nova decolagem. E assim seguia a ponte aérea. O avanço da 2ª Panzer-Division sobre Juvigny-le--Tertre também foi detido.

Os esquadrões de caças americanos desempenharam seu papel de maneira soberba. Pouquíssimos dos prometidos trezentos caças da Luftwaffe chegaram a menos de 65 quilômetros de Mortain. Mais tarde, a Luftwaffe telefonou para o quartel-general do VII Exército para pedir desculpas. "Nossos caças se engajaram em combate aéreo desde a decolagem e não conseguiram chegar à real zona de ação. Entretanto, esperamos que o engajamento aéreo tenha ajudado." O oficial do Estado-Maior do VII Exército respondeu rigidamente: "Não houve alívio perceptível". A principal oposição aos Typhoons foram as metralhadoras. Três aviões se perderam e muitos ficaram avariados, mas logo a *Leibstandarte* relatou que os blindados estavam ficando sem munição.

Em volta de Mortain, onde as forças adversárias estavam mais misturadas e difíceis de diferenciar, houve alguns casos de Typhoons que atacaram posições americanas por engano. Destruíram vários veículos americanos e causaram algumas baixas. Por exemplo, no bloqueio de estrada da Abbaye Blanche, comandado pelo tenente Andrews, eles feriram dois homens da guarnição de um canhão anticarro. Mas "os britânicos logo foram perdoados", disse depois o tenente Andrew, porque "fizeram um serviço maravilhoso contra os alemães".

Os soldados americanos aprisionados pelos alemães em Mortain acharam desorientador se abrigar dos aviões aliados. Um enfermeiro que se jogou no chão durante o ataque descobriu que tinha de erguer o peito do solo para reduzir o efeito da concussão das explosões. Depois que os Typhoons partiram, seus guardas examinaram os veículos em chamas. "*Alles kaputt!*", disseram, balançando a cabeça. Dessa vez, a primeira coisa que os alemães tiraram dos prisioneiros foram os tabletes de purificação da água, a morfina e outros suprimentos médicos para seus feridos. Em geral, os alemães ficavam mais interessados em pegar cigarros ou doces, para aliviar a ânsia que suas rações raramente satisfaziam.

Às 16 horas, a fumaça e a poeira sobre as áreas do alvo tornaram impossíveis novas operações em baixa altitude. A maioria dos Typhoons foi desviada para cuidar de um contra-ataque alemão contra a 11ª Divisão Blindada britânica, a leste do Vire. Os dezoito esquadrões de Typhoons do Grupo 83 tinham realizado 294 sortidas. "Enquanto o dia avançava", escreveu o major-brigadeiro Coningham no relatório oficial, "ficou óbvio que a história aérea estava sendo escrita". Depois, ele registrou a contagem. "Durante este dia, os Typhoons armados de foguetes da 2ª Força Aérea Tática afirmaram ter destruído 89 tanques, provavelmente destruído mais 56 viaturas com lagartas e visto 47 veículos motorizados fumegando. Essas alegações não incluem 56 tanques inimigos avariados e 81 veículos motorizados avariados."

Cinco meses depois, Coningham ficou furioso ao receber o relatório da seção de pesquisa operacional, que examinara a área logo depois da batalha e estudara os veículos alemães deixados para trás. Na área de Mortain, foi descoberto que, dos 78 blindados alemães destruídos, somente nove podiam ser atribuídos ao ataque aéreo. Era óbvio que alguns veículos menos avariados foram recuperados pelos alemães antes da retirada, mas a conclusão geral sobre a precisão do Typhoon foi um choque desagradável para a Real Força Aérea. Parece que Coningham considerou o relatório um tanto desleal e o rejeitou, mas um segundo relatório confirmou as descobertas.

Os generais alemães, por outro lado, logo atribuíram o revés ao poderio aéreo aliado. "Quer os senhores percebam, quer não", disse Geyr von Schweppenburg aos interrogadores americanos no fim da guerra, com o máximo tato, "foram os aviões britânicos com foguetes que detiveram o contra-ataque em Avranches, e não a 30ª Divisão de Infantaria". Na maioria dos casos, o argumento se baseava em pura autojustificativa. Ainda assim, as fontes alemãs não são as únicas a atribuir o revés em Mortain a esses ataques com foguetes.

Em muitos casos, o medo dos Typhoons levou a guarnição dos *panzers* a abandonar o blindado em pânico, muito embora estivessem mais seguros lá dentro do que do lado de fora. Um sargento americano observou: "Só um ataque aéreo conseguiria que uma guarnição maluca de *panzer* fizesse isso". E, para bloquear uma coluna ou uma estrada estreita, um tanque abandonado era quase tão eficaz quanto um tanque destruído. Seja como for, a operação dos Typhoons em 7 de agosto forçou a 2ª Panzer-Division e a *Leibstandarte* a saírem da estrada para se proteger, detendo assim o seu avanço. Isso deu ao I Exército americano a oportunidade de levar artilharia e tanques para reforçar a linha de frente.

Logo havia doze grupos e meio de artilharia de campanha atirando em apoio à 30ª Divisão de Infantaria, inclusive três grupos de "Long Toms" de 155 mm. Os observadores aéreos nos aviões de reconhecimento Cub podiam direcionar e ajustar o fogo, de modo que todas as rotas principais ficaram praticamente intransitáveis. Mas, embora a ofensiva alemã tivesse sido prejudicada, a posição das unidades americanas perto de Mortain continuava arriscada.

O bloqueio de estrada do tenente Andrews, na Abbaye Blanche, era alvo frequente de salvas de *Nebelwerfer*, embora, felizmente, eles tivessem ocupado trincheiras alemãs bem construídas, com proteção em cima. Também mantiveram aberta uma rota arriscada de suprimentos a oeste, por Le Neufbourg. Mas havia pouca possibilidade de enviar ajuda para o 2º Batalhão do 120º Regimento de Infantaria, na Cota 314. A força do capitão Erichson estava dividida em três posições. Tinham muitos feridos e estavam com pouquíssima munição. Só o fogo da artilharia americana, orientado pelo tenente Robert Weiss, o observador avançado que estava com o "batalhão perdido", impediu que o *Kampfgruppe* da 17ª SS Panzergrenadier-Division os vencesse. O observador havia registrado todas as vias de acesso prováveis para o ataque e todas as áreas de reunião além delas, para que a artilharia de campanha pudesse apoiá-los mesmo nas horas de escuridão.

Às 19 horas, o tenente-coronel Lockett mandou parte de seu batalhão do 117º Regimento de Infantaria (que fora anexado ao 120º) para Le Neufbourg, vila na extremidade norte de Mortain e perto da Abbaye Blanche. A ideia era limpar Mortain, mas assim que a companhia de vanguarda entrou na orla noroeste da cidade, as metralhadoras alemãs, nas casas dos dois lados da rua, abriram fogo, e começaram a chover granadas de artilharia e morteiros. A companhia sofreu 73 baixas em tempo curtíssimo e foi forçada a recuar. O coronel Lockett, ao perceber a impossibilidade de invadir Mortain com força tão reduzida e sabedor da importância do bloqueio de estrada na Abbaye Blanche, disse aos remanescentes da companhia que se unissem à força lá posicionada. Mas vários estavam tão traumatizados pelo fogo de artilharia que só ficaram por ali e pouco participaram do restante da batalha.

Enquanto isso, um grupo de uns 45 homens da Companhia C do 120º Regimento ficou preso na própria Mortain, sem comida nem água e com vários feridos. Eles tinham causado pesadas baixas entre os SS *panzergrenadiers* que tentavam limpar a cidade. O coronel Lockett queria tirá-los de lá para que Mortain pudesse ser bombardeada à vontade. Montou-se uma patrulha de resgate com vários soldados que tinham restado da companhia sitiada e uma dúzia de maqueiros para trazer os feridos. Foram comandados pelo sargento Walter Stasko, que fizera o reconhecimento da rota perigosa que descia pela garganta e subia do outro lado. O pelotão de morteiros, que, da sua posição, tinha visão clara do morro a oeste da ravina, deu cobertura. A patrulha conseguiu alcançar a maioria dos homens e levá-los embora, mas a descida íngreme foi tão difícil que tiveram de carregar os feridos nas costas morro abaixo.

Em 8 de agosto, a principal preocupação da 30ª Divisão era preservar a posição do "Batalhão Perdido" na Cota 314. Tentaram usar aviões de reconhecimento Piper Cub para lançar suprimentos, mas a *Das Reich* havia trazido canhões antiaéreos para impedir isso. O "Batalhão Perdido" era "um espinho na carne", como admitiu o comandante de um corpo alemão. "Sua dedicação corajosa paralisou todo movimento na área de Mortain." Mas, sem água, munição, comida nem material médico, a esperança de se aguentar se reduzia depressa.

Naquele dia, enquanto o combate continuava em Mortain e em seus arredores, os americanos iniciaram um contra-ataque a Romagny, a sudoeste da cidade. Enquanto isso, Bradley levou a 2ª Divisão Blindada e um regimento da 35ª Divisão de Infantaria para atacar o flanco sul dos alemães, do outro lado de Mortain. A 2ª Divisão Blindada, que partiu de Barenton, encontrou os remanescentes da 10ª SS Panzer-Division *Frundsberg*, que Eberbach fora forçado a recuar depois da surra que levara da 11ª Divisão Blindada britânica a leste do Vire. O aumento do efetivo americano em torno de Barenton assegurou que os alemães não conseguissem reiniciar a ofensiva mais ao sul como tinham esperado.

* * *

Com a Operação Lüttich atrapalhada pela reação americana muito mais robusta do que se esperara, a tensão dos soldados alemães e de seus comandantes aumentou muito. Um soldado americano aprisionado recordou que, durante as barragens de artilharia americanas, os oficiais e praças alemães enrijeciam os nervos com garrafas de conhaque. E as unidades da linha de frente começaram a ouvir dos soldados das unidades de suprimentos boatos de que o avanço do III Exército americano ao sul ameaçava isolá-los.

No quartel-general do contingente germânico, na retaguarda, a tensão explodiu em brigas furiosas, principalmente com a vingança do general Von Funck contra o general Von Schwerin, da 116ª Panzer-Division. No clima de desconfiança que se seguiu ao atentado contra Hitler, Schwerin ficou vulnerável depois de todas as piadinhas antinazistas. Funck, que acusou falsamente a 116ª de não participar da operação, acabou convencendo o Oberstgruppenführer Hausser a destituir Schwerin do comando, muito embora a batalha continuasse.

Kluge estava perto do desespero. A Operação Totalize, ofensiva canadense rumo a Falaise iniciada na noite de 7 de agosto, fez com que não pudesse mais tirar tropas do V Exército Panzer. Ele também esperara que a 9ª Panzer-Division se unisse ao ataque a Avranches, mas agora descobrira que ela era muito necessária na retaguarda. O III Exército americano mandara um de seus corpos para o norte, rumo a Alençon e à base de suprimentos do VII Exército germânico. "Era bastante óbvio", escreveu o chefe do Estado-Maior de Hausser, "que esse golpe seria o nocaute e o fim do Exército e de toda a frente ocidental".

O cerco agora era uma ameaça real, mas Hitler insistiu que a ofensiva de Avranches devia ser reiniciada. Em 9 de agosto, o general da Infantaria Walter Buhle, do OKW, chegou ao quartel-general avançado do VII Exército, perto de Flers, para se assegurar de que isso aconteceria. "Ele insistiu em se encontrar pessoalmente com o general Hausser", escreveu Gersdorff, o chefe do Estado-Maior. "Por ordem de Hitler, perguntou diretamente a Hausser se considerava 'que a continuação da ofensiva obteria algum sucesso'. Hausser respondeu que sim." Ele presumiu que qualquer outra resposta levaria à destituição imediata. O marechal de campo Von Kluge, muito embora soubesse que a operação os levaria ao desastre, também não estava em condições de recusar. Ordenou a Hausser que reiniciasse o ataque com a unidade agora chamada de Panzergruppe Eberbach. Os dois sabiam que, mesmo que as tropas chegassem a Avranches, nunca teriam forças para firmar posição ali.

* * *

Em Mortain, o tenente-coronel Hardaway, comandante do 2º Batalhão do 120º Regimento, conseguiu escapulir da cidade pelo leste, mas foi capturado quanto tentava escalar a Cota 314 para se juntar a seus homens.

Às 18h20, um oficial da Waffen-SS, acompanhado por um soldado SS que levava uma bandeira branca, aproximou-se do perímetro do batalhão. "De maneira formal", afirmou que oferecia aos americanos na colina a oportunidade de uma rendição honrosa. Estavam cercados e sua posição não tinha esperanças. Se não se rendessem até as 22 horas, suas forças os "fariam em pedacinhos". A resposta foi que não se renderiam enquanto tivessem "munição para matar alemães ou uma baioneta para enfiar numa barriga de boche". Os SS atacaram com *panzers* naquela noite, aparentemente gritando "Rendam-se! Rendam-se!", mas foram detidos com bazucas e canhões anticarro. Só um tanque conseguiu passar e capturou um único soldado americano.

O bloqueio de estrada na Abbaye Blanche também rechaçou numerosos ataques, um deles com lança-chamas. Na tentativa de ajudar os defensores e controlar a estrada ao norte de Mortain, houve tentativas de tomar o cruzamento de estradas na Cota 278, a meio caminho entre Mortain e Saint-Barthélemy. Parte do 12º Regimento de Infantaria, trazido da área de descanso em Brécey, tentou forçar o *Kampfgruppe* norte da SS *Das Reich* a recuar. Depois, deveriam seguir para o sul, para Mortain, para reforçar os postos avançados e cercados da 30ª Divisão. O 2º Batalhão do 12º Regimento de Infantaria estava quase chegando ao importante cruzamento quando recebeu "um golpe estonteante" dos *panzers* da *Leibstandarte*. Recuaram para oeste de um riacho e tentaram levar tanques e caça-tanques pelo terreno pantanoso, mas foi impossível.

Em 9 de agosto, na neblina do início da manhã, os alemães atacaram outra vez ao sul de Saint-Barthélemy. Foram avistados *panzergrenadiers* SS com armas e peças de fardamento americano. Um grupo usava "sapatos, perneiras de lona, jaquetas de campanha e capacetes americanos". Às vezes, a luta consistia em combate corpo a corpo, com os *panzergrenadiers* se jogando nas trincheiras do 12º Regimento de Infantaria. O fogo da artilharia alemã era mais intenso do que de costume. "Pela primeira vez, aguentamos fogo mais pesado do que o nosso", observou depois um oficial. A tensão dos quatro dias de luta desesperada revelou-se depois de tantas semanas de combate. "O Regimento teve uns trezentos casos de exaustão no período."

O frenesi da luta se revela neste relato extraordinário do 12º Regimento de Infantaria. O soldado Burik, da Companhia E do 2º Batalhão, ouviu um tanque se aproximar pelo norte. "O tanque que viu descia a estrada rumo ao pomar. Agarrando a bazuca, carregou-a e saiu na estrada. Na primeira tentativa de atirar, a bazuca não disparou. Ele descobriu que a trava de segurança estava presa. Enquanto o tanque continuava a se aproximar dele, [Burik] soltou a trava e atirou diretamente no blindado." O tanque, então, atirou nele, derrubando-o e ferindo-o gravemente. Ele se levantou, carregou a bazuca, mirou e atirou de novo. O tanque também atirou, derrubando-o outra vez. "Arrastando-se para uma posição de fogo, [Burik] carregou a bazuca uma terceira vez e, de sua frágil posição, atirou no tanque. Os alemães não aguentaram mais e recuaram morro acima. [Burik], com total desprezo pela própria segurança, tentou empurrar outro soldado ferido para uma trincheira." Burik virou-se e pediu mais munição de bazuca; depois, caiu inconsciente ao lado da estrada. Mais tarde, morreu devido aos ferimentos.

Outra tentativa de tomar o cruzamento da Cota 278 foi comandada pelo tenente-coronel Samuel A. Hogan, com um batalhão do 119º Regimento de Infantaria em cima dos tanques da 3ª Divisão Blindada. Eles seguiram uma rota sinuosa até o oeste de Mortain, para atravessar a ponte da ferrovia perto do bloqueio de Abbaye Blanche. Detidos pelo Regimento *Der Führer* da Divisão *Das Reich*, tiveram de passar a noite em defesa constante, a leste da estrada. Depois, em 10 de agosto, envolveram-se num combate furioso entre sebes altas que custou a Hogan nove Shermans.

Havia uma sebe específica que os Shermans tinham de romper para continuar o avanço. Depois que um tanque "rinoceronte" abriu uma brecha, o tenente Wray, que admitira que a missão era suicida, comandou a carga pelo buraco. Quando seu Sherman entrou num trigal, um Pantera alemão escondido lhe acertou um tiro direto. Vários tripulantes morreram na hora. Wray pulou do blindado em chamas, o corpo muito queimado. Caiu de quatro enquanto o pelotão de infantaria de apoio, comandado pelo tenente Edward Arn, observava horrorizado. "Então ele se pôs de pé", contou Arn, "e começou a voltar para a sebe que acabara de atravessar. Pareceu se lembrar de alguma coisa, porque voltou ao tanque. Ajudou outro homem a sair e ambos começaram a correr, mas os alemães os picotaram com uma rajada de metralhadora."

O pelotão de Arn tinha recuado para a sebe mais próxima, mas para sua surpresa conseguiram uma rápida vingança. Um grupo de alemães veio andando para inspecionar o tanque em chamas de Wray. "Saíram num grupinho e ficaram ali em volta", disse Arn. "Curiosidade, acho." Arn e seus homens "passaram a foice".

A força-tarefa de Hogan tinha tão poucos homens que o sargento Kirkman voltou a Le Neufbourg para buscar reforços. Retornou com 36 recompletamentos inexperientes em meio ao fogo da artilharia alemã. Vários foram mortos ou feridos no caminho. De acordo com Kirkman, o homem ao seu lado foi atingido pela lasca de uma árvore atingida que lhe entrou pela nuca e saiu pelo rosto. Os recém-chegados estavam muito abalados quando atingiram o grupo de combate. O tenente Arn perguntou a Kirkman onde estavam os reforços.

— Ali, embaixo daquele tanque — respondeu o sargento.

Em sua maioria, esses soldados, "deixados de repente sob a artilharia pesada inimiga e o fogo das metralhadoras, ficaram imóveis, paralisados". É claro que isso os tornava duplamente vulneráveis. Arn contou que teve de "chutar mesmo alguns para que se mexessem e buscassem proteção. Um deles se agachou numa trincheira, com as mãos cruzadas sobre a cabeça, e foi atingido por um tiro de 88 que lhe arrancou a cabeça". Dos 36 novos homens, só 4 sobreviveram.

A força reduzida de Hogan, quase ao alcance do objetivo, foi atacada pelo flanco por um batalhão *panzergrenadier*. Os americanos o rechaçaram e, assim que os alemães desapareceram nas trincheiras, bombardearam-nos com fósforo branco. A chuva de partículas ardentes os obrigou a pular fora. Então, os americanos usaram alto explosivo para acabar com eles. Pouco depois, a noite caiu, e chegaram aviões alemães para atacar as posições americanas, "mas em vez disso bombardearam seus próprios soldados, que soltavam freneticamente foguetes verdes para interromper esse golpe inesperado". O coronel Hogan comentou que a cena foi "muito agradável".

Antes do amanhecer de 10 de agosto, o *Kampfgruppe* SS que cercava o "Batalhão Perdido" começou o primeiro de uma série de ataques. Mais uma vez, o tenente Weiss pediu o fogo dos grupos de artilharia que os apoiavam. Entretanto, a comunicação ficava cada vez mais difícil, porque ele não podia recarregar as baterias do rádio. O material médico era de extrema necessidade. O batalhão não tinha médico e os enfermeiros cuidavam dos feridos em trincheiras profundas. Todos os soldados estavam fracos pela falta de comida. Alguns mais ousados escapuliam em grupos para buscar cenouras, batatas e rabanetes das hortas morro abaixo. Dois sargentos conseguiram encontrar até alguns coelhos engaiolados, engordados para a panela por moradores locais.

Naquela tarde, aviões de transporte C-47, escoltados por Thunderbolts P-47, lançaram 71 caixotes na Cota 314, mas devido à brisa só uns poucos caíram no perímetro americano. Foram encontradas munição e rações, mas nenhuma bateria nem material médico. Então, o 230º Grupo de Artilharia de Campanha tentou disparar embrulhos contendo plasma sanguíneo, morfina, sulfa e ataduras no alto do morro, usando granadas de fumaça de 105 mm esvaziadas. Só três pacotes foram recuperados, mas o plasma não sobreviveu à viagem explosiva.

Embora pouco se pudesse fazer pelos feridos na Cota 314, as ambulâncias transportavam as baixas dos combates para tratamento na retaguarda. Além dos ferimentos comuns da batalha, havia muitos causados por fragmentos de pedra. O 128º Hospital de Evacuação perto de Tessy-sur-Vire ficou sem espaço. As ambulâncias que aguardavam para descarregar formaram uma fila de 800 metros estrada abaixo.

À noite de 11 de agosto, a *Das Reich* foi forçada a recuar da posição a oeste de Mortain. E, embora os contra-ataques americanos partindo do sul, com a 35ª Divisão de Infantaria e a 2ª Divisão Blindada, tivessem sido mal coordenados com a 30ª Divisão de Infantaria, eles chegaram finalmente ao alcance da Cota 314.

Naquele dia, Kluge conseguiu convencer o OKW e Hitler de que, como medida temporária antes de reiniciar a ofensiva de Avranches, parte do Panzergruppe Eberbach deveria contra-atacar as divisões americanas que ameaçavam a base de suprimentos de Alençon. Foi a única maneira de Kluge começar a retirada antes de ser cercado. "Sob a cobertura dessa operação, o VII Exército deveria recuar", observou um de seus comandantes de corpos.

Naquela noite, depois de disparar quase toda a munição de artilharia, as unidades alemãs começaram a retirada. Cobriram bem os rastros em quase toda parte, recuando sob a proteção de uma retaguarda agressiva. Os americanos só tiveram certeza do que estava acontecendo quando o dia 12 de agosto já ia claro. O 1º Batalhão do 39º Regimento de Infantaria, ao avançar, encontrou bilhetes jocosos dos *panzergrenadiers* alemães agradecendo pelo chocolate, pelos cigarros e pela munição lançada sobre eles por engano, em vez de na Cota 314, acima de Mortain.

A retirada não escapou à atenção do tenente Weiss, nos rochedos de Montjoie. Ele pediu fogo sobre os soldados e veículos que seguiam para o leste, e logo cinco batalhões de artilharia bombardeavam a movimentação.

Finalmente, o "Batalhão Perdido" foi alcançado. Os caminhões com comida e material médico seguiram os soldados morro acima. Na Cota 314, o 2º Batalhão do 120º Regimento de Infantaria sofreu quase trezentas baixas dentre os seus setecentos homens. O batalhão foi elogiado pelo presidente pela resistência e bravura admiráveis. A defesa heroica foi um elemento essencial da vitória.

O coronel Birks, comandante do 120º Regimento de Infantaria, correu primeiro para o bloqueio de estrada da Abbaye Blanche, temendo só encontrar alguns sobreviventes. Espantou-se ao saber que apenas três homens tinham morrido e vinte ficado feridos. Birks percorreu as várias estradas para examinar todos os veículos alemães queimados e avariados. "Foi a melhor cena que já vira na guerra", disse ele depois. Seguiu morro abaixo e fez a curva para entrar em Mortain.

A rua principal era intransitável para veículos. O centro da cidade não passava de um monte de ruínas, com apenas algumas paredes e chaminés ainda de pé. A maior parte da destruição ocorreu na véspera da libertação. De modo quase inacreditável, o chefe do Estado-Maior da 30ª Divisão disse: "Quero Mortain demolida [...] atirem a noite toda, queimem-na para que nada possa viver lá". Essa inocente cidade francesa foi destruída num terrível ataque de ressentimento. Com espanto, Birks se viu abraçado por um pequeno grupo de oficiais e homens muito emocionados, que tinham ficado presos ali vários dias e durante o bombardeio da noite anterior.

Mais tarde, em 13 de agosto, o 12º Regimento de Infantaria e seus "soldados muito cansados" retornaram à 4ª Divisão para descansar. Parece que seu comandante, o major-general Barton, não avaliou corretamente pelo que os homens tinham passado. Estava mais preocupado com a "atitude de 'motim calado' que surgiu recentemente entre alguns homens que até agora têm sido bons soldados. Esses homens decidiram que estavam sendo jogados de um lado para o outro, que ninguém se preocupava com eles, e decidiram não aguentar mais e parar de se esforçar". Ele insinuou que os oficiais eram parcialmente culpados por não manter os homens com "espírito combativo".

Quando Warlimont relatou o fracasso da Operação Lüttich, Hitler o escutou durante quase uma hora no *Wolfsschanze*, na Prússia Oriental. "Então Kluge agiu deliberadamente", foi tudo o que disse quando Warlimont terminou. "Ele o fez para provar que era impossível cumprir minhas ordens."

25
OPERAÇÃO TOTALIZE

Enquanto a 30ª Divisão americana lutava com desespero para se aguentar em Mortain, o recém-formado I Exército canadense iniciou outro grande ataque pela estrada de Falaise. Foi a Operação Totalize. Montgomery não nutria boa opinião a respeito do tenente-general Henry Crerar, seu comandante, e deixou isso bem claro. Considerava-o um artilheiro da Primeira Guerra Mundial, tedioso e pouco inspirador. A rigidez de Crerar não despertara admiração na 1ª Divisão de Infantaria canadense na Itália, que preferia servir sob os comandantes britânicos experientes do VIII Exército.

Também havia uma dimensão política. Crerar estava decidido a defender os interesses canadenses. Monty via isso como um desafio ao seu comando. Os oficiais canadenses dos altos escalões percebiam contra si uma atitude arrogante, situação que só piorou com o envio de oficiais do Estado-Maior de Montgomery ao quartel-general de Crerar para supervisionar a operação. O general inglês também considerava o major-general Rod Keller, da 3ª Divisão canadense, "bastante inadequado para comandar uma divisão". Por outro lado, admirava muito o tenente-general Guy Simonds, do 2º Corpo canadense, que planejou e comandou a Operação Totalize.

Devido à escassez de soldados canadenses, o I Exército teve o efetivo completado com o 1º Corpo britânico e também com a recém-chegada 1ª Divisão Blindada polonesa. O ataque devia começar pouco antes da meia-noite de 7 de agosto. A 51ª Divisão Highland, que voltava agora ao elevado padrão antigo, avançaria pelo lado leste da estrada Caen-Falaise, enquanto a 2ª Divisão canadense avançaria pelo lado oeste. O general Crerar, sabendo muito bem que as histórias sobre prisioneiros canadenses mortos pela SS tinham se espalhado entre os soldados recém-chegados, deu uma ordem vigorosa contra excessos "para vingar a morte de nossos companheiros".

Simonds tinha aprendido com erros britânicos anteriores, principalmente os cometidos durante a Operação Goodwood. Decidiu fazer um ataque noturno para reduzir as perdas devidas aos canhões anticarro alemães de 88 mm, muito superiores. Também fez as unidades de infantaria de vanguarda subirem em blindados. Para obter uma quantidade suficiente de viaturas, os canhões de artilharia de 105 mm foram removidos dos reparos autopropulsados "Priest", que receberam o apelido de "padres sem batina". Isso ajudaria as formações atacantes a avançar com a infantaria assim que os bombardeiros terminassem de saturar as posições alemãs na linha de frente.

Entretanto, Simonds se iludiu com as informações recebidas de um desertor iugoslavo que cruzara as linhas da 89ª Divisão de Infantaria para se render. Esse homem afirmou que sua divisão acabara de substituir a 1ª SS Panzer-Division. Simonds, sem perceber que a *Leibstandarte* fora transferida para o contra-ataque de Mortain, supôs que ela recuara simplesmente para reforçar a segunda linha, entre Saint-Sylvain e Bretteville-sur-Laize. Isso influenciou sua visão da batalha. Ele decidiu que a segunda fase, encabeçada pelas divisões blindadas polonesa e canadense, só deveria começar depois de outro ataque de bombardeio às 13 horas do dia seguinte.

A linha de partida da Operação Totalize ficava ao longo da serra de Bourgébus. Os canadenses já tinham perdido muitos homens depois de combates incansáveis nas vilas de Verrières, Tilly-la-Campagne e La Hogue, onde o ataque, na verdade, retardara a partida da SS *Leibstandarte* para Mortain. A guarnição dos tanques da 33ª Brigada Blindada da 51ª Divisão Highland britânica recebeu uma "última ceia" de carne em conserva e bolachas duras, chamadas de "biscoito de cachorro", canecas de chá ruim feito com água com excesso de cloro e uma ração de rum tirada de uma grande garrafa de cerâmica. Era uma noite quente e as guarnições quase só usavam shorts debaixo do uniforme de brim. A maioria sentiu o costumeiro arrepio na espinha e o vazio no estômago com a expectativa da batalha.

Às 23 horas de 7 de agosto, começou o bombardeio nos flancos do avanço, com mil Lancasters e Halifaxes. Sem esperar, a ofensiva começou, com sete colunas móveis de tanques e reparos Priest adaptados levando a infantaria. Uma barragem rolante de artilharia, avançando a 80 metros por minuto, os precedeu. Cada coluna – três britânicas a leste da estrada, quatro canadenses a oeste – seguia com quatro tanques lado a lado. Tinham praticado para manter a formação à noite. "Caramba! Ordem unida com tanques!", comentou um operador de rádio da 1ª Yeomanry de Northamptonshire, à esquerda.

Para ajudar os motoristas de blindados no escuro, foi criado um "luar artificial" com o reflexo da luz dos holofotes nas nuvens, e os canhões Bofors dispararam munição traçante verde por cima deles, para indicar o caminho. Mas a cortina de pó levantado pelas bombas e granadas e as crateras pelo caminho logo atrapalhou a progressão da coluna. No escuro, alguns tanques caíram em crateras. No terreno irregular, os Shermans e Cromwells balançavam e mergulhavam como navios em mar encapelado. Os tanques equipados com varredores de correntes metálicas iam à frente para explodir as minas. Houve muitas paradas e recomeços, com interrupções frequentes, em geral causadas por sebes que tinham de ser abertas no escuro com um tripulante desembarcado guiando o motorista com o brilho da brasa do cigarro.

Como ordenado, as colunas britânicas perseveraram no avanço, embora a luta encarniçada continuasse à retaguarda, em La Hogue e Tilly-la-Campagne. Os canadenses também tiveram dificuldade para achar o caminho no escuro e na poeira. No flanco direito, os Highlanders de Calgary encontraram canhões de 88 mm bem posicionados quando avançaram sobre May-sur-Orne, e o Black Watch do Canadá também sofreu no ataque a Fontenay-le-Marmion. A falta de experiência em combate da 2ª Divisão canadense contribuiu para as pesadas baixas. Os alemães resistiram ferozmente. Já estavam sob pressão da 59ª Divisão britânica, que acabara de ocupar cabeças de ponte do outro lado do rio, à sua retaguarda, na floresta de Grimbosq.

Um dos batalhões de infantaria da 59ª Divisão, o 7º de Norfolk, atravessara o Orne, seguindo um oficial muito alto, o capitão Jamieson, que entrou na água para ver se conseguiriam completar a travessia. Em 7 de agosto, durante o dia, o 26º SS Panzergrenadier-Regiment da *Hitler Jugend* contra-atacara. O sargento Courtman, do batalhão de Norfolk, conseguiu destruir dois Panteras e um *panzer* Mark III com o canhão anticarro, o que foi um grande incentivo ao moral. Naquela noite, na floresta, o batalhão de Norfolk ouviu mais tanques em movimento à frente deles e pediu apoio à artilharia. O fogo rápido

Operação Totalize, 7 a 10 de agosto

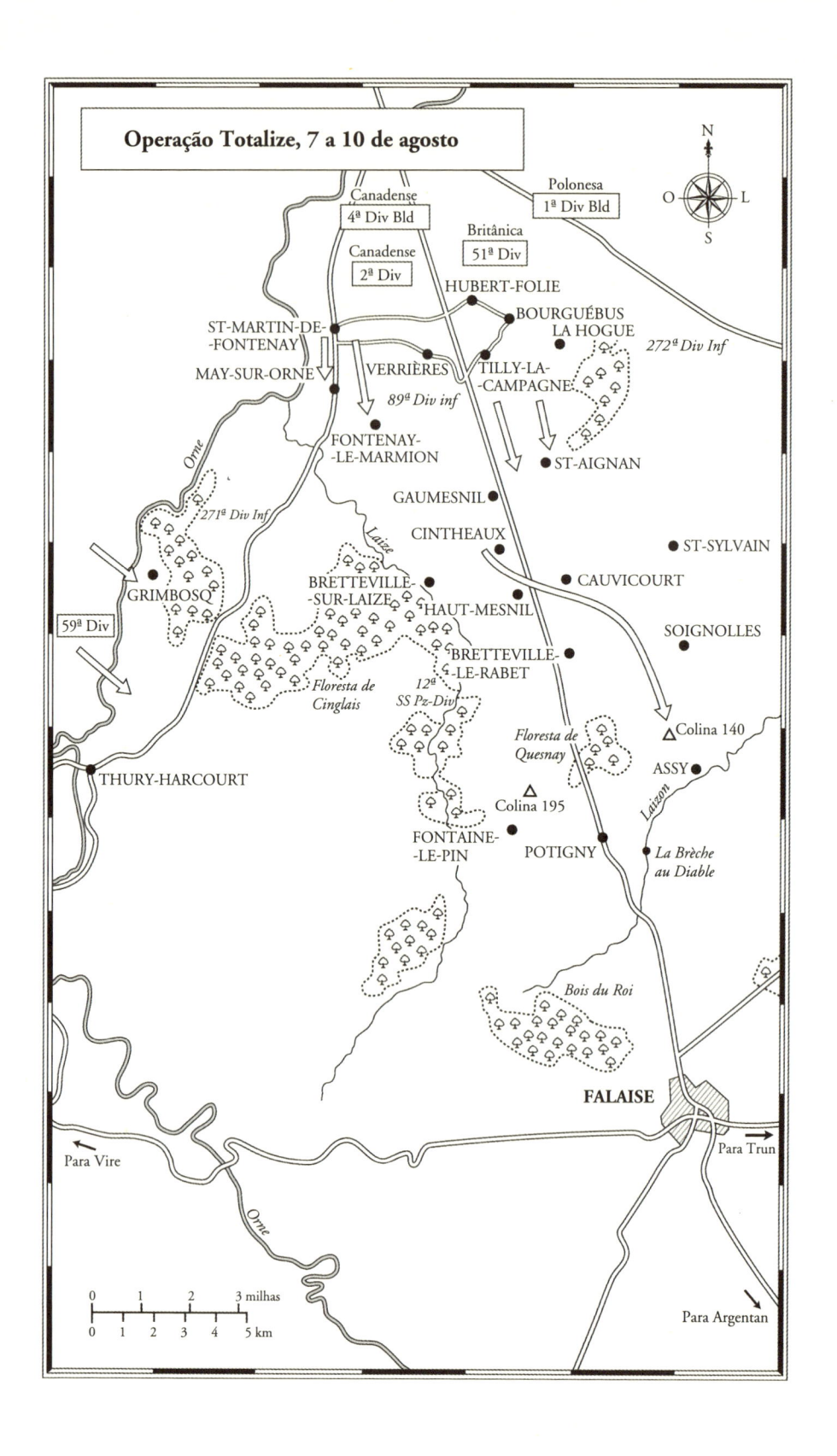

das baterias de canhões de 25 libras convenceu muitos soldados alemães de que os britânicos tinham inventado uma versão de metralhadora de artilharia.

Na manhã seguinte, os *panzergrenadiers* iniciaram outro contra-ataque ao batalhão de Norfolk. O capitão Jamieson, ferido no olho direito e no braço esquerdo, recebeu a Cruz de Vitória por comandar a defesa da Companhia D. Quando estavam prestes a ser vencidos, pediu fogo de artilharia sobre a própria posição. Felizmente, a comunicação pelo rádio estava funcionando bem e, mais uma vez, o apoio da artilharia foi excelente. Também foi solidário. "A artilharia tem um trabalho facílimo quando comparado ao da infantaria", anotou no diário um jovem oficial artilheiro. Um oficial médico da 59ª Divisão, num morro a oeste do Orne, descreveu a batalha: "Uma visão magnífica do vale do Orne, indo até a cidadezinha de Thury-Harcourt. Do outro lado do vale, o fogo causado por granadas ou bombas de morteiros ardia na floresta".

O setor do Orne continuou difícil depois da captura de Mont Pinçon. "Aqui na frente britânica", escreveu Myles Hildyard, do quartel-general da 7ª Divisão Blindada, "[os alemães] estão sendo rechaçados aos poucos, mas lutam muito, naturalmente, ou os cercaríamos. É uma luta cansativa e nada estimulante, mas segura os alemães e os mata". Durante toda a Operação Totalize, os soldados do 5º Batalhão de Wiltshire continuaram a enterrar os mortos da batalha de Mont Pinçon. "Naqueles dias, parecia que eu só fazia enterros", escreveu o capelão. Mas ele se animou com a resistência espantosa dos civis franceses diante do sofrimento. "Quanto mais avançamos", escreveu, "mais maravilhoso é o espírito dos franceses, para quem 'libertação' costuma significar a perda de tudo".

Nos dois lados da estrada de Falaise, a maioria das colunas de Simonds atingiu o objetivo no amanhecer de 8 de agosto. A leste da estrada, a 1ª Yeomanry de Northamptonshire e o Black Watch assumiram posições em bosques e pomares, logo ao sul de Saint-Aignan-de-Cramesnil. Estavam muito perto de Gaumesnil, onde o Oberführer Kurt Meyer, comandante da 12ª SS Panzer-Division *Hitler Jugend*, instalara um posto de observação. Foi o momento crucial de toda a operação. Simonds, certo de que os alemães tinham criado uma forte segunda linha com a 1ª SS Panzer-Division, organizara um segundo ataque de bombardeio logo depois do meio-dia. As duas divisões blindadas de vanguarda estavam prontas para avançar, mas tiveram de esperar os bombardeiros.

Panzer Meyer tinha ido à frente, alarmado com a notícia de que a 89ª Divisão de Infantaria tinha cedido sob o ataque. Ereto em seu Kübelwagen, Meyer ficou horrorizado ao ver soldados da 89ª fugindo para Falaise. Ele afirma que pulou do veículo e ficou sozinho na estrada, armado apenas com um fuzil para lhes inspirar vergonha e os fazer voltar e defender Cintheaux. O general Eberbach, que ainda comandava o V Exército Panzer antes de cedê-lo a Sepp Dietrich, foi ao seu encontro. Prometeu mandar a 85ª Divisão de Infantaria para lá assim que ela chegasse, mas seus elementos de vanguarda ainda estavam a uns 20 quilômetros dali. Meyer já soubera do avanço da 1ª Divisão Blindada polonesa no lado leste da estrada e da 4ª Divisão Blindada canadense no lado oeste. Estavam paradas na área de reunião, aguardando a nova fase da ofensiva.

Meyer disse que sua única esperança era confundir o inimigo com um contra-ataque súbito. Eberbach concordou. Ambos sabiam que, se os canadenses e britânicos rompessem até Falaise, o VII Exército, que ainda tentava reiniciar o contra-ataque a Avranches, ficaria isolado. Meyer decidiu que tiraria da floresta de Grimbosq os *panzergrenadiers* do *Kampfgruppe* Günsche para enfrentar os canadenses.

Meyer foi até Cintheaux para informar do contra-ataque o comandante Waldmüller, de um dos dois *Kampfgruppe*, e Wittmann, ás dos *panzers* que o apoiaria com sua companhia de Tigres. Meyer afirma que, enquanto discutiam o plano, viram um único bombardeiro americano surgir no ar e lançar um sinalizador. Como sabiam o que isso significava, correram para seus veículos. Se avançassem imediatamente, estariam livres da pior parte do bombardeio iminente. Na orla norte de Cintheaux, Meyer observou os Tigres de Wittmann avançarem o mais depressa possível rumo a Saint-Aignan, muito embora a artilharia aliada já tivesse começado o bombardeio. Os *panzergrenadiers* de Waldmüller seguiram rapidamente nos meias-lagartas. Um metralhador chamou Meyer com um grito, apontando o norte. A força de bombardeiros americanos se aproximava. Meyer afirma que um de seus jovens soldados SS, um berlinense, berrou: "Que honra! Churchill está mandando um bombardeiro para cada um de nós!".

Quatro Shermans da Yeomanry de Northamptonshire estavam bem escondidos entre as sebes e num pomar ao sul de Saint-Aignan. De repente, ouviram o líder do esquadrão pelo rádio. "Presa à vista! Três Tigres ao norte, alinhados à frente." Os monstros blindados percorriam um caminhozinho paralelo à estrada principal. O comandante do esquadrão ordenou que não atirassem. Àquela distância, usar o canhão de 75 mm do Sherman contra a blindagem de um Tigre de 56 toneladas "seria como atirar uma ervilha num muro de concreto". Os Shermans precisavam esperar até que os Tigres se aproximassem. Com os canhões de 75 mm, os três os sufocariam com fogo, enquanto o único tanque Firefly, com o poderoso canhão de 17 libras, tentaria acabar com eles.

Como conheciam a tão repetida estatística de que um único Tigre costumava corresponder a três Shermans, as guarnições sentiram a boca secar de medo. Os municiadores verificaram se tinham granadas perfurantes de blindagem na culatra e não alto explosivo. Os artilheiros, espiando pelo dispositivo de pontaria, giraram lentamente a torre motorizada, seguindo o alvo designado pelo comandante da subunidade. O primeiro e o último Tigres eram prioridade imediata.

Depois de uma espera insuportável, a presa chegou a menos de 750 metros. O comandante do esquadrão deu a ordem pelo rádio. Wittmann e a guarnição dos Tigres, incapazes de ver os espreitadores, foram pegos de surpresa. Quando caíram sob fogo, os Tigres revidaram, mas não conseguiram identificar com clareza os Shermans escondidos. Os dois primeiros Tigres pegaram fogo; o terceiro, onde provavelmente estava Michael Wittmann, explodiu completamente. Finalmente, os *sharpshooters* emboscados em Villers-Bocage foram vingados por outro regimento de Yeomanry.

As guarnições dos Shermans da Yeomanry de Northamptonshire mal conseguiram acreditar que tinham destruído três Tigres sem sofrer baixas.[1] Mas não houve tempo para comemorações. Os tanques Mark IV e os *panzergrenadiers* do *Kampfgruppe* Waldmüller foram avistados avançando pelos trigais à frente.

Os soldados da Divisão Blindada polonesa, usando no centro da cabeça as boinas típicas que os identificavam, estavam bem à esquerda da Yeomanry de Northamptonshire, aguardando a vez de avançar. Do mesmo modo, a 4ª Divisão Blindada canadense se adiantara a oeste da estrada de Falaise e parara. Então, houve outro desastre de "fogo amigo" quando a força principal de bombardeiros americanos chegou.

---

1 Os observadores da 12ª SS Panzer-Division *Hitler Jugend* e o oficial médico do 101º Batalhão Panzer Pesado da SS se convenceram de que cinco Tigres tinham sido destruídos. Os outros dois podem ter sido atingidos pelo 144º Regimento do Real Corpo Blindado.

As formações de mais de quinhentos bombardeiros B-17 começaram a atacar seis alvos em toda a frente. As fontes alemãs afirmam que seus canhões antiaéreos atingiram um dos bombardeiros da vanguarda, que soltou a carga antes da hora e foi imitado pelos outros. Um oficial de artilharia britânico que observava também viu o fogo antiaéreo romper a formação de bombardeiros. "Outros aviões não conseguiram encontrar o alvo e lançaram as bombas atrás das linhas aliadas, causando muitas baixas", escreveu. Um médico que teve de tratar das baixas registrou no diário: "A força aérea americana tem má fama. Têm a mesma probabilidade de bombardear em massa as nossas próprias linhas quanto os Jerries; em consequência, numerosas baixas canadenses e polonesas".

Os soldados canadenses e poloneses que se viram sob ataque do seu próprio lado lançaram rapidamente granadas de fumaça amarela para marcar sua posição. Mas, devido a um caso horroroso de comunicação incompetente entre as forças aéreas e terrestres, os americanos usavam no bombardeio sinalizadores amarelos. Como resultado, 315 canadenses e poloneses foram mortos ou feridos. Os poloneses, com considerável autocontrole, descreveram o incidente como "apoio infeliz dos nossos próprios aviões". Mas a confusão e o golpe sobre o moral retardariam a segunda fase da ofensiva de Simonds, com efeito fatal. O bombardeio propriamente dito nada conseguiu além de atrapalhar o avanço subsequente. Hoje sabemos que Simonds poderia tê-lo dispensado inteiramente e mantido o ímpeto. Deveria ter enviado as duas divisões blindadas pela manhã, enquanto os alemães ainda se recuperavam do ataque noturno, em vez de fazê-las parar para aguardar os bombardeiros.

Apesar da destruição do grupo de Tigres de Wittmann, o contra-ataque dos dois *Kampfgruppen* de Meyer pegou de surpresa as duas novas divisões blindadas aliadas. Seu desempenho subsequente foi, no mínimo, hesitante. Depois de uma desastrosa carga de cavalaria com blindados, os poloneses se mostraram cautelosos, porque tinham pouquíssimos homens. A maioria de seus soldados tinha combatido a invasão alemã da Polônia em 1939, fugira pela Europa em 1940 para defender a França e, finalmente, chegara à Inglaterra para continuar a batalha. Devido ao espantoso número de viagens desses voluntários exilados, os soldados alemães os chamavam de "turistas de Sikorski", o comandante em chefe polonês.

Para aumentar seu efetivo, as equipes polonesas de recrutamento tinham visitado até campos de prisioneiros de guerra em busca de soldados da Wehrmacht de origem polonesa. Em consequência, vários serviram dos dois lados durante a campanha da Normandia. Os canadenses também tinham poucos homens depois das perdas pesadas sofridas ao sul de Caen, principalmente nas serras de Verrières e Bourgébus. Ao contrário dos britânicos, não podiam obter reforços desmobilizando uma divisão.

Na tarde de 8 de agosto, ficou claro que as excelentes possibilidades criadas pela Operação Totalize tinham sido rapidamente perdidas. Os canadenses a oeste da estrada de Falaise sofreram com as falhas de comunicação e com a má leitura dos mapas. Simonds ficou histérico com a falta de iniciativa demonstrada pela 4ª Divisão Blindada, mas apesar de toda a sua insistência poucas colunas ganharam momento. Ele lhes ordenou que continuassem o avanço durante a noite, mas muitas unidades simplesmente formaram círculos defensivos para aguardar o amanhecer.

Entretanto, os alemães ainda não sabiam como o contra-ataque de Meyer fora eficaz. Desde o meio-dia Eberbach estava sem contato com Meyer. Às 21h10 daquela noite, Kluge, já desesperado com o fracasso em Mortain, afirmou que a situação na frente de Falaise vinha se "tornando gravíssima". Achava que a 89ª Divisão de Infantaria e a *Hitler Jugend* estavam "praticamente destruídas" e que o grosso da artilharia se perdera. Ele avisou que um novo avanço aliado ao sul, rumo a Falaise, faria com que seu "ataque rumo a Avranches perdesse o propósito". Prometeu mandar um batalhão de Panteras da 9ª Panzer-Division e um da SS *Hohenstaufen*, mas nenhum conseguiu se desengajar das próprias batalhas.

No dia seguinte, 9 de agosto, os *panzergrenadiers* da *Hitler Jugend*, em pequenos grupos, continuaram a resistir ferozmente, combatendo forças aliadas muito superiores. Mas o maior obstáculo ao avanço das divisões blindadas, como na Operação Goodwood, continuava a ser os canhões de 88 mm, tanto da SS quanto da Luftwaffe. O 3º Corpo Antiaéreo da Luftwaffe acabara de transferir mais quarenta deles para a frente de Falaise.[2]

Antes do amanhecer, Simonds ordenou que uma coluna, conhecida como Força Worthington, avançasse para o sul, junto à estrada de Falaise, e

---

2 O 3º Corpo Antiaéreo da Luftwaffe era comandado pelo tenente-general Wolfgang Pickert, que, em novembro de 1942, conseguira tirar de Stalingrado, durante o cerco soviético do VI Exército de Paulus, a sua 9ª Divisão Antiaérea.

ocupasse a Cota 195, a nordeste de Fontaine-le-Pin. Essa coluna, composta pelo regimento blindado da Colúmbia Britânica e de duas companhias dos Algonquins, perdeu-se irremediavelmente. Atravessaram a estrada de Falaise ao sul de Cintheaux e, em vez de voltar para o lado oeste, seguiram em frente e ocuparam a Cota 140 em vez do objetivo real, 6,5 quilômetros a sudoeste. Convencidos de que tinham ocupado a elevação certa, avisaram e esperaram. O novo posto de observação de Meyer ficava apenas 5 quilômetros ao sul de outro morro, em La Brèche-au-Diable. Assim que a SS avistou esse destacamento isolado, o *Kampfgruppe* Waldmüller preparou o ataque. A Força Worthington foi cercada e atacada pelo resto do dia. Quando pediram apoio da artilharia, a 4ª Divisão Blindada canadense presumiu que estavam na Cota 195, como afirmavam, e lançou ali um pesado bombardeio ininterrupto que não serviu de nada. O erro terrível da Força Worthington só foi descoberto à tarde. O regimento blindado dos Guardas Granadeiros do Canadá foi mandado para ajudá-la, mas perdeu 26 Shermans em campo aberto. O coronel Worthington foi morto e sua força, praticamente varrida do mapa. Alguns sobreviventes conseguiram escapar para se unir à divisão blindada polonesa.

Naquela noite, no flanco do Orne, a 271ª Divisão de Infantaria alemã recebeu permissão do general Eberbach para recuar para a floresta de Cinglais. Seu comandante, o tenente-general Paul Dannhauser, registrou que tinham perdido metade dos cabos, sargentos e oficiais. Também observou que, como raramente se viam aviões alemães, seus homens abriram fogo contra eles na mesma hora, supondo que fossem aliados.

Os britânicos, agora ao sul de Mont Pinçon, a oeste do rio Orne, tinham encontrado a nova linha de defesa alemã, dos dois lados de Plessis Grimoult. Os soldados britânicos apelidaram o lugar de "Cidade Sangrenta – uma segunda Stonkville ainda pior", devido à chuva de foguetes *Neberlwerfer*. Vários comandantes de tanques foram mortos por granadas que explodiam na copa das árvores.

Na tarde de 9 de agosto, apesar da pressão sobre o flanco do Orne, Kluge recebeu notícias tranquilizadoras. A linha avançada alemã em Falaise fora restabelecida muito mais depressa do que ele imaginara havia apenas 24 horas. Depois de uma discussão com o OKW, Kluge concordou em recomeçar a Operação Lüttich, o contra-ataque a Avranches. Eberbach assumiu o comando do grupo *panzer* da frente de Mortain, enquanto Sepp Dietrich o substituía como comandante do V Exército Panzer.

Essa decisão dos alemães de reiniciar a ofensiva de Avranches força uma pergunta fascinante, mas irrespondível. Será que, no fim das contas, o fracasso da Operação Totalize acabou sendo uma vantagem para os aliados? Se os canadenses tivessem chegado a Falaise e Kluge decidisse começar a retirada de Mortain em 9 de agosto, a parte do VII Exército alemão que conseguiria escapar mais tarde do cerco seria muito maior ou muito menor?

Desapontado, Simonds ainda tentou forçar o avanço no dia seguinte, 10 de agosto. Queria atravessar a floresta em Le Quesnay e cruzar o rio Laizon. Mas, embora o 1º SS Panzerkorps estivesse reduzido a apenas quarenta tanques, a maioria dos canhões de 88 mm ainda estava em ação, formando um biombo poderoso em volta de Potigny. Os poloneses, especificamente, sentiram que os "videntes da bola de cristal" tinham subestimado demasiadamente as defesas anticarro alemãs. Também havia pouco apoio dos esquadrões de Typhoons, dada a má visibilidade, mas parecia que os britânicos e canadenses ainda não tinham aperfeiçoado a cooperação terra-ar no nível obtido pelos americanos.

Naquela noite, a *Hitler Jugend* afirmou ter destruído 192 tanques aliados nos últimos dois dias. O comunicado do OKW aumentou o número para 278 tanques aliados destruídos de ambos os lados do rio Orne. Seja como for, os aliados tinham perdido bem mais de 150 tanques, e o general Simonds se sentiu obrigado a cancelar a ofensiva naquela noite. Só lhe restava refletir amargamente sobre a perda da impulsão no dia 8. A necessidade de esperar os bombardeiros da segunda fase do plano oferecera aos alemães a sua oportunidade.

A luta pela estrada de Falaise parece ter sido outra batalha selvagem. Parece que a advertência do general Crerar contra retaliações não teve muito efeito, considerando que surgiram apenas oito integrantes da odiada *Hitler Jugend* entre os 1.327 prisioneiros de guerra levados para a retaguarda pelo 2º Corpo canadense. É claro que os jovens fanáticos da SS tinham menos probabilidade de se render, mesmo quando cercados, mas ainda assim o número espanta.

Ao contrário das forças de Simonds que atacavam Falaise, o III Exército do general George Patton, que arremetia pela retaguarda alemã uns 110 quilômetros ao sul, não teve de se preocupar muito com os canhões anticarro de 88 mm. A principal preocupação de Patton era manter o Exército bem suprido. "A força é tão grande", escreveu, "doze divisões só para mim, que o sistema de suprimentos é colossal." De acordo com o general John C. H. Lee, chefe dos serviços de retaguarda do SHAEF, Patton tentou "apropriar-se de todo o suprimento de combustível só para o seu exército". Ele bajulava os motoristas de caminhão, dando-lhes insígnias do III Exército americano, e às vezes chegava a confiscar caminhões para transportar rapidamente a infantaria. Isso provocava exasperação e admiração entre os colegas.

O Exército dos Estados Unidos era a força mais mecanizada que o mundo já vira, mas isso também criava problemas próprios. Em média, um único tanque consumia mais de 30 mil litros de combustível por semana. A 3ª Divisão Blindada estimava que, só para seguir a estrada, precisava de mais de 250 mil litros por dia. Se a divisão tivesse de cruzar terreno acidentado, o número disparava. (Um intendente da 3ª Divisão Blindada calculou mais de 560 mil litros para a divisão inteira percorrer 100 metros.) Além do combustível, uma divisão blindada precisava de 35 toneladas de rações por dia para 21 mil homens, inclusive das unidades a ela agregadas, e, dependendo da intensidade do combate, uma tonelagem muito maior de munição.

Os americanos enfrentaram o desafio com priorização impiedosa. Os "comboios de suprimento" que levavam combustível e lubrificante receberam prioridade absoluta. Cada viatura de transporte M-25 transportava mais de 60 mil litros. Foram usados até caminhões de transporte de munição da artilharia para levar mais gasolina. A Polícia do Exército e os Piper Cubs eram empregados para acompanhar o avanço de cada comboio, e as unidades de engenharia trabalhavam o dia inteiro para melhorar pontes e estradas. Em Le Mans, foi montada a maior ponte Bailey até então construída na França, apelidada de "Miss América". Não surpreende que os alemães sentissem inveja e espanto com o que chamavam de "guerra de ricos".

Em 8 de agosto, enquanto a batalha de Mortain e a Operação Totalize estavam no ápice, Bradley se encantou com a ideia de pegar os alemães entre Argentan e Falaise. Eisenhower, que na época visitava seu quartel-general, aprovou. Naquele dia, outro visitante foi Henry Morgenthau, secretário do Tesouro. Bradley, mostrando-lhe o mapa com entusiasmo, disse: "Essa oportunidade só surge para os comandantes uma vez a cada século. Estamos prestes a destruir todo um exército hostil".

Bradley telefonou para Montgomery para explicar o plano. Este concordou com certa hesitação. Preferia um envolvimento mais longo, quase no Sena. (Se a ideia de Bradley tivesse sido proposta 24 horas depois, quando ficou claro que o ataque de Simonds tinha sido paralisado, Montgomery talvez a rejeitasse.) Patton, que também preferia pegar, no Sena, os alemães em retirada, teve mais dúvidas ainda, mas concordou em deslocar o 15º Corpo de Haislip de Le Mans para o norte, rumo a Alençon e Argentan, para se encontrar com o I Exército canadense que viria de Falaise para o sul. Achou que, mais tarde, poderia montar uma segunda armadilha.

Enquanto isso, o 20º Corpo de Patton limpava o flanco sul, ao longo do vale do Loire. Quando se aproximava de Angers, uma companhia de Shermans interceptou um pequeno comboio alemão e descobriu que tinham capturado "o soldo de uma divisão inteira". Em 9 de agosto, parte do corpo atacou Angers com três batalhões lado a lado. Foram detidos por uma grande vala anticarro. A engenharia, usando retroescavadeiras, encheu alguns setores para os blindados atravessarem, e logo chegaram à cidade. As três pontes sobre o rio Mayenne tinham sido explodidas, mas o pessoal da engenharia conseguiu tornar uma delas transitável. Na noite de 10 de agosto, os americanos começaram a atravessar para a margem leste. O 2º Regimento de Infantaria da 5ª Divisão se pôs a limpar a cidade. "Os franceses surram os colaboracionistas", relatou um tenente, "e, ainda que os levemos embora, eles os pegam de volta e lhes batem mais um pouco".

As tentativas alemãs de defender o flanco sul pareciam condenadas ao fracasso em meio ao caos. A 9ª Panzer-Division foi muito maltratada e a 708ª Divisão de Infantaria, completamente esmagada. Somente seis soldados perdidos apareceram depois.[3] O comandante local de Le Mans foi acusado de "perder a coragem" e levado à corte marcial.

Kluge e Eberbach não tinham ideia clara de até onde chegavam as pontas de lança de Patton. Mas, em 10 de agosto, os alemães interceptaram uma mensagem de rádio da 5ª Divisão Blindada. Ela confirmava os temores de que o flanco esquerdo do III Exército de Patton estava se voltando para o norte, na direção de Alençon, ameaçando tanto a retaguarda quanto o principal

---

3 O pobre comandante da 708ª Divisão de Infantaria, major-general Edgar Arndt, foi aprisionado mais tarde por um destacamento das FFI comandado pelo coronel "Montcalm". Em 25 de agosto, dia da Libertação de Paris, foi executado com mais dois oficiais em represália pelo massacre de Buchères, realizado pela 51ª SS Panzergrenadier-Brigade, que matou 66 civis, principalmente mulheres e crianças, e queimou 45 casas.

centro de suprimentos. Criaram-se na cidade unidades novas com os remanescentes da Panzer Lehr, formadas por "soldados de suprimentos e pelotões de manutenção, com tanques em manutenção". Distribuíram-se *panzerfausts* tanto entre os mecânicos quanto entre os cozinheiros. Mas Alençon estava condenada.

Ao meio-dia de 11 de agosto, Eberbach chegou ao quartel-general do 81º Corpo, a nordeste de Alençon, para uma reunião com Kluge e Hausser. Souberam que a 9ª Panzer-Division fora muito maltratada e recuava para a floresta ao norte da cidade. A 9ª Panzer-Division, agora reduzida a pouco mais de um batalhão de infantaria, um grupo de artilharia e seis tanques, não conseguiria se aguentar por muito tempo. Os americanos logo ultrapassariam o quartel-general do corpo. Os oficiais graduados presentes se prepararam para a partida apressada para leste. Agora não haveria tempo nem para o contra-ataque de Eberbach no flanco sul com as divisões *panzer* retiradas de Mortain. Assim que chegassem, conseguiriam no máximo formar uma linha de defesa. A ordem militar alemã na França desmoronava em torno deles, mas Hitler ainda insistia: "O contra-ataque a Avranches tem de se realizar!". Eberbach ficou quase sem fala de tanta raiva. "Era inconcebível que o OKW não visse essa armadilha, principalmente depois de Stalingrado, Túnis e Crimeia."

De repente, ouviram-se canhões de tanques por perto. "As granadas inimigas começaram a cair na área", escreveu Eberbach. "À nossa volta, subiam nuvens de fumaça dos carros em chamas. Só depois da escuridão conseguimos levantar acampamento. Quando passamos por Sées, notei uma padaria de campanha assumindo posição defensiva. Todas as ruas estavam cheias de serviços de retaguarda que seguiam para o norte." A Feldgendarmerie e as cortes marciais itinerantes para cuidar dos desertores se instalaram nos cruzamentos. A maioria dos soldados perdidos foi reunida em grupos de combate improvisados.

No dia seguinte, por ordem de Eberbach, a 116ª Panzer-Division, primeira a chegar do setor de Mortain, deslocou-se para Sées, mas deu com a 2ème DB francesa, que acabara de se unir ao corpo de Haislip. Naquela noite, Eberbach soube que a divisão quase fora varrida do mapa pela artilharia e pelo fogo dos tanques e que os americanos abriam caminho rumo a Argentan. O pequeno Estado-Maior de Eberbach escapou mais uma vez, mas levaram seis horas para percorrer 30 quilômetros. As estradas estreitas estavam engarrafadas com veículos da Wehrmacht que se moviam em ritmo lento. A perda do centro de suprimentos perto de Alençon fez com que o VII Exército e o Panzergruppe

Eberbach tivessem de ser supridos pelo V Exército Panzer, que sofria perigosa escassez de combustível e munição.

A notícia da destruição da 9ª Panzer-Division ainda não se espalhara pelas divisões que recuavam a leste do setor de Mortain. Elas achavam que o flanco sul estava protegido. Os caças-bombardeiros aliados continuavam a alvejar os veículos com pouca blindagem, principalmente os caminhões de suprimentos. Essa tática se mostrou eficaz. A falta de combustível forçou a 1ª SS Panzer-Division *Leibstandarte Adolf Hitler* a abandonar e destruir alguns tanques. Os soldados recuavam com os veículos que houvesse à mão, em geral com um observador aéreo deitado de costas num dos para-lamas dianteiros para avistar caças aliados. Uma companhia ainda tinha um ônibus Fiat, espólio da guerra na Itália, mas os pneus estavam tão furados que tiveram de ser enchidos com feno em vez de ar.

Mais para o sul, o cabo Spiekerkötter e o grupinho de batedores que escapara passando por Avranches seguia agora para leste, logo à frente das colunas de Patton. Na traseira de sua viatura soviética de seis rodas, os soldados tinham escondido um barrilete de *calvados* entre as minas. O comandante, tenente Nowack, que reencontrara seus homens na praça de uma aldeola, infelizmente também descobriu o barril de bebida escondido. Não demorou para se embebedar e fazer um brinde irônico: "*Calvados* ainda em mãos alemãs!".

Usando rojões de morteiro ou qualquer outro explosivo, os batedores continuaram a preparar as pontes para demolição. Numa cidadezinha, mal tinham terminado o serviço quando um caça-tanques SS, atuando como retaguarda, passou pela ponte e arrancou todos os fios com as lagartas. Antes que os danos pudessem ser consertados, um Sherman apareceu e começou a se virar na direção da ponte. O canhão anticarro da SS o atingiu com o primeiro tiro e o incendiou. O comandante da SS, um suboficial, insistiu que corressem para fora da cidade. Não precisaram de mais estímulo quando as granadas da artilharia americana começaram a cair alguns instantes depois. Nisso, o caminhão soviético finalmente enguiçou, e tomaram um Citroën para fugir rumo a Paris. Isso pode tê-los ajudado a escapar dos pilotos aliados e da Resistência.

Das divisões que recuavam do fracassado contra-ataque a Avranches, só a 2ª Panzer-Division do general Von Lüttwitz ainda estava, em certo sentido, em condições de combate. Ela recebeu a tarefa de manter o setor de Ecouché, onde teria de enfrentar a 2ª Divisão Blindada francesa, a 2ème DB, que avançava para o norte partindo de Alençon, com a 5ª Divisão Blindada americana à direita. Logo depois do amanhecer de 13 de agosto, a 2ème DB sofreu um choque quando vários Panteras, provavelmente da 116ª Panzer-Division, encontraram seu quartel-general. Os Shermans franceses cuidaram deles à queima-roupa.

Naquele dia, a divisão de Leclerc continuou a limpar a floresta d'Écouves e quase capturou o general Von Lüttwitz no processo. Um destacamento encontrou dois civis "mal disfarçados" empurrando uma carroça. Nela, havia dois sacos com fardas da Wehrmacht. Os soldados franceses morreram de rir dos prisioneiros, que pareciam aliviados porque, para eles, a batalha acabara. "*Guerre kaputt!*", disseram.

Houve muito caos também no lado aliado quando outras divisões tentaram avançar para o norte lutando e encontraram o caminho bloqueado por uma divisão vizinha que lhes cruzava a frente. O general Leclerc, da 2ème DB, mostrou altivo desdém pelas ordens do corpo no ataque à floresta d'Écouves. Quando pegou a estrada principal para Argentan, designada para a 5ª Divisão Blindada, causou-se o caos, porque isso impediu a passagem dos caminhões de combustível da divisão americana.

Um jogo fatal de esconde-esconde se desenrolou na área arborizada, sem que nenhum dos lados soubesse direito onde estava o inimigo. Os grupos de reconhecimento americanos ocupavam posições de emboscada nos cruzamentos e aguardavam para ver o que acontecia. Certa vez, um oficial alemão de alto posto, claramente perdido, parou o carro do Estado-Maior e desceu com o mapa para examinar uma placa. Os americanos à espreita se divertiram bastante ao fazê-lo pular de susto quando explodiram o carro logo atrás dele. Quando emboscavam um comboio e metralhavam os caminhões, às vezes eram eles que se assustavam quando um dos veículos, levando combustível e munição, ia pelos ares numa enorme explosão.

Naquela situação confusa, as FFI e os civis franceses comuns ajudavam sempre que possível, prestando informações. Um menininho avisou na hora exata um batalhão da Divisão Blindada da existência de um canhão anticarro de 88 mm escondido na cidade onde estavam prestes a entrar. Mas os franceses também se assustaram com o comportamento despreocupado de alguns soldados americanos quando era preciso matar. Numa cidadezinha, uma francesa perguntou o que deveria fazer com os quatro alemães escondidos em sua casa. "Não havia ninguém para cuidar deles", relatou um tenente do 10º Batalhão Blindado, "então os encostamos num muro e os fuzilamos".

O regimento de vanguarda da recém-chegada 80ª Divisão americana fora atrasado primeiro pela 2ème DB e depois pela 90ª Divisão do Corpo de Haislip. O coronel McHugh, seu comandante, subiu num avião de reconhecimento Piper Cub para tentar descobrir o que estava acontecendo. Uma ponte destruída era outro obstáculo, e ele teve de procurar uma rota alternativa. "Um francês veio até mim e, com inglês perfeito, me deu direções corretas até uma ponte não muito longe", contou McHugh. "Fiquei tão impressionado que o levei comigo. Mais tarde, descobri que era americano, servia na agência de Serviço Secreto [OSS] e estava naquela área há vários meses."

McHugh teve os problemas de sempre com uma formação novata em combate pela primeira vez. "Esse foi o nosso primeiro combate de verdade e tive dificuldade para fazer os homens avançarem. Tive de literalmente chutar os homens do chão para começar o ataque e, para encorajá-los, caminhei pela estrada sem proteção." Então, surgiram tanques alemães. "O comandante do meu batalhão de vanguarda entrou em pânico e a unidade se contaminou com o medo dele. Foi necessário substituir o batalhão inteiro para restaurar a coragem." A 80ª também sofreu com os mesmos erros do sistema de recompletamento. Um dos regimentos "recebeu dezessete cozinheiros quando não tinham sofrido nenhuma baixa nesse departamento". Não podiam mandá-los de volta, e tiveram de enviar os pobres cozinheiros para a batalha como infantes, apesar da falta de instrução. Três dias em ação custaram ao regimento 523 baixas, das quais 84 mortos. Em 13 de agosto, McHugh, ao saber que parte da 2ème DB francesa enfrentava "uma grande batalha de tanques perto de Carrouges", subiu de novo no Piper Cub para observar do alto. O Grupo Blindado D e a 90ª Divisão americana combatiam a 2ª Panzer-Division e parte da *Leibstandarte*.

Então, outra força-tarefa blindada da 2ème DB atacou um destacamento da 116ª Panzer-Division, em Ecouché. Quando os Shermans franceses entraram na cidade, um padre se inclinou para fora da janela e gritou:

— *Vive l'Amérique!*

— *C'est la France!* — berrou-lhe em resposta um capitão.

O cura saiu correndo com uma bandeira tricolor e gritou:

— *Vive la France!*

O capitão insistiu então que ele também gritasse "*Vive De Gaulle!*".

A 2ème DB já sofrera quase seiscentas baixas, inclusive 129 devidas a um bombardeio em 8 de agosto, antes mesmo que travassem combate com o inimigo. Em consequência, não desperdiçavam a oportunidade de aceitar recrutas entre as centenas de jovens franceses que corriam para se alistar. Em Ecouché, a divisão engajou até um desertor alsaciano da *Leibstandarte*, que dez dias depois participou da libertação de Paris com fardamento francês.[4]

Na tarde de 13 de agosto, uma patrulha de combatentes franceses entrou em Argentan, mas logo foi forçada a recuar. Outra parte da 116ª Panzer-Division chegara e a defesa da cidade fora agora reforçada com os remanescentes do 24º Panzer-Regiment, regimento antiaéreo com um canhão quádruplo de 20 mm e alguns canhões de 88 mm. A 116ª tinha ordens de manter Argentan a qualquer custo, para impedir o avanço inimigo pela estrada de Falaise. A 2ème DB permaneceu no lugar, ao sul da cidade, agindo como "rolha sólida".

Na noite anterior, Patton acabara de dar ordens a Haislip para continuar avançando para o norte. "Com a captura de Argentan, siga lentamente na direção de Falaise [...] Ao chegar a Falaise continue a avançar lentamente até fazer contato com nossos aliados." Depois, conversara com Bradley pelo telefone em seu quartel-general avançado perto de Laval, pedindo permissão para fechar a brecha, mas Bradley recusou. Pouco depois do meio-dia de 13 de agosto, Patton tentou de novo, mas o quartel-general de Bradley lhe disse categoricamente que detivesse o 15º Corpo de Haislip em Argentan. "Esse corpo poderia facilmente avançar até Falaise", escreveu ele no diário em 13 de agosto, "e fechar completamente a brecha, mas nos ordenaram que parássemos porque os britânicos encheram a área intermediária com um grande número de bombas-relógio. Tenho certeza de que essa parada é um grande erro, assim como tenho certeza de que os britânicos não vão fechar Falaise". Mais tarde, suspeitou que isso se devia à "inveja britânica dos americanos ou à total ignorância da situação ou a uma combinação das duas".

O avanço para o norte talvez não fosse tão fácil quanto Patton acreditava. A 5ª Divisão Blindada, assim como a 2ème DB, encontrou canhões de 88 mm bem posicionados e perdeu muitos homens e veículos enquanto avançava. Mas Bradley não queria deslocar suas forças para a área designada para o 21º Grupo de Exércitos de Montgomery. Ele e Eisenhower estavam preocupadíssimos com

---

[4] Dali a poucos dias, a 2ème DB criou um centro de recrutamento num celeiro perto de Sées para cuidar dos voluntários sem instrução militar. Duas semanas depois, a maioria deles foi mandada de caminhão para Saint-Germain-en-Laye e se instalou nos alojamentos usados pela guarda do quartel--general do marechal de campo Von Rundstedt.

as tropas americanas e canadenses que se bombardeavam enquanto avançavam vindo de direções opostas.

Bradley também temia que o 15º Corpo estivesse fraco demais para segurar a brecha entre Argentan e Falaise contra as divisões alemãs desesperadas para escapar. E temia o flanco esquerdo exposto na direção do I Exército de Hodges, aquele contra o qual Hitler esperava que Eberbach lançasse o contra-ataque. Só se pode dizer que a decisão de tentar um cerco reduzido entre Argentan e Falaise foi um erro. Mas depois Montgomery recebeu muito mais críticas de vários setores por se recusar a mudar o limite entre os grupos de Exércitos britânico e americano para permitir que Patton atacasse para o norte.

O fracasso da tentativa de tomar Falaise com a Operação Totalize gerou mais discussão do que quase todos os outros aspectos da batalha da Normandia. Montgomery cometeu um grande erro de cálculo ao esperar que os canadenses chegassem a Argentan antes dos americanos. Supusera que os alemães deslocariam mais formações para defender o flanco sul contra Patton. Também subestimara, mais uma vez, a dificuldade de mandar divisões blindadas inexperientes contra uma forte proteção de canhões de 88 mm. A obsessão aliada com os Tigres e Panteras obscureceu o fato, não admitido na época, de que muito mais Shermans e Cromwells se perderam devido às armas anticarro alemãs e aos caça-tanques *Jagdpanzer*.

Sejam quais forem as razões exatas que contribuíram para o fracasso do fechamento da brecha entre Falaise e Argentan, o fato foi que os americanos ficaram furiosos, e nenhum deles mais do que o general Patton. Agora seria necessário encontrar mais a leste um lugar para exterminar os exércitos alemães em retirada.

26

O MARTELO E A BIGORNA

Em 12 de agosto, o major Neave do 13º/18º de Hussardos, que ainda avançava no vale do Orne, anotou no diário: "Quentíssimo – mas tempo nada bom para a luta –, a infantaria jorra suor e poeira, e assamos dentro dos blindados". Mas se consolaram porque logo tudo aquilo acabaria. "O quadro maior é fantástico, o velho 'Sangue e Tripas' [Patton] avança sem parar rumo a Paris, e aqui na Normandia os boches devem estar quase cercados".

Entretanto, os alemães não estavam quase cercados. Ainda havia uma brecha de 30 quilômetros entre o corpo canadense de Simonds, ao norte de Falaise, e o 15º Corpo de Haislip, perto de Argentan. Naquele dia, as tentativas da 59ª Divisão de aumentar a cabeça de ponte sobre o Orne, perto de Thury-Harcourt, foram frustradas pela 271ª Divisão de Infantaria alemã e pelos morros íngremes e cobertos de florestas dos dois lados do rio.

Na manhã seguinte, 13 de agosto, Simonds passou aos comandantes de sua formação as ordens para uma nova ofensiva, a Operação Tractable. Enquanto a principal força canadense investiria novamente na direção de Falaise, por insistência de Montgomery a 1ª Divisão Blindada polonesa, no flanco esquerdo, seguiria mais para leste, rumo a Trun. Montgomery não deve ter discutido claramente os planos com Bradley, apesar da reunião dos dois naquele mesmo dia. Parece que voltou à ideia anterior de cercar os alemães no Sena. Em vez de mandar a 7ª Divisão Blindada para reforçar o ataque canadense, despachou-a para leste, na direção de Lisieux. Montgomery já começava a pressionar

Eisenhower para lhe dar todo o apoio e todos os suprimentos, de modo que o 21º Grupo de Exércitos pudesse arremeter diretamente para Berlim.

Simonds iniciou a Operação Tractable exatamente às 11 horas da manhã de 14 de agosto. Em vez de usar a escuridão para evitar as baixas causadas pela defesa anticarro alemã, organizou uma espessa cortina de fumaça disparada pela artilharia. Também foram usados bombardeiros, apesar dos acidentes da Operação Totalize. Dessa vez, a maior parte da força de 811 bombardeiros médios acertou o alvo, embora 77 deles tivessem lançado a carga sobre soldados canadenses e poloneses na retaguarda, causando 391 baixas. O inacreditável é que foi cometido o mesmo erro de usar sinalizadores amarelos para os alvos e granadas de fumaça amarela para os soldados amigos.

Os canadenses logo descobriram que o rio Laizon era um obstáculo anticarro pior do que tinham imaginado. Alguns regimentos blindados sofreram pesadas baixas naquele dia. Os poloneses à esquerda avançaram com grande vigor, encabeçados pelo regimento de reconhecimento, o 10º de Infantaria Montada.

Em 14 de agosto, o Panzergruppe Eberbach recebeu pelo rádio uma ordem de Hitler. "O ataque por mim ordenado para o sul além de Alençon deve ser efetuado imediatamente, sob quaisquer condições, como preparatório para o ataque a Avranches." Eberbach, furioso com as fantasias constantes de Hitler, respondeu fornecendo o número de tanques da sua divisão: a *Leibstandarte Adolf Hitler* tinha trinta, a 2ª Panzer, 25, a 116ª Panzer, quinze e a 9ª Panzer se resumia a uma companhia de *panzergrenadiers*.

"O moral combativo dos soldados alemães se alquebrara", escreveu Eberbach. "Não estavam apenas exaustos e fracos de fome. Todas as promessas da propaganda se mostraram falsas: a invencibilidade da Muralha Atlântica, as bombas V-1 que deixariam a Inglaterra de quatro e a história dos novos aviões e submarinos que garantiriam a vitória final." Eberbach soube de metralhadoras jogadas fora e abandonadas sem motivo, sem sequer serem explodidos. "Os soldados perdidos sem armas eram numerosos. Tiveram de ser criadas 'redes' na retaguarda da frente [para pegar desertores e os que fugiam sem autorização]. Nem a SS foi exceção a essa regra. A 1ª SS Panzer-Division nunca combateu tão mal quanto nessa época." Os alemães também temiam o lançamento de paraquedistas na retaguarda, plano em que os aliados tinham pensado mas que acabaram rejeitando.

Naquele mesmo dia, Patton, que ficara totalmente exasperado com a zelosa inação do 15º Corpo em Argentan, foi de avião visitar Bradley. Queria investir rumo ao Sena sem mais delongas. Mandaria o 15º Corpo para Dreux, o 20º Corpo para Chartres e o 12º Corpo para Orléans. Estava num estado de espírito exuberante quando se encontrou com Bradley. "É realmente um grande plano, todo meu", escreveu no diário, "e fiz Bradley pensar que foi ele quem teve a ideia. Estou felicíssimo e extasiado. Ponho todos os corpos em movimento às 20h30, para que, se Monty tentar ser cauteloso, seja tarde demais." O major-general Cook, no posto de comando do 12º Corpo, perto de Le Mans, recebeu de Patton uma mensagem tipicamente concisa, entregue por um oficial graduado do Estado-Maior do III Exército. "Tome Orléans imediatamente." Dali a poucas horas, a Força-Tarefa A da 4ª Divisão Blindada se deslocou para a estrada de Saint Calais a Orléans – um "pulo de 135 quilômetros".

Três divisões de Haislip – a recém-chegada 80ª Divisão, a 90ª e a 2ème DB francesa – ficariam em Argentan, enquanto o resto forçaria o avanço rumo a Dreux, que ficava a apenas 50 quilômetros do Sena. O avanço rápido era um estímulo imenso ao moral, anotou Patton no dia seguinte. "O número de casos de cansados de guerra (o novo nome da covardia) e de ferimentos propositais caiu substancialmente desde que começamos a avançar. Todo mundo gosta de jogar no time que está ganhando."

As guarnições dos tanques do III Exército, com a barba por fazer, viraram heróis para os soldados de suprimentos e outros da retaguarda. "Alguns alistados chegaram até a tentar deixar a barba crescer para imitar a aparência de combate", escreveu um médico do 2º Hospital de Evacuação, "mas o nosso comandante logo acabou com isso."

Alguns ficaram empolgados demais com o clima de entusiasmo daquele avanço aparentemente impossível de deter. Um correspondente de guerra americano, decidido a vencer os rivais, foi até Chartres para assistir à captura da cidade. Infelizmente, chegou com dois dias de antecedência. O 6º Regimento de Segurança alemão prontamente o aprisionou.

O cabo Spiekerkötter, ainda com o grupo de sapadores da 256ª Divisão de Infantaria que escapara de Avranches, chegou a Chartres no seu surrado Citröen. Enquanto os soldados da guarnição se organizavam para defender a cidade contra os americanos que se aproximavam, Spiekerkötter e os companheiros encontraram um depósito de suprimentos da Wehrmacht. Fora abandonado pela guarnição, mas ninguém ainda o saqueara. Perambularam lá dentro, fitando espantados as prateleiras cheias de todo tipo de comida, vinho, bebidas, cigarros e até barbeadores elétricos, luvas de camurça e grandes frascos de água de colônia: luxos que os soldados da linha de frente nunca tinham visto. "Ficaríamos contentes lá pelo resto da guerra", observou Spiekerkötter. Encheram o Citröen de latas de comida, cigarros, as luvas e um frasco de água de colônia e partiram para atravessar o Sena em Melun. Tiveram sorte de não serem detidos pela Feldgendarmerie e obrigados a formar uma unidade improvisada para defender a cidade.

Em 15 de agosto, enquanto os canadenses enfrentavam um duro combate no avanço sobre Falaise, os poloneses romperam a linha à esquerda. Felizmente para eles, a maior parte dos canhões de 88 mm da Luftwaffe tinha sido retirada, mas o seu avanço, que os levou até o rio Dives, perto de Jort, foi uma façanha impressionante. Enquanto isso, a leste de Caen, o 1º Corpo britânico, agora parte do I Exército canadense, forçou os alemães a recuar até a linha do baixo Dives. Mas, como é comum em meados de agosto, o tempo quente provocou fortes trovoadas repentinas e chuva torrencial. O terreno duro e empoeirado se transformou numa "lama escorregadia".

O quartel-general de Kluge, sabendo muito bem do perigo, escreveu que o problema dos suprimentos ficava "mais grave a cada hora". O V Exército Panzer descreveu a escassez de munição como "catastrófica". A 85ª Divisão de Infantaria estava reduzida a um batalhão e meio e à *Hitler Jugend* só restavam quinze tanques. Mas, naquele dia, enquanto os remanescentes dos exércitos alemães no norte da França tentavam escapar do desastre total do cerco, o fim da ocupação nazista da França era selado no sul.

A invasão do sul da França, chamada de Operação Anvil, era parte fundamental do planejamento americano desde o final de 1943. Churchill combatera a ideia com obstinação incansável. Não queria deslocar soldados da frente italiana, principalmente porque sonhava em invadir a Áustria e os Bálcãs para impedir que, no pós-guerra, a fronteira soviética chegasse até o Adriático.

O presidente Roosevelt, irritado com o que considerava desconfiança excessiva de Churchill em relação a Stálin, contornou os britânicos na Conferência de Teerã, em novembro de 1943. Sem avisar Churchill, contou a Stálin o plano de invadir o sul da França e também a Normandia. Os britânicos ficaram horrorizados. Stálin aprovou a ideia imediatamente. Disse até que os suíços eram "porcos" e sugeriu que invadissem "o país no caminho para o vale do Ródano". A falta de embarcações e barcaças de desembarque impediu que a invasão do sul da França coincidisse com a Operação Overlord, como prefeririam os americanos, mas nada os impediria de iniciá-la depois.

Para exasperação de Roosevelt, Marshall e Eisenhower, os britânicos nunca deixaram de tentar desviar a Operação Anvil, rebatizada de Operação Dragoon, do sul da França. As discussões acaloradas foram as que mais tensionaram o relacionamento anglo-americano dentre todas as outras discordâncias sobre estratégia. Eisenhower também acreditava que a Operação Dragoon, ao empregar divisões francesas da Itália e do norte da África, justificaria o enorme investimento americano e também transformaria os franceses em parceiros.

De repente, Churchill sugeriu a Roosevelt, em 4 de agosto, que a Operação Dragoon acontecesse na Bretanha, muito embora nenhum dos portos estivesse em funcionamento e o sistema aliado de suprimentos no norte da França estivesse a ponto de se romper. "Não posso fingir que elaborei os detalhes", acrescentou Churchill, pouco convincente. Roosevelt rejeitou a ideia com firmeza. Churchill tentou de novo em 5 de agosto, quando visitou Eisenhower. "Ike disse não", escreveu seu ajudante de ordens, "continuou dizendo não a tarde inteira e terminou dizendo não de todas as maneiras conhecidas na língua inglesa". Eisenhower estava "praticamente esgotado" quando Churchill partiu.

Os fatos provaram que os americanos estavam retumbantemente certos. O desembarque de 151 mil soldados aliados ao longo da Côte d'Azur, de Nice até Marselha, praticamente não teve oposição; o importante porto de Marselha foi ocupado e a invasão provocou a rápida retirada alemã do centro e do sudoeste da França. Até Hitler foi forçado a admitir que era necessário, escreveu o general Warlimont, "ainda mais quando as primeiras operações aerotransportadas e de paraquedistas tiveram sucesso imediato. Foi a única ocasião que consigo lembrar em que Hitler não hesitou tempo demasiado antes de se decidir pela evacuação do território". Mas o súbito recuo alemão provocou um ciclo selvagem de violência na França.

A Resistência, farejando a vitória, intensificou seus ataques, e os alemães, principalmente a SS, reagiram com represálias cruéis e indiscriminadas. Em muitos lugares, a Polícia de Segurança e a Gestapo massacraram os prisioneiros antes de recuar. No total, cerca de seiscentos foram fuzilados, inclusive quase todos os judeus sob custódia alemã. Em algumas áreas, a Resistência tentou passar da guerrilha para a insurreição declarada, geralmente com resultado catastrófico.

No Vercors, um planalto elevado entre Grenoble e Valence, uma grande força de 3.200 *maquis* expulsou os alemães da área no final de junho e hasteou a bandeira tricolor. O general Cochet, em Argel, não conseguiu avisá-los de que deviam aguardar os desembarques no sul da França. Mesmo assim, a tentativa de manter o território contra soldados regulares foi contrária a todas as regras da guerrilha. Em 14 de julho, os americanos lançaram mil caixotes de armas de paraquedas, mas os alemães já tinham cercado o planalto com 10 mil soldados apoiados pela artilharia. Uma semana depois, soldados da SS pousaram de planador e logo a área toda foi tomada. Os *maquis* deveriam ter se dispersado para lutar outro dia, mas, apesar da falta de armas pesadas, tentaram travar uma batalha convencional contra um número muito maior de soldados. O heroísmo desesperado terminou em massacre. As represálias foram bárbaras, como registrou a história oficial britânica da SOE na França. "Uma mulher foi estuprada por dezessete homens em sequência enquanto um médico alemão lhe tomava o pulso, pronto para deter os soldados quando ela desmaiasse. Outra foi eviscerada e deixada para morrer com o intestino em torno do pescoço."

Sempre que possível, a Resistência concentrava-se na Gestapo e na SS. Em 6 de agosto de 1944, o Sturmbannführer Ludwig Kepplinger, da 17ª SS Panzergrenadier-Division, foi emboscado em Villiers-Charlemagne, ao sul de Laval. No dia seguinte, o comandante da Gestapo em Châteauroux foi morto a tiros. Na noite de 10 de agosto, as autoridades alemãs anunciaram que, naquele dia, "128 terroristas foram eliminados em combate no território francês". Três dias depois, em Tourouvre, no Orne, dezoito homens foram executados e a rua principal incendiada, quase com certeza por integrantes da *Hitler Jugend*. O regimento de artilharia da Divisão *Hitler Jugend* passou uma ordem determinando que "nenhuma represália é dura demais".

Os massacres continuaram quase até o final de agosto, mesmo quando não havia mais esperança de manter a França. Só restava uma amargura selvagem. Em Buchères, perto de Troyes (Aube), uma unidade da SS matou 68 civis, entre os quais mulheres, crianças e bebês. Em 25 de agosto, depois de um ataque das FFI a um caminhão da Wehrmacht no qual três soldados alemães ficaram feridos, a SS assassinou 124 pessoas, inclusive 42 mulheres e 44 crianças, em Maillé (Indre-et-Loire), e a vila foi destruída. No Aisne, em Tavaux e Plomion, integrantes da SS *Leibstandarte Adolf Hitler* e da *Hitler Jugend* mataram um total de 34 civis, dos quais só um pertencia à Resistência. Nos 26 piores massacres da França em 1944, 1.904 civis foram assassinados.[1]

O rompimento na Normandia, combinado com os desembarques de 15 de agosto no sul da França, provocou a retirada apressada não só dos alemães como também da odiada força paramilitar de Vichy, a *Milice*. Nos dias que se seguiram, o pessoal da Marinha e da Luftwaffe nos portos do sul e do oeste da França, os funcionários da Organização Todt, o pessoal de suprimentos e da administração dos depósitos militares, a Polícia de Segurança, em resumo, todo o aparato da ocupação alemã montado nos últimos quatro anos bateu em retirada. Em toda a França, travou-se uma batalha constante contra a *Milice*. Sabendo muito bem qual seria o seu destino se ficassem para trás, esses paramilitares criminosos buscaram a segurança no leste da França e depois na Alemanha. Pelo caminho, confiscaram veículos, bicicletas e cavalos, além de alimentos, para ajudá-los na fuga.

As unidades alemãs no sudoeste ordenaram aos homens que escapassem em "agrupamentos de marcha". Poucos conseguiram. A maioria sucumbiu à fome e à exaustão e foi obrigada a se render às FFI ou aos americanos. A Resistência matou relativamente poucos prisioneiros militares alemães. Eles eram entregues com orgulho aos aliados ou às tropas regulares francesas. Mas dificilmente algum integrante da Gestapo, da SS ou da Polícia de Segurança sobreviveu à captura.

Como parte da política de terra arrasada durante a retirada, os destacamentos alemães receberam ordem de destruir pontes, linhas telefônicas, ferrovias e portos, além de todos os estabelecimentos que pudessem ajudar a consertá-los. Os grupos de ligação da SOE no 21º Grupo de Exércitos e no quartel-general avançado do SHAEF enviaram à Resistência solicitações "contra-arrasamento", para que atrapalhassem a tentativa alemã de destruir atrás de si os meios de comunicação.

* * *

---

1 Menos de 2 mil soldados alemães morreram nas mãos da Resistência antes da retirada de agosto de 1944. É impossível determinar o número durante a retirada. Mas, até a Libertação, os alemães e a *Milice* de Vichy mataram aproximadamente 2 mil pessoas. Outras 61 mil foram deportadas para campos de concentração na Alemanha, das quais só 40% voltaram vivas. Além disso, 76 mil judeus franceses e estrangeiros foram deportados para campos de concentração no leste. Pouquíssimos retornaram.

O colapso do poder ocupante alemão também assinalou o colapso do regime de Vichy. Na Normandia, um funcionário graduado de Vichy relatou, durante o rompimento americano, que, se "os eventos militares assumissem nova direção", ele se retiraria para "voltar ao território francês, de acordo com as ordens do governo". Ele partiu com o Feldkommandant local, que lhe forneceu combustível para o carro. Mas, sempre que tentava criar uma nova Préfecture, primeiro em Gavray, depois em Saint-Poix e, em seguida, em Mortain, a rapidez do avanço americano o fazia sair correndo. Pierre Laval, primeiro-ministro do marechal Pétain, tentou convencer o velho marechal a se refugiar no quartel-general de Eisenhower.[2]

O vácuo de poder em grandes áreas da França, principalmente na Dordogne, no Limousin, na Corrèze, no Massif Central e no sudoeste, fez com que vários grupos de *maquis* começassem a acertar as contas. Eles se vingaram tanto de colaboracionistas genuínos como dos inimigos de classe que consideravam colaboracionistas. Isso não era difícil de prever depois que a invasão começou. Um relatório de Vichy a Paris, pouco depois da invasão, falava de "regiões onde ainda reina horrenda guerra civil". Em julho, um agente mandou a Londres um relatório sobre a situação criada no Limousin pelos ataques da Resistência e pelas ferozes represálias alemãs. "Em face desses atos bárbaros, toda a região treme. Os camponeses se escondem nas florestas e batedores avisam da chegada de qualquer veículo alemão. A região sofre ao mesmo tempo a violência do inimigo, a dos *maquis* e a da *Milice*. Não há mais autoridade oficial."

Havia muito a vingar, mas a revolta moral da vingança também escondia um certo grau de oportunismo político e pessoal. Algumas contas particulares foram acertadas e eliminados rivais pelo poder no pós-guerra. Os grupos da Resistência mataram umas 6 mil pessoas antes da retirada alemã. Depois, na chamada *épuration sauvage*, ou "depuração selvagem", pelo menos mais 14 mil foram mortas. Alguns soldados britânicos e americanos também mataram colaboracionistas franceses, mas a maioria preferiu fingir que não via, sentindo que, não tendo vivido a ocupação alemã, não estavam em condição de julgar. Talvez a estatística mais chocante seja que, na Bretanha, um terço dos mortos foram mulheres.

---

2 Naquele outono, tanto Pierre Laval quanto o marechal Pétain, este último sob protesto, seriam levados para a Alemanha, para o castelo de Sigmaringen. Em 1945, ambos foram julgados na França; Laval foi condenado à morte e Pétain, à prisão perpétua.

Os franceses, assim como os soldados aliados, se enojaram com o tratamento dado às mulheres acusadas de *collaboration horizontale* com os soldados alemães. Algumas vítimas eram prostitutas que exerciam a profissão com alemães e com franceses. Outras eram moças tolas que se tinham ligado a soldados alemães por bravata ou tédio. Muitas eram jovens mães cujos maridos estavam em campos alemães de prisioneiros de guerra. Muitas vezes não tinham meio de vida e a única esperança de obter comida para si e para os filhos nos anos de fome foi aceitar a ligação com um soldado alemão. Como observou o escritor alemão Ernst Jünger, no luxo do restaurante Tour d'Argent em Paris: "Comida é poder".

Depois da humilhação de ter a cabeça raspada em público, as *tondues* ("raspadas") costumavam ser exibidas pelas ruas, às vezes ao som de tambores, como se a França revivesse a Revolução de 1789. Algumas foram cobertas de piche, outras semidespidas, outras pintadas com suásticas. Em Bayeux, Jock Colville, secretário particular de Churchill, recordou sua reação a uma cena dessas. "Vi um caminhão aberto passar, acompanhado de gritos e vaias do povo francês, com uma dúzia de pobres mulheres na carroceria, o cabelo todo raspado. Estavam em lágrimas, a cabeça baixa de vergonha. Embora enojado com essa crueldade, refleti que nós, britânicos, não conhecíamos invasão nem ocupação há uns novecentos anos. Logo, não éramos os melhores juízes." O historiador americano Forrest Pogue observou, a respeito das vítimas, que "a sua aparência, nas mãos dos torturadores, era de um animal caçado". O coronel McHugh, perto de Argentan, relatou: "Os franceses estão juntando as colaboracionistas, raspando seu cabelo e queimando-o em pilhas enormes, cujo cheiro se pode sentir a quilômetros de distância. Elas também foram forçadas a passar pelo corredor polonês e apanharam bastante".

Foi mesmo "um feio carnaval", como disse um escritor, mas esse era o padrão desde o Dia D. Assim que uma cidade ou mesmo uma vila era libertada pelos aliados, os tosadores começavam a trabalhar. Em meados de junho, no dia de feira seguinte à captura de Carentan pela 101ª Divisão Aeroterrestre, uma dúzia de mulheres teve o cabelo raspado em público. Em Cherbourg, em 14 de julho, um caminhão cheio de moças, a maioria adolescentes, passou pelas ruas. Em Villedieu, uma das vítimas tinha feito apenas uma faxina na Kommandantur. Só no Département de la Manche, 621 mulheres foram presas por *collaboration sentimentale*. Em outros locais, alguns homens que se apresentaram como voluntários para trabalhar nas fábricas alemãs tiveram a cabeça raspada, mas foi exceção. Quase sempre as mulheres eram o primeiro alvo. Era inveja disfarçada de ofensa moral. A inveja foi provocada principalmente pela comida que tinham recebido em troca de sua conduta.[3] Essas moças foram simplesmente os bodes expiatórios mais fáceis e vulneráveis, principalmente para homens que queriam esconder a sua falta de credenciais da Resistência.

A confusão moral, para não dizer a pura e simples hipocrisia, também existia no lado aliado. Na base aérea perto de Bayeux, Jock Colville achou irônico que Montgomery ordenasse o fechamento de todos os bordéis. "Postaram oficiais do Exército para assegurar que a ordem seria obedecida. Sem pudor e sem se deixar abater, várias damas desalojadas se apresentaram num campo ao lado do nosso pomar. Filas de soldados da força aérea, e, lamento dizer, os valorosos canadenses franceses católicos romanos, aguardavam pelos seus serviços, segurando produtos como latas de sardinha para o pagamento. Enquanto isso, os franceses se chocaram com a atitude dos soldados americanos, que pareciam pensar que, quando se tratava de moças francesas, "tudo podia ser comprado". Depois de beber a noite inteira, batiam à porta das casas de fazenda perguntando se havia ali uma *mademoiselle* para eles. Os soldados mais empreendedores aprenderam um pouco de francês nos livros de idiomas distribuídos pelo Exército. Artimanhas supostamente úteis também eram ensinadas nas aulas diárias publicadas no boletim *Stars and Stripes*, como a frase francesa correspondente a "minha mulher não me entende".

A incompreensão mútua e o choque de culturas muito diferentes talvez tenha afetado mais a relação franco-americana do que a alegria da libertação. Uma mulher, numa cidade a sudeste de Mortain, descreveu seu êxtase, acenando bandeiras e cantando a "Marselhesa", quando uma coluna da 2ª Divisão Blindada americana chegou. Os franceses acharam engraçado o sotaque dos *cajuns*, descendentes de imigrantes franceses da Louisiana, mas, por sua vez, se

---

3 Em 1992, quando Arletty, a grande atriz e estrela de *O Boulevard do Crime* (*Les enfants du Paradis*), morreu, houve obituários elogiosos que tenderam a esquecer seu controvertido caso de amor, acontecido principalmente no Hotel Ritz, com um oficial da Luftwaffe (que, mais tarde, se tornou diplomata da Alemanha Ocidental e foi comido por um crocodilo quando nadava no rio Congo). Mas as cartas a alguns jornais revelaram um azedume que perdurou até quase cinquenta anos depois. A fúria não se devia ao fato de a atriz ter dormido com o inimigo, mas de ter comido bem no Ritz enquanto o resto da França passava fome.

surpreenderam ao descobrir que os americanos "claramente nos consideravam atrasados. Um deles me perguntou, em inglês, se eu já tinha ido ao cinema". Ela respondeu que o cinema fora inventado na França, assim como o automóvel. "Ele saiu espantado e não muito convencido."

Vários soldados americanos, que quase já consideravam a França um país inimigo devido à ocupação alemã, tiveram o preconceito reforçado quando muita gente denunciou "o vizinho como simpatizante dos alemães". Nem integrantes do OSS e do Corpo de Contrainformações entendiam direito a política francesa e a *guerre franco-française*, que fervilhava desde a Revolução e agora voltara à franca ebulição. Havia uma noção generalizada, enraizada na história norte-americana, de que os problemas do Velho Mundo se deviam à aristocracia corrupta e aos males do colonialismo europeu.

Essas ideias foram encorajadas pelos esquerdistas da Resistência que lhes forneciam informações, principalmente os combativos FTP, comandados pelos comunistas. Eles tinham boas razões para detestar o regime de Vichy depois da execução de integrantes do Partido Comunista como reféns durante a ocupação. Também acreditavam que chegara a hora de uma nova revolução. Assim, tentaram convencer os oficiais americanos, muitas vezes com algum sucesso, de que a aristocracia e a burguesia francesas eram todas colaboracionistas. Em nome de seus propósitos políticos, deliberadamente não fizeram distinção entre as pessoas de todas as classes da sociedade que tinham apoiado o marechal Pétain depois da rendição em 1940 e as que tinham ajudado ativamente os alemães.

A tarefa de classificar as dezenas de milhares de homens e mulheres franceses presos por colaboração no verão de 1944 se mostrou excessiva para a administração nascente do governo provisório de De Gaulle. Naquele outono, ainda havia mais de 300 mil dossiês a examinar. Na Normandia, os prisioneiros foram levados para um campo em Sully, perto de Bayeux, pela Sécurité Militaire, pela Gendarmerie e por alguns policiais do Exército americano. Havia também um grande número de estrangeiros desalojados, russos, italianos e espanhóis, que tentavam sobreviver saqueando fazendas.

A lista de acusações contra cidadãos franceses era longa e, muitas vezes, vaga. Incluía: "suprir o inimigo", "relações com alemães", denúncia de integrantes da Resistência ou paraquedistas aliados, "atitude antinacional durante a ocupação", "atividade pró-alemã", "fornecer roupas civis a soldados alemães", "pilhar" e até mesmo "suspeita do ponto de vista nacional". Quase todos os que tiveram algum contato com os alemães em algum momento poderiam ser acusados e presos.

A tensão entre libertadores e libertados aumentou com pequenos e grandes incidentes. Uma grande fonte de ressentimento foram as centenas de acidentes nas estradas, com a morte principalmente de animais de criação, mas também de civis, devido ao fluxo constante de caminhões pesados que corriam para o sul para suprir os soldados em combate. Na outra ponta da escala, uma mulher que viu um soldado britânico dar uma laranja a um prisioneiro alemão ficou furiosa porque as crianças francesas nunca tinham sequer provado uma laranja. Mas os cozinheiros e soldados do Exército eram bondosos com as crianças, cujos olhos se arregalavam com as fatias de pão branco cortadas para elas, embora não gostassem muito dos sanduíches de geleia de laranja azeda.

O historiador Claude Quétel, na época ainda menino em Bernières-sur--Mer, lembra-se dos soldados canadenses e do seu espanto ao ver entre eles um negro pela primeira vez na vida. O jovem Claude não conseguia parar de perguntar por que ele era preto. "É porque não me lavo direito", brincou o soldado. Claude levou a sério. Quis retribuir a generosidade que recebera dos soldados e, assim, correu até em casa para roubar o precioso pedaço de sabão da mãe e depois voltou correndo para alcançar o soldado negro pouco antes que partissem para a frente de batalha. Ao ver a mão estendida com o pedaço de sabão, todos os soldados caíram na gargalhada. Quando a coluna de caminhões partiu, Claude ficou para trás, chorando descontroladamente.

Entretanto, os soldados aliados se exasperaram com o furto constante de equipamento. As autoridades francesas chamavam-no delicadamente de *réquisitions irrégulières*. Um mercado negro, baseado a princípio em cigarros americanos e britânicos, estendeu-se depois para combustível e pneus roubados. Mas os soldados aliados não eram tão inocentes assim no quesito roubo. Em Caen, um oficial da equipe de assuntos civis escreveu que os soldados britânicos "que pilham lojas e instalações são um problema, mas os criminosos são severamente punidos quando pegos". No caos da guerra, muitos soldados que em casa nunca roubariam se sentiram tentados pela colheita que consideravam fácil. "Nossos soldados têm feito alguns saques", observou Myles Hildyard, do quartel-general da 7ª Divisão Blindada, "inclusive dois policiais desta divisão que assaltaram duas condessas perto daqui, num castelo." Até oficiais britânicos enfiavam objetos no bolso quando acantonados em casas de campo, levando um número cada vez maior de franceses a observar que "os alemães eram muito mais corretos".

Mas o que mais pesou nos corações normandos foi a destruição terrível das cidades e dos campos. Um médico americano descreveu as florestas privadas de folhas pelo fogo de artilharia, as carcaças de animais de criação apodrecendo nas pastagens e as cidades reduzidas a uma pilha de escombros, "às vezes com um toque cínico, como um anúncio de máquinas de costura Singer preso numa parede que não foi demolida ou uma casa cuja fachada explodiu diante da sala de jantar, exposta como um cenário de teatro, com a mesa e as cadeiras cuidadosamente arrumadas em volta". Quando os franceses que fugiram da luta voltaram às casas destruídas, alguns ficaram traumatizados com a cena irreconhecível, outros amargamente resignados com o desperdício inútil. Às vezes, um detalhe minúsculo lembrava aos soldados aliados o sofrimento dos franceses. Para um soldado britânico, foi ver uma casa chamada *Mon Repos* ("Meu Repouso") destruída pelo fogo de artilharia.

As minas e granadas não explodidas, apesar do trabalho das equipes aliadas e francesas, continuaram por muitos anos ainda a aleijar fazendeiros e crianças. Todo o trabalho de reconstrução se concentrava em melhorar o suprimento dos exércitos aliados. Em Caen, 15 mil soldados foram postos a trabalhar para reabrir o porto interior na abertura do canal, mas poucos puderam ser usados para restabelecer os serviços essenciais para os civis.

A Normandia foi mesmo martirizada, mas seu sacrifício salvou o resto da França. Paradoxalmente, como ressaltou um importante historiador francês, a lentidão do avanço aliado nos dois primeiros meses, desgastando o Exército alemão, funcionou a favor dos franceses, "cuja libertação, fora dos campos de batalha da Normandia, foi mais rápida e menos destrutiva do que se temia".

A batalha pela Normandia estava chegando ao clímax. Em 14 de agosto, Kluge decidiu que seus soldados tinham de escapar na direção nordeste, "senão podem esperar a perda de todas as suas forças". As unidades de artilharia apontaram os canhões alinhados e dispararam todas as granadas que lhes restavam antes de recuar. Em 16 de agosto, Kluge ordenou a retirada imediata para a linha do rio Orne, e a travessia começou naquela noite. Foram trazidas unidades antiaéreas para guardar as pontes, mas parece que a atividade aérea aliada não foi uma grande ameaça nos importantíssimos dois dias seguintes. Nenhum soldado teve permissão de parar nem descansar na área. Quando enguiçavam, os veículos eram empurrados para fora da estrada, e a Feldgendarmerie impôs ao tráfego disciplina férrea. Nada podia retardar a retirada. Os soldados dos *panzers* deixaram os *Landser* da infantaria enraivecidos com o modo como simplesmente passavam por cima dos cadáveres, achatando-os com as lagartas.

Em 16 de agosto, os canadenses avançaram lutando até a cidade arruinada de Falaise, onde Guilherme, o Conquistador, nasceu no grande castelo. Mais uma vez, enfrentaram os adversários fanáticos da *Hitler Jugend*. Sessenta desses adolescentes enrijecidos pelo combate se aguentaram durante três dias. Os dois únicos aprisionados vivos estavam feridos.[4]

A leste de Falaise, o regimento de reconhecimento da 10ª Infantaria Montada polonesa, apoiado pelo 12º Regimento de Dragões em tanques Cromwell, garantiu a travessia do Dives em 15 de agosto. O sucesso foi uma homenagem adequada ao aniversário da vitória sobre o Exército Vermelho na Batalha do Vístula, em 1920. Naquela noite, os poloneses, na sua cabeça de ponte, rechaçaram contra-ataques, enquanto os soldados de reconhecimento avançavam estrada abaixo, rumo a Trun. Em 16 de agosto, Simonds quis mandar a 4ª Divisão Blindada também para Trun, mas todo o dia seguinte se perdeu enquanto recuavam e se reorganizavam. O comandante da divisão demonstrou pouca iniciativa e pouco ímpeto. A consequente falta de apoio à divisão blindada polonesa exposta obrigou-a a parar a menos de 12 quilômetros de Trun.

O Ultra ainda avisava que os alemães pretendiam contra-atacar os americanos no sul e romper o cerco entre Argentan e Sées. Isso confirmou a opinião de Montgomery de que deveriam retornar à ideia do envolvimento no Sena, em vez de deter os alemães ao sul de Trun. Em consequência, ele cometeu o erro de não reforçar os poloneses com a 7ª Divisão Blindada, que mandara avançar para Lisieux. Nesse estágio, a falta crucial de ligação cerrada com os americanos foi mais culpa de Montgomery do que de Bradley. Os dois não decidiram com clareza onde cortariam o caminho dos alemães. Só em 16 de agosto Montgomery decidiu voltar e fechar o bolsão entre Trun e Chambois. Mas até então parte do corpo de Haislip já partira para o Sena.

O general Patton estava muito mais interessado nos acontecimentos na direção do Sena. Em 16 de agosto, o major-general Kenner, médico chefe do SHAEF, foi convidado para acompanhar a visita ao 15º Corpo de Haislip, que acabara

---

4 No final da Operação Tractable, os canadenses tinham sofrido 18.444 baixas, com 5.021 mortos.

de tomar Dreux. Patton estava em excelente forma. Naquela manhã, acabara de vistoriar dois hospitais de evacuação e descobrira que, "pela primeira vez, os nossos feridos queriam voltar a lutar".

Eles partiram em dois jipes, um dos quais levava uma metralhadora pesada. Al, o guarda-costas de Patton, também levava um fuzil automático Browning. Kenner, obviamente preocupado com a segurança de Patton nessa corrida em terreno coberto de florestas e cheio de alemães em retirada, sugeriu ir na frente. "Não, por Deus", foi a resposta. "Ninguém vai na minha frente." De acordo com Kenner, "Haislip quase teve um ataque" quando soube como chegaram lá. Insistiu em fornecer uma escolta para a viagem de volta, mas Patton praguejou contra a ideia. Seja como for, ele queria ver como estava o progresso do 20º Corpo, em Chartres.

Quando chegaram ao posto de comando da 7ª Divisão Blindada, Patton perguntou quando iam tomar a cidade.[5] Disseram-lhe que ainda havia alemães lutando em certos pontos e que talvez levasse algum tempo. De acordo com Kenner, Patton retorquiu: "Não há nenhum alemão. São três horas agora. Quero Chartres às 5 ou haverá um novo comandante". Kenner ficou impressionado com o "instinto sobre o inimigo" de Patton, mas dessa vez ele estava errado. As fontes americanas de informações tinham estimado que só haveria uns mil defensores, mas na véspera outro regimento de segurança alemão fora mandado às pressas para a cidade. O general de Infantaria Kurt von der Chevallerie, comandante em chefe do I Exército ao sul do Loire, fazia uma reunião lá quando os blindados da 7ª Divisão foram avistados avançando sobre a cidade.

Três horas antes de Patton chegar, uma força-tarefa conseguira limpar a maior parte da cidade, mas a outra força-tarefa foi obrigada a recuar quando os alemães resistiram vigorosamente nos arredores. Os americanos trouxeram a artilharia, instruída a só atirar em alvos a plena vista. "Fizemos o máximo esforço para evitar a destruição de prédios históricos." Entretanto, a batalha terminou no dia seguinte quando a segunda força-tarefa atacou os alemães que tinham recuado para os trigais circundantes. A batalha desigual se transformou em massacre. Os pelotões de morteiros lançaram rojões de fósforo branco "por toda parte e, quando os campos arderam, os alemães começaram a correr para fora como ratos. Enquanto isso, os tanques se divertiam matando alemães a

---

5 Em seu relato, Kenner confundiu a 7ª Divisão Blindada com a 5ª, provavelmente porque a 5ª Divisão de Infantaria também participava da batalha.

pé por toda parte", relatou a 7ª Divisão Blindada. "A operação toda foi um enorme sucesso: essa pequena força destruiu numerosos canhões anticarro, fez quatrocentos prisioneiros e matou vários milhares de inimigos com o custo de quatro tanques e 62 baixas."

De qualquer modo, a quarta-feira, 16 de agosto, foi mesmo um dia memorável para Patton. As divisões do III Exército tinham invadido ou capturado as cidades importantes de Dreux, Chartres, Châteaudun e Orléans. Ele também receberia todo o crédito pelas façanhas depois que todo o segredo criado pela Operação Fortitude se desfez. Essa restrição de segurança exasperara os correspondentes de guerra, que ansiavam escrever sobre as façanhas de Patton. Eisenhower acabara de afirmar publicamente, numa entrevista coletiva, que o avanço para o Sena era encabeçado pelo III Exército, comandado pelo próprio Patton. Na mesma hora, o "velho sangue e tripas" se transformou em astro internacional. Finalmente, naquele dia Patton soube que fora confirmado no posto permanente de major-general, retroativo ao ano anterior.

Enquanto o III Exército de Patton corria para o Sena, os americanos sofreram um dia de atraso com a confusão ao reorganizar as tropas perto de Argentan. Na noite de 16 de agosto, o general Gerow, comandante do 5º Corpo, recebeu do general Hodges, do I Exército americano, a ordem de assumir o comando das três divisões – a 80ª, a 90ª e a 2ème DB – que Haislip deixara em Argentan. O aviso do Ultra sobre o contra-ataque alemão levou-o a viajar durante a noite até Alençon, onde instalou um quartel-general temporário no Hotel de France. Não conseguiu descobrir onde ficava o quartel-general do 15º Corpo. Finalmente, soube, pelo comandante da 80ª Divisão, que Patton mandara o major-general Hugh Gaffey, seu chefe do Estado-Maior, comandar as três divisões. Ele encontrou Gaffey num posto de comando temporário ao norte de Sées e os dois oficiais dos altos escalões entraram num acordo. Gaffey atacaria rumo norte em 17 de agosto, como ordenado pelo general Patton, e depois, à noite, Gerow assumiria o comando. Mas, depois de mensagens confusas entre Hodges e Patton, o general Bradley se intrometeu e disse a Gerow que assumisse o comando imediatamente.

Em 17 de agosto, Patton voou para se encontrar com Bradley e desfazer a confusão. Deixara com o Estado-Maior do III Exército instruções para que o ataque rumo ao norte para fechar o bolsão teria de continuar imediatamente, sob o comando de Gerow, caso ele telefonasse para dizer a frase: "Troquem os cavalos". Às 12h30, Patton ligou do quartel-general do 12º Grupo de Exércitos e disse essas palavras. Depois, acrescentou que, assim que fosse tomado o objetivo original, as três divisões deveriam continuar "a partir daí". O chefe do Estado-Maior perguntou o que significava "a partir daí".

"Outro Dunquerque", brincou Patton. Essa observação típica e impensada foi aproveitada mais tarde pelos correspondentes de guerra e noticiada, com demasiada liberdade, como: "Se me deixarem continuar, empurro os *limeys* até o mar".[6] Na verdade, a mudança de comando nesse momento crucial só conseguiu dar aos alemães mais 24 horas para tirar mais homens e veículos do bolsão.

Por acaso, naquela mesma quinta-feira, 17 de agosto, as histórias sobre a irritação crescente de Eisenhower e Bedell-Smith com Montgomery chegaram à Downing Street e ao Palácio de Buckingham. Sir Alan Lascelles, secretário particular do rei Jorge VI, teve uma longa conversa com o general "Pug" Ismay, assessor militar de Churchill, e registrou suas ideias no diário. "Ismay tem uma visão aberta e saudável dos americanos: eles conquistaram os seus esporões e os dias em que podíamos tratá-los como soldados verdes e inexperientes ficaram no passado; de fato, ele chegou ao ponto de dizer que é bem possível que tenhamos algo a aprender com eles e que talvez tenhamos mantido uma atitude exagerada de 'escola de Estado-Maior' na nossa condução da guerra."

Enquanto os soldados americanos se aproximavam de Paris, também aumentavam as tensões com outro aliado. Depois que soube que a 2ème DB ficaria em Argentan enquanto o resto do 15º Corpo avançava para o Sena, o general Philippe Leclerc foi protestar com Patton. "Leclerc, da 2ª Divisão Blindada francesa, chegou nervosíssimo", escreveu Patton no diário. "Entre outras coisas, disse que, se não tivesse permissão para avançar sobre Paris, pediria demissão. Eu lhe disse com o meu melhor francês que ele era uma criança teimosa e que eu não admitiria que comandantes de divisão me dissessem onde iam lutar, e de qualquer modo eu o deixara no lugar mais perigoso. Nos separamos como amigos."

Leclerc, que se entendia bem com Patton, não ficou nada tranquilo. Tanto ele quanto o general De Gaulle, a caminho da França, estavam preocupadíssimos com a possibilidade de Bradley querer contornar Paris. Ambos temiam que um levante da Resistência na capital fosse aproveitado pelos comunistas. E, no caso de guerra civil, os americanos, quase com certeza, tentariam impor o seu próprio governo militar, como queria o presidente Roosevelt.

---

6 Na gíria americana e canadense, *limeys* são os marinheiros britânicos e, por extensão, os britânicos em geral. (*N. T.*)

27

O CAMPO DA MORTE NO BOLSÃO DE FALAISE

Embora 16 de agosto tivesse sido um grande dia para Patton, Hitler declarou que "15 de agosto foi o pior dia da minha vida". Ele se convencera de que o marechal de campo Von Kluge iniciara negociações secretas com os aliados na Normandia. "Hitler suspeitava de que o marechal de campo Von Kluge era culpado dessa traição", recordou o general Warlimont. Hitler já via Kluge como cúmplice dos conspiradores de julho. Agora, convencera-se de que a punhalada pelas costas da Segunda Guerra Mundial não viria de judeus nem de revolucionários, como em 1918, mas dos aristocratas do Estado-Maior geral alemão.

Na tarde de 14 de agosto, Kluge partiu de La Roche-Guyon. Passou a noite no quartel-general da retaguarda do V Exército Panzer, no pequeno castelo de Fontaine-l'Abbé, a leste de Bernay. Pouco depois do amanhecer de 15 de agosto, Kluge partiu para oeste, rumo ao bolsão de Falaise, para uma reunião com os dois comandantes do Exército, os generais Hausser e Eberbach. Kluge viajava em seu Kübelwagen, acompanhado do assistente pessoal Tangermann, outro oficial de motocicleta e uma viatura de comunicações.

O pequeno comboio logo foi avistado por Typhoons da RAF, que mergulharam para o ataque. O fogo dos canhões destruiu o veículo de comunicações, ferindo gravemente os ocupantes, um deles com ferimentos letais. O número de caças-bombardeiros aliados no céu tornava qualquer deslocamento pela estrada muito perigoso. Kluge, já num estado de exaustão nervosa, parece ter sofrido algum tipo de colapso. Foi deixado sob algumas árvores para descansar.

Só podemos especular sobre o estado de espírito de Kluge, a não ser para dizer que achava difícil aceitar que seu nome ficasse associado para sempre ao colapso do Exército alemão no Ocidente. O tenente-coronel Tangermann chegou a acreditar que a sua ida ao *Kessel*, ou cerco, era para buscar a morte diante do inimigo.

Naquele dia, quando o general Jodl telefonou da Prússia Oriental para falar com Kluge e soube que não havia contato com ele desde a manhã, a desconfiança de Hitler se transformou em suspeita declarada de que estivesse negociando os termos da rendição. Jodl ordenou ao Grupo B de Exércitos e ao general Eberbach que fizessem o máximo esforço para descobrir seu paradeiro e mandar notícias de hora em hora. Às 21 horas, uma mensagem de teletipo KR-Blitz, da mais alta prioridade, chegou da Prússia Oriental. Afirmava: "O Führer ordenou: uma vez que não se consegue encontrar o marechal de campo Von Kluge fora de seu posto de comando, designo o general do Exército Hausser para o comando tanto do V Exército Panzer quanto do Panzergruppe Eberbach".

Só depois do anoitecer Kluge e os companheiros sobreviventes puderam prosseguir. Chegaram finalmente ao posto de comando de Eberbach às 22 horas. A viagem de 80 quilômetros levara dezesseis horas. O marechal de campo Keitel insistiu em falar com Kluge assim que soube de sua chegada. Parece que o OKW acreditou no relato de Kluge, mas Hitler, que, depois do fracasso do contra-ataque a Avranches, planejava substituir Kluge de qualquer maneira, ordenou imediatamente que o marechal de campo Model fosse para a França e assumisse o comando. Model, "um dos comandantes mais duros e temidos do Exército", era um dedicado seguidor de Hitler, que lhe conferira a Cruz de Cavaleiro com diamantes. Assim como o próprio Kluge antes de assumir o comando, Model se convencera de que o desastre na Normandia se devia inteiramente à má liderança.

O tenente Dankwart Graf von Arnim, oficial de Estado-Maior sediado em Paris, foi despertado às 4h30 de 17 de agosto para que lhe avisassem que Model chegara. Deveria ir imediatamente ao quartel-general do Oberkommando West, em Saint-Germain-en-Laye. A primeira coisa que soube foi que Model, ao encontrar ali apenas um médico do Exército bêbado, ficou furioso e mandou fuzilá-lo na mesma hora. Arnim deveria acompanhar Model até La Roche-Guyon. Havia neblina pela manhã quando partiram num comboio subindo o vale do Sena, com uma escolta de canhões antiaéreos autopropulsados de 20 mm fornecida por ordem de Hitler. Arnim estava sentado ao lado do motorista no carro blindado do Estado-Maior onde Model viajava. Este o repreendeu severamente por usar o quepe da farda em vez de capacete.

Quando se aproximaram da entrada do castelo, Arnim percebeu o rosto dos oficiais do quartel-general espiando ansiosos pela janela. Speidel, o chefe do Estado-Maior, foi recebê-los na escadaria. Atrás dele, estava Kluge, que recebera a notícia de sua destituição pelo teletipo havia apenas uma hora. Model, de acordo com o tenente-general Bayerlein, que estava presente ao encontro, anunciou que os soldados na Normandia "eram uma matilha de covardes, que era muito mais fácil combater os aliados ocidentais do que os russos, e que ele faria com que tudo mudasse".

Kluge aceitou seu destino com dignidade. Mas era visível que temia não só ser responsabilizado por tudo o que dera errado como também, no clima de desconfiança, ser julgado e executado como os outros generais dos altos escalões envolvidos na conspiração de julho. Resolveu escrever uma longa carta a Hitler e pediu ao Oberstgruppenführer Sepp Dietrich que a entregasse mais tarde. Além de explicar a impossibilidade da tarefa que assumira, escreveu: "Não consigo suportar a acusação de que selei o destino do Ocidente com erros de estratégia e não tenho meios de me defender. Tiro disso uma conclusão e sigo para onde já estão milhares dos meus camaradas". A carta era respeitosa e evitava jogar a culpa em Hitler. Sem dúvida, Kluge queria salvar a família da *Sippenhaft*, a vingança dos nazistas.

Finalmente, afirmou, como Rommel já fizera, que, com tão pouca possibilidade de vitória, a guerra deveria terminar. "O povo alemão suportou sofrimento tão indizível que já é hora de dar fim a esse horror." Embora Kluge finalmente chegasse a ver a loucura terrível daquele imenso conflito, ainda não havia reflexão sobre o sofrimento causado pelas invasões. Essa consideração simplesmente não cabia na *Weltanschauung* do Exército alemão, com sua confusão fundamental entre causa e efeito.

Mandaram carro e escolta para levar Kluge de volta a Berlim. Fizeram um alto ao meio-dia na floresta de Argonne, quase em Verdun. Não era longe de onde o general Von Stülpnagel dera em si mesmo o tiro malsucedido. Kluge entregou outra carta ao ajudante de ordens, esta para o irmão, e depois foi até atrás de uns arbustos, onde engoliu um comprimido de cianureto. Depois do suicídio de Kluge, Hitler ordenou outra investigação de seu "desaparecimento misterioso" na Normandia, mas novamente não se encontraram indícios de nenhuma reunião com oficiais americanos.

O bolsão de Falaise se apertava em 16 de agosto, mas ainda estava longe de se fechar, tanto devido ao atraso dos canadenses quanto ao do 5º Corpo de Gerow, perto de Argentan. Gersdorff, chefe do Estado-Maior do VII Exército, conseguiu "passar de carro em ambos os sentidos naquele dia" pela brecha entre Trun e Chambois. Um general alemão observou que o formato do bolsão, embora muito menor, tinha semelhanças perturbadoras com o maltratado losango de Stalingrado.

O 2º Panzerkorps foi mandado para a floresta de Gouffern, a nordeste de Argentan, para defender aquele canto do bolsão, muito embora só conseguisse reunir menos de quarenta tanques. No dia seguinte, depois de reabastecer, os remanescentes das duas divisões foram mandados para Vimoutiers. O Oberst-gruppenführer Hausser também mandou a 2ª SS Panzer-Division *Das Reich* para fora do bolsão. Queria uma força pronta para contra-atacar pela retaguarda quando os soldados aliados tentassem fechar a brecha. Entretanto, os oficiais do Exército suspeitaram que era apenas uma tentativa de salvar a Waffen-SS. "Em outras palavras, só *nós* que prestamos para ficar dentro do cerco", foi a reação do general Meindl, do 2º Corpo Paraquedista, quando soube da notícia. "A SS cuida dos seus."

Outros grupos *panzer* foram deslocados para os dois lados do gargalo do bolsão para ajudar a mantê-lo aberto, mas, com a concentração muito maior de caças-bombardeiros aliados no céu, os veículos tinham de se esconder em pomares e florestas durante o dia. Perto de Trun, um morador local observou um pequeno grupo de tanques escondido debaixo de árvores frutíferas. Um soldado saiu da torre com um violino e tocou algumas valsas vienenses. Pareciam sentir que aquela era a calma antes da tempestade.

Quando os remanescentes do VII Exército alemão recuaram cruzando o rio Orne, o 8º e o 30º Corpos britânicos avançaram rapidamente para leste, libertando uma cidade atrás da outra. "Tivemos uma recepção calorosa durante todo o caminho", escreveu um oficial britânico, "embora um bom número de pessoas ainda pareça tonto e perplexo. Os muito novos não sabem direito o que está acontecendo. Vi um menininho fazer com orgulho a saudação nazista como se fosse o cumprimento correto e outros olhando a mãe para ver se podiam acenar".

Em Putanges, no alto Orne, onde muitos alemães tinham ficado isolados, as cenas foram caóticas. "Enquanto eu falava com o general-brigadeiro", escreveu o major Neave em seu diário, "passou um meia-lagarta alemão cheio de boches, dirigido por um boche. Dois civis franceses, provavelmente *maquis*, estavam sentados atrás com submetralhadoras, e um francês de motocicleta encabeçava o grupo. Os boches pareciam infelicíssimos e os franceses davam gargalhadas."

Enquanto isso, o I Exército americano de Hodges avançava vindo de sudoeste, e o 12º Corpo britânico, de noroeste. Em 17 de agosto, a 1ª Divisão Blindada polonesa recebeu ordens de investir sobre Chambois. Mas, como os poloneses estavam 7 quilômetros à frente da 4ª Divisão Blindada canadense, sabiam que enfrentariam uma luta renhida até que chegassem reforços. Reorganizaram-se rapidamente. O general Maczek mandou o 24º Regimento de Lanceiros e o 10º de Dragões para Chambois, enquanto o resto da divisão ocupou posições em volta do monte Ormel, uma das elevações dominantes ao longo da escarpa elevada e coberta de floresta que dá para o rio Dives e fecha a extremidade nordeste da planície de Falaise.

Naquele dia, a 90ª Divisão americana, em Bourg-Saint-Léonard, ao sul de Chambois, recebeu um golpe horrível quando a Divisão *Das Reich* e os remanescentes da 17ª SS Panzergrenadier-Division atacaram de repente, forçando-a a recuar rapidamente. O general Gerow mandou-os voltar naquela noite para recapturar essa importantíssima elevação.

Às 9 horas de 18 de agosto, o marechal de campo Model convocou uma reunião em Fontaine l'Abbé, a leste de Bernay. Eberbach, que partira às 3 horas da madrugada, ainda assim chegou duas horas atrasado devido às estradas bloqueadas. O Obergruppenführer Hausser, do VII Exército, não conseguiu passar e foi representado por Gersdorff, seu chefe do Estado-Maior. Model lhes deu instruções para a retirada até a linha do Sena. As divisões *panzer* deveriam manter o gargalo aberto. Mas, no meio da reunião, chegou a notícia de que os canadenses tinham mesmo tomado Trun. Eberbach partiu imediatamente para organizar o contra-ataque do 2º Panzerkorps, agora fora do bolsão, mas a escassez de combustível os atrasaria.

Na estrada de Vimoutiers, o carro de Eberbach foi metralhado por caças aliados e o general teve de se abrigar numa vala. A RAF e a 9ª Força Aérea Tática de Quesada atacaram em grande número naquele dia e no seguinte. As condições de voo eram quase perfeitas, e, com os restos de dois exércitos alemães entulhados numa área de mais ou menos 20 por 8 quilômetros quadrados, não havia escassez de alvos. Os foguetes dos Typhoons que acertavam os veículos resultaram em colunas cada vez mais largas de fumaça oleosa. "Os cogumelos pretos não paravam de aparecer", escreveu o general Meindl, "sinal de que os

O Bolsão de Falaise

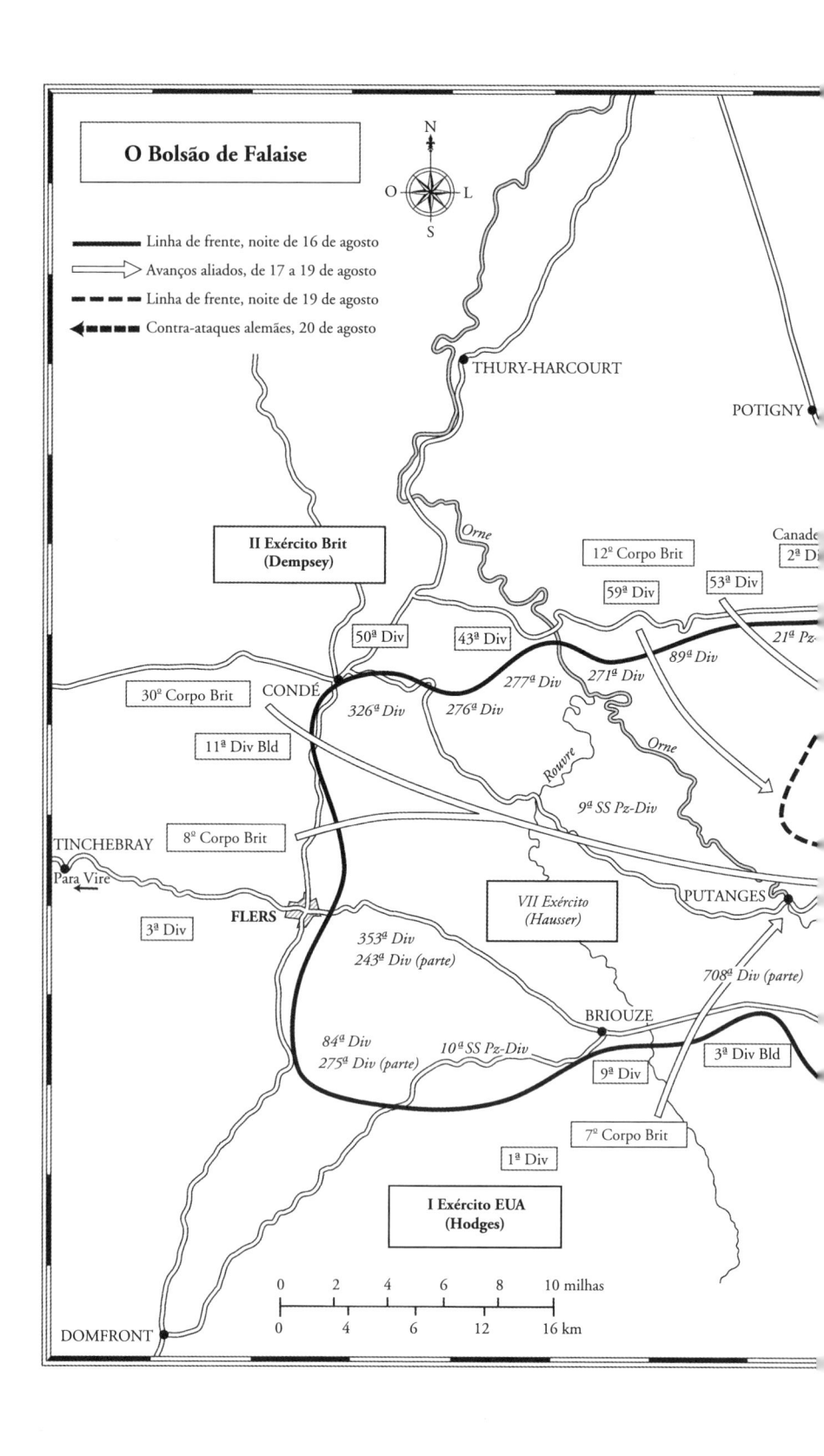

— Linha de frente, noite de 16 de agosto
⇒ Avanços aliados, de 17 a 19 de agosto
- - - Linha de frente, noite de 19 de agosto
◄■■■ Contra-ataques alemães, 20 de agosto

THURY-HARCOURT

POTIGNY

II Exército Brit (Dempsey)

Orne

12º Corpo Brit

Canadá
2ª D

59ª Div
53ª Div

50ª Div
43ª Div
21ª Pz

30º Corpo Brit
CONDÉ
277ª Div
271ª Div
89ª Div

326ª Div
276ª Div

11ª Div Bld

Rouvre
Orne

9ª SS Pz-Div

TINCHEBRAY
8º Corpo Brit

Para Vire

VII Exército (Hausser)

PUTANGES

3ª Div
FLERS
353ª Div
243ª Div (parte)

708ª Div (parte)

BRIOUZE

84ª Div
275ª Div (parte)
10ª SS Pz-Div

9ª Div
3ª Div Bld

7º Corpo Brit

1ª Div

I Exército EUA (Hodges)

0 2 4 6 8 10 milhas
0 4 6 12 16 km

DOMFRONT

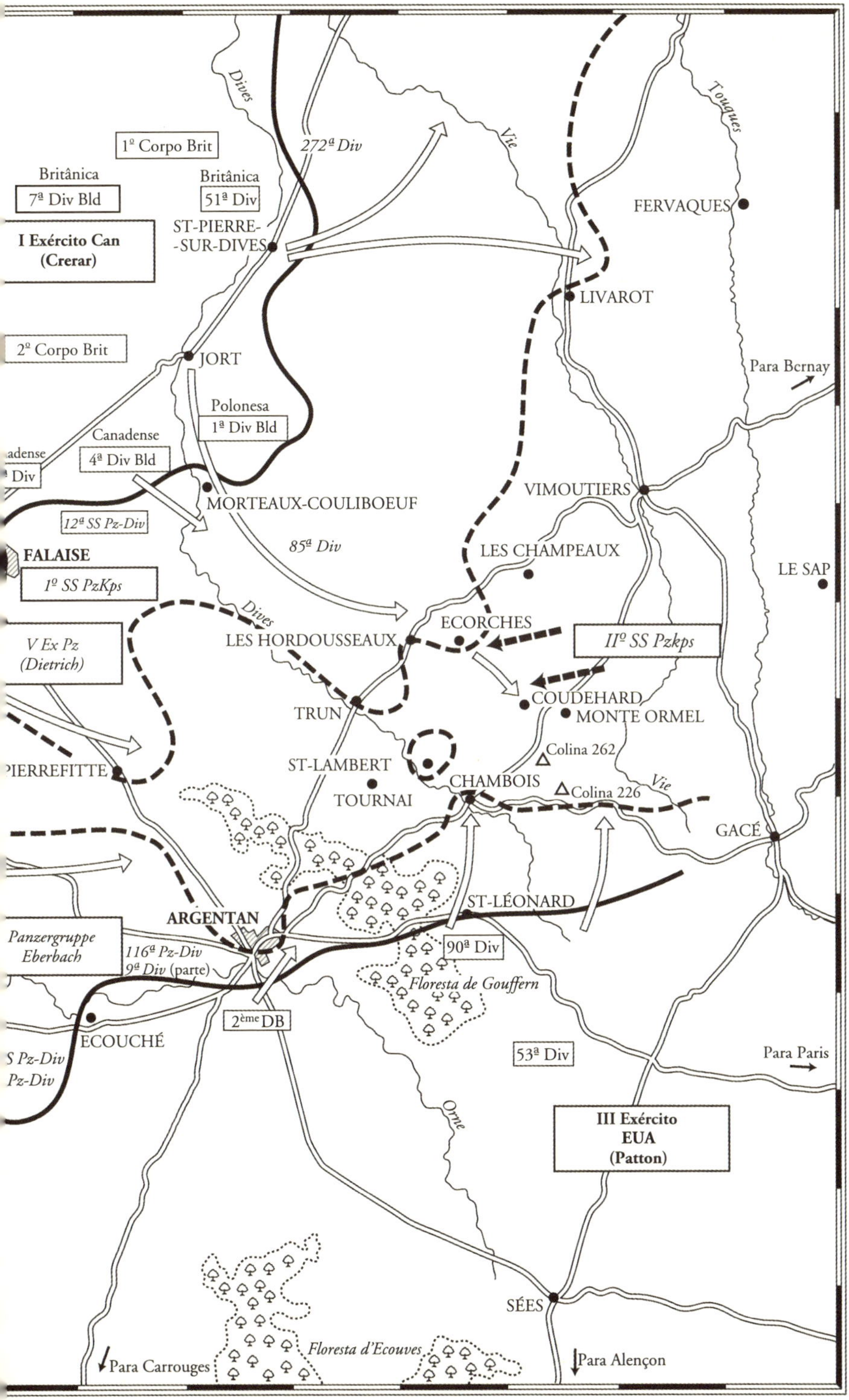

1º Corpo Brit
Britânica
7ª Div Bld
Britânica
51ª Div
272ª Div
I Exército Can
(Crerar)
ST-PIERRE-
-SUR-DIVES
Dives
Vie
Touques
FERVAQUES
LIVAROT
2º Corpo Brit
JORT
Para Bernay
Polonesa
1ª Div Bld
Canadense
4ª Div Bld
MORTEAUX-COULIBOEUF
VIMOUTIERS
12ª SS Pz-Div
FALAISE
1º SS PzKps
85ª Div
LES CHAMPEAUX
LE SAP
Dives
ECORCHES
V Ex Pz
(Dietrich)
LES HORDOUSSEAUX
IIº SS Pzkps
TRUN
COUDEHARD
MONTE ORMEL
Colina 262
ST-LAMBERT
CHAMBOIS
Colina 226
Vie
TOURNAI
GACÉ
ARGENTAN
ST-LÉONARD
Panzergruppe
Eberbach
116ª Pz-Div
9ª Div (parte)
90ª Div
Floresta de Gouffern
2ème DB
ECOUCHÉ
53ª Div
Para Paris
Orne
III Exército
EUA
(Patton)
SÉES
Floresta d'Ecouves
Para Carrouges
Para Alençon

aviões inimigos faziam uma boa caçada." Ele ficou tonto com o que chamou de "flagelo da fabulosa superioridade aérea". Também ficou furioso com os motoristas, cujas tentativas desesperadas de escapar criavam mais nuvens de poeira, atraindo a atenção dos pilotos. "Bastava isso para arrancar os cabelos e se perguntar se os motoristas tinham enlouquecido completamente, correndo para se pôr à vista dos aviões inimigos até explodirem em chamas." Havia pouco fogo antiaéreo para dissuadir as tripulações aliadas. Poucas armas antiaéreas autopropulsadas tinham sobrevivido e as unidades do Exército, ao contrário dos paraquedistas, não acreditavam em usar armas portáteis contra aviões.

Havia pouca sensação de piedade entre os pilotos aliados. "Lançamos as ondas de foguetes", escreveu um piloto australiano de Typhoon, "e depois, separadamente, fizemos ataques com os canhões sobre a multidão de soldados amontoados. Começávamos a atirar e depois, lentamente, passávamos a linha de fogo dos canhões pela multidão, depois subíamos e dávamos a volta outra e outra vez, até a munição acabar. Depois de cada passada, que resultava num grande caminho vazio de soldados picotados, o espaço era quase imediatamente preenchido por outros fugitivos." Naquele dia, o general Von Lüttwitz, da 2ª Panzer-Division, examinou a cena com horror. "Na estrada, viam-se grandes montes de veículos, cavalos e soldados mortos espalhados por toda parte, e esse número aumentava de hora em hora." O artilheiro Eberhard Beck, da 277ª Divisão de Infantaria, viu um soldado sentado imóvel numa pedra. Puxou-o pelo ombro para tirá-lo do perigo, mas o homem caiu. Já estava morto.

Só em 18 de agosto, a 9ª Força Aérea dos Estados Unidos estimou que a sua contagem era de quatrocentos veículos, enquanto a RAF alegou ter destruído 1.159 veículos e avariado 1.700, além de 124 tanques destruídos e cem avariados. Mas esses números eram absurdamente elevados. Mais uma vez, o major-brigadeiro Coningham ficou furioso ao receber mais tarde o relatório da pesquisa operacional. As equipes tinham encontrado apenas 33 veículos blindados destruídos por ataques aéreos. O relatório concluiu que a natureza aleatória dos ataques aéreos aliados impediu um grau decisivo de destruição.[1] Por outro

---

1 A RAF afirmou que, durante o período do cerco, destruiu 257 veículos blindados e 3.340 sem blindagem, enquanto os americanos estimaram ter destruído 134 veículos blindados e 2.520 sem blindagem. Mas o Setor de Pesquisa Operacional só conseguiu encontrar 133 veículos blindados destruídos em toda a área. Apenas 33 deles foram atingidos por ataques aéreos. Os outros foram quase todos abandonados ou destruídos pela própria guarnição. Mas a equipe de pesquisa descobriu que metade dos 701 veículos sem blindagem foi destruída pelos ataques aéreos, a maioria por tiros de canhão e metralhadora.

lado, mais uma vez esses ataques deixaram em pânico as guarnições alemãs, que abandonavam os veículos, e sem dúvida a destruição do suprimento de combustível contribuiu para o número altíssimo de viaturas blindadas deixadas para trás.

Com tantos esquadrões americanos e da RAF atacando os alvos em terra à vontade, houve casos incontáveis de "fogo amigo". O grito irônico "Protejam-se, podem ser os nossos!" passou a ter nova força. O quartel-general do 12º Grupo de Exércitos de Bradley admitiu que "alguns veículos blindados britânicos foram atacados inadvertidamente", mas ressaltou que a guarnição dos tanques britânicos levava tanto equipamento do lado de fora que as estrelas brancas que os identificavam costumavam ficar "cobertas de parafernália".

Devido aos ataques aéreos aleatórios, a 4ª Divisão Blindada canadense evitou ocupar Trun até a tarde de 18 de agosto. A divisão também foi atrapalhada pela letargia e pela incompetência de seu comandante, o major-general George Kitching, e pelo plano de Simonds de que sua brigada blindada deveria partir para encabeçar o avanço até o Sena. Na noite de 18 de agosto, um destacamento da divisão chegou a Saint-Lambert-sur-Dives, a meio caminho entre Trun e Chambois, mas, sem reforços, era pequeno demais para ocupar a vila.

A força-tarefa polonesa que seguia para Chambois cometeu um erro grave na leitura do mapa e acabou 10 quilômetros ao norte. Também estava com pouca munição e quase sem combustível. O regimento de reconhecimento da 10ª Infantaria Montada chegara aos arredores de Chambois, mas não tinha efetivo para ocupar a cidade. Enquanto isso, ao sul, a 90ª Divisão americana, apoiada por parte da 2ème DB de Leclerc, avançou até 2 quilômetros de Chambois. Tanto Montgomery quanto os comandantes americanos pareciam achar que a batalha poderia ser vencida com poderio aéreo e artilharia. Mas a cortina de soldados canadenses, poloneses e americanos era fina demais para aguentar tanto as ondas de tropas alemãs que lutavam para fugir do bolsão quanto a ameaça de um contra-ataque dos remanescentes das formações *panzer* SS pela retaguarda.

Em 19 de agosto, o 10º Regimento de Dragões polonês reforçou o regimento de reconhecimento perto de Trun e fez contato com a 90ª Divisão americana. Os americanos e os poloneses trocaram apertos de mão. "São guerreiros excelentes e de sangue muito frio", contou depois um tenente americano. Devido ao bombardeio, Chambois, logo apelidada de "Shambles", estava em chamas e cheia de alemães mortos e veículos carbonizados. Não há dúvida que as notícias da escala da destruição aumentaram a sensação de complacência entre os comandantes aliados. Até o enérgico Simonds, que comandava o 2º Corpo canadense, passou a manhã seguinte "organizando a correspondência oficial" em vez de forçar o avanço de suas divisões.

Segundo fontes alemãs, as condições dentro do bolsão eram impossíveis de imaginar para quem não as viu. "As estradas estavam bloqueadas por dois ou três veículos atingidos e queimados um ao lado do outro", escreveu um oficial da 21ª Panzer-Division. "Ambulâncias cheias de feridos foram carbonizadas. A munição explodiu, os blindados arderam e havia cavalos caídos de costas, agitando as patas em agonia. O mesmo caos se estendia nos campos por toda parte. As salvas de artilharia e de granadas perfurantes vinham dos dois lados sobre a multidão que corria de um lado para o outro."

O artilheiro Beck da 277ª Divisão de Infantaria viu infantes adolescentes passarem aos trambolhões. "Em seu rosto, podia-se ler a tragédia absoluta dessa experiência horrorosa, que não conseguiam entender." Muitos homens entraram em colapso depois de dias sem dormir. Alguns começaram a se esconder na floresta, preferindo ser capturados a continuar numa vida tão infernal. O artilheiro não conseguiu deixar de sentir pena dos cavalos, dos quais se exigia demais. "A cabeça, o dorso e os flancos dos cavalos estavam banhados de suor, cobertos de espuma branca. Perambulávamos como se estivéssemos num matadouro."

Durante o dia, os homens e veículos se escondiam dos aviões aliados em bosques e pomares. À noite, os soldados alemães exaustos e famintos seguiam aos tropeços, amaldiçoando os líderes que se perdiam no escuro. Muitos usavam carrinhos de mão franceses de duas rodas para levar equipamento ou armas pesadas. Viram-se misturados a soldados dos serviços de retaguarda, inclusive destacamentos de sapateiros e alfaiates, todos tentando escapar sem ter ideia de para onde iam. Os foguetes de magnésio e as luzes "de Natal" que desciam devagar, de paraquedas, iluminavam o horizonte. Revelavam a silhueta das árvores e dos prédios em ruínas. Havia um trovejar constante de canhões pesados enquanto os grupos de artilharia americanos e franceses continuavam a alvejar as estradas com fogo insistente.

Em 19 de agosto, o Oberstgruppenführer Hausser foi instado pelos generais Meindl e Gersdorff a comandar o rompimento naquela noite, a leste, pelo rio Dives, que passava por Trun, Saint-Lambert e Chambois. A ordem foi passada pelo rádio e pelo boca a boca. Hausser também requisitou o II SS Panzerkorps para atacar os poloneses e canadenses por trás e abrir a brecha.

Às 22 horas, os remanescentes da 277ª Divisão de Infantaria receberam a ordem "*Fertigmachen zum Abmarsch*" [Preparar para avançar]. Hausser e os integrantes do Estado-Maior que não estavam feridos se uniram aos remanescentes da 3ª Divisão Paraquedista para fazer o rompimento a pé. O comandante da divisão, tenente-general Schimpf, que fora gravemente ferido, foi colocado na traseira de um tanque, junto com outros feridos.

Os grupos de rompimento foram encabeçados pelos tanques Tigre e Pantera que restavam, para que empurrassem para fora do caminho os veículos que bloqueavam a trilha. Tanto os soldados rasos quanto os generais embarcaram em meias-lagartas e outros veículos blindados, prontos para pular fora, se necessário, e partir para o ataque. Um oficial afirmou ter visto dois generais cujas divisões tinham sido destruídas pôr capacetes de aço e armar-se com submetralhadoras.

O ataque a Saint-Lambert começou logo depois da meia-noite. O Regimento dos Highlanders de Argyll e Sutherland do Canadá foi forçado a sair da vila. Sem explosivos, não destruíram a ponte. Ainda havia soldados alemães atravessando depois do amanhecer.

Durante a noite, o general Meindl montou dois grupos com seus paraquedistas. Comandou-os até o rio Dives e entraram n'água da maneira mais silenciosa possível. A outra margem era íngreme e coberta de amoreiras. Do outro lado, quando chegaram à estrada entre Trun e Chambois, conseguiram ver a silhueta dos tanques aliados e escutar a conversa das guarnições. Toda vez que uma granada de iluminação era atirada para o céu, eles se jogavam no chão. Passaram rastejando pelos três tanques que viram, mas um quarto os avistou e abriu fogo com a metralhadora. Felizmente para eles, a pontaria foi alta demais.

Mais adiante, passaram por um grupo de cavalos de tração mortos, que tinham sido metralhados nos arreios por caças-bombardeiros aliados quando tracionavam um veículo avariado da Wehrmacht. Depois dos vários dias quentes de agosto, os corpos inchados soltavam um fedor fatal. Conseguiram ouvir rajadas de tiros atrás deles enquanto outros grupos tentavam romper o cordão de isolamento. Nisso, viram os primeiros sinais do amanhecer. Outro grupo de paraquedistas que também tinham escapulido se uniu a eles. Ouviram tanques vindo do nordeste. Meindl sentiu uma onda de esperança de que fossem do 2º SS Panzerkorps, vindo "de fora", de Vimoutiers, para romper o cerco. Mas o perfil do casco e da torre era inconfundível. Eram tanques Cromwell britânicos. Três deles pararam perto da vala seca em que os paraquedistas alemães jaziam escondidos pelo capim alto. Ouviram a guarnição conversar. Depois de alguns instantes, perceberam que falavam polonês. "Então era aos poloneses que tínhamos de agradecer!", comentou Meindl com melancolia. Tiveram de ficar ali deitados uma hora e meia, "sem ousar mover um dedo", para não balançar o capim. Nisso, já eram 7h30 de 20 de agosto.

Outro desapontamento veio com o som do fogo inimigo na direção para onde iam, a elevação de Coudehard, escarpa íngreme que corria mais ou menos do norte para o sul. A neblina se ergueu, o sol saiu e, na "atmosfera de estufa" da vala, eles fumegavam levemente nas fardas úmidas e esfarrapadas.

Para desespero dos alemães que ainda não tinham conseguido atravessar o Dives e a estrada entre Trun e Chambois, a manhã de 20 de agosto nasceu tão "clara e serena" quanto as anteriores. Assim que a neblina matutina se foi, a artilharia americana abriu fogo e os caças-bombardeiros surgiram no céu, descendo até logo acima das árvores com o ruído paralisante dos motores.

Gersdorff, que fora ferido na perna, chegou à vila de Saint-Lambert em 20 de agosto no meio de um comboio que incluía viaturas de todos os tipos. Mas os que não passaram pela neblina do início da manhã logo foram detidos pelo fogo da artilharia americana e pelos veículos destruídos. Grupos de trabalho improvisados tentaram abrir caminho, embora estivessem sob o fogo da artilharia americana e dos canadenses que tinham recuado.

Muitos outros, inclusive os últimos quinze tanques da 2ª Panzer-Division, tentaram atravessar o Dives por uma pequena ponte entre Saint-Lambert e Chambois, que também estava sob fogo pesado. "Gente, cavalos e veículos tinham caído da ponte no fundo do Dives e lá formavam um monte terrível", escreveu o general Von Lüttwitz. "Sem cessar, as colunas de fogo e fumaça dos tanques em chamas subiam no céu; a munição explodia, os cavalos jaziam por toda parte pelo chão, muitos deles gravemente feridos." Lüttwitz, ferido no pescoço e nas costas, com integrantes de seu Estado-Maior, comandou grupos a pé, rumo a nordeste.

Finalmente, dois tanques da 2ª Panzer-Division conseguiram destruir os canhões anticarro americanos que protegiam a estrada de Trun a Chambois e conseguiram atravessar. "Foi o sinal para que todos aproveitassem o rompimento [...] e um grande número de carros de reconhecimento, tanques, canhões de assalto etc. surgiu de trás de todo tipo de proteção."

* * *

A descrição americana da ação daquele dia, vista do terreno elevado ao sul de Chambois, revela um quadro um pouco diferente. "Foi o sonho dos artilheiros, da manhã ao escurecer", relatou a artilharia da 90ª Divisão, "empastamos a estrada, atacando os alvos que surgiam". "Os alemães tentaram um truque desesperado para atravessar essa terra de ninguém", afirmava outro relatório da artilharia americana. "Numa área protegida da nossa observação, acumularam as viaturas em seis colunas lado a lado, com cinco ou seis em cada, e a um sinal deslocaram esse quadrado de veículos em campo aberto, dependendo da velocidade para levá-los em segurança pela zona de fogo. Não deu certo. A artilharia tinha preparado uma concentração de fogo, que podia ser comandada pela ordem de um observador, exatamente na estrada que os alemães tentavam usar. Quando o observador viu o resultado de sua ordem de tiro, ficou literalmente aos pulos. Várias vezes os hunos tentaram enviar as viaturas por esse inferno de fogo, e várias vezes a artilharia fez chover sobre eles [...] Disparamos baterias isoladas. Disparamos concentrações de grupos de campanha. E, quando os alvos pareciam especialmente interessantes, descarregamos sobre eles a artilharia da divisão inteira e até do corpo inteiro. Quando a noite chegou, a estrada estava intransitável, e o campo dos dois lados dela, coberto do lixo que antes era equipamento alemão. Poucos hunos escaparam por essa rota."

Mas, na verdade, nas primeiras horas da manhã já tinham passado muito mais alemães do que se pensava. Muitos outros continuaram a escapar durante o dia, principalmente no setor canadense, que não fora adequadamente reforçado, apesar dos pedidos constantes de ajuda dos que estavam perto de Saint-Lambert. A 4ª Divisão Blindada deveria estar se preparando para avançar para o Sena, mas ainda não fora substituída pela 3ª Divisão de Infantaria canadense. Mais uma vez, a maior falha na condução da batalha deveu-se principalmente à indecisão de Montgomery, sem saber se apostava no longo envolvimento no Sena ou se fechava a brecha do rio Dives.

Nisso, a principal força polonesa já ocupara a encosta do monte Ormel, a nordeste de Chambois. Com pouco combustível e munição, receberam alguns suprimentos lançados de paraquedas. Não surpreende que os poloneses vissem a batalha como uma disputa intensamente simbólica entre a sua águia branca e a águia negra nazista. A história trágica e orgulhosa da Polônia não saía de seus pensamentos. O distintivo da 1ª Divisão Blindada era o elmo e as asas de águia hussardas usadas nos ombros dos cavaleiros poloneses que salvaram Viena dos turcos, havia trezentos anos. Seu comandante, o general Maczek, declarou, com orgulho pungente: "O soldado polonês luta pela liberdade das outras nações, mas só morre pela Polônia". Depois de saber do levante dos compatriotas em Varsóvia enquanto o Exército Vermelho se aproximava da cidade, os poloneses ficaram duplamente decididos a matar o máximo possível de alemães.

Para Maczek, que comandara a 10ª Brigada de Cavalaria na defesa de Lvov contra a 2ª Panzer-Division alemã em setembro de 1939, parecia uma coincidência dos céus que "a sorte deu à 10ª Brigada de Cavalaria a tão merecida vingança ao surpreender a mesma divisão" nessa batalha. Naquele dia, o 10º Regimento de Infantaria Montada, perto de Chambois, também capturou o tenente-general Otto Elfeldt, comandante do 84º Corpo, com 29 oficiais de Estado-Maior. Mas a verdadeira ameaça às principais posições polonesas em volta do monte Ormel, como alertavam as mensagens interceptadas pelo Ultra, viria da retaguarda e também dos grupos de combate improvisados à frente.

Os poloneses, numa batalha desesperada, também pediram apoio da 4ª Divisão Blindada canadense. A recusa obstinada e injustificada de Kitching a ajudar levou Simonds a destituí-lo do comando no dia seguinte.

Às 4 horas daquela manhã, os remanescentes do Regimento *Der Führer* da 2ª SS Panzer-Division, que defendiam a linha do rio Touques, receberam ordem de seguir para Chambois, ao sul, nos meias-lagartas, para abrir o bolsão. Às 10 horas, avistaram dez tanques aliados. Todos os seus canhões estavam apontados para o bolsão. O capitão Werner, que comandava o III Batalhão, acabara de passar por um Pantera avariado de outra divisão *panzer* SS. Rapidamente, voltou para lá. O soldado da guarnição no tanque insinuou que a viatura poderia se deslocar, mas acrescentou que o comandante, um Untersturmführer, estava numa casa próxima. O Untersturmführer não queria sair de lá, mas Werner sacou a pistola e o obrigou a retornar ao tanque. Werner subiu no capô do motor, atrás da torre, e o conduziu de volta ao ponto onde tinham avistado os tanques aliados. Quando se aproximaram, Werner foi à frente a pé para verificar a melhor posição de tiro. Nisso, o Untersturmführer já demonstrava bem mais entusiasmo. De acordo com Werner, eles pegaram os tanques inimigos totalmente de surpresa, destruíram cinco deles e avariaram vários outros.[2]

---

2 O relato de Werner afirma que os tanques eram Shermans da 4ª Divisão Blindada canadense, mas o depoimento de um oficial da 12ª SS Panzer-Division *Hitler Jugend* afirma que os tanques aliados eram poloneses, perto da Cota 262, ao norte, e que os outros recuaram rapidamente.

Elementos da 9ª SS Panzer-Division *Hohenstaufen* também contra-atacaram vindo da direção de Vimoutiers, como Eberbach planejara. Mas o avanço só começou às 10 horas, por causa da falta de combustível. Um oficial subalterno de Estado-Maior que reconhecia o caminho numa motocicleta com *side car* caiu no meio de um grande destacamento de soldados poloneses. O piloto foi morto e os poloneses, ao ver a farda da SS, iam executar o oficial. Sua vida foi salva pela intervenção de um oficial de ligação canadense, aparentemente um russo branco que fugira para o Canadá em 1919.

Enquanto isso, Meindl e seus paraquedistas só conseguiram avançar rumo às elevações de Coudehard e do monte Ormel depois que o destacamento de tanques poloneses partiu para nova posição. De repente, Meindl avistou outro grupo de paraquedistas avançando desdobrados para combate em campo aberto e assoviou. O jovem comandante o reconheceu, e Meindl o ouviu murmurar: "Ah, é o velho". Meindl rapidamente lhe passou as informações e lhe disse que levasse consigo todos os paraquedistas. A única maneira de passar pelo bloqueio dos destacamentos de tanques era com um ataque de flanqueamento para o norte. Em troca, o jovem oficial lhe disse que o Oberstgruppenführer Hausser não estava longe.

Depois de um caminho sinuoso, Meindl encontrou o comandante em chefe do VII Exército abrigado numa cratera de bomba com homens do Regimento SS *Der Führer*. Reuniram outros grupos de infantaria e dois tanques Pantera que apareceram. Meindl, obsessivamente orgulhoso de seus paraquedistas, foi mordaz em relação ao pessoal do Exército que se juntara a eles. Muitos tinham abandonado as armas. Ele viu "medo nos olhos e covardia no coração" no desespero para fugir do cerco em vez de se unir à batalha para aumentar a brecha. "Ali se viam os soldados da zona de ocupação da França, que nos últimos três anos não souberam o que era guerra. Era de dar pena. Desintegração e pânico. E, entre eles, os meus paraquedistas, com desprezo nos olhos, cumprindo seu dever de maneira exemplar." Seus homens, com um punhado de soldados da SS e da infantaria, preparavam-se para se sacrificar pelos outros, enquanto os "pés-rapados", como dizia, só exibiam "egoísmo crasso e covardia". "Pela primeira vez, entendi então que a guerra era a pior maneira possível de criar o melhor tipo de ser humano [...] como o melhor sangue se perdia e o pior se mantinha."

O ataque improvisado continuou e, "como por milagre", conseguiram tomar a elevação de Coudehard às 16h30 quando os *panzers* da Waffen-SS atacaram pelo outro lado, rompendo assim o cerco e criando uma brecha de uns 3 quilômetros. Os poucos prisioneiros que fizeram confirmaram que tinham combatido a 1ª Divisão Blindada polonesa.

Enquanto isso, o general Hausser fora gravemente ferido. Foi evacuado na traseira de um dos pouquíssimos tanques que restavam. A principal preocupação de Meindl naquela tarde era mandar o resto dos feridos numa coluna de ambulâncias marcadas com clareza. "Elas não levaram nenhum tiro", escreveu Meindl, "e reconheci, com o coração agradecido, a atitude cavalheiresca do inimigo". Ele esperou meia hora depois que a coluna desapareceu para mandar os combatentes, "para que não houvesse a mínima desconfiança na mente do inimigo de que tínhamos aproveitado a vantagem de forma desleal".

Atrás deles, se espalhou a notícia de que uma brecha se abrira em Coudehard e, naquela noite, uma massa de soldados perdidos veio correndo aproveitar a oportunidade. Entretanto, Meindl ficou indignado ao saber, por um oficial de alta patente que se unira a ele, que muitos outros, inclusive oficiais, tinham considerado a fuga um projeto sem esperanças. Quando o dia clareou em 21 de agosto, Meindl decidiu que não conseguiriam manter a brecha durante mais um dia. Fez a ronda para acordar os homens. Não foi tarefa fácil. Depois de organizar uma força para cobrir a retirada, partiu a pé para leste, rumo ao Sena. Começava a chover sem parar. Pelo menos, isso ajudaria a esconder a rota da longa coluna sinuosa de homens exaustos.

Embora parte da 3ª Divisão de Infantaria canadense finalmente chegasse para fortalecer o cordão entre Trun e Saint-Lambert, pequenos grupos de alemães continuaram a escapar durante o dia inteiro. Alguns deles se uniram aos grupos de combate da SS que lutavam para manter a brecha, mas um avião de reconhecimento americano que os sobrevoava continuava orientando o fogo de artilharia sobre os soldados em retirada. Na ponta sul da brecha, um grupo de combate da 2ème DB de Leclerc se posicionou num morro, onde ficaram quase ao lado da principal força polonesa. E, mais a sudoeste, o grupo de combate de Langlade, com a 90ª Divisão americana, combateu as "tentativas alemãs, mais ou menos desorganizadas, de romper entre Chambois e a floresta de Gouffern".

Aquele dia também foi importante para os cidadãos de Caen. A última granada, disparada da linha do rio Touques, caiu sobre a cidade: "O 66º e último dia do martírio de Caen".

* * *

Em 21 de agosto, a divisão blindada polonesa, isolada em volta do monte Ormel, foi finalmente reforçada e remuniciada pelos soldados canadenses.[3] A brecha se fechou. O general Eberbach, admitindo que agora pouquíssimos homens escapariam, ordenou que o resto do 2ª SS Panzerkorps recuasse para o Sena. O Oberstgruppenführer Hausser, gravemente ferido, foi levado para o posto de comando provisório do VII Exército em Le Sap, onde pediu ao general Von Funck que ocupasse seu lugar. (O general Eberbach assumiu o comando dois dias depois.) Os oficiais de Estado-Maior começaram a reunir e reorganizar os soldados. Para sua surpresa, descobriram que, em muitos casos, mais de 2 mil homens por divisão tinham conseguido escapar, mas esse número ainda parece exagerado.

Os soldados alemães que ficaram para trás mostraram pouca resistência. Foi um dia de fazer prisioneiros. "[Os] ianques dizem que fizeram centenas deles o dia inteiro", escreveu no diário o major Julius Neave. "O 6º Batalhão de Infantaria Leve de Durham acaba de relatar que estão numa posição maravilhosa e conseguem ver centenas mais andando na direção deles." Muitas unidades transformaram em esporte enxotar os alemães da floresta. Mas também houve tragédias. Em Écouché, os alemães tinham deixado centenas de minas e armadilhas. "Um menino de uns 10 anos saiu da igreja para nos encontrar", contou um jovem oficial americano do 38º Esquadrão de Reconhecimento da Cavalaria, "e explodiu numa dessas minas antipessoais". Os sapadores britânicos, que tinham acabado de chegar, começaram a limpar a cidade para impedir mais acidentes. Neutralizaram de 240 minas.

A princípio, foi difícil entrar na área do bolsão, porque as estradas estavam bloqueadas por veículos carbonizados. Os tanques e os veículos de resgate tiveram de trabalhar dia e noite para abrir caminho. Era difícil acreditar nas cenas lá dentro. "As estradas estavam entulhadas de destroços e corpos inchados de homens e cavalos", escreveu o comandante de uma ala de Typhoons, interessado em ver o resultado de seu trabalho. Ficou claramente abalado. "Retalhos de fardas estavam colados a tanques e caminhões despedaçados, e restos humanos pendiam em formas grotescas nas sebes enegrecidas. Os cadáveres jaziam em poças de sangue seco, fitando o espaço como se os olhos tivessem sido arrancados

---

3 Nas batalhas da Normandia, os poloneses perderam 135 oficiais e 2.192 homens.

das órbitas. Dois corpos vestidos de cinza, ambos sem pernas, estavam encostados contra um barranco, como se rezassem." Em meio aos esqueletos de árvores queimadas, os detritos da guerra e da burocracia militar jaziam por todo lado, como máquinas de escrever e sacos de correspondência explodidos. "Peguei a fotografia de um recruta alemão sorridente em pé entre os pais, dois camponeses solenes que me fitavam como se me acusassem." Era um lembrete contundente de que "todo corpo vestido de cinza era filho de alguma mãe".

O escritor Kingsley Amis, que também assistiu à cena, espantou-se com o número enorme de animais de tração que os alemães tinham usado na tentativa de escapar. "Os cavalos quase inspiravam mais pena, rígidos nos arreios, com o lábio superior puxado sobre os dentes como se sentissem dor constante."

Os soldados americanos também se sentiram atraídos pela possibilidade de conseguir suvenires para mandar para casa. Um grupo da 6ª Brigada Especial de Engenharia encontrou um esquadrão cossaco inteiro jazendo ao lado dos cavalos, como um deles descreveu. "Os cossacos do Don, os cossacos do Terek, todos usavam as fardas originais cossacas, a não ser pelo emblema alemão no peito, a águia e a suástica. Tinham os chapéus de pele e mais tarde descobrimos que o comandante desse esquadrão se chamava capitão Zagordny. A mulher dele foi morta ao seu lado. Ela foi com ele quando partiram. Os franceses com quem falei tinham pavor dos russos." O grupo de engenharia logo recolheu os longos sabres russos, "que ainda tinham a foice e o martelo". Alguns recolheram até as selas, além das armas, e jogaram tudo na traseira dos caminhões. Mais tarde, tiveram permissão de levar para casa todo o butim, menos os sabres, porque estavam marcados com o símbolo soviético. As autoridades militares americanas não queriam irritar o grande aliado, tão sensível em relação a todos os ex-soldados do Exército Vermelho que lutavam do lado alemão.

Além do grande número de prisioneiros, havia também vários milhares de alemães feridos a serem tratados. Durante a limpeza, encontraram um hospital de campanha alemão com 250 feridos, escondido no fundo da floresta de Gouffern. Entretanto, a maioria dos feridos deixados no bolsão não tinha recebido assistência médica.

Os serviços médicos britânicos e americanos logo ficaram assoberbados. Os médicos foram auxiliados por enfermeiros alemães diligentes. "Com o colapso do bolsão de Falaise", escreveu o tenente-coronel Snyder, "foram trazidos 750 feridos alemães. Alguns eram oficiais com ferimentos leves que se queixavam de ter de andar. Um dos ordenanças alemães, ao ouvir isso, gritou de volta: 'Quando eu estava no Exército alemão, vocês oficiais nos diziam que tínhamos de marchar o dia todo sem reclamar.'"

Entretanto, muitos *Landser* estavam em péssimo estado, com 25 casos de gangrena gasosa [necrose tecidual]. Duas equipes cirúrgicas operavam em tendas separadas, para impedir a contaminação. Só amputavam membros gangrenados. As equipes tinham de se revezar porque o fedor da gangrena gasosa era terrível. "O tratamento médico durante a retirada é sempre difícil em qualquer exército", observou o coronel Snyder.

Os médicos britânicos do Hospital Geral 6 também tiveram de tratar casos de gangrena gasosa. Além disso, estavam preocupados com a epidemia de enterite e com a ameaça de tifo, ao descobrir quantos prisioneiros alemães estavam cheios de piolhos. "Seus cobertores foram separados e lavados antes de serem usados em qualquer outro paciente."

O principal temor de infecção era o próprio bolsão. Os cavalos mortos e os cadáveres alemães estavam cobertos de moscas e a praga dos mosquitos continuava. Os americanos levaram trabalhadores franceses para ajudar a resolver o problema. Um deles lembrou que teve de pôr o lenço sobre o nariz por causa do fedor pestilento enquanto examinava cadáveres carbonizados e o riso grotesco das caveiras enegrecidas. Arrastaram os corpos de seres humanos para formar piras fúnebres, jogando gasolina sobre eles. "O ar ficou irrespirável", escreveu.

Em 21 de agosto, Montgomery fez uma declaração ao 21º Grupo de Exércitos. "A vitória foi definida, completa e decisiva. O 'Senhor poderoso na batalha' nos deu a vitória." Entretanto, muitos não concordavam que a vitória fora "definida, completa e decisiva". O general Eberbach estimou que talvez uns 20 mil homens, 25 tanques e 50 canhões autopropulsados tivessem escapado do cerco. "A perda de tanques devido à falta de gasolina foi maior do que a causada por todos os tipos de armamentos inimigos juntos", escreveu mais tarde. Gersdorff acreditava que entre 20 mil e 30 mil soldados conseguiram atravessar o Sena.[4] Do lado aliado, os maiores críticos de Montgomery eram britânicos.

"Um dos grandes erros de Monty foi Falaise", disse o tenente-brigadeiro Tedder depois da guerra. "Lá, ele disse imperiosamente aos soldados americanos

---

4 Juntos, britânicos e americanos fizeram uns 50 mil prisioneiros e estimaram em 10 mil os inimigos mortos.

que parassem e deixassem a área britânica em paz. Ele não fechou a brecha." Previsivelmente, o major-brigadeiro Coningham, que detestava Montgomery, foi ainda mais duro. "Dizem que Monty fez um ótimo serviço em Falaise. [Mas] na verdade ajudou os alemães a fugirem. Ainda queria cumprir a tarefa sozinho e impediu que os americanos viessem. Fechamos Falaise tarde demais." Coningham atribuiu suas ações ao ciúme que sentia de Patton, o que não é inteiramente verdadeiro.

De acordo com o general Freddie de Guingand, chefe do Estado-Maior de Montgomery, este fora "comportado demais". Achava que os americanos deviam ter se unido aos poloneses em Trun. Monty considerava que Bradley estava sob seu comando. Segundo o general-brigadeiro Williams, do 21º Grupo de Exércitos, Monty era "o galo alto no monte de esterco". Quando Montgomery disse a Bradley para aguardar em Argentan, "Bradley ficou indignado. Ficamos indignados por Bradley". De acordo com Williams, Montgomery, "fundamentalmente, estava mais interessado no envolvimento total do que nesse envolvimento interno. Não ficamos nem lá nem cá. Ele perdeu a oportunidade de fechar o cerco no Sena com o envolvimento em Falaise. Monty mudou de ideia e buscou o gancho menor tarde demais, talvez por medo de que os americanos levassem todo o crédito".

Essas críticas, sem dúvida, indicam o desapontamento que ferveu entre oficiais britânicos e americanos com a perda da oportunidade de destruir inteiramente os exércitos alemães na Normandia. Em alguns aspectos, foram injustos. Foi decisão de Bradley, não de Montgomery, permitir a Patton que dividisse o Corpo de Haislip em Argentan. Mas não há dúvida de que o fato de Montgomery não reforçar os canadenses no momento crucial foi um fator importante que permitiu a fuga de tantos soldados alemães, principalmente os das divisões *panzer* SS. Agora, a única possibilidade de pegar os alquebrados remanescentes de Model durante os últimos dez dias de agosto era no rio Sena.

28
O LEVANTE DE PARIS E A CORRIDA PARA O SENA

Antes mesmo do início da batalha do cerco de Falaise, o general Leclerc já ardia de impaciência. Estar com toda a sua força presa na luta perto de Argentan enquanto a maior parte das outras divisões de Patton eram mandadas para o Sena o enchera de frustração. Então, em 17 de agosto, quando a 2ème DB recebeu ordem de atacar Trun, a princípio Leclerc se recusou. O comandante americano do seu corpo "teve de lhe perguntar categoricamente se desobedeceria a uma ordem escrita". Leclerc acabou cedendo. Eisenhower, ao se tornar o comandante supremo aliado, concordara com o pedido de De Gaulle de que os soldados franceses pudessem ser os primeiros a entrar em Paris. Em troca, De Gaulle prometera que os franceses fariam tudo para ajudá-lo. O lado político não podia ser separado do lado militar, ainda mais no caso de gestos simbólicos de importância vital para os franceses.

Enquanto a divisão de Leclerc ficava presa ao 5º Corpo do general Gerow, limpando o canto sudeste da brecha de Falaise, o III Exército de Patton avançara muito mais do que Bradley percebera. Patton, com seus vários corpos espalhados em área tão enorme, teve de abandonar o jipe e viajar de avião. "Esse exército cobre terreno tão grande que tenho de ir de Cub para quase toda parte", escreveu ele. "Não gosto. Fico me sentindo um alvo móvel."

O 15º Corpo de Haislip tinha se deslocado de Dreux para Mantes, no Sena, onde um de seus regimentos atravessaria o rio na noite de 19 de agosto. Patton, depois de uma visita de avião, anunciou orgulhosamente a Bradley que tinha "mijado no rio naquela manhã". Enquanto isso, o 20º Corpo avançava para Fontainebleu e Melun, ao sul de Paris. Depois que o 12º Corpo de Cook ocupou Orléans e Châteaudun, o general Patton, com o seu jeito inimitável, disse-lhe, simplesmente: "Vá para leste, aonde lhe der na telha!". Cook disse que queria ir direto para Koblenz, no Reno. Patton era a favor, como Cook registrou, mas Bradley tinha menos certeza. Achou que Montgomery faria objeção porque sua prioridade era limpar as instalações de foguetes no Passo de Calais. Mas depois Patton foi forçado a manter o 12º Corpo em Orléans por falta de combustível.

Montgomery fez mesmo objeção. Em 19 de agosto, ele descobriu, numa reunião com Bradley, que Eisenhower queria avançar com o 12º Grupo de Exércitos americano pelo leste da França, diretamente até a fronteira alemã. Os britânicos e canadenses limpariam o Passo de Calais e depois iriam para a Bélgica tomar o porto de Antuérpia, como Montgomery propusera. Mas este perdera as esperanças numa frente ampla de avanço. Queria que os dois grupos de exércitos prosseguissem juntos, num grupo unido, sob um único comandante de campanha. Essa divergência estratégica levou a uma grande cisão no comando aliado. Foi uma batalha que os britânicos, enfraquecidos, estavam agora condenados a perder.

As tensões entre americanos e franceses também começaram a aumentar num ritmo ainda maior. Eisenhower soube, pelo comandante em chefe britânico no Mediterrâneo, que o general De Gaulle estava prestes a voar de Argel para a França. Decidido a não dever nenhum favor aos aliados, De Gaulle recusou-se a revelar planos de voo detalhados e rejeitou a escolha de caças para o seu Lockheed Lodestar. Os americanos, com genuína preocupação pela sua segurança, se ofereceram para emprestar um bombardeiro conhecido como Fortaleza Voadora, mas De Gaulle insistiu que o avião teria de ser identificado como francês, com tripulação francesa, mas não havia pilotos franceses habilitados a conduzi-lo.

Em 19 de agosto, De Gaulle chegou ao quartel-general de Eisenhower. Soube que os americanos tinham ocupado Chartres. "Temos de marchar sobre Paris", disse a Eisenhower. "Tem de haver uma tropa organizada lá para garantir a ordem interna." Mas Eisenhower queria contornar a cidade. No dia seguinte, De Gaulle foi a Rennes. Chegou a notícia de que começara uma insurreição em Paris. Imediatamente, De Gaulle mandou uma carta a Eisenhower pelo general Alphonse Juin, insistindo que era "absolutamente necessário mandar Leclerc para Paris".[1] Se isso não acontecesse, ele, De Gaulle, daria a ordem a Leclerc.

O comandante alemão da *Gross-Paris*, a Grande Paris, passara a ser o tenente-general Von Choltitz, ex-comandante do 84º Corpo no litoral de Cotentin. Hitler convocara Choltitz ao *Wolfsschanze* na manhã de 7 de agosto, no começo do ataque a Mortain. O Führer "me fez um discurso de três quartos de hora, como se eu fosse uma assembleia", queixou-se depois o general. Hitler, que parecia doente e inchado, enfureceu-se com os conspiradores de 20 de julho. Ele afirmou que desmascarara a oposição num só golpe e que esmagaria a todos. Choltitz ficou convencido de que ele realmente enlouquecera e que a guerra estava perdida. Hitler, depois de se acalmar, lhe deu as ordens para o comando de Paris. Como comandante de uma "fortaleza sitiada", Choltitz teria poder total sobre todo o pessoal da Wehrmacht na Grande Paris. A cidade teria de ser defendida até o fim.

Mais tarde, Choltitz se descreveu como antinazista e salvador de Paris, mas Hitler confiava nele devido a seu desempenho no sul da Rússia. Na verdade, Choltitz cumpriu fielmente as ordens nazistas. Naquele outono, no cativeiro britânico, Choltitz disse ao general Wilhelm Ritter von Thoma: "O pior serviço que já executei – mas que executei com grande perseverança – foi a liquidação dos judeus. Executei essa ordem nos mínimos detalhes".[2] (Entretanto, Choltitz nunca enfrentou o tribunal de crimes de guerra por tais atos.)

Choltitz chegou a Paris dois dias depois, quando o contra-ataque de Mortain fora paralisado. O tenente Graf von Arnim o recebeu na Villa Coty, residência do tenente-general Hans Freiherr von Boineburg-Lengsfeld, que Choltitz

---

1 Parece que o general Juin era alvo de desagrado especial dos oficiais graduados do SHAEF. Como Leclerc, criticava muito o uso indiscriminado de artilharia pelos americanos. De acordo com o tenente-brigadeiro Sir James Robb, chefe do Estado-Maior da Força Aérea de Eisenhower, "Bedell, Ike e todos amaldiçoam os franceses e dizem que não podem depender deles. Bedell afirma já ter suportado tudo o que podia de Juin, que acha que os americanos não sabem conduzir a guerra. Ele diz que, se um oficial americano lhe dissesse o que Juin já lhe disse, levaria um tapa na cara". Forrest Pogue, que mais tarde entrevistou Juin, considerou-o "tão parecido com um secretário da Câmara Americana de Comércio" que não conseguiu entender por que os generais do Exército americano desconfiavam tanto dele.

2 Choltitz também criticou, horrorizado, o discurso de Churchill na Câmara dos Comuns em 28 de setembro. "Leu o discurso de Churchill?", perguntou ao general Von Schlieben no dia seguinte. "*Aterrador*, indizível! Uma brigada judaica para ir para a Alemanha!"

substituiria. Arnim descreveu o general de 50 anos como "de estatura baixa e forma arredondada, com voz rascante, monóculo e, na cabeça redonda, um pequeno repartido quase bem no meio. Falava rapidamente". Arnim, que, como muitos oficiais do Exército em Paris, estava ligado à conspiração de julho, a princípio foi cauteloso com o novo comandante, simplesmente por ser evidente que Hitler e o OKW confiavam nele como "general ousado e experiente".

Depois de uma ceia simples, Choltitz, Boineburg e o coronel Von Unger, chefe do Estado-Maior, saíram para uma conversa tranquila que durou mais de duas horas. Choltitz lhes contou o que ouvira de Hitler: "A ordem foi breve: destruir Paris se o inimigo avançasse e defendê-la entre as ruínas". Mas Boineburg e Unger, ambos integrantes da resistência do Exército, conseguiram convencê-lo de que destruir Paris não atenderia a nenhum propósito militar útil. Quando os três voltaram, estava "claro que Boineburg e Unger estavam no melhor dos termos com Choltitz". Naquela mesma noite, Arnim acompanhou Choltitz até o quartel-general da Groß-Paris, no Hotel Meurice. Choltitz lhe pediu que ficasse no seu Estado-Maior, em vez de se transferir para uma divisão *panzer*, como solicitara. Arnim, achando que tinham muitos amigos comuns, concordou.

A região parisiense tinha vários quartéis-generais. O Supremo-Comando Oeste ficava em Saint-Germain-en-Laye e o quartel-general da Luftwaffe do marechal do ar Sperrle, no Palais Bourbon. Também havia o Marinekommando West do almirante Krancke, além de vários estados-maiores da SS e da Gestapo, a embaixada de Otto Abetz e numerosas instituições estatais alemãs e do partido nazista. Hitler dissera a Choltitz que mandasse de volta os não combatentes e organizasse todos os soldados da retaguarda em unidades de combate. Boineburg voltaria a Berlim para assumir outro posto. Como oficial que prendera a SS em Paris em 20 de julho, seguindo ordens de Stülpnagel, sua sobrevivência era quase milagrosa. Houve um jantar de despedida com ele, Unger e Arnim. Tentaram esquecer o rumo desastroso da guerra e a vingança terrível de Hitler contra os conspiradores falando da família, de caçadas e de cavalos. Boineburg partiu no dia seguinte do Hotel Majestic, na Avenue de Jéna, num comboio blindado.

Até então, tinham acontecido poucos ataques a soldados alemães em Paris, mas o serviço alemão de informações militares alertou que haveria um levante assim que os aliados se aproximassem. Em 14 de agosto, véspera do dia em que ficaria preso no bolsão de Falaise, o marechal de campo von Kluge convocou uma conferência em Saint-Germain-en-Laye com oficiais da Luftwaffe, da

Kriegsmarine e do Exército para discutir a defesa de Paris. No dia seguinte, Choltitz organizou uma demonstração de força com dezessete tanques Pantera que cruzariam Paris na esperança de desencorajar a Resistência. Na teoria, ele dispunha de 25 mil soldados, mas em breve muitos deles e a maior parte dos tanques lhe foram tirados para fortalecer posições contra as cabeças de lança de Patton.

Choltitz afirma que lhe deixaram um regimento de segurança de soldados velhos, quatro tanques, duas companhias de ciclistas, alguns destacamentos antiaéreos e um batalhão com dezessete velhos carros blindados franceses. Qualquer que fosse o número exato, os soldados remanescentes eram de má qualidade. Entre eles, havia um "batalhão de intérpretes", que, talvez sem surpresa, "não mostrava muito espírito combativo", e outra unidade de "pessoas frequentemente enfermas que só serviam para trabalho burocrático". Alguns eram civis alemães que trabalhavam em Paris e tinham sido convocados na última hora.

Mais tarde, um anel externo de defesa, reforçado por baterias antiaéreas da Luftwaffe, ficou sob o comando do major-general Hubertus von Aulock (irmão do comandante de Saint-Malo). O linha-dura Aulock acreditava que "capitular é traição". Mas Choltitz achava que o máximo que podia fazer era defender os subúrbios do sul e do oeste como rota da retirada dos soldados alemães ainda a oeste do Sena. O tenente-general Bayerlein, da Divisão Panzer Lehr, encontrou-o com roupas civis nos Champs-Élysées. Choltitz queixou-se imediatamente de não ter soldados para a defesa de Paris.

A insurreição, da qual Choltitz fora avisado, começou a tomar impulso naquela semana. O coronel Rol-Tanguy, comunista que comandava as FFI na região parisiense e na Île-de-France, já dera ordens para cortar os cabos de comunicação das posições alemãs na capital.

Em 12 de agosto, os ferroviários entraram em greve. Três dias depois, a força policial parisiense de 15 mil homens, que os alemães estavam tentando desarmar, recusou-se a vestir a farda. Naquele dia, que coincidiu com os desembarques no sul da França, o jornal *L'Humanité*, do Partido Comunista, conclamou todos à *insurrection populaire*. Em 16 de agosto, Jacques Chaban-Delmas, delegado militar nacional gaullista, chegou de Londres. Ele tinha ido à Inglaterra avisar ao general Koenig que o levante era inevitável. Koenig lhe disse que voltasse e o impedisse a todo custo. Os aliados não queriam tomar Paris antes do início de setembro. Naquela noite, o coronel Rol-Tanguy divulgou instruções para atacar tanques com coquetéis molotov, seguindo o "exemplo brilhante dos *dinamiteros* do Exército Republicano Espanhol".³

Em 17 de agosto, o Conselho Nacional da Resistência e o seu braço militar fizeram uma reunião para debater o chamado às armas. Os comunistas, encabeçados por Rol, queriam começar de imediato, muito embora em Paris a Resistência tivesse pouco mais de quatrocentas armas. Embora os britânicos tivessem lançado quase 80 mil submetralhadoras de paraquedas para a Resistência na França, pouco mais de cem tinham chegado a Paris. Os gaullistas estavam em posição difícil. Apesar da instrução de Koenig, sabiam que, caso se recusassem a agir, os comunistas tomariam a iniciativa e, talvez, o poder na capital.

Naquele dia, que ficou conhecido como *la grande fuite des Fritz*, "a grande fuga dos fritzes" [os alemães], a esperança aumentou. Jean Galtier-Boissière, caminhando pelas ruas da capital, observou divertido em seu diário a partida de oficiais alemães de altos postos e do Estado-Maior enquanto a Feldgendarmerie orientava o tráfego com seus discos na ponta de varinhas. "Pela Rue Lafayette", escreveu, "vindo dos hotéis de luxo em torno da Étoile, passam torpedos faiscantes contendo generais de rosto carmesim, acompanhados de louras elegantes, que parecem estar de partida para algum balneário da moda." A partida foi acompanhada por vários saques de última hora. O conteúdo das adegas foi embarcado em caminhões da Wehrmacht, além de tapetes enrolados, móveis Luís XVI, bicicletas e obras de arte. Os parisienses, que tentaram ignorar os ocupantes alemães durante os últimos quatro anos, agora os vaiavam abertamente. Sylvia Beach, fundadora da livraria Shakespeare & Company, descreveu a multidão de parisienses que lhes acenavam com as escovas de lavar vaso sanitário, mas aí os soldados abriram fogo contra eles.

No dia seguinte, 18 de agosto, surgiram nas paredes cartazes comunistas incitando à revolta. E de manhã bem cedo, em 19 de agosto, 3 mil policiais com roupas civis, mas armados com pistolas, ocuparam a Préfecture de Police. A bandeira tricolor foi içada e todos cantaram a "Marselhesa". Charles Luizet, nomeado por De Gaulle novo chefe de polícia parisiense, se esgueirou no prédio da Île de la Cité. Amédée Bussière, seu antecessor nomeado por Vichy, ficou em prisão domiciliar.

---

3 Parece que os comunistas franceses não deram atenção ao fato de que foram os legionários estrangeiros do general Franco que, em outubro de 1936, inventaram a arma incendiária mais tarde batizada de coquetel molotov, quando atacados por tanques soviéticos T-26 ao sul de Madrid.

Os alemães não faziam ideia do que havia acontecido na Préfecture de Police. "Uma calma enganosa reinava na cidade que brilhava com o sol quente de agosto", escreveu mais tarde o tenente Von Arnim. Choltitz mandou Arnim num Kübelwagen aberto, com dois sargentos como guarda-costas, para dar uma volta na cidade e descobrir o que estava acontecendo. As ruas estavam praticamente vazias. Passaram pela margem do Sena, no lado norte, e pelo Palais de Justice, que estava "silencioso como um túmulo". Parece que nada viram de estranho na Préfecture de Police. Mas, quando chegaram à Place Saint-Michel, na margem esquerda, caíram de repente sob fogo. O sargento ao lado de Arnim gritou ao ser atingido no alto do braço. Eles agarraram as pistolas automáticas e dispararam às cegas. Um tiro atingiu um dos pneus da frente. Arnim deu um tapa nas costas do motorista e gritou: "Em frente! Em frente!". Felizmente para eles, os tiros vinham de um único prédio, e eles conseguiram chegar à Feldkommandantur. Mas o sargento que fora atingido no braço levou outro tiro no peito e morreu naquela tarde.

Choltitz, ao saber finalmente da revolta na Préfecture de Police, mandou a infantaria em caminhões e dois tanques para forçar a rendição. Os Panteras tinham apenas granadas perfurantes, que abriam buracos no prédio mas causavam poucas baixas. Como não conseguiram atingir o objetivo, a pequena tropa recuou. Isso causou gritos de alegria e deu origem a um otimismo perigoso. Seguindo a ordem de Rol-Tanguy de "criar no inimigo um estado permanente de insegurança e impedir todos os seus movimentos", houve muitos ataques a veículos isolados, mas naquela noite a Resistência estava quase sem munição em Paris.[4]

Nas 24 horas seguintes, os parisienses começaram a construir barricadas para conter os alemães. A Rue de Rivoli, na qual ficava o Hotel Meurice, foi bloqueada em vários pontos até o Faubourg Saint-Antoine. Os oficiais alemães assistiram das varandas do hotel, mas logo tiveram de entrar porque o prédio começou a ser alvo de balas.

Dois oficiais SS chegaram ao Hotel Meurice numa viatura blindada. Arnim os levou até Choltitz. Eles anunciaram que, por ordem direta do Führer, teriam de "salvar" a Tapeçaria de Bayeux, que estava nos porões do Louvre, levando-a para a Alemanha. Nisso, as janelas do Meurice estavam sob fogo constante do Louvre, porque os integrantes das FFI atiravam nas bandeiras nazistas vermelhas

---

[4] Naquele dia, uns 40 alemães foram mortos e 70 ficaram feridos, enquanto 125 parisienses morreram e quase 500 foram feridos.

e pretas que pendiam da fachada do prédio. Choltitz apontou o Louvre e disse aos dois oficiais SS onde estava a tapeçaria. Observou que, para os melhores soldados do Führer, com certeza seria coisa pouca se apossar dela. Os dois não ousaram fazer objeção ao sarcasmo. Convencidos da impossibilidade da tarefa, foram embora.

Clemens Graf Podewils, famoso repórter de guerra do *Deutsche Allgemeine Zeitung*, foi o próximo visitante. Sua missão era "cobrir a defesa heroica da Fortaleza Paris e, assim, fortalecer a determinação da pátria de resistir". Mas Podewils não demorou a ver que a ocupação alemã da capital francesa estava com os dias contados. Arnim teve "uma sensação opressiva de paralisia", perguntando-se como seria o fim.

Na manhã seguinte, 20 de agosto, um grupo gaullista audacioso tomou o Hôtel de Ville, a prefeitura de Paris. Fazia parte do plano ocupar o máximo possível de ministérios e prédios importantes para instalar a "legalidade republicana" e atrapalhar as aspirações revolucionárias dos FTP comunistas. A visão da bandeira tricolor francesa adejando novamente nos prédios públicos comoveu profundamente os parisienses. Os indivíduos seguiram o exemplo e começaram a exibir a bandeira francesa nos balcões, até mesmo na Rue de Rivoli, perto do quartel-general de Choltitz. Longas filas de caminhões da Wehrmacht foram avistadas escondidas sob os plátanos do Boulevard de la Madeleine, prontas para a retirada rumo ao leste. Começou a se espalhar o boato de que os alemães estavam prestes a ir embora.

Raoul Nordling, cônsul-geral sueco, negociou uma trégua com Choltitz. O comandante alemão concordou até em reconhecer as FFI como tropas regulares e permitir que a Resistência ocupasse os prédios públicos em troca do respeito pelos baluartes alemães. A trégua foi aprovada numa reunião do Conselho Nacional da Resistência porque só um dos delegados comunistas estava presente. Rol-Tanguy ficou furioso quando soube. De qualquer modo, as lutas esporádicas continuaram. Rapazes em mangas de camisa e mulheres com vestidos de verão, alguns usando capacetes antigos da Primeira Guerra Mundial, continuaram a guarnecer as barricadas, construídas de paralelepípedos, veículos virados, camas, estrados, móveis e árvores derrubadas. Muitos começaram a usar braçadeiras vermelhas, brancas e azuis com as iniciais FFI bordadas pelas esposas e namoradas.

Na segunda-feira, 21 de agosto, o Conselho Nacional se reuniu outra vez. Todos os argumentos de Chaban-Delmas para manter a trégua foram violentamente rejeitados pelos comunistas, que a consideravam um ato de traição. Finalmente, chegou-se a um acordo. A trégua só seria rejeitada no dia seguinte. Os comunistas prepararam cartazes ordenando "*Tous aux barricades!*" [Todos às barricadas!] As escaramuças entre os alemães e as FFI continuaram. Na Place de l'Odéon, logo abaixo do baluarte alemão no Palais de Luxembourg, jogaram uma granada num caminhão alemão, que pegou fogo. A Resistência parisiense ficou desolada porque a BBC ainda não mencionara o levante de Paris.

Naquele dia, a 11ª Divisão Blindada britânica substituiu a 2ème DB de Leclerc perto de Argentan, permitindo-lhe preparar-se "para novas missões". Todos os pensamentos da divisão estavam "na direção de Paris". Souberam, pelo rádio, que as patrulhas americanas de reconhecimento já tinham chegado a Rambouillet e à floresta de Fontainebleau, enquanto a 7ª Divisão Blindada se preparava para atravessar o Sena ao sul de Paris, em Melun, Montereau e Sens. "O que estamos fazendo aqui?", foi a reação consternada. "A honra de libertar Paris tem de ser nossa. Essa promessa foi específica."

Os soldados de Leclerc sabiam que Paris fervia, e seu comandante, com impaciência compreensível, sentia que "Paris não pode esperar muito pela solução". Como francês, e principalmente como católico conservador que temia um golpe comunista na capital, achou impossível aceitar o argumento de Eisenhower de que Paris devia esperar para permitir o avanço rápido para o Reno.

Sem esperar permissão do general Gerow, Leclerc ordenou a um de seus oficiais, Jacques de Guillebon, que, com um esquadrão de tanques leves e um pelotão de infantaria em meias-lagartas, fizesse um reconhecimento detalhado até Versalhes e, talvez, até Paris. Ele também disse ao capitão Alain de Boissieu (futuro genro de De Gaulle) que levasse os oficiais de ligação americanos para um passeio, de modo a tirá-los do caminho. Mas, no dia seguinte, um deles descobriu o que estava acontecendo e avisou ao quartel-general do 5º Corpo. Gerow ficou furioso. Ordenou imediatamente que a patrulha fosse chamada de volta, mas Leclerc ignorou essa instrução. Isso marcou a rápida deterioração de um relacionamento que começara bem. Gerow já admitira que Leclerc não era apenas o comandante de uma divisão, mas o oficial francês mais graduado dos exércitos aliados na Normandia. Agora, passara a alimentar a mesma suspeita de muitos oficiais americanos dos altos escalões de que os gaullistas travavam a sua própria guerra pela França, não a guerra dos aliados contra a Alemanha. Ele ficaria ainda mais zangado se soubesse que a 2ème DB vinha estocando combustível em segredo, fazendo pedidos em excesso e até furtando gasolina dos depósitos. Os soldados franceses sabiam muito bem que, se Leclerc desobedecesse às ordens fazendo uma corrida desautorizada para Paris, os americanos cortariam seus suprimentos.

Enquanto as divisões de Patton atravessavam o Sena perto de Paris, os britânicos e canadenses ao norte da brecha de Falaise se arrastavam para leste, rumo a Lisieux e à parte baixa do rio. Ao contrário dos americanos ao sul, eles enfrentaram três divisões inteiras de infantaria que recuavam combatendo, de cidade em cidade, de rio em rio. Essas pequenas escaramuças custaram um número surpreendente de vidas. Quando uma companhia do batalhão escocês de Tyneside, da 49ª Divisão de Infantaria, chegou a uma vila, um destacamento do 21º Regimento SS Panzergrenadier que acabara de recuar prontamente atacou o lugar com morteiros. Os britânicos logo se abrigaram. O jovem soldado Petrie entrou na casa de um estudioso local e se enfiou debaixo da escrivaninha da biblioteca. Nesse momento, um estilhaço de granada de morteiro entrou pelo teto, atravessou um livro que estava sobre a mesa – por acaso, era *O príncipe de Homburgo*, de Schiller – e, finalmente, espetou-se na garganta do pobre soldado. Ele morreu na hora e foi enterrado pelos companheiros no jardim vizinho assim que o bombardeio cessou. A libertação desse único e pequeno vilarejo custou oito mortos e dez feridos.

Nas florestas e vales do Pays d'Auge, os alemães armaram emboscadas contra tanques com os canhões antiaéreos de 88 mm. Em 22 de agosto, 26 Shermans se perderam num único ataque. Desastres como esse eram ainda mais chocantes quando causados por um inimigo supostamente vencido. Em consequência, o avanço para o Sena não foi muito rápido. Um capelão da divisão de Wessex escreveu sobre o inimigo: "Todos sabemos que perdeu a guerra e ficamos ainda mais incomodados com as baixas".

Naquele mesmo dia, perto de Lisieux, "a infantaria capturou um par de SS de aparência vil", anotou no diário um tenente artilheiro, "e assisti à entrevista deles no quartel-general do batalhão. Eram bem arrogantes, e, depois que foram levados embora, tive dúvidas de que chegariam até a gaiola dos prisioneiros de guerra".

Em muitos locais, soldados alemães comuns pagaram pelos crimes dos SS. Ao sul de Lisieux, perto de Livarot, um último grupo de soldados SS em retirada parou numa grande fazenda e pediu leite. As leiteiras lhes disseram que não havia mais. Eles prosseguiram uns 200 metros e descansaram numa vala. Pouco depois, viram aparecer uns batedores canadenses. As moças saíram correndo para colher flores para os libertadores. Assim que os canadenses se foram, os soldados SS voltaram à fazenda e se vingaram das moças com submetralhadoras e granadas, matando seis delas. "Fizemos prisioneiros alemães no mesmo número que as vítimas da fazenda de Le Mesnil-Bacley", escreveu depois um integrante da Resistência local, "e mandamos que cavassem a própria cova [...] E assim que terminaram, foram executados em público." Em seguida, acrescentou: "Dali a alguns dias, para comemorar a libertação de Livarot, fizemos todas as mulheres que tiveram relações com os ocupantes desfilar, depois que lhes raspamos a cabeça". Uma mulher observou cinicamente que, quando os canadenses chegaram, "as moças que mais tinham se comprometido durante a ocupação alemã foram as primeiras a se aproximar dos vitoriosos, 'de sorriso nos lábios e os braços cheios de flores'". Ela também notou que, quando os soldados aliados jogavam chocolate e cigarros para as moças ao passar, elas esperavam o caminhão desaparecer e depois se ajoelhavam, meio envergonhadas, para recolhê-los.

Muitos normandos viam os integrantes da Resistência com cinismo. "O crescimento explosivo das FFI é incrível", observou um advogado local. "Todos os rapazes das pequenas cidades que corriam atrás de moças e dançavam nas noites de sábado agora exibem braçadeiras e submetralhadoras." Mas os soldados aliados apreciavam muito a ajuda dos verdadeiros combatentes da Resistência. "Os *maquis* estão fazendo um excelente trabalho, vemos cada vez mais deles", escreveu para casa um major canadense. E Myles Hidlyard, da 7ª Divisão Blindada, anotou no diário que, durante o avanço para o Sena, "todos os carros [blindados] do 11º Regimento de Hussardos tinham um *maquis* em cima, e eles foram inestimáveis".

Também perto de Livarot, uma unidade do regimento de Dragões da Guarda de Inniskilling se uniu a uma companhia do 1º/5º Regimento da Rainha. O comandante da companhia lhes acenou para que parassem. O tenente Woods, comandante da unidade, apeou. "Que tal um Panzer Mark IV no café da manhã?", perguntou o oficial de infantaria. Ele o conduziu por uma trilha até um pomar. "Movendo-se hesitante em campo aberto sobre a próxima elevação, a uns 750 metros de distância, estava a presa, que claramente não sabia que era observada. Woods levou o tanque pelo espesso pomar de macieiras cheias de folhas e frutas. Ficaram um tempo que pareceu interminável manobrando, para que tanto o comandante quanto o artilheiro conseguissem ver o alvo, o que fez o motorista Rose se distrair enquanto a tensão aumentava. "Os minutos se passavam; o diálogo na torre chegou perto do azedume." Finalmente, ficaram em boa posição de tiro. A primeira granada perfurante atingiu a suspensão perto da ré. A torre do *panzer* começou a girar na direção deles. O segundo tiro também acertou, mas o canhão continuou se virando na direção deles. Só depois do terceiro tiro ele parou. A princípio foi apenas um filete de fumaça, depois surgiram chamas e a guarnição saiu correndo freneticamente.

Os americanos, depois de voltar ao plano de um longo cerco dos alemães que recuavam para o Sena, mandaram primeiro a 5ª Divisão Blindada e depois o 19º Corpo de Corlett para virar à esquerda, subindo a margem oeste do rio. Mas também acharam difícil avançar e tiveram um combate acirrado em Elbeuf, onde o marechal de campo Model ordenara a suas divisões fragmentadas que os segurassem para proteger os locais de travessia rio abaixo.

Essa manobra gerou outra rixa entre americanos e britânicos. Bradley, na reunião com Montgomery e Dempsey em 19 de agosto, oferecera aos britânicos caminhões suficientes para que transferissem duas divisões e eles mesmos fizessem esse flanqueamento à direita. Dempsey declinou, explicando que não conseguiria tirá-las de lá com velocidade suficiente.

— Se não consegue, Bimbo — respondeu Bradley —, faz alguma objeção a tentarmos? Vamos ter de cortar a sua frente.

— Ora, claro que não — disse Dempsey. — Ficaremos muito contentes com isso.

Mas, quando entrevistado mais tarde sobre o avanço para o Sena por correspondentes de jornais britânicos, Dempsey respondeu que teria sido mais rápido se não tivessem sido atrasados pelo tráfego do Exército americano à sua frente. Depois, Monty pediu desculpas a Bradley, dizendo que as palavras de Dempsey foram distorcidas, mas Bradley não se convenceu. Jamais perdoou Dempsey por aquela declaração. Alguns anos depois, descreveu-a como "uma das maiores injustiças já cometidas contra o Exército americano".

Em 21 de agosto, os Exércitos canadense e britânico chegaram a uma linha que ia de Deauville, no litoral, a Lisieux e depois a Orbec. Os canadenses foram reforçados pela 1ª Brigada de Infantaria belga, que ocupou Deauville no dia seguinte, e pela Real Brigada holandesa (da Princesa Irene), que avançou rumo a Honfleur, no estuário do Sena. Uma brigada blindada tcheca também chegou bem no final da batalha. Era frequente que as estradas que levavam aos pontos de travessia do Sena estivessem bloqueadas por veículos alemães, alguns abandonados por falta de combustível, outros queimados por ataques de caças-bombardeiros.

Mais uma vez, os pilotos de Typhoon fizeram alegações exageradíssimas. Estimaram ter destruído 222 viaturas blindadas, mas das 150 abandonadas pelos alemães verificou-se que somente treze tinham sido destruídas por ataques aéreos. Não há dúvida de que os seus canhões foram responsáveis por avarias em grande parte dos 3.468 veículos e canhões alemães. Os Typhoons da Esquadrilha 123 também experimentaram baixas sobre o Sena, com a perda de quatro aviões, quando atacados por Messerschmitts 109, que raramente conseguiam passar pela cortina protetora de esquadrões de Mustangs e Spitfires que patrulhavam o interior.

Os alemães que ainda estavam na margem oeste do baixo Sena atravessaram o rio à noite, com barcos e até um pontilhão, desmontado ao amanhecer para evitar ataques aéreos. "Os pontos de embarque para a travessia do Sena foram preparados e distribuídos pelas divisões", escreveu o general Bayerlein. "Essa distribuição não foi observada, e todos cruzaram o rio onde bem entenderam. A maioria das embarcações foi confiscada pela SS, que em geral não permitiu que integrantes de outras unidades do exército regular as usassem." As unidades de artilharia chegaram com seus cavalos e algumas fizeram os animais atravessar a nado. Em 23 de agosto, quando o mau tempo manteve longe os caças-bombardeiros aliados, o 21º Batalhão Panzer de Pioneiros começou a construir uma ponte em Rouen para atravessar os tanques. Mas no dia seguinte fez sol e a ponte foi destruída duas horas depois de terminada. As encostas íngremes e cobertas de mata do vale sinuoso permitiram pelo menos que os alemães se escondessem durante o dia.

O quartel-general de Model, em La Roche-Guyon, foi abandonado com a aproximação das forças americanas. O V Exército Panzer transferiu o posto de comando primeiro para Rouen e depois para Amiens, onde Eberbach e Gersdorff, seu chefe do Estado-Maior, foram depois capturados pela Divisão Blindada de Guardas, embora Gersdorff conseguisse fugir algumas horas depois.

Ao sul de Paris, em 22 de agosto, os remanescentes do grupo de sapadores da 276ª Divisão de Infantaria, no seu Citröen, chegaram a Melun pouco antes da ponta de lança de Patton. O cabo Spiekerkötter e os seus companheiros acharam que estavam em segurança e que conseguiriam prosseguir até Metz. Mas assim que a Feldgendarmerie os identificou como sapadores, foram mandados a Paris para preparar a demolição das pontes sobre o Sena. Reunidos a outros integrantes do seu batalhão, receberam novos caminhões Opel-Blitz, mas, ao chegar à Place de la Concorde, perceberam cada vez mais as ruas vazias e o silêncio ameaçador. Podiam-se ver nas ruas laterais as barricadas guarnecidas pelas FFI.

Eles foram levados a um forte usado em 1871, durante o Cerco de Paris, que era um depósito naval de ogivas de torpedo. Os marinheiros da Kriegsmarine os ajudaram a pôr o explosivo nos caminhões. Mais tarde, descendo o Champs-Elysées, ouviram um tiro. Em pânico, os sapadores abriram fogo em todas as direções. E descobriram, envergonhados, que um dos pneus tinha explodido. Por sorte, ninguém foi morto.

Em 22 de agosto, as FFI deram fim à trégua e iniciaram uma ofensiva geral com a ordem: *Tous aux barricades!* No mesmo dia, o general Von Choltitz recebeu de Hitler a ordem claríssima de que Paris tinha de ser destruída. Foi também nesse dia que Ralph Nordling, irmão do cônsul-geral sueco em Paris, conseguiu chegar ao quartel-general de Patton, em Dreux, e lhe pedir que salvasse a cidade. (Ele fora precedido pelo comandante Roger Gallois, representante do coronel Rol-Tanguy, com apelo semelhante.) O major-general Gilbert Cook, comandante do 12º Corpo, estava presente e registrou a conversa.

— Paris deveria ser declarada cidade aberta e poupada — disse Nordling, depois de descrever as condições da cidade de maneira talvez apocalíptica demais.

— Posso abri-la e fechá-la de novo em 24 horas — respondeu Patton.

— Os alemães têm um efetivo grande demais lá.

— Tenho informações melhores — disse Patton, talvez em consequência do que Gallois lhe dissera nas primeiras horas daquela manhã. Concordou em mandar Nordling e os companheiros para o quartel-general de Bradley, perto de Laval, para defender lá a sua solicitação.

Tanto Nordling quanto Gallois, também encaminhado para o 12º Grupo de Exércitos, tiveram a ajuda de mensagens urgentes a Eisenhower enviadas por De Gaulle e pelo general Koenig, que tinham sabido de sua chegada. Bradley, que estava com Eisenhower em Granville, ouviu do general-brigadeiro Edwin L. Sibert, seu chefe de Estado-Maior, os argumentos deles. Disseram-lhe que "entre 4 mil e 5 mil crianças e velhos morrem de fome todo dia" e que o metrô e o sistema de esgoto tinham sido minados.

A determinação de Eisenhower de contornar Paris já estava enfraquecendo. "Ora, que diabos, Brad", disse ele, "acho que teremos de entrar". Bradley concordou que não havia opção. Eisenhower teve de convencer o general Marshall, em Washington, dizendo que era uma decisão puramente militar para ajudar a Resistência. Roosevelt ficaria furioso se achasse que a mudança de planos era uma tentativa de pôr De Gaulle no poder.[5]

Às 19h30, ao lado da pista de pouso do quartel-general do 12º Grupo de Exércitos, Leclerc aguardava ansioso a volta de Bradley. Finalmente, o Piper Cub apareceu e taxiou na direção do jipe de Leclerc. "Pois é, o senhor venceu", disse-lhe Bradley quando saiu do avião. "Decidiram mandá-lo para Paris." Leclerc voltou o mais depressa possível ao posto de comando de sua divisão. Antes mesmo que o jipe parasse, Leclerc gritou para um dos oficiais do Estado-Maior: "*Mouvement immediat sur Paris!*" A ordem provocou lágrimas de furiosa alegria. Mesmo para os que eram do exército colonial e nunca tinham visto Paris, a liberdade da capital representava tudo pelo que tinham lutado nos últimos anos.

No 5º Corpo, o general Gerow já tinha sido convocado ao quartel-general do I Exército americano, onde foi informado do levante, da falta de munição da Resistência e dos milhares que supostamente morriam de fome todo dia. Disseram-lhe que o general Eisenhower dera ordens para que uma tropa de soldados franceses, americanos e britânicos partisse imediatamente para Paris.[6] "Só se devia entrar na cidade se a resistência fosse tal que pudesse ser vencida com tropas leves. Não deveria haver combate encarnaçado nem bombardeio aéreo ou de artilharia, para evitar a destruição da cidade." Assim que Paris fosse ocupada, o general Gerow deveria passar o comando ao general Koenig, que De Gaulle nomeara governador militar da capital. Gerow mandou imediatamente a ordem de alerta à 2ème DB e ao 102º Grupo de Cavalaria, para que estivessem prontos para a movimentação rápida para leste.

---

5 Mesmo antes que Eisenhower tomasse essa decisão, o setor de suprimentos do SHAEF começou a se preparar para o resgate de Paris. Em 21 de agosto, quando chegou a primeira notícia do levante em Paris, um telegrama da Com Z Forward (Zona de Comunicação Avançada) alertou o general Rogers, na Inglaterra, para a provável necessidade de alimentar Paris. Rogers foi de avião para a França, para começar o planejamento. Em 25 de agosto, dia da libertação da cidade, o primeiro comboio estava a caminho de Paris.

6 Por razões que ainda não estão claras, Montgomery ignorou o convite de Eisenhower para mandar uma força britânica simbólica e depois se recusou a juntar-se a Eisenhower e Bradley na visita a Paris.

Pouco depois da meia-noite, o 5º Corpo distribuiu as ordens. A 2ème DB, com a Pelotão B do 102º Esquadrão de Cavalaria, cruzaria a linha de partida ao meio-dia, para "obter o controle de Paris em coordenação com as Forças Francesas do Interior e preparar-se para partir para leste como ordenado pelo comandante do Corpo". A 4ª Divisão de Infantaria americana, com o restante do 102º Esquadrão de Cavalaria, seguiria uma rota mais ao sul. Mas Leclerc já dera suas ordens antes da meia-noite. E, como observou o Estado-Maior de Gerow, a 2ème DB não esperou. "A marcha sobre Paris começou naquela mesma noite."

Em 23 de agosto, os três *groupements tactiques* da 2ème DB, equivalentes às forças-tarefas americanas, seguiram para sudeste, sob fortes chuvas, com colunas aparentemente intermináveis de carros blindados Staghound, tanques leves Stuart, meias-lagartas, Shermans, blindados caça-tanques, jipes e caminhões. Leclerc, precedendo a força principal, chegou ao castelo de Rambouillet, residência campestre oficial dos presidentes franceses. Enviou uma mensagem a De Gaulle, que respondeu que o encontraria lá. Leclerc, então, começou a entrevistar integrantes locais da Resistência e da Gendarmerie, na esperança de descobrir a rota menos defendida até a capital. Pelas informações deles e de Jacques de Guillebon, comandante da patrulha de reconhecimento, o melhor seria evitar Versalhes e dar uma volta mais pelo sul de Paris. O fato de que assim ficariam no caminho da 4ª Divisão de Infantaria americana não o preocupou.

Na cidade de Rambouillet, os oficiais de Leclerc se surpreenderam ao encontrar, no Hôtel du Grand Veneur, um elenco de personagens dignos de uma peça improvável. Em sua maioria, eram jornalistas que aguardavam com impaciência a libertação de Paris. Ernest Hemingway, correspondente de guerra oficial da revista *Collier's*, estava muito mais interessado em atuar como soldado irregular da Resistência local. Portava às claras uma pistola automática pesada, muito embora isso fosse estritamente ilegal entre os não combatentes. De acordo com John Mowinckel, agente do serviço de informações americano que estava lá, Hemingway queria interrogar um pobre prisioneiro alemão trazido por seus novos amigos da Resistência. "Vou fazê-lo falar", gabou-se. "Tire as botas dele. Vamos grelhar os dedos do pé com uma vela." Mowinckel mandou Hemingway para o inferno e soltou o rapaz, que claramente não sabia de nada.

Outros que estavam no Grand Veneur eram David Bruce, na época do OSS e mais tarde embaixador americano em Paris, e o major Airey Neave, do MI9, organização secreta britânica, para auxiliar prisioneiros de guerra a fugir. Neave estava atrás de um sargento britânico que entregara uma rede da Resistência Francesa aos alemães. Sam Marshall, historiador de combates, também apareceu. Mais tarde, teve de proteger Hemingway com um falso testemunho, declarando que nunca o vira portar armas. Irwin Shaw, que viria a escrever *Os jovens leões*, também apareceu com uma equipe de filmagem da Arma de Comunicações. O clima não deve ter melhorado com isso, já que Hemingway estava no processo de conquista de sua amante Mary Welsh, que depois se tornou a quarta Sra. Hemingway.

Shaw foi seguido por um grupo de correspondentes de guerra americanos, todos, sem dúvida, ansiosos para afirmar terem sido os primeiros a entrar em Paris. "Pareciam 'pilotos de cinquenta missões', de chapéu desabado para combinar", escreveu o tenente John Westover, companheiro de Marshall. "Entre eles, estavam Ernie Pyle e Bob Capa. Pyle usava uma boina que o deixava parecido com o marechal de campo Montgomery." Alguns se irritaram, embora não se surpreendessem muito, ao ver Hemingway agindo como se fosse o comandante militar local. Quando Bruce Grant, do *Chicago Daily News*, fez uma observação sarcástica sobre o "general Hemingway e seus *maquis*", Hemingway foi até ele e lhe deu um soco.

Embora muitos só conseguissem pensar na libertação de Paris, os comandantes americanos mais antigos estavam muito mais preocupados com o avanço sobre a Alemanha. Patton voou naquele dia até Laval para se encontrar com Bradley antes de partir para uma reunião com Montgomery e Eisenhower. Tanto Patton quanto Bradley ainda temiam que Eisenhower cedesse à exigência de Montgomery de que o 21º e o 12º Grupos de Exércitos seguissem para o norte. De acordo com Patton, "Bradley estava mais danado do que nunca e perguntava aos brados para que servia o comandante supremo". Patton lhe disse que eles dois e Hodges deveriam pedir exoneração a menos que Eisenhower concordasse em seguir para leste, em vez de para o norte, rumo ao Passo de Calais e à Bélgica, como exigia Montgomery. Mas os temores de Patton eram infundados. Nesse estágio, Eisenhower sentia que Montgomery era desleal e recusou-se a dar ouvidos a seus argumentos.

Naquela noite, quando chegou ao castelo de Rambouillet, De Gaulle ficou preocupadíssimo com a situação em Paris. Temia que o levante comandado pelos comunistas levasse a um desastre comparável à Comuna de Paris de

1871. Depois que De Gaulle ceou Rações C frias no ambiente ornamentado da majestosa sala de jantar de Rambouillet, Leclerc lhe explicou o plano de ataque. De Gaulle aprovou. "O senhor tem sorte", disse-lhe depois de longa pausa, pensando na glória que aguardava o libertador de Paris. Acampados do lado de fora ao lado de seus veículos, no parque e na floresta encharcados, os soldados da 2ème DB cozinharam suas rações, limparam as armas e se barbearam cuidadosamente, preparando-se para as boas-vindas que os esperavam.

29

A LIBERTAÇÃO DE PARIS

Em 22 de agosto, quando o coronel Rol-Tanguy deu a ordem "*Tous aux barricades!*", o plano foi copiado dos anarquistas de Barcelona em julho de 1936. Lá, o levante dos generais espanhóis de direita fora bloqueado na cidade por barricadas construídas pelos operários. Rol queria interromper todo o tráfego da Wehrmacht e sitiar os alemães em seus principais baluartes, como o quartel-general de Choltitz no Hotel Meurice, o Palais de Luxembourg, a École Militaire e os Invalides, a Assembleia Nacional no Palais Bourbon e o quartel Prinz Eugen, junto à Place de la République.

A chamada às armas foi feita com cartazes, panfletos e uma nova estação de rádio, a Radiodiffusion de la Nation Française, que servia de voz da Resistência. Toda vez que tocava a proibida "Marselhesa", todos abriam a janela e aumentavam o volume, para os que estivessem na rua poderem ouvir. Pouquíssimas barricadas foram construídas no 7º, no 8º e no 16º Arrondissements, bairros elegantes no oeste de Paris. A imensa maioria ficava nas zonas norte e leste, que, em 1936, tinham votado em massa na Frente Popular.

A tensão em Paris era palpável e os boatos ficaram cada vez mais exagerados. Alguns diziam que os americanos estavam nos portões, outros que duas divisões *panzer* se aproximavam do norte e que a cidade poderia ser destruída. O coronel Rol continuou a fazer conclamações às armas. "Cada barricada deve ser um centro de recrutamento, recordando '*la Patrie en danger*' [a pátria em perigo] da Revolução." Ele instruiu as FFI a se deslocar pela cidade usando os túneis do metrô, para evitar os tanques que guardavam os principais cruzamentos. Consternado ao saber que "os atos de pilhagem parecem ter atingido escala inaceitável", Rol também ordenou que quem fosse pego saqueando devia ser fuzilado imediatamente, e um cartaz dizendo "Saqueador" deixado no cadáver.

Maurice Goudeket, marido de Colette, descreveu aqueles "dias estranhos e indecisos". "Os alemães só ocupavam pequenas ilhas de Paris, com poucos tanques que seguiam desajeitados pelas ruas. Paris balbuciava as primeiras palavras de uma liberdade esquecida, surgiram jornais do tamanho de folhetos, fizeram-se bandeiras com retalhos de pano. Enquanto aguardava o ajuste de contas iminente, o parisiense redescobriu, no fundo da memória, a solidariedade das barricadas, a caçoada histórica, o cheiro de pólvora e suor."

Apesar dos boatos, tanto os líderes comunistas quanto os gaullistas já tinham certeza de que a notícia do envio de 150 tanques Tigre para Paris era falsa. Assim, o perigo de que o levante de Paris fosse esmagado como o do Exército da Pátria polonês em Varsóvia reduziu-se bastante. Agora que tinham ocupado os ministérios, os gaullistas também se dispunham a entrar na luta. Uma das primeiras tarefas, e das mais satisfatórias, foi remover os bustos e retratos oficiais do marechal Pétain. Alexandre Parodi, representante de De Gaulle, chegou a realizar um conselho simbólico de ministros no Hotel Matignon, residência oficial do primeiro-ministro. Para os líderes gaullistas em Paris, a chegada da 2ème DB era fundamental para dar peso ao seu esqueleto de governo.

Os comunistas, enganados pela própria propaganda, acreditavam que o poder estava nas barricadas de rua e nos comitês da Resistência. Arrebatados pela exultação revolucionária, não imaginaram que a última coisa que Stálin queria era um levante comunista na França, que irritaria os fornecedores americanos do programa Lend-Lease.

Ao amanhecer de 24 de agosto, a 2ème DB saiu da floresta de Rambouillet. Como operação diversionária, Leclerc mandou um destacamento de *spahis* marroquinos em tanques leves Stuart na direção de Versalhes, para convencer os alemães de que aquele era o rumo principal do avanço. O resto do *groupement tactique* do coronel Paul de Langlade, acompanhado por um esquadrão do 102º Regimento de Cavalaria americano, avançaria pelo vale de Chevreuse, mas logo enfrentou forte oposição no Bois de Meudon. Os canhões anticarro fizeram os 12ème Chasseurs d'Afrique perder três Shermans. Seu objetivo era a Pont de Sèvres, no limite oeste de Paris.

O dia estava nublado e chuvoso, a ponto de interferir com a comunicação pelo rádio. A coluna do coronel Billotte seguiu para Arpajon e Longjumeau, enquanto o *groupement tactique* do coronel Dio ficava na reserva. A unidade de Billotte era encabeçada pelo batalhão do comandante Putz, do 2ème Régiment de Marche du Tchad. Putz foi um dos comandantes mais respeitados das brigadas internacionais da Guerra Civil Espanhola. A sua 9ème Compagnie era conhecida como "la Nueve" por ser quase inteiramente composta de republicanos espanhóis. O comandante, capitão Raymond Dronne, ruivo robusto e determinado com uma enorme barriga, fora escolhido por conseguir manter em ordem os seus socialistas, comunistas e anarquistas espanhóis.

A primeira grande escaramuça de Putz aconteceu em Longjumeau. Dez feridos seus foram levados para o hospital civil da cidade e os corpos dos oito mortos na batalha, deixados no necrotério. Um dos capelães da divisão, o reverendo Padre Roger Fouquer, deu com uma cena terrível numa casa semidemolida por uma granada. Encontrou duas freiras de joelhos junto a uma jovem mãe que, quando acabara de dar à luz, fora morta por um estilhaço de granada no peito. O bebê estava deitado em silêncio ao lado do corpo morto. Então, os sinos da igreja tocaram para comemorar a libertação.

Em vários lugares, foi um dia de alegria e horror. "Slam" Marshall, com o companheiro John Westover, no jipe "Doce Eloise", se uniram a uma das colunas de Langlade que avançava por vilas e cidadezinhas dos arredores a sudoeste da capital. Penduraram uma bandeira americana para se distinguir das bandeiras tricolores em volta. Avançando lentamente de lombada em lombada, Westover descreveu a cena como "um grande piquenique desordenado". Os veículos foram forçados a parar pela multidão em festa, que cobria de beijos e garrafas os soldados que imploravam para que os deixassem passar. "Rimos tanto com a loucura daquilo tudo que chegamos a chorar", escreveu ele.

Também houve tragédias naquele dia. "Certa ocasião, uma moça bonita se aproximou de um Sherman do 501ème Régiment de Chars de Combat, erguendo os braços, certa de que seria puxada para bordo quando uma metralhadora alemã abriu fogo. A moça escorregou para o chão, agarrando-se à lagarta do tanque, o melhor vestido de verão salpicado de furos de bala ensanguentados."

Ao meio-dia, a coluna de Putz chegou a Antony, logo ao sul de Paris. À direita, outra coluna teve um combate vigoroso perto do aeroporto de Orly e depois enfrentou os canhões anticarro de 88 mm junto à prisão de Fresnes. Os canhões eram guarnecidos por soldados alemães que cumpriam pena ali. Ainda usavam os uniformes de lona da prisão. Os veteranos do deserto da 2ème DB acharam que assim ficavam parecidos com seus antigos adversários do Afrika Korps. Depois de perder dois Shermans, os tanques franceses remanescentes conseguiram destruir os canhões. Um deles investiu diretamente contra o pátio da prisão. Alguns veículos ainda ardiam do lado de fora. O capitão Dupont passou por um que estava quase carbonizado e, de repente, as granadas lá dentro explodiram e o mataram. Apenas três dias antes, ele dissera ao Padre Fouquer que sabia que ia morrer.

O general Gerow, na esperança vã de segurar a divisão francesa com rédea curta, partira de seu quartel-general em Chartres naquela manhã, acompanhado pelo general-brigadeiro Charles Helmick, seu chefe de Estado-Maior. Não conseguiram encontrar Leclerc em parte alguma. Gerow teve de voltar a Chartres e dizer a Helmick que o procurasse "e ficasse com ele como representante mais antigo do Exército dos Estados Unidos".

Irritado com o modo como Leclerc forçara o avanço para o sul sem avisar o quartel-general do corpo, Gerow mandou a 4ª Divisão de Infantaria avançar para Paris sem esperar a 2ème DB. Depois de ver o atraso causado pela multidão em festa, sem dúvida tirou a conclusão apressada de que a 2ème DB estava levando tudo na flauta. Dizem que afirmou a Bradley que os soldados franceses estavam apenas "dançando a caminho de Paris". Mas o 12º Regimento de Infantaria da 4ª Divisão também foi retardado por "*mademoiselles* francesas entusiasmadas demais" que insistiam em beijar os motoristas.

Gerow estava errado. Naquele dia, ninguém estava mais impaciente do que o general Leclerc. Para apressar o avanço, ele já mandara a sua reserva, o *groupement tactique* Dio, para a batalha nos subúrbios industriais mais distantes da cidade, mas Antony só foi tomada às 16 horas. A linha de avanço por Arpajon estava mais bem defendida do que ele imaginara.

Leclerc, temendo que os reforços alemães chegassem à capital vindos do norte, estava louco para que, ao anoitecer, os soldados já estivessem no centro de Paris. Para encorajar a Resistência a se aguentar, deu ordem ao piloto mais antigo dos aviões de reconhecimento para que entregasse uma mensagem dentro de um embornal reforçado. Dizia simplesmente: "*Tenez bon, nous arrivons*" [Aguentem firme, estamos chegando].

* * *

A companhia do capitão Dronne conseguiu contornar Fresnes e chegar a Croix-de-Berny. Tiveram o primeiro vislumbre da torre Eiffel. Então, a companhia recebeu ordens de voltar à estrada de Orléans. Foram interceptados pelo general Leclerc, os óculos de tanquista no quepe, batendo impaciente a bengala de junco no chão.

— Dronne! — gritou Leclerc. — O que está fazendo aqui?

— Voltando para o eixo [do avanço] como ordenado, *mon général*.

Leclerc lhe disse que era idiotice. Puxou-o pela manga e lhe apontou a capital.

— Vá direto para Paris, bem para o centro de Paris.

Dronne, barbado, em posição de sentido, com o quepe surrado e a farda americana manchada de suor esticada sobre a barriga, bateu continência. Leclerc, que andara interrogando civis, lhe disse para reunir os soldados que conseguisse encontrar e que evitasse as vias principais. Tinha de chegar ao centro de Paris e lhes dizer que aguentassem sem perder a coragem. O resto da divisão estaria na cidade no dia seguinte.

Às 19h30, Dronne e "La Nueve" reuniram quinze veículos, inclusive meias-lagartas batizados com nomes de batalhas da Guerra Civil Espanhola, como *Madrid*, *Guadalajara* e *Brunete*, e partiram. Essa companhia de republicanos espanhóis esquerdistas foi reforçada no último instante por um pelotão de engenharia e três Shermans do 501ème Régiment de Chars de Combat, partidário de De Gaulle. Seus tanques eram batizados com nomes das batalhas napoleônicas de 1814, *Montmirail*, *Romilly* e *Champaubert*. O comandante era o tenente Michard, um dos Padres Brancos.[1]

O meia-lagarta "Guadalajara" abria o caminho, guiado por um morador local numa motocicleta velha. Ele conhecia todas as ruas secundárias e sabia onde estavam os bloqueios alemães, de modo que a pequena coluna de Dronne conseguiu serpentear em segurança pelos subúrbios até a Porte d'Italie, ponto mais ao sul de Paris. Os homens deram vivas ao cruzar o limite da cidade. A coluna foi detida várias vezes por civis em êxtase, que não conseguiam acreditar que eram soldados franceses que chegavam para salvar a capital. Outro guia armênio se apresentou numa motoneta. Dronne lhe pediu que os levasse até o Hôtel de Ville, mas quando voltou ao jipe viu

---

1 O próprio Dronne avançava num jipe chamado *Mort aux Cons!*, "Morte aos idiotas!". Ao perceber o nome do veículo, Leclerc perguntou a Dronne: "Por que quer matar todo mundo?".

que uma alsaciana robusta se plantara na frente para servir de "Marianne", o símbolo da república.

Continuando a serpentear por ruas estreitas longe da Avenue d'Italie, seguiram para o norte, rumo à Pont d'Austerlitz. Assim que chegou à outra margem do Sena, a coluna entrou à esquerda, seguindo ao longo da *quai*, a avenida marginal. Às 21h20, os tanques e meias-lagartas trovejavam na Place de l'Hôtel de Ville.

Do outro lado de Paris, os tanques do coronel Langlade finalmente atingiram o objetivo, a Pont de Sèvres. Sob as ordens do comandante Massu, mais tarde famoso pelo papel impiedoso na batalha de Argel, um Sherman dos Chasseurs d'Afrique começou a atravessar a ponte, acompanhado a pé por quatro integrantes das FFI. Para alívio de todos, não encontraram minas, mas ficaram sob fogo intermitente de uma bateria de artilharia alemã situada na pista de corridas de Longchamp.

No Hôtel de Ville, o capitão Dronne ordenou que a tropa ocupasse posições defensivas. Entrou no prédio e foi até a grande escadaria para se apresentar. Os líderes da Resistência, comandados por Georges Bidault, o abraçaram. Bidault tentou fazer um discurso, mas a emoção do momento foi demasiada.

Lá fora, os civis se aglomeraram em volta dos tanques e meias-lagartas. A princípio estavam nervosos, mas ao ver o símbolo da divisão – um mapa da França com a Cruz de Lorena – enlouqueceram, abraçando e beijando os soldados grisalhos. Várias pessoas correram até as igrejas próximas. Os sinos começaram a dobrar e, logo depois, no crepúsculo, o grande sino da Notre-Dame, Le Bourdon, começou a soar por toda a cidade. Colette, confinada em casa, com lágrimas de alegria nos olhos, escreveu sobre aquele momento "em que a noite se ergueu como a aurora".

Foi o toque do Le Bourdon que, finalmente, convenceu o povo de Paris. Uma refugiada da Normandia se despia para ir dormir quando o ouviu. Depois, a rua lá fora começou a se encher de gente gritando: "*Ils sont là!*" [Eles chegaram!].

Na extremidade da Rue de Rivoli oposta ao Hôtel de Ville, Choltitz e seu Estado-Maior tomavam champanhe da adega do Meurice na antessala do escritório. Naquela noite úmida de agosto, discutiam o massacre dos huguenotes em Paris na Noite de São Bartolomeu e se havia alguma semelhança com a sua posição. Quando ouviram os sinos, Choltitz se levantou e foi até sua mesa.

Telefonou para o tenente-general Speidel e, assim que ele atendeu, virou o fone na direção da janela. Speidel soube imediatamente o que aquilo significava. Choltitz, sabendo que não voltaria a ver a Alemanha por um bom tempo, lhe pediu que cuidasse de sua família.

Quando os sinos tocaram, o grupo de sapadores da 256ª Divisão de Infantaria, com seu carregamento de torpedos, guardava a ponte Alexandre III, diante do Quai d'Orsay. Seu oficial, o tenente Novick, fora convocado para receber ordens. Quando voltou, os homens lhe imploraram que os deixasse fugir de Paris. Novick respondeu com firmeza que ainda tinham um dever a cumprir. Os soldados tinham menos medo do combate do que de serem linchados pela população quando se rendessem.

Os soldados de Dronne, por outro lado, receberam a máxima gentileza dos civis ansiosos por ajudar. Telefonaram para os parentes dos rapazes para que pudessem anunciar sua chegada. As mulheres trouxeram colchões e pedaços preciosos de sabão e chegaram a levar as fardas imundas para lavá-las e passá-las.

A população de Paris acordou cedo na manhã seguinte, num clima de tensa empolgação. Muitas mulheres não dormiram e passaram a noite costurando para fazer bandeiras e preparar vestidos de cores patrióticas para receber os libertadores. Uma mulher que fez uma bandeira americana cortou as estrelas uma a uma de um vestido velho.

Depois dos dias de chuva, aquela sexta-feira, 25 de agosto, festa de São Luís, santo padroeiro da França, nasceu bonita e ensolarada assim que o nevoeiro matutino se desfez. A multidão se reuniu no sudoeste da cidade para receber os soldados de Langlade. Quando a notícia se espalhou, outros moradores acorreram para a Porte d'Orléans e para a Porte d'Italie, de onde o comandante Putz levou até Paris a coluna de Billotte. Leclerc veio atrás, escoltado por *spahis* em carros blindados Staghound. Chaban-Delmas, líder da resistência gaullista, se uniu a ele e os dois seguiram para a Gare de Montparnasse, que Leclerc escolheu como posto de comando da divisão por causa da facilidade de comunicação.

Os cidadãos acorreram em êxtase, agitando bandeiras improvisadas e fazendo o V da vitória com os dedos. As ruas se esvaziavam num momento de pânico quando havia tiros e logo depois, quase instantaneamente, se enchiam de novo. O Padre Fouquer descreveu aquilo como "um carnaval barulhento e lírico, pontuado por tiros". As colunas blindadas tiveram de parar quando moças com as melhores roupas de verão subiram nos veículos para beijar a guarnição, enquanto os homens abriam garrafas há muito guardadas para brindar à libertação. Fouquer, que usava o mesmo equipamento de combate e a boina preta de tanquista do 501ème Régiment de Chars de Combat, queixou-se bem-humorado de que "nunca na vida fiquei com o rosto tão colorido de batom". Os soldados gritavam às mulheres: "Cuidado! Não o beijem demais. Ele é o nosso capelão".

Mas, em meio ao canto da "Marselhesa" e da "Internacional", os pensamentos do Padre Fouquer se misturavam. Ele não conseguia parar de pensar na morte do capitão Dupont, em Fresnes, na tarde do dia anterior. Também olhava a multidão com certo ceticismo. "Na efusão espontânea que acompanhou o entusiasmo da libertação", escreveu, "é difícil distinguir os verdadeiros combatentes da Resistência dos parasitas, ou seja, os *miliciens* e os colaboracionistas da véspera".

Para os parisienses nas ruas, aquela vitória não era aliada, era inteiramente francesa. Foi como se a rendição de 1940 e a ocupação tivessem se apagado. Uma moça se lembrou de ter ficado cheia de orgulho ao ver os Shermans com nomes franceses. "Vitoriosa, a Liberdade avançava com suas lagartas. A França libertada pela França. Era estimulante pertencer àquele país." O fato de que a 2ème DB jamais teria chegado à França daquela forma sem a ajuda americana foi totalmente esquecido no patriotismo delirante do momento.

Os elementos americanos de vanguarda do 38º Esquadrão de Reconhecimento da Cavalaria e da 4ª Divisão de Infantaria também entraram pelo sul de Paris às 7h30. Encontraram "o povo desconcertado e com medo de nós. Não sabiam direito se éramos americanos ou alemães". Mas assim que se convenceram de sua identidade, "a diversão começou". Os civis ajudaram a afastar as barricadas para deixá-los passar. Dali a uma hora, estavam diante da Notre-Dame. Como tinham lhes dito que os parisienses passavam fome, os soldados americanos acharam que pareciam saudáveis. "Moças francesas, lindas moças, subiam em nós e nos davam flores", escreveu um sargento especialista. "Algumas tinham dentes muito lindos. Deviam estar arranjando boa comida em algum lugar."

O avanço fora lento em meio à multidão que gritava: "*Merci! Merci! Sank you, sank you! Vive l'Amérique!*". "Em todas as numerosas paradas", recordou o coronel Luckett, do 12º Regimento de Infantaria, "as mães erguiam os filhos para serem beijados, as moças abraçavam os soldados sorridentes e os cobriam de beijos, os velhos batiam continência e os rapazes apertavam as mãos com vigor e davam tapinhas nas costas dos rapazes". Ao contrário do comandante do Corpo, general Gerow, parece que Luckett e seus homens não se incomodaram com o fato de que a estrela do espetáculo era a 2ème DB. A 4ª Divisão de Infantaria reconheceu espontaneamente que "Paris pertencia aos franceses".

O general Gerow entrou na cidade às 9h30 e também seguiu para a estação ferroviária de Montparnasse para ficar de olho em Leclerc. Teve a mesma reação dos soldados ao achar que as histórias de fome em massa tinham sido meio exageradas. "O povo de Paris ainda estava bem vestido e parecia bem alimentado", relatou na época, mas depois consertou dizendo que "não havia sinal de desnutrição prolongada, a não ser nas classes mais pobres". Os americanos simplesmente não avaliaram até que ponto a sobrevivência física durante a ocupação dependera de pagar os preços do mercado negro ou ter contatos no campo. Os parisienses mais pobres realmente tinham sofrido muito.

As procissões triunfais logo mudaram quando as colunas se aproximaram dos centros de resistência alemã. No lado sudoeste de Paris, os homens de Massu limparam o Bois de Boulogne, e depois as unidades de Langlade avançaram pelo 16ème Arrondissement rumo ao Arco do Triunfo.

O *groupement tactique* do coronel Dio tinha como objetivo alguns baluartes alemães muito bem guardados: a École Militaire, os Invalides e o Palais Bourbon, da Assembleia Nacional. Enquanto isso, o capitão Alain de Boissieu, com um esquadrão de tanques leves Stuart e alguns Shermans do 12ème Régiment de Cuirassiers, seguiu para o Boulevard Saint-Michel para atacar as defesas alemãs no Palais de Luxembourg, onde ficava o Senado, e nos seus arredores. O jovem oficial de cavalaria ficou levemente surpreso ao se ver reforçado pelo batalhão "Fabien" dos FTP comunistas.

Enquanto isso, alguns carros blindados Staghound guarnecidos por *spahis* marroquinos já tinham chegado ao Boulevard Saint-Michel, vindos pelo leste, pela Rue Saint-Jacques. O jornalista Jean Galtier-Boissière estava em sua livraria, perto da Sorbonne, quando soube que os soldados de Leclerc tinham chegado. Saiu correndo com a esposa para ver o que acontecia. "Uma multidão vibrante", escreveu, "cerca os tanques franceses envolvos em bandeiras e cobertos de buquês de flores. Em cada tanque, em cada carro blindado, junto aos membros da tripulação de macacão cáqui e barretinhos vermelhos, havia grupos de moças, mulheres, meninos e *fifis* com braçadeiras. As pessoas que ladeiam a rua aplaudem, jogam beijos, apertam mãos."

Depois que a tropa de Boissieu ocupou suas posições, um oficial tocou um apito. "*Allons les femmes, descendez! On attaque le Sénat!*" [Vamos, moças, desçam! Vamos atacar o Senado!] As moças desceram dos veículos blindados e os artilheiros e municiadores se enfiaram pelas torre. Os morteiros alemães nos Jardins du Luxembourg começaram a atirar, mas ainda assim a massa de civis seguiu os veículos blindados na direção da luta. Boissieu, adivinhando que os alemães tinham um posto de observação no alto da cúpula do palácio, ordenou a dois Shermans que atirassem nela. Eles giraram a torre e ergueram os canhões na elevação máxima. Um momento depois de atirarem, viram os observadores alemães dos tiros de morteiros serem lançados no ar e caírem do telhado. Mas a grande força estava tão bem entrincheirada no parque que não se conseguiu uma rendição rápida.

Perto do Arco do Triunfo, enquanto a coluna de Langlade avançava, uma multidão que incluía o ator Yves Montand e a cantora Edith Piaf se reuniu para assistir à rendição dos alemães no Hotel Majestic, na Avenue Kléber. Deram vivas quando os prisioneiros saíram, mas o líder da igreja protestante da França, o pastor Boegner, viu com horror arrastarem quatro soldados alemães descobertos, com as túnicas de campanha cinzentas desabotoadas, para serem fuzilados. Edith Piaf conseguiu impedir que um jovem *fifi* jogasse uma granada num caminhão cheio de prisioneiros alemães.

Massu, que aceitara a rendição, foi com Langlade até o Arco do Triunfo saudar o túmulo do soldado desconhecido. Acima deles, uma imensa bandeira tricolor, que acabara de ser içada dentro do arco por bombeiros de Paris, agitava-se de leve com a brisa. Nisso, uma granada de tanque zuniu sobre a cabeça deles. Um Pantera na Place de la Concorde, do outro lado dos Champs-Elysées, avistara alguns caça-tanques de Langlade a se posicionarem dos dois lados do Arco do Triunfo. Os comandantes deram a ordem de atirar. Um deles calculou o alcance como de 1,5 quilômetro, mas o artilheiro parisiense de repente se lembrou dos tempos de escola, quando aprendera que o Champs-Elysées tinha 1,8 quilômetro de comprimento. Fez o ajuste e acertou na mosca de primeira. A multidão avançou e cantou a "Marselhesa". O pastor Boegner notou que o combate e a impressão de uma festa de 14 de Julho "se misturavam de maneira alucinante".

* * *

Naquela manhã, às 11 horas, o coronel Billotte mandou por Raoul Nordling, o cônsul-geral sueco, um ultimato ao tenente-general Von Choltitz. Exigiu a rendição da cidade às 12h15. Choltitz respondeu dizendo que a honra de oficial alemão o impedia de se render sem luta apropriada.

Quinze minutos depois de expirado o ultimato, Choltitz e os oficiais do Estado-Maior se reuniram para o último almoço na grande sala de jantar do Hotel Meurice. "Em silêncio devido ao esforço de não demonstrar emoção, nos reunimos como sempre", escreveu o tenente Graf von Arnim. Em vez de se sentar a uma mesa perto da janela para apreciar a vista, escolheram lugares mais para o fundo da sala. As balas atiradas do Louvre furavam as janelas e faziam voar pedaços de reboco. "Fora isso", acrescentou Arnim, "é o mesmo ambiente, o mesmo garçom e a mesma comida."

Depois de instalar seu quartel-general numa plataforma da Gare de Montparnasse, Leclerc deixou ali o general Gerow e foi para a Préfecture de Police. Era para lá que levariam Choltitz assim que se rendesse. O temperamento impaciente de Leclerc só piorou com o banquete caótico e barulhento organizado por Charles Luizet. Engoliu apressado algumas garfadas e fugiu para o Grand Salon. Soubera por Billotte que o ataque ao Meurice começaria às 13h15, com infantaria e Shermans do 501ème Régiment de Chars de Combat, que avançariam rumo oeste pela Rue de Rivoli.

Quando Choltitz e seus oficiais terminaram a refeição, o barulho lá fora pareceu aumentar com mais tiros. Arnim escoltou Choltitz e o coronel Von Unger de volta para o andar de cima. Enquanto subia, Choltitz parou para conversar com o velho soldado que guarnecia uma metralhadora junto à ornamentada balaustrada de ferro batido da escadaria. Observou-lhe que logo tudo acabaria e que em breve o soldado voltaria para casa, de um modo ou de outro. Quando chegaram ao gabinete de Choltitz, ouviram explosões e o barulho de vidro quebrado. Arnim viu o coronel Von Unger, chefe do Estado-Maior, ir até a mesa, abrir a pasta e tirar fotos emolduradas da esposa, dos filhos e da casa no Steinhuder Meer, numa imagem de paz e tranquilidade.

As explosões que ouviram eram tanques atirando: os Shermans atacavam os poucos Panteras que restavam na Place de la Concorde e no jardim das Tulherias. A infantaria francesa abria caminho pela Rue de Rivoli, correndo de pilastra em pilastra pela colunata do lado norte, oposto ao Louvre. Finalmente, jogaram granadas de fumaça no saguão do Hotel Meurice e houve rajadas de armas automáticas quando os soldados franceses, comandados pelo tenente Henri Karcher, investiram contra o prédio, seguidos por integrantes das FFI.

Karcher correu para o gabinete de Choltitz, onde o comandante de La Horie, chefe do Estado-Maior de Billotte, se uniu a ele. De acordo com Arnim, "depois de uma conversa breve e correta", Choltitz afirmou que se rendia com o seu Estado-Maior e as forças de ocupação em Paris. Choltitz e Unger foram levados para o andar térreo. Ainda com fumaça na maioria dos cômodos, o Meurice foi invadido por uma multidão que queria assistir pessoalmente à captura do comandante alemão de Paris. Os oficiais franceses saíram correndo com os dois cativos pela porta dos fundos, na Rue du Mont Thabor, e os levaram para a Préfecture de Police.

Alguns soldados e oficiais menos graduados que guardavam o quartel-general não tiveram tanta sorte ao serem escoltados para fora pelas FFI. Aos gritos, a multidão correu para eles, para tomar o que pudessem. A pasta de Arnim lhe foi arrancada. Mãos vasculharam seus bolsos, outros agarraram óculos e relógios. Os oficiais e soldados alemães receberam cusparadas e socos na cara. Finalmente, os prisioneiros foram forçados a fazer três filas e saíram marchando. A escolta das FFI achou dificílimo proteger os prisioneiros e até a si mesma da fúria da multidão. Arnim viu "um gigante barbudo em mangas de camisa" sair da multidão, encostar a arma na têmpora de seu amigo dr. Kayser, que estava na fila da frente, e lhe dar um tiro na cabeça. Arnim tropeçou no corpo caído do médico. Segundo ele, integrantes desarmados da companhia de transporte da Kommandantur também foram fuzilados no jardim das Tulherias depois de se render. O Padre Fouquer, da 2ème DB, ficou chocado com "a multidão, tantas vezes odiosa quando enfrenta o inimigo desarmado por outrem".

Choltitz e Unger foram levados para a sala de sinuca da Préfecture de Police, onde Leclerc os aguardava com Chaban-Delmas e o coronel Billotte. O general Barton, da 4ª Divisão de Infantaria, que também estava presente, se retirou, para que os franceses assumissem a honra. Leclerc olhou o prisioneiro.

— Sou o general Leclerc — disse. — O senhor é o general Von Choltitz?
— Choltitz fez que sim.

Apesar da farda de general alemão, das medalhas e dos largas faixas cor de vinho do Estado-Maior geral na lateral da calça, Choltitz, baixinho e robusto, não parecia impressionante. A pele acinzentada estava lustrosa de suor. Respirava ofegante e logo tomou um comprimido para o coração. Quando Choltitz se sentou e ajustou o monóculo para ler o texto do documento de rendição, o coronel Von Unger ficou ao seu lado, totalmente pálido e com o olhar distante. Choltitz só fez um comentário. Apenas a guarnição de Paris estava sob seu comando. Outros bolsões de resistência alemã não deveriam ser considerados criminosos se não obedecessem às suas ordens. Leclerc aceitou a observação.

Na sala ao lado, o coronel Rol e Kriegel-Valrimont, outro comunista importante da Resistência, protestaram com Luizet que as FFI não deveriam ser excluídas da rendição. Luizet se esgueirou na sala de bilhar e consultou Chaban-Delmas, que, por sua vez, convenceu Leclerc a deixar Rol entrar e assinar o documento também. Leclerc, que só queria que a cerimônia terminasse, concordou. Mais tarde, quando viu que Rol assinara acima de Leclerc, De Gaulle ficou irritadíssimo.

Depois de levado da Préfecture de Police para a Gare de Montparnasse, Choltitz foi interrogado pelo general Gerow. Choltitz afirmou que "salvara Paris". Só "lutara o suficiente para convencer seu governo de que a cidade não capitulara sem honra". Gerow lhe perguntou quando os nazistas se renderiam. Choltitz respondeu que "os americanos têm para onde voltar". Os alemães, por sua vez, não tinham "mais nada a esperar".

Gerow acreditava que Choltitz, que fora seu adversário na Normandia, "entregara Paris ao 5º Corpo". Sem dúvida, essa não era a opinião do general De Gaulle. A vingança de Gerow foi um insulto calculado. "O general Gerow, no comando militar de Paris", continuava o relatório, "instalou seu posto de comando nas salas do marechal Pétain, nos Invalides."

Naquele dia da libertação de Paris, decidiu-se na Inglaterra que os acampamentos e placas falsos do fictício 1º Grupo de Exércitos americano do Plano Fortitude deviam ser desmontados. Entretanto, o SHAEF insistiu em manter o tráfego irreal pelo rádio, para que os alemães continuassem interessados naquele grande comando fantasma.

A vitória aliada foi completa, mas em outras regiões da França a selvageria da ocupação ainda não terminara. Em Maillé, ao sul de Tours, soldados SS em instrução, contornados pelo avanço do III Exército rumo ao norte do Loire, cometeram um terrível massacre numa área de considerável atividade dos *maquis*. Depois de um entrevero na véspera com integrantes da Resistência, mataram 124 civis, desde um bebê de três meses a uma senhora de 89 anos. Os soldados envolvidos eram de um batalhão de recompletamentos da 17ª SS

Panzer-Division *Götz von Berlichingen*, em Châtellerault. Na fúria da derrota, chegaram a usar um canhão antiaéreo contra as vítimas e também mataram cabeças de gado.

Durante a rendição, o general Von Choltitz também concordou em mandar vários oficiais, com emissários franceses e bandeira branca, para convencer os pontos-fortes restantes a abandonar a luta. Assim, enquanto disparos intermitentes ecoavam pela cidade e os tanques Pantera carbonizados ainda fumegavam no Jardim das Tulherias, esses grupos saíram em jipes, armados apenas com um pedaço de pano branco preso à antena do rádio.

Os oficiais alemães morriam de medo de serem entregues aos "terroristas" franceses. Finalmente, concordaram em desistir. Mas o cabo Spiekerkötter e os outros sapadores da 256ª Divisão de Infantaria, que tinham se integrado à guarnição do Palais Bourbon, logo sofreram da multidão agressões semelhantes às recebidas pelos soldados diante do Hôtel Meurice. Foram levados num velho ônibus parisiense sem janelas, que parava de tempos em tempos para "dar à multidão a oportunidade de liberar a raiva". Quando chegaram ao quartel do corpo de bombeiros onde ficariam presos, a maioria dos oficiais tinha sangue escorrendo do rosto. Spiekerkötter descobriu que seu oficial beberrão, o mesmo tenente Nowack que brindara a "Calvados ainda em mãos alemãs" quando deixaram a Normandia, agarrou a garrafa de água de colônia do depósito de Chartres e a despejou garganta abaixo.

Outras negociações de rendição foram mais perigosas para os emissários. Um oficial alemão prisioneiro mandado com a bandeira branca foi fuzilado junto com o oficial das FFI. E um oficial da artilharia antiaérea da Luftwaffe se matou segurando uma granada junto ao estômago e puxando o pino. Mas, ao anoitecer, a 2ème DB era responsável por mais de 12 mil prisioneiros, que tinham de ser abrigados e alimentados em meio a uma população faminta que não queria dar nenhuma comida aos alemães. Mais tarde, naquela mesma noite, parisienses enfurecidos tentaram invadir o quartel dos bombeiros para matar os prisioneiros do Palais Bourbon.

De Gaulle, depois de uma reunião com Leclerc na Gare de Montparnasse, foi até o Ministério da Guerra, na Rue Saint-Dominique, para fazer uma visita simbólica à sua antiga sala em 1940, quando era subsecretário da Guerra. Foi recebido por uma guarda de honra da Garde Républicaine. Descobriu que nada mudara. Até os nomes escritos ao lado dos botões do telefone eram os mesmos. O prédio mal fora usado durante os quatro anos de ocupação até que as FFI o tomassem.

De Gaulle finalmente concordou em ir ao Hôtel de Ville, onde Georges Bidault e o Conselho Nacional de Resistência o aguardavam. Quaisquer que fossem as desconfianças entre os dois lados, a aclamação do general que se recusara a abandonar a luta foi avassaladora. Lá, no grande salão, o líder alto, desajeitado mas majestoso, fez um dos discursos mais famosos de sua vida. "Paris. Paris ultrajada, Paris alquebrada, Paris martirizada, mas Paris libertada! Libertada sozinha, libertada pelo seu povo, com a ajuda de toda a França, isto é, pela França que luta, a França verdadeira, a França eterna."

Alguns integrantes da Resistência presentes sentiram que ele ainda não fizera homenagem devida a seu trabalho.[2] E quando Bidault lhe pediu que proclamasse a República para a multidão que aguardava do lado de fora, De Gaulle se recusou. Não foi desprezo como muitos acreditaram. Na verdade, De Gaulle respondeu: "Mas por que proclamar a República? Ela nunca deixou de existir". Em sua opinião, o *État français* de Pétain era uma aberração que não merecia reconhecimento. Entretanto, concordou em aparecer para a multidão. De Gaulle simplesmente ergueu os braços aparentemente intermináveis fazendo o V da vitória. A reação foi uma retumbante ovação.

Quando a luta terminou, a maioria dos correspondentes seguiu para o Hotel Scribe, que conheciam de antes da guerra. Hemingway e David Bruce, cercados pela milícia improvisada do escritor, foram diretamente para o Ritz, que Hemingway decidira "libertar". Mas a parte mais lendária da libertação foram *les délices d'une nuit dédiée à Vénus* [as delícias de uma noite dedicada a Vênus], como disse um jovem oficial da $2^{\text{ème}}$ DB. As parisienses, que tinham recebido os soldados com o grito sincero de "Nós os esperamos tanto tempo!", deram as boas-vindas aos aliados naquela noite com generosidade irrestrita em suas barracas e veículos blindados. O Padre Fouquer, quando voltou à sua unidade depois de jantar com amigos, descobriu que a maior parte da $2^{\text{ème}}$ DB se mudara

---

[2] A libertação de Paris custou aos alemães 3.200 mortos e 14.800 prisioneiros. É provável que as FFI tenham sido responsáveis por pelo menos mil baixas alemãs. A $2^{\text{ème}}$ DB teve 71 mortos, 225 feridos e 21 desaparecidos em ação no avanço sobre Paris e na captura da cidade. No total, 2.873 parisienses foram mortos no mês de agosto.

para o Bois de Boulogne. "Providencialmente, fiquei longe do Bois de Boulogne e dessa noite de loucura", escreveu. A 4ª Divisão de Infantaria americana, acampada no Bois de Vincennes, na extremidade leste de Paris, e na Île da la Cité, atrás da Catedral de Notre-Dame, também gozou da generosidade das jovens francesas.

Na manhã seguinte, a cidade parecia sofrer de ressaca coletiva. David Bruce registrou no diário que, na véspera, tinham bebido "cerveja, sidra, bordeaux branco e tinto, borgonha branco e tinto, champanhe, rum, conhaque, armanhaque e calvados [...] combinação suficiente para acabar com qualquer um".

"Aos poucos, as escotilhas dos tanques se abriram", escreveu um oficial americano, "e mulheres desgrenhadas saíram com dificuldade." No Bois de Boulogne, o capitão Dronne fez a ronda, puxando as moças para fora das barracas dos homens. Uma delas se ofereceu a ele. Com gargalhadas dos homens, ele respondeu: "Não dou a mínima. Sou homossexual". Os amantes da noite tomaram o café da manhã juntos, comendo rações K em torno de fogueiras improvisadas.

O sábado, 26 de agosto, também foi um bonito dia de sol. Havia alguns *miliciens* e alemães isolados que ainda resistiam, mas as rajadas aqui e ali vinham principalmente de integrantes da Resistência empolgados demais. Muitos investiam perigosamente por toda parte em Citroëns pretos confiscados, com as letras FFI pintadas em toda a carroceria.

O general Gerow, ao ouvir o fogo de armas portáteis, convenceu-se de que a $2^{\text{ème}}$ DB não conseguia cumprir a tarefa básica de limpar a cidade. Ainda estava irritado com o modo como os comandantes franceses desconsideravam sua autoridade. Ao saber que o general De Gaulle planejava um desfile da vitória naquela tarde, mandou a seguinte mensagem à $2^{\text{ème}}$ DB, às 12h55: "Determino ao general Leclerc que seu comando não participará, repito, não participará de desfiles esta tarde e continuará na missão atual de limpar de inimigos Paris e arredores. Ele só aceita ordens de mim. Acusar [o recebimento] e reportar quando a diretriz for entregue a Leclerc. Assinado, Gerow".

Mais uma vez, Gerow foi ignorado. Às 15 horas, o Régiment de Marche du Tchad desfilou em continência a De Gaulle junto ao Arco do Triunfo. A composição internacional da $2^{\text{ème}}$ DB, com os espanhóis, italianos, judeus alemães, poloneses, russos brancos, tchecos e outras nacionalidades, não atrapalhou em nada esse momento unicamente francês.

Quando De Gaulle partiu a pé pelos Champs-Elysées, a caminho da Catedral de Notre-Dame, foi guardado pelos dois lados por meias-lagartas da divisão. O quartel-general do coronel Rol convocara 6 mil integrantes das FFI para formarem alas em toda a caminhada, mas a sua presença pouco adiantou para tranquilizar o entourage de De Gaulle. Ele foi seguido pelos generais Leclerc, Koenig e Juin. Atrás dele, vinham os decepcionados integrantes do Conselho Nacional da Resistência, que a princípio não tinham sido convidados. Mas não se podia duvidar da alegria da enorme multidão que ladeava a grande avenida, pendurada em postes, olhando pela janela e até em pé nos telhados. Estima-se que naquela tarde havia mais de 1 milhão de pessoas no centro de Paris.

Houve tiros na Place de la Concorde, provocando pânico e caos. Ninguém sabe como começou, mas o primeiro tiro pode ter sido de algum *fifi* nervoso ou rápido demais no gatilho. Jean-Paul Sartre, que assistia na varanda do Hotel du Louvre, ficou sob fogo, e Jean Cocteau, que assistia no Hotel Crillon, afirmou, sem convencer muito, que o cigarro em sua boca foi cortado ao meio por um tiro. Mas um funcionário graduado do Ministério da Fazenda foi morto na janela e pelo menos mais meia dúzia de pessoas morreu no fogo cruzado.

De Gaulle, então, foi levado de carro até a Catedral de Notre-Dame. A ausência do Cardeal Suhard foi convenientemente combinada. Ele fora impedido de comparecer porque recebera Pétain em Paris e, recentemente, rezara a missa em memória de Philippe Henriot, ministro da Propaganda de Vichy assassinado pela Resistência.

Quando De Gaulle entrou em Notre-Dame, mais tiros soaram, dentro e fora da catedral. Mas De Gaulle nem piscou. Enquanto quase todo mundo à sua volta se jogava no chão, ele continuou a caminhar pelo corredor da igreja, duplamente decidido a desarmar as FFI, que considerava uma ameaça muito maior à ordem do que quaisquer *miliciens* ou alemães que restassem. "A ordem pública é uma questão de vida ou morte", disse ele ao pastor Boegner alguns dias depois. "Se nós mesmos não a restabelecermos, os estrangeiros a imporão a nós." Agora, as tropas americanas e britânicas eram consideradas "estrangeiras" em vez de aliadas. A França estava realmente libertada. Como disse o próprio De Gaulle, a França não tinha amigos, só interesses.

Embora a relutância francesa em reconhecer a ajuda americana ainda magoasse muito, mais tarde o general Gerow aceitou a proposta de paz de Leclerc. A $2^{\text{ème}}$ DB estava pronta para partir em 27 de agosto e entrou em ação contra os alemães perto do aeródromo de Le Bourget. Também naquele dia, Eisenhower e Bradley fizeram "uma visita informal" a Paris. Eisenhower convidou Montgomery, mas este recusou dizendo estar ocupado demais. Apesar da informalidade do evento, o general Gerow não conseguiu resistir a receber os superiores na Porte d'Orléans às 9h30 com uma escolta blindada do 38º Esquadrão de Reconhecimento da Cavalaria para acompanhá-los até a cidade. No dia seguinte, o 5º Corpo publicou boletim dizendo que "o general Gerow, como comandante militar de Paris, devolveu a capital ao povo da França". Quando informado disso por Gerow, o general Koenig respondeu que estivera no comando de Paris desde sempre.

Gerow conseguiu que a 28ª Divisão de Infantaria, recém-integrada ao 5º Corpo, desfilasse por Paris no dia seguinte, para dar ao povo francês "uma ideia do poderio do moderno Exército americano". Os generais Bradley, Hodges e Gerow se uniram ao general De Gaulle no Túmulo do Soldado Desconhecido, no Arco do Triunfo, onde deixaram uma coroa de flores. Depois, os quatro assistiram ao desfile num palanque na Place de la Concorde, construído por engenheiros americanos com uma ponte Bailey virada de cabeça para baixo. Foi bastante adequado que Norman Cota, agora comandante da 28ª Divisão, comandasse o desfile. Poucos homens demonstraram com tanta clareza, como ele havia feito em Omaha, a necessidade do comando resoluto na batalha.

Mas o lado feio da libertação se revelou quase de imediato, com as denúncias e a vingança contra as mulheres que tiveram ligações com soldados alemães. Marshall e Westover viram uma mulher xingar outra de "*collaboratrice*". A multidão se lançou contra a acusada e começou a lhe arrancar as roupas. Marshall, Westover e mais dois jornalistas americanos conseguiram salvá-la. Em Paris também começou a raspagem de cabeças. Na varanda de uma *mairie* – sede de subprefeitura –, os barbeiros cortaram rente o cabelo das mulheres capturadas por *collaboration horizontale* com alemães. A multidão lá embaixo aplaudia e dava gritos de aprovação. Uma moça que esteve presente registrou mais tarde que se desprezava por ter participado daquela multidão. E um jovem oficial da 2ème DB escreveu que "ficamos enojados com essa ralé que maltrata mulheres raspando sua cabeça por terem dormido com alemães". No total, estima-se que cerca de 20 mil francesas tiveram a cabeça raspada no verão de 1944.

A desilusão entre libertados e libertadores também aumentou. Os americanos e britânicos viam Paris não só como símbolo da libertação da Europa da opressão nazista, mas como um parque de diversões. "Quando nos aproximamos da cidade, fomos atacados por uma empolgação louca", escreveu Forrest Pogue. "Começamos a rir, cantar, gritar e a mostrar exuberância." O serviço americano de suprimento requisitou todos os melhores hotéis para alojar seus oficiais de altas patentes com estilo, o que deixou Eisenhower irritado. Nenhum francês podia entrar sem convite. Claro que invejaram a comida. Simone de Beauvoir descreveu o Hotel Scribe, reservado para jornalistas estrangeiros, como "enclave americano no coração de Paris: pão branco, ovos frescos, geleia, açúcar e presunto condimentado Spam". No centro da cidade, a Polícia do Exército americano assumiu o poder total, muitas vezes tratando a Gendarmerie local como auxiliares. Logo o Partido Comunista francês rotulou os americanos de "novo poder de ocupação".

O próprio Pogue ficou abalado ao descobrir que o Petit Palais fora ocupado, com um grande cartaz anunciando a distribuição gratuita de preservativos entre os soldados americanos. Em Pigalle, logo apelidada pelos soldados da infantaria americana de "Pig Alley", as prostitutas atendiam a mais de 10 mil homens por dia. Os franceses também ficaram profundamente chocados ao ver os soldados do Exército americano caindo de bêbados nas calçadas da Place Vendôme. O contraste com os soldados alemães de folga, proibidos até de fumar nas ruas, não poderia ser maior.

O problema era que muitos soldados americanos, cheios de dólares de soldos atrasados, acreditavam que os sofrimentos na frente de batalha lhes davam o direito de se comportar como quisessem na retaguarda. E os desertores americanos em Paris, com alguns integrantes inescrupulosos do serviço de suprimentos, alimentaram um próspero mercado negro. A capital da França ficou conhecida como "Chicago-sur-Seine".

Infelizmente, o comportamento de uma minoria bem pouco representativa fez azedar as relações franco-americanas de forma mais profunda e permanente do que se pensava na época. Isso distorceu o imenso sacrifício dos soldados aliados e dos civis franceses na batalha da Normandia, que libertou o país da humilhação e do sofrimento da ocupação alemã. Também desviou a atenção para longe da imensa ajuda americana. Enquanto os soldados da engenharia desativavam minas e armadilhas, mais de 3 mil toneladas de suprimentos foram remetidas por dia a Paris, interrompendo boa parte do avanço aliado rumo à Alemanha.

"Paris caiu muito de repente", relatou a Seção da Base Central. "Todos acharam que tínhamos um suprimento inexaurível de comida, muita roupa e bastante gasolina para os carros. A nossa sede ficou tão cheia quanto o metrô de Paris." Havia uma necessidade avassaladora de penicilina e morfina para uso civil. O major-general Kenner, chefe do serviço de saúde do SHAEF, organizou uma alocação mensal de recursos a ser entregue ao governo francês. Enquanto isso, os serviços médicos dos Exércitos americano, britânico e canadense fizeram o possível para cuidar dos civis doentes e feridos da área.

O sucesso da dupla invasão aliada, primeiro na Normandia e depois no litoral mediterrâneo, pelo menos poupou a maior parte da França de uma longa e arrastada batalha de desgaste.

30

RESULTADO

A notícia da libertação de Paris provocou quase tanta emoção no resto da França quanto na própria capital. Em Caen, o major Massey, da equipe britânica de assuntos civis, escreveu: "Vi franceses nas ruas chorando de alegria e tirando o chapéu para a 'Marselhesa'". Mas os cidadãos de Caen e de outras cidades atingidas temiam, com razão, que em meio ao júbilo de Paris seu sofrimento fosse esquecido. Isso se mostrou ainda mais verdadeiro quando a guerra se deslocou para a fronteira alemã. De Gaulle finalmente visitou Caen em outubro e prometeu apoio, mas dois meses depois o ministro da Reconstrução avisou a região que levaria "muitos anos" para que Calvados fosse reconstruída.

Na verdade, o cruel martírio da Normandia salvara o resto da França. Mas o debate sobre o excesso aliado de bombardeio e artilharia está fadado a continuar. No total, 19.890 civis franceses foram mortos durante a libertação da Normandia, e um número ainda maior ficou gravemente ferido. Isso sem falar dos 15 mil franceses mortos e 19 mil feridos durante o bombardeio preparatório da Operação Overlord nos primeiros cinco meses de 1944. Dá o que pensar o fato de que 70 mil civis franceses foram mortos pela ação aliada no decorrer da guerra, número que excede o total de britânicos mortos pelo bombardeio alemão.

Embora alguns vilarejos e áreas campestres tenham sido milagrosamente poupados durante as batalhas, grandes extensões de terra foram devastadas, com crateras de bombas, árvores desfolhadas e pomares destruídos. O fedor pestilento dos corpos apodrecidos e inchados do gado de rebanho ainda pendia pesado no ar. As unidades aliadas de engenharia tinham removido o máximo possível com retroescavadeiras ou usado gasolina para incinerá-los, mas depois que os soldados se foram os fazendeiros ficaram apenas com as pás e a força dos braços para enterrar os animais. As baixas continuaram a aumentar depois da libertação devido às granadas e minas não detonadas. Perto de Troarn, dizem que morreu mais gente depois da batalha do que durante a luta. Muitas crianças morreram ao brincar com as granadas e a munição que encontravam, abandonadas pelos dois lados.

Assim como as cidades arrasadas pelo bombardeio, os povoados e casas campestres de pedra que os alemães tinham usado como fortalezas foram destruídos pelo fogo de canhões e morteiros. Só no departamento de Calvados, 76 mil pessoas perderam suas casas e praticamente tudo o que possuíam. A pilhagem e os danos desnecessários causados pelos militares aliados só aumentaram a amargura sentida por muitos nas emoções fortes e confusas da libertação. Vários franceses se queixaram de que era melhor sob o mando dos alemães. "Há quem comemore os desembarques", disse a esposa do prefeito de Montebourg, ligado a Vichy. "Quanto a mim, digo que foram o começo do nosso infortúnio. Como todos sabem, fomos ocupados, mas pelo menos tínhamos o necessário." Embora a maioria dos normandos não concordasse com essas ideias políticas, a vasta presença aliada na Normandia era opressiva. De qualquer modo, como compreenderam os soldados aliados mais perspicazes, a população local tinha muito a lamentar, mesmo além do que perderam. Muitos se angustiavam com os maridos e irmãos ainda aprisionados ou levados para trabalhos forçados na Alemanha. Havia temor ainda maior quanto ao destino dos integrantes locais da Resistência, presos pela Gestapo e transportados para campos de concentração.

As equipes aliadas de assuntos civis, em cooperação com as autoridades francesas, fizeram o possível para distribuir alimentos, cuidar dos refugiados e restaurar os serviços essenciais. Entretanto, algumas cidades ficaram sem água encanada nem eletricidade até meados do outono. Os sistemas de esgoto estavam avariados e a infestação de ratos se tornou uma grande ameaça à saúde pública. Em Caen, havia apenas 8 mil casas habitáveis para uma população de 60 mil pessoas. A silhueta de poucas cidades continuava irreconhecível depois que as torres das igrejas antigas foram derrubadas por tanques e canhões para destruir possíveis postos de observação alemães. Uma grande fonte de ressentimento foi que os prisioneiros de guerra alemães que os aliados punham para trabalhar recebiam rações regulares do Exército, de acordo com as regras da Cruz Vermelha Internacional. Isso significava que comiam melhor do que os civis locais.

Apesar da pressão pavorosa imposta ao tecido social da Normandia, a população descobrira a *camaraderie du malheur*, a camaradagem do sofrimento. Os jovens demonstraram grau espantoso de bravura e autossacrifício na Défense Passive, enquanto a maioria dos fazendeiros normandos, apesar da fama de independência e até de sovinice, demonstraram grande generosidade para com os milhares que fugiam das cidades bombardeadas. A família Saingt, dona de uma cervejaria em Fleury, na extremidade sul de Caen, abrigou em suas profundas adegas até novecentas pessoas durante a batalha, fornecendo-lhes tudo o que podiam. Mesmo durante a fase de medo do bombardeio à cidade, foram pouquíssimas as brigas entre refugiados, e quase todos demonstraram *discipline exemplaire*, mesmo na distribuição de alimentos. Como muitos notaram, a crise prolongada foi não só um grande nivelador como estimulou nos indivíduos o que tinham de melhor.

Muitos soldados britânicos e americanos, impressionados com a recepção festiva que tiveram assim que saíram da zona de batalha, não conseguiram deixar de compará-la com a recepção às vezes fria que tiveram na Normandia. Isso demonstra falta de entendimento. Dificilmente os normandos poderiam ser condenados por temer que a invasão falhasse e que as represálias alemãs fossem duras. E seria improvável que a população local, ao examinar o dano causado às suas vidas, se alegrasse, mesmo quando ficou claro que a cabeça de ponte aliada no continente estava firmemente garantida.

Naquelas circunstâncias, a maioria dos normandos demonstrou indulgência extraordinária. A 195ª Companhia de Ambulâncias de Campanha montou um posto de pronto-socorro perto de Honfleur, ao lado de um castelo que dava para o Sena. O rancho dos oficiais ficava numa casinha próxima, onde os médicos foram recebidos com toda a hospitalidade pelo francês idoso que lá morava sozinho. Depois de alguns dias, quando a resistência cessou ao sul do Sena e os únicos pacientes eram civis locais feridos na luta, os médicos decidiram dar uma festa. "Convidaram a condessa e seus parentes que estavam no castelo." Ela aceitou, mas pediu que a festa fosse transferida para o castelo. Ela explicou que, três dias antes da chegada deles, a esposa do anfitrião fora morta durante o ataque de um avião da RAF aos alemães em retirada. Os oficiais médicos ficaram sem fala ao pensarem no comportamento cortês do velho francês, "tão tragicamente privado do ente querido às vésperas da libertação", ainda mais por ter sido um avião britânico que causou a morte da esposa.

"A vida civil deve ser muito monótona", escreveu em seu diário o egocêntrico general Patton depois do triunfo da campanha da Normandia. "Nenhuma multidão a dar vivas, nenhuma flor, nenhum avião particular. Estou convencido de que o melhor fim de um oficial é a última bala da guerra."[1] Seria melhor que ele recordasse a famosa observação do duque de Wellington de que "depois de uma batalha perdida, a maior desgraça é uma batalha ganha".

Nunca se poderá duvidar da ferocidade da luta no noroeste da França. E, apesar do desdém dos propagandistas soviéticos, a batalha da Normandia certamente foi comparável às da frente oriental. Durante os três meses do verão, a Wehrmacht sofreu quase 240 mil baixas e perdeu mais 200 mil homens aprisionados pelos aliados. O 21º Grupo de Exércitos, formado por britânicos, canadenses e poloneses, sofreu 83.045 baixas, e os americanos, 125.847. Além disso, as forças aéreas aliadas perderam 16.714 homens, mortos ou desaparecidos em ação.

A rixa entre generais aliados no pós-guerra, que exigiam o crédito e repartiam a culpa em seus relatórios e memórias, foi igualmente feroz. O marechal de campo Sir Alan Brooke, fino observador das fraquezas humanas, não deve ter se surpreendido. Ele já escrevera sobre uma briga entre oficiais navais de postos elevados em junho: "É espantoso como os homens podem ser pequenos e mesquinhos em relação a questões de comando".

Montgomery viu-se no meio da tempestade do pós-guerra, devido principalmente às suas declarações absurdas de que tudo funcionara de acordo com seu plano principal. Ele achava que devia ser considerado no mesmo nível de Marlborough e Wellington, e denegria, implicitamente, os colegas americanos. Na Normandia, quase sozinho, conseguira tornar antibritânicos a maioria dos comandantes americanos dos altos escalões, numa hora em que o poderio do Reino Unido se reduzia drasticamente. Portanto, seu comportamento foi um desastre diplomático de grandes proporções. Seja qual for o mérito de seus argumentos em fins de agosto de 1944 a respeito do avanço planejado rumo à Alemanha, Montgomery lidou muito mal com a situação. Também provocou

---

[1] Na verdade, Patton morreu em consequência de um acidente de trânsito na Alemanha, em dezembro de 1945.

as fileiras mais altas da Real Força Aérea, que ficaram ainda mais aborrecidas do que os americanos com sua falta de franqueza a respeito das operações na Normandia.

Eisenhower, em geral tolerante, recusou-se a perdoar Montgomery pelas declarações que fez depois da guerra. "Antes de tudo, ele é um psicopata", explodiu Eisenhower numa entrevista em 1963. "Não se esqueçam disso. Ele é tão egocêntrico – tudo o que fez foi perfeito – que nunca cometeu um erro na vida." O trágico foi que, dessa maneira, Montgomery desviou a atenção de suas inegáveis qualidades e do sacrifício de seus soldados, que combateram o grosso das formações *panzer* alemãs e enfrentaram a maior concentração de canhões anticarro de 88 mm.

É claro que a batalha de desgaste não antevista e travada por Montgomery, assim como não previsto foi o avanço árduo, demorado e sangrento dos americanos pelo *bocage*, se viu ainda mais arrastada pelos atrasos causados pelo péssimo tempo de meados de junho. Mas tanto os britânicos quanto os americanos subestimaram gravemente a tenacidade e a disciplina dos soldados da Wehrmacht. Em parte, isso aconteceu porque não conseguiram avaliar a eficácia da propaganda nazista para convencer os soldados de que a derrota na Normandia significaria o aniquilamento da *Vaterland*. Esses soldados, principalmente os da SS, estavam fadados a acreditar que tinham tudo a perder. Seus exércitos já tinham dado muitas razões para a raiva aliada.

A batalha da Normandia não aconteceu como planejado, mas até os críticos de poltrona jamais questionaram o resultado final, por mais imperfeito que fosse. Também se deve levar em conta o que aconteceria se a façanha extraordinária do Dia D tivesse fracassado, como, por exemplo, se a frota de invasão tivesse sido atingida pela grande tempestade de meados de junho. O mapa do pós-guerra e a história da Europa talvez fossem mesmo muito diferentes.

AGRADECIMENTOS

Há uma velha piada que diz que o coletivo dos que praticam a minha profissão é "uma confusão de historiadores". Na minha experiência, isso não se aplica aos historiadores da Segunda Guerra Mundial. Depois de enfrentar muitos meses solitários em arquivos estrangeiros, faz uma diferença imensa poder discutir fontes e teorias com aqueles cuja opinião e experiência valorizamos. Com o passar dos anos, o apoio incansável de colegas e amigos foi um consolo e um prazer.

Há quase uma década, quando eu ainda me concentrava na frente oriental, o falecido Martin Blumenson foi o primeiro a insistir que eu abordasse o tema da Normandia. Ele também se interessava em comparar a guerra nazi-soviética com a campanha no noroeste da Europa. Sir Max Hastings foi infinitamente generoso nos empréstimos de material e nas boas sugestões. O professor Tami Davis Biddle, da Escola Superior de Guerra do Exército americano, fez boas recomendações sobre a guerra aérea e me ofereceu livros, artigos e cópias de documentos. James Holland também me emprestou muitos livros e material de suas entrevistas. Sebastian Cox, diretor do Air Historical Branch do Ministério da Defesa, também faz parte do círculo de amigos que forma uma agremiação irregular na hora do almoço para discutir a guerra. Muitos outros historiadores ajudaram com material e conselhos, como Rick Atkinson, o professor Michael Burleigh, o professor M. R. D. Foot, o professor Donald L. Miller, Claude Quétel e Niklas Zetterling.

Tive muita sorte com toda a ajuda que recebi dos arquivistas durante a pesquisa para escrever este livro, principalmente do dr. Tim Nenninger, chefe do Modern Military Records dos Arquivos Nacionais, em College Park, Maryland, Estados Unidos; do dr. Conrad Crane, diretor do Military History Institute do Exército americano, em Carlisle, na Pensilvânia, e de sua equipe; da equipe dos Arquivos Nacionais, em Kew; dos administradores e da equipe do Liddell Hart Centre for Military Archives; de Alain Talon, dos Archives Départementales de la Manche; de Frau Jana Brabant, do Bundesarchiv-Militärarchiv, em Freiburg-im-Breisgau, e de Frau Irina Renz, da Bibliothek für Zeitgeschichte, em Stuttgart. Além de Sebastian Cox, também sou grato a Clive Richards, pesquisador-chefe do Air Force Historial Branch, por sua ajuda.

No Museu Nacional da Segunda Guerra Mundial, em Nova Orleans, o dr. Gordon H. Mueller, Jeremy Collins e Seth Paridon foram extremamente solícitos quando trabalhei no arquivo do Eisenhower Center. Também fiquei muito comovido com a gentileza de todos no Memorial de Caen: Stephane Grimaldi, Stephane Simonnet, Christophe Prime e Marie-Claude Berthelot, que me aguentaram por tanto tempo e com tamanha frequência.

Também devo muito aos que me emprestaram tão gentilmente diários e cartas, seus ou de seus pais. Sou muito grato a David Christopherson, que me mandou o diário de seu pai, coronel Stanley Christopherson; ao professor J. L. Cloudsley-Thompson; a James Donald; a L. B. Fiévet, sobrinho-neto de Raoul Nordling; ao general-brigadeiro P. T. F. Gowans, condecorado com a Ordem da Austrália; a Toby e a Sarah Helm, pelo diário de seu pai, dr. Bill Helm; ao falecido Myles Hildyard; e a Charles Quest-Ritson pela coletânea de cartas de seu pai, o tenente T. T. Ritson da Real Artilharia Montada. Outros, como Morten Malmø, Miles d'Arcy-Irvine e Philip Windsor-Aubrey, ofereceram ideias e material suplementar, e William Mortimer Moore me enviou sua biografia não publicada do general Leclerc. A dra. Lyubov Vinogradova e Michelle Miles ajudaram na pesquisa e Angelica von Hase conferiu mais uma vez as minhas traduções e me ofereceu muitos detalhes úteis.

Novamente, este projeto como um todo recebeu ajuda incomensurável de Andrew Nurnberg, meu agente literário nos últimos 25 anos, da minha editora Eleo Gordon, na Penguin, e da revisora Lesley Levene. Como sempre, o maior agradecimento vai para minha esposa Artemis Cooper, que revisou, corrigiu e melhorou o texto do começo ao fim.

NOTAS

ABREVIATURAS

ADdC	Archives Départementales du Calvados, Caen
AdM	Archives de la Manche, Saint-Lô
AFRHA	Air Force Research Historical Agency, Base da Força Aérea em Maxwell, Alabama
AHB	Air Historical Branch, Ministério da Defesa, Northwood
AN	Archives Nationales, Paris
AVP	Archives de la Ville de Paris
AVPRF	Arkhiv Vneshnoi Politiki Rossiiskii Federatsii, Moscou
BA-MA	Bundesarchiv-Militärarchiv, Freiburg-im-Breisgau
BD	Bruce Diary, documentos de David Bruce, Virginia Historical Society, Richmond, Virgínia
BfZ-SS	Bibliothek für Zeitgeschichte, Sammlung Sterz, Stuttgart
CAC	Churchill Archive Centre, Churchill College, Cambridge
CMH	Center of Military History, Washington, D.C.
CRHQ	Centre de Recherche d'Histoire Quantitative, Université de Caen
CWM/MCG	Canadian War Memorial/Mémorial Canadien de la Guerre
DDEL	Dwight D. Eisenhower Library, Abilene, Kansas
DTbA	Deutsches Tagebucharchiv, Emmendingen
DWS	Department of War Studies, Real Academia Militar de Sandhurst
ETHINT	European Theater Historical Interrogation, 1945, USAMHI
FMS	Foreign Military Studies, USAMHI
HP	Harris Papers, Museu da RAF, Hendon
IfZ	Archiv des Instituts für Zeitgeschichte, Munique
IHTP-CNRS	Relatórios do comandante militar alemão na França e resumo dos relatórios dos prefeitos franceses, 1940-1944, publicados pelo Instituto Histórico Alemão, em Paris, e pelo Institut d'Histoire du Temps Présent, revisados por Regina Delacor, Jürgen Finger, Peter Lieb, Vincent Viet e Florent Brayard.
IMT	Internacional Military Tribunal
IWM	Arquivos do Imperial War Museum, Londres

LHCMA	Liddell Hart Centre for Military Archives, Londres
LofC	Library of Congress, Projeto História dos Veteranos, Washington, D. C.
MdC	Arquivos do Mémorial de Caen, Normandia
MHSA	Montana Historical Society Archives
NA II	National Archives II, College Park, Maryland
NAC/ANC	National Archives of Canada/Archives Nationales du Canada
NWWIIM-EC	National World War II Museum, arquivo do Eisenhower Center, Nova Orleans
OCMH-FPP	Office of the Chief of Military History, Documentos Forrest Pogue, anotações de entrevistas de Forrest C. Pogue para *Supreme Command*, agora no USAMHI
PDDE	Chandler, Alfred D. (org.). *The Papers of David Dwight Eisenhower*, vol III, *The War Years*. Baltimore, Maryland: Johns Hopkins University Press, 1970
PP	Portal Papers, Christ Church Library, Oxford
ROHA	Rutgers Oral History Archive
SHD-DAT	Service Historique de la Défense, Département de l'Armée de Terre, Vincennes
SODP	Senior Officers Debriefing Programme, Escola Superior de Guerra do Exército dos Estados Unidos, Carlisle, Pensilvânia.
SWWEC	Arquivo do Second World War Experience Centre, Horsforth, Leeds.
TNA	The National Archives (antigo Public Record Office), Kew
USAMHI	Military History Institute do Exército dos Estados Unidos, Escola Superior de Guerra do Exército dos Estados Unidos, Carlisle, Pensilvânia
WLHUM	Wellcome Library for the History and Understanding of Medicine, Londres
WWII VS	World War II Veterans' Survey, USAMHI

Além disso, foram usados os seguintes diários particulares:
Tenente-coronel Stanley Christopherson, da Cavalaria dos Rangers de Sherwood
Tenente William Helm, 210ª Companhia das Ambulâncias de Campanha, 177ª Brigada, 59ª Divisão de Infantaria
Capitão Myles Hildyard, oficial do serviço de informações da 7ª Divisão Blindada
Tenente T. T. Ritson, Real Artilharia Montada

CAPÍTULO 1   A decisão

p. 16   "Pelo amor de Deus, Stagg", Stagg, p. 69
"nervosismo pré-Dia D", Butcher, p. 479
p. 17   Plano Fortitude, TNA WO 219/5187
p. 18   "Garbo", TNA KV 2/39-2/42 e 2/63-2/71
Ironside, TNA KV 2/2098
"Bronx", TNA KV 2/2098
p. 19   destruição de bases aéreas, Luftgau West France, TNA HW 1/2927
sistema de vigilância de Bletchley, TNA HW 8/86
"Últimos indícios mostram...", TNA HW 40/6
"minha carroça de circo", D'Este, 2002, p. 518
"para criar um cinturão...", TNA WO 205/12
p. 20   "Não há dúvida...", Brooke, p. 575
"Sujeito legal, soldado, não", entrevista com Cornelius Ryan, Ohio University Library, Department of Archives and Special Collections
"os óculos nacionais distorcem...", Brooke, p. 575
"Meu chapéu vale...", Hart-Davis, p. 196-7
"Talvez Monty seja...", LHCMA Liddell Hart 11/1944/11
"Os malditos de Durham...", Moses, p. 270. Agradeço a Miles d'Arcy-Irvine, ao major Philip Windsor-Aubrey, ao major C. Lawton, ao Sr. Harry Moses e ao Sr. Richard Atkinson pela ajuda com esse incidente.
p. 21   "insatisfatórias", NA II 407 /427/ 24132
"expressão roceira... pragmático...", Blumenson, 1993, p. 35
p. 22   "irritava todo mundo", general de brigada Kenner, oficial médico chefe, SHAEF, OCMH-FPP
"Os desembarques na área...", citado em Butcher, p. 525

p. 23 reconhecimento em Omaha, majo-general L. Scott-Bowden, SWWEC T2236
"Quando partimos...", Robert A. Wilkins, 149º Batalhão de Engenharia de Combate, NWWIIM-EC
"Quando passamos por...", Reddish, Arthur. *A Tank Soldier's Story*. Edição do autor, sem data, p. 21
p. 24 "Já me engordaram...", citado em Hills, p. 64
"Todos estão tensos...", LofC
p. 25 "As mulheres que vieram...", Panter-Downes, p. 324
"Certa noite...", Ernest A. Hilberg, 18º Regimento de Infantaria, 1ª Divisão, NWWIIM-EC
"Se não estivesse carregada...", Stagg, p. 86
p. 26 "Se eu respondesse a isso...", *ibid.*, p. 88
"Boa sorte, Stagg...", *ibid.*, p. 91
"Cavalheiros, os temores...", *ibid.*, p. 97-98
"Tropas de Eisenhower desembarcam...", Butcher, p. 481
p. 27 "o céu estava quase claro...", Stagg, p. 99

CAPÍTULO 2   Com a Cruz de Lorena

p. 28 "um vazio na boca do estômago", Brooke, p. 553-4 (5 de junho)
"Os britânicos tinham um medo...", coronel C.H. Bonesteel III, Planos G-3, 12º Grupo de Exércitos, OCMH-FPP
p. 29 "exibir algum tipo de 'Dunquerque ao contrário'", TNA HW 1/ 12309
"Meu caro Winston...", CAC CHAR 20/136/004
"implicante", Butcher cita o comandante Thompson em Butcher, p. 480
p. 30 "Enquanto isso, Winston...", Brooke, p. 553
"Pelo que entendo", do primeiro-ministro ao presidente, 23 de fevereiro, em resposta ao telegrama nº 457, TNA PREM 3/472
"governo insurrecional", citado em Lacouture, p. 511
De Gaulle e Waterloo, Tombs, p. 569
"O senhor lhe faria um grande...", do primeiro-ministro ao presidente, 20 de abril, TNA PREM 3/472
p. 31 "Nesse momento, sou incapaz...", 13 de maio, TNA PREM 3/472
Eisenhower e o CFLN, PDDE, p. 1592
"agudo embaraço", SCAF 24, 11 de maio, TNA PREM 3/345/1
"um acordo de trabalho", do primeiro-ministro ao presidente, 12 de maio, TNA PREM 3/472
p. 32 missa a Joana d'Arc em 14 de maio, SHD-DAT 11 P 218
"Graças a piadas...", citado em Hastings, p. 69
"todas as suas falhas...", do primeiro-ministro ao presidente, 26 de maio, TNA PREM 3/472
"em nome da segurança...", 13 de maio, TNA PREM 3/472
"Isso não aumentou a estima...", Foot, p. 241
de "C" ao primeiro-ministro, TNA PREM 3/345/1
p. 33 "Duff Cooper lhe avisou que, acima de tudo...", diário de Duff Cooper, 2 de junho, Norwich, p. 306
"Meu caro general De Gaulle", TNA PREM 3/345/1
"reconhecido de modo algum...", De Gaulle, p. 223-4
p. 34 "Vamos libertar..." e "A De Gaulle, que nunca...", citado em Lacouture, p. 521-2
"gostaria de sugerir...", de Bedell Smith a Churchill, 5 de junho, TNA PREM 3/339/6
p. 35 "Cavalheiros, desde que apresentei...", Stagg, p. 113
p. 36 "Ele sempre se anima...", Butcher, p. 482
navalhas afiadas, soldado de primeira classe Carl Cartledge, 501º Regimento de Infantaria Paraquedista, 101ª Divisão Aeroterrestre, WWII VS
"rastejar por entranhas...", William True, NWWIIM-EC
p. 37 o paraquedista que ganhou 2.500 dólares, Arthur B. "Dutch" Schultz, Companhia C, 505º Regimento de Infantaria Paraquedista, 82ª Divisão Aeroterrestre, NWWIIM-EC
"Havia um clima no ar...", Parker A. Alford, 3º Batalhão, 501º Regimento de Infantaria Paraquedista, NWWIIM-EC

p. 38 "ele também disse...", Don Malarkey, Companhia E do 506º Regimento de Infantaria Paraquedista, 101ª Divisão Aeroterrestre, NWWIIM-EC
"Homens, nos próximos dias...", Edward C. Boccafogli, 508º Regimento de Infantaria Paraquedista, 82ª Divisão Aeroterrestre, NWWIIM-EC
"Olhem à direita e à esquerda...", major-general S.H. Matheson, ajudante de ordens regimental do 506º Regimento de Infantaria Paraquedista da 101ª Divisão Aeroterrestre, NWWIIM-EC
"*übelste Untermenschentum amerikanischer Slums*", BA-MA RW 2/v.44, citado em Lieb, p. 132

p. 39 "um para a dor...", soldado de primeira classe Carl Cartledge, 501º Regimento de Infantaria Paraquedista, 101ª Divisão Aeroterrestre, WWII VS

p. 40 "Estava ali parado...", Edward C. Boccafogli, 508º Regimento de Infantaria Paraquedista, 82ª Divisão Aeroterrestre, NWWIIM-EC
"a informalidade e a amabilidade de Eisenhower", Butcher, p. 485
"Como se chama, soldado?", Sherman Oyler, 502º Regimento de Infantaria Paraquedista, 101ª Divisão Aeroterrestre, NWWIIM-EC

p. 41 "Ficamos chocados...", Edward J. Jeziorski, 507º Regimento de Infantaria Paraquedista, NWWIIM-EC

p. 42 "Um soldado perguntou...", Tomaso William Porcella, 3º Batalhão, 508º Regimento de Infantaria Paraquedista, 82ª Divisão Aeroterrestre, NWWIIM-EC
"Pedimos que nos avise...", do primeiro-ministro a Stálin, 14 de abril, TNA PREM 3/472
"Não se pode esquecer...", de Stálin ao primeiro-ministro, 24 de junho de 1943, TNA PREM 3/333/5

p. 43 "Soubemos por outras fontes...", diário de Gusev, AVPRF 59a/7/p13/6 p. 357-8
Vishinski, AVPRF 06/6/p2/d22 p. 147
"Acabei de retornar...", do primeiro-ministro a Stálin, 5 de junho, TNA PREM 3/346

CAPÍTULO 3   Vigilância no Canal da Mancha

p. 44 "Deviam estar vindo", tenente-general Fritz Bayerlein, Panzer Lehr Division, ETHINT 66
p. 45 cestas de Natal para a *Leibstandarte Adolf Hitler*, Junge, Traudl. *Until the Final Hour*. Londres: Weidenfeld & Nicolson, 2002, p. 79
"apenas um blefe barato", general de infantaria Blumentritt, relatório de 6 de agosto de 1945, NA II 407/427/24231
Rommel também queria abandonar a Itália, Generalleutnant Speidel, chefe do Estado-Maior do Grupo B de Exércitos, FMS B-718-720

p. 46 [não foi] "bem recebida", entrevista do marechal de campo Gerd von Rundstedt a Shulman, outubro de 1945, Shulman, p. 107
"Consideramos a expulsão...", tenente-general Fritz Bayerlein, Panzer Lehr Division, ETHINT 66
"A face da guerra...", diário do tenente Kurt Flume, 1º de junho de 1944, DTbA 270/1

p. 48 "Quando o governo...", Speidel, p. 88
"Se não fizerem...", IfZ, NOKW-546, citado em Lieb, p. 121

p. 49 exército *panzer* perto de Paris, general de exército Heinz Guderian, ETHINT 38
Rommel e a supremacia aérea aliada, general de infantaria Blumentritt, relatório de 6 de agosto de 1945, NA II 407/427/24231
identificação de áreas prováveis de pouso, General der Infanterie Blumentritt, relatório de 6 de agosto de 1945, NA II 407/427/24231

p. 50 campos minados falsos, tenente Cyril Rand, 2º Batalhão dos Reais Fuzileiros do Ulster, MdC TE 499
"batalhões de ouvido e estômago", Lieb, p. 106
"É mesmo triste...", Böll, p. 918
"Nunca se enviam...", tenente-general Fritz Bayerlein, ETHINT 66

p. 51 "impressão apreensiva...", BA-MA, RH 19 IV/129, 28.12.1943, citado em Lieb, p. 123
"*Plutokratenstaaten Amerika und England*", IfZ-Archiv, MA-1024, citado em Lieb, p. 120
"muito diferente dos costumeiros...", Fernand Louvoy, MdeC, TE 38
"Vocês serão libertados...", Madame Richer, Bayeux, MdC TE 223

p. 52 "O senhor terá de mandar...", tenente-general Fritz Bayerlein, Panzer Lehr Division, ETHINT 66
"mal conseguiam entender...", tenente-general Edgar Feuchtinger, FMS B-441

p. 53   "Tinha a simplicidade espartana...", tenente-coronel Keil, FMS C-018
"paraíso dos conquistadores", entrevista do general de infantaria Blumentritt, fevereiro de 1946, Shulman, p. 60
"Com certeza o inimigo...", engenheiro de combate, Stab/Pz.Pi.Btl.86, 9.Pz.Div., BfZ-SS
"Não fizeram nada...", tenente-general Fritz Bayerlein, ETHINT 66
"Reais Granadeiros Alemães", entrevista do marechal de campo Gerd von Rundstedt a Shulman, outubro de 1945, Shulman, p. 110
"Divisão do Canadá", Speidel, p. 98

p. 54   instalações da Wehrmacht em Bayeux, Franz Gockel, MdC, TE 500
"Tenho aqui...", carta sem data do Hauptfeldwebel Helmut Lichtenfels, Folder Newbold, Stefan, DDEL
"Vou me comportar...", diário de André Heintz, MdC, TE 32 (1-4)
"Não se preocupe demais...", Suboficial Leopold L., 5.Kp./Pz.Rgt.3, 2.Pz.Div., BfZ-SS
condições climáticas, almirante Friedrich Ruge, almirante adido ao grupo de Exércitos B, FMS, A-982; e tenente-coronel Keil, FMS C-018

p. 55   "Então é outro alarme falso", Meyer, Hubert, p. 87
"Mensageiros e soldados isolados...", tenente-general Mahlmann, 353ª Divisão de Infantaria FMS A-983; e coronel Cordes, Alfred Weißkopf, AdM 2 J 695
"fez declarações...", tenente-coronel Fritz Ziegelmann 352ª Divisão de Infantaria, FMS B-021

p. 56   Estado de Alerta II, tenente-general Bodo Zimmermann, OB West, FMS B-308; e Ruge, FMS, B-282

CAPÍTULO 4   O isolamento da área da invasão

p. 58   estimativas da SOE sobre a Resistência, Mackenzie, p. 602
p. 59   Plan Vert etc., SHD-DAT 13 P 33
p. 60   Resistência no Orne, ADdC 9W4/2
coleta de informações pela Resistência, diário de André Heintz, MdC, TE 32 (1-4)
"meros parassabotadores...", quartel-general do I Exército dos Estados Unidos, 10 de março, NA II 407/427/ 24368/595
SAS e equipes Jedburgh, Foot, p. 400-407

p. 61   "Durante a batalha da invasão...", tenente-general Fritz Bayerlein, Panzer Lehr Division, ETHINT 66
"desvios mínimos", carta de 24 de março do major-brigadeiro Arthur Harris ao tenente-brigadeiro Sir Charles Portal, chefe do Estado-Maior da Força Aérea, HP, Folder H83
Harris e Spaatz, Biddle, p. 569-852

p. 62   "deveria ser o principal alvo", TNA PREM 3/4727
"Por mais lamentável...", TNA PREM 3/4727
"A RAF era uma casa dividida", coronel C.H. Bonesteel III, Planos G-3, 12º Grupo de Exércitos, OCMH-FPP
15 mil franceses mortos e 19 mil feridos, AN AJ 41/56
"O senhor tem de controlar...", tenente-coronel Scarman, ajudante de ordens de Tedder, OCMH-FPP
incapacidade de ver de Churchill, marechal do ar Visconde Portal, OCMH-FPP
"Por Deus, não!", do tenente-brigadeiro Sir James Robb, chefe do Estado-Maior (aéreo), a Eisenhower, OCMH-FPP

p. 63   "esfinge insolente...", anônimo, MdC TE 83
mensagens à Resistência na Normandia, SHD-DAT 13 P 33

CAPÍTULO 5   O ataque aeroterrestre

p. 64   "É agora", Howarth, p. 13
p. 66   "Bom, até agora...", Johnson e Dunphie, p. 36
"*Ham and Jam*", soldado Tappenden, NWWIIM-EC
Tenente-general Joseph Reichert, 711ª Divisão de Infantaria, FMS B-403
execução de paraquedistas, Lieb, p. 173

p. 69   "Cavalheiros, apesar das...", Copp, 2003, p. 42

p. 70   Saint-Pair, Neville Smith, 9º Batalhão, Regimento Paraquedista, MdC TE 134
192 homens do batalhão de Otway, Howarth, p. 61
"Hora de tomar nosso...", Howarth, p. 56

p. 71   relato do general-brigadeiro Hill, *Independent on Sunday*, 6 de junho de 2004
"os meios do pecado mortal", Zuehlke, p. 129

p. 72   "O pouso aconteceu...", NA II 407/427/24170

p. 73   "terrivelmente sobrecarregados...", Legrand Johnson, 101ª Divisão Aeroterrestre, NWWIIM-EC
"a essa hora...", tenente John R. Blackburn, controle aéreo, USS *Quincy*, NWWIIM-EC
"figuras arrogantes...", Roger L. Airgood, piloto de C-47, NWWIIM-EC

p. 74   "duas ilhas com o nome...", Richard H, Denison, 437º Grupo de Transporte de Tropas, NWWIIM-EC
ação evasiva contra as ordens, NA II 407/427/24137

p. 75   "Muitas vezes, uma bola...", tenente John R. Blackburn, controle aéreo, USS *Quincy*, NWWIIM-EC
"Nosso avião nunca desacelerou", major Leland A. Baker, 502º Regimento de Infantaria Paraquedista, 101ª Divisão Aeroterrestre, NWWIIM-EC

p. 76   "Soldados paraquedistas americanos...", cabo Hans S., 9.Kp./Gren.Rgt.1058, 91.(LL.) Inf. Div., BfZ-SS
"melancias caindo...", Sherman Oyler, 502º Regimento de Infantaria Paraquedista, 101ª Divisão Aeroterrestre, WWIIM-EC

p. 77   "maldito grilo", Parker A. Alford, 26º Regimento de Infantaria de Campanha, 9ª Divisão de Infantaria, acompanhando o 501º Regimento de Infantaria Paraquedista, 101ª Divisão Aeroterrestre, NWWIIM-EC
"Eu o havia enfiado ali...", John Fitzgerald, 502º Regimento de Infantaria Paraquedista, NWWIIM-EC

p. 78   Mapa da Península de Cotentin, capitão R.H. Brown, 506º Regimento de Infantaria Paraquedista, 101ª Divisão Aeroterrestre, NA II 407/427/24242

p. 79   "Os alemães acharam que estávamos...", Fred C. Patheiger, 502º Regimento de Infantaria Paraquedista, 101ª Divisão Aeroterrestre, NWWIIM-EC
"*Où est Alamon?*", Chris Courneotes Kanaras, 507º Regimento de Infantaria Paraquedista, 82ª Divisão Aeroterrestre, NWWIIM-EC
morte do general Falley, Frank McKee, 82ª Divisão Aeroterrestre, NWWIIM-EC

p. 80   "Chegar à área de pouso...", Chris Courneotes Kanaras, 507º Regimento de Infantaria Paraquedista, 82ª Divisão Aeroterrestre, NWWIIM-EC
"Ora, eles não vieram nos dar balinhas...", Rainer Hartmetz, NWWIIM-EC
"ninguém disse nada", Ken Cordry, 502º Regimento de Infantaria Paraquedista, 101ª Divisão Aeroterrestre, NWWIIM-EC
"confiar um prisioneiro de guerra...", Don Malarkey, Companhia E, 506º Regimento de Infantaria Paraquedista, 101ª Divisão Aeroterrestre, NWWIIM-EC

p. 81   "com as partes íntimas cortadas...", William Oatman, 506º Regimento de Infantaria Paraquedista, NWWIIM-EC
"os corpos para a prática de baioneta", Briand North Beaudin, oficial médico, 508º Regimento de Infantaria Paraquedista, 82ª Divisão Aeroterrestre, NWWIIM-EC
"Perguntei a ele onde tinha arrajando...", William M. Sawyer, 508º Regimento de Infantaria Paraquedista, NWWIIM-EC
aliança de oficial alemão, tenente Eugen Brierre, 501º Regimento de Infantaria Paraquedista, NWWIIM-EC
"Vamos procurar alguns *krauts* para matar!" e "Essa gente virou bicho", Sherman Oyler, 502º Regimento de Infantaria Paraquedista, 101ª Divisão Aeroterrestre, NWWIIM-EC

p. 82   "Nunca antes, nos anais...', Parker A. Alford, 3º Batalhão, 501º Regimento de Infantaria Paraquedista, NWWIIM-EC
"Não conseguiam falar...", Rainer Hartmetz, NWWIIM-EC

p. 83   "Nós o jogamos na carroça", Don Malarkey, Companhia E, 506º Regimento de Infantaria Paraquedista, 101ª Divisão Aeroterrestre, NWWIIM-EC
"Depois de breve marcha...", "Conseguimos ouvir..." e "Tentamos imediatamente ajudar os feridos", John Fitzgerald, 502º Regimento de Infantaria Paraquedista, NWWIIM-EC

p. 84   "Os planadores que transportavam...", cabo Hans S., 9.Kp./Gren.Rgt.1058, 91.(LL.)Inf.Div., BfZ-SS

p. 85
"Ao pousar...", Charles E. Skidmore Jr., 439º Esquadrão de Transporte de Tropas, NWWIIM-EC
"Agora você já viu...", soldado de primeira classe Carl Cartledge, 501º Regimento de Infantaria Paraquedista, 101ª Divisão Aeroterrestre, WWII VS
"Estou mais do que grato...", Leigh-Mallory, carta de 7 de junho, citada em D'Este, 2002, p. 530

CAPÍTULO 6   A travessia da Armada

p. 86
a Marinha Real britânica na Operação Netuno, Naval Plan TNA ADM 1/16259
"The Road to the Isles", gaiteiro Bill Millin, SWWEC T654/666
"A-hunting We Will Go", A.D.E. Curtis, Força R, SWWEC 2000.384
"Marselhesa", Dr. Ian Campbell, Corpo Médico do Exército Real, 2ª Enfermaria de Campanha, SWWEC 2000.477

p. 87
"o tráfego ficou cada vez...", almirante G.B. Middleton, HMS *Ramillies*, carta de 12 de junho, IWM 01/2/1
"a mistura de empolgação...", Bramall, p. 147
lembranças de Dieppe, Rev. P. Symes, 4ª Yeomanry do Condado de Londres, SWWEC, T 563
"última lembrança", Reddish, p. 21
"A tentativa de fazer...", 5º Corpo, NA II RG 407/427/24235

p. 88
Operação Taxable e outras ações diversionárias, TNA ADM 179/410

p. 89
"Embora o comparecimento fosse...", Ronald Seaborne, Observador Avançado da Marinha Real britânica, 50ª Divisão, NWWIIM-EC
jogatina no USS *Samuel Chase*, Oscar Rich, 5º Grupo de Artilharia de Campanha, 1ª Divisão de Infantaria, NWWIIM-EC
"Todos estão tensos...", LofC
"Muito embora amontoados...", Botsford, p. 21
"quem ia sobreviver..." e "Meus pensamentos se voltaram...", Everett P. Schultheis, 467º Grupo de Artilharia Antiaérea, NWWIIM-EC
"Quem estiver nervosinho...", Baumgarten, p. 7

p. 90
"Não se preocupem...", K.G. Oakley, Grupamento Tático de Praia da Marinha Real britânica, Praia Sword, IWM 96/22/1
"de um grande abismo...", Cyrus C. Aydlett, Guarda Costeira dos Estados Unidos, a bordo do USS *Bayfield*, NWWIIM-EC
USS *Shubrick*, Edward T. Duffy, Marinha dos Estados Unidos, NWWIIM-EC
"anúncio dramático", William F. Rellstab Jr., 388º Grupo de Bombardeiros, 562º Esquadrão, NWWIIM-EC
"Os preparativos foram espantosos", Scott, p. 99
esquadrões aliados envolvidos nas operações do Dia D, RAF-MoD

p. 91
"para abrigar as forças...", diário de Weldon J. Allen, piloto do 387º Grupo de Bombardeiros, NWWIIM-EC

p. 92
"mais carne, porco...", Theodore G. Aufort, 16º Regimento, 1ª Divisão de Infantaria, NWWIIM-EC
"salsichas, feijão...", sargento Harry C. Bare, 116th Regimento, 29ª Divisão de Infantaria, NWWIIM-EC
"como se fosse a Marinha...", major George Young, Green Howards, SWWEC T2452
"poderíamos estar no ancoradouro...", Ludovic Kennedy, SWWEC T 320
"roupa de gambá", Vincent Schlotterbeck, NWWIIM-EC
"ajustavam com nervosismo...", Cyrus C. Aydlett, a bordo do USS *Bayfield*, NWWIIM-EC

p. 93
"Nós nos esgueiramos...", tenente J.G. Pelly, IWM 91/15/1
"Atenção no convés!...", John Raaen, 5º Batalhão, Rangers, NWWIIM-EC
Seekommandant Normandie, Auszug aus dem Fernsprechmeldebuch der 352. I.D., Küstenverteidigungsabschnitt Bayeux, FMS, B-388

p. 94
casacos de baeta e canecas de chocolate quente, Jean-Louis Salmon, MdC TE 213
"todo o horizonte...", Generalleutnant Joseph Reichert, 711ª Divisão de Infantaria, FMS B-403
cortina de fumaça, almirante G. B. Middleton, HMS *Ramillies*, carta de 12 de junho, IWM 01/2/1

p. 95 "A tela estava literalmente...", Anthony Drexel Duke, NWWIIM EC
"Coloque esse maldito capacete", Kenneth Romanski, 16º Regimento, 1ª Divisão de Infantaria, NWWIIM-EC
"Durante essa meia hora...", major Dallas, 1º Batalhão, 116º Regimento, 29ª Divisão de Infantaria, NAII 407/427/24034

p. 96 "Boa caçada, Rangers!", tenente Francis W. Dawson, 5º Batalhão Ranger, NWWIIM-EC
"a hora mais solitária", Alfred F. Birra, 237º Batalhão de Engenharia, adido à 4ª Divisão de Infantaria, Folder Birra, Alfred F, DDEL
"Isso, senhores...", John Raaen, 5º Batalhão, Rangers, NWWIIM-EC
"Os grandes canhões...", Ludovic Kennedy, SWWEC T 320
"Era uma imagem estranha...", Robert L. Bogart, primeiro-sargento, 1ª Divisão, NWWIIM-EC
"Podíamos ver...", Scannell, p. 145

p. 97 "começaram a vomitar...", Kenneth Romanski, 16º Regimento, 1ª Divisão de Infantaria, NWWIIM-EC
oficial de alta patente no jipe, Ronald Seaborne, observador avançado da Marinha Real britânica, 50ª Divisão, NWWIIM-EC
"malditos marinheiros...", diário de Stanley Christopherson
"Flutuador, cinco mil!", diário do major Julius Neave, 13º/18º Regimento de Hussardos, SWWEC T501

p. 98 "Ao largo de Asnelles...", 352ª Divisão de Infantaria, diário de campanha de 6 de junho, setor de Bayeux, FMS, B-388
"Imagine só...", Howarth, p. 185
bombardeio de Cabourg com foguetes, conversa com M.R.D. Foot
"erraram totalmente o alvo...", 16ª Força-Tarefa de Combate de Infantaria, NA II 407/427/5927

p. 99 "Sabe, Ike...", PDDE 1588-9

CAPÍTULO 7   Omaha

p. 100 Descrição de Omaha, 5º Corpo, NA II RG 407/427/24235
Sobre Gerow e o planejamento da operação em Omaha, ver principalmente Lewis, 2001

p. 101 "o maior poder de fogo...", Butcher, p. 453
"a importância do inesperado...", LHCMA Liddell Hart 11/1944/7

p. 102 "O mar está agitado demais", major-general L. Scott-Bowden, SWWEC T2236

p. 103 tanques DD, 741º e 743º Batalhões de Carros de Combate, NA II 407/427/24235; e Dean Rockwell, Marinha dos Estados Unidos, NWWIIM-EC
"os americanos se atrapalharam...", LHCMA Liddell Hart 11/1944/37
sobre o debate a respeito dos tanques DD, ver Lewis, p. 307-318
"bombardeio de precisão", *ibid.*, p. 184-190
"Pelo bem que fez...", NAII 407/427/5927
exercício de artilharia alemão, ADdC 6 W4

p. 104 bombardeio de Vierville, Michel Hardelay, MdC TE 59
"A frota de invasão era como...", cabo Alfred Sturm, 9. Kp., II Battalion, 726º Infanterie-Regiment, 716ª Divisão de Infantaria, MdC TE 805
"se estendendo diante da costa...", Franz Gockel, MdC TE 500
"pesado bombardeio", 352ª Divisão de Infantaria, diário de campanha de 6 de junho, FMS, B-388
352º Divisão de Infantaria e 716ª Divisão de Infantaria, ver Zetterling, p. 277-9 e 297-9
providências de Kraiss, há um sumário excelente em Balkoski, p. 73-78

p. 105 ausência de fogo vindo da praia, sargento Harry C. Bare, 116º Regimento de Infantaria, 29ª Divisão, NWWIIM-EC
peixes mortos, capitão Joseph T. Dawson, NA II 407/427/24011
"balançava como...", Edwin J. Best, primeiro-tenente, 6ª Brigada Especial de Engenharia, NWWIIM-EC
"fediam a vômito", John Raaen, 5º Batalhão, Rangers, WWII VS
dificuldades de navegação, Robert E. Adams, Guarda Costeira dos Estados Unidos, LCVP #22, USS *Samuel Chase*, NWWIIM-EC

p. 106 "Todos para dentro!", J. Robert Slaughter, 116º Regimento de Infantaria, 29ª Divisão, MdC TE 231; e Baumgarten, p. 15
"Logo percebemos...", primeiro-tenente Alfred A. Schiller, Marinha dos Estados Unidos, CWM/MCG 58A
"Causem boa impressão", segundo-tenente Donald S. Newbury, NA II RG 407/427/24242
timoneiros experientes, E. Adams, Guarda Costeira dos Estados Unidos, LCVP #22, USS *Samuel Chase*, NWWIIM-EC
"Quando a rampa desceu...", Pozek, 116º Regimento, 29ª Division, NWWIIM-EC
"se alguém caísse...", J. Robert Slaughter, 116º Regimento de Infantaria, 29ª Divisão, MdC TE 231

p. 107 "as balas caíam e respingavam...", William Huch, Folder Huch, William, DDEL
"Ele tinha uma ferida aberta...", Harold Baumgarten, 1º Batalhão, 116º Regimento de Infantaria, 29ª Divisão, NWWIIM-EC
"Me atingiram! Me atingiram!", soldado Elmer E. Matekintis, 16º Regimento de Infantaria, 1ª Divisão, NA II 407/427/24242
"quando batia na areia molhada...", Harry Parley, 2º Batalhão, 116º Regimento de Infantaria, 29ª Divisão, NWWIIM-EC
"Ele gritou pedindo um médico", J. Robert Slaughter, 116º Regimento de Infantaria, 29ª Divisão, MdC TE 231

p. 108 "frontal e de flanco", 5º Corpo, NA II 407/427/24235
"15 ou 20 metros...", primeiro-sargento Robert L. Bogart, 1ª Divisão, NWWIIM-EC
"Nosso trabalho...", William M. Jenkins, reserva da Marinha dos Estados Unidos (Unidade de Demolição de Combate), MdC TE 438
"Em toda a minha vida...", William Huch, Companhia E, 16º Regimento, 1ª Divisão de Infantaria, Folder Huch, William, DDEL
121º Batalhão de Engenharia de Combate, tenente P.W.J. Mallory, NA II 407/427/24242

p. 109 "Alguns homens choravam...", segundo-tenente John T. Czuba, 116º Regimento de Infantaria, NA II 407/427/24242
"os homens foram tombando...", Alan Anderson, 467º Grupo Antiaéreo, NWWIIM-EC
homens tentando embarcar de volta em lancha de desembarque, Robert V. Miller, Marinha dos Estados Unidos, NWWIIM-EC
"Alguns rapazes disseram...", 116º Regimento, 29ª Divisão de Infantaria, NA II 407/427/24241
"outra manobra miserável...", tenente Ed R. McNabb Jr., Companhia H, 116º Regimento de Infantaria, 29ª Divisão, NA II 407/427/24242

p. 110 "Conversamos com eles...", NA II 407/427/24034
"gritou com os soldados...", John Raaen, 5º batalhão, Rangers, NWWIIM-EC
"Vi um homem vindo...", capitão C.N. Hall, médico-assistente, 16º Regimento de Infantaria, 1ª Divisão, NA II 407/427/24242
"começou a correr...", Andrew A. Fellner, 112º Batalhão de Engenheiros de Combate, Easy Red, NWWIIM-EC

p. 111 tanque em Fox Green, NA II 407/427/24034
"O que nos salvou...", soldado Elmer E. Matekintis, 16º Regimento de Infantaria, 1ª Division, NA II 407/427/24242
"estavam apinhados...", 5º Corpo, NA II 407/427/24235
111º Batalhão de Artilharia de Campanha, NA II 407/427/24034
8 horas, horário tirado do diário de campanha do major Thomas D. Howie, oficial de operações do Estado-Maior do RCT (Força-Tarefa à base de regimento) do 116º Regimento, NA II 407/427/24151

p. 112 "Ele foi catapultado...", NA II 407/427/24034
"velho com cara de machado", J. Robert Slaughter, 116º Regimento de Infantaria, 29ª Divisão, MdC TE 231

p. 113 "Temos de sair da praia...", capitão C.N. Hall, médico-assistente, 16º Regimento de Infantaria, 1ª Divisão, NA II 407/427/24242
"Só quem fica...", relatório pós-combate, companhia do quartel-general, 16º Regimento de Infantaria, NA II 407/427/24011; confirmado pelo major-general Albert H. Smith Jr., 16º Regimento, 1ª Divisão de Infantaria, NWWIIM-EC

"A nordeste de Colleville...", do Ia (oficial de operações) da 352ª Divisão de Infantaria ao chefe do Estado-Maior do 84º Corpo, diário de campanha, 6 de junho, FMS, B-388
"a ameaça imediata mais grave...", Harrison, p. 320 e p. 330-1

p. 114 "dos navios de guerra em alto-mar...", 11h10, 352ª Divisão de Infantaria, diário de campanha, 6 de junho, setor de Bayeux, FMS, B-388
"Louvado seja Deus", soldado de primeira-classe Harold F. Plank, 2º Batalhão de Rangers, WWII VS
8h19, registro telefônico, 352ª Divisão de Infantaria, FMS, B-388

p. 115 "Médico!", NA II 407/427/24034
Cota e Canham, NA II RG 407/427/24235
morteiros, Franz Gockel, MdC TE 500, e NA II 407/427/24034

p. 116 "Barcos e veículos empilhados...", 5º Corpo, NA II, 407/427/24235
Companhia C, 2º Batalhão, 116º Regimento de Infantaria, NAII 407/427/24034
baixas da Companhia C, capitão Berthie B. Hawks, Companhia C, 2º Batalhão, 116º Regimento de Infantaria, 29ª Divisão, NA II 407/427/24242
"todos chegaram à praia a salvo", NA II 407/427/24034
"o fogo inimigo não foi tão ruim...", segundo-tenente George Athanasakos, 2º Batalhão, 116º Regimento de Infantaria, NA II 407/427/24242

p. 117 "ele cuspia sangue...", NA II 407/427/24034
"Era só uma grande massa...", NA II 407/427/24241
"Pareciam as imagens...", NA II 07/427/24034
"o estouro de um rebanho...", citado em Harrison, p. 334
"Acenderam o estopim...", Barnett Hoffner, 6ª Brigada Especial de Engenharia, NWWIIM-EC
contratorpedeiros em Omaha, Harrison, p. 322

p. 118 "os sobreviventes do 'ninho de resistência'...", cabo Alfred Sturm, 9. Kp., II Battalion, 726 Inf Rgt, 716 ID, MdC TE 805
"Havia um alemão...," Bradley Holbrook, NWWIIM-EC
"Encontramos civis...", soldado de primeira-classe Charles M. Bulap, 2º Batalhão de Rangers, NA II 407/427/24241
elemento de comunicações John C. Raaen Jr., 5º Batalhão de Rangers, WWII VS
ranger utilizado por prisioneiros, Nicholas Butrico, 5º Batalhão Rangers, NWWIIM-EC

p. 119 "A situação parece melhor", NA II 407/427/24235
"com a aparência de cera...", Gale B. Beccue, 5º Batalhão de Rangers, NWWIIM-EC
"O capacete caíra...", Brugger, 16º Regimento, 1ª Divisão de Infantaria, NWWIIM-EC
"que girava calmamente...", NA II 407/427/24034

p. 120 "individualmente, eram...", NA II 407/427/24034
"As farpas afiadas...", Herbert Zafft, 29ª Divisão de Infantaria, NWWIIM-EC
"Quando me aproximei...", Colin H McLaurin, 115º Regimento de Infantaria, 29ª Divisão, NWWIIM-EC
"A fumaça, o pó do concreto...", NA II 407/427/24034
civis franceses em Vierville, diário de Howie, NA II 407/427/24151

p. 121 Cota e a saída de Vierville, NA II 407/427/24034
desembarcados 18.772 homens, NA II 407/427/24235

p. 122 "os feridos não podem...", registro telefônico, 352. I.D., 17h10, FMS, B-388
identificação da presença da 352ª Divisão, carta do capitão Fred Gercke, 27 de junho, NARA 407/427/24011
cheiro de carne queimada, Roy Arnn, 146º Batalhão de Engenharia de Combate, adido à 1ª Divisão de Infantaria, NWWIIM-EC
"Vi um soldado jovem...", capitão Benjamin A. Payson, 60º Batalhão de Saúde, MdC TE 291

p. 123 tratamento em Omaha, primeiro-tenente Alfred A. Schiller, Marinha dos Estados Unidos, CWM/MCG 58A
"O que vou fazer?", Frank Feduik, farmacêutico em LST, NWWIIM-EC
"foram deixados por conta...", Vincent J. del Giudice, farmacêutico, USS *Bayfield*, NWWIIM-EC
desembarque de Gerow, NA II 407/427/24235
posto de comando da 29ª Divisão de Infantaria, NA II 407/427/24034

p. 124 "supuseram que todo...", Pogue, 2001, p. 83
número de baixas, ver Harrison, p. 330; e NA II 407/427/5919
"Ele sabia melhor...", George Roach, Companhia A, 116º Regimento de Infantaria, 29ª Divisão, NWWIIM-EC
baixas de Bedford, ver Morrison, James W. *Bedford Goes to War: The Heroic Story of a Small Virginia Community in World War II*. Lynchburg, Virgínia: Warwick, 2006; e Salaita, p. 531-4
baixas alemãs na frente oriental e na Normandia, Zetterling, p. 434

CAPÍTULO 8   Utah e os paraquedistas

p. 125 soldados alemães e caixotes americanos, Rainer Hartmetz NWWIIM-EC
p. 126 "O jogo de guerra foi...", tenente-general Karl-Wilhelm Graf von Schlieben, FMS B-845
"prisioneiros americanos com...", Montebourg, Fernand Louvoy, MdC TE 38
"Um soldado teve a perna...", general-brigadeiro David E. Thomas, NWWIIM-EC
p. 127 castelo de Hauteville, Briand N. Beaudin, 508º Regimento de Infantaria Paraquedista, 82ª Divisão Aeroterrestre, NWWIIM-EC
descoberta do vau, NA II 407/427/24206
p. 129 "monstros marinhos de forma esquisita...", Howard van der Beek, USS LCC 60a, NWWIIM-EC
"o general Roosevelt...", NA II 407/427/24204
"mais parecido com uma guerrilha", NA II 407/427/24242
p. 130 "Capitão, como diabos...", Folder Birra, Alfred F., DDEL
"faziam os tiros andar", NA 407/427/24240
"não se pode ter confiança neles", John Capell, 8º Regimento, 4ª Divisão de Infantaria, NWWIIM-EC
"ao nos passarem as ordens...", NA II 407/427/24242
Le Molay, Danièle Höfler, MdC TE71
p. 131 patrulhas dos acessos a sudoeste, R.L. Delashaw, 405º Grupamento de Combate, USAAC, NWWIIM-EC
"*Achtung! Minen!*", John L. Ahearn, 70º Batalhão Blindado, NWWIIM-EC
20º Grupo de Artilharia de Campanha, 4ª Divisão de Infantaria, primeiro-sargento Alfred Donald Allred, NWWIIM-EC
"É claro que moravam...", William E Jones, 4ª Divisão de Infantaria, NWWIIM-EC
p. 132 "encontraram uma casinha...", capitão Carroll W. Wright, 33ª Companhia de Armas Químicas, NWWIIM-EC
"um soldado alemão morto...", John A. Beck, 87th Batalhão de Morteiros Químicos, 4ª Divisão de Infantaria, NWWIIM-EC
"Tivemos de matar...", tenente John A. Le Trent, 8º Regimento, 4ª Divisão de Infantaria, NA II 407/427/24242
"Não sobra muito...", R.R. Hughart, 2º Batalhão, 505º Regimento de Infantaria Paraquedista, 82ª Divisão Aeroterrestre, NWWIIM-EC
p. 133 325º Regimento de Planadores de Infantaria, NA II 407/427/24206
p. 134 "Parecem ter saído de Sing Sing", Heinz Puschmann, 6º Regimento Paraquedista, conversa particular.
"como se fosse um filme...", Jean Roger, Saint-Lô, MdC TE 316
"As janelas e portas...", MdC, TE 285
p. 135 fuga para o campo, Michèle Chapron, MdC TE 278

CAPÍTULO 9   Gold e Juno

p. 136 "É o desembarque?", diário de André Heintz, MdC TE 32 (1-4)]
"Acha que é?", MdC TE 149
p. 137 "É, é o desembarque sim", Marianne Daure, MdC TE 48
padarias de Caen, Marcel Ehly, MdC TE 11
alemães recolhendo bebidas alcoólicas, Madeleine Betts-Quintaine, MdC TE 25
"Estão desembarcando!", Marianne Daure, MdC TE 48

	ordem de evacuação, Nadine Speck, MdC TE 2
p. 138	"Os telefonemas contínuos...", tenente-general Hans Speidel, FMS B-718
	ligações de Blumentritt, FMS B-284
p. 139	"Se pararem na praia...", major George Young, Green Howards, SWWEC T2452
	"um tipo de autoestrada aquática", Clifford H. Sinnett, USNR, LST 530, NWWIIM-EC
p. 141	"Nunca, nem nos sonhos mais loucos...", diário de Stanley Christopherson
	major Keller, Zuehlke, p. 31-32
p. 142	"Operação Overboard", *ibid.*, p. 84; e documentos de Frank A. Osmanski, G-4 SHAEF, USAMHI
	HMS *Belfast*, diário de Tony Hugill, CAC HUGL 1
	embarcações canadenses na Operação Overlord, NA II 407/427/24200
p. 143	"Quase cada metro...", NA II 407/427/24200; e Copp, 2003, p. 48
	tanques do regimento de reconhecimento blindado de Fort Garry Horse, sargento Bill Hudson, Companhia A, 48º Comando de Reais Fuzileiros Navais, MdC TE 84; e Zuehlke, p. 202
	Bernières-sur-Mer, NAII 407/427/24200; Zuehlke, p. 219; e Copp, 2003, p. 52
p. 144	"Mas o que esperavam?", Louise Hamelin, MdC TE 222
	"Não quero ver pilotos...", J. Kyle, SWWEC T 1094
p. 146	"Em Carpiquet...", mensagem interceptada pelo Ultra, passada por "C" a Churchill em 11 de junho, Luftflotte 3, TNA HW 1/2927

CAPÍTULO 10   Sword

p. 147	"Patos e marrecos...", diário de Tony Hugill, CAC HUGL 1
	"Flutuador, cinco mil!", major Julius Neave, 13º/18º Regimento de Hussardos, SWWEC T501
p. 148	"Alguns se borravam...", N.G. Marshall, Companhia H do Grupo de Apoio Blindado do 41º Grupamento Tático dos Reais Fuzileiros Navais, SWWEC 2000.407
	"como um dragão napoleônico", tenente Ken Baxter, 2º Batalhão do Regimento de Middlesex, 3ª Divisão de Infantaria, MdC TE 164,
	John e Jacqueline Thornton, NWWIIM-EC
	"De vez em quando...", diário de Tony Hugill, CAC HUGL 1
p. 149	"Ora, então faça...", tenente Cyril Rand, 2º Batalhão dos Reais Fuzileiros do Ulster, MdC TE 499
	"com entusiasmo descabido" e "cedeu um pouco", Lionel Roebuck, 2º Batalhão, Regimento do Leste de Yorkshire, MdC TE 199
	gaiteiro Bill Millin toca na praia, SWWEC T654/666 e K.G. Oakley, IWM 96/22/1
p. 150	"Pronto, gaiteiro...", gaiteiro Bill Millin, SWWEC T654/666
	3ª Companhia do 6º Comando, TNA DEFE 2/43; e Pritchard, Philip Biggerton. *Soldiering in the British Forces in World War II*. Edição do autor, sem data
	Companhia X, Harry Nomburg, NWWIIM-EC, e Peter Masters, NWWIIM-EC
	Kieffer, MdC TE131
p. 151	"Cavalheiros, eis a invasão...", carta de Otto Günsche, 2 de outubro de 1981, citada em Meyer, Hubert, p. 97
	"homem alto, magro...", Shulman, p. 118-119
p. 152	castelo de Bénouville, Louise Moulin, MdC TE 350
	mudança das ordens de Oppeln-Bronikowski, major-general Wilhelm Richter, 716ª Divisão de Infantaria, FMS, B-621
	Marcks, registros telefônicos do VII Exército capturados em agosto pela 1ª Divisão Blindada polonesa, NA II 407/427/6431
	"não estavam em condições", tenente-general Bodo Zimmermann, OB West, FMS B-308
p. 153	"encher uma cratera...", NA II 407/427/24170
p. 154	"profundas casamatas de concreto...", "lutassem com determinação..." e
p. 155	"expulsos das posições...", Current Reports from Overseas, nº 56, NA II 407/427/24170
	diário de André Heintz, MdC TE 32 (1-4); Dr. Robert Chaperon, MdC, TE 42
	destruição de Caen, MdC TE 283
p. 156	"Dava para ver...", Félix Drougard, MdC TE 3

"Ah, se eu fosse um pouco menos gordo", MdC TE 149
saqueador, MdC TE 149
Défense Passive etc., MdC TE 193
"atitude magnífica...", SIPEG (Service interministeriel de protection contres les èvènements de guerre), relatório de 10 de junho, AN AJ/41/56

p. 157 execuções na prisão de Caen, Jean-Baptiste Pierre (Surveillant-Chef Adjoint de la Maison d'arrêt de Caen), MdC TE 521
"Oh, não!...", "pálida e visivelmente..." e "O Exército alemão é honesto", Madame Blanche Néel, MdC TE 201
"Com frenesi bestial...", Nadine Speck MdC TE 2
"tanto inútil quanto criminoso", Max Maurin, MdC TE 77 (2)
Oitocentas mortes em Caen, seiscentas em 6 de junho e 200 em 7 de junho, CRHQ

p. 158 "A cidade está em chamas...", "quase destruídas" e "todos os *gendarmes*...", relatório do SIPEG de 10 de junho, AN AJ/41/56
"Na Abadia de Westminster...", Panter-Downes, p. 328
"Tem sido muito difícil...", Brooke, p. 555 (6 de junho)

p. 159 Eadie e tanques Firefly, ver D'Este, 1983

p. 160 "Acho que é isso que...", tenente Cyril Rand, 2º Batalhão dos Reais Fuzileiros do Ulster, MdC TE 499
"Ela também impressionou...", NA II 407/427/24170
"o inimigo aniquilado...", registro telefônico do VII Exército, NA II 407/427/6431
"Ainda estava convencido...", Below, p. 374
Panzer Lehr Division, tenente-general Fritz Bayerlein, Panzer Lehr Division, ETHINT 66

p. 161 "O que aconteceu com...", BA-MA, MSg2/5025
4.649 baixas americanas no desembarque marítimo, Bradley, p. 242

CAPÍTULO 11   O fortalecimento das cabeças de praia

p. 162 quartel-general da 29ª Divisão, NA II 407/427/24034
trabalhadores rurais e mineiros da Pensilvânia, 29ª Divisão, WWII VS
"O mar parecia...", tenente-general Ziegelmann, 352ª Divisão de Infantaria, FMS, B-489

p. 163 sargento da Polícia do Exército, Melvin Asche, 1006º Destacamento Seabea, MdC TE 126
"nos olhavam...", Mme Huet-Patry, Vierville-sur-Mer, MdC TE 22
"Acho que não sabiam o que era...", Barnett Hoffner, 6ª Brigada Especial de Engenharia, NWWIIM-EC

p. 164 áreas "descontaminadas", Pogue, 2001, p. 63
USS *Harding*, Walter Vollrath Jr., Marinha dos Estados Unidos, NWWIIM-EC

p. 165 "Mais uma vez, o coronel Rudder...", Elmer H. Vermeer, 2º Batalhão de Engenharia, 2ª Divisão de Infantaria, com o 2º Batalhão de Rangers, NWWIIM-EC; também tenente Francis W. Dawson, 5º Batalhão de Rangers, NWWIIM-EC; e tenente Rex F. Gibson, companhia do quartel-general, 116º Regimento de Infantaria, 29ª Divisão, NA II RG 407 II, RG 407/427/24242
"ação aos tropeços", NARA 407/427/24034
escambo, Brugger, 16º Regimento, 1ª Divisão de Infantaria, NWWIIM-EC
"Ei, preciso derrubar...", Oscar Rich, 5º Grupo de Artilharia de Campanha, 1ª Divisão de Infantaria, NWWIIM-EC
pista de pouso A-1, W.G. Schuler, 382º Esquadrão de Serviço Aéreo, 84º Grupo, NWWIIM-EC

p. 166 evacuação de feridos pelo ar, Louise Anthony de Flon, 816º Esquadrão de Evacuação Médica Aérea, MdC TE 177
Gerhardt, ver Balkoski, p. 44-50
"Sargento, quero que...", John Hooper, 115º Regimento de Infantaria, 29ª Divisão, NWWIIM-EC
plano do 5º Corpo, coronel Ziegelmann, 352ª Divisão de Infantaria, FMS, B-489 e B-636

p. 167 "o Führer, pessoalmente...", general Günther Blumentritt, OB West, FMS B-637 p. 263
"um período de duro aprendizado...", tenente Cameron K. Brooks, 115º Regimento de Infantaria, 29ª Divisão, NA II 407/427/24242

"o tenente Kermit Miller...", NAII 407/427/24240; e capitão S.S. Suntag, 115º Regimento de Infantaria, NA II 407/427/24242

"Agora era quase...", NA II 407/427/24240

p. 168 "problemas com aqueles...", capitão Otto Graas, companhia do quartel-general, 29ª Division, NA II 407/427/24241

Gerhardt e "Vixen Tor", primeiro-sargento Lester Zick, Companhia Anticarro, 175º Regimento de Infantaria, 29ª Divisão, NWWIIM-EC

"Do ar, John Doughfoot...", tenente George Wash, 224º Batalhão de Artilharia de Campanha, 29ª Divisão de Infantaria, NA II RG 407/427/24242

"um americano num cavalo branco...", primeiro-sargento Lester Zick, Companhia Anticarro, 175º Regimento de Infantaria, 29ª Divisão, NWWIIM-EC

p. 169 Isigny, Edwin R. Schwartz, 747º Batalhão Blindado, NWWIIM-EC; primeiro-sargento Lester Zick, Companhia Anticarro, 175º Regimento de Infantaria, 29ª Divisão, NWWIIM-EC; e Balkoski, p. 170-174

"Havia escombros por toda parte", tenente George Wash, 224º Grupo de Artilharia de Campanha, 29ª Divisão de Infantaria, NA II RG 407/427/24242

tenente-general Von Schlieben, FMS B-845

"17 horas, chegada a...", capitão Claude J. Mercer, 29º Grupo de Artilharia de Campanha, 4ª Divisão de Infantaria, NA II 407/427/24242

p. 170 Montebourg, Louis Lucet, MdC, TE 107; Valognes, MdC TE 111

georgianos em Turqueville, capitão LeGrand K. Johnson, 502º Regimento de Infantaria Paraquedista, NA II 407/427/24242

"e Jerry ia de uma a outra...", tenente George W. Goodridge, 44º Grupo de Artilharia de Campanha, 4ª Divisão, NA II 407/427/24240

"Tinham tido a garganta cortada...", capitão Claude J. Mercer, 29º Grupo de Artilharia de Campanha, 4ª Divisão de Infantaria, NA II 407/427/24242

p. 171 "tiros isolados vindos de um prédio...", sargento W.C. Cowards, 22º Regimento de Infantaria, 4ª Division, NA II 407/427/24242

"A França era como...", capitão Robert E. Walker, 19ª Divisão de Infantaria, WWII VS

"não dava para confiar neles na Normandia", soldado de primeira classe Robert Boyce, 502º Regimento de Infantaria Paraquedista, WWII VS

"vimos nas trincheiras...", Barnett Hoffner, 6ª Brigada Especial de Engenharia, NWWIIM-EC

sargento Prybowski, capitão Elmer G. Koehler, médico do batalhão, 12º Regimento, 4ª Divisão de Infantaria, NARA 407/427/24242

p. 172 Cota 30, Tomaso William Porcella, 3º Batalhão, 508º Regimento de Infantaria Paraquedista, 82ª Divisão Aeroterrestre; e Kenneth J Merritt, 508º Regimento de Infantaria Paraquedista, NWWIIM-EC

"Havia tantos feridos...", Edward C. Boccafogli, 508º Regimento de Infantaria Paraquedista, 82ª Divisão Aeroterrestre, NWWIIM-EC

90ª Divisão atirando em prisioneiros, Hastings, p. 154

p. 173 "Estava sentado à beira...", Pogue, p. 111-12

"Collins e Bradley gostam...", Blumenson, 1974, p. 479

o "Treuelied", Perrigault, e Meister, p. 77

p. 174 "Ora, não sabemos...", SS-Mann Johann H., 36 380 D = 3.Kp./SS-Pi.Btl.17 17.SS-Pz.Gren.Div. 8 de junho, BfZ-SS

"Meia-volta!", Perrigault e Meister, p. 203

"empurrar o inimigo...", tenente-general Richard Schimpf, 3ª Divisão Paraquedista, FMS B-020

p. 175 "tropas insuficientes", comentário do major-general Pemsel, FMS B-541

353ª Divisão de Infantaria, general Mahlmann, FMS A-983

esconder-se em estábulos e pomares, AdM 2 J 695

"jogo noturno...", tenente-general Kurt Badinski, 276ª Divisão de Infantaria, FMS B-526

SS *Das Reich* na França, Lieb, p. 361

p. 176 "o início de uma...," IMT, Vol. XXXVII, citado em Lieb, p. 364.

Sobre essas e outras mortes, ver Lieb, p. 374-5 e AN AJ/41/56. De acordo com um relatório, 108 foram enforcados em Tulle, AN AJ/41/56

p. 177
Oradour, Foot, p. 398-9
"regiões onde está surgindo...", AN AJ/41/56]
"serviços de borrifamento", sargento especialista Donald J. Walworth, 3º Batalhão, 26º Regimento de Infantaria, 1ª Divisão, NA II 407/427/24242
"na verdade estavam diante...", Harrison, p. 370

p. 178 "Vocês vivem se preocupando...", tenente-coronel Keil, FMS C-018
"astuta e sorrateira", Perrigault e Meister, p. 245

p. 179 "baixas moderadamente altas", *ibid.*, p. 247
acusação contra Heydte, FMS B-839; e Perrigault e Meister, p. 248

CAPÍTULO 12 Fracasso em Caen

p. 180 "a comunicação entre a divisão...", major-general Wilhelm Richter, 716ª Divisão de Infantaria, FMS, B-621
"uma colmeia...", NA II 407/427/24200

p. 181 "sob seu comando...", TNA WO 208/4363
1ª SS Panzer-Division *Leibstandarte Adolf Hitler*, Taganrog, Neitzel, p. 344, nota 93

p. 182 "Levei umas oito...", major-general Wilhelm Richter, 716ª Divisão de Infantaria, FMS, B-621
"Peixe pequeno!", entrevista do tenente-general Edgar Feuchtinger a Shulman, agosto de 1945, Shulman, p. 121.
"Num momento em que...", general Geyr von Schweppenburg, FMS B-466

p. 183 "notícia alarmante", major-general Fritz Krämer, 1º SS Panzerkorps, FMS C-024

p. 184 "Ação na retaguarda!" etc., Alastair Bannerman, 2º Batalhão, Real Regimento de Warwickshire, SWWEC 2001-819
Gruchy, Raymond Pouchin, MdC TE 86
Hitler Jugend em Cambes, tenente Cyril Rand, 2º Batalhão dos Reais Fuzileiros do Ulster, MdC TE 499

p. 185 "Fomos os primeiros soldados..." e "Depois de pouquíssimo tempo...", diário de Stanley Christopherson

p. 186 "pista de corrida de caças-bombardeiros", tenente-general Fritz Bayerlein, Panzer Lehr Division, ETHINT 66
baixas da Panzer Lehr, ver Ritgen, p. 100, citado em Zetterling, p. 386

p. 187 "*How can I live...*", "Aristocrats", Douglas, p. 117
"Eu gosto do senhor", Hills, p. 54.

p. 188 "perderam o momento psicológico...", general Geyr von Schweppenburg, FMS B-466
"A última vez que estive...", tenente Cyril Rand, 2º Batalhão dos Reais Fuzileiros do Ulster, MdC TE 499

p. 189 "Quando olhei à esquerda...", Unterscharführer Alois Morawetz, 3. Panzerkompanie, SS Panzer-Regiment 12, Meyer, Hubert, p. 188
"Quase chorei...", *ibid.*, p. 191

p. 190 "Ele tentara fazer...", *ibid.*, p. 197
morte de prisioneiros na Normandia, TNA TS 26/856
"uns trinta soldados canadenses...", Nelly Quidot, MdC TE 228

p. 191 mortes na abadia d'Ardennes, sargento Frank Geoffrey, Reais Fuzileiros de Winnipeg, NWWIIM-EC
"temerário", Lieb, p. 163
Kurt Meyer executa judeus na Polônia, *ibid.*, p. 159
"os homens mostram sinais...", mensagens interceptadas pelo Ultra e repassadas por "C" a Churchill em 11 de junho, TNA HW 1/2927

p. 192 localização do quartel-general do Panzergruppe West, TNA KV 7171 e KV 7225
"todo o pessoal...", general Geyr von Schweppenburg, FMS, B-466

p. 193 "covarde filho da mãe", TNA WO 205/5D

p. 194 "atrair os alemães...", TNA, WO 205/5B.
"A inação e a mentalidade defensiva...", TNA PREM 3/339/1 p. 6
"atacar a oeste do rio Orne...", LHCMA De Guignand 2/1/1-6

"imperialismo teimoso", sumário de informações do Grupo de Exércitos, 23 de abril de 1944, TNA WO 205/532 (2)

p. 195 "bloquear a rota direta...", general Geyr von Schweppenburg, FMS, B-466
"a chave de Cherbourg", general Omar Bradley, OCMH-FPP
"Ao comprometer-se prematuramente...", major-general Fritz Krämer, I SS Panzerkorps, FMS C-024

CAPÍTULO 13   Villers-Bocage

p. 197 "A fúria da artilharia...", Scannell, p. 165
"O jovem soldado esperto...", *ibid.*, p. 156
"O que me chocou...", major Peter Griffin, 1º Batalhão Paraquedista canadense, NAC/ANC R5067-0-0-E
"desmoronara", tenente-coronel Terence Otway, SWWEC T689

p. 198 "Não impressiona muito...", Blumenson, 1974, p. 461.
Dempsey, ver D'Este, 1983, p. 60

p. 199 "Você terá um choque...", Reddish, p. 29
"Bucknall era fraquíssimo...", Brooke, p. 538 (7 de abril)
Bucknall e Bayeux, LHCMA Liddell Hart 11/1944/36
General Maxwell D. Taylor, SODP

p. 200 entrada em Villers-Bocage, M. Diguet, MdC TE 220
"Só temos uma senha...", Agte, p. 354

p. 201 11º Regimento de Hussardos e prisioneiros da 2ª Panzer-Division, Clarke, p. 339; e Myles Hildyard, que diz no seu diário que estrangularam um guarda e prenderam o outro

p. 202 Ultra sobre a 2ª Panzer-Division, TNA KV 7707

p. 203 regimento de artilharia dando tiros para o ar, NARA 407/427/24170
Aunay-sur-Odon, abade André Paul, MdC, TE 21
"A luta no ocidente...", 15 de junho, Leopold L., 25 644 = 5.Kp./Pz.Rgt.3, 2.Pz.Div., BfZ-SS

p. 204 "a 131ª Brigada estava...", diário de Myles Hildyard, 19 de junho
"uma péssima exibição...", diário do general de brigada G.L. Verney, citado em D'Este, 1983, p. 272-4.
"Os famosos Ratos do Deserto...", diário de Stanley Christopherson
"não adianta remoer...", Cloudsley-Thompson, p. 109

p. 205 "falhas de projeto", do general de divisão O'Connor a Churchill, 5 de maio, LHCMA O'Connor 5/2/39
"complexo de Tigres e Panteras", carta, 12 de junho, TNA WO205/5B
"Somos superados...", Argel, 23 de agosto de 1943, Butcher, p. 339
"O esquadrão partiu...", diário anônimo, 11 de junho, MdC, TE 396
de Eisenhower a Marshall, general-brigadeiro Joseph A. Holly, 5 de julho, PDDE, p. 1973
"Recebi o seguinte...", nº 695, do primeiro-ministro ao presidente, 9 de junho, TNA PREM 3/472

p. 206 "passaram por comboios...", Brooke, p. 556-7, 12 de junho
"Houve uma quantidade perceptível...", de Churchill a Eden, 12 de junho, TNA PREM 3/339/7

p. 207 "um direto nos hunos...", TNA PREM 3/339/7
HMS *Ramillies*, almirante G.B. Middleton, IWM 01/2/1
"uma leve demonstração..." e "A bandeira pessoal do general De Gaulle...", relatório do oficial naval britânico de ligação, 16 de junho, TNA ADM 1/16018
"Já lhe ocorreu...", citado em Amouroux, p. 546, e Aron, p. 78

p. 208 "não ajudou a agradar...", relatório do oficial naval britânico de ligação, TNA PREM 3/339/7
"*Monsieur le curé*...", Lacouture, p. 376
"odiavam Laval, mas não Pétain", Pogue, 2001, p. 115

p. 209 "contribuísse para o sentimento de satisfação", relatório do oficial naval britânico de ligação, TNA PREM 3/339/7
"deixou para trás, em Bayeux...", de Montgomery a Churchill, 14 de junho, TNA PREM 3/339/7
"Na minha opinião, deveríamos...", do presidente ao primeiro-ministro, nº 561, 14 de junho, TNA PREM 3/339/7

p. 210   "Não há um fiapo sequer...", de Churchill a Eden, 12 de junho, TNA PREM 3/339/7
"cavalos de Troia", Aron, p. 77
"*Le panorama est...*", MdC TE 195
"Simplesmente não aguento...", MdC TE 32 (1-4)

p. 211   dono do café, dr. Robert Chaperon, MdC TE 42
"na Idade Média", MdC TE 42
Secours National, Céline Coantic-Dormoy, MdC TE 281

p. 212   "Os ingleses, desde...", diário de Le Dily, 11 de junho, MdC TE 143
"*le troc*", Claude Guillotin, 1944, "L'aventure de mes quinze ans", Le Fresne-Camilly, MdC TE 397
"um oficial de alto posto da Polícia do Exército...", Dr. Ian Campbell, Corpo Médico do Exército Real, 2ª Enfermaria de Campanha, SWWEC 2000.477

p. 213   "pela manhã, os ingleses...", MdC TE 144
"dança das cadeiras" e "Agora não há necessidade...", tenente Cyril Rand, 2º batalhão dos Reais Fuzileiros do Ulster, MdC TE 499

p. 214   Exército Vermelho, ver Beevor, Antony e Vinogradova, Lyuba (orgs.). *A Writer at War, Vasily Grossman with the Red Army, 1941-1945*. Londres: The Harvill Press, 2005, p. 109

p. 215   "O mundo inteiro prevê...", *SS Unterstumführer* Herbert E., 2.Kp./Nachr.Abt.SS.Pz.Div. *Hohenstaufen*, 6 e 10 de junho, 24 742C, BfZ-SS

CAPÍTULO 14   Os americanos na península de Cotentin

p. 217   "Uma semana depois...", primeiro-tenente Alfred A. Schiller, Marinha dos Estados Unidos, CWM/MCG 58A
comando da praia Omaha, NA II 407 /427 / 212
"Nos entreguem esses...", Barnett Hoffner, 6ª Brigada Especial de Engenharia, NWWIIM-EC
"Aqueles paraquedistas feridos...", Orval Wakefield (Unidade de Demolição de Combate da Marinha), NWWIIM-EC
"Tivemos um incidente...", Charles C. Zalewski, LST 134, NWWIIM-EC

p. 218   "Um dos oficiais do nosso navio...", Ralph Crenshaw, LST 44, NWWIIM-EC
comércio de pistolas Luger, major John C. Geigleín, Pogue, 2001, p. 127-8
escambo de um caminhão cheio de armas, sargento especialista Eugene W. Griffin, 2ª Divisão Blindada, WWII VS
"predominava um afrouxamento...", Pogue, p. 87

p. 219   porco assado, Angelos Chatas (Unidade de Demolição de Combate da Marinha), NWWIIM-EC
"A atitude [francesa] é...", NA II 407 /427 / 212
"O prefeito de Colleville...", NA II 407 /427 / 212

p. 220   "vermes de Hermann", Cyrus C. Aydlett, USS *Bayfield*, NWWIIM-EC
"apesar da supremacia aérea indiscutível...", Leigh-Mallory, 1º de julho, quartel-general da Força Aérea Expedicionária Aliada, TNA ADM 1/16332

p. 221   "um franco-atirador inimigo...", Bradley, p. 292
"Quando vi isso...", John Troy, 8º Regimento de Infantaria, NWWIIM-EC
91ª Luftlande Division, coronel Eugen König, FMS B-010

p. 223   "Recebi ordens de...", cabo Hans S., 9.Kp./Gren.Rgt.1058, 91.(LL.)Inf.Div., 13 273 B, 7 de julho, BfZ-SS
"professor robusto...", Blumenson, 2000, p. 20-21
"um homem gorducho...", *ibid.*, p. 11
"O comandante em chefe pareceu...", tenente-general von Choltitz, 84º Corpo, FMS B-418
"levara uma vida...", tenente-general Fritz Bayerlein, Panzer Lehr Division, ETHINT 66
"a guerra estava perdida", tenente-general von Choltitz, 84º Corpo, FMS B-418

p. 224   "um cara de mente aberta", LHCMA Liddell Hart 11/1944/7
"Montebourg e Valognes...", TNA WO 205/5B
"um avião Cub...", operação de grupos de apoio aéreo, NA II 407/427/24204

p. 225   Mulberry e ventania, "Artificial Harbours in Operation Overlord", TNA ADM 1/17204

p. 226
"A única possibilidade...", Dean Rockwell, Marinha dos Estados Unidos, NWWIIM-EC
"Levamos uns quatro...", Werner Hugo Saenger, LST 27, NWWIIM-EC
"Agradeço aos deuses...", Stagg, p. 126
"nunca acreditaram mesmo...", coronel Thomas Bigland, oficial de ligação pessoal de Montgomery junto ao I Exército americano, na época 12º Grupo de Exércitos, SWWEC 99-10
tonelagem e veículos desembarcados em agosto, Zona de Comunicação da Seção-Base da Normandia, 8 de setembro, Com Z, NA II 407/427/ 24133
"só um saquezinho", coronel a.D. Dr. Hans Kessler, BA-MA MSg 2 / 249
"Os homens estavam cansados...", tenente William Priestman, 315º Regimento de Infantaria, NA II 407/427/24242

p. 227
"A Companhia K...", tenente John E Cunningham, 314º Regimento, 79ª Divisão de Infantaria, NA II 407/427/24242
"Atiramos como loucos", Karl Hohmann, RAD, MdC TE 506
"qualquer parte da guarnição...", coronel Bernard B. MacMahon, 315º Regimento de Infantaria, 79ª Divisão, NA II 407/427/24242

p. 228
"Às 8h30, fomos...", tenente John R. Blackburn, oficial de controle aéreo, USS *Quincy*, NWWIIM-EC
"era um lindo domingo...", contra-almirante Carleton F. Bryant, Marinha dos Estados Unidos, comandante da 5ª Divisão de Encouraçados, MdC TE 173
"Imediatamente, abrimos fogo", K. Jump, SWWEC T 1823

p. 229
retroescavadeiras blindadas, tenente-coronel H.A. Delo, 346º Regimento de Engenharia, NA II 407/427/24242
demonstração de força, tenente Ralph Powell, Companhia de Canhões, 47º Regimento de Infantaria, 9ª Divisão, NA II 407/427/24241
"tinha bebido *calvados* suficiente...", NA II 407/427/24242
"sólido bom senso", tenente-coronel Keil, FMS C-018

p. 230
"Batalha final por Cherbourg...", tenente-general Karl-Wilhelm von Schlieben, 709ª Divisão de Infantaria, FMS B-845
"Alguns rapazes...", tenente John A. Le Trent, 8º Regimento, 4ª Divisão de Infantaria, NARA 407/427/24242
"Vimos algumas franco-atiradoras", sargento Walter M. Hedrick, 22º Regimento, 4ª Divisão de Infantaria, NARA 407/427/24242
trabalhadores da Organização Todt, BA-MA RH19 IV/132, citado em Lieb, p. 168
"A tendência teutônica...", capitão Elmer G. Koehler, médico do batalhão, 12º Regimento, 4ª Divisão de Infantaria, NARA 407/427/24242
"Foi uma experiência e tanto...," Clayton Storeby, 326º Batalhão de Engenharia Aerotransportado, NWWIIM-EC

p. 231
"Os alemães deixaram...", Pogue, p. 135
"uma imensa adega subterrânea...", Bradley, p. 314
Hitler e Schlieben, general Warlimont, ETHINT-1

CAPÍTULO 15   Epsom

p. 232
"na vitória, o marechal de campo...", Wilhelm Ritter von Schramm, BA-MA MSg2 247
Ilhas do Canal e Brigadas *Nebelwerfer*, general Warlimont, ETHINT 4

p. 233
"tática do tigre na selva", general Geyr von Schweppenburg, FMS, B-466
"[Hitler] parecia doente...", tenente-general Speidel, FMS, C-017. A descrição dessa reunião se baseia nos relatos de Speidel, Rundstedt (FMS B-633), Blumentritt, chefe do Estado-Maior OB West (FMS B-284), e do ajudante de ordens da Luftwaffe de Hitler, Nicolaus von Below em Below, 1980

p. 234
recuo de 10 a 15 quilômetros, general de infantaria Blumentritt, relatório de 6 de agosto, 1945, NA II 407/427/24231
"Aquela era a última coisa...", Below, p. 375
"tudo dependeria...", Blumentritt, chefe do Estado-Maior do OB West, FMS B-284

p. 235
"O que mais incomoda...", Panter-Downes, p. 330-31

"uivo assustador das sirenes", Cyrus C Aydlett, USS *Bayfield*, NWWIIM-EC
Gabinete de Guerra, 16 de junho, LHCMA Liddell Hart 11/1944/38
"Essas coisas...", tenente-coronel R. Beamont, SWWEC T537
relatório do Diretor-Geral da Gendarmerie, general Martin, AN AJ/41/56

p. 236   "com um lamento patético...", Brooke, p. 562 (27 de junho)
Agente "Lector", TNA HW 40/6

p. 237   "A batalha vai bem...", de Montgomery a Churchill, 14 de junho, TNA PREM 3/339/8
"Nos desdobramos em formação...", G. Steer 1ª/4ª Real Regimento de Infantaria Leve de Yorkshire, SWWEC 2002.1644

p. 238   "Não é preciso contar a Ike", LHCMA, LHP/1/230/22-23a.
"A artimanha alemã...", Peter Rubie, CWM/MCG 58A 1 40.7
"ao dobrar uma esquina...", diário de Stanley Christopherson

p. 240   "Recebemos a ordem...", G. Steer, 1º/4º Real Regimento de Infantaria Leve de Yorkshire, SWWEC 2002.1644
Ultra sobre a Panzer Lehr, 27 de junho, TNA KV 9826
"estranhos cogumelos...", Keegan, p.174

p. 241   "acharam muita graça...", Sprot, p. 120
"É uma visão...", Félix Drougard, MdC TE 3

p. 242   "o inimigo que rompeu...", 9ª SS Panzer-Division *Hohenstaufen*, BA-MA MSg 2 / 4831
"*die grosse Chance*", Kriegstagebuch Panzergruppe West, V Exército Panzer, BA-MA MSg 2 / 4831
Ultra, 29 de junho, XL 70, ver Bennett, p. 82

p. 243   Operação Epsom, uma das melhores descrições é de D'Este, 1983
"O general falou...", diário de Myles Hildyard, 22 de junho

p. 244   "estrategistas de poltrona...", general Geyr von Schweppenburg, FMS B-466
"voltou de péssimo humor", Blumentritt, chefe do Estado-Maior do OB West, FMS B-284
"Disse-lhe com clareza...", Blumentritt, ETHINT 73

p. 245   "devido ao efeito...", general de Blindados Eberbach, FMS, A-922
"imbuíra-se do espírito...", Blumentritt, chefe do Estado-Maior do OB West, FMS B-284
"enérgico, de inteligência viva...", Speidel, FMS, C-017
"Depois de uma troca...", Speidel, FMS, C-017

p. 246   "Os tanques alemães são superiores...", Eberbach, BA-MA, MSg 1 /106

p. 247   "os ataques britânicos foram...", general Alfred Jodl, FMS A-913
"pulou da fila para...", William Oatman, 506º Regimento de Infantaria Paraquedista, NWWIIM-EC
"O efeito dos grandes conflitos...", Keitel e Jodl, FMS A-915
visita do coronel Vassilievski, Reddish, p. 56
"ainda estão na frente germano-soviética", major-general Galaktionov, *Pravda*, 23 de junho
"Sabemos agora...", Ehrenburg, Ilia. "O vento oeste". In: *Pravda*, 11 de junho

CAPÍTULO 16   A batalha do *Bocage*

p. 251   "desertou para o inimigo", tenente-general Dietrich von Choltitz, 84º Corpo, FMS B-418; e coronel Eugen König, 91ª Luftlande-Division, FMS B-010
"ganhar experiência...", NA II 407/427/24203
"Os prisioneiros que fizemos...", sargento especialista Laurence E. Ousley, 330º Regimento de Infantaria, 83ª Divisão, NA II 407/427/24242
"Não temos mais...", NA II RG 407/427/6431

p. 252   "Caído pela Grande Alemanha", Perrigault, e Meister, p. 267
"Não resta muito aos alemães", Blumenson, 2000, p. 23
baixas diárias do 84º Corpo, Choltitz, p. 184
"Depois de passar três dias...", cabo Hans S., 10 de julho, 9.Kp./Gren.Rgt.1058, 91.(LL.)Inf.Div., 13 273 B, BfZ-SS
"para obter terreno adequado...", NA II 407/427/24232

p. 253   ataque da 30ª Divisão de Infantaria, 7 de julho, NA II 407/427/24232

p. 256   doze Shermans destruídos, soldado de primeira-classe Bertrand J. Close, 3º Batalhão, 32º Regimento Blindado, 3ª Divisão Blindada, WWII VS
"*Meine Frau und...*", Robert T. Gravelin, 23º Batalhão de Engenharia de Combate, 3ª Divisão Blindada, WWII VS

p. 257   "terrível confusão", NA II 407/427/24232
"devido ao elemento...", 120º Regimento, 30ª Divisão de Infantaria, NA II 407/427/24037
combate da 4ª Divisão em terreno pantanoso, major Yarborough, NA II 407/427/6431
"Os alemães só se mantêm...", general Barton, 4ª Divisão de Infantaria, NA II 407/427/6431

p. 258   "ao comparar o soldado americano...", NA II 407/427/24242
"não têm respeito...", NA II 407/427/24242
"O que querem fazer na Europa?", TNA WO 171/337
"O cativeiro também...", cabo Hans S., 17 de julho, 9.Kp./Gren.Rgt.1058, 91.(LL.)Inf.Div., BfZ-SS

p. 259   "Coronel, aquele foi...", 22º Regimento, 4ª Divisão de Infantaria, NA II 407/427/6431
"Na companhia G só...", NA II 407/427/6431
baixas da Panzer Lehr contra os britânicos, tenente-general Fritz Bayerlein, FMS A-903

p. 260   "não estava em condições...", tenente-general Fritz Bayerlein, ETHINT 66
"Devido ao estado de exaustão...", Geyr von Schweppenburg, FMS, B-466

p. 261   baixas da Panzer Lehr no setor americano, tenente-general Fritz Bayerlein, Panzer Lehr Division, ETHINT 66
ofensiva da Panzer Lehr, NA II 407/427/24232; e Generalleutnant Fritz Bayerlein, ETHINT 67
"*schmutziger Buschkrieg*", Lieb, p. 176
"Jerry bom é...", Companhia E, 16º Regimento, 1ª Divisão de Infantaria, William Folder Huch, DDEL

p. 262   "Se quer viver...", FUSAG "Battle Experiences", NA II 407/427/24148
três vezes mais feridos, 9º Batalhão de Saúde, NA II 407 /427/7545
"A ameaça dos franco-atiradores...", NA II 407/427/24170

p. 263   "toupeiras na terra", NA II 407/427/24242
contra-ataques alemães rápidos, Eberbach, BA-MA, MSg 1 /106

p. 264   tenente-general Richard Schimpf, 3ª Divisão Paraquedista, FMS, B-541

p. 265   tanques "rinoceronte", tenente John M. Wilder, ajudante de ordens do general Hickey, 3ª Divisão Blindada, NA II 407/427/24242

p. 266   "Falei com homens suficientes...", Pogue, 2001, p. 105
"Os nossos homens mais novos...", tenente Samuel E. Belk III, 320º Regimento de Infantaria, 35ª Divisão, NA II 407/427/24242
"Quase todos os...", 4ª Divisão de Infantaria, NA II 407/427/24021

p. 267   "Pouco antes de irem para a França...", Fussell, p.108

p. 268   "elevada probabilidade...", *ibid*, p. 110
"Os infantes devem deixar...", FUSAG "Battle Experiences", NA II 407/427/24148
"Para se abaixar depressa...", Robert B. Bradley, 120º Regimento, 30ª Divisão de Infantaria, MdC TE 366

p. 269   "um aparelho de pressão...", 29ª Divisão de Infantaria, Pesquisa de Exaustão em Combate, junho-agosto, NA II 407 /427 / 24035 /84

p. 271   "Krammer, um rapaz bravo..." e "um bom *Heimatschuss*", cabo Hans S. 15.7.44, 9.Kp./Gren.Rgt.1058 91.(LL.)Inf.Div. 13 273 B, BfZ-SS
"casos aparentemente...", Kalinowsky, Lothar B. "Problems of War Neuroses in the Light of Experience of other Countries". In: *American Journal of Psychiatry*, vol. 107, 1950; e TNA WO 177/316.

CAPÍTULO 17   Caen e o Monte Calvário

p. 272   "Ike está bem menos...", Butcher, p. 512
D'Este, 1983, p. 268-9

p. 273   "um fragmento de 25...", Erich Wohlgemut, citado em Meyer, Hubert , p. 463

p. 274   1º SS Panzergrenadier-Regiment, Kriegstagebuch Panzergruppe West/ V Exército Panzer, BA-MA MSg 2 4831

p. 275   "feridos ou mortos" e "Nesse dia nenhum...", McKee, p. 199 e 197
os canadenses e a 43ª Divisão de Infantaria, NA II 407/427/24200
"Não hesite em pedir...", 25 de junho, PDDE, p. 1949
"em volume máximo", 25 de junho, PDDE, p. 1952

p. 276   "Havia nuvens altas...", diário do tenente T.T. Ritson, RHA
"Pudemos ver...", William Helm, "The Normandy Field Diary of a Junior Medical Officer in 210 Field Ambulance", 177ª Brigada, 59ª Divisão de Infantaria
"um espetáculo magnífico", W. Kingsley, IWM P424
"Fiquei sentado, fumando...", major Peter Griffin, 1º Batalhão Paraquedista canadense, carta de 8 de julho, NAC R5067-0-0-E
"O assustador...", capitão Michael Bendix, Guardas de Coldstream, SWWEC 2000-356
"A imagem era assustadora", Robert Thornburrow, 4º Batalhão de Infantaria Leve de Somerset, 43ª Divisão, MdC TE 120

p. 277   "Imagine um rato...", MdC TE 149
"Ficamos com a impressão...", MdC TE 145
"*Monsieur le curé...*", MdC TE 149
"uma procissão grandiosa...", MdC TE 145

p. 278   6 mil baixas, Robert Thornburrow, 4º Batalhão de Infantaria Leve de Somerset, 43ª Divisão de Wessex, MdC TE120
350 mortes, CRHQ
tenente-coronel Kraminov, MdC TE 246
bombardeio de Caen, "Observations on Bomber Command Attack on Caen, 7 July 1944", TNA AIR 37/1255, citado em D'Este, 1983, p. 315

p. 279   "um monte de ruínas...", Eberbach, BA-MA MSg 1 /106
esquadrões franceses, diário de campanha de Roger Piroutet, MdC TE 262
"Havia todo tipo de baixa", Rev. Jim Wisewell, 223ª Companhia de Ambulâncias da Campanha, SWWEC Tape 1141

p. 280   "um grupo de rapazes...", William Helm, "The Normandy Field Diary of a Junior Medical Officer in 210 Field Ambulance", 177ª Brigada, 59ª Divisão de Infantaria
"Os alemães estão indo embora!", diário de André Heintz, MdC TE 32 (1-4)

p. 281   "Onde fica o rio Orne?", Max Maurin, MdC TE 77 (2)
Petites Soeurs des Pauvres, Mme. Laberthe, MdC TE 74
"Finalmente", major L.J. Massey, equipe de assuntos civis, MdC, TE 167
capitão canadense e restaurante, Mme Lucie Corbasson, MdC, TE 49

p. 282   "A maioria das mulheres...", sapador Douglas Waite, Real Corpo de Engenharia, MdC TE 182
parada de 10 de julho, Place Saint-Martin, Henriette Guibé MdC TE 237

p. 283   "*Kalvarienberg*", 9ª SS Panzer-Division *Hohenstaufen*, BA-MA MSg2 4832
"artilheiro miúdo, ardente...", Carver, p. 193
sargento W. Partridge, 4º Batalhão de Infantaria Leve de Somerset, SWWEC 2006.419

p. 284   Maltot, Schwere Panzer-Abteilung 502, BA-MA MSg 2 4832

p. 285   "Fora atingido...", cabo Jones, citado em McKee, p. 230
"trincheiras abertas...", cabo D. Proctor, "Section Commander", DWS
"Nem um metro...", 9ª SS Panzer-Division *Hohenstaufen*, BA-MA MSg 2 4832
"*eine Milchsuppe*", 9ª SS Panzer-Division *Hohenstaufen*, BA-MA MSg 2 4832
"São valentes...", 9ª SS Panzer-Division *Hohenstaufen*, BA-MA MSg 2 4832
"Tínhamos à nossa frente...", 9ª SS Panzer-Division *Hohenstaufen*, BA-MA MSg 2 4832
"*Schlüsselstellung*", Hubert Meyer, BA-MA MSg 2 4832

p. 286   "se infiltrar na posição inimiga", sargento W. Partridge, SWWEC 2006.419
"Lutando em desespero", cabo D. Proctor, "Section Commander", DWS
"gritos angustiados...", sargento Partridge, SWWEC 2006.419
"Uma única bala certeira...", cabo D. Proctor, "Section Commander", DWS

p. 287   "paisagem lunar", 9ª SS Panzer-Division *Hohenstaufen*, BA-MA MSg 2 4832
"mademoiselle Jeanette", Ludwig Horlebein, 9ª SS Pz-Div, BA-MA MSg 2 4832
civis nas cavernas de Fleury, MdC TE 149
cólera e cães, major L.J. Massey, MdC TE 167

	"Lamento avisar...", TNA CAB 106/1092, citado em D'Este, 1983, p. 274
p. 288	"não criticar...", diário do major Julius Neave, 13º/18º Regimento de Hussardos, SWWEC 2150T
	6ª Regimento do Duque de Wellington, 49ª Divisão, TNA WO 205/5G, citado em D'Este, 1983, p. 282
	"durante as 54 horas...", 21ª Companhia Leve de Ambulância de Campanha, 13 de julho, LHCMA O'Connor 5/3/18
p. 289	15ª Divisão Escocesa, 22 de julho, LHCMA O'Connor, 5/4/14
	deserções da 50ª Divisão, Hart, p. 31
	"O psiquiatra do Corpo...", 21 de julho, LHCMA O'Connor 5/3/18
	"crime seriíssimo", 21 de julho, LHCMA O'Connor 5/3/18
	"Dois deles, durante...", quartel-general da 129ª Brigada de Infantaria, Robert Thornburrow, 4º Batalhão de Infantaria Leve de Somerset, 43ª Divisão de Wessex, MdC TE120
p. 290	"ignorância entorpecente e brutalizadora", Scannell, p. 152
	"Cavalheiros, sua expectativa de vida...", Jary, 1998

CAPÍTULO 18   A batalha final de Saint-Lô

p. 291	"horrivelmente tenso", diário, 4 de junho, Blumenson, 1974, p. 462
	"É um inferno...", *ibid.*, p. 464
	"mais de quem busca cargos...", *ibid.*, p. 468-9
p. 292	"Não consigo entender o raciocínio...", tenente-general Richard Schimpf, 3ª Divisão Paraquedista, FMS B-541 e FMS B-020
	"uma ou duas divisões...", Blumenson, 1974, p. 470
p. 293	"Depois do almoço...", *ibid.*, p. 479
p. 295	"Vi soldados americanos...", segundo-tenente Morton Kligerman, Serviço de Sepultamento, 320º Regimento, 35ª Divisão de Infantaria, NA II 407/427/24242
	"aliviar o cadáver...", John Capell, 8º Regimento, 4ª Divisão de Infantaria, NWWIIM-EC
	"fedor enjoativo" e "Por mais nojento...", sargento Charles D. Butte, 603ª Companhia de Serviço de Sepultamento da Intendência, 7º Corpo, I Exército dos Estados Unidos, NWWIIM-EC
p. 297	"Três paraquedistas inimigos...", NA II 407/427/24232
	"Isso não é da sua conta...", Max Feldman, 2ª Divisão de Infantaria, NWWIIM-EC
	"oposição esporádica", 2ª Divisão de Infantaria, NA II 407/427/24232
p. 298	"Essa segunda transferência...", tenente-general Freiherr von Lüttwitz, 2ª Panzer-Division, FMS B-257
p. 299	"em mau estado..." e "homem gigantesco e violento", tenente-general Fritz Bayerlein, ETHINT 66
	"mais parecido com a luta na selva", NA II 407/427/24206
	358º Regimento de Infantaria, tenente George W. Godfrey, 90ª Divisão, NA II 407/427/24240
p. 300	"Agora a população tem de ser...", cabo Hans S., 17 de julho, 9.Kp./Gren.Rgt.1058, 91.(LL.)Inf.Div., BfZ-SS
	oficial de observação da artilharia alemã vestido de padre, tenente James J. Williams, 47º Regimento de Infantaria, 9ª Divisão, NA II 407/427/24241
	"Os homens disseram que...", tenente James J. Williams, 47º Regimento de Infantaria, 9ª Divisão, NA II 407/427/24241
p. 301	"pôquer com *mint juleps*...", diário do capitão médico Thomas P. Jacobs, 45º Batalhão de Saúde Blindado, 3ª Divisão Blindada, WWII VS
	"murro de domingo", NA II 407/427/24232
	"um inglês alto...", Pogue, 2001, p. 130
	"dois sacerdotes...", Blumenson, 1974, p. 481
p. 302	tiros de artilharia para o ar, 331º Regimento de Infantaria, 83ª Divisão, NA II 407/427/24203
	"Lembro-me de uma cena...", James H. Watts, Batalhão de Armas Químicas, NWWIIM-EC
	"Depois, atirou...", capitão Elmer G. Koehler, médico do batalhão, 12º Regimento, 4ª Divisão de Infantaria, NARA 407/427/24242
	"Vi enfermeiros...", capitão William Pola, Destacamento Médico, 66º Regimento Blindado, 2ª Divisão Blindada, NA II 407/427/24242

p. 303 "Cheguei a ponto de saber...", capitão William L. Johnston, 100º Hospital de Evacuação, NA II 407/427/24240
"Que paradoxo...", George Silverton, chefe do Departamento de Radiologia do 2º Hospital de Evacuação, MdC TE 710
"batismo de sangue", diário do capitão médico Thomas P. Jacobs, 45º Batalhão de Saúde Blindado, 3ª Divisão Blindada, WWII VS
p. 304 Rações K, WWII VS
"Acho meio difícil...", diário do capitão Jack H. Welch, 54º Batalhão de Saúde Blindado, 3ª Divisão Blindada, WWII VS
sargento da 1ª Divisão de Infantaria, sargento Leroy N. Stewart, 26º Regimento de Infantaria, WWII VS
"Os garotos franceses...", Vernon W. Tart, 618ª Companhia de Remuniciamento e Material Bélico, NWWIIM-EC
p. 305 "Sei que nos falta...", J. Le Gal, "Un Gendarme à Caumont l'Eventé", MdC TE 398
baixas da 30ª Divisão, NA II 407/427/24232
p. 306 "Lembro-me de certa manhã...", Bradley Holbrook, NWWIIM-EC
p. 307 "Armar baioneta! Vinte e nove, vamos!", NA II 407/427/24232
p. 308 "como trenós" e "conhecido apenas como 'Chefe'", NA II 407/427/24232
p. 310 29ª Divisão, noite de 15 de julho, NA II 407/427/24232
entrevista do coronel Godwin Ordway Jr., comandante do 115º Regimento de Infantaria, 20 de julho, NA II, 407/427/24034
p. 312 "Cota foi atingido...", tenente Edward G. Jones, Esquadrão de Reconhecimento da Cavalaria, 29ª Divisão de Infantaria, WWII VS
25º Esquadrão de Cavalaria, tenente Edward G. Jones, Tropa de Reconhecimento da Cavalaria, 29ª Divisão de Infantaria, WWII VS
p. 313 "magníficos soldados americanos...", tributo de Montgomery, NA II 407/427/24232

CAPÍTULO 19   Goodwood

p. 315 "Vejo a possibilidade...", 14 de julho, PDDE, p. 2004
"Encontrei uma linha...", general-brigadeiro M.J.P. O'Cock, 2º Batalhão da Guarda Irlandesa, SWWEC 2003.2287
p. 316 "investidas alternadas", Hart, p. 103
tanques Crocodilo, Kriegstagebuch Panzergruppe West / V Exército Panzer, BA-MA MSg 2 / 4831
"Agora há uma brisa fresca...", capitão S. Beck, MdC TE 570
9ª SS Panzer-Division *Hohenstaufen*, general Sylvester Stadler, FMS B-470
"a extensão inteira...", Eberhard Beck, 277º Artillerie-Regiment, 277ª Divisão de Infantaria, BA-MA MSg 2/ 3242
277ª Divisão de Infantaria, Grupo B de Exércitos, BA-MA RH 19 ix/86
p. 318 "decisivo para o rumo da guerra...", XL 2287, citado em Bennett, p. 106
"fora de questão", Grupo B de Exércitos, BA-MA RH 19 ix/86
"As unidades lutarão...", Meyer, Kurt. p. 270
p. 319 francesa em Sainte-Foy-de-Montgommery, Simone Grieux-Isabelle, MdC TE 419
"o grupo *panzer* enfrentava...", Kriegstagebuch Panzergruppe West / V Exército Panzer, BA-MA MSg 2 4831
Operações Goodwood e Atlântico, NA II 407/427/24200
p. 320 "tráfego de rádio pré-gravado", A.D.E. Curtis, Força R, SWWEC 2000.384
"Seguiremos com velocidade máxima!", N.F. Burrell, 1/7º Batalhão (Southwark) do Real Regimento da Rainha (West Surrey), 131ª Brigada de Infantaria, 7ª Divisão Blindada, SWWEC LEEWW/2004.2680
"Sem dúvida alguma...", diário do major Julius Neave, 13º/18º Regimento de Hussardos, SWWEC 2150T
p. 322 "um pouco de visco...", citado em Whistler, p. 287
Tedder e Coningham sobre a Operação Goodwood, Air Publication 3235, Air Ministry, 1955, p. 151, AHB

p. 323 relatório da RAF sobre o bombardeio da Operação Goodwood, Air Support, Air Publication 3235, Air Ministry, 1955, AHB
p. 324 "aos carros que se arrastavam...", Whistler, p. 289
"Os prisioneiros não param...", major Peter Griffin, 1st Batalhão Paraquedista canadense, NAC R5067-0-0-E
"o rompimento parecia inevitável", Eberbach, Panzergruppe West, FMS, B-840
"completamente sobrepujada" e "Alguns carros receberam tiros diretos...", Grupo B de Exércitos, BA-MA RH 19 ix/86
p. 325 "Às 10 horas...", Eberbach, BA-MA MSg 1/106
"De repente, um Sherman...", W.H. Close, 3º Real Regimento Blindado, SWWEC 2002.1713
p. 326 "O que aconteceu foi incompreensível...", Eberbach, BA-MA, MSg 1 /106
"corrida da morte", McKee, p. 263
p. 327 cinco tanques Tigre e oito Mark IV, tenente-general Edgar Feuchtinger, FMS B-441
"mais reservas", Grupo B de Exércitos, BA-MA RH 19 ix/86; e Kriegstagebuch Panzergruppe West, BA-MA MSg 2/ 4831
1ª SS Panzer-Division em Ifs-Bras, Grupo B de Exércitos, BA-MA RH 19 ix/86
"Operações esta manhã...", citado em Ellis, p. 344-5
p. 328 "como se fossem crianças", Brigadier E.T. Williams, G-2, 21º Grupo de Exércitos, OCMH-FPP
"Travávamos uma guerra...", Eberbach, Panzergruppe West, FMS, B-840
"O inimigo só precisava...", Eberbach, BA-MA, MSg 1 /106
perdas de tanques da *Hitler Jugend* causada por caças-bombardeiros, Tagesmeldungen, Grupo B de Exércitos, BA-MA RH 19 ix/86
"os britânicos continuaram imóveis...", Eberbach, Panzergruppe West, FMS, B-840
p. 329 "em ótima forma...", 19 de julho, Brooke, p. 571
rompimento no "estilo russo" e entrevista coletiva à imprensa, tenente-coronel Kraminov, MdC TE 246
p. 330 "campo coberto de alemães...", N.F. Burrell, 1/7º Batalhão do Real Regimento da Rainha, SWWEC LEEWW/2004.2680
"Chega uma hora...", Close, p. 130
"Foi simplesmente um péssimo...", diário do major Julius Neave, 13º/18º Regimento de Hussardos, SWWEC T2150
"Chovia e havia mosquitos...," Rev. Jim Wisewell, 223ª Companhia de Ambulância de Campanha, 3ª Divisão de Infantaria, SWWEC T-1141
p. 331 baixas britânicas e canadenses na Normandia, TNA WO 171/139
reclamações do Exército quanto à falta de bombas na serra de Bourguébus, *Air Support*, Air Publication 3235, Air Ministry, 1955, p. 158, AHB
"Foi lembrado ao general Montgomery", Royal Air Force Narrative, Vol. III e IV, p. 81, AHB; e 2º Relatório de Operações da Força Aérea Tática do major-brigadeiro Sir Arthur Coningham, TNA AIR 20/1593
"um declínio nacional de ousadia e iniciativa", LHCMA Liddell Hart 11/1944/45
p. 332 "Mas assim que a agulha...", general-brigadeiro Sir Ian Fraser, MdC TE 160
"Um garoto de uns 16...", Colville, p. 474

CAPÍTULO 20   A conspiração contra Hitler

p. 335 "missão inflexível de defender...", tenente-general Hans Speidel FMS, B-721
"O Führer tem de ser morto...", TNA WO 208/4363
"e, acima de tudo, das tentativas...", Speidel, p.132
"antissemita linha-dura", Evans, p.379
"medidas a serem tomadas imediatamente...", tenente-general Hans Speidel, FMS, B-721
"oásis" para a resistência alemã, Wilhelm Ritter von Schramm, BA-MA, MSg, 2/247
p. 336 há uma excelente análise dos aliados e da oposição alemã a Hitler em Howard, p. 80-93
p. 338 mudança do quartel-general do Führer para o *Wolfsschanze*, em 14 de julho, general Warlimont, ETHINT 5

p. 339   "Devo solicitar-lhe...", tenente-general Hans Speidel, FMS, B-721
"Estamos vivendo o desastre...", Eberbach, BA-MA, MSg 1/1079
"Agora, quanto mais...", sumário de informações do 21º Grupo de Exércitos, 23 de abril de 1944, TNA WO 205/532 (2)
"A Junta de Chefes de Estado-Maior...", de Ismay a Churchill, 21 de junho, TNA HS 6/623
Operação Foxley, TNA HS 6/624, e Seaman, 1998
opiniões de Churchill sobre Hitler e rendição incondicional, TNA HS 6/625; e discurso de Churchill na Câmara dos Comuns, 2 de agosto de 1944

p. 340   "Como os generais até...", citado em Kershaw, p. 656

p. 341   "pasta grande demais", general Warlimont, ETHINT 5
estopins britânicos usados na bomba, Foot, p. 331, nota 5

p. 342   "mais de 1 milhão de trabalhadores...", Otto Remer, comandante do Regimento de Guardas *Grossdeutschland*, ETHINT 63
"tumulto da Gestapo", Blumentritt, FMS B-284

p. 343   "o poder executivo passou...", Otto Remer, comandante do Regimento da Guarda *Grossdeutschland*, ETHINT 63
"O que sabe sobre a situação?", Otto Remer, comandante do Regimento de Guardas *Grossdeutschland*, ETHINT 63

p. 344   "O Führer está morto....", citado em Bennett, p. 110
"Hoje, ao meio-dia...", 20h40, 10 de julho, Tagesmeldungen, Grupo B de Exércitos, BA-MA RH19 ix/86
"*Unterweltsmarschall*", Blumentritt, FMS, B-284
Dietrich e Himmler, Eberbach, BA-MA, MSg 1 / 1079

p. 345   "quase virara revolucionário", Eberbach, TNA WO 208/4363, citado em Neitzel, p. 101
"Na minha opinião, pode-se chegar...", TNA WO 208/4363
"Vida longa à santa Alemanha!", citado em Kershaw, p. 683
ordem de Kluge para prender Stülpnagel, BA-MA RH19 ix/86

p. 346   "o Comandante Militar...", BA-MA RH19 ix/86
"caiu feito uma bomba", tenente-general Bodo Zimmermann, OB West, FMS B-308
"se espalhou pela coluna...", Hans Höller, 21ª Panzer-Division, MdC TE 98
"a frente continuou lutando...", tenente-general Bodo Zimmermann, OB West, FMS B-308
"a raiva e a indignação", Eberbach, fita de 23 de dezembro, TNA WO 208/4364
"Nosso elemento de comunicações ouviu...", Eberhard Beck, 277º Artillerie-Regiment, 277ª Divisão de Infantaria, BA-MA MSg 2/ 3242

p. 347   "preocupação e opressão moral", tenente-general Bodo Zimmermann, OB West, FMS B-308
"ser o famoso seixo...", Hart-Davis, p. 245
"Explicação da resistência alemã continuada" ("Explanation of Continued German Resistance"), 8 de setembro de 1944, LHCMA, Brooke 6/1/5
"idiota", Schramm, BA-MA, MSg2 247

p. 348   "falsificação da situação do inimigo", Meyer, Hubert, p. 36
"relatórios diários que chegam...", general Bülowius, 2º Flieger Corps, FMS B-620

p. 349   "tinham uma relação muito...", Günter Peuckert, 272ª Divisão de Infantaria, BA-MA MSg 2/ 5424
"*malgré-nous*", Nicolas Frank, 116ª Panzer-Division, MdC TE 531
"Não é truque...", Aitken, oficial médico, 24º Regimento de Lanceiros, WLHUM RAMC 1668
"Quando alguém trai...", 1944, BA-MA, RH 21-5/50, citado em Lieb, p. 439
relatório do Exército americano sobre prisioneiros alemães na Normandia, NA II 407/427/24242

p. 350   "*Kameradenerziehung*", Eugène Finance, MdC TE 331

CAPÍTULO 21   Operação Cobra: rompimento

p. 351   mensagem de rádio interceptada pelos alemães, tenente-general Ziegelmann, 352ª Divisão de Infantaria, FMS, B-455
"Uma unidade se rendeu...", NA II 407/427/24242
"hoje um batalhão da 90ª...", Blumenson, 1974, p. 486

p. 352 "Quase 90% da guerra é esperar", diário do capitão Jack H. Welch, 54º Batalhão de Saúde Blindado, 3ª Divisão Blindada, WWII VS

p. 353 "Os observadores ficaram por ali...", 4ª Divisão de Infantaria, NA II 407/427/6431
"estranho farfalhar no céu", 4ª Divisão de Infantaria, NA II 407/427/6431
baixas do bombardeio de 24 de julho, NA II 407/427/24245
"O extravagante *knickerbocker*...", coronel Kraminov, MdC TE 246

p. 355 "enrijeceram perceptivelmente", Pogue, 2001, p. 167-8.
queixas soviéticas sobre notícias de ex-soldados do Exército Vermelho que lutavam pelos alemães, ver cartas de Eisenhower em 26 e 27 de julho, PDDE, p. 2031 e 2032
"XIV Exército...", TNA HW 40/6
acidente com baionetas, Robert B. Bradley, 120º Regimento, 30ª Divisão de Infantaria, MdC TE 366

p. 356 "o rosto dos mortos...", Robert B. Bradley, MdC TE 366
"Muitos tinham apenas...", NA II 407/427/24245
"todos os homens e oficiais...", NA II 407/427/6431

p. 357 Kluge e Operação Spring, Oberstgruppenführer Paul Hausser, VII Exército, ETHINT 48
"O lugar inteiro...", tenente-general Fritz Bayerlein, Panzer Lehr Division, ETHINT 66
Transferência de divisões *panzer* alemãs para o setor americano, Bradley, p. 341
"a retirada de *panzers* alemães...", coronel Thomas Bigland, oficial de ligação no I Exército americano, depois 12º Grupo de Exércitos, SWWEC 99-10
baixas da Panzer Lehr, ETHINT 66, depois FMS A-903

p. 358 "muitos [prisioneiros] na verdade...", diário do capitão Jack H. Welch, 54º Batalhão de Saúde Blindado, 3ª Divisão Blindada, WWII VS
"no fim dessa grande ação...", NA II 407/427/24242
"O resto se amontoou num canto...", tenente Clyde Eddinger, 4ª Divisão de Infantaria, NA II 407/427/24021
"O resultado do primeiro dia...", 4ª Divisão de Infantaria, NA II 407/427/24021

p. 359 "A eficácia do bombardeio...", 4ª Divisão de Infantaria, NA II 407/427/6431
"uma boa coleção...", tenente Donald Dickinson, Companhia B, 22º Regimento, 4ª Divisão de Infantaria, NA II 407/427/24021

p. 360 "muitos saques", tenente John B. Derden, 66º Regimento de Carros de Combate, WWII VS
"Felizmente, é pequeníssimo...", capitão Jim R. Burt, 66º Regimento de Carros de Combate, 2ª Divisão Blindada, WWII VS
"soldado De Castro...", Companhia E, 22º Regimento de Infantaria, NA II 407/427/24021
Montreuil-sur-Lozon, general-brigadeiro Doyle O. Hickey, Força-Tarefa A, 3ª Divisão Blindada, NA II 407/427/24088

p. 361 "no céu como falcões...", general Schmidt, 275ª Divisão de Infantaria, FMS A-973
"tanques amigos" e "Soldado velho...", NA II 407/427/6431
"Seguíamos junto...", tenente George O. Grant, 69º Batalhão de Carros de Combate, 6ª Divisão Blindada, NARA 407/427/24241

p. 362 "roupa boa", Blumenson, 1974, p. 489
"Vou lhe dizer, Sani...", suboficial de saúde Walter Klein, Kampfgruppe Heintz, FMS A-910
Browning e lançamentos aéreos em Avranches, tenente-coronel Scarman, ajudante de ordens de Tedder, OCMH-FPP

p. 363 "Sinto-me muito mais feliz com a guerra", Blumenson, 1974, p. 490
"Devido às pesadas baixas...", TNA DEFE 3/ 63
"uma situação bastante confusa", general de Blindados Freiherr von Lüttwitz, 2ª Panzer-Division, FMS A-903
"o barulho do canhoneio...", general Eugen Meindl, 2º Corpo Paraquedista, FMS, A-923

p. 364 "de Estado-Maior a Estado-Maior...", general Eugen Meindl, 2º Corpo Paraquedista, FMS, A-923

p. 365 "só saímos correndo", tenente George O. Grant, 69º Batalhão de Carros de Combate, 6ª Divisão Blindada, NA II 407/427/24241
críticas de Collins à 3ª Divisão Blindada, NA II 407/427/24235
6ª Divisão Blindada sobre 28 de julho, 69º Batalhão de Carros de Combate, 6ª Divisão Blindada, NA II 407/427/24241

p. 366 "tropas em condições de combate" e "não havia munição...", 28 de julho, TNA DEFE 3/ 63
"usados para atirar diretamente...", 7º Corpo, NA II 407/427/24235
"Durante cinco dias...", suboficial de saúde Walter Klein, Kampfgruppe Heintz, FMS A-910
"quando outros elementos...", tenente James J. Williams, 47º Regimento de Infantaria, 9ª Divisão, NA II 407/427/24241
tensão entre SS e paraquedistas, tenente-coronel Friedrich Freiherr von der Heydte, 6º Regimento Paraquedista, FMS B-839

p. 367 destituição do major-general Pemsel, major-general Freiherr von Gersdorff, chefe do Estado-Maior, 7º Exército, FMS A-894
"na estrada a noite toda" e "faziam isso para...", 4ª Divisão de Infantaria, NARA 407/427/6431
"uma viatura inimiga avariada...", NA II 407/427/24021

p. 368 "só deve predominar...", major William A. Castille, Força-Tarefa B, 3ª Divisão Blindada, NA II 407/427/24088
"Que inferno...", William M. King, 44º Batalhão de Infantaria Blindada, 6ª Divisão Blindada, NA II 407/427/24241
"eles defecavam e cozinhavam neles", capitão médico Thomas P. Jacobs, 45º Batalhão de Saúde Blindado, 3ª Divisão Blindada, WWII VS
2ª Panzer-Division sobre 29 de julho, General de Blindados Freiherr von Lüttwitz, FMS A-903

p. 369 capitão Reid e soldado Sharkey, 22º Regimento, 4ª Divisão de Infantaria, NA II 407/427/24021
combate de Moyon, Força-Tarefa Rose, NA II 407/427/24021

p. 370 82º Batalhão de Reconhecimento, major Willis T. Smith, 67º Regimento Blindado, 2ª Divisão Blindada, NA II 407/427/24242

p. 371 "por tiros únicos de fuzil...", tenente-coronel Briard P. Johnson, subcomandante da Força-Tarefa B, 2ª Divisão Blindada, NA II 407/427/24082
sargento Bishop e "A ação durante a luta...", tenente-coronel Harry Hilliard, 3º Batalhão, 67º Regimento de Carros de Combate, NA II 407/427/24082
"morro abaixo rumo...", NA II 407/427/24082
"Nem o uso de fumaça...", tenente-coronel Marshall L. Crowley, 41º Regimento Blindado de Infantaria, 2ª Divisão Blindada, 22 de setembro, NARA 407/427/24082
"Os morteiros dispararam...", tenente-coronel John D. Wynne, 2º Batalhão, 67º Regimento de Carros de Combate, NA II 407/427/24082

p. 372 "Então começou a matança...", capitão James R. McCartney, 67º Regimento de Carros de Combate, 2ª Divisão Blindada, NA II 407/427/24082
"quando o dia amanheceu...", tenente-coronel John D. Wynne, 2º Batalhão, 67º Regimento de Carros de Combate, NA II 407/427/24082
morte do tenente-general Kraiss, Lieb, p. 548
"A área toda era carne..." e "os prisioneiros chegavam...", NA II 407/427/24082

p. 373 "equipamento alemão abandonado...", general Doyle O. Hickey, Força-Tarefa A, 3ª Divisão Blindada, NA II 407/427/24088
"Carnificina pavorosa", diário do capitão médico Thomas P. Jacobs, 45º Batalhão de Saúde Blindado, 3ª Divisão Blindada, WWII VS
major-general Freiherr von Gersdorff, chefe do Estado-Maior do VII Exército, FMS, A-894
demolição e saques em Granville, Commissariat de Police de Granville, AdM 1370 W 1
"ordens urgentes de impedir...", general Warlimont, ETHINT 1

p. 374 "Jogue tudo neles!", tenente Sancken, 4ª Tropa de Reconhecimento, NA II 407/427/6431
"O que se tem de fazer...", Blumenson, 1974, p. 491

CAPÍTULO 22 Operação Cobra: invasão

p. 375 "Ordenei a Dempsey...", citado em D'Este, 1983, p. 422
"freia o jipe cantando...", diário do major Julius Neave, 13º/18º Regimento de Hussardos, SWWEC T2150
"Monty está decidido a nos obrigar...", diário do major Julius Neave, 13º/18º Regimento de Hussardos, SWWEC T2150

p. 376 "As guarnições estavam machucadas...", Daglish, p. 95
p. 377 326ª Divisão de Infantaria, Eberbach, BA-MA, MSg 1 /106
21ª Panzer-Division, FMS B-631
3º Batalhão da Guarda Escocesa, major Charles Farrell, SWWEC 2001.960
"usava apenas um colete...", McKee, p. 308
p. 379 bateria costeira em cabo e *Kampfgruppe* de Aulock, BA-MA RH19 ix/86
"vista inesquecível", cabo Spiekerkötter, 2. Pionier Kompanie da 256ª Divisão de Infantaria, BA-MA MSg 2/ 5526
p. 380 "A situação é gravíssima...", BA-MA RH19 ix/86
"uma ordem mais categórica...", diário telefônico, VII Exército, NAII 407/427/6431
de Kluge a Eberbach, Eberbach, BA-MA, MSg 1/106
"sob quaisquer circunstâncias...", BA-MA RH19 ix/86
p. 381 "Não pare no objetivo..." e "sugeriu jocosamente...", general Doyle O. Hickey, Força-Tarefa A, 3ª Divisão Blindada, NA II 407/427/24088
ação em Brécey, capitão Carlton Parish Russell, 36º Regimento Blindado de Infantaria, 3ª Divisão Blindada, WWII VS
p. 382 "mais perigoso do que ser...", diário de operações, 4ª Divisão de Infantaria, NA II 407/427/6431
"uma vida muito alegre...", Whiting, Charles. *Papa Goes to War*. Marlborough: Crowood, 1990, p. 66
"tirar a primeira foto...", Capa, p. 168
p. 383 saques e tentativa de linchamento em Granville, Commissariat de Police de Granville, AdM 1370 W 1
"Ah, *monsieur*...", anônimo, MdC TE 388
"Naquele dia nossos rapazes...", tenente D.S. Woodward, 69º Batalhão de de Carros de Combate, 6ª Divisão Blindada, NA II 407/427/24241
p. 384 ataque da Resistência Landes, LCMHA Misc 24
trem blindado descarrilado em Souillac, TNA DEFE 3/ 62
"em toda a história...", Blumenson, 1974, p. 493
"O máximo possível de soldados...", 15º Corpo, NA II 407/427/24203
"Cavalheiros, esse rompimento...", Wilhelm Ritter von Schramm, BA-MA, MSg 2 / 247
p. 385 "O inimigo não deve...", Speidel, p. 138
"dobrar a esquina da Bretanha", NA II 407/427/6431
p. 386 "um dos nossos caminhões...", tenente-coronel Teague, 22º Regimento de Infantaria, NA II 407/427/24021
8º Corpo e prisioneiros do I Exército, Blumenson, 2000, p. 143-4 e 150
prisioneiros da 8ª Divisão, capitão Graham V. Chamblee, 13º Regimento de Infantaria, 8ª Divisão, NA II 407/427/24241
"Passamos por colunas...", 29ª Divisão de Infantaria, NA II 407/427/24034
boatos de retirada alemã para o Sena, tenente-coronel Friedrich Freiherr von der Heydte, 6º Regimento Paraquedista, FMS B-839
"Quando chegamos ao alto...", tenente-coronel Johnson e capitão Wright, 12º Regimento, 4ª Divisão de Infantaria, NA II 407/427/24203
p. 387 "estado de pavor", capitão Wright, NA II 407/427/24203
relato do capitão Ware, NA II 407/427/24203
"O pequeno número de alemães...", 4ª Divisão de Infantaria, NA II 407/427/6431
p. 388 "teve sobre nós um efeito...", tenente-general Fritz Bayerlein, ETHINT 66

CAPÍTULO 23   A Bretanha e a Operação Bluecoat

p. 390 "uma declaração por escrito...", SHD-DAT 13 P 33
"intensificar a atividade guerrilheira...", SHD-DAT 13 P 33
"um segundo general Patton...", tenente Harold H. Goodman, 13º Regimento de Infantaria, 8ª Divisão, NA II 407/427/24241
"um tipo musculoso e jovial", Blumenson, 2000, p. 166

p. 391 Resistência Francesa em Rennes, segundo-tenente Edward W. Overman, 90ª Divisão, NA II 407/427/24242
resgate de prisioneiros de guerra, tenente Harold H. Goodman, 8ª Divisão, NA II 407/427/24241
"Um paciente paraquedista...", capitão Joseph Gray, 13º Regimento de Infantaria, 8ª Divisão, NA II 407/427/24241

p. 392 "Que diabos...", Blumenson, 2000, p. 176
"Cavalaria da Casa Real do general Patton", tenente-coronel Samuel Goodwin, 6º Grupo de Cavalaria, NA II 407/427/24242
"toda noite, de 3 a 6...", capitão John C. Donley, 44º Batalhão de Infantaria Blindada, 6ª Divisão Blindada, NA II 407/427/24241

p. 393 "A primeira coisa que fizemos...", tenente D.S. Woodward, 69º Batalhão de Carros de Combate, 6ª Divisão Blindada, NA II 407/427/24241
mensageiros do Velho Oeste, William M. King, 44º Batalhão de Infantaria Blindada, 6ª Divisão Blindada, NA II 407/427/24241
recompletamentos na Bretanha, capitão John C. Donley, 44º Batalhão de Infantaria Blindada, 6ª Divisão Blindada, NA II 407/427/24241
"melhor do que o esperado...", Blumenson, 1974, p. 541
"Ajudavam a carregar...", William M. King, 44º Batalhão de Infantaria Blindada, 6ª Divisão Blindada, NA II 407/427/24241
"com a ajuda de terroristas", 6 de agosto, BA-MA RH 19 ix/87
"*Terroristenführer*", 6 de agosto, Ob. West Tagesmeldungen, BA-MA, RH19 iv/45
"batalhas com terroristas...", BA-MA RH 19 ix/87
massacres em Finisterre, Lieb, p. 576 e 579
Eon e Passy, SHD-DAT 13 P 33

p. 394 Ramcke em Brest, ver Lieb, p. 483-4
"ao receber de um dos paraquedistas...", tenente Harold H. Goodman, 8ª Divisão, NA II 407/427/24241
"se livraram cortesmente...", tenente Harold H. Goodman, 8ª Divisão, NA II 407/427/24241
"Foi inteiramente varrida do mapa!", TNA WO 208/4364

p. 395 "Os moradores da cidade eram..." e "Tivemos uma festa...", tenente Harold H. Goodman, 8ª Divisão, NA II 407/427/24241
"Eu não diria isso...", Blumenson, 1974, p. 532
atitude de Leclerc para com os britânicos, Girard, p. 80

p. 396 "Até para nós, gaullistas...", Marc de Possesse, MdC TE 361
"uma farda diferente da nossa", Pogue, 2001, p. 178

p. 397 desembarque da 2ème DB na praia Utah, Marc de Possesse, MdC TE 361
aldeões franceses marcam minas, McKee, p. 315
"No campo vizinho...", sargento Kite, 3º Real Regimento Blindado, BA-MA MSg 2/ 4837
reforço do Vire, general Eugen Meindl, 2º Corpo Paraquedista, FMS, A-923

p. 398 "A mata parecia nos lançar...", coronel Tom Gilliam, Companhia B, 2º Regimento, 5ª Divisão de Infantaria, MdC TE 124
"Defenderemos a cidade...", citado em Blumenson, 1974, p. 215

p. 399 "Todos muito deprimidos", diário de Myles Hildyard, 3 de agosto, e carta de 5 de agosto
"os pobres feridos...", capitão Michael Bendix, Guardas de Coldstream, SWWEC 2000-356
"Não conseguia deixar de pensar...", Rev. A.R.C. Leaney, IWM PP/MCR/206
"Nos pequenos campos da Normandia...", citado em Belfield e Essame, p. 206

p. 400 "Estar no tanque de vanguarda...", diário de Stanley Christopherson
"porque entram e saem...", capitão M.G.T. Webster, 2º Batalhão de Guardas Granadeiros, IWM P 182

p. 401 "nos recessos de um LST", Colville, p. 500
"O comandante do tanque sempre...", capitão Michael Bendix, Guardas de Coldstream, SWWEC 2000-356
"um maqueiro alemão miúdo...", Rev. A.R.C. Leaney, designado para o 4º Regimento de Dorset, 43ª Divisão de Wessex, IWM PP/MCR/206

p. 402 "Muitos deles provavelmente...", 30º Corpo, TNA WO 171/342

"Exceto pela torre da igreja...", diário do major Julius Neave, SWWEC 2150T
"Era preciso mesmo se desassociar...", major Robert Kiln, 86º Grupo de Artilharia de Campanha, SWWEC 99-63
"emaranhado de aço", diário de André Heintz, MdC TE 32 (1-4)
mão cortada, Robert Thornburrow, 4º Batalhão de Infantaria Leve de Somerset, 43ª Divisão de Wessex, MdC TE120

p. 403 "Um potrinho andava...", William Helm, "The Normandy Field Diary of a Junior Medical Officer in 210 Field Ambulance", 177ª Brigada, 59ª Divisão de Infantaria
"Os comandantes de brigadas e batalhões...", diário de Stanley Christopherson
"Nossa intenção é capturar...", diário do major Julius Neave, SWWEC 2150 T
"Quanto mais perto...", cabo D. Proctor, 4º Batalhão de Infantaria Leve de Somerset, DWS
"Logo se tornou óbvio...", sargento W. Partridge, 4º Batalhão de Infantaria Leve de Somerset, SWWEC 2006.419

p. 405 "mais homens em cinco semanas...", sargento W. Partridge, 4º Batalhão de Infantaria Leve de Somerset, SWWEC 2006.419
"pesados ataques inimigos...", Grupo B de Exércitos, 6 de agosto, BA-MA RH 19 ix/87
número de baixas alemãs até 7 de agosto, Ose, p. 266, citado em Lieb, p. 422

CAPÍTULO 24   O contra-ataque de Mortain

p. 406 "A situação é ainda mais grave", TNA DEFE 3/ 65
discussões de Hitler, Jodl e Warlimont, major Herbert Büchs, ajudante de ordens da Luftwaffe junto ao general de exército Jodl, ETHINT 36
"Sempre que se prepara uma linha...", general Warlimont, ETHINT 1

p. 407 "Ele pertencia à caixa...", general Eugen Meindl, 2º Corpo Paraquedista, FMS A-923
"desencorajados" e "não conseguir manter...", general Warlimont, ETHINT 1
"A divisão é ruim...", Blumenson, 1974, p. 497

p. 408 "um garoto francês de 15 anos...", NA II 407/427/24242
reforço de Fougères, quartel-general do 15º Corpo, NA II 407/427/24203
"Cerca de 13 mil viaturas...", Reardon, p. 39
"movimentos de retirada", 2 de agosto, TNA DEFE 3/ 65

p. 409 "Joe, já é meu", Collins, p. 250
"Alguns soldados se aguentavam bem...", P. Peschet, MdC TE 215

p. 410 "parecia um excelente...", NA II 407/427/24037
"Quando chegamos...", Robert B. Bradley, 120º Regimento, 30ª Divisão de Infantaria, MdC TE 366
120º Regimento de Infantaria em Mortain, NA II 407/427/24037

p. 412 "eram o maior obstáculo...", major-general Freiherr Rudolf von Gersdorff, FMS A-918
"Tinham sido enganados...", Warlimont, ETHINT 1
"resistência passiva...", tenente-general Graf von Schwerin, ETHINT 17

p. 413 "O Führer ordenou...", Grupo B de Exércitos, 6 de agosto, BA-MA RH 19 ix/87
oposição de Hitler ao general Von Funck, general Warlimont, ETHINT 1
"praticamente impossível", Grupo B de Exércitos, 6 de agosto, BA-MA RH 19 ix/87
"pouca atividade aérea", BA-MA RH 19 ix/87
"A guerra parece praticamente terminada", 4ª Divisão de Infantaria, NA II 407/427/6431

p. 414 "lindo bivaque...", NA II 407/427/6431
mensagens interceptadas pelo Ultra, 6 de agosto, TNA DEFE 3/ 65
ceticismo de Bradley em relação ao Ultra, ver D'Este, 1983, p. 420-1
"parasse de espalhar boatos", NA II 407/427/24037

p. 415 motociclistas alemães, Chérencé-le-Roussel, 39ª Divisão de Infantaria, NA II 407/427/24037
"extraordinariamente bem", general de Blindados Freiherr von Lüttwitz, FMS A-903
luta em Saint-Barthélemy, 30ª Divisão de Infantaria, NA II 407/427/24037

p. 416 120º Regimento de Infantaria em Mortain, NA II 407/427/24037
"Um barulhão seguido...", Reardon, p. 100

p. 417 "deveriam cuidar exclusivamente...", 2ª Relatório de Operações da Força Aérea Tática do major-brigadeiro Sir Arthur Coningham, TNA AIR 20/1593

p. 418 "Este é o momento...", Golley, p. 129
pilotos do Esquadrão 123, Scott, p. 193
"mais ou menos 4% de chance...", Gooderson, p. 76
"Mergulhar...", "The Rocket Racket", Air Ministry, AHB

p. 419 operações com Typhoons, 7 de agosto, TNA AIR 25/704
"Nossos caças se engajaram...", diário telefônico, VII Exército, 7 de agosto, NA II 407/427/6431

p. 420 "*Alles kaputt!*", Robert B. Bradley, 30ª Divisão de Infantaria, MdC TE 366
Grupo 83, Price, p. 78-88
"Enquanto o dia avançava...", 2ª Relatório de Operações da Força Aérea Tática do major-brigadeiro Coningham, TNA AIR 20/1593
relatórios da Seção de Pesquisa Operacional: Relatório Conjunto nº 3, "Rocket-firing Typhoons in close support of military operations", Pesquisa Operacional no Noroeste da Europa, TNA WO 291/1331; e ORS nº 2, 2ª Força Aérea Tática, relatório nº 1, "Investigations of the Operation of Tactical Air Force Aircraft in the Mortain Area, 7th August 1944, TNA AIR 37/61
"Quer os senhores percebam, quer não...", general de Blindados Geyr von Schweppenburg, ETHINT-13

p. 421 "Só um ataque aéreo...", Seção de Pesquisa Operacional, "Investigation of the Operation of Tactical Air Force Aircraft in the Mortain Area, 7th August 1944", datado de 7 de dezembro de 1944, AHB
artilharia de campanha em apoio à 30ª Divisão de Infantaria, general-brigadeiro James M. Lewis, no comando da 30ª Divisão de Artilharia, NA II 407/427/24037

p. 422 "um espinho na carne", general de Blindados Walter Krüger, 58ª Panzerkorps, FMS B-445

p. 423 alemães e conhaque, soldado de primeira classe John Cole, 8º Regimento de Infantaria, NA II 407/427/6432
"Era bastante óbvio...", comentários sobre o diário de campanha do VII Exército, major-general Freiherr Rudolf von Gersdorff, FMS A-918

p. 424 "De maneira formal...", 30ª Divisão, NA II 407/ 24242
12º Regimento de Infantaria, NA II 407/427/6431
panzergrenadiers SS usando equipamento americano, capitão Dunbar Whitman, 12º Regimento, 4ª Divisão de Infantaria, NA II 407/427/24021
"Pela primeira vez, aguentamos...", 4ª Divisão de Infantaria, NA II 407/427/24021

p. 425 "O tanque que viu...", NA II 407/427/6432; e Reardon, p. 256
"Então ele se pôs de pé...", 30ª Divisão de Infantaria, NA II 407/427/24038

p. 426 "Ali, embaixo daquele tanque", NA II 407/427/24037

p. 427 lançamento aéreo, Reardon, p. 201
granadas de fumaça, tenente Charles A. Bartz, 230º Batalhão de Artilharia de Campanha, 30ª Divisão, NA II 407/427/24242; e tenente Elmer Rohmiller, 120º Regimento de Infantaria, 30ª Divisão, NA II 407/427/24242
128º Hospital de Evacuação, coronel John N. Snyder, MdC TE 648
"Sob a cobertura dessa operação...", general de Blindados Walter Krüger, 53 Panzerkorps, FMS B-445
1º Batalhão, 39º Regimento de Infantaria, NA II 407/427/24037

p. 428 coronel Birks na Abbaye Blanche, NA II 407/427/24037
"Quero Mortain demolida...", diário G-3 da 30ª Divisão, 11h05, 11 de agosto, citado em Reardon, p. 267
"soldados muito cansados", NA II 407/427/6431
"atitude de 'motim calado'...", NA II 407/427/6432
"Então Kluge agiu...", Wilhelm Ritter von Schramm, BA-MA MSg 2 / 247

CAPÍTULO 25   Operação Totalize

p. 429 Crerar como comandante do 2º Corpo na Itália, ver Copp e McAndrew, p. 66-68
Montgomery sobre Crerar e Keller, LCHMA AP/14/27; ver também Hart, 2000

p. 430 "para vingar a morte de nossos camaradas", citado em Margolian, p. 29

p. 431   "Caramba! Ordem unida com tanques!", Tout, p. 17
2ª Divisão de Infantaria canadense na Operação Totalize, relatório do quartel-general militar canadense, NA II 407/427/24200
7º Batalhão de Norfolk atravessa o Orne, tenente-coronel Freeland, 7º Batalhão do Regimento de Norfolk, MdC TE 168

p. 433   "A artilharia tem um trabalho facílimo...", tenente T.T. Ritson, diário da Real Artilharia Montada, 6 de agosto
"Uma visão magnífica do vale do Orne...", William Helm, "The Normandy Field Diary of a Junior Medical Officer in 210 Field Ambulance", 177ª Brigada, 59ª Divisão de Infantaria
"Aqui na frente britânica...", diário de Myles Hildyard, 11 de agosto
"Naqueles dias, parecia...", Rev. A.R.C. Leaney, IWM PP/MCR/206

p. 434   "Que honra!", Meyer, Hubert, p. 25
"Presa à vista!", Tout, p. 111

p. 435   destruição de cinco tanques Tigre, Hauptsturmführer D. Wolfgang Rabe, citado em Meyer, Hubert, p. 29-30; ver também Hart, Stephen A. "The Black Day Unrealised". In: Buckley, 2006

p. 436   "Outros aviões não conseguiram...," major Robert Kiln, Yeomanry de Hertfordshire, 86º Regimento de Artilharia de Campanha, SWWEC 99-63
"A força aérea americana...", diário de Aitken Hughes, 6º Hospital Geral, WLHUM RAMC 1771
"apoio infeliz dos nossos...", SHD-DAT 1 K 543 1
"turistas de Sikorski", SHD-DAT 1 K 543 1

p. 437   "tornando gravíssima", Grupo B de Exércitos, BA-MA RH 19 ix/87

p. 438   tenente-general Paul Dannhauser, 271ª Divisão de Infantaria, FMS B-256
Plessis Grimoult, diário do major Julius Neave, 13º/18º Regimento de Hussardos, SWWEC T2150

p. 439   falha de informações sobre defesa anticarro, capitão A. Potozynski, 10º Regimento de Fuzileiros Montados polonês, SWWEC LEEWW: 2000.327
Hitler Jugend declara ter destruído 192 tanques, 20h55, chefe do Estado-Maior do V Exército Panzer, BA-MA RH 19 ix/87
comunicado do OKW, BA-MA MSg 2/ 3242
prisioneiros da Hitler Jugend na Operação Totalize, Lieb, p. 165
"A força é tão grande...", Patton, carta de 9 de agosto, Blumenson, 1974, p. 504

p. 440   "apropriar-se de todo o suprimento...", general John C.H. Lee, chefe da Zona de Comunicações (Com Z), OCMH-FPP
Patton requisita caminhões de suprimentos, Butcher, p. 550
250 mil litros por dia, tenente-coronel Eugene Orth, 3ª Divisão Blindada, NA II 407/427/24088
560 mil litros para percorrer 100 metros, capitão Cecil Oppenheim, quartel-mestre da 3ª Divisão Blindada, NA II 407/427/24240
"Miss América", tenente A.W. Loring, 133º Grupo de Combate de Engenharia, NA II 407/427/24242
"Essa oportunidade só...", Bradley, p. 372

p. 441   "o soldo de uma divisão inteira", segundo-tenente A. Dominic Scialla, 735º Batalhão de Carros de Combate, 8 de agosto, NAII 407/427/24242
5ª Divisão de Infantaria em Angers, tenente Anthony J. Miketinae, 11º Regimento de Infantaria, 5ª Divisão, NA II 407/427/24241
"Os franceses surram os colaboracionistas...", segundo-tenente Derk van Raalte, 2º Regimento de Infantaria, 5ª Divisão, NA II 407/427/24241
"perder a coragem", coronel Erich Helmdach, VII Exército, FMS, B-822

p. 442   "soldados de suprimentos...", Bayerlein, FMS A-901
"O contra-ataque a Avranches tem de...", Gersdorff, chefe do Estado-Maior do VII Exército, FMS A-921
"Era inconcebível...", Eberbach, FMS, A-922
"As granadas inimigas...", Eberbach, FMS, A-922
a Feldgendarmerie e cortes marciais itinerantes, Oberst Erich Helmdach, Ia do Sétimo Exército, FMS, B-822
Recuo da 116 SS Panzer-Division de Sourdeval, Eugen Finanz, MdC TE 351

p. 443   "Calvados ainda em mãos alemãs", cabo Spiekerkötter, 2ª Pionier Kompanie, 265ª Divisão de Infantaria, BA-MA, MSg2 5526

p. 444 Panteras no quartel-general da 2ème DB, Service de Santé, 2ème DB, SHD-DAT 11 P 232
"mal disfarçados", Marc de Possesse, 2ème DB, MdC TE 361
"Não havia ninguém para cuidar deles...", segundo-tenente R.W. Conger, 10º Batalhão de Carros de Combate, 5ª Divisão Blindada, NA II 407/427/24241
coronel McHugh, 318º Regimento de Infantaria, 80ª Divisão, NA II 407/427/24242

p. 445 "*Vive l'Amérique!*", Rev. Père Roger Fouquer, Aumônier divisionnaire de la 2ème DB, MdC TE 825
129 baixas, 8 de agosto, SHD-DAT 11 P 219

p. 446 desertor alsaciano, MdC TE 351
116ª Panzer-Division em Argentan, major-general Gerhard Müller, 116ª Panzer-Division, FMS B-162
"rolha sólida", 2ª Divisão Blindada francesa, NA II 407/427/24205
"Com a captura de Agentan...", USAMHI, citado em D'Este, 1983, p. 428
"Esse corpo poderia facilmente...", Blumenson, 1974, p. 508.
quanto à eficácia dos canhões anticarro na defesa, ver Rowland, p. 106-141

CAPÍTULO 26   O martelo e a bigorna

p. 448 "Quentíssimo...", diário do major Julius Neave, 13º/18º Regimento de Hussardos, SWWEC 501T
Montgomery e Berlim, Butcher, p. 551
ataque de bombardeio da Operação Tractable, Copp, 2003, p. 229

p. 449 "O ataque por mim ordenado...", Eberbach, FMS, A-922

p. 450 "É realmente um grande plano...", Blumenson, 1974, p. 510
"Tome Orléans imediatamente", major-general Gilbert Cook, no comando do 12º Corpo, III Exército, NA II 07/427/24241
"O número de casos de cansados...", Blumenson, 1974, p. 510
"Alguns alistados...", George Silverton, chefe do Departamento de Radiologia, 2º Hospital de Evacuação, MdC TE 710
6ª Regimento de Segurança captura correspondente de guerra americano, Grupo B Tagesmeldungen, 14 de agosto, BA-MA RH 19 ix/87

p. 451 "Ficaríamos contentes...", cabo Spiekerkötter, 2. Pionier Kompanie da 256ª Divisão de Infantaria, BA--MA MSg 2/ 5526
"lama escorregadia", diário de Aitken Hughes, WLHUM RAMC 1771
"mais grave a cada hora", Grupo B de Exércitos, Tagesmeldungen, 14 de agosto, BA-MA RH 19 ix/87
"catastrófica", Kriegstagebuch Panzergruppe West / V Exército Panzer, BA-MA MSg 2 4831

p. 452 "porcos", marechal do ar Lord Portal, OCMH-FPP
"Não posso fingir...", nº 742, do primeiro-ministro ao presidente, 4 de agosto, TNA PREM 3/472
"Ike disse não...", Butcher, p. 545
"ainda mais quando as primeiras…" general Warlimont, ETHINT 1

p. 453 "Uma mulher foi estuprada...", Foot, p. 393
chefe da Gestapo é morto em Chateauroux, SHD-DAT 13 P 33
"128 terroristas...", BA-MA MSg 2/ 3242
"nenhuma represália é dura demais", BA-MA M-854, citado em Lieb, p. 463

p. 454 os 26 piores massacres, *ibid.*, p. 574-580
há uma discussão abrangente e atualizada do número de baixas civis francesas em *ibid.*, p. 412-415.
"contra-arrasamento", Foot, p. 391

p. 455 "os eventos militares assumissem...", Faugère, AN F/1cIII/1166
Laval e Pétain, AN F/1cIII/1166
"regiões onde ainda reina...", AN AJ/41/56
"Em face desses atos...", TNA WO 171/337, citado em Lieb, p. 396

p. 456 "Vi um caminhão aberto...", Colville, p. 475
"a sua aparência, nas mãos...", Pogue, 2001, p. 199
"Os franceses estão juntando...", coronel McHugh, 318º Regimento de Infantaria, 80ª Divisão, NA II 407/427/24242
"um feio carnaval", Brossat, 1992

p. 457   sobre o Département de la Manche, ver Boivin, p. 6
"Postaram oficiais do Exército...", Colville, p. 499
"tudo podia ser comprado", Madame Richer, MdC TE 223
"minha mulher não me entende", Pogue, p. 134

p. 458   "claramente nos consideravam atrasados...", P. Peschet, MdC TE 215
"o vizinho como simpatizante dos alemães", NA II 407/427/24170
campo em Sully, ADdC 8 W 1/1 422
"suprir o inimigo", AdM 1380 W 236 e AdM 1380 W 254

p. 459   "É porque não me lavo...", Claude Quétel, "Avoir quatre ans et demi, le 6 juin 1944, à Bernières-sur--Mer", *Bulletin d'information de la Fondation canadienne de la Bataille de Normandie*, março de 1993
réquisitions irrégulières, AdM 158W 159-202
"que pilham lojas...", major L.J. Massey, MdC, TE 167
"Nossos soldados têm feito alguns saques", diário de Myles Hildyard, 19 de junho

p. 460   "às vezes com um toque cínico...", George Silverton, chefe do Departamento de Radiologia, 2º Hospital de Evacuação, MdC TE 710
"Mon Repos", R. Makin, IWM 88/34/1
15 mil soldados trabalham no porto de Caen, major L.J. Massey, MdC, TE 167
"cuja libertação, fora dos campos...", Bédarida, p. 24
"senão podem esperar...", Grupo B de Exércitos, 14 de agosto, BA-MA RH 19 ix/87
ordem de Kluge de atravessar o Orne, BA-MA MSg 2/5117

p. 461   *panzers* passam sobre corpos, Beck, 277º Artillerie-Regiment, 277º Divisão de Infantaria, BA-MA MSg 2/ 3242
resistência da *Hitler Jugend* em Falaise, Copp, 2003, p. 234-5
baixas canadenses no final da Operação Tractable, Copp, 2007, p. 7.
travessia polonesa do rio Dives, SHD-DAT 1 K 543 1

p. 462   "pela primeira vez, os nossos feridos...", Blumenson, 1974, p. 513.
"Não, por Deus", major-general Kenner, chefe do Serviço de Saúde do SHAEF, OCMH-FPP
"Fizemos o máximo esforço...", Força-Tarefa B, 7ª Divisão Blindada, NA II 407/427/24096

p. 463   confusão entre Gerow e Gaffey, NA II 407/427/24235
"Troquem os cavalos", Blumenson, 1974, p. 514-5

p. 464   "Ismay tem uma visão aberta...", Hart-Davis, p. 279
"Leclerc, da 2ª Divisão Blindada francesa...", Blumenson, 1974, p. 510

CAPÍTULO 27   O campo da morte no bolsão de Falaise

p. 465   "15 de agosto foi o pior...", Wilhelm Ritter von Schramm, BA-MA MSg2 247
"Hitler suspeitava de que...", general Warlimont, ETHINT 5

p. 466   "O Führer ordenou: uma vez que...", Wilhelm Ritter von Schramm, MSg 2/247
"um dos comandantes...", tenente Dankwart Graf von Arnim, MdC TE 819

p. 467   "eram uma matilha de covardes...", tenente-general Fritz Bayerlein, ETHINT 66
carta de Kluge a Hitler, citada em Shulman, p. 174-177

p. 468   "passar de carro em ambos...", major-general Rudolf Christoph Freiherr von Gersdorff, chefe do Estado--Maior do VII Exército, ETHINT 59
formato do bolsão de Falaise, general Mahlmann, 353ª Divisão de Infantaria, FMS A-984
2º Panzerkorps na floresta de Gouffern, Eberbach, FMS, A-922
"Em outras palavras...", general Eugen Meindl, 2º Corpo Paraquedista, FMS A-923
soldado *panzer* toca valsas vienenses, Marcel Labussière, MdC TE 471
"Tivemos uma recepção calorosa...", capitão S. Beck, 18 de agosto, MdC TE 570
"Enquanto eu falava com o general-brigadeiro...", diário do major Julius Neave, 19 de agosto, 13º/18º Regimento de Hussardos, SWWEC 501T

p. 469   a 1ª Divisão Blindada polonesa se reorganiza, SHD-DAT 1 K 543 1
reunião de Model em 18 de agosto, Eberbach, FMS A-922, e major-general Freiherr von Gersdorff, respostas escritas apresentadas em outubro de 1945, NA II 407/427/24231

p. 472
"Os cogumelos pretos...", general Eugen Meindl, II Corpo Paraquedista, FMS A-923
"Lançamos as ondas de foguetes...", Veitch, Michael. *Tom Hall*. Sydney: 2006
"Na estrada, viam-se...", General de Blindados Freiherr von Lüttwitz, FMS A-903
Eberhard Beck, 277º Artillerie-Regiment, 277ª Divisão de Infantaria, BA-MA MSg 2/ 3242
alegações das forças aéreas aliadas em 18 de agosto, Leigh-Mallory, TNA CAB 106/980
Seção de Pesquisa Operacional, Relatório nº 15, Baixas Inimigas em Veículos e Equipamento na Retirada da Normandia para o Sena, AHB

p. 473
"Protejam-se, podem ser os nossos!", Rev. A.R.C. Leaney, IWM PP/MCR/206
"alguns veículos blindados britânicos...", NA II 407/427/24143
"São guerreiros excelentes...", tenente George W. Godfrey, 358º Regimento de Infantaria, 90ª Divisão, NA II 407/427/24240

p. 474
"organizando a correspondência...", citado em Copp, 2003, p. 243
"As estradas estavam bloqueadas...", Hans Höller, 21ª Panzer-Division, MdeC TE 98
"Em seu rosto, podia-se ler...", Eberhard Beck, 277º Artillerie-Regiment, 277ª Divisão de Infantaria, BA-MA MSg 2/ 3242

p. 475
"*Fertigmachen zum Abmarsch*", Eberhard Beck, 277º Artillerie Regiment, 277ª Divisão de Infantaria, BA-MA MSg 2/ 3242
fuga do general Meindl e seus paraquedistas, general Eugen Meindl, 2º Corpo Paraquedista, FMS A-923

p. 476
"clara e serena", major-general Gerhard Müller, 116ª Panzer-Division, FMS B-162
"Gente, cavalos e veículos...", General de Blindados Freiherr von Lüttwitz, 2ª Panzer-Division, FMS A-903
"Foi o sinal...", major-general Freiherr Rudolf von Gersdorff, FMS A-919

p. 477
"Foi o sonho dos artilheiros...", NA II RG 407/427/24242

p. 478
"O soldado polonês luta...", SHD-DAT 1 K 543 1
"a sorte deu à 10ª Brigada de Cavalaria...", SHD-DAT 1 K 543 1
captura do general Elfeldt, capitão A. Potozynski, 10º Regimento de Fuzileiros Montados polonês, SWWEC LEEWW: 2000.327
Simonds e Kitching, Copp, 2003, p. 249-250
Hauptmann Werner, III Batalhão, Infanterie-Regiment *Der Führer*, 2. SS Panzer-Division *Das Reich*, MdC TE 158

p. 479
oficial SS salvo por oficial canadense, Herbert Ronstedt, 9ª SS Panzer-Division *Hohenstaufen*, BA-MA MSg 2 / 3225
tanques poloneses perto do norte da Cota 262, Hubert Meyer, BA-MA MSg 2/ 4832
"Ah, é o velho", general Eugen Meindl, 2º Corpo Paraquedista, FMS A-923

p. 480
"tentativas alemãs, mais ou menos...", SHD-DAT 11 P 221
"o 66º e último...", MdC TE 149

p. 481
baixas polonesas na Normandia, SHD-DAT 1 K 543 1
mais de 2 mil homens por divisão escaparam, major-general Freiherr von Gersdorff, chefe do Estado-Maior do VII Exército, respostas escritas apresentadas em outubro, 1945, NA II 407/427/24231
"[Os] ianques dizem...", diário do major Julius Neave, 13º/18º Regimento de Hussardos, SWWEC T 501
"Um menino de uns 10 anos...", segundo-tenente Roy J. Bolen, 38º Esquadrão de Reconhecimento de Cavalaria, NA II 407/427/24240
"As estradas estavam entulhadas...", Scott, p. 129

p. 482
"Os cavalos quase inspiravam mais pena...", Amis, Kingsley. *Memoirs*. Londres: 1991, p. 221
o esquadrão cossaco, Barnett Hoffner, 6ª Brigada Especial de Engenharia, NWWIIM-EC
hospital de campanha alemão na floresta de Gouffern, NA II 407/427/24235
"Com o colapso do bolsão de Falaise...", tenente-coronel John N. Snyder, MdC TE 648

p. 483
"Seus cobertores foram...", diário de Aitken Hughes, WLHUM RAMC 1771
"O ar ficou irrespirável", Jean Sorel, MdC TE 504
a vitória fora "definida...", LHCMA De Guignand 3/1-27
estimativa de Eberbach de quantos escaparam, Eberbach, FMS A-922
estimativa de Gersdorff, major-general Rudolf Christoph Freiherr von Gersdorff, chefe do Estado-Maior do VII Exército, ETHINT 59
"Um dos grandes erros de Monty...", tenente-brigadeiro Tedder, OCMH-FPP

p. 484 "Dizem que Monty fez um ótimo...", tenente-brigadeiro Coningham, OCMH-FPP
"comportado demais", "o galo alto no monte de esterco" e "Bradley ficou indignado...", general-brigadeiro E.T. Williams, G-2, 21º Grupo de Exércitos, OCMH-FPP

CAPÍTULO 28   O levante de Paris e a corrida para o Sena

p. 485 "teve de lhe perguntar categoricamente...", Blumenson, 1974, p. 516
"Esse exército cobre terreno...", *ibid.*, p. 517
p. 486 "mijado no rio naquela manhã", *ibid.*, p. 521-2
"Vá para leste, aonde...", general de brigada Gilbert Cook, no comando do 12º Corpo, III Exército, NA II 407/427/24241
viagem não anunciada de De Gaulle, de Wilson ao SHAEF, 16 de agosto, TNA ADM 1/16018
De Gaulle e a Fortaleza Voadora, Norwich, p. 318 (17 de agosto)
"Temos de marchar sobre Paris", Charles de Gaulle, OCMH-FPP
p. 487 Hitler e Choltitz, Choltitz, p. 203-209
"Bedell, Ike e todos...", tenente-brigadeiro Sir James Robb, OCMH-FPP
"O pior serviço...", TNA WO 208/4364, citado em Neitzel, p. 192
"Leu o discurso de Churchill?", TNA WO 208/4634
p. 488 "de estatura baixa...", tenente Dankwart Graf von Arnim, MdC TE 819
p. 489 25 mil soldados, tenente-general Freiherr von Boineburg, FMS B-015
"batalhão de intérpretes", coronel Professor Dr. Kurt Hesse, FMS B-611
Bayerlein e Choltittz, tenente-general Fritz Bayerlein, Panzer Lehr Division, ETHINT 66
p. 490 "exemplo brilhante...", SHD-DAT 13 P 42 1
"Pela Rue Lafayette...", Galtier-Boissière, p. 242
p. 491 "Uma calma enganosa...", tenente Dankwart Graf von Arnim, MdC TE 819
"criar no inimigo um estado...", SHD-DAT 13 P 42 1
p. 492 "cobrir a defesa heroica...", tenente Dankwart Graf von Arnim, MdC TE 819
trégua, SHD-DAT 13 P 42 1
p. 493 "para novas missões", NA II 407/427/24205
"na direção de Paris", SHD-DAT 11 P 226
"O que estamos fazendo aqui?", NA II 407/427/24082
oficial de ligação americano alerta o 5º Corpo, SHD-DAT 11 P 226
p. 494 soldado Petrie, batalhão escocês de Tyneside, MdC TE97
"Todos sabemos que perdeu a guerra...", Rev. A.R.C. Leaney, IWM PP/MCR/206
"a infantaria capturou...", tenente T.T. Ritson, diário da Real Artilharia Montada
p. 495 "Fizemos prisioneiros alemães...", Jean Marius Vesque, TE 401
"de sorriso nos lábios...", anônimo, MdC TE 83
"O crescimento explosivo...", Maître Quairé, MdC TE 469
"todos os carros...", diário de Myles Hildyard
"Que tal um Panzer Mark IV...", major-general H.G. Woods, SWWEC LEEWW 2006.533
p. 496 "Se não consegue, Bimbo...", Bradley, p. 377
"uma das maiores injustiças...", general Omar Bradley, OCMH-FPP
p. 497 somente 13 viaturas blindadas destruídas por ataque aéreo, relatórios da Seção de Pesquisa Operacional, relatório conjunto nº 3, "Rocket-firing Typhoons in close support of military operations", Pesquisa Operacional no Noroeste da Europa, TNA WO 291/1331
Esquadrilha 123, Scott, p. 129
"Os pontos de embarque para a travessia...", tenente-general Fritz Bayerlein, ETHINT 66
cavalos de artilharia cruzam o Sena a nado, Günter Peuckert 272ª Divisão de Infantaria BA-MA MSg 2/5424
V Exército Panzer, major-general Freiherr von Gersdorff, chefe do Estado-Maior do Sétimo Exército, respostas escritas apresentadas em outubro de 1945, NA II 407/427/24231
sapadores da 276ª Divisão de Infantaria, Gefreiter Spiekerkötter, 2. Pionier Kompanie of 256ª Divisão de Infantaria, BA-MA MSg 2/ 5526

p. 498 "Paris deveria ser declarada...", general de brigada Gilbert Cook, no comando do 12º Corpo, III Exército, NA II 407/427/24241
"entre 4 mil e 5 mil crianças...", NA II 407/427/24235
p. 499 preparativos para resgatar Paris, Seção da Base Central, NA II 407/427/24201
ordens do general Gerow, V Corpo, NA II 407/427/24235
"Vou fazê-lo falar...", John Mowinckel, citado em Beevor e Cooper, p. 46
p. 500 "Pareciam 'pilotos de...", John G. Westover, MdC TE 436 (2)
"Bradley estava mais danado...", Blumenson, 1974, p. 526-7
p. 501 "O senhor tem sorte", Lacouture, p. 568

CAPÍTULO 29   A libertação de Paris

p. 503 "Cada barricada...", Nota de Serviço, 24 de agosto, SHD-DAT 13 P 42 1
p. 504 "dias estranhos e indecisos", Goudeket, Maurice. *Près de Colette*. Paris: 1955, p. 216-7
102º Esquadrão de Cavalaria adido ao *groupement tactique* de Langlade, SHD-DAT 11 P 219
p. 505 a chuva interfere com o tráfego radiofônico, NA II 407/427/24082
baixas em Longjumeau, SHD-DAT 11 P 230
Longjumeau, Rev. Père Roger Fouquer, Aumônier divisionnaire de la 2ème DB, MdC TE 825
"um grande piquenique desordenado", John G. Westover, MdC, TE 436 (2)
"Certa ocasião, uma moça...", Moore, William Mortimer. *Leclerc – The Making of a French Legend*, manuscrito não publicado
batalha junto à prisão de Fresnes, SHD-DAT 11 P 226
p. 506 o capitão Dupont prevê a própria morte, Rev. Père Roger Fouquer, Aumônier divisionnaire de la 2ème DB, MdC TE 825
"e ficasse com ele...", NA II 407/427/242351349
"dançando a caminho...", Blumenson, 2000, p. 353
"*mademoiselles* francesas entusiasmadas demais", NA II 407/427/6431
"*Tenez bon, nous arrivons*", diário de campanha, 2ème DB, SHD-DAT 11 P 230
p. 507 Dronne e Leclerc, SHD-DAT 11 P 226; Dronne, p. 280-1; e Marc de Possesse, 2ème DB, MdC TE 361
"Mort aux Cons!", Moore, manuscrito não publicado.
p. 508 fogo de artilharia em Longchamp, NA II 407/427/24021
a coluna de Dronne chega ao Hôtel de Ville, Marc de Possesse, 2ème DB, MdC TE 361; Dronne, p. 284-5; Moore, manuscrito não publicado.
"em que a noite se ergueu...", Goudeket, p. 217
"*Ils sont là!*", Madeleine Betts-Quintaine, MdC TE 25
p. 509 2ª Pionier Kompanie da 256ª Infanterie-Division, cabo Spiekerkötter, BA-MA MSg 2/5526
"um carnaval barulhento...", Rev. Père Roger Fouquer, Aumônier Divisionnaire de la 2ème DB, MdC TE 825
p. 510 "Vitoriosa, a Liberdade...", Madame Talbot, MdC TE133
entrada dos soldados americanos, NA II 407/427/242351349
"o povo desconcertado...", NA II 407/427/24240
"Moças francesas, lindas moças...", primeiro-sargento Alfred Donald Allred, 20º Grupo de Artilharia de Campanha, 4ª Divisão de Infantaria, NWWIIM-EC
"*Merci! Merci!...*", coronel J.S. Luckett, 12º Regimento de Infantaria, NA II 407/427/6431
p. 511 "O povo de Paris ainda estava...", NA II 407/427/242351349
"Uma multidão vibrante...", Galtière-Boissière, p. 275-6
p. 512 "se misturavam de maneira alucinante", Boegner, p. 287
p. 513 ultimato a Choltitz, SHD-DAT 11 P 218
"Em silêncio devido ao esforço...", tenente Dankwart Graf von Arnim, MdC TE 819
p. 514 "depois de uma conversa breve e correta", tenente Dankwart Graf von Arnim, MdC TE 819
"um gigante barbudo...", tenente Dankwart Graf von Arnim, MdC TE 819
"a multidão, tantas vezes odiosa...", Rev. Père Fouquer, MdC TE 825
p. 515 Choltitz assina a rendição, SHD-DAT 11 P 226

p. 516
"salvara Paris", NA II 407/427/24235
"entregara Paris ao 5º Corpo", NA II 407/427/24235
Plano Fortitude, TNA WO 199/1379
massacre de Maillé, Fondation de la Résistance, Paris
"terroristas" franceses, SHD-DAT 13 P 42 1
"dar à multidão a oportunidade...", cabo Spiekerkötter, BA-MA MSg 2/ 5526

p. 517
"Mas por que proclamar...", Beevor e Cooper, p. 56
baixas da 2ème DB, SHD-DAT 11 P 218
2.873 parisienses mortos em agosto, AVP
"*les délices d'une nuit dédiée à Venus*", Marc de Possesse, 2ème DB, MdC TE 361

p. 518
"Providencialmente, fiquei longe...", Rev. Père Roger Fouquer, Aumônier divisionnaire de la 2ème DB, MdC TE 825
"cerveja, sidra...", BD
"Aos poucos, as escotilhas...", John G. Westover, MdC, TE 436 (2)
"Não dou a mínima...", Marc de Possesse, 2ème DB, MdC TE 361
"Determino ao general Leclerc...", SHD-DAT 11 P 218
composição internacional da 2ème DB, SHD-DAT 11 P 231

p. 519
quartel-general de Rol-Tanguy convoca seis mil integrantes das FFI, SHD-DAT 13 P 42 1
integrantes do Conselho Nacional da Resistência..., Aron, p. 442
"A ordem pública é uma questão...", Boegner, p. 301, citado em Beevor e Cooper, p. 63

p. 520
"o general Gerow, como comandante...", NA II 407/427/24235
"*collaboratrice*", John G. Westover, MdC, TE 436 (2)
raspagem de cabeças na varanda da prefeitura, Madame Talbot, MdC TE 133
"ficamos enojados...", Marc de Possesse, 2ème DB, MdC TE 361
20 mil francesas, Virgili, 2002

p. 521
"Quando nos aproximamos da cidade...", Pogue, 2001, p. 174
"enclave americano...", Beauvoir, Simone de. *La Force des Choses*. Paris:1960, p. 29
"Pig Alley" e soldados bêbados na Place Vendôme, Pogue, 2001, p. 229-230

p. 522
distribuição de penicilina, general de brigada Kenner, SHAEF, OCMH-FPP

CAPÍTULO 30   Resultado

p. 523
"Vi franceses nas ruas...", major L.J. Massey, MdC TE 167
visita de De Gaulle e ministro da Reconstrução, Hitchcock, p. 57

p. 524
76 mil perderam suas casas, TNA WO 219/3728, citado em Hitchcock, p. 44
"Há quem comemore...", Mme Ruet, Montebourg, MdC TE 63

p. 525
"*camaraderie du malheur*", MdC TE 149
família Saingt, de Fleury, Georges Hebert, MdC, TE 12
discipline exemplaire, Bernard Goupil, MdC TE 191
195ª Companhia de Ambulância de Campanha perto de Honfleur, Watts, p. 110

p. 526
"A vida civil deve ser muito chata", Blumenson, 1974, p. 521
"É espantoso...", 21 de junho, Brooke, p. 561

p. 527
"Antes de tudo, ele é um psicopata", documentos de Cornelius Ryan, Biblioteca da Universidade de Ohio, Departamento de Arquivos e Coleções Especiais, citado em *The Times*, 9 de novembro de 2007

BIBLIOGRAFIA SELECIONADA

Agte, Patrick. *Michael Wittmann*. Mechanicsburg, Pensilvânia: Stackpole, 2006
Amouroux, Henri. *La grande histoire des Français sous l'Occupation*, vol. VIII. Paris: R. Laffont, 1988
Aron, Robert. *Histoire de la Libération de la France*. Paris: Fayard, 1959

Balkoski, Joseph. *Beyond the Beachhead*. Mechanicsburg, Pensilvânia: Stackpole, 1999
Baumgarten, Harold. *Eyewitness on Omaha Beach*. Jacksonville, Flórida: Halrit, 1994
Bédarida, François (org.). *Normandie 44, du débarquement à la libération*. Paris: Albin Michel, 2004
Beevor, Antony e Cooper, Artemis. *Paris after the Liberation 1944-1949*. Londres: Penguin, 1994
Belfield, Eversley e Essame, H. *The Battle for Normandy*. Londres: Severn House, 1975
Below, Nicolaus von. *Als Hitlers Adjutant, 1937-1945*. Mainz: Pour le Merite, 1980
Bennett, Ralph. *Ultra in the West*. Nova York: Hutchinson, 1979
Bidault, Georges. *D'une Résistance à l'autre*. Paris: Les Presses du Siècle Metz, 1965
Biddle, Tami Davis. "Bombing by the Square Yard: Sir Arthur Harris at War, 1942-1945". In: *The International History Review*, XXI, 3, setembro de 1999
Blumenson, Martin. *Breakout and Pursuit*. Washington: Center of Military History, 1961
———. *The Battle of the Generals*. Nova York: William Morrow & Company, 1993
———. *The Duel for France*. Nova York: Da Capo Press, 2000
Blumenson, Martin (org.). *The Patton Papers, 1940-1945*. Nova York: Houghton Mifflin Company, 1974
Boegner, Philippe. *Carnets du Pasteur Boegner*. Paris: Fayard, 1992
Boivin, Michel. *Les Victimes Civiles de la Manche dans la Bataille de Normandie*. Caen: Les Éditions Du Lys, 1994
Böll, Heinrich. *Briefe aus dem Krieg 1939-1945*, vol. II. Munique: Dhv der Hörverlag, 2003
Botsford, Gardner. *A Life of Privilege, Mostly*. Nova York: St. Martin's Press, 2003
Bradley, Omar. *A Soldier's Story*. Nova York: Rand McNally & Company, 1951
Bramall, Edwin. "D-Day Plus One". In: *More Tales from the Travellers*. Oxford: M.Tomkinson, 2005
Brooke, Alan marechal de campo lorde. *War Diaries 1939-1945*. Londres: Weidenfeld & Nicolson, 2001
Brossat, Alain. *Les Tondues: un carnaval moche*. Paris: Manya, 1992
Buckley, John, (org.). *The Normandy Campaign 1944*. Oxford: Routledge, 2006
Butcher, Harry C. *My three years with Eisenhower*. Londres: Simon and Schuster, 1946
Butler, J.R.M. e Gwyer, M.A. *Grand Strategy*, vol. III. Londres: H.M.S.O., 1964

Calmette, A. "Les Equipes Jedburgh dans la Bataille de France". In: *Revue D'histoire de la deuxième Guerre Mondiale*. Paris: Presses, Universitaires de France,1966
Capa, Robert. *Slightly out of Focus*. Nova York: Henry Holt and Co., 1947
Carver, Michael. *Out of Step*. Londres: Hutchinson, 1989
Chandler, Alfred D. (org.). *The Papers of Dwight David Eisenhower*, vol III, *The War Years*. Baltimore, Maryland: Johns Hopkins, 1970
Choltitz, general Dietrich von. *De Sebastopol à Paris*. Paris: J'ai Lu, 1969
Clarke, Dudley. *The Eleventh at War*. Londres: Michael Joseph, 1952
Close, Bill. *A View from the Turret*. Tewkesbury: Dell & Bredon, 1998
Cloudsley-Thompson, J.L. *Sharpshooter, Memories of Armoured Warfare, 1939-1945*. Fleet Hargate: Arcturus Press, 2006
Collins, J. Lawton. *Lightning Joe: An Autobiography*. Novato, Califórnia: Presidio Press, 1994
Colville, John. *The Fringes of Power, Downing Street Diaries 1939-1955*. Londres: Weidenfeld & Nicolson, 2004
Copp, Terry. *Fields of Fire*. Toronto: University of Toronto Press, 2003
———. *Cinderella Army, The Canadians in Northwest Europe, 1944-1945*. Toronto: University of Toronto Press, 2007
Copp, Terry e McAndrew, Bill. *Battle Exhaustion – Soldiers and Psychiatrists in the Canadian Army, 1939-1945*. Montreal: McGill-Queen's University Press, 1990

Daglish, Ian. *Operation Bluecoat, The British Armoured Breakout*. Barnsley: Barnsley, UK Pen & Sword, 2003
———. "Operation Bluecoat". In: Buckley, John, (org.), *The Normandy Campaign 1944*. Oxford: Routledge, 2006
Dansette, Adrien. *Histoire de la Libération de Paris*. Paris: Fayard, 1946
De Gaulle, Charles. *Mémoires de Guerre*, vol. II. Paris: Plon, 1959
D'Este, Carlo. *Decision in Normandy*. Nova York: Pan Books, 1983
———. *Eisenhower*. Nova York: Holt, 2002
Doubler, Michael D. *Closing with the Enemy – How GIs fought the War in Europe, 1944-1945*. Lawrence, Kansas: University Press of Kansas, 1994
Douglas, Keith. *The Complete Poems*. Londres: Faber and Faber, 2000
Dronne, Raymond. *La Libération de Paris*. Paris: Presses de la Cité, 1970

Ellis, L.F. *Victory in the West*, vol. I. Londres: Stationery Office Books, 1962
Evans, Richard. *The Third Reich at War, How the Nazis led Germany from Conquest to Disaster*. Londres: Penguin, 2008

Foot, M.R.D. *SOE in France*. Londres: H.M.S.O., 1966
Fussell, Paul. *The Boys' Crusade*. Nova York: Modern Library, 2003

Galtière-Boissière, Jean. *Mon journal pendant l'Occupation*. Paris: La Jeune Parque 1944
Girard, Christian. *Journal de Guerre. 1939-1945*. Paris: L'harmattan, 2000
Golley, John. *The Day of the Typhoon*. Shrewsbury: The Crowood Press, 2000
Gooderson, Ian. *Air Power at the Battlefront: Allied Close Air Support in Europe 1943-1945*. Londres: Routledge, 1998

Harrison, Gordon A. *The United States Army in World War II – Cross-Channel Attack*. Washington: Office of the Chief of Military History, 1951
Hart, Stephen A. *Montgomery and "Colossal Cracks" – the 21st Army Group in Northwest Europe, 1944-1945*. Westport, Connecticut: Praeger Publishers, 2000
———. "The Black Day Unrealised". In: Buckley, John (org.), *The Normandy Campaign 1944*. Oxford: Routledge, 2006
Hart-Davis, Duff (org.). *King's Counsellor, Abdication and War, the Diaries of Sir Alan Lascelles*. Londres: Weidenfeld & Nicolson, 2006
Hastings, Max. *Overlord*. Londres: Simon & Schuster, 1989
Hills, Stuart. *By Tank into Normandy*. Londres: Phoenix, 2002
Hitchcock, William I. *Liberation: Europe 1945*. Londres: Faber and Faber, 2008

Howard, Michael. *Liberation or Catastrophe? Reflections on the History of the Twentieth Century*. Londres: Hambledon & London: 2007
Howarth, David. *Dawn of D-Day*. Londres: Collins, 1959

Jary, Sydney. *18 Platoon*. Bristol: Light Infantry Office, 1998
Johnson, Garry e Dunphie, Christopher. *Brightly Shone the Dawn*. Londres: Warne, 1980

Keegan, John. *Six Armies in Normandy*. Londres: Pimlico, 1992
Kershaw, Ian. *Hitler 1936-1945: Nemesis*. Londres: Allen Lane, 2000

Lacouture, Jean. *De Gaulle – The Rebel 1890-1944*. Nova York: W. W. Norton, 1990
Lewis, Adrian R. *Omaha Beach – A Flawed Victory*. Carolina do Norte: The University of North Carolina Press, 2007
Lieb, Peter. *Konventioneller Krieg oder Weltanschauungskrieg? Kriegführung und Partisanenbekämpfung in Frankreich 1943/44*. Munique: Oldenbourg, 2007

Mackenzie, William. *The Secret History of SOE. Special Operations Executive 1940-1945*. Londres: St Ermin's Press, 2000
Margolian, Howard. *Conduct Unbecoming – The Story of the Murder of Canadian Prisoners of War in Normandy*. Toronto: University of Toronto Press, 1998
McKee, Alexander. *Caen: Anvil of Victory*. Londres: Pan, 1965
Meyer, Hubert. *The 12th SS, The History of the Hitler Youth Panzer Division*, vol. I. Mechanicsburg, Pensilvânia: Stackpole, 2005
Meyer, Kurt. *Grenadiers*. Mechanicsburg, Pensilvânia: Stackpole, 2005
Moses, Harry. *The Faithful Sixth*. Durham: County Durham Books, 1995

Neitzel, Sönke, (org.). *Tapping Hitler's Generals, Transcripts of Secret Conversations*. St Paul, Minnesota: Frontline, 2007
Norwich, John Julius (org.). *The Duff Cooper Diaries*. Londres: Weidenfeld & Nicolson, 2005

Ose, Dieter. *Entscheidung im Westen 1944. Der Oberbefehlshaber West und die Abwehr der alliierten Invasion*. Stuttgart: 1982

Panter-Downes, Mollie. *London War Notes*. Londres: Farrar, Straus and Giroux, 1971
Perrigault, Jean-Claude e Meister, Rolf. *Götz von Berlichingen – Normandie*. Bayeux: Heimdal, 2005
Pogue, Forrest C. *The Supreme Command*. Washington: Office of the Chief of Military History, 1954
———. *Pogue's War*. Lexington, Kentucky: The University Press of Kentucky, 2001
Price, Alfred. "The Rocket-Firing Typhoons in Normandy", *The Royal Air Force Air Power Review*, vol. VIII, nº 1, primavera [segundo trimestre] de 2005

Quellien, Jean e Garnier, Bernard. *Les victimes civiles du Calvados dans la bataille de Normandie, 1er mars 1944-31 décembre 1945*. Caen: Centre de Recherche d'Histoire Quantitative, 1995

Reardon, Mark J. *Victory at Mortain: Stopping Hitler's Panzer Counteroffensive*. Lawrence, Kansas: University Press of Kansas, 2002
Ritgen, H. *Die Geschichte der Panzer-Lehr Division im Westen, 1944-1945*. Stuttgart: Motorbuch, 1979
Rosse, capitão conde, e Hill, coronel E. R. *The Story of the Guards Armoured Division*. Londres: Geoffrey Bles, 1956
Rowland, David. *The Stress of Battle, Quantifying Human Performance in Battle*. Norwich: Stationery Office, 2006

Salaita, George D. "Embellishing Omaha Beach", *The Journal of Military History*, abril de 2008
Scannell, Vernon. *Argument of Kings*. Londres: Robson, 1987
Scott, Desmond. *Typhoon Pilot*. Londres: Leo Cooper, 1982
Seaman, Mark (org.). *Operation Foxley, The British Plan to Kill Hitler*. Kew: PRO, 1998
Sprot, Aidan. *Swifter than Eagles*. Edimburgo: The Pentland Press, 1998

Sheffield, Gary. "Dead Cows and Tigers: Some aspects of the experience of the British soldier in Normandy, 1944". In: Buckley, John (org.). *The Normandy Campaign, 1944*. Oxford: Routledge, 2006
Shulman, Milton. *Defeat in the West*. Londres: Martin Secker & Warburg, 1986
Speidel, Hans. *We Defended Normandy*. Londres: Herbert Jenkins, 1951
Stagg, J.M. *Forecast for Overlord*. Londres: Littlehampton Book Services, 1971

Tombs, Robert e Tombs, Isabelle. *That Sweet Enemy*. Londres: William Heinemann, 2006
Tout, Ken. *Tank! 40 Hours of Battle, August, 1944*. Londres: Robert Hale, 1985

Virgili, Fabrice. *The Shorn Women: Gender and Punishment in Liberation France*. Oxford: Berg, 2002
Vogel, Detlef e Wette, Wolfram [orgs.]. *Andere Helme – Andere Menschen? Heimaterfahrung und Frontalltag im Zweiten Weltkrieg*. Essen: Klartext, 1995

Watts, J.C. *Surgeon at War*. Londres: Allen & Unwin, 1955
Weigley, Russell F. *Eisenhower's Lieutenants*. Nova York: Indiana Press, 1981
Whistler, Laurence. *The Laughter and the Urn – The Life of Rex Whistler*. Londres: Weidenfeld & Nicolson, 1985
Wilmot, Chester. *The Struggle for Europe*. Londres: Collins, 1952

Zetterling, Niklas. *Normandy 1944, German Military Organization, Combat Power and Organizatonal Effectiveness*. Winnipeg: Bushwood Books, 2000
Zuehlke, Mark. *Juno Beach, Canada's D-Day Victory, June 6, 1944*. Toronto: D&m Adult, 2005

Há uma bibliografia mais detalhada em www.antonybeevor.com.

ÍNDICE REMISSIVO

Abbaye Blanche 416, 419, 421-5, 428
Abetz, Otto 138, 488
Abwehr (serviço militar de informações alemão) 63, 341n
Adair, major-general A. 322
Alençon 236, 412, 423, 427, 441-4, 449, 463
AMGOT (Allied Military Government of Occupied Territories) 31
Amiens 329, 497
Amis, Kingsley 482
Andrew, tenente Tom 417, 419
Angers 391, 395, 441
Ardennes, abadia de 185, 191-2
Argentan 158, 380, 440-2, 444, 446,-8, 450, 456, 461, 463-4, 468, 484-5, 493
Arletty (Léonie Bathiat) 457n
Arnim, tenente Dankwart Graf von 466-7, 487-8, 491-2, 513-4
Arromanches 105, 138, 140, 225, 226n
Asnelles 98
Assuntos Civis 219, 281, 459, 523-4
Ataques aeroterrestres
    americano 64, 72-85, 125-8, 132-5
    apoio aéreo 69
    baixas 70, 75-7, 83-5, 126-7
    britânico 61-73, 159-60, 487-8
    embarque 35-42
    lançamento de equipamento pesado 82-4
    medidas de dissimulação 66
Atentado de julho, *ver* conspiração de julho
Aulock, major-general Hubertus von 379, 489

Aunay-sur-Odon 203, 376, 380, 399, 402
Authie 185, 190
Avranches 175, 292-3, 362, 367, 373-5, 379-80, 382-5, 388-9, 407-9, 412, 420, 423, 427, 434, 437-9, 442-3, 449-50, 466
Ay, rio 299, 302

Baixas
    de civis franceses 62-3, 123-4, 135, 157-8, 202--4, 210-3, 277-8, 523
    de oficial 287-8
    em Caen 155, 157-8, 197, 210-1, 260, 278-80
    em Cherbourg 229-30
    em Paris 490-1, 517-8
    em Saint-Lô 305-6, 311-3
    em Villers-Bocage 202-4
    na batalha do *bocage* 251-2, 259
    na evacuação 165-6, 217-8
    na Operação Cobra 357-8, 362-3, 370-3
    na Operação Epsom 240-1
    na Operação Goodwood 317-8, 330-3
    na Operação Totalize 436
    na Operação Tractable 460-1
    na praia Juno 142
    na praia Omaha 121-4, 167-9
    na praia Sword 160-1
    na praia Utah 129, 132-3
    no ataque aeroterrestre 70, 75-7, 83-5, 126-7
    no Bolsão de Falaise 482-4
    por fadiga e choque em combate 109-11, 120-2, 197, 268-71, 287-90

primeiros socorros e tratamento 267-9
totais 526
total até 30 de junho 272
total do Grupo de B Exércitos 402
tratamento das 302-4
Barenton 410, 422
Barneville 221, 223
Barton, major-general Raymond O. 128, 224, 251, 257, 382, 428
batalhão Fabien 511
Bavent, Bosque de 70, 328
Bayerlein, tenente-general Fritz 46, 50, 52, 61, 160, 186, 223, 259n, 260-1, 299, 357-8, 388, 467, 489, 497
Bayeux 50-1, 53-4, 60, 104-5, 192-3, 219, 289-90, 293, 296-9, 331-2, 446-7, 457
    De Gaulle visita 207-10
    libertação de 140-2, 185-6, 188, 198-9
Bayeux, tapeçaria de 491-2
BBC 34, 56, 63, 72, 131, 328, 389, 493
Beauvoir, Simone de 521
Beck, soldado Eberhard 316-7, 346, 472, 474
Beck, general de exército Ludwig 335-6, 344-5
Bedell Smith, major-general Walter 26, 34, 464, 487n
Below, tenente-coronel Nicolaus v. 160, 341
Bény-sur-Mer 144, 146
Berghof (Berchtesgaden) 44, 55, 137-8, 151, 160, 231, 233, 235, 241, 244, 335, 337-9
Berlichingen, coronel Freiherr V. 181
Bernay 319, 465, 469
Bidault, Georges 57, 508, 517
Billotte, coronel Pierre 505, 509, 513-4
Bingham, major S.V. 116-7, 307-9, 311
Birks, coronel Hammond D. 410, 416, 428
Bittrich, Gruppenführer 242
Bletchley Park 18-9, 191, 414; *ver também* Ultra, mensagens interceptadas pelo
Blumentritt, general de Infantaria Günther 53, 138, 160, 167, 244-5, 336, 342-4
Bocage 161, 199, 283, 293, 325, 358, 374, 527
    batalha do 250-71
    descrições 253, 260-2
    implementadas as lições da luta 296-8
    luta no 167, 170-1, 216, 259, 260-6, 360
    observação de artilharia 301-2
Boegner, Pastor Marc 512, 519
Boineburg-Lengsfeld, tenente-general Hans Freiherr v. 487-8
Boissieu, capitão Alain de 493, 511-2
Bolsão de Falaise 465, 468, 482, 488
Bombardeio, *ver* Operações de bombardeio
Bombardeio amigo 133-5, 356-7, 436, 449
Bon Sauveur, convento do 156, 210-1, 277, 278n

Bordeaux 18, 45-6
Botsford, tenente Gardner 89
Boulogne 17, 19, 45, 88, 511, 518
Bradley, general Omar 21-3, 60, 100-1, 103, 116, 161n, 173n, 178, 193-5, 198, 216, 220-1, 223, 226, 228, 230-1, 250, 253, 261-2, 265, 268, 275, 283, 292-3, 299, 301, 305-6, 312, 315, 333, 351-6, 356, 357n, 361-3, 365, 384, 388, 390, 395, 407-8, 414, 417, 422, 440, 446-8, 450, 461, 463-4, 473, 484-6, 496, 498-9, 501, 506, 520
    e Montgomery, general Sir Bernard L. 101, 103, 448, 460-2, 484, 495-7
    e Patton, general George S. 21, 361-3, 408, 445-7, 449-50, 4463-4, 485-6, 501-2
Brécey 381-2, 414, 424
Brest 45, 55, 384, 390-5, 414
Brest, península de 88, 131
Bretanha 18-9, 46-7, 55, 60-1, 88, 173-4, 192, 194, 216, 233, 243, 253, 292-3, 362, 367, 379-80, 385, 388-99, 400-5, 407-8, 452, 455
Bretteville-l'Orgueilleuse 189, 192
Bretteville-sur-Laize 430
Bréville 150, 197
Brooke, marechal de campo Sir Alan (mais tarde, visconde Alan Brooke) 19, 20, 28-9, 30, 43, 158, 199, 206, 236, 261, 287, 315, 327-9, 347n, 526
Brotheridge, tenente Den 65
Browning, tenente-general Sir Frederick ("Boy") 362
Bruce, coronel David 500, 517-8
Bucknall, tenente-general Gerard 199, 202-4, 399
Buhle, general de Infantaria Walter 341, 423
Bull, major-general Harold R. 16, 26
Bülowius, general da Aviação 348
Bushey Park (sede do SHAEF) 25, 98-9, 104-5, 314, 390

"C" *ver* Menzies, Sir Stewart
Cabourg 65, 71, 98
Caçadores de lembranças 163-4, 218, 221-2, 371-2, 481-3
Caça-minas 36, 55, 402
Caen 52, 65-6, 68, 72-3, 136-7, 146, 150-9, 161, 180-96, 198-9, 200, 210-2, 223, 232, 238, 241--3, 252, 256, 259, 262, 272-90, 314-5, 318-9, 324, 329, 331, 337, 351, 357, 361, 375, 402, 406, 410, 418, 430, 437, 451, 459-60, 480, 523-4
    ameaça de cólera 287
    ataque em 7 de junho 183-6
    baixas em 155, 157-8, 197, 210-1, 260, 287-9
    batalha de 273-83
    bombardeio de 209-12
    bombardeio de 6 e 7 de junho 155-8, 275-9

cancelado ataque alemão em 10 junho 192-3
chegada da equipe de Assuntos Civis 281
civis em 136-8, 144-6, 155-8, 277-8, 281-2
De Gaulle visita 523
desfile da vitória 281-2
e os desembarques 136-8
impasse 193-5
não é tomada no primeiro dia 152-5, 158-60
reconstrução 524-5
tentativa de envolvimento 193-5, 196-9
última granada cai em 480-1
Caen, Canal de 65, 150
Cagny 193, 196-8, 323n, 325-6
Calais 17-9, 45-6, 56, 66, 99, 151, 291, 347, 355, 486, 501
Calvados 59, 60, 103-4, 137, 158, 160, 210, 443, 516, 523-4
Cambes 184, 188-9, 213
Canal da Mancha, travessia 86-99
Canham, coronel Charles D. 89, 111-2, 115, 119
Canisy 360
Capa, Robert 89, 382, 501
Carentan 66, 79, 82, 105, 127-8, 133-4, 173-4, 177-9, 216-7, 221, 250, 252, 2257, 259, 300, 456
Carpiquet, base aérea de 146, 156, 159, 185, 273, 275
Caumont 177-8, 198, 200, 203, 216, 237, 250, 298, 305, 320, 376
Cerisy, floresta de 174-5, 177
Cerisy-la-Salle 366
Chaban-Delmas, Jacques 489, 492, 509, 514-5
Chambois 461, 468-9, 473-8, 480,
Chartres 450, 462-3, 486, 506, 516
Chef-du-Pont 126, 133, 172
Cherbourg 22, 45-6, 79, 93, 128, 134, 169, 170, 172, 191, 194-5, 217, 220-1, 224, 226-33, 237, 250-1, 258, 298, 337, 456
  avanço sobre 220-4, 226-7
  baixas 229-30
  baterias costeiras 228-9
  bombardeio de 22 de junho 227
  situação mais tarde 229-31
  suprimentos passando por 217, 226
  tomada de 213 (mapa), 227-31
Cherbourg, península de ver Cotentin, península de
Cheux 240
Chevallerie, general de Infantaria Kurt von der 462
Choltitz, tenente-general Dietrich von 223, 250, 252, 361, 367, 394n, 487-8, 491, 509, 513-5
Christopherson, tenente-coronel Stanley 141, 185-7, 400
Churchill, Winston S. 21, 28-9, 30-4, 42-3, 62, 82, 139n, 158, 191, 205-10, 235, 237, 272-3, 275n, 285, 329, 332, 339-40, 347n, 357n, 376-7, 401, 434, 451-2, 456, 464, 487n
Cintheaux 434, 438
Civis franceses, *ver* Franceses, civis
Clark, general Mark 30
Colaboracionistas 219, 509-10
  raspagem da cabeça 395, 456-7, 494-5, 520-1
  tratamento dos 440-1, 455-7, 457-9, 520-1
Colette, Sidonie Gabrielle 504, 508
Cota 30 172
Cota 90 260
Cota 92 299
Cota 103 186-7
Cota 112 238, 242-3, 283-6, 289-90, 316
Cota 131 251
Cota 140 438
Cota 174 202-3
Cota 192 295-9, 300-1
Cota 195 437-8
Cota 213 200-2, 204, 386
Cota 226 376
Cota 242 382
Cota 262 478n
Cota 278 424-5
Cota 309 376
Cota 314 (Mortain) 409-10, 414, 416-7, 421-2, 424, 427-8
Colleville-sur-Mer 100, 121, 163
Collins, major-general J. Lawton 128, 173n, 195, 220-1, 224-6, 261, 301, 353, 358-9, 365, 409
Colville, John ("Jock") 332, 401, 456-7
Comandante em chefe do Ocidente, ver OB West
Comitê Duplo X 17-8, 236
Comitê Francês de Libertação Nacional 31
Comunistas *ver* Partido Comunista Francês
Coningham, marechal do ar Sir Arthur 272, 276, 322, 324, 331, 417-8, 420, 472, 484
Conselho Nacional da Resistência 57, 490, 492, 519
Conspiração de julho 47-9, 233-4, 332, 346-50, 407, 422-3, 465, 467-8, 487-8
  possíveis negociações com os aliados 334-40, 346-7
Cook, major-general Gilbert 450, 486, 498
Cooper, Sir Alfred Duff 32-3
Cooperação terra-ar 224, 325-6, 361, 369-70, 379-81, 416-21, 434-5
COPP (Combined Operations Beach Reconnaissance and Assault Pilotage Parties) 22-3
Corlett, general de divisão Charles 295, 301, 306, 311
Cota, general-brigadeiro Norman D. 111-2, 114-5, 119-21, 124, 169, 309, 311-2, 520
Cotentin, península de 22, 41, 46, 51, 55, 64, 66, 74, 79, 85, 125, 127, 131, 169, 216-31, 293, 299, 397, 487

Coudehard, elevação de 476, 479-80
Coulet, François 137, 209n
Courseulles 143, 206
Coutances 260, 360, 365
Crépon 113, 140-1
Crerar, tenente-general Henry 144, 429-30, 439
Cristot 190, 237
Culin, sargento Curtis G. 265

Dannhauser, tenente-general Paul 438
Danos de guerra 459-60, 523-5
Daure, Marianne 136-7
Daure, Pierre 136-7, 282
DD, *ver* tanques Sherman DD
De Gaulle, general Charles 29-30, 89-90, 136-8, 464
   chegada à Inglaterra 32-3
   desfile da vitória em Paris 518-20
   e a libertação de Paris 485-7, 490-1, 498-9, 500-2, 514-21
   e a Resistência 57-8
   e Eisenhower 31, 34, 486-7, 498-9
   e Leclerc 395-7
   e Roosevelt 29-33, 210
   primeira visita à Normandia 206-10
   relacionamento com Churchill 29-35, 210
   visita a Caen 523
De Guingand, major-general de Sir Freddie 193-4, 205, 224, 293, 484
Dewavrin, André *ver* Passy, coronel
Défense Passive 156, 277, 525
Defesas costeiras 49, 60, 113
Dempsey, tenente-general Sir Miles 159, 193, 198--9, 204, 206, 213, 238, 241-3, 279n, 283, 287, 314-6, 318, 320, 324-5, 330-1, 375, 399, 496
Dieppe, ataque a 28, 46, 87, 133, 141
Dietrich, Obergruppenführer Sepp 180-1, 188, 241, 245, 319, 337, 344-5, 406, 434, 438, 467
Dio, coronel Louis 505-6, 511
Dives, rio 66, 69, 70-3, 98, 181, 451, 461, 469, 473-7
Doane, tenente-coronel Leander L. 380-2
Dollmann, general de exército Friedrich 160, 186, 223, 231, 241
Dönitz, almirante de esquadra Karl 47, 88
Douglas, capitão Keith 24, 141, 186-7, 322
Douve, rio 79, 127, 177, 226
Douvres-la-Délivrande 180
Dronne, capitão Raymond 505, 507-9, 518
Dunquerque 28-9, 45, 47, 64, 95, 464

Eberbach, general de blindados Heinrich 181, 244-6, 279-80, 285, 318-20, 323-9, 335n, 337-8, 345-6, 357, 377, 380, 385, 405-6, 413, 422-3,
427, 434, 437-8, 441-3, 447, 449, 465-6, 469, 479, 481, 483, 497
Ecouché 158, 443, 445-6, 481
Écouves, floresta d' 444
Eddy, major-general Manton S. 224
Eden, Anthony 33-4, 206, 209
Ehrenburg, Ilia 249
Eisenhower, general Dwight D. ("Ike") 15-6, 25-8, 30-1, 33-6, 40, 42-3, 61-2, 85, 90, 98-9, 101, 205, 220, 225, 238, 243, 272-3, 275-6, 283, 291, 293, 315, 336, 375, 388, 440, 446, 449, 452, 455, 463-4, 485-6, 487n, 493, 498-9, 501, 520-1, 527
   aprova o plano da brecha entre Falaise e Argentan 439-41
   e a Operação Dragoon 452
   e a Operação Epsom 237-8, 242-4
   e Caen 275-7
   e De Gaulle 31, 34, 486-7, 498-9
   e Montgomery 19, 20, 22, 242-4, 272, 281-2, 463-4, 527
   e Patton 291-2
   visita embarque de paraquedistas 39-42
Elbeuf 496
Elfeldt, tenente-general Otto 367, 478
Eon, coronel 389-90, 393
Erskine, major-general George ("Bobby") 199, 202-4, 243, 399
Escoville 196, 330
Esquay 316
Evrecy 193, 316-8
Execução de prisioneiros 218, 458
Exercício Tigre 129
Exército alemão
   disciplina 527
   efetivo 49-52
   instrução 49, 50, 192-3, 292, 339-40
   perdas e baixas na Normandia 240, 252, 272
   propaganda e moral 50-1, 178, 214-5, 223, 246-7, 362, 365-7, 400-1, 449, 527
   tática e eficácia 48-9, 195, 232-3, 252, 262-5
   tensão com a Waffen-SS 347-8, 365-7, 468, 497-8
   ver também Luftwaffe (unidades paraquedistas); Waffen-SS
Exército alemão, brigadas, regimentos etc.
   7ª Brigada de Morteiros 242, 274
   24º Panzer-Regiment 446
   30ª Brigada Móvel 307, 312
   100º Panzer-Battalion 133
   304º Panzergrenadier-Regiment 202
   503º Batalhão Panzer Pesado 324, 377
   726º Grenadier-Regiment 98, 118
   901º Panzergrenadier-Regiment 259n

902º Panzergrenadier-Regiment 259n
916º Grenadier-Regiment 114, 164
1.057º Grenadier-Regiment 172
cossacos 226, 482
Osttruppen 50-1, 53, 168, 179, 281, 349, 393
Exército alemão, corpos
  25º Corpo 380
  47º Panzerkorps 412
  81º Corpo 68, 442
  84º Corpo 53, 98, 105n 177, 223, 250, 252, 367, 380, 478, 487
Exército alemão, divisões
  2ª Panzer 52, 54, 201-3, 247, 298, 329, 337, 349, 364-5, 368, 408n, 411-2, 415-6, 419, 421, 443, 445, 449, 472, 476, 478
  9ª Panzer 53, 367, 423, 437, 441-3, 449
  11ª Panzer 17-8
  21ª Panzer 52, 73, 146, 151, 153, 159-61, 180-1, 183, 185, 196, 242, 279, 324-7, 346, 377, 405, 474
  116ª Panzer 329, 337, 364-5, 368, 410-2, 414-5, 423, 442, 444-6, 449
  84ª Infanterie 412
  85ª Infanterie 434
  89ª Infanterie 430, 434, 437
  91ª Luftlande 76, 79, 84, 125-7, 172, 221, 223, 253, 271, 330, 391,
  256ª Infanterie 379, 450, 509, 516
  266ª Infanterie 394
  271ª Infanterie 438, 448
  275ª Infanterie 216, 357, 371
  276ª Infanterie 497
  277ª Infanterie 316, 318, 346, 474
  319ª Infanterie 53
  326ª Infanterie 376-7, 379
  346ª Infanterie 196, 328
  348ª Infanterie 50
  352ª Infanterie 93, 97-8, 104, 113-4, 122, 162, 166-7, 175, 372n
  353ª Infanterie 55, 175, 250, 306
  708ª Infanterie 441
  709ª Infanterie 125, 133, 169
  711ª Infanterie 66, 94, 196
  716ª Infanterie 54, 104, 136, 146, 152, 180-1, 191
  Panzer Lehr 52, 160-1, 181-2, 186, 188, 190, 192, 198, 203, 216, 223, 238, 240, 242, 247, 256, 259-61, 293, 299, 300, 357-9, 366, 442, 489
  ataque ao setor americano 259-61, 293, 300
  na Operação Cobra 356-60, 365-6
  perdas contra os britânicos 239-40
Exército alemão, exércitos
  I Exército 461-2
  Panzergruppe Eberbach 423, 427, 449, 466
  Panzergruppe West (mais tarde, V Exército Panzer) 49, 152, 182, 192, 236, 242, 245-6, 305, 318-9, 324, 338, 357, 380, 405-6, 423, 438-9, 443, 451, 465, 497
  VII Exército 47, 50, 66, 125, 152, 160, 175, 179-80, 182, 231, 242, 245, 252, 260, 299, 305, 318-9, 333, 337, 364-5, 367, 373, 380, 388, 405, 412-3, 419, 423, 427, 434, 439, 442, 468-9, 479, 481
  XV Exército 47, 167
Exército alemão, grupos de exércitos
  Grupo B de Exércitos 137, 162, 182, 299, 319, 327, 380, 385, 405
  Grupo de Exércitos do Centro 17, 238, 245, 338
Exército americano 28, 60, 496-7, 505-6
  baixas na Normandia 268-71, 302-4
  comemoração de Quatro de Julho 251
  destituição de oficiais 172-4
  disciplina 218-9
  exaustão em combate 268-71, 302-3, 356-7, 387, 425
  instrução 21, 198-9, 260-1, 266-7, 269-71, 352, 359-60
  mecanização 367-8, 439-40
  Seção da Base Central 521-2
  Serviço de Sepultamento 268-9
  sistema de substituição e reforços 265-8, 444-5
  trens de suprimentos 439-40
Exército americano, brigadas e regimentos
  6ª Brigada Especial de Engenharia 121, 164, 171, 217, 482
  8º de Infantaria 129-30, 169-70, 394
  12º de Infantaria 364-5, 385-7, 413-4, 423-5, 428, 505-6, 510-1
  16º de Infantaria 101-2, 111-3, 120-1
  18º de Infantaria 121-2
  22º de Infantaria 229-30, 259, 359-60, 385-6, 440-1
  23º de Infantaria 297-8
  36º de Infantaria Blindada 382
  39º de Infantaria 414-5, 427-8
  115º de Infantaria 121-2, 167-8, 295-6, 307-8, 311-2
  116º de Infantaria 89-90, 101-2, 105-11, 114-7, 119-21, 123-4, 164-6, 295-6, 306-7, 308-9
  117º de Infantaria 413-7, 421-2
  119º de Infantaria 424-5
  120º de Infantaria 256-7, 260, 355-6, 410-1, 415-6, 420-1, 427-8
  137º de Infantaria 298-9
  175º de Infantaria 164-6
  314º de Infantaria 226
  315º de Infantaria 226
  325º Regimento de Planadores de Infantaria 133

358º de Infantaria 299
502º Regimento de Infantaria Paraquedista 82
505º Regimento de Infantaria Paraquedista 42
508º Regimento de Infantaria Paraquedista 79, 81-2, 126
Exército americano, Corpo de Contrainformações 219, 457-8
Exército americano, corpos
    5º Corpo 100, 108, 111, 124n, 295-6, 353, 379, 463, 468, 485, 493, 499, 515, 520
    7º Corpo 126, 128, 220-1, 251, 257, 261, 302
    8º Corpo 223, 237-8, 241, 243, 250, 288, 299, 302, 314, 363, 376, 384, 386, 391, 399
    19º Corpo 259, 295, 301, 306, 398, 496
    20º Corpo 395, 441, 450, 462, 486
Exército americano, divisões
    1ª de Infantaria 21, 25, 89-90, 94-6, 101-3, 105-11, 111-3, 115-6, 120-4, 139-40, 165-6, 174-5, 177-8, 198-9, 202-3, 215, 250, 299, 303-5, 359-62, 367-8, 409-11
    2ª Blindada 178-9, 218, 265-6, 301-2, 359-60, 367-8, 369-71, 395, 422-3, 420, 457
    2ª de Infantaria 167-8, 177, 216, 293-9, 300-1
    3ª Blindada 261-7, 299, 300-1, 352, 359-60, 364-5, 367-8, 369-70, 373, 379-80, 382, 384-6, 417, 439-40
    4ª Blindada 363, 370-1, 373-4, 378-9, 383-5, 387-8, 390-1, 394-5, 450
    4ª de Infantaria 84-5, 90-1, 96, 127-9, 131-3, 169-71, 224, 229-30, 250-1, 256-8, 259, 266-7, 295-6, 301-2, 353-4, 356-7, 358-60, 367-9, 373, 384-5, 387-8, 413-4, 428, 499, 500-1, 505-6, 509-11, 514-5, 517-8
    5ª Blindada 441-4, 446-7, 495-6
    5ª de Infantaria 391, 397-8, 461-2
    6ª Blindada 361-3, 363-6, 367-8, 373-4, 382-4, 390-5
    7ª Blindada 461-3, 492-3
    8ª de Infantaria 299, 385-6, 390-1, 394
    9ª de Infantaria 211-3, 259-61, 299, 306, 358
    28ª de Infantaria 520-1
    29ªde Infantaria 22, 94-5, 100-2, 104-5, 110-1, 115-6, 118-21, 123-4, 127, 162, 166, 169-70, 171-2, 216, 250, 268-9, 293, 295-6, 301, 306, 309-10, 312-3, 385-6, 391, 398-9
    30ª de Infantaria 253-7, 259-60, 267-9, 293, 299, 306, 353-7, 359-60, 369-70, 409-11, 413-4, 420-5, 427-8
    35ª de Infantaria 293, 295-6, 298-9, 306, 310--1, 391, 397-8, 427-8
    79ª de Infantaria 224, 226, 228-9, 299, 407
    80ª de Infantaria 444-5, 450
    82ª Aeroterrestre 35-7, 40, 64, 76-80, 126, 171--2, 221-3, 250-1
    83ª de Infantaria 250-1, 256-7, 300, 301-2, 395
    90ª de Infantaria 172-3, 221-4, 250, 299, 351, 398-9, 400-8, 444-5, 468-9, 472-4, 476-7, 480-1
    101ª Aeroterrestre 35-6, 37-40, 73-4, 80-1, 83--4, 126-7, 164-5, 169-70, 177-8, 217, 229-31, 251, 504
Exército americano, grupos de exércitos
    12º Grupo de Exércitos 293, 394, 463-4, 473, 486, 498-9
    I Exército americano 21, 161n, 194, 250, 262, 270, 283, 299, (mapa), 315, 351, 353, 357n, 384, 421, 447, 462-3, 469, 499
    III Exército americano 291-3, 355n, 423
Exército americano, Rangers 92-5, 100, 257-8
    2º Batalhão 113-5, 119-20, 163-6
    5º Batalhão 113-5, 118-9
Exército britânico
    cansaço de guerra 287-90
    conservadorismo 29
    cooperação entre infantaria-carros 153-4, 376, 377, 400-1
    crise de efetivo 272-4
    deserções 288-9
    escassez de infantaria 142, 314
    exaustão em combate 273-4, 331-2
    falta de mecanização 153-4
    força de defesa do Reino Unido 272-4
    projeto de tanques 204-5
    relutância em ajudar outros exércitos 152-3
    sistema de substituição e reforços 289-90
    tática 261-2, 376
Exército britânico, batalhões de infantaria
    1º/4º da Real Infantaria Leve de Yorkshire 236-9
    1º/5º do Real Regimento da Rainha 495-6
    1º de Dorset 138-9
    1º de Hampshire 97-8, 138-40
    1º dos Granadeiros 325-7
    1º Fronteiriço Escocês do Rei 188-9
    1º de Norfolk 153-5
    1º da Brigada de Fuzileiros 199-202
    1º do Sul do Lancashire 148
    1º de Suffolk 155, 158-60
    1º Escocês de Tyneside 493-4
    2º de Highlanders de Argyll e Sutherland 240
    2º de Devonshire 139
    2º do Leste de Yorkshire 147-9
    2º de Essex 141-2, 185-6
    2º de Highlanders de Glasgow 240, 377
    2º da Real Infantaria Leve de Shropshire 153-4, 158-9
    2º de Middlesex 148
    2º de Infantaria Leve de Oxfordshire e Buckinghamshire 64-6

2º Fronteiriço de Gales do Sul 185-6
2º de Reais Fuzileiros do Ulster 159-60, 184, 188-9, 212-4
2º de Warwickshire 153-5, 183
4º Comando 150
4º de Dorset 288-9, 398-9, 400-1
4º de Infantaria Leve de Somerset 276-7, 283-6, 289-90, 402-5
5º do Black Watch 197-9
5º de Coldstream 276-8, 400-1
5º de Dorset 283-4
5º de Infantaria Leve do Duque da Cornualha 283-5
5º do Leste de Yorkshire 139-40
5º de Wiltshire 403-4, 433-4
6º Comando 150
6º do Regimento do Duque de Wellington 287-8
6º de Infantaria Leve de Durham 20, 186, 480-1
6º dos Green Howards 92, 139-40
7º de Norfolk 431-4
8º de Infantaria Leve de Durham 20
8º Paraquedista 70-1
9º de Infantaria Leve de Durham 20
9º Paraquedista 69-71
12º Paraquedista 197-8
13º Paraquedista 197-8
Reais Engenheiros 70, 139, 148
Exército britânico, brigadas
1ª Brigada de Operações Especiais 86, 149
3ª Brigada Paraquedista 68-9, 71
4ª Brigada Blindada 193, 241n, 288
5ª Brigada Paraquedista 72
6ª Brigada Blindada de Guardas 376-7, 401
8ª Brigada 154
8ª Brigada Blindada 186, 198, 238
9ª Brigada 184-5
22ª Brigada Blindada 199, 200-3
29ª Brigada Blindada 327-8, 379
33ª Brigada Blindada 430
56ª Brigada 139
69ª Brigada 139
129ª Brigada 283-4, 289
130ª Brigada 284
131ª Brigada Blindada 204
185ª Brigada 154-5, 183-4
Brigada do Serviço Aéreo Especial 61
Serviço Aéreo Especial (SAS) 60-1, 54, 381
Exército britânico, corpos
1º Corpo 183, 429, 451
8º Corpo 223, 237-8, 241, 243, 250, 288, 299, 302, 314, 363, 376, 384, 386, 391, 399
12º Corpo 450, 469, 486, 498
30º Corpo 199, 238, 240, 316, 376-7, 399, 402-3, 406

Exército britânico, divisões
Blindada de Guardas 276, 315, 320, 326, 376-7, 400-1, 403, 405, 497
3ª de Infantaria 147-9, 152-5, 279, 323-5, 328-9
6ª Aeroterrestre 64, 69, 151-2, 159-60, 183, 196-7
7ª Blindada 193-4, 196, 198-9, 202-5, 216, 238-9, 243-4, 248-9, 273-4, 319-20, 323-4, 327-8, 329-30, 375, 398-9, 433-4, 448, 459-61, 495-6
11ª Blindada 237-8, 240-3, 287, 319-20, 322-4, 325-8, 330-1, 375, 377-9, 396-8, 404-5, 419-20, 422-3, 492-3, 495-6
15ª de Infantaria (Escocesa) 237-8, 240, 288-9
43ª de Infantaria (Wessex) 240, 275, 282-3, 288-9, 398-9, 402-3
50ª de Infantaria (Northumberland) 89, 90, 96-7, 112-3, 139-40, 165-6, 198-9, 202-3, 216, 270-1, 287-8, 288-9
51ª de Infantaria (Highland) 193, 196-7, 273-4, 287-8, 429-30
Exército britânico, exércitos
II Exército 141-2, 159, 193-4, 198, 216, 242n, 243, 272-3, 276, 282, 287-8, 314, 323, 329, 361
VIII Exército 21, 429
Exército britânico, regimentos blindados
1º Regimento da Yeomanry de Northamptonshire 327, 431, 433-5
2º Regimento da Guarda Galesa 320-1, 323
3º Real Regimento Blindado 323-5, 397
3º Regimento da Guarda Escocesa 149, 376-7
4º Regimento da Guarda de Coldstream 376
4º Regimento da Yeomanry do Condado de Londres 200
4º/7º Regimento de Dragões da Guarda 138
5º Regimento de Dragões da Guarda de Inniskilling 495
11º Regimento de Hussardos 199, 201, 204, 324, 495
13º/18º Regimento de Hussardos 97, 147, 320, 324, 330, 375, 403, 405, 448
22º Regimento de Dragões 148
23º Regimento de Hussardos 327-8
44º Real Regimento Blindado 284
Yeomanry Montada do Leste 188, 279
Yeomanry de Fife e Forfar 325, 328
Regimento de Cavalaria da Casa Real 377-9, 392, 397
Inns of Court 190
Royal Scots Greys 241
Yeomanry dos Rangers de Sherwood 24n, 97, 138, 400

Yeomanry de Staffordshire 147, 154, 159
Dragões de Westminster 139, 148
Exército britânico, 21º Grupo de Exércitos 21, 161n, 193-4, 198, 206, 208, 224, 238, 243, 272--3, 293, 315, 329, 339, 446, 449, 454, 483-4, 526
Exército canadense
  avanço sobre Caen 280-2
  batalhas pela base aérea de Carpiquet 146, 185-6
  2º Corpo canadense 357, 439, 474
  desembarca em Juno 93-4, 141-6
  I Exército canadense 282, 315, 429, 451
Exército canadense, batalhões de infantaria
  1º Paraquedista 71, 197, 276-7, 324-5
  Algonquins 438
  Black Watch do Canadá 196-7, 431, 433
  de Fuzileiros da Rainha 143, 274, 324
  de Fuzileiros Regina 143, 189, 324
  do Regimento Escocês canadense 92, 143
  do Regimento do Litoral Norte 143, 324
  Highlanders de Argyll e Sutherland do Canadá 241, 475
  Highlanders de Calgary 431
  Highlanders do Norte da Nova Escócia 146, 324
  Reais Fuzileiros de Winnipeg 143, 190, 273-4
  Régiment de la Chaudière 144, 273-5, 324
Exército canadense, brigadas
  7ª Brigada 143
  8ª Brigada 143
  9ª Brigada 146, 183-5
Exército canadense, divisões
  2ª de Infantaria 429, 431-2
  3ª de Infantaria 141-2, 323-4, 429, 480-1
  4ª Blindado 430-1, 434-6, 437-8, 478-9
Exército canadense, regimentos blindados
  1º de Hussardos 142-3
  Colúmbia Británica 438
  Fort Garry Horse 142-3, 274
  Fuzileiros de Sherbrooke 146, 185
  Guardas Granadeiros do Canadá 438
Exército francês
  12ème Chasseurs d'Afrique 540, 511
  2ª Divisão Blindada (2ème DB) 395-6, 442-6, 450, 463-4, 473, 480, 485, 493, 499, 500, 502, 504, 506, 510-1, 514, 516-20
  2ème Régiment de Chasseurs Parachutistes (4º SAS) 60, 389
  2ème Regiment de Marche du Tchad 505, 518
  3ème Régiment de Chasseurs Parachutistes 390
  501ème Regiment de Chars 505, 507, 510, 513
  desembarque em Utah 395-7
  Spahis marroquinos 504, 511
  transferência para o Reino Unido 31
Exército polonês

1ª Divisão Blindada 429, 434, 448, 469, 477, 480
10ª Brigada de Cavalaria 478
10º Regimento de Dragões 473
10º Regimento de Infantaria Montada 449, 458-9, 472-3, 477-8
12º Regimento de Dragões 461
24º Regimento de Lanceiros 469
Exército Vermelho 17, 43, 104, 124n, 132, 157n, 189, 214, 238, 247, 258, 263, 319, 338, 340, 353, 355, 414, 461, 478, 482

Fadiga e choque em combate 122, 172, 197, 218, 268, 280, 288-90, 304, 387
Falaise 157-8, 182-3, 194-5, 198, 282-3, 314-5, 322-3, 332-3, 357-8, 379-80, 422-3, 429, 433-41, 445-8, 451, 460-1, 468-9, 483-5
Falaise e Argentan, brecha entre 440-7, 465, 468-9, 472-3, 474-5, 476-85, 491-4
Falaise, Bolsão de ver Bolsão de Falaise
Falley, tenente-general Wilhelm 79, 125, 223
Farmbacher, general de artilharia Wilhelm 380
Fegelein, Gruppenführer Herman 44, 341
Ferimentos propositais 267, 288, 303-4, 450
Feuchtinger, major-general Edgar 52, 151-2, 159, 181-2
FFI 31, 176, 389-95, 441n, 444, 453-4, 489, 491--3, 495, 498, 503, 508, 514-9
Flers 413, 423
Fontaine l'Abbé 465, 469
Fontainebleau 493
Fontenay-le-Marmion 431
Fontenay-le-Pesnel 186, 316
Força Aérea alemã ver Luftwaffe
Força Aérea americana (USAAF)
  9º Comando Tático Aéreo 361
  8ª Força Aérea 59, 91, 103
  9ª Força Aérea 128, 417, 469, 472
  ataques de caças-bombardeiros a soldados alemães 256, 260-1, 306, 309-10, 361, 365-6, 369-70, 380-1, 392, 418-9
  e o bombardeio da Operação Cobra 352-8, 360
  exatidão no bombardeio 101-2, 436
Força Aérea americana, Grupos
  363º Grupo de Caças 392
  388º Grupo de Bombardeiros 90
  405º Grupo de Caças 370
Força Aérea britânica ver Real Força Aérea
Fortificação Hillman 154-5
Fortitude ver Plano Fortitude
Fouquer, Rev. Padre Roger 505-6, 509-10, 514, 517
Fox, tenente Dennis 65-6

Franceses, civis
  e o ataque aeroterrestre 77-8, 84-5, 125-7
  atitude diante dos soldados aliados 84-5, 131-2, 133-4, 143-5, 171-2, 205-7, 211-3, 246-7, 303-5, 391, 394-5, 397-8, 510-1, 525-6
  baixas 62-3, 123-4, 134, 210-1, 212-3, 277-8, 523
  e os desembarques 104, 128, 132-3, 136-8, 148
  em Mortain 409-11
  sob a ocupação 53-5
  saques 219, 305, 382-3
  vingança contra os colaboracionistas 395, 440-1, 488-93
Fogo amigo 41, 130, 275, 417, 435, 473
Franco-atiradoras 171, 206, 219, 230
Franco-atiradores 93, 177-8, 262, 268, 280-1, 285, 288, 393
Frente Oriental 44, 48, 50, 52-3, 82, 124, 175, 181, 189, 191, 193, 200, 215, 223, 234, 237, 246-7, 258, 263, 319, 335, 337-8, 343, 362, 379, 385, 526, 529
Fritsch, general de exército Werner Freiherr v. 413
Fromm, general de exército Friedrich 342, 345
FTP 58, 176, 389-90, 394, 458, 492, 511
Funck, general de Blindados Hans Freiherr v. 364, 412-3, 423, 481
Furgon, monte 411, 415

Gaffey, major-general Hugh G. 463
Gale, major-general Richard 69-70, 72, 197
Garby-Czerniawski, Roman 18
Gavin, general-brigadeiro James M. 38, 126
Gavray 380, 382, 455
Gavrus 242
Gerhardt, major-general Charles H. 124, 163-4, 166-9, 270, 295, 306-9, 311-2
Gerow, general Leonard T. 99, 100-1, 108, 111, 116-7, 123, 162, 164, 226, 353-5, 463, 468-9, 485, 493, 499, 500, 506, 511, 513, 515, 518-20
Gersdorff, major-general Rudolf Freiherr v. 339n, 373, 384, 412, 423, 468-9, 474, 476, 483, 497
Gestapo 32, 157, 278, 338, 340, 342, 344-5, 391, 452-4, 488, 524
Geyr von Schweppenburg, general de Blindados Freiherr Leo 49, 181-2, 188, 192, 194, 232, 242--7, 250, 260, 336, 420
Goebbels, Josef 44, 151, 181, 215, 293n, 343
Goerdler, Carl 336
Göring, marechal do Reich Hermann 47-8, 219, 293n, 337, 343, 394
Gouffern, floresta de 468, 480, 482
Governo Provisório da República Francesa 31, 33-4, 209-10, 282, 458
Grandcamp 93, 121, 209

"Grande tempestade", a (19 a 22 de junho) 237, 317, 527
Granville 365, 373, 379, 383, 498
Grimbosq, floresta de 431, 434
Grimesnil 370-3
Grow, major-general Robert C. 363, 391-2, 394
Gruchy 184
Guarda Costeira americana 106
Guderian, general do exército Heinz 49, 52, 182, 250, 364
Guillebon, comandante Jacques de 493, 500
Günsche, Hauptsturmführer Otto 151, 434

Hall, almirante John L. 101
Hardaway, tenente-coronel Eads J. 410, 416-7, 424
Harris, tenente-brigadeiro Sir Arthur ("Bomber") 61-3, 275, 279n, 322, 331
Hartmetz, soldado Rainer 82
Hase, general do exército Paul v. 342-3
Hausser, Obergruppenführer Paul 241, 245, 252, 299, 318, 337, 351, 359, 363-4, 367, 373, 380, 384, 412-3, 423, 442, 465-6, 468-9, 474-5, 479-81
Hébécrevon 359
Heintz, Andre 155-6, 280-1, 366, 402
Hellmich, tenente-general Heinz 170
Hemingway, Ernest 353, 382, 500-1, 517
Hermanville 154, 159, 213
Heydte, major Freiherr v. d. 76, 128, 134, 170, 177-9, 216
Hickey, general-brigadeiro General Doyle O. 360-1, 365, 373, 382
Hill, general-brigadeiro James 68, 71
Himmler, Reichsführer-SS Heinrich 44-5, 173, 337, 343-4
Hinde, general-brigadeiro Robert ("Loony") 200, 202, 205, 399
Hitler, Adolf 398-9
  conferência de Margival 232-5
  confiança na Waffen-SS 244-5
  conspiração e atentado de julho 332-50
  contra-ataque de Avranches 441-2
  informado dos desembarques 151
  e a ameaça do II Exército britânico 203-5
  e a Operação Cobra 373-4, 384-5
  e a Operação Dragoon 452
  e a Operação Lüttich 384-5
  e Cherbourg 221-2, 230-1
  e o contra-ataque de Mortain 406-7, 412-3, 422-4, 428
  e Paris 487-8
  expectativa da invasão 44-8
  ordena o ataque a Alençon 45-6
  reação aos desembarques 160
  substitui Geyr 244-5

substitui Kluge 465-8
última visita à França 232
Hiwis (*Hilfswillige*) 164
Hobart, major-general Percy 29, 102, 139
Hodges, general Courtney H. 293, 301, 353, 384, 409, 417, 447, 463, 469, 501, 520
Holbrook, Bradley 306
Hollis, primeiro-sargento Stanley 140-1
Horrocks, tenente-general Brian 399
Howard, major John 64-6, 68, 70, 72, 149-50
Howie, major Thomas D. 309-10, 312
Huebner, major-general Clarence R 101, 216, 301, 368, 409-10

Ilhas do Canal 41, 45, 53, 74, 224, 232
Isigny 164, 166, 168-9, 174, 209, 219, 221, 295, 308, 310-1
Ismay, tenente-general Sir Hastings ("Pug") 29, 464

Jedburgh, equipes 61, 173, 389
Jobourg 229
Jodl, general de exército Alfred 138, 151, 160, 233, 244-5, 247, 335, 341, 406-7, 412, 466
Johnson, coronel Howard R. ("Jump") 37, 77, 386
Jorge VI, rei 20, 332, 464
Jort 451
Juin, general Alphonse 486, 487n, 519
Jünger, Ernst 56, 336, 456
Jurques 399, 400
Juvigny-le-Tertre 411, 416, 419

Keitel, marechal de campo Wilhelm 151, 244-5, 247, 337, 341-2, 466
Keller, major-general Rod 142, 144, 146, 339n, 429
Kennedy, Ludovic 92, 96
Kenner, major-general Albert W. 461-2, 522
Kieffer, comandante Philippe 150
King, almirante 220
Kitching, general de brigada George 473, 478
Kluge, marechal de campo Gunther-Hans v.
    e a brecha entre Falaise e Argentan 441-2
    e a conspiração de 20 de julho 336-8, 343-6
    e o contra-ataque de Mortain 406-7, 412-5, 422-3
    discussão com Rommel 245-7
    e a Operação Cobra 351-2, 357-8, 363-4, 367, 374, 379-80, 383-5
    e a Operação Goodwood 328-9
    e a Operação Totalize 436-9
    ordena retirada até o rio Orne 459-61
    reinicia a Operação Lüttich 439
    substituído por Model 465-8
    suicídio 468
    torna-se OB West 244-6

Kluge, tenente-coronel von 363-4
Koenig, general Pierre 31, 60-1, 176, 208, 389-90, 393, 489-90, 498-9, 519-20
Kraiss, major-general Dietrich 105, 113, 167, 372n
Kraminov, coronel 278n, 353
Kriegsmarine 45, 47, 50, 55, 88, 489, 498
    Grupo Naval Oeste 138

La Fière 126-7, 133, 172
La Haye-du-Puits 251, 299
La Hogue 430-1
La Rivière 138-9, 141
La Rochelle 45
Laizon, rio 439, 449
Lammerding, Brigadeführer Heinz 175
Langlade, coronel Paul de 480, 504-5, 508-9, 511-2
Laval 208, 407-8, 446, 453, 498, 501
Laval, Pierre 208, 455
Le Fresne Camilly 212, 418
Le Havre 45, 88, 94
Le Mans 160, 182, 223, 231, 242, 395, 412, 440--1, 450
Le Mesnil-Adelée 415-6
Le Mesnil-Tove 414-5
Leahy, almirante William D. 30
Lebisey 159, 183-4, 279
Leclerc, general Philippe (conde de Hautedoque) 31, 395-6, 444, 464, 473, 480, 485, 487, 493--4, 499, 500, 502, 504, 506-7, 509, 511, 513-5, 518-9
Lee, tenente-general John C.H. 439
Leigh-Mallory, tenente-brigadeiro Sir Trafford 19, 22, 35-6, 40, 62, 85, 98, 193, 199, 220, 275, 352
Les Ingoufs 227
Lessay 299, 351, 361
Liddell Hart, Basil 20, 101, 103, 224, 331-2
Lion-sur-Mer 153, 212
Lisieux 63, 153, 158, 211-2, 327, 448, 461, 494, 496
Livarot 318-9, 494-5
Longjumeau 505
Longues, bateria em 138
Lorient 391, 395
Luck, tenente-coronel Hans v. 152, 183, 196
Luckett, coronel James S. 365, 510, 11
Luckett, tenente-coronel James W. 365, 510-1
Luftwaffe 17-8, 49, 50, 62, 86-7, 162, 178, 190-1, 193-4, 215, 220-1, 327-8, 387, 408-9, 410-1, 413-4, 418-9, 454, 487-9
    2º Corpo Aéreo 348
    3º Corpo Antiaéreo 53, 365-6
    2º Corpo Paraquedista 317-8, 347-8
    no dia D 90-1, 130-1, 146

raiva do Exército alemão contra a 46-7, 160, 163-4, 179, 233-4, 300, 347-9
3ª Frota Aérea 138-9, 317-8
Luftwaffe, divisões e unidades paraquedistas 393
  2ª Paraquedista 393
  3ª Paraquedista 164-5, 177, 216, 265-6, 292, 296-7, 305, 379, 474-5
  16ª Luftwaffe Feld-Division 278, 319-20, 323-5
Luftwaffe, regimentos
  5º Paraquedista 293
  6º Paraquedista 75-6, 128, 133-4, 170-1, 177, 216
  9º Paraquedista 293, 295-6, 397-8
  15º Paraquedista 252, 299
Luizet, Charles 490, 513, 515
Lüttwitz, tenente-general Freiherr v. 52, 298, 337, 349, 363-5, 368, 415, 443-4, 472, 476,

McLain, major-general Raymond 408
MacMahon, coronel Bernard 227-8
MacMillan, major-general G.H.A. 289
McNair, tenente-general Leslie J. 355-6, 362
Maczek, major-general Stanislaw 469, 478
Mahlmann, tenente-general Paul 55, 175
Mahlmann, linha de defesa 299
Maltot 284, 289, 316
Marcks, general de artilharia Erich 52-3, 98, 113, 152, 167, 177-8, 191, 223
Margival, conferência de 233-5
Marigny 361
Marinha alemã *ver* Kriegsmarine
Marinha americana 41, 90, 92-4, 102, 106, 120, 217n, 220, 225
Marinha americana, contratorpedeiros
  USS *Corry* 94
  USS *Harding* 164
  USS *Satterlee* 114
Marinha americana, cruzadores
  USS *Augusta* 116, 128
  USS *Quincy* 73, 75, 128, 228
  USS *Tuscaloosa* 128
Marinha americana, encouraçados
  USS *Arkansas* 96
  USS *Nevada* 93, 96, 128, 170, 228-9
  USS *Texas* 93, 96, 221, 228-9
Marinha americana, navios de comando e de transporte
  USS *Ancon* 116, 119, 123
  USS *Bayfield* 90, 123, 218
  USS *Samuel Chase* 89, 92, 123
  USS *Shubrick* 90
Marinha britânica *ver* Marinha Real britânica
Marinha canadense *ver* Marinha Real canadense
Marinha francesa 93-5

La Combattante 94n, 142, 207, 209
Georges Leygues 93
Montcalm 93
Marinha norueguesa
  Svenner 94
Marinha polonesa
  ORP *Blyskewica* 94n
  ORP *Dragon* 94, 147
  ORP *Krakowiak* 94n
  ORP *Piorun* 94n
  ORP *Slazak* 94n
Marinha Real britânica 15, 36, 72, 74, 90, 92, 96--8, 106, 114, 139, 142, 193
Marinha Real britânica, contratorpedeiros
  HMS *Eglinton* 93
  HMS *Kelvin* 206-7
  HMS *Swift* 94
  HMS *Talybont* 114
Marinha Real britânica, cruzadores
  HMS *Ajax* 138
  HMS *Arethusa* 70
  HMS *Argonaut* 138
  HMS *Belfast* 29, 142
  HMS *Black Prince* 128
  HMS *Danae* 188
  HMS *Diadem* 142
  HMS *Enterprise* 128
  HMS *Glasgow* 229
Marinha Real britânica, encouraçados e monitores
  HMS *Erebus* 93, 128
  HMS *Ramillies* 87, 94, 147, 207
  HMS *Roberts* 94, 147, 274
  HMS *Rodney* 207, 210, 274
  HMS *Warspite* 94, 147, 184
Marinha Real britânica, navios de comando e de transporte
  HMS *Empire Broadsword* 90
  HMS *Empire Javelin* 95
  HMS *Largs* 92, 94
  HMS *Prince Baudouin* 93, 95
  HMS *Prince Henry* 92
  HMS *Princess Ingrid* 89
Marinha Real britânica, Reais Fuzileiros Navais
  41º Comando de Fuzileiros Navais 148
  47º Comando de Fuzileiros Navais 140
  48º Comando de Fuzileiros Navais 143
Marinha Real canadense
  HMCS *Algonquin* 142, 146
  HMCS *Sioux* 142
Marks, Leo 32
Marselha 452
Marshall, general-brigadeiro S.L.A. 214n,
Marshall, general George C. 99, 205, 220, 452, 499, 520

Marshall, Sam 501, 505
Martinville, serra de 295, 300, 305, 307-11
Massacres alemães na França 156-7, 175-6, 189-90, 278, 393, 440-1, 452-4, 494-5, 515-6
Mayenne 407-9, 414
Mayenne, rio 412, 441
May-sur-Orne 431
Meindl, general de Tropas Aeroterrestres Eugen 52, 174-5, 179, 191, 250, 300, 305, 363-4, 379, 398, 407, 468-9, 474-6, 479-80
Melun 451, 486, 493, 497
Mensagens interceptadas pelo Ultra 18-9, 29, 59, 178, 182, 192, 202, 237, 240-1, 242n, 305, 318, 329, 344, 351, 361, 408n, 414, 461, 463, 478
Menzies, Sir Stewart ("C") 32, 190-1
Merderet, rio 76, 79, 126-7, 133, 172, 221
Mers-el-Kebir 396
Merville, bateria de 69, 71, 197, 396
Meyer, Standartenführer Kurt ("Panzer Meyer") 181-2, 185, 189, 191, 207, 280, 318, 349n, 433-4, 436-8
Meyer, tenente-coronel (352ª Divisão de Infantaria) 98, 105, 113, 141
Middleton, major-general Troy H. 223, 226, 250, 384, 386, 390-2
Minissubmarinos 89, 93
Millin, gaiteiro Bill 86, 149-50
Model, marechal de campo Walter 466-7, 469, 484, 496-7
Monnet, Jean 30
Montebourg 51, 55, 126, 170, 224, 524
Montgomery, general Sir Bernard L. 20-1, 214-5
    e o Bolsão de Falaise 472-3, 477-8, 483-4
    e o bombardeio de precisão 103
    e Bradley 101, 103, 448, 460-2, 484, 495-7
    e a brecha entre Falaise e Argentan 520-1, 526-7
    e a estratégia da frente ampla 486
    e Caen 157-9
    Churchill visita 205-6
    e Crerar 429
    declarações no pós-guerra 526-7
    e De Gaulle 207-9
    e Dempsey 198
    e Eisenhower 19, 20, 22, 242-4, 272, 281-2, 463-4, 527
    objetivos 193-5
    e a Operação Bluecoat 375, 396-9
    e a Operação Charnwood 275
    e a Operação Cobra 357-8
    e a Operação Epsom 236-8, 240, 242-4
    e a Operação Goodwood 281-2, 314-6, 320-3, 328-32
    e a Operação Totalize 446-7
    e a Operação Tractable 448

    e Paris 499, 500
    e Patton 292-3, 301
    plano de envolver Caen 193-5, 196-9
    relutância em sofrer baixas 273-4
    sobre o projeto dos tanques britânicos 204-5
    sobre a 51ª Divisão (Highland) 287-8
    e Tedder 272
Morgan, tenente-general Sir Frederick 26
Mortain 373, 384, 437-40, 442-3, 455, 457
Mortain, contra-ataque de 385, 405-30, 487-8
Moulin, Jean 5
Moyon 368-9
Mulberry, portos artificiais 94n, 140, 225-6
Muralha Atlântica 45, 47, 215, 449

Nantes 47
Neave, major Airey 500-1
Neave, major Julius 97, 330, 403, 448, 468, 481
Nordling, Ralph 498
Nordling, Raoul 492, 513
Normandia, danos da guerra 459-60, 523-6
Norrey 189-90

OB West 138, 152, 160, 167, 182, 327
O'Brien, Padre John 213
O'Connor, tenente-general Sir Richard 241, 288-9, 314-5, 323-5, 327, 331, 376, 379,
Ocupação alemã 53-5, 58, 136-7, 281-2, 451, 454--5, 457-9, 491-2, 510-1, 515-7, 521-2
Odon, rio 200, 203, 238, 241, 244, 283, 376, 380, 399, 402
Ogden-Smith, sargento Bruce 23, 101
OKW, Oberkommando der Wehrmacht 46, 138, 151-2, 161, 180, 182, 194-5, 232, 234, 244-5, 252, 280, 318, 327, 344, 362, 367, 412-3, 423, 427, 438-9, 442, 466, 488
Ondefontaine 399
Operação Anvil ver Operação Dragoon
Operação Atlântico 319-20
Operação Bagration 17, 205, 237-8, 245, 247, 319
Operação Bluecoat 375-6, 389-99, 400-5
Operação Charnwood 275, 282-3
Operação Cobra 253, 282-3, 293, 311-3, 315
    avanço 375-88
    baixas 357-8, 362-3, 370-3
    operações de bombardeio 352-8, 360
    rompimento 351-74
Operação Copperhead 18
Operação Cork 88
Operação Dragoon 452
    discussão sobre 452
Operação Epsom 232-49, 272, 283, 287, 316
Operação Foxley 339
Operação Glimmer 88

Operação Goodwood 314-33, 352-3, 357-8, 430-1, 436-7
　baixas 317-8, 330-3
　excesso de otimismo 315-6, 328-30, 332-3
　planejamento 282-3, 314-5
Operação Júpiter 283
Operação Lüttich 385, 407, 412-3, 415, 423, 428, 438
Operação Netuno 87, 94n
Operação Overlord 17-8, 22, 257, 29, 32, 34-5, 58, 61-2, 85, 87, 99, 142, 147, 173, 452, 523
Operação Spring 357
Operação Taxable 88
Operação Titanic 66, 105
Operação Totalize 423, 429-47, 449
Operação Tractable 448-9, 461n
Operação Transporte 61, 173
Operação Windsor 273-5
Operações de bombardeio
　a travessia 90-2
　Caen 155-8, 275-9
　Cherbourg 227
　isolamento da área da invasão (Operação Transportes) 61-3
　o ataque aerotransportado 69
　Operação Cobra 352-8, 360
　Operação Goodwood 317-8, 322-3, 327-8
　Operação Totalize 430-1, 433-4, 436
　Operação Tractable 449
　praia Omaha 103-4
　Saint-Lô, 6 de junho 133-5
　Villers-Bocage 202-4
Operações de dissimulação *ver* Plano Fortitude
Oppeln-Bronikowski, Oberst Hermann v. 152, 159, 377
ORA 57, 157
Oradour-sur-Glane 176
Orléans 395, 450, 463, 486, 507
Ormel, monte 469, 477-9, 481
Orne, rio 60, 64-6, 69, 70-2, 104, 147, 149-50, 152, 156, 183, 188, 193-4, 196-7, 211, 232-4, 238, 241-2, 244, 276, 280-1, 283, 314, 318, 320, 323-4, 328, 377, 431, 433, 438-9, 448, 453, 460, 468
OSS 445, 458, 500-1
Ostendorff, Brigadeführer Werner 177-9, 223
Otway, tenente-coronel Terence 69, 70-1, 197
Ouistreham 69, 94n, 150, 153

Paris 53-4, 246-7
　avanço sobre 485-7, 492-4, 499-502, 508-12
　desfile da vitória de De Gaulle 518-20
　e a conspiração de 20 de julho 341-5
　entrada aliada em 506-13

intenção americana de contornar 463-4, 498-9
levante 488-93, 497-9, 503-4
libertação de 503-22
rendição alemã 514-6
tropas alemãs em 488-90
Parodi, Alexandre 504
Partido Comunista Francês 57-8, 278, 457-8, 488--9, 494-5, 521-2 *ver também* FTP
　na Resistência 57, 514-5
　no levante de Paris 488-93, 501-2
Partridge, sargento 283-4, 286, 404-5
Passy, coronel (André Dewavrin) 389, 393
Patton, general George S. 21-2, 172-4, 204-5, 291
　a "Cavalaria da Casa Real" de Patton 392
　avanço 485-6
　chegada à França 291-3
　comando do "1º Grupo de Exércitos americano" 16-7
　em Dreux 461-3
　e a 2ª Divisão Blindada 359-60
　e a brecha entre Falaise e Argentan 440-3, 445-7
　e a Bretanha 292, 390-3, 395
　e a Operação Cobra 383-4
　e Bradley 21, 361-3, 408, 445-7, 449-50, 463-4, 485-6, 501-2
　e Eisenhower 291-2
　e Leclerc 395-7, 463-4
　e Montgomery 292-3, 301
　e Paris 498-9
　e Saint-Lô 297-8
　funeral do general-brigadeiro Roosevelt 301
　logística 439-40
　o III Exército entra em operação 407-9
　recebe o comando do 8º Corpo 362-3
　sobre a vida civil 526
　sobre os ferimentos propositais 266-7
Pays d'Auge 404
Pemsel, major-general Max 66, 179-80, 367
Percy 364, 366-7, 374, 385-6
Périers 217, 253, 257, 293, 300, 302, 305, 351-3, 355-6, 361
Périers, serra de 152, 154
Perrier, serra de 397, 403
Peterson, soldado Harold E. 308-9, 311
Piaf, Edith 512
Pickert, tenente-general Wolfgang 320, 437n
Pinçon, monte 200, 376, 403, 405, 433, 438
Plano Fortitude 17-9, 99, 158, 167, 238, 291, 347, 355n, 463, 515
Plano Ironside 18
Podewils, Clemens Graf 492
Pogue, Forrest C. 124, 173, 208, 230, 266, 456, 487n, 521
Pointe du Hoc 93, 96, 100, 113-5, 118-9, 162-5

ÍNDICE REMISSIVO **585**

Pointe et Raz de La Percée 115, 162
Pontaubault, ponte de 380, 384, 390, 408
Pont-Hébert 260, 299
Pont-l'Eveque 73
Popov, Dusko 18
Portal, tenente-brigadeiro Sir Charles 61-2
Port-en-Bessin 105, 140, 165, 177, 193
Praia Gold 94, 98, 113, 136-46
Praia Juno 94, 136-46)
Praia Omaha 22-3, 25, 48-9, 86-90, 92-4, 96-9, 101, 128, 130, 138-40, 160-2, 165-6, 174-5, 179, 217-21, 225, 278, 292
   acúmulo de forças 217
   baixas 107-8, 121-4, 167-9
   baixas devidas a choque 109-11, 121-3
   batalha da 110-122
   bombardeio da 101, 103-5, 111-2
   passagem de suprimentos pela 226
   plano de ataque 101
   unidades de demolição de combate 107-8, 121-2
Praia Sword 69m 94, 147-61, 183
Praia Utah 23, 64, 79, 83, 85, 90, 96, 116, 125-35, 169-70, 172, 179, 218, 220, 226n, 267, 395, 397
Prisioneiros de guerra 350
   acusação de crimes de guerra feita por 189-90
   ataque aeroterrestre 80-3, 126-7
   batalha do *bocage* 251
   Bolsão de Falaise 481-4
   Cherbourg 228
   execuções ilegais dos aliados 117-8, 444-5
   o *Kommandobefehl* 68
   Operação Cobra 359-60, 370-1, 373, 385-6
   Operação Goodwood 324-5
   Operação Totalize 438-9
   praia Omaha 114-5, 117-9, 164-5
   praia Sword 148-9
   rações 524-5
   tratamento de 217-8, 274-5
Proctor, cabo D. 403
Propaganda aliada 235-6, 346-7
Propaganda comunista 449
Propaganda nazista 36-9, 132-3, 190-1, 214-5, 246-7, 257-8, 278, 342-4, 364-5, 449, 527
Pujol, Juan ("Garbo") 18
Putz, comandante 505-6, 509
Pyle, Ernie 501

Quesada, tenente-general Elwood R. ("Pete") 361, 417, 469

Rambouillet 493, 500-2, 504
Ramcke, general de Tropas Aeroterrestres Hermann 394
Ramsay, almirante Sir Bertram 15, 35-6, 88, 93, 98
Ranville 70, 72,
Raspagem da cabeça de colaboracionistas 395, 456-7, 494-5, 520-1
Rauray 238, 240
Real Força Aérea (Royal Air Force) 15, 32-3, 62, 66, 68, 87-91, 131, 155, 157-8, 168-9, 177, 186, 192-3, 195, 202-3, 212-3, 275-8, 319-23, 325-6, 331-2, 419-20, 465, 468-73, 525
   e as bases aéreas da Normandia 212-3, 320-1
   e o contra-ataque de Mortain 415-21
Real Força Aérea, grupos
   19º Grupo 88
   83º Grupo 417-20
Real Força Aérea, esquadrilhas
   121ª Esquadrilha 369-70
   123ª Esquadrilha 417-20, 496-7
Real Força Aérea, esquadrões
   224º Esquadrão 88
   329º Esquadrão 144
   346º Esquadrão Guyenne 279n
   347º Esquadrão Tunisie 279n
   617º Esquadrão 88
Reichert, tenente-general Joseph 66-8, 94
Reichsarbeitsdienst, os 227
Remer, major Otto 342-5
Rennes 55, 79, 125, 292, 384, 388, 390-1, 486
Résistance Fer 58
Resistência (Francesa) 31-2, 50-1, 55-61, 63, 68, 175-6, 457-8
   cinismo sobre a 494-6
   e De Gaulle 516-8
   efetivo 58, 60-1
   e a Operação Cobra 383-4
   e a Operação Dragoon 452
   na Bretanha 389-91, 394
   Patton fala da 393
   represálias alemãs 453-4
   tratamento de prisioneiros de guerra 454
   Vercors 453
Ribbentrop, Oberstimnführer Rudolf v. 55, 337
Robehomme 71
Roberts, major-general "Pip" 287, 379, 397-8
Rol-Tanguy, coronel Henri 489-90, 492, 498, 503
Roma 30
Romagny 417, 422
Rommel, marechal de campo Erwin 48-9
   e a ameaça do II Exército britânico 203-4
   conferência de Margival 232-5
   e as defesas costeiras 45-50, 100-1
   é informado dos desembarques 137-8
   e Kluge 244-7
   linhas de suprimento 61
   e a Luftwaffe 47-8

e a Operação Goodwood 317-9
  ordena o contra-ataque de Carentan 177
  plano de reforçar o Canal da Mancha 45
  possíveis negociações com os aliados 333-40
  quartel-general 46-7
  retorno à Normandia 160
  reunião com Geyr 192-3
  rixa com Geyr 243-5
  e Saint-Lô 298-9, 305
  tática 232-3
Roncey 365, 367, 370, 373
Roosevelt, presidente Franklin D. 30-4, 43, 62, 99, 205-6, 209, 273, 340, 347n, 451-2, 464, 499
Roosevelt, general-brigadeiro Teddy Jr 129, 301, 382
Rose, general-brigadeiro Maurice 178-9, 352, 359-60, 364, 367-8, 496
Rouen 68, 497
Rudder, tenente-coronel James E. 114-5, 163-5
Rundstedt, marechal de campo Gerd v. 45-6, 48, 50-1, 53, 56, 138, 152, 167, 173, 181, 194, 233-4, 236, 244-6, 336-7, 385, 446n

Saint-Aignan 433-4
Saint-Aubin-sur-Mer 141, 143, 147
Saint-Barthélemy 415-6, 418, 424
Saint-Côme-du-Mont 128, 170
Saint-Germain-en-Laye 138, 152, 245, 327, 446n, 466, 488-9
Saint-Lambert-sur-Dives 473
Saint-Laurent-sur-Mer 100, 117, 163
Saint-Lô 104-5, 157-8, 174--8, 216, 250, 264-6, 269-70, 317-20, 351-7, 359-64
  ataque a 291-313
  baixas 305-6, 311-3
  bombardeio de 133-5
  começa a batalha de, 7 de julho 253-6
  "o prefeito de" 312-3
  queda de 311-2
Saint-Malo 392, 395, 489
Saint-Nazaire 391, 395
Saint-Pierre sur-Dives 181
Saint-Sever, floresta de 386-7
Saint-Sever-Calvados 367
Sainte-Marie-du Mont 82, 127
Sainte-Mère-Église 79, 80, 83, 126-7, 132-3, 169-71
Sainteny 251
Saques 53-4, 80-1, 151, 218-9, 281, 305, 316, 349, 360, 373, 382-3, 457-60, 489-90, 504, 524-5
Schimpf, tenente-general Richard 174-5, 264, 292, 305, 475
Schlieben, tenente-general Karl-Wilhelm Graf v. 125-6, 133, 169, 223-4, 226, 229-31, 487n

Schmundt, tenente-general Rudolf 234, 341
Schwerin, tenente-general Gerhard Graf v. 337, 412, 423
Scott, tenente-coronel Desmond 91
Scott-Bowden, capitão 23, 100-3
Sée, rio 381, 414
Sées 442, 446n, 461, 463
Sena, rio 47, 61, 161, 234, 384-6, 388, 395, 406, 412, 440-1, 448, 450-1, 461-4, 466, 469, 473, 477, 480-1, 483-99, 500-1, 508 525
  retirada alemã pelo 455-6
Sélune, rio 384-5, 414
Seulles, rio 143, 198, 199, 200
Sèves, rio 251
SHAEF 15, 19, 60-2, 99, 104, 137, 238, 275, 283, 314, 390, 440, 454, 461-2, 487n, 499n, 515, 522
Shanley, tenente-coronel Thomas J.B. 172
Shaw, Irwin 501
Sicherheitsdienst (Serviço de Segurança da SS) 63; ver também Gestapo
Sicília, invasão da 28, 41, 214, 291
Simonds, tenente-general Guy 429-30, 433, 436-7, 439, 441, 448-9, 461, 473-4, 478
SIS (Serviço Secreto de Informações) 32, 191
Skinner, Padre Leslie 178
Slapton Sands 129
Smith, tenente Sandy 65
Smuts, marechal de campo Jan 33, 206
Snyder, tenente-coronel Max 115, 482-3
SOE 32, 58, 60, 173, 176, 339, 341n, 453-4
Soldados aliados
  com francesas 457, 521-2
  namoradas britânicas 24
  relações com franceses, 84-5, 163-4, 171-2, 211-3, 219, 303-5, 457-60, 520-2, 525-6; ver também Saques
Sourdeval 410-1, 414
Southwick House 15, 19, 34-5
Suvenires, ver Caçadores de lembranças
Spaatz, general Carl A. (Tooey) 61-2
Speidel, tenente-general Hans 47-8, 56, 66, 137-8, 161, 233, 246, 319, 334-8, 339n, 342, 347, 380, 467, 509
  Einsatzgruppe B 175
Stagg, coronel Dr. James 15-6, 19, 25-7, 35, 225
Stálin, Iosif V. 17, 42-4, 51, 58, 205, 258, 340, 355n, 451-2, 504
Stalingrado 48, 231, 278-9, 339-40, 362, 437n, 442, 468
Stauffenberg, coronel Claus Graf Schenk v. 48, 335, 337, 340-2, 345, 347
Stülpnagel, general de infantaria Carl-Heinrich v. 335-8, 342, 344-6, 467, 488
Submarinos 88, 215

Talley, coronel Benjamin B. 117, 119, 123-4
Tangermann, tenente-coronel 384, 465-6
Tanques, guarnição, medo de fogo 186-8
Tanques Shermans DD 97, 101-2, 111, 118, 133, 138, 143, 146, 159, 165, 168-9, 179, 188, 221, 237, 256-7, 265, 274, 279, 284, 296-8, 311, 325--7, 360, 368-9, 382-3, 386, 393, 415, 425, 431, 434-5, 438, 441, 444-5, 447, 478n, 494, 500, 504, 506-7, 510-3
Taute, rio 251, 257, 259
Taylor, coronel George A. 112-3
Taylor, general de brigada Maxwell D 38, 40, 74-5, 81-2, 199
Teague, tenente-coronel 259, 385-6
Tedder, tenente-brigadeiro Sir Arthur 21, 26, 61-2, 272, 275-6, 322, 331, 357n, 483
Teerã, conferência de 43, 205, 451
Teorias nazistas da conspiração 151, 334-5, 347-8
Tessel 240
Tessy-sur-Vire 410, 427
Thomas, major-general G.I. 283, 289, 403-4
Thury-Harcourt 192, 433, 448
Tilly-la-Campagne 328, 430-1
Tilly-sur-Seulles 186, 188, 192, 196, 203, 216
Touques, rio 478, 480
Tracy-Bocage 202-3, 205
Tresckow, Generalmajor Henning v. 335, 340
Troarn 73 210, 323n, 324, 328, 346, 524
Trun 448, 461, 468-9, 473-6, 480, 484-5
Tulle 176
Turqueville 133, 170

Ultra *ver* Mensagens interceptadas pelo Ultra
Unger, coronel V. 488, 513-5

V-1, bomba voadora ("Diver") 46, 91n, 151, 207, 234-5, 449
 operações "anti-diver" 91, 235-6
Valognes 170, 224
Vannes 390-1
Varaville 71
Varsóvia, levante de 175, 238, 414, 478
Vaucelles 319, 324
Vercors, batalha das FFI 453
Verrières, serra de 357, 437
Vichy, regime de (État français) 30, 32, 57-8, 138, 176, 211, 235, 394, 454-5, 458, 490-1, 519, 524
Viénot, Pierre 34, 207-8
Vierville (Cotentin) 107, 116, 120-1, 162-3, 166, 219
Vierville-sur-Mer (Omaha) 100, 104, 119
Villebaudon 367-8, 386
Villedieu-les-Poêles 380
Villers-Bocage 196-9, 200-16, 219, 237, 399, 402, 435

Vimoutiers 468-9, 475, 479
Vire, cidade 397-8
Vire, rio e vale 104-5, 129, 164, 186, 253, 259-60, 293, 298-9, 306, 351, 362-5, 367-8, 375, 380, 384, 403, 405-6, 408n, 409, 412, 420, 422
Volksdeutsche 52, 349

Waffen-SS 45, 52-3, 214-5, 331-2, 349, 367, 382, 423-4, 468
 avanço para a frente de batalha 173-6
 disciplina 350
 doutrinação 189-91, 214-5, 331-2
 e Hitler 244-5, 336-7
 moral 214-5
 rivalidade com o Exército alemão 347-8, 365-7, 468, 497-8
Waffen-SS, corpos
 I SS Panzer 181-3, 260, 274-5, 317-8, 336-7, 406, 434-5
 II SS Panzer 192-3, 214-5, 236-7, 240-3, 248-9, 284-5, 287, 377, 396-7, 474-6, 480-1
Waffen-SS, divisões
 1ª SS Panzer-Division *Leibstandarte Adolf Hitler* 45, 52, 181, 189-90, 240-1, 274-5, 324-8, 344-5, 350, 410-4, 418-21, 424-5, 430-1, 442-6, 449, 451
 2ª SS Panzer-Division *Das Reich* 53, 175-7, 240-1, 252, 256-7, 298-9, 306, 365-6, 371-2, 410-1, 413, 415-6, 421-5, 427-8, 468-9
 9ª SS Panzer-Division *Hohenstaufen* 52, 215, 241-2, 283, 316, 318, 479
 10ª SS Panzer-Division *Frundsberg* 52, 241, 403, 405, 422
 12ª SS Panzer-Division *Hitler Jugend* 52, 55, 59, 68, 152, 181, 273, 319, 327-8, 332, 334, 433, 435n, 478n
 17ª SS Panzergrenadier-Division *Götz von Berlichingen* 52, 173, 175, 177, 216, 250, 258, 299, 365, 371, 373, 410, 413, 417, 421, 453, 469
Waffen-SS, regimentos etc.
 1º SS Panzergrenadier-Regiment 274-5
 2º SS Pz-Rgt 413-4
 Panzergrenadier-Regiment *Deutschland* 413
 Panzergrenadier-Regiment *Führer* 176, 413, 424-6, 478-9
 19º SS Panzergrenadier-Regiment 284-5
 20º SS Panzergrenadier-Regiment 284-5
 21º SS Panzergrenadier-Regiment 493-4
 25º SS Panzergrenadier-Regiment 68, 182, 192-3
 26º SS Panzergrenadier-Regiment 189-90, 273--4, 431-2
 37º SS Panzergrenadier-Regiment 178-9, 251-2

38º SS Panzergrenadier-Regiment 174-5
101º SS Batalhão Panzer Pesado 283-4, 317-8
Wagner, general Eduard 336
Warlimont, General der Artillerie Walter 340-1, 373, 406-7, 412, 428, 452, 465
Weintrob, major David 269-71
Wehrmacht *ver* Exército alemão
Weiss, tenente Robert 421, 426-7
Westover, tenente John 501, 505, 520
Weyman, general-brigadeiro 121
Whistler, tenente Rex 320, 322-3, 326
Whitehead, Don 89

Williams, general-brigadeiro E.T. 484
Wilmot, Chester 72
Witt, Brigadeführer Fritz 68, 181, 207
Wittmann, Obersturmführer Michael 200-2, 204, 434-6
Witzleben, marechal de campo v. 344
Wolfsschanze, Rastenburg 245, 327, 333, 338, 341, 343, 373, 385, 406, 428, 487
Wood, major-general John S. 388, 390-1, 394-6

Ziegelmann, tenente-coronel 161, 165, 167
Zimmermann, tenente-general Bodo 346-7

SOBRE O AUTOR

Antony Beevor nasceu na Inglaterra em 14 de dezembro de 1946. É historiador, educado no Winchester College e na Academia Militar de Sandhurst. Teve como mestre o maior historiador do mundo sobre a Segunda Guerra Mundial, John Keegan. Beevor é oficial formado. Serviu por cinco anos e deixou o exército para se tornar escritor. Já publicou diversos livros sobre a Segunda Guerra Mundial e sobre o século XX em geral. Este é seu segundo livro publicado pelo selo Crítica da Planeta.

Leia também:

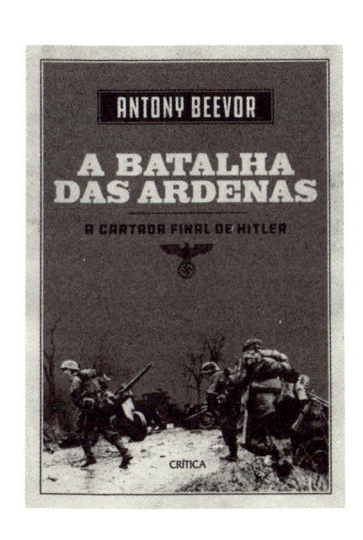

Nas primeiras horas do dia 16 de dezembro de 1944, Hitler lançou sua última grande ofensiva contra os aliados na região da floresta das Ardenas, na Bélgica. Era uma batalha crucial para os alemães, que pretendiam dividir as tropas britânicas e americanas e forçar um acordo de paz com os aliados ocidentais. "Um ato de desespero do Führer", afirmou um de seus principais comandantes. Surpreendidos naquela manhã de muita neve e frio extremo, parte dos soldados se rendeu e outra, retrocedeu. O sucesso inicial dos alemães e o contra-ataque dos aliados nas sete semanas seguintes é contado de forma magistral por Antony Beevor, um dos mais importantes historiadores contemporâneos. Envolvendo mais de um milhão de homens, praticamente metade deles americanos, a batalha das Ardenas se tornou a mais importante do front ocidental da Segunda Guerra Mundial – e decisiva para a derrota final de Hitler.

**Acreditamos
nos livros**

Este livro foi composto em Adobe Garamond
Pro e impresso pela RRD para a Editora
Planeta do Brasil em fevereiro de 2019.

O avanço aliado na Bretanha e no Sena

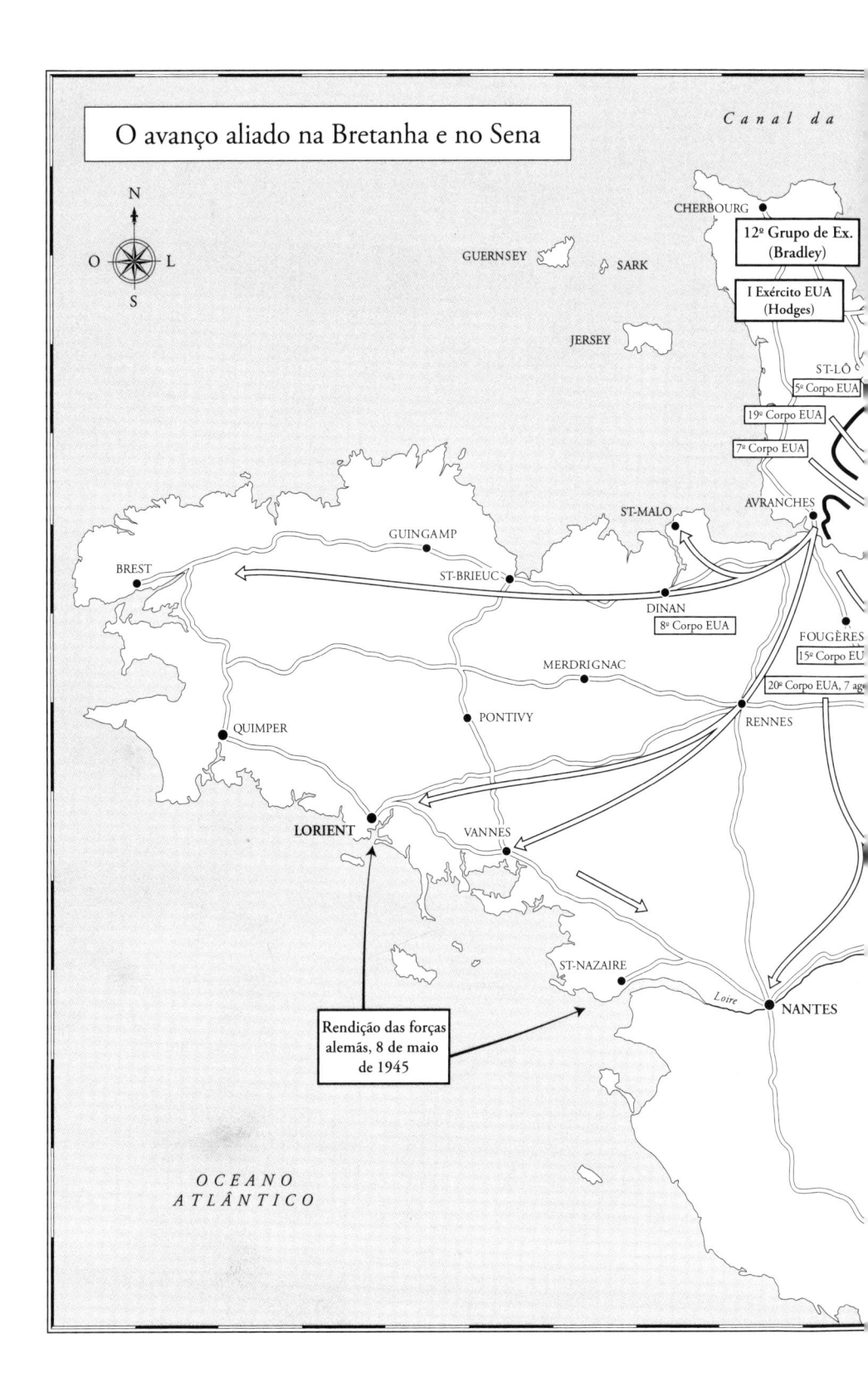

Canal da

CHERBOURG

12º Grupo de Ex. (Bradley)

I Exército EUA (Hodges)

ST-LÔ
5º Corpo EUA
19º Corpo EUA
7º Corpo EUA

GUERNSEY
SARK
JERSEY

ST-MALO
AVRANCHES

GUINGAMP
BREST
ST-BRIEUC
DINAN
8º Corpo EUA

FOUGÈRES
15º Corpo EU

MERDRIGNAC
20º Corpo EUA, 7 ag

QUIMPER
PONTIVY
RENNES

LORIENT
VANNES

ST-NAZAIRE
Loire
NANTES

Rendição das forças alemãs, 8 de maio de 1945

OCEANO ATLÂNTICO